New Netherlands Civil Code

Book 8 Means of Traffic and Transport

Nouveau Code civil néerlandais

Livre 8 Des moyens de transport et du transport

SERIES OF LEGISLATION IN TRANSLATION

In the Series of Legislation in Translation, **New Netherlands Civil Code, Book 8 Means of Traffic and Transport** is the sixth title, published by Kluwer Law International.

Other titles in this Series:

1
The German Stock Corporation Law
Hannes Schneider and Martin Heidenhain, 1995;

2
The Italian Unified Banking and Credit Act
Graham & James, 1994;

3
The Belgian Coordinated Acts on Commercial Companies
H.C.S. Warendorf, R.L. Thomas and E. Wijmeersch (ed.), 1995;

4
Niederländisches Bürgerliches Gesetzbuch Buch 2 Juristische Personen
F. Nieper and A.S. Westerdijk, 1995;

5
New Dutch Patents Act
Nederlandsch Octrooibureau, 1995.

SERIES OF LEGISLATION IN TRANSLATION **6**

New Netherlands Civil Code
Book 8 Means of Traffic and Transport

Nouveau Code civil néerlandais
Livre 8 Des moyens de transport et du transport

P.P.C. Haanappel

Ejan Mackaay

Kluwer
The Hague • London

Kluwer Law International
P.O. Box 85889
2508 CN The Hague/The Netherlands
Tel. +31 70 308 1561
Fax +31 70 308 1515

Sold and distributed in the U.S.A. and Canada
by Kluwer Law International
101 Philip Drive, Norwell, MA 02061,
U.S.A.

In all other countries, sold and distributed
by Kluwer Law International
P.O. Box 322, 3300 AH Dordrecht,
The Netherlands

Cover design: Peter Gerretzen

ISBN 90 41101292

© 1995, Kluwer Law International, The Hague, The Netherlands
Kluwer Law International incorporates the publishing programmes of Martinus Nijhoff Publishers, Graham & Trotman Ltd. and Kluwer Law and Taxation.

All rights reserved. No part of this publication may be reproduced, stored in a retrieval system or transmitted in any form or by any means, mechanical, photocopying, recording or otherwise without the prior written permissions of the publishers.

The publishers, the authors and any other person involved in the preparation of this work, are not responsible for the results of any actions taken on the basis of information in this work, nor for any or omissions contained therein.

Inhoudsopgave
Table of Contents
Table des matières

Preface	XI
Préface	XIII
Introduction, by Nicole M. van der Horst	XVII
Introduction, par Nicole M. van der Horst	XXIII

I. Algemene bepalingen — 3
I. General Provisions
I. Dispositions générales

    Titel 1. Algemene bepalingen — 3
    Title 1. General Provisions
    Titre premier. Dispositions générales

    Titel 2. Algemene bepalingen betreffende vervoer — 8
    Title 2. General Provisions regarding Transport
    Titre deuxième Dispositions générales concernant le transport

        Afdeling 1. Overeenkomst van goederenvervoer — 8
        Section 1. The contract of carriage of goods
        Section première. Du contrat de transport de marchandises

        Afdeling 2. Overeenkomst van gecombineerd goederenvervoer — 13
        Section 2. The contract of combined carriage of goods
        Section deuxième. Du contrat de transport combiné de marchandises

        Afdeling 3. Overeenkomst tot het doen vervoeren van goederen — 21
        Section 3. The contract to forward goods
        Section troisième. Du contrat à faire transporter des marchandises

        Afdeling 4. Overeenkomst van personenvervoer — 29
        Section 4. The contract of carriage of persons
        Section quatrième. Du contrat de transport de personnes

        Afdeling 5. Overeenkomst tot binnenlands openbaar personenvervoer — 34
        Section 5. The contract of domestic public carriage of persons
        Section cinquième. Du contrat de transport public intérieur de personnes

        Afdeling 6. Overeenkomst van gecombineerd vervoer van personen — 44
        Section 6. The contract of combined carriage of persons
        Section sixième. Du contrat de transport combiné de personnes

        Afdeling 7. Gereserveerd — 44
        Section 7. Reserved
        Section septième. Réservés

II. Zeerecht — 45
II. Maritime Law
II. Du droit maritime

    Titel 3. Het zeeschip en de zaken aan boord daarvan — 45
    Title 3. The Sea-Going Vessel and the Things on board thereof
    Titre troisième. Du navire de mer et des choses à bord

INHOUDSOPGAVE

    Afdeling 1. Rederij van het zeeschip   45
    Section 1. The shipping enterprise of the sea-going vessel
    Section première. De l'entreprise d'armement du navire de mer

    Afdeling 2. Rechten op zeeschepen   56
    Section 2. Rights in sea-going vessels
    Section deuxième. Des droits sur les navires de mer

    Afdeling 3. Voorrechten op zeeschepen   66
    Section 3. Privileges on sea-going vessels
    Section troisième. Des privilèges sur les navires de mer

    Afdeling 4. Voorrechten op zaken aan boord van zeeschepen   72
    Section 4. Privileges on things on board sea-going vessels
    Section quatrième. Des privilèges sur des choses à bord de navires de mer

    Afdeling 5. Slotbepalingen   76
    Section 5. Final provisions
    Section cinquième. Dispositions finales

Titel 4. Bemanning van een zeeschip   77
Title 4. The Crew of a Sea-Going Vessel
Titre quatrième. De l'équipage d'un navire de mer

    Afdeling 1. Gereserveerd   77
    Section 1. Reserved
    Section première. Réservés

    Afdeling 2. Kapitein   77
    Section 2. The captain
    Section deuxième. Du capitaine

    Afdeling 3. Gereserveerd   79
    Section 3. Reserved
    Section troisième. Réservés

Titel 5. Exploitatie   79
Title 5. Operation
Titre cinquième. De l'exploitation

    Afdeling 1. Algemene bepalingen   79
    Section 1. General provisions
    Section première. Dispositions générales

    Afdeling 2. Overeenkomst van goederenvervoer over zee   85
    Section 2. The contract of carriage of goods by sea
    Section deuxième. Du contrat de transport de marchandises par mer

    Afdeling 3. Overeenkomst van personenvervoer over zee   136
    Section 3. The contract of carriage of persons by sea
    Section troisième. Du contrat de transport de personnes par mer

    Afdeling 4. Enige bijzondere overeenkomsten   151
    Section 4. Some special contracts
    Section quatrième. De quelques contrats particuliers

Titel 6. Ongevallen   152
Title 6. Accidents
Titre sixième. Des accidents

    Afdeling 1. Aanvaring   152
    Section 1. Collision
    Section première. De l'abordage

Afdeling 2. Hulpverlening 155
Section 2. Assistance
Section deuxième. De l'assistance

Afdeling 3. Avarij-grosse 168
Section 3. General average
Section troisième. Des avaries communes

Afdeling 4. Gevaarlijke stoffen aan boord van een zeeschip 169
Section 4. Dangerous substances on board a sea-going vessel
Section quatrième. Des matières dangereuses à bord d'un navire de mer

Titel 7. Beperking van aansprakelijkheid 179
Title 7. Limitation of Liability
Titre septième. De la limitation de la responsabilité

III. Binnenvaartrecht 180
III. Inland Waterway Law
III. Du droit de la navigation intérieure

Titel 8. Het binnenschip en de zaken aan boord daarvan 180
Title 8. The Inland Waterway Vessel and the Things on board thereof
Titre huitième. Du bateau de navigation intérieure et des choses à bord

Afdeling 1. Rederij van het binnenschip 180
Section 1. The shipping enterprise of the inland waterway vessel
Section première. De l'entreprise d'armement du bateau de navigation intérieure

Afdeling 2. Rechten op binnenschepen 181
Section 2. Rights in inland waterway vessels
Section deuxième. Des droits sur les bateaux de navigation intérieure

Afdeling 3. Huurkoop van teboekstaande binnenschepen 192
Section 3. Hire-purchase of registered inland waterway vessels
Section troisième. De la location-vente de bateaux de navigation intérieure immatriculés

Afdeling 4. Voorrechten op binnenschepen 200
Section 4. Privileges on inland waterway vessels
Section quatrième. Des privilèges sur les bateaux de navigation intérieure

Afdeling 5. Voorrechten op zaken aan boord van binnenschepen 206
Section 5. Privileges on things on board inland waterway vessels
Section cinquième. Des privilèges sur des choses à bord de bateaux de navigation intérieure

Afdeling 6. Slotbepalingen 210
Section 6. Final provisions
Section sixième. Dispositions finales

Titel 9. Bemanning van een binnenschip 212
Title 9. The Crew of an Inland Waterway Vessel
Titre neuvième. De l'équipage d'un bateau de navigation intérieure

Afdeling 1. Gereserveerd 212
Section 1. Reserved
Section première. Réservés

Afdeling 2. Schipper 212
Section 2. The master
Section deuxième. Du capitaine

INHOUDSOPGAVE

Afdeling 3. Gereserveerd — 213
Section 3. Reserved
Section troisième. Réservés

Titel 10. Exploitie — 214
Title 10. Operation
Titre dixième. De l'exploitation

Afdeling 1. Algemene bepalingen — 214
Section 1. General provisions
Section première. Dispositions générales

Afdeling 2. Overeenkomst van goederenvervoer over binnenwateren — 214
Section 2. The contract of carriage of goods by inland waterways
Section deuxième. Du contrat de transport de marchandises par eaux intérieures

Afdeling 3. Overeenkomst van personenvervoer over binnenwateren — 266
Section 3. The contract of carriage of persons by inland waterways
Section troisième. Du contrat de transport de personnes par eaux intérieures

Afdeling 4. Enige bijzondere overeenkomsten — 276
Section 4. Some special contracts
Section quatrième. De quelques contrats particuliers

Titel 11. Ongevallen — 281
Title 11. Accidents
Titre onzième. Des accidents

Afdeling 1. Aanvaring — 281
Section 1. Collision
Section première. De l'abordage

Afdeling 2. Hulpverlening — 284
Section 2. Assistance
Section deuxième. De l'assistance

Afdeling 3. Avarij-grosse — 285
Section 3. General average
Section troisième. Des avaries communes

Afdeling 4. Gevaarlijke stoffen aan boord van een zeeschip — 286
Section 4. Dangerous substances on board a sea-going vessel
Section quatrième. Des matières dangereuses à bord d'un navire de mer

Titel 12. Gereserveerd — 297
Title 12. Reserved
Titre douzième. Réservés

IV. Wegvervoersrecht — **298**
IV. Road Transport Law
IV. Du droit du transport routier

Titel 13. Wegvervoer — 298
Title 13. Road Transport
Titre treizième. Du transport routier

Afdeling 1. Algemene bepalingen — 298
Section 1. General provisions
Section première. Dispositions générales

Afdeling 2. Overeenkomst van goederenvervoer over de weg — 299
Section 2. Contract of carriage of goods by road
Section deuxième. Le contrat de transport de marchandises par route

Afdeling 3. Overeenkomst van personenvervoer over de weg 332
Section 3. Contract of carriage of persons by road
Section troisième. Du contrat de transport de personnes par route

Afdeling 4. Verhuisovereenkomst 344
Section 4. Contract of removal
Section quatrième. Du contrat de déménagement

Titel 14. Ongevallen 362
Title 14. Accidents
Titre quatorzième. Des accidents

Afdeling 1. Gevaarlijke stoffen aan boord van een voertuig 362
Section 1. Dangerous substances on board a vehicle
Section première. Des matières dangereuses à bord d'un véhicule

V Luchtrecht 375
V Air Law
V Du droit aérien

Titel 15. Het luchtvaartuig 375
Title 15. The aircraft
Titre quinzième. De l'aéronef

Afdeling 1. Rechten op luchtvaartuigen 375
Section 1. Rights on aircraft
Section première. Des droits sur les aéronefs

Afdeling 2. Voorrechten op luchtvaartuigen 382
Section 2. Privileges on aircraft
Section deuxième. Des privilèges sur les aéronefs

Afdeling 3. Slotbepaling 385
Section 3. Final Provision
Section troisième. Disposition finale

VI. Vervoer langs spoorstaven 386
VI. Transport on Rails
VI. Du transport par chemin de fer

Titel 19. Ongevallen 386
Title 19. Accidents
Titre dix-neuvième. Des accidents

Afdeling 4. Gevaarlijke stoffen aan boord van een spoorrijtuig 386
Section 4. Dangerous substances on board a railroad car
Section quatrième. Des matières dangereuses à bord d'un wagon de chemin de fer

VII. Slotbepalingen 399
VII. Final Provisions
VII. Dispositions finales

Titel 20. Verjaring en verval 399
Title 20. Prescription and Lapse of Time
Titre vingtième. De la prescription et de la déchéance

Afdeling 1. Algemene bepalingen 399
Section 1. General provisions
Section première. Dispositions générales

INHOUDSOPGAVE

    Afdeling 2. Goederenvervoer   400
    Section 2. Carriage of goods
    Section deuxième. Du transport des biens

    Afdeling 3. Bijzondere exploitatie-overeenkomsten   408
    Section 3. Special contracts of operation
    Section troisième. Des contrats d'exploitation particuliers

    Afdeling 4. Overeenkomst tot het doen vervoeren van goederen   409
    Section 4. Contract to forward goods
    Section quatrième. Du contrat à faire transporter des marchandises

    Afdeling 5. Vervoer van personen   411
    Section 5. Carriage of persons
    Section cinquième. Du transport de personnes

    Afdeling 6. Reisovereenkomst   415
    Section 6. The travel contract
    Section sixième. Du contrat de voyage

    Afdeling 7 Rederij   415
    Section 7. Shipping entreprise
    Section septième. De l'entreprise d'armement

    Afdeling 8. Rechtsvorderingen jegens kapitein of schipper   416
    Section 8. Actions against the captain or master
    Section huitième. Des actions en justice contre le capitaine

    Afdeling 9. Aanvaring   416
    Section 9. Collisions
    Section sixième. De l'abordage

    Afdeling 10. Hulpverlening   419
    Section 10. Assistance
    Section dixième. De l'assistance

    Afdeling 11. Avarij-grosse   422
    Section 11. General average
    Section onzième. Des avaries communes

    Afdeling 12. Gevaarlijke stoffen aan boord van een zeeschip, een binnenschip, een voertuig en een spoorrijtuig   424
    Section 12. Dangerous substances on board a sea-going vessel, an inland waterway vessel, a vehicle and a railway car
    Section douzième. Des matières dangereuses à bord d'un navire de mer, d'un bateau de navigation intérieure, d'un véhicule ou d'un wagon de chemin de fer

Subject Index   429
Index alphabétique   433
Trefwoordregister   437

PREFACE

This book contains the English and French translation of Book 8 of the Netherlands Civil Code, dealing with transport law. It follows the translation of Books 3, 5 and 6 of the Netherlands Civil Code, published in 1990, and dealing with patrimonial law.[1] The success of the first translation has inspired the translators to continue their work and to publish this second part of the translation of the Netherlands Civil Code in the same format as the first one.

As Mrs Nicole van der Horst points out in her Introduction, Book 8 of the Dutch Code differs from the other Books in several respects. For the translation, the most significant difference is that the various parts of Book 8 dealing with different modes of carriage have been drafted in such a fashion that they can be consulted autonomously. As a consequence, rules for one mode, for instance maritime law, are repeated for other modes, for instance inland waterway law, road transport law or rail transport law, with the necessary adjustments.

For each of those repetitions, the translation adopts the same vocabulary and sentence structure. For each article, the translators have had to take into account the possibility of a repetition elsewhere in Book 8. Computer technology has been of great assistance in identifying repetitions. Once identified, a repetition cannot always be copied literally, because the legislator has often made minor adjustments to repetitive articles, in order to take into consideration the specific characteristics of the mode of carriage involved. For each article, the translators have had to ask themselves the question whether there are substantive differences behind differences in form, and how to express that in the translation. To give but one example: in articles 8:495 and 8:960, there is a slight difference in the possibility to request a judicial inquiry in the case of suspected loss or damage. Article 8:495 stipulates that such inquiry may take place before, at or immediately after delivery (*vóór, bij of terstond na*), whereas article 8:960 does not allow inquiry before delivery.

This translation adopts the same vocabulary as the previous one. However, Book 8 often being the codification of international agreements, frequently a choice had to be made between the "standard" English and French vocabulary of the previous translation and that of the international agreements. Whereas the French translation generally keeps to the vocabulary of the international agreements, the English translation tends to adopt the "standard" vocabulary. This is principally because the English translation attempts to use "civilian English" rather than "common law English," as found in the international agreements. Thus article 8:197 provides that the only "real rights" in a vessel, ... are ... "hypothec," "usufruct," ... The term "real rights" is used as the title of Book 5 of the Civil Code and in articles 5:85 and 5:101; "hypothec" and "usufruct" are defined in

---

[1] *New Netherlands Civil Code - Patrimonial Law / Le nouveau Code civil néerlandais - Le droit patrimonial* (translated by P.P.C. Haanappel and E. Mackaay) Kluwer Law and Taxation Publishers, Deventer, Netherlands and Boston, MA, 1990 (528 p.).

articles 3:227 and 3:201. On occasion, both in English and in French, it has been necessary to use neologisms. For instance, *overeenkomst voor liggen en/of varen* in article 8:994, in English, becomes "contract of berth and/or sailing" and, in French, *contrat d'affrètement pour séjourner ou naviguer*, and this by analogy with *ligovereenkomst* - "contract of berth"/*contrat d'affrètement en séjour*.

The translation has followed the same sequence as in the past. A first translation was prepared by the undersigned, Haanappel into English, Mackaay into French. The two translators no longer both living in Montreal, the initial drafts were harmonised using modern means of communication, and, more traditionally, through a number of meetings in Amsterdam and Montreal. Electronic mail should facilitate this task in the future. Translations were then reread, in each language, by linguistic advisers and corrected in the light of their observations. Finally, the two languages were read jointly and compared in detail with a view to identifying and removing the remaining differences.

As the previous one, this translation has been made possible through a grant from the Ministry of Justice of The Netherlands. At the Ministry, after the departure of A.S. Hartkamp, now Advocate-General in the Dutch Supreme Court (*Hoge Raad der Nederlanden*), the translation has found the enthusiastic support of Mrs Nicole van der Horst, counsel responsible for the preparation of Book 8.

This book contains a great number of technical terms, specific for maritime and inland waterway law. The translators wish to thank the following specialists who have been kind enough to offer their assistance to find the right terms in English and French: Professor William Tetley of the Faculty of Law of McGill University; Professor Jean Pineau of the Faculty of Law of the *Université de Montréal*; Mr Maarten Claringbould and Mr Taco van der Valk, at the offices of Nauta Dutilh, advocates in Rotterdam, whose mastery of maritime law terminology, in their mother tongue and in the two languages of translation, merits special mention. Mr van der Valk has also been kind enough to provide detailed comments upon the initial translation of the first three Parts of Book 8.

The linguistic revision of the translation is the work, in English, of Mr Jitendra S. Thaker, at present of the Office for Outer Space Affairs of the United Nations Office in Vienna, and in French, of Professor Jean-Claude Gémar, Director of the Department of Linguistics at the *Université de Montréal*. Encouraged by the success of the first translation amongst comparative law specialists, Emeritus Professor Paul-A. Crépeau, O.C., Q.C., of the Royal Society of Canada and Director of the Quebec Research Centre of Private & Comparative Law, has accepted, once more, to undertake a final reading of the English and French texts. Ms Maike Koenders, Associate Editor with Kluwer in The Netherlands, has been particularly helpful in setting up the analytical indices in the three languages. Mrs Madeleine Bélanger has put the final touches to the presentation of the text.

The undersigned are solely responsible for the quality of the translation.

P.P.C. Haanappel	Ejan Mackaay
Adjunct Professor, McGill University, Montreal	Professor of Law
Director, European Affairs, IATA, Geneva	*Université de Montréal*

October 1995

PRÉFACE

Le présent livre comporte les traductions anglaise et française du Livre huitième du Code civil néerlandais, portant sur le droit des transports. Il est la suite de la traduction, parue en 1990, des Livres 3, 5, 6 et 7 du Code civil néerlandais, portant sur le droit patrimonial[1]. La réception encourageante réservée à la première traduction a incité les traducteurs à poursuivre le travail et à présenter cette nouvelle tranche de la traduction du Code civil néerlandais sous la même forme que la précédente.

Le Livre huitième du Code néerlandais se distingue à plusieurs égards des autres Livres, comme le souligne Mme Nicole van der Horst dans son Introduction. Pour la traduction, il convient de relever que les parties de ce Livre traitant de modes de transport distincts sont conçues afin d'être consultables de manière autonome. Il en résulte que, sur de nombreux points, des règles prévues pour une branche, par exemple le droit maritime, se retrouvent dans celles relatives aux autres, tels le droit de la navigation intérieure ou celui du transport routier ou par chemin de fer, avec les adaptations qui s'imposent.

Il convient d'adopter, pour la traduction de chacune de ces «répétitions», le même vocabulaire, les mêmes tournures. À chaque article, le traducteur doit donc se douter de l'existence de «répétitions» ailleurs dans le Livre huitième et s'efforcer de les repérer. Cette tâche a été heureusement facilitée par l'informatique. Les «répétions» étant repérées, il ne suffit pas simplement de les copier d'un article à l'autre, car le codificateur reprend souvent les dispositions avec les adaptations mineures imposées par la nature du mode de transport. Le traducteur doit donc comparer minutieusement les textes des «répétitions» et se demander, le cas échéant, si des différences de fond se cachent derrière les différences de forme et comment les rendre dans la langue de traduction. Ainsi, les articles 8:495 et 8:960, portant sur la possibilité de présenter une requête au juge afin d'obtenir une enquête judiciaire en cas de pertes ou de dommages soupçonnés, sont identiques à un détail près. L'article 8:495 prévoit que l'enquête peut avoir lieu avant, pendant ou immédiatement après la livraison (*vóór, bij of terstond na*), alors que l'article 8:960 ne le permet pas avant la livraison.

La présente traduction adopte le même vocabulaire que la précédente. On retrouvera ainsi, pour le terme charnière, mais presque intraduisible, des *maatstaven van redelijkheid en billijkheid*, la traduction «critères de raison et d'équité». Le Livre huitième étant fortement inspiré des Conventions internationales, la traduction française reprend souvent les formules employées dans ces Conventions, même là où une tournure différente aurait pu paraître plus moderne ou plus légère. Ainsi, l'expression néerlandaise *roekeloos en met de wetenschap dat die schade er waarschijnlijk uit zou voortvloeien* (art. 8:79 et

---

[1] *New Netherlands Civil Code - Patrimonial Law / Le nouveau Code civil néerlandais - Le droit patrimonial* (traduit par P.P.C. Haanappel et E. Mackaay) Kluwer Law and Taxation Publishers, Deventer, Pays-Bas et Boston, MA, 1990 (528 p.).

PRÉFACE

maints autres) a été rendue par «témérairement et avec conscience qu'un dommage en résulterait probablement», formule que l'on trouve, entre autres, à l'article 4 de la Convention CLNI[1] et à l'article 10, paragraphe premier, de la Convention CRTD[2]. De même, l'expression néerlandaise *een omstandigheid die een zorgvuldig vervoerder heeft kunnen vermijden en waarvan zulk een vervoerder de gevolgen heeft kunnen verhinderen*, que l'on trouve à l'article 8:105 et, avec de légères variations, plus de vingt fois ailleurs dans le Livre huitième, a été rendue par «circonstance qu'un transporteur diligent a pu éviter et aux conséquences desquelles un tel transporteur a pu obvier», formule provenant de l'article 17, paragraphe 2, de la Convention CMR[3].

En anglais, la traduction emploie, comme son prédécesseur, la terminologie civiliste. Celle-ci peut paraître inhabituelle au juriste de common law. Elle évite, cependant, la suggestion que les termes du Code civil ont le même «bagage conceptuel» que les termes correspondants de common law. C'est pourquoi l'article 8:197 déclare que les seuls *real rights* sur un navire sont ..., *hypothec*, *usufruct* .... Le premier terme paraît dans le titre du Livre cinquième et aux articles 5:85 et 5:101; les deux autres termes sont définis aux articles 3:227 et 3:201.

Dans quelques cas, les termes spécialisés du droit maritime ou du droit de la navigation intérieure ne paraissent pas avoir d'équivalent direct en français. Ainsi le *overeenkomst voor liggen en/of varen* de l'article 8:994 est rendu en anglais par «*contract of berth and/or sailing*», et en français par «contrat d'affrètement pour séjourner ou naviguer». Ce terme est construit par analogie avec *ligovereenkomst* - «*contract of berth*»/«contrat d'affrètement en séjour».

Le processus de la traduction a suivi les mêmes étapes que par le passé. Une première traduction fut préparée par les deux soussignés, Haanappel vers l'anglais, Mackaay vers le français. Les deux traducteurs ne se trouvant plus tous deux à Montréal, l'harmonisation a dû s'effectuer par les moyens modernes de communication et, de manière plus conventionnelle, lors de rencontres à Amsterdam et à Montréal. Le courrier électronique devrait faciliter cette tâche à l'avenir. Les traductions ont ensuite été relues, dans chaque langue, par des conseillers linguistiques et corrigées à la lumière de leurs observations. Enfin, une lecture conjointe et pointilleuse des deux langues a permis de mettre au jour les discordances subsistantes entre elles.

Cette traduction, comme la précédente, a été rendue possible grâce à une subvention du ministère de la Justice des Pays-Bas. Au ministère, elle a reçu, après le départ de M. Arthur S. Hartkamp, devenu avocat-général près la Cour de cassation des Pays-Bas (*Hoge Raad der Nederlanden*), l'appui enthousiaste de Mme Nicole M. van der Horst, conseillère juridique responsable de la préparation du Livre huitième du Nouveau Code civil.

Le présent Livre comporte un grand nombre de termes techniques spécifiques à la navigation maritime et intérieure. Pour trouver le mot juste en anglais et en français, les traducteurs ont fait appel à des spécialistes qu'ils

---

[1] *Convention de Strasbourg sur la limitation de la responsabilité en navigation intérieure*, conclue le 4 novembre 1988.
[2] *Convention sur la responsabilité civile pour les dommages causés au cours du transport de marchandises dangereuses par route, rail et bateaux de navigation intérieure*, conclue le 10 octobre 1989, à Genève.
[3] *Convention relative au contrat de transport international de marchandises par route*, conclue le 19 mai 1956, à Genève.

tiennent à remercier ici: MM. les professeurs Jean Pineau, à la Faculté de droit de l'Université de Montréal, et William Tetley, à la Faculté de droit de l'Université McGill; Mes Maarten Claringbould et Taco van der Valk, avocats au cabinet Nauta Dutilh de Rotterdam, dont la connaissance encyclopédique de la terminologie du droit maritime, aussi bien en leur langue maternelle que dans les deux langues de traduction, mérite d'être soulignée. Me van der Valk s'est également chargé de relire un premier jet de la traduction des trois premières parties et à faire des observations détaillées et précieuses.

La révision linguistique de la traduction est l'oeuvre de M. Jitendra S. Thaker, maintenant rattaché à l'*Office for Outer Space Affairs*, qui fait partie de l'Office des Nations Unies à Vienne, pour l'anglais et M. le professeur Jean-Claude Gémar, directeur du Département de linguistique et philologie de l'Université de Montréal, pour le français. Encouragé par le succès de la première traduction dans les milieux des comparatistes, M. le professeur Paul-A. Crépeau, o.c., c.r., de la Société royale du Canada, directeur du Centre de recherche en droit privé et comparé du Québec, a accepté, de nouveau, de faire la lecture finale de l'anglais et du français conjointement. Mme Maike Koenders, éditeur adjoint chez Kluwer aux Pays-Bas, a joué un rôle essentiel dans la création des index analytiques dans les trois langues. Mme Madeleine Bélanger s'est chargée de la mise en forme finale du manuscrit.

Les soussignés sont seuls responsables de la qualité de la traduction.

P.P.C. Haanappel
professeur associé, *McGill University*, Montreal
directeur des Affaires européennes, IATA, Genève

Ejan Mackaay
professeur de droit à
l'Université de Montréal

octobre 1995

INTRODUCTION

Nicole M. van der Horst[1]

1. In 1961, Henri Schadee—practitioner at Rotterdam, professor *extraordinarius* in comparative maritime law at the State University of Leyden and at the Erasmus University in Rotterdam—was commissioned to draft that part of the New Civil Code dealing with maritime law, to which were later added the parts dealing with inland waterway law and road transport. The accomplishment of this task gave rise to Book 8 of the New Civil Code, entitled *Traffic Means and Transport*.

2. The major portion of Book 8 of the Civil Code entered into force on 1 April 1991. At the time, the following parts of Book 8 were complete:

I. General provisions;
II. Maritime law;
III. Inland waterway law;
IV. Road transport law.

At present these are still the only parts in force. Air law is in preparation. For the time being, the following statutes still apply in this field: the Carriage by Air Act[2] and the Act on Registered Aircraft.[3] In the future, the private law part of carriage of goods by rail will also be included in Book 8. Until such time, the following statutes apply: the Railway Act,[4] the Local Railway and Tramway Act,[5] and the General Regulation on Transport.[6] However, the carriage of dangerous substances on board a railroad car has already been included in Book 8, and this in Section 4 of Title 19. The carriage of persons by rail has been enacted in Section 5 of Title 2 of Book 8. For these two means of transport, space has been reserved in Titles 15, 16, 17 and 19. Also yet to be included in Book 8, Title 4 and Title 9, are the provisions on labour law.

3. In the New Civil Code, commercial law and civil law have been merged. Commercial law has been enacted in Book 2 (Legal persons), Book 7 (Special

---

[1] Legal Counsel, New Civil Code Section of the Ministry of Justice of the Netherlands.
[2] *Wet luchtvervoer*, Act of 10 September 1936, *Staatsblad* (Official Journal) 523.
[3] *Wet teboekgestelde luchtvaartuigen*, Act of 6 March 1957, *Staatsblad* (Official Journal) 72.
[4] *Spoorwegwet*, Act of 9 April 1875, *Staatsblad* (Official Journal) 670.
[5] *Locaalspoor- en Tramwegwet*, Act of 9 July 1900, *Staatsblad* (Official Journal) 118.
[6] *Algemeen Reglement Vervoer*, Decision of 20 December 1966, *Staatsblad* (Official Journal) 556.

contracts), and Book 8 (Transport law). Once the entire recodification completed, the Code of Commerce will only contain some provisions of a public law nature which, eventually, will have to find their place in public law legislation.

4. The New Civil Code is characterised by a layered structure. This has been accomplished in two manners: on the one hand, by the organisation into Books, Titles and Sections; on the other, by so-called "chain provisions", whereby articles are declared applicable *mutatis mutandis* to juridical relationships for which they have not been literally designed. Book 3 contains the general part of patrimonial law. It contains the rules and the juridical relationships which are of importance for all property. Book 6 governs obligations in general. Special contracts are laid down in Books 7 and 8. In this whole system, however, Book 8 is a special case. Although Books 3 and 6 contain general provisions which also apply to transport, *e.g.* with respect to the formation of the contract, and given the fact that transport law is often based on international agreements, Book 8 has received a structure which somewhat deviates from the remainder of the Civil Code.

The transport treaties to which the Netherlands is a party, have always been included in the Netherlands national legislation in a form which suits that legislation. This methodology has also been followed in Book 8. In the process of incorporating the treaty into national legislation, its text is, inasmuch as possible, translated literally so as to avoid any statutory interpretation of the treaty. In making provisions for juridical relationships, not governed by any treaty, attempts are made to align them with the treaty rules, to the extent possible. This book forms, as if it were, a particular return to sources, since it is the translation into English and French of a piece of Dutch legislation which itself is in large part a translation of texts drafted in those languages.

5. Book 8 is not limited to the contract of carriage. It also contains rules on the shipping enterprise of vessels, the registration of vessels, rights in vessels, and the privileges on vessels and cargo. In addition, Book 8 contains rules for accidents on sea and on inland waterways, and provisions for the limitation of liability in maritime and inland waterway transport.

With the exception of provisions in Title 1, containing definitions which apply to the whole Code, each mode of transport has received its own, complete regulation. Title 2 contains general provisions regarding the carriage of persons (Section 1 and 4). It is not so much the general provisions on carriage by sea, inland waterways and road, which are involved, but rather rules on carriage by new transportation techniques for which no special statutory rules have as yet been given, neither in Book 8 nor in any special statute such as, for instance, the Carriage by Air Act. In doing so, the legislators have thought of, for example, carriage by pipeline or cable car. The general provisions also apply to subjects falling outside the scope of modes of transport for which specific provisions have been given: the contract of towing and the carriage by tow truck may be cited as examples. Title 2 is therefore a "safety net" for all subjects for which there are no special rules.

6. Given the fact that, in the field of transport law, the Netherlands is a party to numerous international agreements, there is limited scope for innovation. Nevertheless, where no treaties are in force or where treaty law so permits, rather significant modifications have been made.

A. MARITIME LAW

a. Old maritime law in the Code of Commerce dates back to 1924. It had a broad scope. Many provisions were never applied and were replaced by different rules, agreed between the parties. As a result, large parts of the old law had become a dead letter, such as, for instance, the rules on general average. Titles 3 - 7 of Book 8 have vastly improved the system of maritime law, and they have limited its content considerably. The old Code of Commerce regulated the juridical aspects of the operation of a vessel in more than 200, often repetitive articles. In Book 8, far fewer articles, namely 66, suffice by regulating the contract to charter a vessel for the purpose of carriage as a contract of carriage. Chartering for purposes other than carriage is governed by 3 articles (articles 530 - 532). Otherwise, the major part of carriage of goods by sea, the carriage under bill of lading, is governed by the Hague-Visby rules.

b. In Book 8, the *reder* (shipowner) has become the owner of the vessel (article 10), and he is no longer the vessel's operator as under the former law (article 320 of the Code of Commerce). Pursuant to article 360, in addition to the bare-boat charterer (article 530), the shipowner is solidarily liable with him for claims resulting from juridical acts which bind the shipowner or a bare-boat charterer, and which are directly intended to put the vessel into operation or to keep it in operation. In large measure this system leads to the same result as the system of the former law. Just as under the former law, shipowner and bare-boat charterer are liable with their entire patrimony (article 3:276).

The owner of the vessel if not liable for claims resulting from contracts of carriage entered into by the bare-boat charterer (article 360, paragraph 3). The owner of the vessel is liable for damage caused by collision involving the vessel. It is noteworthy that the new law extends the notion of "collision" to all cases in the maritime environment in which the vessel causes damage (articles 541 and 544). In connection herewith, the liability resting upon the operator of the vessel pursuant to the old article 321, paragraph 2 of the Code of Commerce, has not returned in Book 8. Furthermore, the owner is liable for remuneration for salvage (article 566) and for contributions in general average (article 612).

B. INLAND WATERWAY LAW

For the same reasons as in maritime law, it was deemed desirable to have a codification better suited to today's situation than the rules in the Code of Commerce, dating back to the year 1939. In addition, amongst those rules, the ones derived from maritime law regarding the liability of the carrier, in part compulsory law[1], had never entered into force. At the time, the practice of law objected to the compulsory nature of the rules, and it preferred to follow freedom of contract as applicable in the law of carriage by road, leading to a situation whereby the carrier exonerated himself for almost all liability. In the meantime, however, compulsory law began to appear in all modes of transport. This also applied to carriage by road where, in the 1950s, the Convention on the Contract

---

[1] In civil law systems, parties to a contract may derogate from "suppletive" law, but not from "compulsory" law (*ius dispositivum* vs *ius cogens*)

of International Carriage by Road, containing compulsory law, had come into being. In view of all these developments, it was no longer justified to have complete freedom of contract in the field of inland waterway transport.

C. ROAD TRANSPORT LAW

The Code of Commerce never contained separate rules for road transport law. In anticipation of the coming into force of Book 8, the Act on Road Transport Contracts (*Wet Overeenkomst Wegvervoer*) was adopted and brought into force in 1983. This Act has been included in its entirety in Title 13 of Book 8.

D. THE LAW OF CARRIAGE OF PERSONS

Whereas the former law left much to freedom of contract, Book 8 contains much compulsory law for carriage of persons by sea, inland waterways and road. The rules on domestic public carriage of persons in Section 5 of Title 2 of Book 8 are entirely new. In anticipation of the coming into force of Book 8, these rules had already been brought into force in 1988. They concern all carriage according to a schedule, and also carriage by rail, even without a schedule.

E. THE CONTRACT TO FORWARD GOODS AND COMBINED CARRIAGE

In addition to the general provisions for the carriage of goods and persons, already mentioned above, the general provisions also contain rules for the contract to forward goods in Section 3 of Title 2 of Book 8. These rules are more precise than the old legislation in the Code of Commerce. Furthermore, the general provisions also provide for rules for combined carriage in Section 2 of Title 2, finally bringing clarity to the question which juridical rules apply if it is unclear where damage has arisen. Article 43 of Book 8 provides that the liability of the carrier is determined by those juridical rules which apply to that part of the carriage where the fact leading to damage may have arisen and from which the highest amount of damages results.

7. The shipowner, lessor, charterer, carrier and their co-contracting parties can be sued extra-contractually with respect to things or persons carried, either by a party to the contract or by a third person. Dutch legal literature designates the direct action by which a third person sues the carrier extra-contractually by the chess term "knight's jump". Book 8 contains rules derogating from the former law for the effect of stipulations in the contract of operation of a vessel with respect to these "third persons". For contracts of operation of sea-going vessels, articles 361 - 366 of Book 8 contain such rules. In Article 880, these articles are declared applicable *mutatis mutandis* to inland waterway law; and in Article 1081 to road transport law.

These rules channel the extra-contractual liability of parties to such contracts into a contractual setting according to a system which is different from the former maritime and inland waterway law. Pursuant to Book 8, the party sued may, in order to protect himself, invoke the contract which the plaintiff has entered into with respect to the interest having suffered damage.

To illustrate, let us imagine the following complex chain of contracts involving persons A to F and a third party G. A contracts with B, B with C, and so on. The shipowner (A), as bare-boat charterer, enters into a contract (bare-boat charter) with B; the bare-boat lessor (B), as time charterer, enters into a time-charter with C; the time lessor (C), as voyage-charterer, enters into a voyage-charter with D; the voyage-lessor (D), as carrier, enters into a contract of carriage with E; the consignor (E), as sub-carrier, enters into a sub-contract of carriage with consignor (F); G is a third party without contract with any of the aforementioned persons. If one of the persons A to G sues another with whom he has no contract, Book 8 provides that the person sued can invoke in defence the contract the suing person himself entered into with the person closed in the chain of contract to the person so sued. Thus, if A is sued by E, he can invoke the provisions of the contract of carriage ED; if B sues F, the latter can rely in defence upon the provisions of the time-charter BC; finally, if the third person G sues A, the provisions of the sub-contract of carriage FE can be invoked against him.

Under the former law, the party sued could invoke the contract which he himself had entered into with respect to the goods and persons having suffered damage. An important drawback of that system was the fact that the third person, having suffered damage, was faced by a contract between parties whom he does not know and by a contract on which he has not been able to exercise any influence; he cannot calculate the extent of the risk that he has incurred, which does not promote insurability. Furthermore, the old system led to a situation whereby the party sued would insert all kinds of stipulations into the contract with his co-contracting party which are essentially alien to that contract, but which, at the appropriate time, he might want to invoke against the third person - plaintiff.

This system, chosen in Book 8, has the same basis as that of several international transport law agreements: Article 4, paragraph 2 of the Brussels Convention,[1] Articles II and III of the Guadalajara Convention,[2] Article 4 of the Athens Convention,[3] Article 24 of the Warsaw Convention,[4] and Article 51 of the COTIF-CIM Convention.[5]

8. The new provisions of private international law (conflicts of law) are not included in Book 8. They can be found in the Act of 18 March 1993.[6]

---

[1] *International Convention for the Unification of Certain Rules of Law Relating to Bills of Lading*, done at Brussels, 25 August 1924.
[2] *Convention Supplementary to the Warsaw Convention, for the Unification of Certain Rules Relating to International Carriage by Air Performed by a Person Other than the Contracting Carrier*, done at Guadalajara, 18 September 1961.
[3] *Convention Relating to the Carriage of Passengers and their Luggage by Sea*, done at Athens, 13 December 1974.
[4] *Convention for the Unification of Certain Rules Relating to International Carriage by Air*, done at Warsaw, 12 October 1929.
[5] *Convention Relating to International Rail Transport (COTIF)* and its Annex B: *Uniform Rules Concerning the Contract for International Carriage of Goods by Rail (CIM)*, done at Berne, 9 May 1980.
[6] *Staatsblad* (Official Journal) 168.

INTRODUCTION

9. Sections 2 of Titles 3 and 8 of Book 8 govern the registration of vessels. A registered vessel is registered property which, besides the just mentioned sections, is subject to the provisions respecting registered property in Book 3. The detailed rules governing the public registers and registration of vessels can be found in the Land Registry Act,[1] the Order respecting the Land Registry[2] and the Regulation respecting Registered Vessels.[3]

10. The seizure and execution of vessels, as well as their seizure before judgement are governed by the provisions of the Code of Civil Procedure (Book II, Title 4, section 1 and Book III, Title 4, Section 6A). Seizure before judgement of vessels is governed not only by articles 700 to 710, but also by articles 730 to 737 and 765 to 767 of Code of Civil Procedure. Where, however, the Brussels Convention[4] is applicable to a seizure before judgement of a vessel, its provisions apply directly.

The new system is based on the principle that execution takes place by sale before a notary. The principle is subject, however, to an important exception where foreign sea-going vessels are concerned. For these vessels, article 575 maintains, in slightly simplified form, the possibility of execution at a public court hearing. This form of execution offers the best guarantee of being accepted abroad, in particular in the country of the flag of the vessel, where the effects of the execution will have to be recorded in the local registers in accordance with provisions of domestic law.

---

[1] *Kadasterwet* (Act of 3 May 1989, Stb. 186).
[2] *Kadasterbesluit* (Stb. 1991, 571).
[3] *Maatregel teboekgestelde schepen* (Stb. 1991, 572).
[4] *International Convention for the Unification of Certain Rules Relating to the Arrest of Sea-Going Ships*, done at Brussels, 10 May 1952.

INTRODUCTION

Nicole M. van der Horst[1]

1. En 1961, M. Henri Schadee, avocat à Rotterdam et professeur extraordinaire en droit maritime à l'Université de Leyde et en droit du transport à l'Université Erasmus à Rotterdam, reçut mission de rédiger la partie du Nouveau Code civil néerlandais, portant sur le droit maritime, mission élargie par la suite pour inclure également les parties portant sur le droit de la navigation intérieure et du droit de transport routier. L'accomplissement de cette mission a donné lieu au Livre huitième du Nouveau Code civil, intitulé *Des moyens de transport et du transport*.

2. Le Livre huitième est entré en vigueur au 1er avril 1991. Les parties alors complétées étaient:

I. Dispositions générales;
II. Du droit maritime;
III. Du droit de la navigation intérieure
IV. Du droit du transport routier

Ces parties sont encore les seules en vigueur au moment de mettre sous presse. Une partie portant sur le droit aérien est en préparation. Pour l'instant, ce droit continue d'être régi par la *Loi sur le transport aérien*[2] et par la *Loi sur les aéronefs immatriculés*[3]. Ultérieurement, le droit privé du transport des marchandises par rail doit également faire partie du Livre huitième. Jusqu'alors, ce droit demeure régi par la *Loi sur les chemins de fer*[4] et par la *Loi sur les chemins de fer locaux et les tramways*[5], ainsi que par le *Décret général concernant le transport*[6]. Le transport des matières dangereuses à bord d'un wagon de chemin de fer fait, cependant, déjà l'objet d'une réglementation dans le Livre huitième, à la section quatrième du Titre dix-neuvième. Le transport des personnes par chemin de fer fait l'objet de la section cinquième du Titre deuxième de ce Livre. Les règles relatives à ces deux modes de transport se trouveront aux Titres quinzième, seizième, dix-septième et

---

[1] Conseillère juridique, Section du Nouveau Code civil au Ministère de la Justice des Pays-Bas.
[2] *Wet luchtvervoer*, loi du 10 septembre 1936, *Staatsblad* (Journal Officiel) 523.
[3] *Wet teboekgestelde luchtvaartuigen*, loi du 6 mars 1957, *Staatsblad* (Journal Officiel) 72.
[4] *Spoorwegwet*, loi du 9 avril 1875, *Staatsblad* (Journal Officiel) 670.
[5] *Locaalspoor- en Tramwegwet*, loi du 9 juillet 1900, *Staatsblad* (Journal Officiel) 118.
[6] *Algemeen Reglement Vervoer*, Décret du 20 décembre 1966, *Staatsblad* (Journal Officiel) 556.

dix-neuvième, actuellement réservés. Doivent également être ajoutées les dispositions concernant les relations de travail, qui trouveront une place aux Titres quatrième et neuvième.

3. Dans le Nouveau Code civil, le droit commercial et le droit civil ont été fusionnés. Le droit commercial se trouve actuellement au Livre deuxième (droit des personnes morales), au Livres septième (contrats nommés) et au Livre huitième (droit du transport). Lorsque la recodification sera complète, le Code de commerce ne comportera plus que des dispositions de droit public, qui devront, elles aussi, ultérieurement trouver leur place ailleurs, dans des lois de droit public.

4. Le nouveau Code civil se caractérise par sa structure étagée. Cette structure a deux volets. D'abord, le Code se compose de Livres, de Titres et de Sections; puis, il comporte ce qu'on pourrait appeler des dispositions d'enchaînement, par lesquelles des articles sont déclarés applicables par analogie à des rapports juridiques pour lesquels ils n'ont pas été rédigés. Le livre troisième comprend la partie générale du droit patrimonial, comportant des règles et des rapports juridiques touchant tous les biens. Le Livre sixième régit les obligations en général. Les contrats particuliers trouvent leur place dans les Livres septième et huitième. Le Livre huitième occupe, cependant, une place tout à fait singulière dans ce système. Bien que les dispositions générales des Livres troisième et sixième, par exemple en matière de formation des contrats, régissent également le droit des transports, ce droit repose principalement sur des conventions internationales. Il en résulte que la conception du Livre huitième diffère sensiblement de celle du reste du Code.

Les conventions internationales en matière de transport auxquelles les Pays-Bas sont partie ont toujours été intégrées au droit interne dans une forme adaptée à celui-ci. Cette approche a également été suivie pour le Livre huitième. Lors de l'intégration dans la loi nationale, le texte de la Convention est, autant que faire se peut, traduit littéralement dans le but d'éviter toute interprétation particulière de la Convention dans la loi. S'agissant de régler des rapports non régis par des Conventions internationales, on cherche le plus possible, entre autres par souci d'uniformité, à s'aligner sur les dispositions des Conventions. Le livre présenté ici constitue un curieux retour aux sources, car il s'agit de la traduction vers l'anglais et le français d'un morceau de législation néerlandaise qui est, elle-même, en grande partie, une traduction de textes rédigés dans ces langues.

5. Le Livre huitième ne se limite pas au contrat de transport, mais comporte également des règles relatives à l'entreprise d'armement, à l'immatriculation des navires, aux droits les grevant et aux privilèges portant sur les navires et sur la cargaison. Il comporte, en outre, des règles concernant les accidents en mer et sur les eaux intérieures, et le régime de limitation de responsabilité dans le transport maritime et de navigation intérieure.

En dehors des dispositions définitoires du Titre premier, valables pour l'ensemble du Code, le Livre huitième fournit, pour chaque mode de transport. un régime complet et autonome. Le Titre deuxième comporte des dispositions générales concernant le transport des choses et des personnes (Sections première et quatrième). Ces dispositions générales ne s'adressent pas au premier chef au transport par mer, par eaux intérieures ou par route; elles sont plutôt appelés à gouverner les nouveaux modes de transport pour lesquels un régime particulier n'a encore été prévu ni au Livre huitième, ni dans des lois particulières, telle la *loi sur le transport aérien.* Le législateur vise ici le transport par productoduc (*pipeline*) ou téléférique. Les dispositions générales régissent également les matières non réglées dans les modes de transport pour lesquels un régime particulier est prévu. Qu'on songe au contrat de remorquage ou au transport par voiture de dépannage. Le titre deuxième constitue donc un «filet de sauvetage» pour les matières qui ne sont pas réglées autrement.

6.   Les Pays-Bas étant partie à de nombreuses Conventions internationales en matière de transport, la possibilité d'innover est restreinte. Des modifications significatives ont néanmoins été proposées là où il n'y a pas de convention et là où les Conventions le permettent.

A. LE DROIT MARITIME

a.   L'ancien droit maritime du Code de commerce datait de 1924. Sa portée était vaste. Un très grand nombre de dispositions n'étaient jamais appliqués, étant en fait remplacées par des arrangements dérogatoires convenus entre les parties contractantes. En conséquence, des pans entiers de l'ancien droit, telles les règles en matière d'avaries communes, étaient devenus lettre morte. Les titres troisième au septième du Livre huitième opèrent une nette simplification de la structure du droit maritime et une réduction significative de son ampleur. L'ancien Code de commerce, par ses multiples répétitions, avait besoin de plus 200 articles pour exposer le droit relatif à l'exploitation du navire. En traitant le contrat d'affrètement d'un navire aux fins de transport comme un contrat de transport, le Livre huitième du nouveau Code s'en tire en beaucoup moins d'articles - 66 pour être précis. L'affrètement qui n'a pas pour but un transport est réglé dans les trois articles 530 à 532. La plus grande partie restante du transport maritime, soit le transport sous connaissement, est régie par les Règles de La Haye-Visby.

b.   Le Livre 8, en son article 10, prévoit que c'est le propriétaire du navire qui en est l'armateur, alors que, dans le droit antérieur, par l'effet de l'article 320 du Code de commerce, c'était l'exploitant du navire. En vertu de l'article 360, l'armateur est solidairement responsable, aux côtés de l'affréteur coque nue (art. 530), des dettes résultant d'un acte juridique liant ce dernier et visant directement la mise ou le maintien en exploitation du navire. Ce système a, dans ses grandes lignes, les mêmes effets que celui de l'ancien droit. Comme dans l'ancien droit, l'armateur et l'affréteur coque nue répondent de tout leur patrimoine (art. 3:276).
   Le propriétaire n'est pas responsable des dettes résultant de contrats de transport conclus par l'affréteur coque nue (art. 8:360, par. 3). Le propriétaire est responsable du dommage causé par l'abordage du navire. Ce qui doit retenir l'attention est la définition élargie de la notion d'abordage; dans le nouveau droit, elle comprend, dans le domaine maritime, tous les cas où le navire cause un dommage (art. 541 et 544). En rapport avec cela, la responsabilité incombant à l'exploitant du navire en vertu de l'article 321, paragraphe 2 du Code de commerce n'a pas été retenue au Livre huitième du nouveau Code civil. Le propriétaire est, en outre, responsable de la rémunération pour assistance (art. 566) et des contributions aux avaries communes (art. 612).

B. LE DROIT DE LA NAVIGATION INTÉRIEURE

Pour les raisons évoquées à propos du droit maritime, il s'imposait, en matière du droit de la navigation intérieure également, de faire une codification mieux en harmonie avec la réalité actuelle que ne l'étaient les règles du Code de commerce, datant de 1939. De plus, une partie de ces règles, de droit impératif, empruntées au droit maritime et touchant la responsabilité du transporteur, n'était jamais entrée en vigueur. C'est que la pratique juridique avait formulé des objections graves au caractère impératif, préférant s'aligner sur la liberté contractuelle prévalant en matière de transport par route, qui permettait au transporteur de se dégager presque entièrement de sa responsabilité. Depuis lors, on avait vu apparaître des règles de droit impératif dans d'autres branches du transport. C'est le cas même dans le droit du transport par route, où, au cours des années 1950, la *Convention relative au contrat de transport international de marchandises* a été adoptée; cette Convention comporte, elle aussi, du droit impératif. Tout compte fait, on a estimé que ces développements ne justifiaient plus le maintien intégral de la liberté contractuelle dans le droit de la navigation intérieure.

C. LE DROIT DE TRANSPORT PAR ROUTE

Le Code de commerce n'a jamais connu un régime particulier pour le transport par route. Par anticipation de la mise en vigueur du Livre huitième, la *Loi sur le contrat de transport par route* a vu le jour et a été mise en vigueur en 1983. Cette loi a été intégralement reprise au Titre treizième du Livre huitième.

D. LE DROIT DE TRANSPORT DES PERSONNES

Le régime du transport des personnes par mer, par eaux intérieures et par route au Livre huitième comporte beaucoup de droit impératif, là où l'ancien droit laissait une large place à la liberté contractuelle. Entièrement neuf est le régime du transport public intérieur de personnes, à la Section cinquième du Titre deuxième du Livre huitième. Par anticipation de la mise en vigueur du Livre huitième, ce régime était entré en vigueur en 1988. Il s'agit de tout transport selon un indicateur, de même que le transport par chemin de fer qui ne suit pas un indicateur.

E. LE CONTRAT D'EXPÉDITION ET LE CONTRAT DE TRANSPORT COMBINÉ

En plus du transport de personnes et de choses, les dispositions générales évoquées ci-dessus fournissent également, à la Section troisième du Titre deuxième, le régime du contrat d'expédition. Ce régime est plus détaillé que celui qui auparavant était prévu au Code de commerce. Les dispositions générales prévoient également, à la Section deuxième du Titre deuxième, les règles régissant le transport combiné, clarifiant enfin la question du régime juridique applicable lorsqu'il est impossible de déterminer l'origine du dommage. L'article 43 du Livre huitième prévoit, en effet, que la responsabilité du transporteur est déterminée selon les règles juridiques s'appliquant à la portion du transport où l'événement a pu survenir et dont résulte l'indemnité la plus élevée

7. L'armateur, fréteur, affréteur, transporteur et leur cocontractants peuvent être poursuivis extracontractuellement à propos du transport de choses ou de personnes par une partie au contrat ou par un tiers. La doctrine néerlandaise emprunte au jeu d'échecs le terme «saut du cavalier» pour désigner l'action directe du tiers contre le transporteur, par dessus la tête de son propre cocontractant immédiat. Au sujet de l'effet des stipulations du contrat régissant l'exploitation du navire à l'égard de ces tiers, le Livre huitième présente un régime différent de celui de l'ancien droit. Ce régime est exposé, pour ce qui regarde les navires de mer, aux articles 361-366; l'article 880 les déclare applicables par analogie au droit de la navigation intérieure et l'article 1081 en fait de même pour le droit de transport par route.

Le nouveau régime restreint la responsabilité extracontractuelle des parties à de tels contrats à celle prévue au contrat et cela d'une manière différente que dans l'ancien droit maritime et dans le droit de la navigation intérieure. Le Livre huitième prévoit, en effet, que la partie poursuivie peut invoquer, à sa défense, le contrat que le demandeur a conclu au sujet de l'intérêt lésé.

À titre d'illustration, imaginons une chaîne de contrats complexe mettant en jeu les personnes A à F, ainsi qu'un tiers G. A contracte avec B, B avec C et ainsi de suite. L'armateur (A) conclut, à titre de fréteur coque nue, avec B un contrat d'affrètement coque nue; le affréteur coque nue (B) conclut, à titre de fréteur à temps, avec C un contrat d'affrètement à temps; l'affréteur à temps (C) conclut, à titre de fréteur au voyage, avec D un contrat d'affrètement au voyage; l'affréteur au voyage (D) conclut, à titre de transporteur, avec E un contrat de transport; l'expéditeur (E) conclut, à titre de sous-transporteur, avec l'expéditeur (F) un «sous-contrat de transport». Fait en outre partie du cas le tiers (G), qui n'a de contrat avec aucune des personnes mentionnées. Lorsque l'une des personnes A à G en poursuit une autre avec qui elle n'a pas de lien contractuel, le Livre huitième prévoit que la personne poursuivie peut alors invoquer à sa défense les stipulations du contrat conclu par le poursuivant avec la personne qui, dans la chaîne des contrats, se trouve le plus près de la personne poursuivie. Ainsi, lorsque A se voit poursuivi par E, il peut opposer à celui-ci les dispositions du contrat de transport ED; si B poursuit F, ce dernier peut se défendre en invoquant les dispositions du contrat d'affrètement à temps BC; enfin, si le tiers G poursuit A, il peut se faire opposer les dispositions du contrat FE.

Sous l'ancien droit, la partie poursuivie pouvait se prévaloir du contrat qu'elle avait elle-même conclu à l'égard des choses ou des personnes ayant subi le préjudice. La difficulté de l'ancien régime était que le tiers lésé se voyait opposer un contrat entre parties qu'il ne connaissait pas et sur lequel il n'avait pu exercer aucune influence; il ne pouvait évaluer l'ampleur du risque qu'il courait, ce qui n'en facilitait en rien l'assurance. L'ancien droit avait, en outre, cette conséquence fâcheuse que la partie poursuivie, lors de la conclusion du contrat dont il prévoyait ultérieurement se prévaloir à l'encontre du tiers poursuivant, insistait pour y inclure toutes sortes de stipulations étrangères au contrat en question.

Le régime adopté au Livre huitième a le même fondement que celui de plusieurs conventions internationales: l'article 4, paragraphe 2, de la Convention

INTRODUCTION

de Bruxelles[1], les articles II et III de la Convention de Guadalajara[2], l'article 4 de la Convention d'Athènes de 1974[3], l'article 24 de la Convention de Varsovie[4] et l'article 51 de la Convention COTIF-CIM[5].

8. Le Livre huitième ne comporte pas les nouvelles dispositions de droit international privé; elles se trouvent dans la *Loi du 18 mars 1993*[6].

9. La Section deuxième du Titre troisième et la Section deuxième du Titre huitième du Livre huitième régissent l'immatriculation des navires. Un navire immatriculé est un bien immatriculé, auquel s'appliquent, outre les dispositions particulières des Sections mentionnées, celles qui touchent les biens immatriculés au Livre troisième. Le régime détaillé des registres publics et de l'immatriculation des navires se trouve dans la *Loi sur le cadastre*[7], dans l'*Ordonnance concernant le cadastre*[8] et dans le *Décret concernant les navires immatriculés*[9].

10. La saisie-exécution et l'exécution, ainsi que la saisie conservatoire des navires sont régies par les dispositions de la section première du titre quatrième du Livre deuxième et de la section sixième A du titre quatrième du Livre troisième du Code de procédure civile. La saisie conservatoire des navires, quant à elle, est régie non seulement par les articles 700 à 710, mais en outre par les articles 730 à 737 et 765 à 767 du Code de procédure civile. Toutefois, lorsque la Convention de Bruxelles[10] est applicable à la saisie conservatoire d'un navire, ses dispositions s'y appliquent directement.

Le nouveau régime part du principe que l'exécution a lieu par vente devant notaire. Ce principe souffre cependant une exception importante dans le cas des navires de mer étrangers. Pour ces navires, l'article 575 maintient, sous une forme quelque peu simplifiée, la possibilité de l'exécution en séance publique du tribunal. Cette forme d'exécution offre la meilleure garantie d'être reconnue à l'étranger, en particulier dans le pays du pavillon du navire, où les effets de l'exécution, conformément aux règles nationales, doivent être inscrits dans le registre des navires.

---

[1] *Convention internationale pour l'unification de certaines règles en matière de connaissement,* conclue à Bruxelles, le 25 août 1924.
[2] *Convention, complémentaire à la Convention de Varsovie, pour l'unification de certaines règles relatives au transport aérien international effectué par une personne autre que le transporteur contractuel,* conclue à Guadalajara, le 18 septembre 1961.
[3] *Convention d'Athènes de 1974 relative au transport par mer de passagers et de leurs bagages,* conclue le 13 décembre 1974.
[4] *Convention pour l'unification de certaines règles relatives au transport aérien international,* conclue à Varsovie, le 12 octobre 1929.
[5] *Convention relative aux transports ferroviaires (COTIF) et son Appendice B: Règles uniformes concernant le contrat de transport international ferroviaire des marchandises (CIM),* conclue à Berne, le 9 mai 1980.
[6] Staatsblad (Journal officiel) 168.
[7] *Kadasterwet (Loi du 3 mai 1989, Stb. 186).*
[8] *Kadasterbesluit (Stb. 1991, 571).*
[9] *Maatregel teboekgestelde schepen (Stb. 1991, 572).*
[10] *Convention internationale pour l'unification de certaines règles sur la saisie conservatoire des navires de mer,* conclue à Bruxelles, le 10 mai 1952.

Nieuw Burgerlijk Wetboek, Boek 8
Verkeersmiddelen en Vervoer
New Civil Code, Book 8
Means of Traffic and Transport
Nouveau code civil, Livre 8
Des Moyens de transport et du
transport

I ALGEMENE BEPALINGEN

I GENERAL PROVISIONS

I DISPOSITIONS GÉNÉRALES

TITEL 1 ALGEMENE BEPALINGEN

TITLE 1
GENERAL PROVISIONS

TITRE PREMIER
DISPOSITIONS GÉNÉRALES

Art. 1 (8.1.1) - 1. In dit wetboek worden onder schepen verstaan alle zaken, geen luchtvaartuig zijnde, die blijkens hun constructie bestemd zijn om te drijven en drijven of hebben gedreven.
- 2. Bij algemene maatregel van bestuur kunnen zaken, die geen schepen zijn, voor de toepassing van bepalingen van dit wetboek als schip worden aangewezen, dan wel bepalingen van dit wetboek niet van toepassing worden verklaard op zaken, die schepen zijn.
- 3. Voortbewegingswerktuigen en andere machinerieën worden bestanddeel van het schip op het ogenblik dat, na hun inbouw, hun bevestiging daaraan zodanig is als deze ook na voltooiing van het schip zal zijn.
- 4. Onder scheepstoebehoren worden verstaan de zaken, die, geen bestanddeel van het schip zijnde, bestemd zijn om het schip duurzaam te dienen en door hun vorm als zodanig zijn te herkennen, alsmede die navigatie- en communicatiemiddelen, die zodanig met het schip zijn verbonden, dat zij daarvan kunnen worden afgescheiden, zonder dat beschadiging van betekenis aan hen of aan het schip wordt toegebracht.
- 5. Behoudens afwijkende bedingen wordt het scheepstoebehoren mede tot het schip gerekend. Een afwijkend beding kan worden ingeschreven in de openbare registers bedoeld in afdeling 2 van titel 1 van Boek 3.
- 6. Voor de toepassing van het derde, het vierde en het vijfde lid van dit artikel wordt onder schip mede verstaan een schip in aanbouw.

1. In this Code, vessels are all things, other than aircraft, which, according to their construction, are destined to float and which float or have done so.
2. By regulation, things which are not vessels may be designated as such for the application of the provisions of this Code; equally, provisions of this Code may be declared

1. Dans le présent code, navire désigne toute chose, autre qu'un aéronef, dont la construction fait apparaître une destination à flotter et qui flotte ou a flotté.
2. Par décret, peuvent être désignées comme navires aux fins de l'application des dispositions du présent code des choses qui n'en sont pas; de même, des dispositions du présent code peuvent

inapplicable to things which are vessels.
3. Propulsion equipment and other machineries become component parts of the vessel at the time when, after their installation, their attachment to the vessel is such as it will also be after the completion of the vessel.
4. The ship's appurtenances include those things which, not being component parts of the vessel, are destined to serve the vessel durably and which are recognisable as such by their form, as well as the means of navigation and communication connected to the vessel in such a fashion that they cannot be separated therefrom without significant damage to them or to the vessel.
5. Except as otherwise stipulated, the ship's appurtenances are also considered as belonging to the vessel. A stipulation containing a derogation can be entered in the public registers referred to in Section 2 of Title 1 of Book 3.
6. For the application of the third, fourth and fifth paragraphs of this article, a vessel also includes a vessel under construction.

être déclarées inapplicables à des choses qui sont des navires.
3. Les engins de propulsion et autres machines deviennent composantes du navire du moment où, après avoir été posés, ils y sont attachés de la manière qu'ils le seront aussi au navire achevé.
4. Armement s'entend des choses qui, n'étant pas composantes du navire, sont destinées à lui servir de façon durable et que leur forme permet de reconnaître comme telles, de même que les moyens de navigation et de communication rattachés au navire de telle façon qu'ils ne peuvent en être séparés sans subir un dommage substantiel ou sans que le navire n'en subisse.
5. Sauf stipulations dérogatoires, l'armement est considéré comme faisant partie du navire. La stipulation dérogatoire peut être inscrite sur les registres visés à la section deuxième du titre premier du Livre troisième.
6. Aux fins des troisième, quatrième et cinquième paragraphes, navire comprend également celui qui est en voie de construction.

Art. 2 (8.1.2) - 1. In dit wetboek worden onder zeeschepen verstaan de schepen, die teboekstaan in het in artikel 193 genoemde register, alsmede de schepen, die noch in dit register, noch in het in artikel 783 genoemde register teboekstaan en blijkens hun constructie uitsluitend of in hoofdzaak voor drijven in zee zijn bestemd.
- 2. Bij algemene maatregel van bestuur kunnen schepen, die geen zeeschepen zijn, voor de toepassing van bepalingen van dit wetboek als zeeschip worden aangewezen, dan wel bepalingen van dit wetboek niet van toepassing worden verklaard op schepen, die zeeschepen zijn.
- 3. In dit wetboek worden onder zeevissersschepen verstaan zeeschepen, die blijkens hun constructie uitsluitend of in hoofdzaak voor de bedrijfsmatige visvangst zijn bestemd.

1. In this Code, sea-going vessels are vessels which are entered in the register referred to in article 193, as well as vessels which are registered neither in this register nor in the register referred to in article 783, and which, according to their

1. Dans le présent code, navire de mer désigne celui qui est immatriculé au registre prévu à l'article 193, de même que celui qui n'est ni immatriculé à ce registre, ni à celui prévu à l'article 783 et qui, d'après sa construction, est exclusivement ou principalement destiné

construction, are exclusively or principally destined to float at sea.
2. By regulation, vessels which are not sea-going vessels may be designated as such for the application of the provisions of this Code; equally, provisions of this Code may be declared inapplicable to vessels which are sea-going vessels.

3. In this Code, sea-going fishing vessels are sea-going vessels which, according to their construction, are exclusively or principally destined for commercial fishing.

à flotter en mer.
2. Par décret, peuvent être désignés comme navires de mer aux fins de l'application des dispositions du présent Code des navires qui ne sont pas des navires de mer; de même, des dispositions du présent Code peuvent être déclarées inapplicables aux navires qui sont des navires de mer.

3. Dans le présent code, navire de pêche maritime désigne le navire de mer qui, d'après sa construction, est destiné exclusivement ou principalement à la pêche commerciale.

Art. 3 (8.1.3) - 1. In dit wetboek worden onder binnenschepen verstaan de schepen, die teboekstaan in het in artikel 783 genoemde register, alsmede de schepen, die noch in dit register, noch in het in artikel 193 genoemde register teboekstaan en blijkens hun constructie noch uitsluitend noch in hoofdzaak voor drijven in zee zijn bestemd.
- 2. Bij algemene maatregel van bestuur kunnen schepen, die geen binnenschepen zijn, voor de toepassing van bepalingen van dit wetboek als binnenschip worden aangewezen, dan wel bepalingen van dit wetboek niet van toepassing worden verklaard op schepen, die binnenschepen zijn.

1. In this Code, inland waterway vessels are vessels which are entered in the register referred to in article 783, as well as vessels which are registered neither in this register nor in the register referred to in article 193, and which, according to their construction, are neither exclusively nor principally destined to float at sea.
2. By regulation, vessels which are not inland waterway vessels may be designated as such for the application of the provisions of this Code; equally, provisions of this Code may be declared inapplicable to vessels which are inland waterway vessels.

1. Dans le présent code, bateau de navigation intérieure désigne le navire qui est immatriculé au registre prévu à l'article 783, de même que celui qui n'est immatriculé ni à ce registre ni à celui visé à l'article 193 et qui, d'après leur construction, ne sont destinés ni exclusivement, ni principalement à flotter en mer.
2. Par décret, des navires qui ne sont pas des bateaux de navigation intérieure peuvent être désignés comme bateaux de navigation intérieure aux fins de l'application des dispositions du présent code; de même, des dispositions du présent code peuvent être déclarées inapplicables à des navires qui sont des bateaux de navigation intérieure.

Art. 3a - 1. In dit wetboek worden onder luchtvaartuigen verstaan toestellen die in de dampkring kunnen worden gehouden ten gevolge van krachten die de lucht daarop uitoefent, met uitzondering van toestellen die blijkens hun constructie bestemd zijn zich te verplaatsen op een luchtkussen, dat wordt in stand gehouden tussen het toestel en het oppervlak der aarde.

- 2. Het casco, de motoren, de luchtschroeven, de radiotoestellen en alle andere voorwerpen bestemd voor gebruik in of aan het toestel, onverschillig of zij daarin of daaraan zijn aangebracht dan wel tijdelijk ervan zijn gescheiden, zijn bestanddeel van het luchtvaartuig.
- 3. Bij algemene maatregel van bestuur kunnen zaken die geen luchtvaartuigen zijn, voor de toepassing van bepalingen van dit wetboek als luchtvaartuig worden aangewezen, dan wel bepalingen van dit wetboek niet van toepassing worden verklaard op zaken die luchtvaartuigen zijn.

1. In this Code, aircraft are all machines which can be kept in the atmosphere as a result of forces that the air exerts thereon, with the exception of machines which, according to their construction, are destined to move on an air cushion that is being kept between the machine and the surface of the earth.
2. The hull, the engines, the propellers, the radio equipment and all other objects, destined for use in or on the machine, are component parts of the aircraft, irrespective of whether they have been installed therein or thereon, or whether they have temporarily been separated from the aircraft.
3. By regulation, things which are not aircraft may be designated as such for the application of the provisions of this Code; equally, provisions of this Code may be declared inapplicable to things which are aircraft.

1. Dans le présent code, aéronef désigne tout appareil pouvant se tenir dans l'atmosphère par l'effet des forces que l'air exerce sur lui, à l'exception de celui qui, d'après sa construction, est destiné à se déplacer sur un coussin d'air maintenu entre l'appareil et la surface de la terre.
2. La coque, les moteurs, les hélices, les appareils radio et tous autres objets destinés à être utilisés dans l'appareil ou y étant rattachés, qu'ils y soient installés ou en soient temporairement séparés, constituent des composantes de l'aéronef.
3. Par décret, peuvent être désignées comme aéronefs aux fins de l'application des dispositions du présent code des choses qui n'en sont pas; de même, des dispositions du présent code peuvent être déclarées inapplicables à des choses qui sont des aéronefs.

Art. 4 (8.1.4) Onder voorbehoud van artikel 552 worden in dit boek de Dollart, de Waddenzee, het IJsselmeer, de stromen, de riviermonden en andere zo nodig voor de toepassing van bepalingen van dit boek bij algemene maatregel van bestuur aan te wijzen wateren, binnen zo nodig nader bij algemene maatregel van bestuur te bepalen grenzen, als binnenwater beschouwd.

Subject to article 552, the 'Dollart', the 'Waddenzee', the 'IJsselmeer', rivers, estuaries, and, if need be for the application of the provisions of this book, other waterways designated by regulation, are considered inland waterways in this book, within the limits to be fixed, if necessary, by regulation.

Sous réserve de l'article 552, le Dollart, le Waddenzee, l'IJsselmeer, les fleuves, leurs estuaires et autres eaux pouvant, au besoin, être désignées par décret aux fins de l'application du présent livre sont considérés dans le présent livre comme des eaux intérieures, dans des limites pouvant être fixées plus en détail par décret.

Art. 5 (8.1.5) In dit wetboek worden onder opvarenden verstaan alle zich aan boord van een schip bevindende personen.

In this Code, persons on board[1] include all persons on board a vessel.

Dans le présent code, personne à bord[2] désigne toute personne se trouvant à bord d'un navire.

Art. 6 (8.1.5a) In dit wetboek worden de kapitein en de schipper aangemerkt als lid van de bemanning.

In this Code, the captain and the master are considered as members of the crew.

Dans le présent code, le capitaine[3] est réputé membre de l'équipage.

Art. 7 (8.1.6) *Vervallen.*

Repealed.

Abrogé.

Art. 8 (8.1.7) In dit wetboek worden onder bagage verstaan de zaken, die een vervoerder in verband met een door hem gesloten overeenkomst van personenvervoer op zich neemt te vervoeren met uitzondering van zaken, vervoerd onder een het vervoer van zaken betreffende overeenkomst.

In this Code, baggage means the things which a carrier undertakes to transport in connection with a contract of carriage of persons which he has entered into, except things carried pursuant to a contract concerning the carriage of things.

Dans le présent code, bagages s'entend des choses que le transporteur s'engage à transporter en rapport avec un contrat de transport de personnes qu'il a conclu, à l'exception des choses transportées en vertu d'un contrat de transport de marchandises.

Art. 9 (8.1.8) *Vervallen.*

Repealed.

Abrogé.

Art. 10 (8.1.9) In dit wetboek wordt onder reder verstaan de eigenaar van een zeeschip.

In this Code, the shipowner means the owner of a sea-going vessel.

Dans le présent code, armateur désigne le propriétaire d'un navire de mer.

---

[1] The Dutch term "opvarenden", translated by "persons on board", includes passengers, crew, stow-aways, gratuitous passengers, and the like.
[2] Le français n'offre pas d'équivalent du terme néerlandais «opvarende». En dehors de l'équipage et des passagers, on vise ici des personnes comme les passagers clandestins ou des artisans ou professionnels, par exemple un coiffeur, qui exercent leur métier à bord sans faire partie de l'équipage.
[3] Le terme néerlandais «schipper», pour la navigation intérieure, s'oppose à «kapitein», pour la navigation maritime. Il pourrait se traduire par «batelier», terme que l'on trouve dans certains ouvrages de doctrine. Les Traités internationaux portant sur la navigation intérieure emploient cependant le terme «capitaine» dans les deux cas.

Art. 11 (8.1.10) *Vervallen.*

Repealed. *Abrogé.*

Art. 12 (8.1.11) In dit boek leidt strijd met een dwingende wetsbepaling tot ambtshalve toe te passen nietigheid van de rechtshandeling.

In this book, violation of an imperative statutory provision leads to the nullity of the juridical act, such nullity being applied *ex officio*.	Aux fins du présent livre, est frappé de nullité appliquée d'office l'acte juridique contraire à une disposition impérative de la loi.

Art. 13 (8.1.12) Dit boek laat onverlet enige voor Nederland van kracht zijnde internationale overeenkomst of enige wet die de aansprakelijkheid voor kernschade regelt.

This book does not affect any international agreement in force for The Netherlands, or any statute governing liability for nuclear damage.	Le présent livre ne porte atteinte à aucun accord international en vigueur aux Pays-Bas ni à aucune loi régissant la responsabilité pour dommage nucléaire.

Art. 14 (8.1.13) *Vervallen.*

Repealed. *Abrogé.*

TITEL 2 ALGEMENE BEPALINGEN BETREFFENDE VERVOER

TITLE 2 GENERAL PROVISIONS REGARDING TRANSPORT

TITRE DEUXIÈME DISPOSITIONS GÉNÉRALES CONCERNANT LE TRANSPORT

Afdeling 1 Overeenkomst van goederenvervoer

**Section 1
The contract of carriage of goods**[1]

**Section première
Du contrat de transport de marchandises**[2]

---

[1] To be faithful to the system of the translation of this Code, one would have to say "carriage of property" (in Dutch: "goederen"). Carriage of goods, however, is a term of art.

[2] Le néerlandais emploie le terme «choses», plus général que «marchandises», qui paraît cependant être le mot consacré dans l'expression «contrat de transport de marchandises».

Art. 20 (8.2.1.1) De overeenkomst van goederenvervoer is de overeenkomst, waarbij de ene partij (de vervoerder) zich tegenover de andere partij (de afzender) verbindt zaken te vervoeren.

The contract of carriage of goods is a contract whereby one party (the carrier) binds himself towards the other party (the consignor) to transport things.

Le contrat de transport de marchandises est celui par lequel une partie (le transporteur) s'engage à l'égard de l'autre (l'expéditeur) à transporter des choses.

Art. 21 (8.2.1.2) De vervoerder is verplicht ten vervoer ontvangen zaken ter bestemming af te leveren en wel in de staat waarin hij hen heeft ontvangen.

The carrier must deliver the things which he has received for carriage to destination, and in the state in which he has received them.

Le transporteur est tenu de livrer les choses prises en charge aux fins de transport à destination, et cela en l'état dans lequel il les a reçues.

Art. 22 (8.2.1.3) Onverminderd artikel 21 is de vervoerder verplicht ten vervoer ontvangen zaken zonder vertraging te vervoeren.

Without prejudice to article 21, the carrier must transport the things which he has received for carriage without delay.

Sans préjudice de l'article 21, le transporteur est tenu de transporter sans retard les choses prises en charge aux fins de transport.

Art. 23 (8.2.1.4) De vervoerder is niet aansprakelijk voor schade, voor zover deze is veroorzaakt door een omstandigheid die een zorgvuldig vervoerder niet heeft kunnen vermijden en voor zover zulk een vervoerder de gevolgen daarvan niet heeft kunnen verhinderen.

The carrier is not liable for damage to the extent that it has been caused by a fact which a prudent carrier has not been able to avoid, and to the extent that such carrier has not been able to prevent the consequences thereof.

Le transporteur n'est pas responsable du dommage, dans la mesure où celui-ci a pour cause une circonstance qu'un transporteur diligent n'a pu éviter et aux conséquences de laquelle un tel transporteur n'a pu obvier.

Art. 24 (8.2.1.5) De afzender is verplicht de vervoerder de schade te vergoeden die deze lijdt doordat de overeengekomen zaken, door welke oorzaak dan ook, niet op de overeengekomen plaats en tijd te zijner beschikking zijn.

The consignor must compensate the carrier for the damage which the latter suffers because, for whatever reason, the things agreed upon are not at his disposal at the time and place agreed upon.

L'expéditeur est tenu de réparer le dommage que le transporteur subit du fait que les choses convenues, pour quelque cause que ce soit, ne sont pas à sa disposition au lieu et au temps convenus.

Art. 25 (8.2.1.6) - 1. Alvorens zaken ter beschikking van de vervoerder zijn gesteld, is de afzender bevoegd de overeenkomst op te zeggen. Hij is verplicht de vervoerder de schade te vergoeden die deze ten gevolge van de opzegging lijdt.
- 2. De opzegging geschiedt door een mondelinge of schriftelijke kennisgeving en de overeenkomst eindigt op het ogenblik van ontvangst daarvan.

1. The consignor is entitled to cancel the contract until the time when the things have been put at the disposal of the carrier. He must compensate the carrier for the damage which the latter suffers as a result of the cancellation.
2. Cancellation takes place by a verbal or written notice, and the contract is terminated at the time of reception of the notice.

1. L'expéditeur peut résilier le contrat jusqu'à la mise à disposition des choses au transporteur. Il est tenu de réparer le dommage que le transporteur subit par suite de la résiliation.

2. La résiliation s'effectue par avis verbal ou écrit et le contratprend fin au moment de la réception de l'avis.

Art. 26 (8.2.1.7) De afzender is verplicht de vervoerder omtrent de zaken alsmede omtrent de behandeling daarvan tijdig al die opgaven te doen, waartoe hij in staat is of behoort te zijn, en waarvan hij weet of behoort te weten, dat zij voor de vervoerder van belang zijn, tenzij hij mag aannemen dat de vervoerder deze gegevens kent.

The consignor must timely provide the carrier with all those indications regarding the things, as well as the handling thereof, which he is or ought to be able to provide, and of which he knows or ought to know that they are of importance to the carrier, unless he may assume that the carrier knows of these data.

L'expéditeur est tenu de fournir au transporteur, en temps utile, toutes les déclarations qu'il est ou doit être en mesure de faire au sujet des choses et de leur manutention, et dont il sait ou doit savoir qu'elles présentent un intérêt pour le transporteur, sauf s'il est fondé à croire que celui-ci connaît ces renseignements.

Art. 27 (8.2.1.8) De afzender is verplicht de vervoerder de schade te vergoeden die deze lijdt doordat de documenten, die van de zijde van de afzender voor het vervoer vereist zijn, door welke oorzaak dan ook, niet naar behoren aanwezig zijn.

The consignor must compensate the carrier for the damage which the latter suffers because, for whatever reason, the documents which are required from the consignor for the carriage, are not adequately available.

L'expéditeur est tenu de réparer le dommage que subit le transporteur du fait que les documents requis de sa part pour le transport, pour quelque cause que ce soit, ne sont pas convenablement disponibles.

Art. 28 (8.2.1.9) - 1. Wanneer vóór of bij de aanbieding van de zaken aan de vervoerder omstandigheden aan de zijde van een der partijen zich opdoen of naar voren komen, die haar wederpartij bij het sluiten van de overeenkomst niet behoefde te kennen, doch die, indien zij haar wel bekend waren geweest, redelijkerwijs voor haar grond hadden opgeleverd de vervoerovereenkomst niet of

op andere voorwaarden aan te gaan, is deze wederpartij bevoegd de overeenkomst op te zeggen.
- 2. De opzegging geschiedt door een mondelinge of schriftelijke kennisgeving en de overeenkomst eindigt op het ogenblik van ontvangst daarvan.
- 3. Naar maatstaven van redelijkheid en billijkheid zijn partijen na opzegging der overeenkomst verplicht elkaar de daardoor geleden schade te vergoeden.

1. Where, before or at the time of the presentation of the things to the carrier, circumstances arise or come forward on the part of one of the parties which the other party did not have to know at the time of entering into the contract, but which, had he known them, would have given him reasonable grounds not to enter into the contract of carriage or to enter into it upon different conditions, this other party may cancel the contract.
2. Cancellation takes places by a verbal or written notice, and the contract is terminated at the time of reception of the notice.
3. After cancellation of the contract, the parties must, in accordance with standards of reasonableness and equity, compensate each other for the damage suffered therefrom.

1. Lorsque, avant la présentation des choses au transporteur ou lors de celle-ci, surgissent ou apparaissent des circonstances concernant l'une des parties, que l'autre partie n'était pas tenue de connaître lors de la conclusion du contrat, mais qui, les eût-elle connues, auraient constitué pour elle un motif raisonnable de ne pas conclure le contrat de transport ou de le conclure à d'autres conditions, cette dernière peut alors résilier le contrat.
2. La résiliation a lieu par avis verbal ou écrit et le contrat prend fin au moment de la réception de l'avis.
3. Après la résiliation, les parties se doivent, selon des critères de raison et d'équité, réparation réciproque du dommage qu'elles en ont subi.

Art. 29 (8.2.1.10) De vracht is verschuldigd na aflevering van de zaken ter bestemming.

Freight is owed after delivery of the things to destination.

Le fret est dû après la livraison des choses à destination.

Art. 30 (8.2.1.11) - 1. De vervoerder is gerechtigd afgifte van zaken, die hij in verband met de vervoerovereenkomst onder zich heeft, te weigeren aan ieder, die uit anderen hoofde dan de vervoerovereenkomst recht heeft op aflevering van die zaken, tenzij op de zaken beslag is gelegd en uit de vervolging van dit beslag een verplichting tot afgifte aan de beslaglegger voortvloeit.
- 2. De vervoerder kan het recht van retentie uitoefenen op zaken, die hij in verband met de vervoerovereenkomst onder zich heeft, voor hetgeen hem door de ontvanger verschuldigd is of zal worden terzake van het vervoer van die zaken. Hij kan dit recht tevens uitoefenen voor hetgeen bij wijze van rembours op die zaak drukt. Dit retentierecht vervalt zodra aan de vervoerder is betaald het bedrag waarover geen geschil bestaat en voldoende zekerheid is gesteld voor de betaling van die bedragen, waaromtrent wel geschil bestaat of welker hoogte nog niet kan worden vastgesteld. De vervoerder behoeft echter geen zekerheid te aanvaarden voor hetgeen bij wijze van rembours op de zaak drukt.
- 3. De in dit artikel aan de vervoerder toegekende rechten komen hem niet toe jegens een derde, indien hij op het tijdstip dat hij de zaak ten vervoer ontving,

reden had te twijfelen aan de bevoegdheid van de afzender jegens die derde hem de zaak ten vervoer ter beschikking te stellen.

1. The carrier is entitled to refuse to hand over the things, which he detains in connection with the contract of carriage, to any person who has a right to delivery of those things pursuant to a title other than the contract of carriage, unless the things have been seized and the continuation of this seizure results in an obligation to hand the things over to the seizor.

2. The carrier may exercise the right of retention on the things, which he detains in connection with the contract of carriage, for what the recipient owes or will owe him for the carriage of those things. He may also exercise this right for the charge resting upon that thing by way of cost on delivery. This right of retention lapses as soon as the carrier has been paid the amount over which there is no dispute and sufficient security has been furnished for the payment of those amounts over which there is a dispute or the value of which cannot yet be determined. The carrier, however, does not have to accept security for the charge resting upon the thing by way of cost on delivery.

3. The carrier is not entitled to use the rights granted to him in this article with respect to a third person if, at the time when he received the thing for carriage, he had reason to doubt the right of the consignor with respect to that third person to put the thing at his disposal for carriage.

1. Le transporteur a le droit de refuser la remise des choses qu'il détient relativement au contrat de transport à toute personne qui a droit à la livraison en vertu d'un titre autre que le contrat de transport, à moins que les choses n'aient été saisies et que la poursuite de la saisie n'emporte l'obligation de remise au saisissant.

2. Le transporteur peut exercer, sur les choses qu'il détient relativement au contrat de transport, le droit de rétention pour ce que le réceptionnaire lui doit ou lui devra au titre de leur transport. Il peut également exercer ce droit pour ce qui grève les choses au titre des frais d'un envoi contre remboursement. Le droit de rétention s'éteint dès que le transporteur a reçu paiement de la somme non contestée et que sûreté suffisante a été fournie pour le paiement des sommes contestées ou dont le montant ne peut encore être déterminé. Le transporteur n'est cependant pas tenu d'accepter sûreté pour ce qui grève la chose au titre de frais d'un envoi contre remboursement.

3. Les droits reconnus au transporteur au présent article ne lui reviennent pas à l'égard d'un tiers, si, au moment de la prise en charge de la chose aux fins de transport, il avait des raisons de douter du pouvoir de l'expéditeur à l'égard du tiers de mettre la chose à sa disposition pour le transport.

Art. 31 (8.2.1.12) Wordt de vervoerder dan wel de afzender of een ondergeschikte van een hunner buiten overeenkomst aangesproken, dan zijn de artikelen 361 tot en met 366 van overeenkomstige toepassing.

Where the carrier, the consignor or a servant of either is sued extra-contractually, articles 361 to 366 inclusive apply *mutatis mutandis*.

Dans l'éventualité d'une poursuite extracontractuelle intentée contre le transporteur, l'expéditeur ou un préposé de l'un d'eux, les articles 361 à 366 inclusivement s'appliquent par analogie.

Art. 32 (8.2.1.13) Deze afdeling geldt slechts ten aanzien van niet elders in dit boek geregelde overeenkomsten van goederenvervoer.

This section applies only to contracts of carriage of goods which have not been regulated elsewhere in this book.

La présente section ne vaut qu'à l'égard des contrats de transport de marchandises qui ne sont pas régis par d'autres dispositions du présent livre.

Afdeling 2 Overeenkomst van gecombineerd goederenvervoer

**Section 2
The contract of combined carriage of goods**

**Section deuxième
Du contrat de transport combiné de marchandises**

Art. 40 (8.2.2.1) De overeenkomst van gecombineerd goederenvervoer is de overeenkomst van goederenvervoer, waarbij de vervoerder (gecombineerd vervoerder) zich bij een en dezelfde overeenkomst tegenover de afzender verbindt dat het vervoer deels over zee, over binnenwateren, over de weg, langs spoorstaven, door de lucht of door een pijpleiding dan wel door middel van enige andere vervoerstechniek zal geschieden.

The contract of combined carriage of goods is a contract of carriage of goods whereby the carrier (combined transport operator) binds himself towards the consignor, in one and the same contract, to the effect that carriage will take place in part by sea, inland waterway, road, rail, air, pipeline or by means of any other mode of transport.

Le contrat de transport combiné de marchandises est un contrat de transport de marchandises par lequel le transporteur (entrepreneur en transport combiné) s'engage, aux termes d'une seule convention, envers l'expéditeur, à ce que le transport aura lieu en partie par mer, par eaux intérieures, par route, par chemin de fer, par air ou par productoduc, ou encore par tout autre mode de transport.

Art. 41 (8.2.2.2) Bij een overeenkomst van gecombineerd goederenvervoer gelden voor ieder deel van het vervoer de op dat deel toepasselijke rechtsregelen.

In a contract of combined carriage of goods, each part of the carriage is governed by the juridical rules applicable to that part.

Chaque portion du transport régi par un contrat de transport combiné de marchandises est soumise aux règles juridiques se rapportant à cette portion.

Art. 42 (8.2.2.3) - 1. Indien de gecombineerd vervoerder de zaken niet zonder vertraging ter bestemming aflevert in de staat waarin hij hen heeft ontvangen en niet is komen vast te staan, waar de omstandigheid, die het verlies, de beschadiging of de vertraging veroorzaakte, is opgekomen, is hij voor de daardoor ontstane schade aansprakelijk, tenzij hij bewijst, dat hij op geen der delen van het vervoer, waar het verlies, de beschadiging of de vertraging kan zijn opgetreden, daarvoor aansprakelijk is.
- 2.   Nietig is ieder beding, waarbij van dit artikel wordt afgeweken.

1. If the combined transport operator does not deliver the things to destination without delay and in the state in which he has received them, and if it has not been ascertained where the fact causing the loss, damage or delay has arisen, he is liable for the damage resulting therefrom, unless he proves that he is not liable therefor on any of the parts of the transport where the loss, damage or delay may have occurred.
2. Any stipulation derogating from this article is null.

1. Si l'entrepreneur de transport combiné ne livre pas les choses à destination sans retard et dans l'état où il les a reçues, et que n'a pu être déterminé le lieu où est survenue la circonstance qui a causé la perte, l'avarie ou le retard, il répond du préjudice en résultant, à moins de prouver qu'il n'est responsable de ce préjudice pour aucune des portions du transport où la perte, l'avarie ou le retard a pu survenir.
2. Toute stipulation dérogatoire au présent article est nulle.

Art. 43 (8.2.2.4) - 1. Indien de gecombineerd vervoerder aansprakelijk is voor schade ontstaan door beschadiging, geheel of gedeeltelijk verlies, vertraging of enig ander schadeveroorzakend feit en niet is komen vast te staan waar de omstandigheid, die hiertoe leidde, is opgekomen, wordt zijn aansprakelijkheid bepaald volgens de rechtsregelen die toepasselijk zijn op dat deel of die delen van het vervoer, waarop deze omstandigheid kan zijn opgekomen en waaruit het hoogste bedrag aan schadevergoeding voortvloeit.
- 2.   Nietig is ieder beding, waarbij van dit artikel wordt afgeweken.

1. If the combined transport operator is liable for the damage resulting from damage, total or partial loss, delay or any other damaging fact, and if it has not been ascertained where the fact leading hereto has arisen, his liability is determined according to the juridical rules which apply to that part or to those parts of the transport where this fact may have arisen and from which the highest amount of damages results.
2. Any stipulation derogating from this article is null.

1. Si l'entrepreneur de transport combiné est responsable du préjudice résultant du dommage, de la perte totale ou partielle, du retard ou d'un autre fait dommageable et que n'a pu être déterminé le lieu où est survenue la circonstance qui l'a causé, sa responsabilité est déterminée selon les règles juridiques s'appliquant à la ou aux portions du transport où l'événement a pu survenir et dont résulte l'indemnité la plus élevée.
2. Toute stipulation dérogatoire au présent article est nulle.

Art. 44 (8.2.2.5) - 1. De gecombineerd vervoerder kan op verlangen van de afzender, geuit alvorens zaken te zijner beschikking worden gesteld, terzake van het vervoer een document (CT-document) opmaken, dat door hem wordt gedateerd en ondertekend en aan de afzender wordt afgegeven. De ondertekening kan worden gedrukt of door een stempel dan wel enig ander kenmerk van oorsprong worden vervangen.
- 2.   Op het CT-document worden vermeld:
a.   de afzender,
b.   de ten vervoer ontvangen zaken met omschrijving van de algemene aard daarvan, zoals deze omschrijving gebruikelijk is,

c. een of meer der volgende gegevens met betrekking tot de onder b bedoelde zaken:
1°. aantal,
2°. gewicht,
3°. volume,
4°. merken,
d. de plaats waar de gecombineerd vervoerder de zaken ten vervoer heeft ontvangen,
e. de plaats waarheen de gecombineerd vervoerder op zich neemt de zaken te vervoeren,
f. de geadresseerde die, ter keuze van de afzender, wordt aangegeven hetzij bij name of andere aanduiding, hetzij als order van de afzender of van een ander, hetzij als toonder. De enkele woorden „aan order" worden geacht de order van de afzender aan te geven,
g. de gecombineerd vervoerder,
h. het aantal exemplaren van het document indien dit in meer dan één exemplaar is uitgegeven,
i. al hetgeen overigens afzender en gecombineerd vervoerder gezamenlijk goeddunkt.
- 3. De aanduidingen vermeld in het tweede lid onder *a* tot en met *c* worden in het CT-document opgenomen aan de hand van door de afzender te verstrekken gegevens, met dien verstande dat de gecombineerd vervoerder niet verplicht is in het CT-document enig gegeven met betrekking tot de zaken op te geven of te noemen, waarvan hij redelijke gronden heeft te vermoeden, dat het niet nauwkeurig de in werkelijkheid door hem ontvangen zaken weergeeft of tot het toetsen waarvan hij geen redelijke gelegenheid heeft gehad. De gecombineerd vervoerder wordt vermoed geen redelijke gelegenheid te hebben gehad de hoeveelheid en het gewicht van gestorte of gepompte zaken te toetsen. De afzender staat in voor de juistheid, op het ogenblik van de inontvangstneming van de zaken, van de door hem verstrekte gegevens.
- 4. Partijen zijn verplicht elkaar de schade te vergoeden die zij lijden door het ontbreken van in het tweede lid genoemde gegevens.

1. Upon the demand of the consignor expressed before the things are put at the disposal of the combined transport operator, the latter may draft a document (CT document) pertaining to the carriage, which he dates, signs and hands to the consignor. The signature may be printed or replaced by a stamp or any other indication of origin.
2. The CT document will make mention of:
a. the consignor;
b. the things received for carriage with a description, in customary form, of the general nature thereof;
c. one or more of the following data

1. L'entrepreneur de transport combiné peut, sur demande de l'expéditeur, exprimée avant la mise à disposition des choses, rédiger un document (dit document TC), qu'il date, signe et remet à l'expéditeur. La signature peut être imprimée ou remplacée par un timbre ou toute autre marque d'origine.
2. Le document TC comporte les mentions suivantes:
a. L'expéditeur;
b. Les choses prises en charge aux fins de transport et une description d'usage de leur nature générale;
c. Un ou plusieurs renseignements, ci-

with respect to the things referred to *sub b*:
1º number;
2º weight;
3º volume;
4º marks;
d. the place where the combined transport operator has received the things for carriage;
e. the place to which the combined transport operator undertakes to carry the things;
f. the consignee who, at the choice of the consignor, is indicated either by name or other means, or as to order of the consignor or of another person, or as to bearer. The sole words 'to order' are deemed to indicate the order of the consignor;
g. the combined transport operator;
h. the number of copies of the document if more than one copy has been issued;
i. anything else that the consignor and the combined transport operator jointly deem fit.
3. The particulars referred to in the second paragraph *sub a* to *c* inclusive are included in the CT document according to data to be provided by the consignor, upon the understanding that the combined transport operator is not obliged to indicate or to mention in the CT document any data with respect to those things regarding which he has reasonable grounds to believe that they do not accurately correspond to the things which he has received in reality, or where he has not had a reasonable opportunity to check the things. The combined transport operator is presumed not to have had a reasonable opportunity to check the quantity and the weight of things which are poured or pumped in bulk. The consignor guarantees the accuracy of the data he has provided at the time of reception of the things.

après désignés, concernant les choses visées au point *b*:
1º le nombre;
2º le poids;
3º le volume;
4º les marques;
d. Le lieu où l'entrepreneur de transport combiné a pris en charge les choses aux fins du transport;
e. Le lieu vers où l'entrepreneur de transport combiné s'engage à transporter les choses;
f. Le destinataire pouvant être désigné, au choix de l'expéditeur, soit par son nom ou par une autre désignation, soit comme ordre de l'expéditeur ou d'une autre personne, soit au porteur. La seule expression «à l'ordre» est censée désigner à l'ordre de l'expéditeur;
g. L'entrepreneur en transport combiné;
h. Le nombre d'exemplaires, s'il en a été délivré plus d'un;
i. Toute autre mention jugée utile conjointement par l'expéditeur et l'entrepreneur en transport combiné.
3. Les mentions visées au paragraphe 2, points *a* à *c* inclusivement sont portées au document TC selon les indications fournies par l'expéditeur, étant entendu que l'entrepreneur en transport combiné, lorsqu'il a des motifs sérieux de soupçonner qu'une indication ne représente pas exactement les choses qu'il a effectivement reçues, ou qu'il n'a pas eu les moyens suffisants de la vérifier, n'est pas tenu de déclarer cette indication ou d'en faire état au document TC. L'entrepreneur de transport combiné est présumé n'avoir pas eu les moyens suffisants de contrôler la quantité ou le poids de choses chargées en vrac ou par pompage. L'expéditeur garantit l'exactitude, à la date de prise en charge des choses, des indications qu'il a fournies.

4. The parties must compensate each other for the damage which they suffer from the absence of data referred to in the second paragraph.

4. Les parties se doivent réparation du dommage qu'elles subissent par l'absence de renseignements visés au paragraphe deuxième.

Art. 45 (8.2.2.6) De verhandelbare exemplaren van het CT-document, waarin is vermeld hoeveel van deze exemplaren in het geheel zijn afgegeven, gelden alle voor één en één voor alle. Niet verhandelbare exemplaren moeten als zodanig worden aangeduid.

The negotiable copies of the CT document, in which it is mentioned how many of these copies have been issued in total, count all for one and one for all. Non-negotiable copies must be marked as such.

Les exemplaires négociables du document TC, qui fait état du nombre d'exemplaires émis au total, font foi tous pour un et un pour tous. Les exemplaires non négociables doivent être désignés comme tels.

Art. 46 (8.2.2.7) - 1. Voor het deel van het vervoer, dat overeenkomstig de tussen partijen gesloten overeenkomst zal plaatsvinden als vervoer over zee of binnenwateren, wordt het CT-document als cognossement aangemerkt.
- 2. Voor het deel van het vervoer, dat overeenkomstig de tussen partijen gesloten overeenkomst over de weg zal plaatsvinden, wordt het CT-document als vrachtbrief aangemerkt.
- 3. Voor het deel van het vervoer, dat overeenkomstig de tussen partijen gesloten overeenkomst langs spoorstaven of door de lucht zal plaatsvinden, wordt het CT-document, mits het mede aan de daarvoor gestelde vereisten voldoet, als voor dergelijk vervoer bestemd document aangemerkt.

1. For that part of the carriage which will take place as carriage by sea or by inland waterways, according to the contract entered into by the parties, the CT document is deemed to be a bill of lading.
2. For that part of the carriage which will take place as carriage by road, according to the contract entered into by the parties, the CT document is deemed to be a consignment note.
3. For that part of the carriage which will take place as carriage by rail or by air, according to the contract entered into by the parties, the CT document is deemed to be a document intended for such carriage, provided that it also complies with the requirements therefor.

1. Pour la portion du transport qui, conformément au contrat conclu entre les parties, aura lieu par mer ou par eaux intérieures, le document TC est réputé connaissement.
2. Pour la portion du transport qui, conformément au contrat conclu entre les parties, aura lieu par route, le document TC est réputé lettre de voiture.
3. Pour la portion du transport qui, conformément au contrat conclu entre les parties, aura lieu par chemin de fer ou par air, le document TC, pourvu qu'il soit également conforme aux conditions qui s'y appliquent, est réputé titre destiné à tel transport.

Art. 47 (8.2.2.8) Indien een overeenkomst van gecombineerd goederenvervoer is gesloten en bovendien een CT-document is afgegeven, wordt, behoudens artikel

51 tweede lid, tweede volzin, de rechtsverhouding tussen de gecombineerd vervoerder en de afzender door de bedingen van de overeenkomst van gecombineerd goederenvervoer en niet door die van dit CT-document beheerst. Behoudens het in artikel 51 eerste lid gestelde vereiste van houderschap van het CT-document, strekt dit hun dan slechts tot bewijs van de ontvangst der zaken door de gecombineerd vervoerder.

If a contract of combined carriage of goods has been entered into, and if, furthermore, a CT document has been issued, the juridical relationship between the combined transport operator and the consignor is governed by the stipulations of the contract of combined carriage of goods and not by those of the CT document, except for article 51, paragraph 2, second sentence. Except for the requirement of detention of the CT document provided for in article 51, paragraph 1, the document then only serves them as proof of the reception of the things by the combined transport operator.

Si un contrat de transport combiné de marchandises a été conclu et que, en outre, un document TC a été délivré, le rapport juridique entre l'entrepreneur de transport combiné et l'expéditeur est régi, sous réserve de l'article 51, paragraphe 2, deuxième phrase, par les clauses du contrat et non par le document TC. Sous réserve de l'exigence de détenir le document TC prévue à l'article 51, paragraphe premier, celui-ci ne leur sert alors que comme moyen de preuve de la réception des choses par l'entrepreneur de transport combiné.

Art. 48 (8.2.2.9) - 1. Het CT-document bewijst, behoudens tegenbewijs, dat de gecombineerd vervoerder de zaken heeft ontvangen en wel zoals deze daarin zijn omschreven. Tegenbewijs tegen het CT-document wordt niet toegelaten, wanneer het is overgedragen aan een derde te goeder trouw.
- 2. Indien in het CT-document de clausule: „aard, gewicht, aantal, volume of merken onbekend" of enige andere clausule van dergelijke strekking is opgenomen, binden zodanige in het CT-document voorkomende vermeldingen omtrent de zaken de gecombineerd vervoerder niet, tenzij bewezen wordt dat hij de aard, het gewicht, het aantal, het volume of de merken der zaken heeft gekend of had behoren te kennen.
- 3. Een CT-document, dat de uiterlijk zichtbare staat of gesteldheid van de zaak niet vermeldt, levert, behoudens tegenbewijs dat ook jegens een derde mogelijk is, een vermoeden op dat de gecombineerd vervoerder die zaak voor zover uiterlijk zichtbaar in goede staat of gesteldheid heeft ontvangen.
- 4. Een in het CT-document opgenomen waarde-opgave schept, behoudens tegenbewijs, een vermoeden, doch bindt niet de gecombineerd vervoerder die haar kan betwisten.
- 5. Verwijzingen in het CT-document worden geacht slechts die bedingen daarin te voegen, die voor degeen, jegens wie daarop een beroep wordt gedaan, duidelijk kenbaar zijn. Een dergelijk beroep is slechts mogelijk voor hem, die op schriftelijk verlangen van degeen jegens wie dit beroep kan worden gedaan of wordt gedaan, aan deze onverwijld die bedingen heeft doen toekomen.
- 6. Dit artikel laat onverlet de bepalingen die aan cognossement of vrachtbrief een grotere bewijskracht toekennen.
- 7. Nietig is ieder beding, waarbij van het vijfde lid van dit artikel wordt afgeweken.

1. Except for counter evidence, the CT document is evidence of the fact that the combined transport operator has received the things in the manner in which they have been described therein. Counter evidence against the CT document is not admissible when it has been transferred to a third person in good faith.
2. If the CT document contains the "nature, weight, number, volume or marks unknown" clause or any other clause to similar effect, such particulars regarding the things mentioned in the CT document do not bind the combined transport operator, unless it is proven that he knew, or ought to have known, the nature, weight, number, volume or marks of the things.
3. A CT document which does not mention the externally visible state or condition of the thing, creates a presumption that the combined transport operator has received that thing in a good state or condition, in as much as visible on the outside, save counter evidence which is also possible with respect to a third person.
4. Save counter evidence, a declaration of value included in the CT document creates a presumption, but does not bind the combined transport operator who successfully contradicts it.
5. References in the CT document are deemed only to incorporate thereinto those stipulations which are clearly knowable by the person against whom they are invoked. Only that person may invoke such stipulations who, upon the written demand of the person against whom the stipulations may be invoked or are invoked, has sent him those stipulations without delay.
6. This article does not affect the provisions which give greater evidentiary force to a bill of lading or

1. Le document TC fait foi, sauf preuve du contraire, de la prise en charge, par l'entrepreneur en transport combiné, des choses telles qu'elles y sont décrites. Aucune preuve n'est admise pour contredire le document TC qui a été transmis à un tiers de bonne foi.
2. Si le document TC comporte la mention «nature, poids, quantité, volume ou marques inconnus» ou l'équivalent, les mentions au document TC relatives aux choses ne lient pas l'entrepreneur en transport combiné, à moins qu'il ne soit établi qu'il connaissait ou aurait dû connaître leurs nature, poids, quantité, volume ou marques.
3. Le document TC qui ne fait pas état de l'apparence ou de la condition visibles de la chose emporte présomption, sauf preuve contraire pouvant également être rapportée à l'encontre d'un tiers, que l'entrepreneur de transport combiné l'a reçue en bon état, autant que l'apparence permettait d'en juger.
4. La déclaration de valeur au document TC constitue une présomption, sauf preuve contraire, mais ne lie pas l'entrepreneur de transport combiné qui parvient à la contester.
5. Les renvois que comporte le document TC ne sont censés y ajouter que les clauses de nature clairement connaissable pour la personne contre qui elles sont invoquées. Ne peut les invoquer que celui qui, sur demande écrite de la personne contre qui il peut les invoquer ou les invoque, les a fait parvenir sans tarder à cette dernière.
6. Le présent article ne porte pas atteinte aux dispositions conférant au connaissement ou à la lettre de voiture

consignment note.
7. Any stipulation derogating from the fifth paragraph of this article is null.

une force probante plus élevée.
7. Toute stipulation dérogatoire au paragraphe cinquième est nulle.

Art. 49 (8.2.2.10) Een CT-document aan order wordt geleverd op de wijze als aangegeven in afdeling 2 van titel 4 van Boek 3.

A CT document to order is delivered in the manner indicated in Section 2 of Title 4 of Book 3.

Le document TC à ordre est délivré de la manière indiquée à la section deuxième du titre quatrième du Livre troisième.

Art. 50 (8.2.2.11) Levering van het CT-document vóór de aflevering der daarin vermelde zaken door de vervoerder geldt als levering van die zaken.

Delivery of the CT document before the surrender by the carrier of the things mentioned therein, counts as delivery of those things.

La délivrance du document TC avant la livraison, par le transporteur, des choses qui y sont mentionnées vaut délivrance de celles-ci.

Art. 51 (8.2.2.12) - 1. Indien een CT-document is afgegeven, heeft uitsluitend de regelmatige houder daarvan, tenzij hij niet op rechtmatige wijze houder is geworden, jegens de gecombineerd vervoerder het recht aflevering van de zaken overeenkomstig de op deze rustende verplichtingen te vorderen. Onverminderd dit recht op aflevering heeft hij en hij alleen voor zover de gecombineerd vervoerder aansprakelijk is wegens het niet nakomen van de op hem rustende verplichting zaken zonder vertraging ter bestemming af te leveren in de staat waarin hij hen heeft ontvangen, uitsluitend het recht te dier zake schadevergoeding te vorderen.
- 2. Jegens de houder van het CT-document, die niet de afzender was, is de gecombineerd vervoerder gehouden aan en kan hij een beroep doen op de bedingen van het CT-document. Jegens iedere houder van het CT-document kan hij de daaruit duidelijk kenbare rechten tot betaling geldend maken. Jegens de houder van het CT-document, die ook de afzender was, kan de gecombineerd vervoerder zich bovendien op de bedingen van de overeenkomst van gecombineerd goederenvervoer en op zijn persoonlijke verhouding tot de afzender beroepen.

1. If a CT document has been issued, only the regular holder thereof has the right to claim from the combined transport operator the surrender of the things according to the obligations resting upon the carrier, unless the former has not become holder in a lawful fashion. Without prejudice to this right to surrender, only the holder has the right to claim damages and damages alone, to the extent that the combined transport operator is liable for the non-performance of the obligation

1. Si un document TC a été délivré, seul le porteur régulier, sauf s'il ne l'est pas devenu de manière licite, a droit de demander à l'entrepreneur de transport combiné la livraison des choses conformément aux obligations incombant à ce dernier. Sans préjudice du droit à la livraison et dans la mesure où l'entrepreneur de transport combiné est responsable de l'inexécution de l'obligation lui incombant de délivrer les choses à destination, sans retard et dans l'état où il les a reçues, le porteur et lui seul peut demander exclusivement la

resting upon him to deliver things to destination without delay and in the state in which he has received them.

2. The combined transport operator is bound by, and may invoke the stipulations of the CT document against the holder of the CT document who was not the consignor. Against every holder of the CT document he may enforce the clearly knowable rights to payment flowing therefrom. Against the holder of the CT document who was also the consignor, the combined transport operator can furthermore invoke the stipulations of the contract of combined carriage of goods and his personal relationship with the consignor.

réparation du dommage à ce sujet.

2. L'entrepreneur de transport combiné est tenu, à l'égard du porteur du document TC qui n'était pas l'expéditeur, aux clauses du document TC, et il peut les invoquer contre lui. À l'égard de tout porteur du document TC, il peut faire valoir des droits au paiement qui y apparaissent clairement. À l'égard du porteur du document TC qui était aussi l'expéditeur, il peut en outre invoquer les stipulations du contrat de transport combiné de marchandises ainsi que son rapport personnel avec l'expéditeur.

Art. 52 (8.2.2.13) Van de houders van verschillende exemplaren van hetzelfde CT-document heeft hij het beste recht, die houder is van het exemplaar, waarvan ná de gemeenschappelijke voorman, die houder was van al die exemplaren, het eerst een ander houder is geworden te goeder trouw en onder bezwarende titel.

Amongst the holders of different copies of the same CT document, the best right belongs to the holder of the first copy of which, after the common author who was holder of all those copies, another person has become holder in good faith and by onerous title.

Parmi les porteurs de différents exemplaires du même document TC, a le meilleur droit le porteur du premier exemplaire dont, après l'auteur commun porteur de tous les exemplaires, un autre est devenu porteur de bonne foi et à titre onéreux.

Afdeling 3 Overeenkomst tot het doen vervoeren van goederen

Section 3
The contract to forward goods

Section troisième
Du contrat à faire transporter des marchandises

Art. 60 (8.2.3.0) - 1. De overeenkomst tot het doen vervoeren van goederen is de overeenkomst, waarbij de ene partij (de expediteur) zich jegens zijn wederpartij (de opdrachtgever) verbindt tot het te haren behoeve met een vervoerder sluiten van een of meer overeenkomsten van vervoer van door deze wederpartij ter beschikking te stellen zaken, dan wel tot het te haren behoeve maken van een beding in een of meer zodanige vervoerovereenkomsten.

The contract to forward goods is a contract whereby one party (the forwarding agent) binds himself

Le contrat à faire transporter des marchandises est celui par lequel une partie (le commissionnaire de transport)

towards the other party (the principal) to enter, for the benefit of the latter, into one or more contracts of carriage with a carrier to transport things which are to be put at disposal by the principal; or, it is a contract whereby the forwarding agent undertakes to make a stipulation for the benefit of the principal in one or more such contracts of carriage.

s'engage à l'égard de l'autre (le donneurd'ordre) à conclure, au profit de ce dernier, avec un transporteur un ou plusieurs contrats de transport de choses devant être mises à sa disposition par le donneur d'ordre, ou encore à faire, au profit de ce dernier, une stipulation dans un ou plusieurs contrats de transport de cette nature.

Art. 61 (8.2.3.1) - 1. Voor zover de expediteur de overeenkomst tot het sluiten waarvan hij zich verbond, zelf uitvoert, wordt hij zelf aangemerkt als de vervoerder uit die overeenkomst.
- 2. Nietig is ieder beding, waarbij van dit artikel wordt afgeweken.

1. To the extent that the forwarding agent himself performs the contract which he undertook to enter into, he himself is deemed to be the carrier pursuant to that contract.
2. Any stipulation derogating from this article is null.

1. Dans la mesure où le commissionnaire de transport exécute lui-même le contrat qu'il s'est engagé à conclure, il est lui-même réputé transporteur aux fins du contrat.
2. Toute stipulation dérogatoire au présent article est nulle.

Art. 62 (8.2.3.2) - 1. Indien de zaken niet zonder vertraging ter bestemming worden afgeleverd in de staat, waarin zij ter beschikking zijn gesteld, is de expediteur, voor zover hij een vervoerovereenkomst die hij met een ander zou sluiten, zelf uitvoerde, verplicht zulks onverwijld aan de opdrachtgever die hem kennis gaf van de schade mede te delen.
- 2. Doet de expediteur de in het eerste lid bedoelde mededeling niet, dan is hij, wanneer hij daardoor niet tijdig als vervoerder is aangesproken, naast vergoeding van de schade die de opdrachtgever overigens dientengevolge leed, een schadeloosstelling verschuldigd gelijk aan de schadevergoeding, die hij zou hebben moeten voldoen, wanneer hij wel tijdig als vervoerder zou zijn aangesproken.
- 3. Nietig is ieder beding, waarbij van dit artikel wordt afgeweken.

1. If the things are not delivered to destination without delay and in the state in which they were put at disposal, the forwarding agent, to the extent that he himself has performed a contract of carriage he was to enter into with another person, must, without delay, notify the principal thereof, who has informed him of the damage.
2. Where the forwarding agent does not effectuate the notification as referred to in the first paragraph, and where as a consequence thereof he is

1. Si les choses ne sont pas livrées à destination sans retard et dans l'état où elles ont été mises à disposition, le commissionnaire de transport, dans la mesure où il a exécuté lui-même le contrat de transport qu'il devait conclure avec un tiers, est tenu d'en aviser sans tarder le donneur d'ordre qui l'a mis au courant du dommage.

2. Le commissionnaire de transport qui omet de faire la communication visée au paragraphe premier doit, lorsque, de ce fait, il n'est pas poursuivi à temps en

not sued timely as a carrier, he owes, besides the compensation of the damage which the principal has otherwise suffered as a result thereof, an indemnification equal to the damages which he would have had to pay, had he been sued timely as a carrier.
3. Any stipulation derogating from this article is null.

tant que transporteur, outre la réparation des autres dommages qu'en a subis le donneur d'ordre, une indemnité égale à celle dont il aurait été responsable s'il avait été poursuivi à temps en tant que transporteur.
3. Toute stipulation dérogatoire au présent article est nulle.

Art. 63 (8.2.3.3) - 1. Indien de zaken niet zonder vertraging ter bestemming worden afgeleverd in de staat, waarin zij ter beschikking zijn gesteld, is de expediteur voor zover hij de vervoerovereenkomst, welke hij met een ander zou sluiten, niet zelf uitvoerde, verplicht de opdrachtgever onverwijld te doen weten welke vervoerovereenkomsten hij ter uitvoering van zijn verbintenis aanging. Hij is tevens verplicht de opdrachtgever alle documenten en gegevens ter beschikking te stellen, waarover hij beschikt of die hij redelijkerwijs kan verschaffen, voorzover deze althans kunnen dienen tot verhaal van opgekomen schade.
- 2. De opdrachtgever verkrijgt jegens degeen, met wie de expediteur heeft gehandeld, van het ogenblik af, waarop hij de expediteur duidelijk kenbaar maakt, dat hij hen wil uitoefenen, de rechten en bevoegdheden, die hem zouden zijn toegekomen, wanneer hijzelf als afzender de overeenkomst zou hebben gesloten. Hij kan ter zake in rechte optreden, wanneer hij overlegt een door de expediteur of in geval van diens faillissement door diens curator af te geven verklaring, dat tussen hem en de expediteur ten aanzien van de zaken een overeenkomst tot het doen vervoeren daarvan werd gesloten.
- 3. Komt de expediteur een verplichting als in het eerste lid bedoeld niet na, dan is hij, naast vergoeding van de schade die de opdrachtgever overigens dientengevolge leed, een schadeloosstelling verschuldigd gelijk aan de schadevergoeding die de opdrachtgever van hem had kunnen verkrijgen, wanneer hij de overeenkomst die hij sloot, zelf had uitgevoerd, verminderd met de schadevergoeding die de opdrachtgever mogelijkerwijs van de vervoerder verkreeg.
- 4. Nietig is ieder beding, waarbij van dit artikel wordt afgeweken.

1. If the things are not delivered to destination without delay and in the state in which they were put at disposal, the forwarding agent must, without delay, and to the extent that he himself has not performed the contract of carriage he was to enter into with another person, have the principal informed of which contracts of carriage he has entered into to perform his obligation. He must also put at the disposal of the principal all documents and data at his disposal or which he can reasonably procure, to the extent at least that these may

1. Si les choses ne sont pas livrées à destination sans retard et dans l'état où elles ont été mises à disposition, le commissionnaire de transport, dans la mesure où il n'a pas exécuté lui-même le contrat de transport qu'il devait conclure avec un tiers, est tenu d'informer sans tarder le donneur d'ordre des contrats de transport qu'il a conclus dans l'exécution de son obligation. Il est en outre tenu de mettre à la disposition du donneur d'ordre tous documents et renseignements dont il dispose ou qu'il peut raisonnablement fournir, dans la mesure du moins où

serve to recover damage that has occurred.

2. With respect to the person with whom the forwarding agent has acted, the principal acquires the rights and powers which he would have had, had he himself entered into the contract as consignor, as of the time when he clearly makes it known to the forwarding agent that he wants to exercise them. He may act judicially in the matter upon the condition that he submit a declaration to be issued by the forwarding agent, or, in the case of the latter's bankruptcy, by his curator, to the effect that a contract was entered into between him and the forwarding agent to forward the things in question.

3. Where the forwarding agent does not comply with an obligation as referred to in the first paragraph, he owes, besides the compensation of the damage which the principal has otherwise suffered as a result thereof, an indemnification equal to the damages which the principal could have obtained from him, if he himself would have performed the contract which he entered into, minus the damages which the principal has possibly obtained from the carrier.

4. Any stipulation derogating from this article is null.

ceux-ci peuvent servir à recouvrer le dommage survenu.

2. Le donneur d'ordre obtient, à compter du moment où il a clairement fait savoir au commissionnaire de transport qu'il entend les exercer, les droits et pouvoirs qui lui auraient été conférés, à l'égard de celui avec qui le commissionnaire de transport a agi, s'il avait lui-même conclu le contrat en tant qu'expéditeur. Il peut agir en justice en la matière, à la condition de produire une déclaration remise par le commissionnaire de transport - ou, dans le cas de faillite de celui-ci, par le syndic - portant que, au sujet de ces choses, un contrat à faire transporter des marchandises a été conclu entre lui et le commissionnaire de transport.

3. Le commissionnaire de transport qui n'exécute pas une obligation visée au paragraphe premier, doit, outre la réparation des autres dommages qu'en a subis le donneur d'ordre, une indemnité égale à celle que le donneur d'ordre aurait pu lui réclamer s'il avait exécuté lui-même le contrat qu'il a conclu, déduction faite de l'indemnité que le donneur d'ordre a pu obtenir du transporteur.

4. Toute stipulation dérogatoire au présent article est nulle.

Art. 64 (8.2.3.4) De opdrachtgever is verplicht de expediteur de schade te vergoeden die deze lijdt doordat de overeengekomen zaken, door welke oorzaak dan ook, niet op de overeengekomen plaats en tijd ter beschikking zijn.

The principal must compensate the forwarding agent for the damage which the latter suffers because, for whatever reason, the things agreed upon are not at disposal at the time and place agreed upon.

Le donneur d'ordre est tenu de réparer le dommage que subit le commissionnaire de transport du fait que les choses convenues, par quelque cause que ce soit, ne sont pas à disposition aux temps et lieu convenus.

Art. 65 (8.2.3.5) - 1. Alvorens zaken ter beschikking zijn gesteld, is de opdrachtgever bevoegd de overeenkomst op te zeggen. Hij is verplicht de expediteur de schade te vergoeden die deze ten gevolge van de opzegging lijdt.
- 2. De opzegging geschiedt door schriftelijke kennisgeving en de overeenkomst eindigt op het ogenblik van ontvangst daarvan.

1. The principal is entitled to cancel the contract until the time when things have been put at disposal. He must compensate the forwarding agent for the damage which the latter suffers as a result of the cancellation.
2. Cancellation takes places by written notice, and the contract is terminated at the time of reception of the notice.

1. Le donneur d'ordre peut résilier le contrat jusqu'à la mise à disposition des choses. Il est tenu de réparer le dommage que subit le commissionnaire de transport par suite de la résiliation.
2. La résiliation s'effectue par avis écrit et le contrat prend fin au moment de la réception de l'avis.

Art. 66 (8.2.3.6) - 1. De opdrachtgever is verplicht de expediteur omtrent de zaken alsmede omtrent de behandeling daarvan tijdig al die opgaven te doen, waartoe hij in staat is of behoort te zijn, en waarvan hij weet of behoort te weten, dat zij voor de expediteur van belang zijn, tenzij hij mag aannemen, dat de expediteur deze gegevens kent.
- 2. De expediteur is niet gehouden, doch wel gerechtigd, te onderzoeken of de hem gedane opgaven juist en volledig zijn.

1. The principal must timely provide the forwarding agent with all those indications regarding the things, as well as the handling thereof, which he is or ought to be able to provide, and of which he knows or ought to know that they are of importance to the forwarding agent, unless he may assume that the forwarding agent knows of these data.
2. The forwarding agent is not obliged, but is entitled to examine whether the indications provided to him are accurate and complete.

1. Le donneur d'ordre est tenu de fournir au commissionnaire de transport, en temps utile, toutes les déclarations qu'il est ou doit être en mesure de faire au sujet des choses et de leur manutention, et dont il sait ou devrait savoir qu'ils présentent un intérêt pour le commissionnaire de transport, sauf s'il est fondé à croire que celui-ci connaît ces renseignements.
2. Le commissionnaire de transport n'est pas tenu d'examiner si les déclarations qui lui ont été faites sont exactes et complètes, quoiqu'il en ait le droit.

Art. 67 (8.2.3.7) De opdrachtgever is verplicht de expediteur de schade te vergoeden die deze lijdt doordat de documenten, die van de zijde van de opdrachtgever voor het uitvoeren van de opdracht vereist zijn, door welke oorzaak dan ook, niet naar behoren aanwezig zijn.

The principal must compensate the forwarding agent for the damage which the latter suffers because, forwhatever reason, the documents which are required from the principal for the execution of the charge, are not adequately available.

Le donneur d'ordre est tenu de réparer le dommage que subit le commissionnaire de transport du fait que les documents requis de la part du donneur d'ordre pour l'exécution de l'ordre, pour quelque cause que ce soit, ne sont pas convenablement disponibles.

Art. 68 (8.2.3.8) - 1. Wanneer vóór of bij de terbeschikkingstelling van de zaken omstandigheden aan de zijde van een der partijen zich opdoen of naar voren komen, die haar wederpartij bij het sluiten van de overeenkomst niet behoefde te kennen, doch die, indien zij haar wel bekend waren geweest, redelijkerwijs voor haar grond hadden opgeleverd de overeenkomst niet of op andere voorwaarden aan te gaan, is deze wederpartij bevoegd de overeenkomst op te zeggen.
- 2. De opzegging geschiedt door schriftelijke kennisgeving en de overeenkomst eindigt op het ogenblik van ontvangst daarvan.
- 3. Naar maatstaven van redelijkheid en billijkheid zijn partijen na opzegging der overeenkomst verplicht elkaar de daardoor geleden schade te vergoeden.

1. Where, before or at the time when the things are put at disposal, circumstances arise or come forward on the side of one of the parties, which the other party did not have to know at the time of entering into the contract, but which, had he known them, would have given him reasonable grounds not to enter into the contract or to enter into it upon different conditions, this other party is entitled to cancel the contract.
2. Cancellation takes places by written notice, and the contract is terminated at the time of reception of the notice.
3. After cancellation of the contract, the parties must, in accordance with standards of reasonableness and equity, compensate each other for the damage suffered therefrom.

1. Lorsque, avant la mise à disposition des choses ou lors de celle-ci, surgissent ou apparaissent des circonstances concernant l'une des parties, que l'autre partie n'était pas tenue de connaître lors de la conclusion du contrat, mais qui, les eût-elle connues, auraient constitué pour elle un motif raisonnable de ne pas conclure le contrat ou de le conclure à d'autres conditions, cette dernière peut alors résilier le contrat.
2. La résiliation a lieu par avis écrit et le contrat prend fin au moment de la réception de l'avis.
3. Après la résiliation, les parties se doivent, selon des critères de raison et d'équité, réparation réciproque du dommage qu'elles en ont subi.

Art. 69 (8.2.3.9) - 1. De expediteur is gerechtigd afgifte van zaken of documenten, die hij in verband met de overeenkomst onder zich heeft, te weigeren aan ieder, die uit anderen hoofde dan de overeenkomst tot doen vervoeren recht heeft op aflevering daarvan, tenzij daarop beslag is gelegd en uit de vervolging van dit beslag een verplichting tot afgifte aan de beslaglegger voortvloeit.
- 2. De expediteur kan het recht van retentie uitoefenen op zaken of documenten, die hij in verband met de overeenkomst onder zich heeft, voor hetgeen hem terzake van de overeenkomst door zijn opdrachtgever verschuldigd is of zal worden. Hij kan dit recht tevens uitoefenen voor hetgeen bij wijze van rembours op de zaak drukt. Dit retentierecht vervalt zodra aan de expediteur is betaald het bedrag waarover geen geschil bestaat en voldoende zekerheid is gesteld voor de betaling van die bedragen, waaromtrent wel geschil bestaat of welker hoogte nog niet kan worden vastgesteld. De expediteur behoeft echter geen zekerheid te aanvaarden voor hetgeen bij wijze van rembours op de zaak drukt.
- 3. De in dit artikel aan de expediteur toegekende rechten komen hem niet toe jegens een derde, indien hij op het tijdstip dat hij de zaak of het document onder zich kreeg, reden had te twijfelen aan de bevoegdheid van de opdrachtgever jegens die derde hem die zaak of dat document ter beschikking te stellen.

1. The forwarding agent is entitled to refuse to hand over things or documents, which he detains in connection with the contract, to any person who has a right to delivery thereof pursuant to a title other than the contract to forward goods, unless the things or documents have been seized and the continuation of this seizure results in an obligation to hand them over to the seizor.

2. The forwarding agent may exercise the right of retention on things or documents, which he detains in connection with the contract, for what the principal owes or will owe him with respect to the contract. He may also exercise this right for the charge resting upon the thing by way of cost on delivery. This right of retention lapses as soon as the forwarding agent has been paid the amount over which there is no dispute and sufficient security has been furnished for the payment of those amounts over which there is a dispute, or the value of which cannot yet be determined. The forwarding agent, however, does not have to accept security for the charge resting upon the thing by way of cost on delivery.

3. The forwarding agent is not entitled to use the rights granted to him in this article with respect to a third person if, at the time when he received the thing or document, he had reason to doubt the right of the principal with respect to that third person to put the thing or document at his disposal.

1. Le commissionnaire de transport peut refuser de remettre les choses ou documents qu'il détient relativement au contrat à toute personne qui a droit à leur livraison en vertu d'un titre autre que celui du contrat à faire transporter, à moins qu'ils n'aient été saisis et que la poursuite de la saisie n'emporte l'obligation de remise au saisissant.

2. Le commissionnaire de transport peut exercer le droit de rétention sur les choses ou les documents qu'il détient qu'il détient relativement au contrat contrat pour ce que le donneur d'ordre lui doit ou lui devra dans l'exécution du contrat. Il peut également l'exercer pour les frais grevant la chose au titre de frais d'un envoi contre remboursement. Le droit de rétention s'éteint dès que le commissionnaire de transport a reçu paiement de la somme non contestée et que sûreté suffisante a été fournie pour les sommes contestées ou dont le montant ne peut encore être déterminé. Le commissionnaire de transport n'est cependant pas tenu d'accepter sûreté pour ce qui grève la chose au titre de frais d'un envoi contre remboursement.

3. Les droits reconnus au commissionnaire de transport au présent article ne lui reviennent pas à l'égard d'un tiers, si, au moment de la prise en charge des choses ou du document, il avait des raisons de douter du pouvoir du donneur d'ordre à l'égard du tiers de mettre la chose ou le document à sa disposition.

Art. 70 (8.2.3.10) Indien een overeenkomst tot het doen vervoeren van goederen niet naar behoren wordt uitgevoerd, dan wel een zaak niet zonder vertraging ter bestemming wordt afgeleverd in de staat, waarin zij ter beschikking is gesteld, is de expediteur, die te dier zake door zijn wederpartij buiten overeenkomst wordt aangesproken, jegens deze niet verder aansprakelijk dan hij dit zou zijn op grond van de door hen gesloten overeenkomst tot het doen vervoeren van die zaak.

If a contract to forward goods is not

Si le contrat à faire transporter des

performed adequately, or if a thing is not delivered to destination without delay in the state in which it was put at disposal, the forwarding agent, when sued by his co-contracting party extra-contractually, is liable towards the latter no further than he would be pursuant to the contract entered into between them to forward that thing.

marchandises n'est pas convenablement exécuté ou qu'une chose n'est pas livrée à destination sans retard et dans l'état où elle a été prise en charge, la responsabilité du commissionnaire de transport, poursuivi extracontractuellement par le cocontractant, n'est pas engagée à l'égard de celui-ci au delà de ce qu'elle le serait en vertu du contrat à faire transporter des marchandises conclu entre eux.

Art. 71 (8.2.3.11) Indien een overeenkomst tot het doen vervoeren van goederen niet naar behoren wordt uitgevoerd, dan wel een zaak niet zonder vertraging ter bestemming wordt afgeleverd in de staat, waarin zij ter beschikking is gesteld, is de expediteur, die te dier zake buiten overeenkomst wordt aangesproken, behoudens de artikelen 361 tot en met 366, artikel 880 en artikel 1081, niet verder aansprakelijk dan hij dit zou zijn tegenover zijn opdrachtgever.

Except for articles 361 to 366 inclusive, article 880 and article 1081, if a contract to forward goods is not performed adequately, or if a thing is not delivered to destination without delay in the state in which it has been put at disposal, the forwarding agent, when sued in respect hereof extra-contractually, is liable no further than he would be with respect to his principal.

Si le contrat à faire transporter des marchandises n'est pas exécuté convenablement ou qu'une chose n'est pas livrée à destination sans retard et dans l'état où elle a été prise en charge, la responsabilité du commissionnaire de transport, poursuivi extra-contractuellement, n'est pas engagée au delà de ce qu'elle le serait à l'égard du donneur d'ordre, sous réserve des articles 361 à 366 inclusivement de l'article 880 et de l'article 1081.

Art. 72 (8.2.3.12) Indien een vordering, als genoemd in het vorige artikel, buiten overeenkomst wordt ingesteld tegen een ondergeschikte van de expediteur, dan is deze ondergeschikte, mits hij de schade veroorzaakte in de werkzaamheden, waartoe hij werd gebruikt, niet verder aansprakelijk dan een dergelijke expediteur, die hem tot deze werkzaamheden gebruikte, dit op grond van het vorige artikel zou zijn.

If an action as referred to in the preceding article is instituted extra-contractually against a servant of the forwarding agent, this servant, provided that he caused the damage in the activities for which he was used, is liable no further than such a forwarding agent, who used him for these activities, would be, pursuant to the preceding article.

Si l'action visée à l'article précédent est intentée extracontractuellement contre un préposé du commissionnaire de transport, le préposé, à condition d'avoir causé le dommage au cours des activités auxquelles il était employé, n'engage pas sa responsabilité au delà de ce que serait celle, fondée sur l'article précédent, du commissionnaire de transport qui l'y a employé.

Art. 73 (8.2.3.13) Het totaal van de bedragen, verhaalbaar op de expediteur, al dan niet gezamenlijk met het bedrag, verhaalbaar op de wederpartij van degene die de vordering instelt, en hun ondergeschikten mag, behoudens in geval van schade ontstaan uit eigen handeling of nalaten van de aangesprokene, geschied hetzij met het opzet die schade te veroorzaken, hetzij roekeloos en met de wetenschap dat die schade er waarschijnlijk uit zou voortvloeien, niet overtreffen het totaal, dat op grond van de door hen ingeroepen overeenkomst is verschuldigd.

The total amounts recoverable from the forwarding agent, whether or not together with the amount recoverable from the co-contracting party of the person who institutes the action and their servants, may not exceed the total owed pursuant to the contract invoked by them, except in case of damage resulting from the own act or omission of the person sued, done either with the intent to cause that damage or recklessly and with the knowledge that that damage would probably result therefrom.

Le total des sommes recouvrables contre le commissionnaire de transport, joint ou non à celle qui peut être recouvrée contre le cocontractant de celui qui intente l'action, de même que sur leurs préposés, ne peut dépasser le total dû en vertu du contrat qu'ils auront invoqué, sauf en cas de dommage résultant de l'acte ou de l'omission personnels de la personne poursuivie, commis soit dans l'intention de provoquer ce dommage, soit témérairement et avec conscience qu'un dommage en résulterait probablement.

Afdeling 4 Overeenkomst van personenvervoer

Section 4
The contract of carriage of persons

Section quatrième
Du contrat de transport de personnes

Art. 80 (8.2.4.1) - 1. De overeenkomst van personenvervoer is de overeenkomst, waarbij de ene partij (de vervoerder) zich tegenover de andere partij verbindt een of meer personen (reizigers) te vervoeren.
- 2. De overeenkomst van personenvervoer als omschreven in artikel 100 is geen overeenkomst van personenvervoer in de zin van deze afdeling.

1. The contract of carriage of persons is a contract whereby one party (the carrier) binds himself towards the other party to transport one or more persons (travellers).
2. The contract of carriage of persons, as defined in article 100, is not a contract of carriage of persons within the meaning of this section.

1. Le contrat de transport de personnes est celui par lequel une partie (le transporteur) s'engage envers une autre à transporter une ou plusieurs personnes (les voyageurs).
2. Le contrat de transport de personnes défini à l'article 100 n'est pas un contrat de transport de personnes au sens de la présente section.

Art. 81 (8.2.4.2) De vervoerder is aansprakelijk voor schade veroorzaakt door dood of letsel in verband met het vervoer aan de reiziger overkomen.

The carrier is liable for damage caused by death of, or bodily injury

Le transporteur est responsable du dommage causé par le décès ou la lésion

to the traveller occurring in connection with the carriage.

corporelle subie par le voyageur en relation avec le transport.

Art. 82 (8.2.4.3) - 1. De vervoerder is niet aansprakelijk voor schade ontstaan door dood of letsel, voor zover deze dood of dit letsel is veroorzaakt door een omstandigheid die een zorgvuldig vervoerder niet heeft kunnen vermijden en voor zover zulk een vervoerder de gevolgen daarvan niet heeft kunnen verhinderen.
- 2. De vervoerder kan niet om zich van zijn aansprakelijkheid voor schade door dood of letsel van de reiziger veroorzaakt te ontheffen, beroep doen op de gebrekkigheid of het slecht functioneren van het vervoermiddel of van het materiaal waarvan hij zich voor het vervoer bedient.

1. The carrier is not liable for damage caused by death or bodily injury to the extent that it has been caused by a fact which a prudent carrier has not been able to avoid, and to the extent that such carrier has not been able to prevent the consequences thereof.
2. In order to relieve himself of his liability for damage for death of, or bodily injury to the traveller, the carrier cannot invoke the defect in, or malfunctioning of the transportation vehicle or the material which he uses for the transport.

1. Le transporteur n'est pas responsable du dommage causé par le décès ou la lésion corporelle dans la mesure où ceux-ci ont pour cause une circonstance qu'un transporteur diligent n'a pu éviter et où un tel transporteur n'a pu obvier aux conséquences.
2. Le transporteur ne peut, pour se dégager de la responsabilité du dommage causé par le décès ou la lésion corporelle du voyageur, invoquer la défectuosité ou le mauvais fonctionnement du moyen de transport ou du matériel dont il s'est servi aux fins du transport.

Art. 83 (8.2.4.3a) Indien de vervoerder bewijst, dat schuld of nalatigheid van de reiziger schade heeft veroorzaakt of daartoe heeft bijgedragen, kan de aansprakelijkheid van de vervoerder daarvoor geheel of gedeeltelijk worden opgeheven.

The liability of the carrier can be wholly or partially eliminated if he proves that the fault or negligence of the traveller has caused the damage or has contributed thereto.

La responsabilité du transporteur peut être écartée en tout ou partie, s'il établit que la faute ou la négligence du voyageur a causé le dommage ou y a contribué.

Art. 84 (8.2.4.3b) Nietig is ieder voor het aan de reiziger overkomen voorval gemaakt beding waarbij de ingevolge artikel 81 op de vervoerder drukkende aansprakelijkheid of bewijslast wordt verminderd op andere wijze dan in deze afdeling is voorzien.

Any stipulation in respect of the incident experienced by the traveller, whereby the liability or burden of proof resting upon the carrier pursuant to article 81 is reduced otherwise than as provided for in this

Est nulle toute stipulation conclue en vue de l'incident survenu au voyageur et tendant à atténuer, autrement que de la manière prévue à la présente section, la responsabilité ou la charge de la preuve incombant au transporteur aux termes de

section, is null. l'article 81.

Art. 85 (8.2.4.4 - 1. In geval van aan de reiziger overkomen letsel en van de dood van de reiziger zijn de artikelen 107 en 108 van Boek 6 niet van toepassing op de vorderingen die de vervoerder als wederpartij van een andere vervoerder tegen deze laatste instelt.
- 2. De aansprakelijkheid van de vervoerder is in geval van dood of letsel van de reiziger beperkt tot een bij of krachtens algemene maatregel van bestuur te bepalen bedrag of bedragen.

1. In the event of bodily injury to, or death of the traveller, articles 107 and 108 of Book 6 do not apply to actions which the carrier institutes against another carrier as co-contracting party of the latter.

2. The liability of the carrier in case of death of, or bodily injury to the traveller is limited to an amount or amounts to be determined by or pursuant to regulation.

1. En cas de la lésion corporelle subie par le voyageur ou de son décès, les articles 107 et 108 du Livre sixième ne s'appliquent pas à l'action que le transporteur intente à un autre transporteur en tant que cocontractant de celui-ci.

2. La responsabilité du transporteur en cas de décès ou de lésion corporelle du voyageur est limitée à une somme ou à des sommes devant être fixées par décret ou en vertu d'un décret.

Art. 86 (8.2.4.5) De wederpartij van de vervoerder is verplicht deze de schade te vergoeden die hij lijdt doordat de reiziger, door welke oorzaak dan ook, niet tijdig ten vervoer aanwezig is.

The co-contracting party of the carrier must compensate the latter for the damage which he suffers because, for whatever reason, the traveller is not timely present for carriage.

Le cocontractant du transporteur est tenu de réparer le dommage que celui-ci subit du fait que le voyageur, pour quelque cause que ce soit, ne se présente pas à temps pour le transport.

Art. 87 (8.2.4.6) De wederpartij van de vervoerder is verplicht deze de schade te vergoeden die hij lijdt doordat de documenten met betrekking tot de reiziger, die van haar zijde voor het vervoer vereist zijn, door welke oorzaak dan ook, niet naar behoren aanwezig zijn.

The co-contracting party of the carrier must compensate the latter for the damage which he suffers because, for whatever reason, the documents pertaining to the traveller and required from the co-contracting party for the carriage, are not adequately available.

Le cocontractant du transporteur est tenu de réparer le dommage que celui-ci subit du fait que, pour quelque cause que ce soit, les documents relatifs au voyageur, requis de la part du cocontractant pour le transport, ne sont pas convenablement disponibles.

Art. 88 (8.2.4.7) - 1. Wanneer vóór of tijdens het vervoer omstandigheden aan de zijde van de wederpartij van de vervoerder of de reiziger zich opdoen of naar voren komen, die de vervoerder bij het sluiten van de overeenkomst niet behoefde te kennen, doch die, indien zij hem wel bekend waren geweest, redelijkerwijs voor

hem grond hadden opgeleverd de vervoerovereenkomst niet of op andere voorwaarden aan te gaan, is de vervoerder bevoegd de overeenkomst op te zeggen en de reiziger uit het vervoermiddel te verwijderen.
- 2. De opzegging geschiedt door een mondelinge of schriftelijke kennisgeving aan de wederpartij van de vervoerder of aan de reiziger en de overeenkomst eindigt op het ogenblik van ontvangst van de eerst ontvangen kennisgeving.
- 3. Naar maatstaven van redelijkheid en billijkheid zijn partijen na opzegging der overeenkomst verplicht elkaar de daardoor geleden schade te vergoeden.

1. Where, before or during the carriage, circumstances arise or come forward on the part of the co-contracting party of the carrier or the traveller, which the carrier did not have to know at the time of entering into the contract, but which, had he known them, would have given him reasonable grounds not to enter into the contract of carriage or to enter into it upon different conditions, the carrier is entitled to cancel the contract and to remove the traveller from the transportation vehicle.
2. Cancellation takes places by a verbal or written notice to the co-contracting party of the carrier or to the traveller, and the contract is terminated at the time of reception of the notice which is received first.
3. After cancellation of the contract, the parties must, in accordance with standards of reasonableness and equity, compensate each other for the damage suffered as a result thereof.

1. Lorsque, avant ou pendant le transport, surgissent ou apparaissent des circonstances concernant le cocontractant ou le voyageur, que le transporteur n'était pas tenu de connaître lors de la conclusion du contrat, mais qui, les eût-il connues, auraient constitué pour lui un motif raisonnable de ne pas conclure le contrat de transport ou de le conclure à des conditions différentes, le transporteur peut alors résilier le contrat et évincer le voyageur du moyen de transport.
2. La résiliation a lieu par avis verbal ou écrit au cocontractant du transporteur ou au voyageur et le contrat prend fin au moment de la réception du premier avis reçu.
3. Après la résiliation, les parties se doivent, selon des critères de raison et d'équité, réparation réciproque du dommage qu'elles en ont subi.

Art. 89 (8.2.4.8) - 1. Wanneer vóór of tijdens het vervoer omstandigheden aan de zijde van de vervoerder zich opdoen of naar voren komen, die diens wederpartij bij het sluiten van de overeenkomst niet behoefde te kennen, doch die, indien zij haar wel bekend waren geweest, redelijkerwijs voor haar grond hadden opgeleverd de vervoerovereenkomst niet of op andere voorwaarden aan te gaan, is deze wederpartij van de vervoerder bevoegd de overeenkomst op te zeggen.
- 2. De opzegging geschiedt door een mondelinge of schriftelijke kennisgeving en de overeenkomst eindigt op het ogenblik van ontvangst daarvan.
- 3. Naar maatstaven van redelijkheid en billijkheid zijn partijen na opzegging der overeenkomst verplicht elkaar de daardoor geleden schade te vergoeden.

1. Where, before or during the carriage, circumstances arise or come forward on the part of the carrier, which his co-contracting party did not have to know at the time of

1. Lorsque, avant ou pendant le transport, surgissent ou apparaissent des circonstances concernant le transporteur, que son cocontractant n'était pas tenu de connaître lors de la conclusion du

entering into the contract, but which, had he known them, would have given him reasonable grounds not to enter into the contract of carriage or to enter into it upon different conditions, the co-contracting party is entitled to cancel the contract.
2. Cancellation takes places by a verbal or written notice, and the contract is terminated at the time of reception of the notice.
3. After cancellation of the contract, the parties must, in accordance with standards of reasonableness and equity, compensate each other for the damage suffered as a result thereof.

contrat, mais qui, les eût-il connues, auraient constitué pour lui un motif raisonnable de ne pas conclure le contrat de transport ou de le conclure à des conditions différentes, il peut alors résilier le contrat.
2. La résiliation a lieu par avis verbal ou écrit et le contrat prend fin au moment de la réception de l'avis.
3. Après la résiliation, les parties se doivent, selon des critères de raison et d'équité, réparation réciproque du dommage qu'elles en ont subi.

Art. 90 (8.2.4.9) - 1. De wederpartij van de vervoerder is steeds bevoegd de overeenkomst op te zeggen. Zij is verplicht de vervoerder de schade te vergoeden, die deze ten gevolge van de opzegging lijdt.
- 2. Zij kan dit recht niet uitoefenen, wanneer daardoor de reis van het vervoermiddel zou worden vertraagd.
- 3. De opzegging geschiedt door een mondelinge of schriftelijke kennisgeving en de overeenkomst eindigt op het ogenblik van ontvangst daarvan.

1. The co-contracting party of the carrier is always entitled to cancel the contract. He must compensate the carrier for the damage which the latter suffers as a result of the cancellation.
2. He may not exercise this right when the journey of the transportation vehicle would thereby be delayed.
3. Cancellation takes places by a verbal or written notice, and the contract is terminated at the time of reception of the notice.

1. Le cocontractant du transporteur peut en tout temps résilier le contrat. Il est tenu de réparer le dommage que subit le transporteur par suite de la résiliation.
2. Il ne peut exercer ce droit lorsque cela retarderait le voyage du moyen de transport.
3. La résiliation a lieu par avis verbal ou écrit et le contrat prend fin au moment de la réception de l'avis.

Art. 91 (8.2.4.10) Wordt de vervoerder, zijn wederpartij, de reiziger of een ondergeschikte van een hunner buiten overeenkomst aangesproken, dan zijn de artikelen 361 tot en met 366 van overeenkomstige toepassing.

Where the carrier, his co-contracting party, the traveller or a servant of one of them is sued extra-contractually, articles 361 to 366 inclusive apply *mutatis mutandis*.

Dans l'éventualité d'une poursuite extracontractuelle intentée contre le transporteur, son cocontractant, le voyageur ou un préposé de l'un d'eux, les articles 361 à 366 inclusivement s'appliquent par analogie.

Art. 92 (8.2.4.11) Deze afdeling geldt slechts ten aanzien van niet elders in dit boek geregelde overeenkomsten van personenvervoer.

This section only applies with respect to contracts of carriage of persons which are not regulated elsewhere in this book.

La présente section ne s'applique qu'à l'égard des contrats de transport de personnes non régis par d'autres dispositions du présent livre.

Afdeling 5 Overeenkomst tot binnenlands openbaar personenvervoer

Section 5
The contract of domestic public carriage of persons

Section cinquième
Du contrat de transport public intérieur de personnes

Art. 100 (8.2.4A.1) - 1. De overeenkomst van personenvervoer in de zin van deze afdeling is de overeenkomst van personenvervoer, waarbij de ene partij (de vervoerder) zich tegenover de andere partij verbindt aan boord van een vervoermiddel, geen luchtvaartuig noch luchtkussenvoertuig zijnde, een of meer personen (reizigers) en al dan niet hun handbagage binnen Nederland hetzij langs spoorstaven hetzij op andere wijze en dan volgens een voor een ieder kenbaar schema van reismogelijkheden (dienstregeling) te vervoeren. Tijd- of reisbevrachting is, voor zover het niet betreft vervoer langs spoorstaven, geen overeenkomst van personenvervoer in de zin van deze afdeling.
- 2. Als vervoerder in de zin van deze afdeling wordt tevens beschouwd de instantie die op een mogelijkerwijs afgegeven vervoerbewijs is vermeld. Wordt enig vervoerbewijs afgegeven dan zijn de artikelen 56, tweede lid, 75, eerste lid en 186, eerste lid van boek 2 niet van toepassing.
- 3. In deze afdeling wordt onder handbagage verstaan de bagage met inbegrip van levende dieren, die de reiziger als gemakkelijk mee te voeren, draagbare dan wel met de hand verrijdbare zaken op of bij zich heeft.
- 4. Bij algemene maatregel van bestuur, die voor ieder vervoermiddel onderling verschillende bepalingen kan bevatten, kunnen zaken, die geen handbagage zijn, voor de toepassing van bepalingen van deze afdeling als handbagage worden aangewezen, dan wel bepalingen van deze afdeling niet van toepassing worden verklaard op zaken, die handbagage zijn.

1. The contract of carriage of persons within the meaning of this section is a contract of carriage of persons whereby one party (the carrier) binds himself towards the other party to transport, on board a transportation vehicle other than an aircraft or hovercraft, one or more persons (travellers) with or without their hand baggage, within The Netherlands, either by rail or otherwise and according to a scheme of travel possibilities (timetable) which can be consulted by the public.

1. Le contrat de transport de personnes au sens de la présente section est celui par lequel une partie (le transporteur) s'engage envers l'autre à transporter, à bord d'un moyen de transport autre qu'un aéronef ou hydroglisseur, une ou plusieurs personnes (voyageurs) et éventuellement leur bagage à main, à l'intérieur des Pays-Bas, soit par chemin de fer, soit d'une autre façon et suivant alors un schéma de possibilités de voyage (indicateur), ouvert à la connaissance du public. L'affrètement à temps ou au voyage, dans la mesure où

To the extent that it does not concern carriage by rail, a time-charter or a voyage-charter is not a contract of carriage of persons within the meaning of this section.

2. The organisation mentioned on the ticket, if any has been issued, is also considered a carrier within the meaning of this section. Where a ticket is issued, articles 56, paragraph 2, 75, paragraph 1 and 186, paragraph 1 of Book 2 do not apply.

3. In this section, hand baggage means the baggage, including live animals, which the traveller has with him or on him as things that are easy to take along, to carry or to roll by hand.

4. By regulation, the provisions of which may vary for each means of transportation, things that are not hand baggage may be designated as hand baggage for the application of the provisions of this section; equally, provisions of this section may be declared inapplicable to things which are hand baggage.

il ne s'agit pas de transport par chemin de fer, n'est pas un contrat de transport de personnes au sens de la présente section.

2. Est également considéré comme transporteur au sens de la présente section l'organisation mentionnée au billet de transport, s'il en a été délivré. Lorsqu'un billet de transport est délivré, les articles 56, paragraphe 2, 75, paragraphe 1er, et 186, paragraphe 1er, du Livre deuxième ne s'appliquent pas.

3. Aux fins de la présente section, bagages à main s'entend de ceux, y compris des animaux vivants, que le voyageur a avec lui ou sur lui en tant qu'effets faciles à emporter, à porter ou pouvant être roulés à la main.

4. Par décret, dont les dispositions peuvent varier d'un moyen de transport à l'autre, peuvent être désignées comme bagages à main aux fins de l'application des dispositions de la présente section des choses qui n'en sont pas; de même, des dispositions de la présente section peuvent être déclarées inapplicables à des choses qui sont des bagages à main.

Art. 101 (8.2.4A.2) - 1. Indien een of meer vervoerders zich bij een en dezelfde overeenkomst verbinden tot vervoer met onderling al dan niet van aard verschillende vervoermiddelen, gelden voor ieder deel van het vervoer de op dat deel toepasselijke rechtsregelen.

- 2. Indien een voertuig dat voor het vervoer wordt gebezigd aan boord van een schip wordt vervoerd, gelden voor dat deel van het vervoer de op het vervoer te water toepasselijke rechtsregelen, met dien verstande echter dat de vervoerder zich niet kan beroepen op lichamelijke of geestelijke tekortkomingen van de bestuurder van het voertuig die in de tijd, dat de reiziger aan boord daarvan was, tot schade leidden.

- 3. Bij de overeenkomst waarbij de ene partij zich bij een en dezelfde overeenkomst tegenover de andere partij verbindt deels tot het vervoer van personen als bedoeld in artikel 100, deels tot ander vervoer, gelden voor ieder deel van het vervoer de op dat deel toepasselijke rechtsregelen.

1. If one or more carriers bind themselves by one and the same contract to transport, by several means of transportation, whether or not of different kinds, each part of the carriage is governed by the juridical rules applicable to that part.

1. Si un ou plusieurs transporteurs s'engagent, par un seul contrat, au transport par plusieurs moyens de transport, qu'ils soient de nature différente ou non, chaque portion du transport est régie par les règles juridiques qui lui sont applicables.

2. If a vehicle, used for the transport, is carried on board a vessel, that part of the carriage is governed by the juridical rules applicable to carriage by water, upon the understanding, however, that the carrier may not invoke the physical or mental disabilities of the driver of the vehicle leading to damage, while the traveller is on board the vehicle.

3. In the case of a contract whereby one party binds himself by one and the same contract towards the other party, in part to carry persons as referred to in article 100 and in part to other carriage, each part of the carriage is governed by the juridical rules applicable to that part.

2. Si un véhicule employé pour le transport est transporté à bord d'un navire, cette portion du transport est régie par les règles juridiques applicables au transport par eau, étant entendu cependant que le transporteur ne peut invoquer les défaillances physiques ou mentales du conducteur du véhicule qui ont occasionné un préjudice pendant le temps que le voyageur a passé à bord du véhicule.

3. Dans le cas où, par le même contrat, une partie s'engage envers l'autre, en partie au transport de personnes visé à l'article 100, en partie à un transport autre, chaque portion du transport est régie par les règles juridiques qui lui sont applicables.

Art. 102 (8.2.4A.3) - 1. Vervoer van personen omvat uitsluitend de tijd dat de reiziger aan boord van het vervoermiddel is, daarin instapt of daaruit uitstapt.
- 2. Vervoer van personen per schip omvat bovendien de tijd dat de reiziger te water wordt vervoerd tussen wal en schip of tussen schip en wal, indien de prijs hiervan in de vracht is inbegrepen of het voor dit hulpvervoer gebezigde schip door de vervoerder ter beschikking van de reiziger is gesteld. Het omvat echter niet de tijd dat de reiziger verblijft op een ponton, een steiger, een veerstoep of enig ander schip, dat ligt tussen de wal en het schip aan boord waarvan hij vervoerd zal worden of werd, in een stationsgebouw, op een kade of enige andere haveninstallatie.

1. Carriage of persons only includes the period during which the traveller is either on board the means of transportation, is embarking or is disembarking.
2. In addition, carriage of persons by a vessel includes the period during which the traveller is carried by water from a quay to the vessel or from the vessel to a quay, if the price hereof has been included in the fare, or if the vessel used for this auxiliary carriage has been put at the disposal of the traveller by the carrier. The carriage, however, does not include the period during which the traveller finds himself on a pontoon, loading dock, dike ramp or any other vessel lying between the quay and the vessel on board of which he will be carried or

1. Le transport de personnes comprend seulement la période pendant laquelle le voyageur est à bord du moyen de transport, embarque ou débarque.
2. Le transport de personnes par navire comprend en outre la période pendant laquelle le voyageur est transporté par eau entre le quai et le navire ou vice versa, si le prix en est compris dans celui du billet ou si le bâtiment utilisé pour ce transport accessoire a été mis à la disposition du voyageur par le transporteur. Il ne comprend pas toutefois la période pendant laquelle le voyageur se trouve sur un ponton, un pont d'embarquement, une rampe d'accès ou sur un autre bâtiment, se situant entre le quai et le navire sur lequel il sera ou a été transporté, dans

was carried, at a terminal, on a quay or any other harbour installation.

une gare maritime, sur un quai ou autre installation portuaire.

Art. 103 (8.2.4A.4) - 1. Vervoer van handbagage omvat uitsluitend de tijd dat deze aan boord van het vervoermiddel is, daarin wordt ingeladen of daaruit wordt uitgeladen, alsmede de tijd dat zij onder de hoede van de vervoerder is.
- 2. Vervoer van handbagage per schip omvat bovendien de tijd dat de handbagage te water wordt vervoerd tussen wal en schip of tussen schip en wal, indien de prijs hiervan in de vracht is inbegrepen of het voor dit hulpvervoer gebezigde schip door de vervoerder ter beschikking van de reiziger is gesteld. Het omvat echter niet de tijd dat de handbagage zich bevindt op een ponton, een steiger, een veerstoep of enig ander schip, dat ligt tussen de wal en het schip aan boord waarvan zij vervoerd zal worden of werd, in een stationsgebouw, op een kade of enige andere haveninstallatie, tenzij zij zich daar onder de hoede van de vervoerder bevindt.

1. Carriage of hand baggage only includes the period during which it is on board the means of transportation, is being loaded or unloaded, as well as the period during which it is under the care of the carrier.
2. In addition, carriage of hand baggage by vessel includes the period during which the hand baggage is carried by water from a quay to the vessel or from the vessel to a quay, if the price hereof has been included in the fare, or if the vessel used for this auxiliary carriage has been put at the disposal of the traveller by the carrier. The carriage, however, does not include the period during which the hand baggage finds itself on a pontoon, loading dock, dike ramp or any other vessel lying between the quay and the vessel on board of which it will be carried or was carried, at a terminal, on a quay or any other harbour installation, unless it is there under the care of the carrier.

1. Le transport des bagages à main comprend seulement la période pendant laquelle celui-ci est à bord du moyen de transport, est chargé ou déchargé, de même que celle pendant laquelle il se trouve sous la garde du transporteur.
2. Le transport des bagages à main par navire comprend, en outre, la période pendant laquelle les bagages à main sont transportés par eau entre le quai et le navire ou vice versa, si le prix en est compris dans celui du passage ou si le bâtiment utilisé pour ce transport accessoire a été mis à la disposition du voyageur par le transporteur. Il ne comprend pas la période pendant laquelle les bagages à main se trouvent sur un ponton, un pont d'embarquement, une rampe d'accès ou sur un autre bâtiment, se situant entre le quai et le navire sur lequel il sera ou a été transporté, dans une gare maritime, sur un quai ou autre installation portuaire, à moins qu'il n'y soit sous la garde du transporteur.

Art. 104 (8.2.4A.5) *Vervallen.*

Repealed.

Abrogé.

Art. 105 (8.2.4A.6) - 1. De vervoerder is aansprakelijk voor schade veroorzaakt door dood of letsel van de reiziger ten gevolge van een ongeval dat in verband met en tijdens het vervoer aan de reiziger is overkomen.

- 2. In afwijking van het eerste lid is de vervoerder niet aansprakelijk, voor zover het ongeval is veroorzaakt door een omstandigheid die een zorgvuldig vervoerder niet heeft kunnen vermijden en voor zover zulk een vervoerder de gevolgen daarvan niet heeft kunnen verhinderen.
- 3. Lichamelijke of geestelijke tekortkomingen van de bestuurder van het voertuig alsmede gebrekkigheid of slecht functioneren van het vervoermiddel of van het materiaal, waarvan hij zich voor het vervoer bedient, worden aangemerkt als een omstandigheid die een zorgvuldig vervoerder heeft kunnen vermijden en waarvan zulk een vervoerder de gevolgen heeft kunnen verhinderen. Onder materiaal wordt niet begrepen een ander vervoermiddel aan boord waarvan het vervoermiddel zich bevindt.
- 4. Bij de toepassing van het tweede lid wordt slechts dan rekening gehouden met een gedraging van een derde, indien geen andere omstandigheid, die mede tot het ongeval leidde, voor rekening van de vervoerder is.

1. The carrier is liable for damage caused by the death of, or bodily injury to the traveller as a consequence of an accident which has occurred in connection with and during the carriage.
2. By derogation from the first paragraph, the carrier is not liable to the extent that the accident has been caused by a fact which a prudent carrier has not been able to avoid, and to the extent that such carrier has not been able to prevent the consequences thereof.
3. Physical or mental disabilities of the driver of the vehicle, as well as defect in or malfunctioning of the means of transportation or the material which he uses for the transport are considered facts which a prudent carrier has been able to avoid and the consequences of which such a carrier has been able to prevent. Material does not include another means of transportation on board of which the means of transportation finds itself.
4. In applying the second paragraph, the conduct of a third person is taken into consideration only if the carrier is not answerable for any other fact which has also contributed to the accident.

1. Le transporteur est responsable du dommage causé par le décès ou la lésion corporelle du voyageur à la suite d'un accident en rapport avec le transport et pendant celui-ci.
2. Par dérogation au paragraphe premier, le transporteur n'est pas responsable dans la mesure où l'accident a pour cause une circonstance qu'un transporteur diligent n'a pu éviter et où un tel transporteur n'a pu obvier aux conséquences.
3. Les défaillances physiques ou mentales du conducteur du véhicule, de même que la défectuosité ou le mauvais fonctionnement du moyen de transport ou du matériel dont il se sert aux fins du transport sont réputés circonstances qu'un transporteur diligent a pu éviter et aux conséquences desquelles un tel transporteur a pu obvier. Le matériel ne comprend pas un autre moyen de transport à bord duquel se trouve le moyen de transport.
4. Aux fins de l'application du paragraphe 2, le comportement d'un tiers n'entre en ligne de compte qu'en l'absence de toute autre circonstance ayant également contribué à l'accident et incombant au transporteur.

Art. 106 (8.2.4A.7) - 1. De vervoerder is aansprakelijk voor schade veroorzaakt door geheel of gedeeltelijk verlies dan wel beschadiging van handbagage of van

een als bagage ten vervoer aangenomen voertuig of schip en de zaken aan boord daarvan, voor zover dit verlies of deze beschadiging is ontstaan tijdens het vervoer en is veroorzaakt
a. door een aan de reiziger overkomen ongeval dat voor rekening van de vervoerder komt, of
b. door een omstandigheid die een zorgvuldig vervoerder heeft kunnen vermijden of waarvan zulk een vervoerder de gevolgen heeft kunnen verhinderen.
- 2. Lichamelijke of geestelijke tekortkomingen van de bestuurder van het voertuig alsmede gebrekkigheid of slecht functioneren van het vervoermiddel of van het materiaal waarvan hij zich voor het vervoer bedient, worden aangemerkt als een omstandigheid die een zorgvuldig vervoerder heeft kunnen vermijden en waarvan zulk een vervoerder de gevolgen heeft kunnen verhinderen. Onder materiaal wordt niet begrepen een ander vervoermiddel aan boord waarvan het vervoermiddel zich bevindt.
- 3. Bij de toepassing van het eerste lid wordt slechts dan rekening gehouden met een gedraging van een derde, indien geen andere omstandigheid die mede tot het voorval leidde voor rekening van de vervoerder is.
- 4. Dit artikel laat de artikelen 545 en 1006 onverlet.

1. The carrier is liable for damage caused by total or partial loss of or damage to hand baggage, a vehicle or vessel accepted as baggage for carriage and the things on board thereof, to the extent that this loss or damage has arisen during the carriage and has been caused

a. by an accident to the traveller and for which the carrier is answerable; or
b. by a fact which a prudent carrier has been able to avoid and the consequences of which such a carrier has been able to prevent.
2. Physical or mental disabilities of the driver of the vehicle, as well as defect in or malfunctioning of the means of transportation or the material which he uses for the transport are considered facts which a prudent carrier has been able to avoid and the consequences of which such a carrier has been able to prevent. Material does not include another means of transportation on board of which the means of transportation finds itself.
3. In applying paragraph 1, the conduct of a third person is taken into

1. Le transporteur est responsable du dommage causé par la perte partielle ou totale ou par l'avarie des bagages à main ou du véhicule ou navire pris en charge aux fins de transport en tant que bagages, ainsi que des choses à bord de ceux-ci, dans la mesure où la perte ou l'avarie s'est produite en cours de transport et a été causée

a. par un accident survenu au voyageur et incombant au transporteur;
b. par une circonstance qu'un transporteur diligent a pu éviter et aux conséquences desquelles un tel transporteur a pu obvier.
2. Les défaillances physiques ou mentales du conducteur du véhicule, de même que la défectuosité ou le mauvais fonctionnement du moyen de transport ou du matériel dont il se sert aux fins du transport sont réputés circonstances qu'un transporteur diligent a pu éviter et aux conséquences desquelles un tel transporteur a pu obvier. Le matériel ne comprend pas un autre moyen de transport se trouvant à bord du moyen de transport.
3. Aux fins de l'application du paragraphe 1er, le comportement d'un

consideration only if the carrier is not answerable for any other fact which has also contributed to the incident.

4. This article does not affect articles 545 and 1006.

tiers n'entre en ligne de compte qu'en l'absence de tout autre événement ayant également contribué à l'incident et incombant au transporteur.

4. Le présent article ne porte pas atteinte aux articles 545 et 1006.

Art. 107 (8.2.4A.8) De vervoerder is ter zake van door de reiziger aan boord van het vervoermiddel gebrachte zaken, die hij, indien hij hun aard of gesteldheid had gekend, niet aan boord van het vervoermiddel zou hebben toegelaten en waarvoor hij geen bewijs van ontvangst heeft afgegeven, geen enkele schadevergoeding verschuldigd indien de reiziger wist of behoorde te weten dat de vervoerder de zaken niet ten vervoer zou hebben toegelaten; de reiziger is alsdan aansprakelijk voor alle kosten en schaden voor de vervoerder voortvloeiend uit de aanbieding ten vervoer of uit het vervoer zelf.

The carrier does not owe any damages in respect of things brought on board the means of transportation by the traveller, which the carrier would not have admitted on board, had he known their nature or condition, and for which he has not issued a receipt, if the traveller knew or ought to know that the carrier would not have admitted the things for carriage; in that case, the traveller is liable for all costs and damages which flow for the carrier from the presentation for carriage or from the carriage itself.

Le transporteur ne doit aucune indemnité pour les choses apportées à bord du moyen de transport par le voyageur, que le transporteur n'aurait pas admises, en eût-il connu la nature ou l'état, et pour lesquelles il n'a pas délivré un récépissé, si le voyageur savait ou devait savoir que le transporteur ne les aurait pas admises aux fins du transport; le voyageur est alors responsable des frais et dommages résultant, pour le transporteur, de la présentation des choses aux fins de transport ou du transport lui-même.

Art. 108 (8.2.4A.9) De vervoerder is niet aansprakelijk voor schade die is veroorzaakt door vertraging, door welke oorzaak dan ook vóór, tijdens of na het vervoer opgetreden, dan wel is veroorzaakt door welke afwijking van de dienstregeling dan ook.

The carrier is not liable for damage which has been caused by delay occurring, for whatever reason, before, during or after the carriage, or which has been caused by whatever deviation from the timetable.

Le transporteur n'est pas responsable du dommage causé par le retard survenu avant, pendant ou après le transport, quelle qu'en soit la cause, ou par une quelconque dérogation à l'indicateur.

Art. 109 (8.2.4A.10) - 1. Indien de vervoerder bewijst, dat schuld of nalatigheid van de reiziger schade heeft veroorzaakt of daartoe heeft bijgedragen, kan de aansprakelijkheid van de vervoerder daarvoor geheel of gedeeltelijk worden opgeheven.
- 2. Indien personen van wier hulp de vervoerder bij de uitvoering van zijn verbintenis gebruik maakt, op verzoek van de reiziger diensten bewijzen, waartoe

de vervoerder niet is verplicht, worden zij aangemerkt als te handelen in opdracht van de reiziger aan wie zij deze diensten bewijzen.

1. The liability of the carrier can be wholly or partially eliminated if he proves that the fault or negligence of the traveller has caused the damage or has contributed thereto.
2. If persons whose assistance the carrier uses in the performance of his obligation, render services upon the request of the traveller, to which the carrier is not obligated, they are considered as acting upon the orders of the traveller to whom they render these services.

1. La responsabilité du transporteur peut être écartée en tout ou partie, s'il établit que la faute ou la négligence du voyageur a causé le dommage ou y a contribué.
2. Si les personnes auxquelles le transporteur fait appel dans l'exécution de son obligation rendent au voyageur, à la requête de celui-ci, des services auxquels le transporteur n'est pas tenu, elles sont réputées agir sur ordre du voyageur.

Art. 110 (8.2.4A.11) - 1. De in deze afdeling bedoelde aansprakelijkheid van de vervoerder is beperkt bij of krachtens algemene maatregel van bestuur te bepalen bedrag of bedragen.
- 2. Dit artikel laat de Elfde Titel A en Afdeling 10A van de Dertiende Titel van het Tweede Boek van het Wetboek van Koophandel onverlet.

1. The liability of the carrier referred to in this section is limited to an amount or amounts to be determined by or pursuant to regulation.
2. This article does not affect Title 11 A and Section 10 A of Title 13 of Book 2 of the Code of Commerce.

1. La responsabilité du transporteur visée à la présente section est limitée à la somme ou aux sommes déterminées par décret ou en vertu d'un décret.
2. Le présent article ne porte pas atteinte au titre 11A et à la section dixième A du Titre treizième du Livre deuxième du Code.

Art. 111 (8.2.4A.12) - 1. De vervoerder kan zich niet beroepen op enige beperking van zijn aansprakelijkheid, voor zover de schade is ontstaan uit zijn eigen handeling of nalaten, geschied hetzij met het opzet die schade te veroorzaken, hetzij roekeloos en met de wetenschap dat die schade er waarschijnlijk uit zou voortvloeien.
- 2. Nietig is ieder beding, waarbij van dit artikel wordt afgeweken.

1. The carrier may not invoke any limitation of his liability to the extent that the damage has arisen from his own act or omission, done either with the intent to cause that damage or recklessly and with the knowledge that that damage would probably result therefrom.
2. Any stipulation derogating from this article is null.

1. Le transporteur ne peut se prévaloir d'aucune limitation de responsabilité, dans la mesure où le dommage résulte de son acte ou omission personnels commis, soit dans l'intention de provoquer un tel dommage, soit témérairement et avec conscience qu'un tel dommage en résulterait probablement.
2. Toute stipulation dérogatoire au présent article est nulle.

Art. 112 (8.2.4A.13) - Nietig is ieder vóór het aan de reiziger overkomen ongeval, of vóór het verlies of de beschadiging van handbagage of van als bagage ten vervoer aangenomen vaartuig of schip en de zaken aan boord daarvan, gemaakt beding, waarbij de ingevolge de artikelen 105 en 106 op de vervoerder drukkende aansprakelijkheid of bewijslast wordt verminderd op andere wijze dan in deze afdeling is voorzien.

Any stipulation made before the accident which has happened to the traveller or before the loss of or damage to hand baggage or a ship or vessel accepted as baggage for carriage and the things on board thereof, whereby the liability or burden of proof resting upon the carrier pursuant to articles 105 and 106 is reduced otherwise than as provided for in this section, is null.

Est nulle toute stipulation, faite avant l'accident subi par le voyageur ou avant la perte ou l'avarie des bagages à main ou du bâtiment ou navire pris en charge aux fins de transport en tant que bagages, ainsi que des choses à bord de ceux-ci, et tendant à atténuer, autrement que de la manière prévue à la présente section, la responsabilité ou la charge de la preuve incombant au transporteur aux termes des articles 105 et 106.

Art. 113 (8.2.4A.14) - 1. In geval van verlies of beschadiging van handbagage wordt de vordering tot schadevergoeding gewaardeerd naar de omstandigheden.
- 2. In geval van aan de reiziger overkomen letsel en van de dood van de reiziger zijn de artikelen 107 en 108 van Boek 6 niet van toepassing op de vorderingen die de vervoerder als wederpartij van een andere vervoerder tegen deze laatste instelt.

1. In case of loss of or damage to hand baggage, damages are evaluated according to the circumstances.
2. In the event of bodily injury to the traveller or death of the traveller, articles 107 and 108 of Book 6 do not apply to actions which the carrier institutes against another carrier as co-contracting party of the latter.

1. Les dommages-intérêts dans le cas de perte ou d'avarie de bagages à main s'évaluent selon les circonstances.
2. En cas de la lésion corporelle subie par le voyageur ou de son décès, les articles 107 et 108 du Livre sixième ne s'appliquent pas à l'action que le transporteur intente à un autre transporteur en tant que cocontractant de celui-ci.

Art. 114 (8.2.4A.15) - 1. Onverminderd artikel 107 en onverminderd artikel 179 van Boek 6 is de reiziger aansprakelijk voor schade veroorzaakt door zijn handeling of nalaten, dan wel door zijn handbagage of een als bagage aangenomen voertuig of schip en de zaken aan boord daarvan.
- 2. In afwijking van het eerste lid is de reiziger niet aansprakelijk, voor zover de schade is veroorzaakt door een omstandigheid die een zorgvuldig reiziger niet heeft kunnen vermijden en voor zover zulk een reiziger de gevolgen daarvan niet heeft kunnen verhinderen.
- 3. De hoedanigheid of een gebrek van zijn handbagage, of een als bagage aangenomen vaartuig of schip en de zaken aan boord daarvan, wordt aangemerkt als een omstandigheid die een zorgvuldig reiziger heeft kunnen vermijden en waarvan zulk een reiziger de gevolgen heeft kunnen verhinderen.

- 4. De schade wordt aangemerkt het door de vervoerder naar zijn redelijk oordeel vast te stellen bedrag te belopen, doch indien de vervoerder meent dat de schade meer dan vijfhonderd gulden beloopt moet hij zulks bewijzen.

1. Without prejudice to article 107 and without prejudice to article 179 of Book 6, the traveller is liable for damage caused by his own act or omission, or by his hand baggage or a vehicle or vessel accepted as baggage for carriage and the things on board thereof.
2. By derogation from the first paragraph, the traveller is not liable to the extent that the damage has been caused by a fact which a prudent traveller has not been able to avoid, and to the extent that such traveller has not been able to prevent the consequences thereof.
3. The condition of or a defect in his hand baggage or of a ship or vessel accepted as baggage and the things on board thereof are considered as facts which a prudent traveller has been able to avoid and the consequences of which such a traveller has been able to prevent.
4. The damage is considered to be an amount determined by the carrier according to his reasonable judgment; if, however, the carrier is of the opinion that the damage exceeds 500 guilders, he must prove it.

1. Sans préjudice de l'article 107, et de l'article 179 du Livre sixième, le voyageur est responsable du dommage causé par son acte ou omission, de même que par ses bagages à main ou par un véhicule ou navire pris en charge aux fins de transport en tant que bagages et par les choses à bord de ceux-ci.
2. Par dérogation au paragraphe premier, le voyageur n'est pas responsable, dans la mesure où le dommage a pour cause une circonstance qu'un voyageur diligent n'a pu éviter et où un tel voyageur n'a pu obvier aux conséquences.
3. La qualité ou un défaut de ses bagages à main ou d'un bâtiment ou navire pris en charge aux fins de transport en tant que bagages, ainsi que des choses à bord de ceux-ci, sont réputés circonstances qu'un voyageur diligent a pu éviter et aux conséquences desquelles un tel voyageur a pu obvier.
4. Le dommage est censé s'évaluer à la somme que le transporteur détermine d'après son jugement raisonnable, mais s'il estime que le dommage dépasse la somme de cinq cents florins, il est tenu de le prouver.

Art. 115 (8.2.4A.16) Behoeft deze afdeling in het belang van een goede uitvoering ervan nadere regeling, dan geschiedt dit bij algemene maatregel van bestuur.

Where, in the interest of its proper execution, this section requires further rules, they are determined by regulation.

Sont établies par décret les dispositions supplémentaires que pourrait requérir la bonne exécution de la présente section.

Art. 116 (8.2.4A.17) Wordt de vervoerder, zijn wederpartij, de reiziger of een ondergeschikte van een dezer buiten overeenkomst aangesproken, dan zijn de artikelen 361 tot en met 366 en 1081 van overeenkomstige toepassing.

Where the carrier, his co-contracting party, the traveller or a servant of one of them is sued extra-contractually,

Dans l'éventualité d'une poursuite extracontractuelle intentée contre le transporteur, son cocontractant, le

articles 361 to 366 inclusive and 1081 apply *mutatis mutandis*.

voyageur ou l'un de leurs préposés, les articles 361 à 366 inclusivement et 1081 s'appliquent par analogie.

Afdeling 6 Overeenkomst van gecombineerd vervoer van personen

Section 6
The contract of combined carriage of persons

Section sixième
Du contrat de transport combiné de personnes

Art. 120 (8.2.5.1) De overeenkomst van gecombineerd vervoer van personen is de overeenkomst van personenvervoer, waarbij de vervoerder (gecombineerd vervoerder) zich bij een en dezelfde overeenkomst verbindt dat het vervoer deels over zee, over binnenwateren, over de weg, langs spoorstaven, door de lucht dan wel door middel van enige andere vervoerstechniek zal geschieden.

The contract of combined carriage of persons is a contract of carriage of persons whereby the carrier (combined transport operator) binds himself, in one and the same contract, to the effect that carriage will take place in part by sea, inland waterway, road, rail, air, or by means of any other mode of transport.

Le contrat de transport combiné de personnes est un contrat de transport de personnes par lequel le transporteur (entrepreneur en transport combiné) s'engage, aux termes d'une seule convention, à ce que le transport aura lieu en partie par mer, par eaux intérieures, par route, par chemin de fer, par air ou encore par tout autre mode de transport.

Art. 121 (8.2.5.2) Bij een overeenkomst van gecombineerd vervoer van personen gelden voor ieder deel van het vervoer de op dat deel toepasselijke rechtsregels.

In a contract of combined carriage of persons, each part of the carriage is governed by the juridical rules applicable to that part.

Dans le cas d'un contrat de transport combiné de personnes, chaque portion du transport est régie par les règles juridiques applicables à elle.

Afdeling 7

Section 7

Section septième

Art. 130-159 *Gereserveerd.*

Reserved.

Réservés.

II ZEERECHT

II MARITIME LAW

II DU DROIT MARITIME

TITEL 3 HET ZEESCHIP EN DE ZAKEN AAN BOORD DAARVAN

TITLE 3 THE SEA-GOING VESSEL AND THE THINGS ON BOARD THEREOF

TITRE TROISIÈME DU NAVIRE DE MER ET DES CHOSES À BORD

Afdeling 1 Rederij van het zeeschip

Section 1 The shipping enterprise of the sea-going vessel

Section première De l'entreprise d'armement du navire de mer

Art. 160 (8.3.1.1) - 1. Indien een zeeschip blijkens de openbare registers, bedoeld in afdeling 2 van titel 1 van Boek 3, aan twee of meer personen gezamenlijk toebehoort, bestaat tussen hen een rederij. Wanneer de eigenaren van het schip onder een gemeenschappelijke naam optreden bestaat slechts een rederij, indien zulks uitdrukkelijk bij akte is overeengekomen en deze akte in die registers is ingeschreven.
- 2. De rederij is geen rechtspersoon.

1. If it appears from the registers referred to in Section 2 of Title 1 of Book 3, that a sea-going vessel belongs to two or more persons jointly, a shipping enterprise exists between them. Where the owners of the vessel act under a common name, there is a shipping enterprise between them only if this has been agreed explicitly by deed and if this deed has been entered into those registers.
2. A shipping enterprise is not a legal person.

1. Si un navire de mer, d'après les registres publics visés à la section deuxième du titre premier du Livre troisième, appartient conjointement à plusieurs personnes, il existe entre elles une entreprise d'armement. Lorsque les propriétaires du navire agissent sous un nom commun, il n'existe entre eux une entreprise d'armement que s'el en a été expressément convenu ainsi par acte et que l'acte a été inscrit sur ces registres.
2. L'entreprise d'armement n'est pas une personne morale.

Art. 161 (8.3.1.2) Iedere mede-eigenaar is van rechtswege lid der rederij. Wanneer een lid ophoudt eigenaar te zijn, eindigt zijn lidmaatschap van rechtswege.

De jure each co-owner is a member of the shipping enterprise. When a member ceases to be an owner, his membership is terminated *de jure*.	Chaque copropriétaire est de plein droit membre de l'entreprise d'armement. Celui qui cesse d'être propriétaire perd de plein droit la qualité de membre.

Art. 162 (8.3.1.3) De leden der rederij moeten zich jegens elkander gedragen naar hetgeen door de redelijkheid en de billijkheid wordt gevorderd.

The members of a shipping enterprise must, as between themselves, act in accordance with the requirements of reasonableness and equity.	Les membres de l'entreprise d'armement doivent se comporter les uns envers les autres suivant les exigences de la raison et de l'équité.

Art. 163 (8.3.1.4) In iedere rederij kan een boekhouder worden aangesteld. Een vennootschap is tot boekhouder benoembaar.

An administrator may be appointed in each shipping enterprise. A partnership or corporation may be appointed in that capacity.	L'entreprise d'armement peut nommer un gérant. Une société peut être nommée gérant.

Art. 164 (8.3.1.5) De boekhouder kan slechts met toestemming van de leden der rederij overgaan tot enige buitengewone herstelling van het schip of tot benoeming of ontslag van een kapitein.

Only with the permission of the members of the shipping enterprise may the administrator proceed to any extraordinary repairs of the vessel or to the appointment or dismissal of a captain.	Le gérant ne peut procéder qu'avec le consentement des membres de l'entreprise d'armement à une réparation extraordinaire du navire, ou à l'engagement ou au licenciement du capitaine.

Art. 165 (8.3.1.6) De boekhouder geeft aan ieder lid der rederij op diens verlangen kennis en opening van alle aangelegenheden de rederij betreffende en inzage van alle boeken, brieven en documenten, op zijn beheer betrekking hebbende.

Upon the demand of any member of the shipping enterprise, the administrator must notify him of and give him full information about all affairs concerning the shipping enterprise, and he must allow him to inspect all books, letters and documents pertaining to his administration.	Le gérant avise chaque membre de l'entreprise d'armement, à sa demande, de tout fait concernant l'entreprise et lui fournit les informations pertinentes; il lui permet de prendre connaissance des livres, lettres et documents se rapportant à sa gestion.

Art. 166 (8.3.1.7) De boekhouder is verplicht, zo dikwijls een terzake mogelijk bestaand gebruik dit medebrengt, doch in ieder geval telkens na verloop van een jaar en bij het einde van zijn beheer, binnen zes maanden aan de leden der rederij rekening en verantwoording te doen van zijn beheer met overlegging van alle bewijsstukken daarop betrekking hebbende. Hij is verplicht aan ieder van hen uit te keren wat hem toekomt.

As often as a possibly existing usage in this respect so dictates, but in any event at the end of each year, and within six months from the termination of his administration, the administrator must render account of his administration to the members of the shipping enterprise, accompanied by the production of all evidentiary documents pertaining thereto. He must pay to each of them what is owed to him.

Le gérant est tenu, chaque fois qu'un usage en la matière semble l'imposer, mais dans tous les cas à l'expiration de chaque année et dans les six mois de la fin de sa gestion, de rendre compte de sa gestion aux membres de l'entreprise d'armement, et de produire toutes les pièces justificatives s'y rapportant. Il est tenu de payer à chacun ce qui lui revient.

Art. 167 (8.3.1.8) Ieder lid der rederij is verplicht de rekening en verantwoording van de boekhouder binnen drie maanden op te nemen en te sluiten.

Each member of the shipping enterprise must receive and close the account of the administrator within three months.

Chaque membre de l'entreprise d'armement est tenu de recevoir et de fermer dans les trois mois les comptes rendus par le gérant.

Art. 168 (8.3.1.9) De goedkeuring der rekening en verantwoording door de meerderheid van de leden der rederij bindt slechts hen, die daartoe hebben medegewerkt, behoudens dat zij ook een lid dat aan de rekening en verantwoording niet heeft medegewerkt bindt, wanneer dit lid nalaat de rekening en verantwoording in rechte te betwisten binnen één jaar, nadat hij daarvan heeft kunnen kennis nemen en nadat de goedkeuring door de meerderheid hem schriftelijk is medegedeeld.

The approval of the account by the majority of the members of the shipping enterprise only binds those who have taken part in it, except that it also binds a member who has not done so, if this member fails to contest the account judicially within one year from the time he has been able to take cognizance thereof and the approval of the account by the majority has been notified to him in writing.

L'approbation des comptes par la majorité des membres de l'entreprise d'armement ne lie que ceux qui y ont pris part; elle lie également celui qui n'y a pas participé s'il néglige de contester le compte en justice dans les douze mois suivant la date où il a pu en prendre connaissance et où l'approbation par la majorité des membres lui a été communiquée par écrit.

Art. 169 (8.3.1.10) - 1. De betrekking van de boekhouder eindigt, indien over hem een provisionele bewindvoerder is benoemd, hij onder curatele is gesteld, terzake

van krankzinnigheid in een gesticht is geplaatst, in staat van faillissement is verklaard, hij niet langer de nationaliteit van een van de lid-staten van de Europese Gemeenschappen of van een van de overige Staten die partij zijn bij de Overeenkomst betreffende de Europese Economische Ruimte bezit of buiten het grondgebied van een van de lid-staten van de Europese Gemeenschappen of van een van de overige Staten die partij zijn bij de Overeenkomst betreffende de Europese Economische Ruimte gaat wonen.
- 2. De betrekking van een vennootschap als boekhouder eindigt indien deze vennootschap ophoudt een rechtspersoon als bedoeld in artikel 311, derde lid, van het Wetboek van Koophandel te zijn.

1. The position of the administrator is terminated if a provisional administrator has been appointed to replace him, if he has been placed under curatorship, if he has been placed in an asylum because of insanity, if he has been declared bankrupt, if he no longer possesses the nationality of one of the member States of the European Communities or of one of the other States Parties to the European Economic Area Agreement, or establishes himself outside the territory of one of the member States of the European Communities or of one of the other States Parties to the European Economic Area Agreement.
2. The position of a partnership or corporation as administrator is terminated if it ceases to be a legal person as referred to in article 311, paragraph 3, of the Code of Commerce.

1. L'emploi du gérant prend fin s'il a été placé sous l'autorité d'un administrateur provisoire, s'il a été mis en curatelle ou placé dans une institution pour cause de maladie mentale, s'il fait faillite, s'il ne possède plus la nationalité de l'un des États membres des Communautés européennes ou de l'un des autres États parties à l'Accord sur l'Espace Économique Européen, ou s'établit en dehors du territoire de l'un des États membres des Communautés européennes ou de l'un des autres États parties à l'Accord sur l'Espace Économique Européen.

2. L'emploi d'une société à titre de gérant prend fin si elle cesse d'être une personne morale aux termes du paragraphe troisième de l'article 311 du Code de commerce.

Art. 170 (8.3.1.11) - 1. Is de boekhouder lid der rederij, dan heeft hij, indien de leden zijn betrekking doen eindigen of hem een dringende reden hebben gegeven op grond waarvan hij zijnerzijds de betrekking doet eindigen, het recht te verlangen, dat zijn aandeel door de overige leden wordt overgenomen tegen zodanige prijs als deskundigen het op het tijdstip, waarop hij de overneming verlangt, waard zullen achten. Hij heeft dit recht niet, indien hij aan de leden der rederij een dringende reden heeft gegeven op grond waarvan zij de betrekking doen eindigen.
- 2. Hij moet van zijn verlangen tot overneming kennis geven aan de leden der rederij binnen een maand, nadat zijn betrekking is geëindigd. Wanneer aan zijn verlangen niet binnen een maand is voldaan of wanneer niet binnen twee weken na het overnemen van zijn aandeel de daarvoor bepaalde prijs aan hem is voldaan, kan de rechter op een binnen twee maanden door de boekhouder gedaan verzoek bevelen dat het schip wordt verkocht. De wijze van verkoop wordt door de rechter bepaald.

- 3. Door ieder van hen die tot de overneming verplicht zijn, wordt van het overgenomen aandeel een gedeelte verkregen, evenredig aan zijn aandeel in het schip.

1. Where the administrator is a member of the shipping enterprise and if the members terminate his position or have given him a serious reason on the basis of which he himself terminates his position, he has the right to demand that his share be taken over by the remaining members at such a price as experts evaluate it to be at the time at which he has demanded the take-over. He does not possess this right if he has given the members of the shipping enterprise a serious reason on the basis of which they have the position terminated.	1. Le gérant qui est membre de l'entreprise d'armement peut, si les membres mettent fin à son emploi ou lui donnent une raison sérieuse d'y mettre fin lui-même, demander que sa part soit reprise par les autres membres au prix auquel l'évalueront des experts au moment de la demande de reprise. Il n'a pas ce droit s'il a donné aux autres membres de l'entreprise d'armement une raison sérieuse de mettre fin à son emploi.
2. He must notify the members of the shipping enterprise of his demand for a take-over within one month from the time that his position has been terminated. Where his demand has not been complied with within one month or where the price determined for the take-over has not been paid to him within two weeks from the time of the take-over of his share, the judge, upon a request made by the administrator within two months, may order that the vessel be sold. The manner of sale is to be determined by the judge.	2. Il doit faire part de sa demande de reprise aux membres de l'entreprise d'armement dans le délai d'un mois après la fin de son emploi. Lorsque aucune suite n'a été donnée à sa demande dans le délai d'un mois ou que, deux semaines après la reprise de sa part, le prix n'en a pas encore été acquitté, le juge peut, à la requête du gérant présentée dans les deux mois, ordonner la vente du navire. Le juge détermine le mode de vente.
3. Each of those who must take over the share receives such portion of the share taken over as is proportional to his share in the vessel.	3. Chaque personne tenue à la reprise acquiert de la part reprise une partie proportionnelle à sa part du navire.

Art. 171 (8.3.1.12) - 1. Alle besluiten, de aangelegenheden der rederij betreffende, worden genomen bij meerderheid van stemmen van de leden der rederij.
- 2. Het kleinste aandeel geeft één stem; ieder groter aandeel zoveel stemmen als het aantal malen, dat in dit aandeel het kleinste begrepen is.
- 3. Besluiten tot
a. aanstelling van een boekhouder, die buiten het grondgebied van een van de lid-staten van de Europese Gemeenschappen of van een van de overige Staten die partij zijn bij de Overeenkomst betreffende de Europese Economische Ruimte woont, niet is lid der rederij, niet de nationaliteit van een van de lid-staten van de Europese Gemeenschappen of van een van de overige Staten die partij zijn bij de Overeenkomst betreffende de Europese

ART. 170   BOEK 8

> Economische Ruimte bezit of een vennootschap is, niet zijnde een rechtspersoon als bedoeld in artikel 311, derde lid, van het Wetboek van Koophandel
> b. uitbreiding van de bevoegdheid van de boekhouder buiten de grenzen getrokken door artikel 178 eerste lid,
> c. het sluiten, voor meer dan zes maanden, van een rompbevrachting, een tijdbevrachting of een overeenkomst, als genoemd in artikel 531 of artikel 991,
> d. ontbinding der rederij tijdens de loop van een overeenkomst tot vervoer, van een overeenkomst waarbij het schip ter beschikking van een ander is gesteld, of van een ter visvangst ondernomen reis,
> e. de gehele of gedeeltelijke overdracht van een aandeel in het schip, waardoor dit de Nederlandse nationaliteit zou verliezen,
> vereisen eenstemmigheid.

1. All decisions concerning the affairs of the shipping enterprise are taken by a majority of the votes of the members.
2. The smallest share gets one vote; each larger share gets as many votes as the number of times that the smallest is included in this share.
3. The following decisions require unanimity:
a. appointment of an administrator who lives outside the territory of one of the member States of the European Communities or of one of the other States Parties to the European Economic Area Agreement, who is not member of the shipping enterprise, or who does not possesses the nationality of one of the member States of the European Communities or of one of the other States Parties to the European Economic Area Agreement, or who is ßa partnership or corporation, not being a legal person as referred to in article 311, paragraph 3, of the Code of Commerce;
b. extension of the powers of the administrator beyond the boundaries determined by article 178, first paragraph;
c. the conclusion, for more than six months, of a bare-boat charter, of a time-charter or of a contract as referred to in article 531 or

1. Les décisions se rapportant aux affaires de l'entreprise d'armement sont prise à la majorité des voix des membres.
2. La plus petite part a une voix; toute part plus grande a autant de voix que le nombre de fois qu'elle comprend la plus petite part.
3. Sont prises à l'unanimité les décisions
a. visant l'engagement du gérant qui habite en dehors du territoire de l'un des États membres des Communautés européennes ou de l'un des autres États parties à l'Accord sur l'Espace Économique Européen, qui n'est pas membre de l'entreprise d'armement, qui ne possède pas la nationalité de l'un des États membres des Communautés européennes ou de l'un des autres États parties à l'Accord sur l'Espace Économique Européen ou qui est une société sans être une personne morale aux termes du paragraphe troisième de l'article 311 du Code de commerce;
b. portant élargissement des pouvoirs du gérant au delà des limites prévues à l'article 178, paragraphe premier;
c. visant la conclusion, pour une durée de plus de six mois, d'un affrètement coque nue ou à temps, ou d'un contrat visé à l'article 531

article 991;
d. dissolution of the shipping enterprise during the course of a contract of carriage, of a contract by which the vessel has been put at the disposal of another person, or of a voyage undertaken for fishing purposes;
e. the total or partial transfer of a share in the vessel by which it would lose its Dutch nationality.

ou à l'article 991;
d. portant dissolution de l'entreprise d'armement pendant la durée d'un contrat de transport, d'un contrat par lequel le navire est mis à la disposition d'une autre personne, ou d'un voyage entrepris aux fins de pêche;
e. visant le transfert partiel ou total d'une part du navire dont résulterait pour celui-ci la perte de la nationalité néerlandaise.

Art. 172 (8.3.1.13) Op rederijen van zeevissersschepen is artikel 171 derde lid, onder *a* niet van toepassing.

Article 171, third paragraph, *sub a* does not apply to shipping enterprises of sea-going fishing vessels.

Le point *a* du troisième paragraphe de l'article 171 ne s'applique pas aux entreprises d'armement de navires de pêche.

Art. 173 (8.3.1.14) Indien tengevolge van staking der stemmen de exploitatie van het schip wordt belet, kan de rechter op een binnen twee maanden door een lid der rederij gedaan verzoek bevelen dat het schip wordt verkocht. De wijze van verkoop wordt door de rechter bepaald.

If, as a consequence of a tied vote, the operation of the vessel is prevented, the judge, upon a request made by a member of the shipping enterprise within two months, may order that the vessel be sold. The manner of sale is to be determined by the judge.

Si le partage des voix empêche l'exploitation du navire, le juge peut, à la requête d'un membre de l'entreprise d'armement, présentée dans les deux mois, en ordonner la vente. Le juge détermine le mode de vente.

Art. 174 (8.3.1.15) - 1. Indien is besloten omtrent enige buitengewone herstelling van het schip, omtrent benoeming of ontslag van de kapitein, dan wel omtrent het aangaan van een vervoerovereenkomst waarbij het schip ter beschikking van een ander wordt gesteld, kan ieder lid der rederij, dat tot het besluit niet heeft medegewerkt of daartegen heeft gestemd, verlangen dat zij die vóór het besluit hebben gestemd, zijn aandeel overnemen tegen zodanige prijs, als deskundigen het op het tijdstip, waarop hij de overneming verlangt, waard zullen achten. Hij moet van zijn verlangen tot overneming kennisgeven aan de boekhouder of, indien er geen boekhouder is, aan hen, die voorstemden, binnen een maand nadat het besluit te zijner kennis is gebracht. Wanneer aan zijn verlangen niet binnen een maand is voldaan of wanneer niet binnen twee weken na het overnemen van zijn aandeel de daarvoor bepaalde prijs aan hem is voldaan, kan de rechter op een binnen twee maanden door het lid der rederij gedaan verzoek bevelen dat het schip wordt verkocht. De wijze van verkoop wordt door de rechter bepaald.

- 2. Door ieder van hen die tot de overneming verplicht zijn, wordt van het overgenomen aandeel een gedeelte verkregen, evenredig aan zijn aandeel in het schip.

1. If a decision has been taken concerning any extraordinary repairs of the vessel, the appointment or dismissal of the captain, or concerning the conclusion of a contract of carriage by which the vessel is put at the disposal of another person, each member of the shipping enterprise who has not taken part in that decision or has voted against it, may demand that those who have voted in favour of the decision take over his share at such a price as experts evaluate it to be at the time at which he has demanded the take-over. He must notify the administrator, or if there is no administrator, those who have voted in favour, of his demand for a take-over within one month from the time that he has been notified of the decision. Where his demand has not been complied with within one month or where the price determined for the take-over has not been paid to him within two weeks from the time of the take-over of his share, the judge, upon a request made by the member of the shipping enterprise within two months, may order that the vessel be sold. The manner of sale is to be determined by the judge.
2. Each of those who must take over the share receives such portion of the share taken over as is proportional to his share in the vessel.

1. Si une décision a été prise concernant une réparation extraordinaire du navire, l'engagement ou le licenciement du capitaine, ou encore la conclusion d'un contrat de transport par lequel le navire est mis à la disposition d'une autre personne, tout membre de l'entreprise d'armement qui n'y a pas pris part ou qui a voté contre peut demander que ceux qui ont voté la décision reprennent sa part au prix auquel l'évalueront des experts au moment de la demande de reprise. Il doit faire part de sa demande de reprise au gérant ou, à défaut, aux membres qui ont voté la décision, dans le délai d'un mois après que la décision a été portée à sa connaissance. Lorsque aucune suite n'a été donnée à sa demande dans le délai d'un mois ou que, deux semaines après la reprise de sa part, le prix n'en a pas encore été acquitté, le juge peut, à la requête du membre présentée dans les deux mois, ordonner la vente du navire. Le juge détermine le mode de vente.

2. Chaque personne tenue à la reprise acquiert de la part reprise une partie proportionnelle à sa part du navire.

Art. 175 (8.3.1.15a) Indien anders dan door overdracht van een aandeel in het schip, dit schip zou ophouden een Nederlands schip te zijn in de zin van artikel 311 van het Wetboek van Koophandel, kan de rechter, op een binnen twee maanden door een lid der rederij gedaan verzoek, bevelen, dat het aandeel in het schip wordt verkocht. De wijze van verkoop wordt door de rechter bepaald. Het aandeel mag alleen worden toegewezen aan een gegadigde, door wiens verkrijging het schip weer een Nederlands schip is in de zin van artikel 311 van het Wetboek van Koophandel.

If, otherwise than by transfer of a

Si, autrement que par le transfert d'une

share in the vessel, this vessel ceases to be a Dutch vessel within the meaning of article 311 of the Code of Commerce, the judge, upon a request made by a member of the shipping enterprise within two months, may order that the share in the vessel be sold. The manner of sale is to be determined by the judge. The share may only be attributed to a candidate by whose acquisition the vessel once again becomes a Dutch vessel within the meaning of article 311 of the Code of Commerce.

part du navire, celui-ci cesse d'être un navire néerlandais au sens de l'article 311 du Code de commerce, le juge peut, dans les deux mois suivant la requête d'un membre de l'entreprise d'armement, ordonner la vente de la part du navire. Le juge détermine le mode de vente. La part ne peut être adjugée qu'à l'offrant qui, par l'acquisition, rendrait de nouveau le navire néerlandais au sens de l'article 311 du Code de commerce.

Art. 176 (8.3.1.16) De leden der rederij moeten naar evenredigheid van hun aandeel bijdragen tot de uitgaven der rederij, waartoe bevoegdelijk is besloten.

The members of the shipping enterprise must contribute to its expenses to which they have duly decided, in proportion to their shares.

Les membres de l'entreprise d'armement contribuent, en proportion de leurs parts, aux dépenses de l'entreprise valablement décidées.

Art. 177 (8.3.1.17) De leden der rederij delen in de winst en het verlies naar evenredigheid van hun aandeel in het schip.

The members of the shipping enterprise share in the profits and losses in proportion to their shares in the vessel.

Les membres de l'entreprise d'armement participent aux profits et pertes en proportion de leurs parts du navire.

Art. 178 (8.3.1.18) - 1. Is een boekhouder aangesteld, dan is hij, onverminderd artikel 360 eerste lid en met uitsluiting van ieder lid der rederij, in alles wat de normale exploitatie van het schip medebrengt, bevoegd voor de rederij met derden te handelen en de rederij te vertegenwoordigen.
- 2. Indien de rederij in het handelsregister is ingeschreven kunnen beperkingen van de bevoegdheid van de boekhouder aan derden, die daarvan onkundig waren, niet worden tegengeworpen, tenzij deze beperkingen uit dat register blijken. Is de rederij niet in het handelsregister ingeschreven, dan kunnen beperkingen van de bevoegdheid van de boekhouder aan derden slechts worden tegengeworpen, wanneer hun die bekend waren.
- 3. De boekhouder heeft alle verplichtingen na te komen, die de wet de reder oplegt.

1. Where an administrator has been appointed, he is entitled, without prejudice to article 360, first paragraph, and to the exclusion of every member of the shipping enterprise, to act on behalf of the enterprise with third persons and to

1. Le gérant, s'il en est un, peut, sans préjudice de l'article 360, paragraphe premier, et à l'exclusion de tout membre de l'entreprise d'armement, agir pour le compte de celle-ci avec des tiers et la représenter pour tout ce qui concerne l'exploitation normale du navire.

represent the enterprise in all that a normal operation of the vessel entails.
2. If the shipping enterprise is entered in the commercial register, limitations on the power of the administrator cannot be invoked against third persons who were unaware thereof, unless these limitations are apparent in the register. If the shipping enterprise is not entered in the commercial register, limitations on the power of the administrator can only be invoked against third persons if they knew of them.
3. The administrator must perform all obligations which the law imposes upon the shipowner.

2. Si l'entreprise d'armement est inscrite sur le registre de commerce, les restrictions aux pouvoirs du gérant ne peuvent être opposées aux tiers qui n'en avaient connaissance, à moins qu'elles n'apparaissent au registre. Si l'entreprise n'est pas inscrite sur le registre de commerce, les restrictions ne peuvent être opposées qu'aux tiers qui en avaient connaissance.

3. Le gérant doit remplir toutes les obligations que la loi impose à l'armateur.

Art. 179 (8.3.1.19) Indien de rederij in het handelsregister is ingeschreven, kunnen de aanstelling van een boekhouder of het eindigen van diens betrekking aan derden, die daarvan onkundig waren, niet worden tegengeworpen zolang niet inschrijving daarvan in het handelsregister heeft plaatsgehad. Is de rederij niet in het handelsregister ingeschreven dan kunnen de aanstelling van een boekhouder of het eindigen van diens betrekking aan derden slechts worden tegengeworpen wanneer dit hun bekend was.

If the shipping enterprise is entered in the commercial register, the appointment of an administrator or the termination of his position cannot be invoked against third persons who were unaware thereof, as long as registration thereof in the commercial register has not taken place. If the shipping enterprise is not entered in the commercial register, the appointment of an administrator or the termination of his position can only be invoked against third persons if they knew of them.

Si l'entreprise d'armement est inscrite sur le registre de commerce, la nomination du gérant ou la fin de son emploi ne peuvent être opposées aux tiers qui n'en avaient pas connaissance tant qu'elles n'ont pas été inscrites sur le registre de commerce. Si l'entreprise n'est pas inscrite sur le registre de commerce, elles ne peuvent être opposées qu'aux tiers qui en avaient connaissance.

Art. 180 (8.3.1.20) - 1. Indien er geen boekhouder is, alsmede in geval van ontstentenis of belet van de boekhouder, wordt de rederij vertegenwoordigd en kan voor haar worden gehandeld door een of meer harer leden, mits alleen of tezamen eigenaars zijnde van meer dan de helft van het schip.
- 2. In de gevallen genoemd in het eerste lid kunnen handelingen, die geen uitstel kunnen lijden, zo nodig door ieder lid zelfstandig worden verricht en is ieder lid bevoegd ten behoeve van de rederij verjaring te stuiten.

1. If there is no administrator, as

1. S'il n'y a pas de gérant, de même

well as in the event of his absence or unavailability, the shipping enterprise is represented, and acts may be performed on its behalf, by one or more of its members, who alone or together own more than half the vessel.

2. In the cases referred to in the first paragraph, each member may, if necessary, perform independently acts which cannot be postponed, and he is entitled to interrupt prescription on behalf of the shipping enterprise.

que dans le cas de l'absence ou de l'empêchement de celui-ci, un ou plusieurs membres de l'entreprise d'armement, étant seul ou ensemble propriétaires de plus de la moitié du navire, peuvent la représenter et agir pour elle.

2. Dans les cas visés au paragraphe premier, chaque membre peut en cas de nécessité accomplir seul les actes qui n'admettent aucun retard et interrompre la prescription au profit de l'entreprise.

Art. 181 (8.3.1.21) Voor de verbintenissen van de rederij zijn haar leden aansprakelijk, ieder naar evenredigheid van zijn aandeel in het schip.

The members of the shipping enterprise are liable for its obligations, each proportionally to his share in the vessel.

Les membres de l'entreprise d'armement sont responsables des obligations de celle-ci, chacun en proportion de sa part du navire.

Art. 182 (8.3.1.22) De rederij wordt niet ontbonden door de dood van een harer leden noch door diens faillissement, plaatsing ter zake van krankzinnigheid in een gesticht of plaatsing onder curatele.

A shipping enterprise is not dissolved by the death of one of its members, nor by his bankruptcy, placement in an asylum because of insanity, or placement under curatorship.

L'entreprise d'armement n'est pas dissoute par la mort d'un de ses membres ni par sa faillite, son placement dans une institution pour cause de maladie mentale ou sa mise en curatelle.

Art. 183 (8.3.1.23) Het lidmaatschap der rederij kan niet worden opgezegd; evenmin kan een lid van het lidmaatschap der rederij worden vervallen verklaard.

One cannot resign as a member of the shipping enterprise; nor can a member be deprived of his membership in the shipping enterprise.

Il ne peut être mis fin à la qualité de membre par démission; le membre ne peut non plus en être déclaré déchu.

Art. 184 (8.3.1.24) Indien tot ontbinding der rederij is besloten, moet het schip worden verkocht. Indien binnen twee maanden na het besluit het schip nog niet is verkocht, kan de rechter op een binnen twee maanden door een lid der rederij gedaan verzoek, bevelen tot deze verkoop over te gaan. De wijze van verkoop wordt door de rechter bepaald. Een besluit tot verkoop of een ingevolge artikel 170, artikel 173 of artikel 174 gegeven bevel tot verkoop van het schip staat gelijk met een besluit tot ontbinding der rederij.

If a decision has been taken to

Si la dissolution de l'entreprise

ART. 185

dissolve the shipping enterprise, the vessel must be sold. If, within two months from the time the decision has been taken, the vessel has not yet been sold, the judge, upon a request made by a member of the shipping enterprise within two months, may order to proceed to this sale. The manner of sale is to be determined by the judge. A decision to sell or an order to sell the vessel given pursuant to article 170, article 173 or article 174 equals a decision to dissolve the shipping enterprise.

d'armement est décidée, le navire doit être vendu. Si, dans les deux mois après la décision, le navire n'est pas encore vendu, le juge peut, à la requête d'un membre de l'entreprise dans le délai de deux mois, ordonner que l'on procède à la vente. Le juge détermine le mode de vente. La décision de vendre le navire ou l'ordonnance de vente rendue par application de l'article 170, de l'article 173 ou de l'article 174 équivaut à une décision de dissoudre l'entreprise d'armement.

Art. 185 (8.3.1.25) - 1. Na ontbinding blijft de rederij bestaan voor zover dit tot haar vereffening nodig is.
- 2. De boekhouder, zo die er is, is met de vereffening belast.

1. After dissolution, the shipping enterprise continues to exist to the extent that it is necessary for its winding-up.
2. If there is one, the administrator is charged with the winding-up.

1. Après la dissolution, l'entreprise d'armement continue d'exister pour autant que cela est nécessaire pour sa liquidation.
2. Le gérant, s'il en est un, est chargé de la liquidation.

Art. 186 (8.3.1.26) Nietig is ieder beding, waarbij wordt afgeweken van de artikelen 161-163, 169, 170 eerste en tweede lid, 178 derde lid, 180, 182 en 183.

Any stipulation derogating from articles 161-163, 169, 170, paragraphs 1 and 2, 178, third paragraph, 180, 182 and 183, is null.

Est nulle toute stipulation dérogeant aux articles 161 à 163, 169, 170, paragraphes premier et deuxième, 178, paragraphe troisième, 180, 182 et 183.

Afdeling 2 Rechten op zeeschepen

Section 2
Rights in sea-going vessels

Section deuxième
Des droits sur les navires de mer

Art. 190 (8.3.2.1) - 1. In de afdelingen 2 tot en met 5 van titel 3 worden onder schepen mede verstaan schepen in aanbouw. Onder reder wordt mede verstaan de eigenaar van een zeeschip in aanbouw.
- 2. Indien een schip in aanbouw een schip in de zin van artikel 1 is geworden, ontstaat daardoor niet een nieuw schip.

1. In Sections 2 to 5 inclusive of Title 3, vessels also include vessels under construction. A shipowner also includes the owner of a sea-going vessel under construction.

1. Dans les sections deuxième à cinquième inclusivement du titre troisième, navire désigne également celui qui est en voie de construction. Armateur s'entend également du

2. No new vessel is created, if a vessel under construction has become a vessel within the meaning of article 1.

propriétaire d'un navire en construction.
2. Si un navire en construction est devenu navire au sens de l'article 1er, il n'en résulte pas un navire nouveau.

Art. 191 (8.3.2.2) In deze afdeling wordt verstaan onder:
a. de openbare registers: de openbare registers, bedoeld in afdeling 2 van titel 1 van Boek 3;
b. het register: het register bedoeld in artikel 193.

In this section:
a. public registers are the public registers, referred to in Section 2 of Title 1 of Book 3;
b. the register is the register, referred to in article 193.

Dans la présente section:
a. registres publics désigne ceux visés à la section deuxième du titre premier du Livre troisième;
b. registre désigne celui visé à l'article 193.

Art. 192 (8.3.2.3) De in deze afdeling aan de reder opgelegde verplichtingen rusten, indien het schip toebehoort aan meer personen, aan een vennootschap onder firma, aan een commanditaire vennootschap of aan een rechtspersoon, mede op iedere mede-eigenaar, beherende vennoot of bestuurder.

If a vessel belongs to several persons, to a general partnership, a limited partnership or a legal person, the obligations which this section imposes upon the shipowner rest upon each co-owner, managing partner or director.

S'agissant d'un le navire appartenant à plusieurs personnes, à une société en nom collectif, à une société en commandite ou à une personne morale, les obligations imposées à l'armateur dans la présente section incombent à chaque copropriétaire, associé gérant ou dirigeant.

Art. 193 (8.3.2.4) Er wordt een afzonderlijk openbaar register gehouden voor de teboekstelling van zeeschepen, dat deel uitmaakt van de openbare registers.

A separate public register, which forms part of the public registers, shall be kept for the registration of sea-going vessels.

Il est tenu un registre public distinct pour l'immatriculation des navires de mer; ce registre fait partie des registres publics.

Art. 194 (8.3.2.5) - 1. Teboekstelling is slechts mogelijk
- van een in aanbouw zijnd zeeschip: indien het in Nederland in aanbouw is;
- van een afgebouwd zeeschip: indien het een Nederlands schip is in de zin van artikel 311 van het Wetboek van Koophandel
- dan wel ingeval het een zeevisserssschip is: indien het is ingeschreven in een krachtens artikel 3 der Visserijwet 1963 aangehouden register.
- 2. Teboekstelling is niet mogelijk van een zeeschip dat reeds teboekstaat in het register, in het in artikel 783 genoemde register of in enig soortgelijk buitenlands register.
- 3. In afwijking van het tweede lid is teboekstelling van een zeeschip dat in een buitenlands register teboekstaat mogelijk, wanneer dit schip, nadat de teboekstelling ervan in dat register is doorgehaald, een Nederlands schip in de zin

van artikel 311 van het Wetboek van Koophandel zal zijn of wanneer dit schip als zeevissersschip is ingeschreven in een krachtens artikel 3 der Visserijwet 1963 aangehouden register. Deze teboekstelling heeft evenwel slechts rechtsgevolg, wanneer zij binnen 30 dagen is gevolgd door aantekening in het register, dat de teboekstelling in het buitenlandse register is doorgehaald, of wanneer, ingeval de bewaarder van een buitenlands register ondanks daartoe schriftelijk tot hem gericht verzoek doorhaling weigert, van dit verzoek en van het feit dat er geen gevolg aan is gegeven, aantekening in het Nederlandse register is geschied.
- 4. De teboekstelling wordt verzocht door de reder van het zeeschip. Hij moet daarbij ter inschrijving overleggen een door hem ondertekende verklaring, dat naar zijn beste weten het schip voor teboekstelling als zeeschip vatbaar is. Indien het verzoek tot teboekstelling als zeeschip in aanbouw betreft, gaat deze verklaring vergezeld van een bewijs dat het schip in Nederland in aanbouw is. Indien het een verzoek tot teboekstelling als zeeschip, niet zijnde een zeeschip in aanbouw of een zeevissersschip, betreft, gaat deze verklaring vergezeld van een door of namens Onze Minister van Verkeer en Waterstaat afgegeven verklaring als bedoeld in artikel 311a, eerste lid, van het Wetboek van Koophandel. Indien het een verzoek tot teboekstelling als zeevissersschip betreft, gaat deze verklaring vergezeld van een bewijs dat het schip is ingeschreven in een krachtens artikel 3 van de Visserijwet 1963 aangehouden register.
- 5. De teboekstelling in het register heeft geen rechtsgevolg, wanneer aan de vereisten van de voorgaande leden van dit artikel niet is voldaan.
- 6. Bij de aanvraag tot teboekstelling wordt woonplaats gekozen in Nederland. Deze woonplaats wordt in de aanvraag tot teboekstelling vermeld en kan door een andere in Nederland gelegen woonplaats worden vervangen.

1. Registration
- of a sea-going vessel under construction is only possible, if it is under construction in The Netherlands;
- of a fully constructed sea-going vessel is only possible, if it is a Dutch vessel within the meaning of article 311 of the Code of Commerce;
- of a sea-going fishing vessel is only possible, if it is entered in a register kept pursuant to article 3 of the *Visserijwet 1963*.[1]
2. It is not possible to register a sea-going vessel which is already entered in the register, in the register referred to in article 783, or in any similar foreign register.
3. By derogation from the second paragraph, registration of a sea-going vessel which is entered in a foreign register is possible, where this

1. L'immatriculation est possible seulement
- pour un navire de mer en construction, s'il est en voie de construction aux Pays-Bas;
- pour un navire de mer construit, s'il est un navire néerlandais au sens de l'article 311 du Code de commerce;
- pour un navire de pêche maritime, s'il est inscrit sur un registre tenu par application de l'article 3 de la *Visserijwet 1963*[2].
2. L'immatriculation n'est pas possible pour un navire déjà immatriculé au registre, à celui prévu à l'article 783 ou à un registre étranger comparable.
3. Par dérogation au paragraphe deuxième, l'immatriculation du navire de mer immatriculé à un registre étranger est possible lorsque le navire,

---

[1] *Fisheries Act 1963.*
[2] *Loi concernant la pêche 1963.*

vessel, after the cancellation of this entry in that register, will be a Dutch vessel within the meaning of article 311 of the Code of Commerce, or when the vessel is entered as a sea-going fishing vessel in a register kept pursuant to article 3 of the *Visserijwet 1963*.[1] This registration, however, only has juridical effect, when, within 30 days, it has been followed by an annotation in the register that the registration in the foreign register has been cancelled, or when, in the event that the keeper of the foreign register refuses cancellation despite a request to that effect addressed to him in writing, an annotation of this request and of the fact that it has not been followed up, has been made in the Dutch register.

4. Registration is requested by the shipowner of a sea-going vessel. For that purpose, he must submit a declaration signed by him to the effect that, to the best of his knowledge, the vessel is susceptible of registration as a sea-going vessel. If it concerns a request for registration as a sea-going vessel under construction, this declaration must be accompanied by proof that it is a vessel under construction in The Netherlands. If it concerns a request for registration of a sea-going vessel, not being a sea-going vessel under construction or an inland waterway vessel, this declaration must be accompanied by a declaration issued by or on behalf of Our[3] Minister of Transport and Public Works, as referred to in article 311*a*, first paragraph, of the Code of Commerce. If it concerns a request for registration as a sea-going fishing

après radiation de l'immatriculation à ce registre, sera navire néerlandais au sens de l'article 311 du Code de commerce ou qu'il est inscrit, en tant navire de pêche maritime, sur un registre tenu par application de l'article 3 de la *Visserijwet 1963*[2]. L'immatriculation ne produit cependant d'effet juridique qu'à la condition d'être suivie, dans les 30 jours, d'une mention dans le registre indiquant radiation de l'immatriculation au registre étranger ou que, en cas de refus du conservateur du registre étranger de radier l'immatriculation malgré une requête à cet effet qui lui a été adressée par écrit, est portée au registre néerlandais la mention de la requête et le fait qu'elle n'a pas eu de suite.

4. L'immatriculation a lieu à la requête de l'armateur du navire de mer. Il dépose pour inscription une déclaration signée de sa main, portant que le navire, autant qu'il sache, est susceptible d'immatriculation en tant que navire de mer. S'agissant d'une requête d'immatriculation d'un navire de mer en voie de construction, la déclaration est accompagnée d'une preuve que le navire est en voie de construction aux Pays-Bas. S'agissant d'une requête d'immatriculation d'un navire de mer qui n'est pas un navire de mer en voie de construction ou un navire de pêche maritime, la déclaration est accompagnée d'un avis délivré par Notre[4] ministre des Transports et des Eaux, ou en son nom, aux termes du paragraphe premier de l'article 311*a* du Code de commerce. S'agissant d'une requête d'immatriculation d'un navire de pêche maritime, la déclaration est accompagnée d'une preuve que le navire

---

[1] *Fisheries Act 1963.*
[2] *Loi concernant la pêche 1963.*
[3] "Our": Dutch law refers to Ministers as servants of the Crown.
[4] «Notre»: La loi néerlandaise fait référence aux ministres comme serviteurs de Sa Majesté.

vessel, this declaration must be accompanied by proof that the vessel has been entered in a register, kept pursuant to article 3 of the *Visserijwet 1963*.[1]

5. The entry in the register has no juridical effect where the requirements of the preceding paragraphs of this article have not been fulfilled.

6. On the occasion of the request for registration, domicile shall be elected in The Netherlands. This domicile is mentioned in the request for registration, and may be replaced by another domicile located in The Netherlands.

est inscrit sur un registre tenu aux termes de l'article 3 de la *Visserijwet 1963*.[2]

5. L'immatriculation ne produit pas d'effet juridique lorsque les conditions énoncées aux paragraphes précédents ne sont pas remplies.

6. La requête en immatriculation comporte élection de domicile aux Pays-Bas. Le domicile est mentionné dans la requête d'immatriculation; il peut être remplacé par un autre domicile situé aux Pays-Bas.

Art. 195 (8.3.2.6) - 1. De teboekstelling wordt slechts doorgehaald
- *a.* op verzoek van degeen, die in de openbare registers als reder vermeld staat;
- *b.* op aangifte van de reder of ambtshalve
- 1°. als het schip is vergaan, gesloopt is of blijvend ongeschikt voor drijven is geworden;
- 2°. als van het schip gedurende 6 maanden na het laatste uitvaren of de dag, waartoe zich de laatst ontvangen berichten uitstrekken, in het geheel geen tijding is aangekomen, zonder dat dit aan een algemene storing in de berichtgeving kan worden geweten;
- 3°. als het schip door rovers of vijanden is genomen;
- 4°. als het schip, indien het niet in het register te boek zou staan, een binnenschip zou zijn in de zin van artikel 3 of artikel 780;
- 5°. als het schip niet of niet meer de hoedanigheid van Nederlands schip heeft dan wel niet of niet meer is ingeschreven in een krachtens artikel 3 der Visserijwet 1963 aangehouden register. Ambtshalve doorhaling wegens het verlies van de hoedanigheid van Nederlands schip geschiedt uitsluitend na ontvangst van een mededeling van de intrekking van een verklaring als bedoeld in artikel 311*a*, eerste lid, van het Wetboek van Koophandel. Wanneer het schip de hoedanigheid van Nederlands schip heeft verloren door toewijzing na een executie buiten Nederland, dan wel de inschrijving van het schip in een krachtens artikel 3 der Visserijwet 1963 aangehouden register is doorgehaald, vindt doorhaling slechts plaats, wanneer hetzij de reder, de degenen van wier recht uit een inschrijving blijkt en de beslagleggers gelegenheid hebben gehad hun rechten op de opbrengst geldend te maken en hun daartoe ook feitelijk de gelegenheid is gegeven, hetzij deze personen hun toestemming tot de doorhaling verlenen of hun vorderingen zijn voldaan.

- 2. In de in het eerste lid onder *b* genoemde gevallen is de reder tot het doen van aangifte verplicht binnen drie maanden nadat de reden tot doorhaling zich heeft voorgedaan.

---

[1] *Fisheries Act 1963.*
[2] *Loi concernant la pêche 1963.*

- 3. Wanneer ten aanzien van het schip inschrijvingen of voorlopige aantekeningen ten gunste van derden bestaan, geschiedt doorhaling slechts, wanneer geen dezer derden zich daartegen verzet.
- 4. Doorhaling geschiedt slechts na op verzoek van de meest gerede partij verleende machtiging van de rechter.

1. The registration shall only be cancelled: *a.* upon the request of the person who is mentioned in the public registers as shipowner; *b.* upon the declaration of the shipowner or *ex officio*: 1º if the vessel has been wrecked, demolished, or has become permanently unfit for floating; 2º if, during six months from the last sailing or from the day covering the last messages received, no news at all has been received without this fact being attributable to a general disruption in communications; 3º if the vessel has been taken by pirates or enemies; 4º if the vessel, had it not been entered in the register, would be an inland waterway vessel within the meaning of article 3 or of article 780; 5º if the vessel does not possess or no longer possesses the quality of a Dutch vessel, or if it is not or no longer entered in a register kept pursuant to article 3 of the *Visserijwet 1963*.[1] *Ex officio* cancellation because of loss of the quality of a Dutch vessel only takes place after reception of a notification of the withdrawal of a declaration as referred to in article 311*a*, first paragraph, of the Code of Commerce. When the vessel has lost the quality of a Dutch vessel by adjudication after execution outside The Netherlands or when the entry of the vessel in a register kept	1. L'immatriculation est radiée seulement *a.* à la requête de celui qui apparaît comme armateur aux registres publics; *b.* sur déclaration de l'armateur ou d'office 1º si le navire a péri, est démoli ou est devenu de façon permanente inapte à flotter; 2º si l'on est sans aucune nouvelle du navire durant les six mois suivant sa dernière sortie ou depuis le jour où remontent les dernières nouvelles reçues, sans que cela ne puisse être imputée à une perturbation générale des communications; 3º si le navire a été pris par des pirates ou par l'ennemi; 4º si, en l'absence d'immatriculation au registre, le navire était un bateau de navigation intérieure au sens de l'article 3 ou de l'article 780; 5º si le navire n'a pas ou n'a plus la qualité de navire néerlandais ou n'est pas ou n'est plus inscrit sur un registre tenu aux termes de l'article 3 de la *Visserijwet 1963*[2]. La radiation d'office pour perte de qualité de navire néerlandais n'a lieu que sur réception d'une communication portant retrait de la déclaration visée au paragraphe premier de l'article 311*a* du Code de commerce. Lorsque le navire a perdu cette qualité par adjudication à la suite d'une vente forcée en dehors des Pays-Bas ou que l'inscription du navire sur un registre tenu aux termes de l'article 3 de la *Visserijwet 1963* a été radiée,

[1] *Fisheries Act 1963.*
[2] *Loi concernant la pêche 1963.*

pursuant to article 3 of the *Visserijwet 1963*, has been cancelled, cancellation only takes place either when the shipowner, the persons whose right is apparent from an entry in the registry, and the seizors have had the opportunity to realise their rights upon the proceeds and when, also, they have effectively been given the opportunity to do so, or when these persons give their permission for cancellation or when their claims have been paid.
2. In the cases referred to in the first paragraph *sub b*, the shipowner must make a declaration within three months from the time the ground for cancellation has occurred.
3. Where, with respect to the vessel, there are entries or provisional annotations in favour of third persons, cancellation only takes place if none of them opposes it.
4. Cancellation only takes place after authorisation granted by the judge upon the request of the most diligent party.

la radiation n'a lieu que lorsque l'armateur, les personnes dont le droit est constaté par une inscription et les saisissants ont eu l'occasion de faire valoir leur droits sur le produit et se sont vu accorder, dans les faits également, la possibilité de s'en prévaloir, ou encore lorsque ces personnes consentent à la radiation ou que leurs créances ont été payées.
2. Dans les cas prévus au paragraphe premier, au point *b*, l'armateur est tenu de faire la déclaration dans les trois mois suivant la survenance de la cause de radiation.
3. Lorsqu'il existe, au sujet du navire, des inscriptions ou des notes provisoires au profit de tiers, la radiation n'a lieu que si aucun d'eux ne s'y oppose.
4. La radiation n'a lieu qu'après autorisation du juge, accordée à la requête de la partie la plus diligente.

Art. 196 (8.3.2.7) - 1. Zolang de teboekstelling in het register niet is doorgehaald heeft teboekstelling van een zeeschip in een buitenlands register of vestiging in het buitenland van rechten daarop, voor vestiging waarvan in Nederland inschrijving in de openbare registers vereist zou zijn geweest, geen rechtsgevolg.
- 2. In afwijking van het eerste lid wordt een teboekstelling of vestiging van rechten als daar bedoeld erkend, wanneer deze geschiedde onder voorwaarde van doorhaling van de teboekstelling in het Nederlandse register binnen 30 dagen na de teboekstelling van het schip in het buitenlandse register.

1. As long as the entry in the register has not been cancelled, registration of a sea-going vessel in a foreign register or the establishment abroad of rights in the vessel, for the establishment of which in The Netherlands entry in the public registers would have been required, has no juridical effect.
2. By derogation from the first paragraph, a registration or establishment of rights, as referred to

1. Tant que l'immatriculation du navire de mer au registre n'a pas été radiée, n'a pas d'effet juridique l'immatriculation effectuée sur un registre étranger ou l'établissement, à l'étranger, de droits sur le navire, pour lequel l'inscription sur les registres publics serait requise aux Pays-Bas.
2. Par dérogation au paragraphe premier, sont reconnus l'immatriculation ou l'établissement de droits qui y sont

in that paragraph, is recognised when it has been done upon the condition to cancel the entry in the Dutch register within 30 days from the registration of the vessel in the foreign register.

visés, lorsqu'ils ont eu lieu à la condition de radier l'immatriculation au registre néerlandais dans les 30 jours suivant l'immatriculation du navire au registre étranger.

Art. 197 (8.3.2.8) De enige zakelijke rechten, waarvan een in het register teboekstaand zeeschip het voorwerp kan zijn, zijn de eigendom, de hypotheek, het vruchtgebruik en de in artikel 211 en artikel 217 eerste lid onder *b* genoemde voorrechten.

The only real rights of which a sea-going vessel, entered in the register, can be the object are ownership, hypothec, usufruct and the privileges referred to in article 211 and article 217, paragraph 1, *sub b*.

Les seuls droits réels dont peut faire l'objet le navire immatriculé au registre sont la propriété, l'hypothèque, l'usufruit et les privilèges prévus aux articles 211 et 217, paragraphe premier, au point *b*.

Art. 198 (8.3.2.9) *Vervallen.*

Repealed.

Abrogé.

Art. 199 (8.3.2.10) - 1. Een in het register teboekstaand schip is een registergoed.
- 2. Bij toepassing van artikel 301 van Boek 3 ter zake van akten die op de voet van artikel 89 leden 1 en 4 van Boek 3 zijn bestemd voor levering van zodanig zeeschip, kan de in het eerste genoemde artikel bedoelde uitspraak van de Nederlandse rechter niet worden ingeschreven, zolang zij niet in kracht van gewijsde is gegaan.

1. A sea-going vessel, entered in the register, is registered property.
2. In applying article 301 of Book 3 with respect to deeds which, on the basis of article 89, paragraphs 1 and 4, of Book 3 are intended for the delivery of such a sea-going vessel, the decision of the Dutch judge, referred to in the first mentioned article, cannot be registered until it has become final.

1. Le navire immatriculé au registre constitue un bien immatriculé.
2. Aux fins de l'application de l'article 301 du Livre troisième à propos des actes destinés, conformément à l'article 89, paragraphes 1er et 4, de ce Livre, à la délivrance d'un tel navire de mer, le jugement du juge néerlandais, visé au premier article mentionné, ne peut être inscrit tant qu'il n'est pas passé en force de chose jugée.

Art. 200 (8.3.2.11) *Vervallen.*

Repealed.

Abrogé.

Art. 201 (8.3.2.12) Eigendom, hypotheek en vruchtgebruik op een teboekstaand zeeschip worden door een bezitter te goeder trouw verkregen door een onafgebroken bezit van vijf jaren.

Ownership of, hypothec on and

La propriété, l'hypothèque et l'usufruit

usufruct in a registered sea-going vessel are acquired by a possessor in good faith by an uninterrupted possession of five years.

portant sur un navire de mer immatriculé se prescrivent au profit du possesseur de bonne foi par une possession non interrompue de cinq ans.

Art. 202 (8.3.2.13) Onverminderd het bepaalde in artikel 260, eerste lid van Boek 3 wordt in de notariële akte waarbij hypotheek wordt verleend op een teboekstaand zeeschip of op een recht waaraan een zodanig schip is onderworpen, duidelijk het aan de hypotheek onderworpen schip vermeld.

Without prejudice to the provisions of article 260, first paragraph of Book 3, the notarial deed in which hypothec is granted upon a registered sea-going vessel or upon a right to which such a vessel is subjected, clearly metions the vessel subject to the hypothec.

Sans préjudice des dispositions de l'article 260, paragraphe premier, du Livre troisième, l'acte notarié par lequel est consentie une hypothèque sur un navire de mer immatriculé ou sur un droit grevant celui-ci indique clairement le navire grevé de l'hypothèque.

Art. 203 (8.3.2.14) Behoudens afwijkende, uit de openbare registers blijkende, bedingen omvat de hypotheek de zaken die uit hoofde van hun bestemming blijvend met het schip zijn verbonden en die toebehoren aan de reder van het schip. Artikel 266 van Boek 3 is niet van toepassing.

Except for derogating stipulations which are apparent from the public registers, the hypothec encompasses the things which, pursuant to their destination, are permanently attached to the vessel and belong to the shipowner. Article 266 of Book 3 does not apply.

Sauf stipulations contraires apparaissant sur les registres publics, l'hypothèque grève les choses qui, de par leur destination, sont rattachées au navire de façon permanente et qui appartiennent à l'armateur. L'article 266 du Livre troisième ne s'applique pas.

Art. 204 (8.3.2.15) De door hypotheek gedekte vordering neemt rang na de vorderingen, genoemd in de artikelen 210, 211, 221, 222 eerste lid, 831 en 832 eerste lid, doch vóór alle andere vorderingen, waaraan bij deze of enige andere wet een voorrecht is toegekend.

The claim covered by hypothec ranks after the claims referred to in articles 210, 211, 221, 222 first paragraph, 831 and 832, first paragraph; however, it ranks before all other claims to which this or any other law grants a privilege.

La créance garantie par hypothèque prend rang après celles visées aux articles 210, 211, 221, 222, paragraphe premier, 831 et 832, paragraphe premier, mais avant toute autre créance assortie d'un privilège prévu dans la présente ou dans une autre loi.

Art. 205 (8.3.2.16) Indien de vordering rente draagt, strekt de hypotheek mede tot zekerheid voor de renten der hoofdsom, vervallen gedurende de laatste drie jaren voorafgaand aan het begin van de uitwinning en gedurende de loop hiervan. Artikel 263 van Boek 3 is niet van toepassing.

If the claim carries interest, the hypothec also serves as security for the interests upon the principal sum which have become due during the last three years preceding the commencement of execution and during the course hereof. Article 263 of Book 3 does not apply.

Si la créance porte intérêt, l'hypothèque garantit également les intérêts sur le principal échus durant les trois ans précédant le début de la saisie-exécution et au cours de celle-ci. L'article 263 du Livre troisième ne s'applique pas.

Art. 206 (8.3.2.17) Op hypotheek op een aandeel in een teboekstaand zeeschip is artikel 177 van Boek 3 niet van toepassing; de hypotheek blijft na vervreemding of toedeling van het schip in stand.

Article 177 of Book 3 does not apply to a hypothec on a share in a registered sea-going vessel; after alienation or attribution of the vessel, the hypothec remains in force.

L'article 177 du Livre troisième ne s'applique pas à l'hypothèque sur une part d'un navire de mer immatriculé; l'hypothèque subsiste après l'aliénation ou l'attribution du navire.

Art. 207 (8.3.2.18) - 1. De eerste twee leden van artikel 264 van Boek 3 zijn in geval van een hypotheek, waaraan een teboekstaand zeeschip is onderworpen, mede van toepassing op bevrachtingen.
- 2. De artikelen 234 en 261 van Boek 3 zijn op een zodanige hypotheek niet van toepassing.

1. In the case of a hypothec to which a registered sea-going vessel is subject, the first two paragraphs of article 264 of Book 3 also apply to chartering.
2. Articles 234 and 261 of Book 3 do not apply to such a hypothec.

1. Dans le cas d'une hypothèque grevant un navire de mer immatriculé, les deux premiers paragraphes de l'article 264 du Livre troisième s'appliquent également à l'affrètement.
2. Les articles 234 et 261 du Livre troisième ne s'appliquent pas à une telle hypothèque.

Art. 208 (8.3.2.19) In geval van vruchtgebruik op een teboekstaand zeeschip zijn de bepalingen van artikel 217 van Boek 3 mede van toepassing op bevrachting voorzover die bepalingen niet naar hun aard uitsluitend op pacht, huur van bedrijfsruimte of huur van woonruimte van toepassing zijn.

In case of usufruct in a registered sea-going vessel, the provisions of article 217 of Book 3 also apply to chartering, to the extent that those provisions do not, according to their nature, apply exclusively to farm leases, leases of commercial space or of residential space.

Dans le cas de l'usufruit portant sur un navire de mer immatriculé, les dispositions de l'article 217 du Livre troisième s'appliquent également à l'affrètement, dans la mesure où leur nature n'en restreint pas l'application exclusivement au bail rural et au bail d'un espace commercial ou d'habitation.

Afdeling 3 Voorrechten op zeeschepen

| Section 3 | Section troisième |
| Privileges on sea-going vessels | Des privilèges sur les navires de mer |

Art. 210 (8.3.3.1) - 1. In geval van uitwinning van een zeeschip worden de kosten van uitwinning, de kosten van bewaking tijdens deze uitwinning of verkoop, alsmede de kosten van gerechtelijke rangregeling en verdeling van de opbrengst onder de schuldeisers uit de opbrengst van de verkoop voldaan boven alle andere vorderingen, waaraan bij deze of enige andere wet een voorrecht is toegekend.
- 2. In geval van verkoop van een gestrand, onttakeld of gezonken zeeschip, dat de overheid in het openbaar belang heeft doen opruimen, worden de kosten der wrakopruiming uit de opbrengst van de verkoop voldaan boven alle andere vorderingen, waaraan bij deze of enige andere wet een voorrecht is toegekend.
- 3. De in de vorige leden bedoelde vorderingen staan in rang gelijk en worden ponds-pondsgewijs betaald.

1. In case of execution of a sea-going vessel, the costs of execution, the costs of custody during such execution or sale, as well as the costs of judicial ranking and of distribution of the proceeds amongst the creditors, are paid from the proceeds of the sale with preference over all other claims to which this or any other law grants a privilege.
2. In case of sale of a sea-going vessel which has run aground, has been dismantled or has sunk, and which public authority has had cleared away in the public interest, the costs of clearing the wreck are paid from the proceeds of the sale with preference over all other claims to which this or any other law grants a privilege.
3. The claims, referred to in the preceding paragraphs, are equal in rank and are paid *pro rata*.

1. Dans le cas de l'exécution forcée d'un navire de mer, les frais de l'exécution, ceux de la garde pendant l'exécution ou la vente, de même que ceux de la collocation judiciaire et de la distribution parmi les créanciers sont payés sur le produit de la vente par priorité sur toute autre créance assortie d'un privilège prévu dans la présente ou une autre loi.
2. Dans le cas d'un navire échoué, désarmé ou coulé, que l'autorité publique a fait enlever dans l'intérêt public, les frais de l'enlèvement de l'épave sont payés sur le produit de la vente par priorité sur toute autre créance assortie d'un privilège prévu dans la présente ou une autre loi.
3. Les créances visées aux paragraphes précédents sont égales en rang et sont payées au marc le franc.

Art. 210*a* (8.3.3.1a) Artikel 292 van Boek 3 en artikel 60, tweede lid, eerste zin, derde lid en vierde lid, van de Faillissementswet zijn op zeeschepen niet van toepassing.

Article 292 of Book 3 and article 60, paragraph 2, first sentence, and paragraphs 3 and 4 of the

Ne s'appliquent pas aux navires de mer l'article 292 du Livre troisième, ainsi que la première phrase du deuxième

Faillissementswet[1] do not apply to sea-going vessels.

paragraphe, le troisième paragraphe et le quatrième paragraphe de l'article 60 de la *Faillissementswet*[2].

Art. 211 (8.3.3.2) Boven alle andere vorderingen waaraan bij deze of enige andere wet een voorrecht is toegekend zijn, behoudens artikel 210, op een zeeschip bevoorrecht:
a. in geval van beslag: de vorderingen ter zake van kosten na het beslag gemaakt tot behoud van het schip, daaronder begrepen de kosten van herstellingen, die onontbeerlijk waren voor het behoud van het schip;
b. de vorderingen ontstaan uit de arbeidsovereenkomsten van de kapitein of de andere leden der bemanning, met dien verstande dat de vorderingen met betrekking tot loon, salaris of beloningen slechts bevoorrecht zijn tot op een bedrag over een tijdvak van twaalf maanden verschuldigd;
c. de vorderingen ter zake van hulpverlening alsmede ter zake van de bijdrage van het schip in avarij-grosse.

With preference over all other claims to which this or any other law grants a privilege, except article 210, the following claims have a privilege on a sea-going vessel:
a. in case of seizure: the claims for costs made after seizure in order to preserve the vessel, including costs of repairs which were indispensable to preserve the vessel;
b. the claims resulting from the contracts of employment of the captain or the other members of the crew, upon the understanding that the claims with respect to wages, salary or remuneration are only privileged up to an amount owed over a period of twelve months;
c. the claims for salvage as well as for the contribution of the vessel to general average.

Prennent rang avant toute autre créance sur un navire de mer assortie d'un privilège prévu dans la présente ou dans une autre loi, sous réserve de l'article 210:
a. Dans le cas d'une saisie: les créances pour frais engagés après la saisie pour la conservation du navire, y compris ceux des réparations indispensables pour sa conservation;
b. les créances nées des contrats de travail du capitaine ou des autres membres de l'équipage, étant entendu que les créances relatives aux gages, au salaire ou aux rémunérations ne sont privilégiées que pour la somme due sur une période de douze mois;
c. Les créances du chef d'assistance, ainsi que de contribution aux avaries communes.

Art. 212 (8.3.3.3) Wanneer een vordering uit hoofde van artikel 211 bevoorrecht is, zijn de renten hierop en de kosten ten einde een voor tenuitvoerlegging vatbare titel te verkrijgen gelijkelijk bevoorrecht.

Where a claim is privileged pursuant to article 211, the interests thereon and the costs to obtain a title

Lorsqu'une créance est privilégiée par l'effet de l'article 211, les intérêts qu'elle porte et les frais engagés pour

---

[1] *Bankruptcy Act.*
[2] *Loi sur la faillite.*

Art. 213 (8.3.3.4) - 1. De bevoorrechte vorderingen, genoemd in artikel 211, nemen rang in de volgorde, waarin zij daar zijn gerangschikt.
- 2. Bevoorrechte vorderingen onder dezelfde letter vermeld, staan in rang gelijk, doch de vorderingen genoemd in artikel 211 onder *c* nemen onderling rang naar de omgekeerde volgorde van de tijdstippen, waarop zij ontstonden.
- 3. In rang gelijkstaande vorderingen worden ponds-pondsgewijs betaald.

1. The privileged claims, referred to in article 211, rank in the order listed in that article. 2. Privileged claims, mentioned under the same letter, have equal rank, but the claims, referred to in article 211 *sub c*, rank amongst themselves in the reverse order of the dates on which they have arisen. 3. Claims of equal rank are paid *pro rata*.	1. Les créances privilégiées énumérées à l'article 211 prennent rang dans l'ordre qu'elles y occupent. 2. Les créances privilégiées énoncées au même point sont égales en rang, mais celles prévues au point *c* de l'article 211 prennent rang entre elles dans l'ordre inverse des dates de leur naissance. 3. Les créances de rang égal sont payées au marc le franc.

Art. 214 (8.3.3.5) De voorrechten, genoemd in artikel 211, strekken zich uit tot
a. alle zaken, die uit hoofde van hun bestemming blijvend met het schip zijn verbonden en die toebehoren aan de reder van het schip;
b. de schadevergoedingen, verschuldigd voor het verlies van het schip of voor niet herstelde beschadiging daarvan, daarbij inbegrepen dat deel van een beloning voor hulpverlening, van een beloning voor vlotbrengen of van een vergoeding in avarij-grosse, dat tegenover een zodanig verlies of beschadiging staat. Dit geldt eveneens wanneer deze schadevergoedingen of vorderingen tot beloning zijn overgedragen of met pandrecht zijn bezwaard. Deze schadevergoedingen omvatten echter niet vergoedingen welke zijn verschuldigd krachtens een overeenkomst van verzekering van het schip, die dekking geeft tegen het risico van verlies of avarij. Artikel 283 van Boek 3 is niet van toepassing.

The privileges, referred to in article 211, extend to
a. all things which, pursuant to their destination, are permanently attached to the vessel and belong to the shipowner;
b. the compensation owed for the loss of the vessel or for damage thereto which has not been repaired, including that part of remuneration for salvage, of remuneration for refloating or of an indemnity in general average, which is the counterpart for such loss or damage. This also applies

Les privilèges prévus à l'article 211 grèvent
a. Toutes les choses qui, de par leur destination, sont rattachées au navire de façon permanente et qui appartiennent à l'armateur;
b. Les indemnités dues en raison de la perte du navire ou d'avaries non réparées, y compris la part d'une rémunération pour assistance ou pour remise à flot, ou d'une indemnité en avaries communes, qui est la contrepartie d'une telle perte ou avarie. Ceci vaut également dans le cas de cession ou de mise en gage

where this compensation or these claims for remuneration have been transferred or encumbered with a right of pledge. This compensation, however, does not include indemnities which are owed pursuant to a contract of insurance of the vessel that provides coverage against the risk of loss or damage. Article 283 of Book 3 does not apply.

des dommages-intérêts ou des créances en rémunération. Les indemnités n'englobent pas, cependant, celle qui est due en vertu d'un contrat d'assurance du navire contre le risque de perte ou d'avaries. L'article 283 du Livre troisième ne s'applique pas.

Art. 215 (8.3.3.6) - 1. De schuldeiser, die een voorrecht heeft op grond van artikel 211, vervolgt zijn recht op het schip, in wiens handen dit zich ook bevinde.
- 2. Voorrechten als bedoeld in artikel 211 kunnen worden ingeschreven in de openbare registers, bedoeld in afdeling 2 van titel 1 van Boek 3. Artikel 24 lid 1 van Boek 3 is niet van toepassing.

1. The creditor, who has a privilege pursuant to article 211, follows his right in the vessel in whoever's hands it may find itself.

2. Privileges, as referred to in article 211, can be entered in the public registers referred to in Section 2 of Title 1 of Book 3. Article 24, paragraph 1 of Book 3 does not apply.

1. Le créancier titulaire qui a un privilège aux termes de l'article 211 suit son droit sur le navire, quelles que soient les mains entre lesquelles il le trouve.

2. Les créances visées à l'article 211 sont susceptibles d'inscription dans les registres publics visés à la section deuxième du titre premier du Livre troisième. L'article 24, paragraphe 1er, de ce Livre ne s'applique pas.

Art. 216 (8.3.3.7) De vorderingen genoemd in artikel 211, doen een voorrecht op het schip ontstaan en zijn alsdan daarop verhaalbaar, zelfs wanneer zij zijn ontstaan tijdens de terbeschikkingstelling van het schip aan een bevrachter, dan wel tijdens de exploitatie van het schip door een ander dan de reder, tenzij aan deze de feitelijke macht over het schip door een ongeoorloofde handeling was ontnomen en bovendien de schuldeiser niet te goeder trouw was.

The claims, referred to in article 211, create a privilege upon the vessel and recourse may then be taken on it for them, even where they have arisen during the period that the vessel was put at the disposal of a charterer, or during the operation of the vessel by a person other than the shipowner, unless the factual control over the vessel had been taken away from him by an illicit act and, furthermore, if the creditor was not in good faith.

Les créances énoncées à l'article 211 font naître un privilège sur le navire et sont recouvrables sur celui-ci, lors même qu'elles sont nées pendant qu'il était mis à la disposition d'un affréteur ou était exploité par un autre que l'armateur, sauf si celui-ci s'était vu enlever le contrôle matériel du navire par un acte illégitime et que, en outre, le créancier était de mauvaise foi.

Art. 217 (8.3.3.8) - 1. Boven alle andere vorderingen, waaraan bij deze of enige andere wet een voorrecht is toegekend, doch na de bevoorrechte vorderingen genoemd in artikel 211, na de hypothecaire vorderingen, na de vorderingen genoemd in de artikelen 222 en 832 en na de vordering van de pandhouder, zijn op een zeeschip, waaronder voor de toepassing van dit artikel niet is te verstaan een zeeschip in aanbouw, bij voorrang verhaalbaar:
a. de vorderingen, die voortvloeien uit rechtshandelingen, die de reder of een rompbevrachter binden en die rechtstreeks strekken tot het in bedrijf brengen of houden van het schip, alsmede de vorderingen die tegen een uit hoofde van artikel 461 gelezen met artikel 462 of artikel 943 gelezen met artikel 944 als vervoerder aangemerkte persoon kunnen worden geldend gemaakt. Onder rechtshandeling is hier het in ontvangst nemen van een verklaring begrepen;
b. de vorderingen, die uit hoofde van afdeling 1 van titel 6 op de reder rusten;
c. de vorderingen genoemd in de elfde titel A van het tweede boek van het Wetboek van Koophandel voor zover zij op de reder rusten.
- 2. De in het eerste lid genoemde vorderingen staan in rang gelijk en worden ponds-pondsgewijs betaald.
- 3. De artikelen 212, 214 onder *a* en 216 zijn op de in het eerste lid genoemde vorderingen van toepassing. Op de vorderingen die in het eerste lid onder *b* worden genoemd, is ook artikel 215 van toepassing.
- 4. Artikel 283 van Boek 3 is niet van toepassing.

1. With preference over all other claims to which this or any other law grants a privilege, but after the privileged claims, referred to in article 211, after the hypothecary claims, after the claims referred to in articles 222 and 832, and after the claim of the pledgee, the following claims are recoverable by preference against a sea-going vessel, which, for the purposes of this article, does not include a sea-going vessel under construction:
a. the claims resulting from juridical acts which bind the shipowner or a bare-boat charterer, and which are directly intended to put the vessel into operation or to keep it in operation, as well as the claims which can be realised against a person who is deemed to be a carrier pursuant to article 461, read together with article 462, or article 943, read together with article 944. A juridical act in this paragraph includes the receipt of a declaration;

1. Sont recouvrables par priorité sur le navire de mer, lequel, aux fins du présent article, ne comprend pas le navire de mer en construction, avant toute autre créance assortie d'un privilège prévu dans la présente ou dans une autre loi, mais après les créances énumérées à l'article 211, après les créances hypothécaires, après les créances énoncées aux articles 222 et 832 et après celle du créancier gagiste:
a. Les créances résultant d'actes juridiques liant l'armateur ou l'affréteur coque nue et visant directement la mise ou le maintien en exploitation du navire, de même que les créances que l'on peut faire valoir contre une personne réputée transporteur par l'effet de l'article 461 lu avec l'article 462, ou de l'article 943 lu avec l'article 944. Acte juridique s'entend ici également de la réception d'une déclaration;

b. the claims resting upon the shipowner pursuant to Section 1 of Title 6;
c. the claims referred to in Title 11 A of Book 2 of the Code of Commerce, to the extent that they rest upon the shipowner.
2. The claims, referred to in the first paragraph, are of equal rank and are paid *pro rata*.
3. Articles 212, 214 *sub a* and 216 apply to the claims, referred to in the first paragraph. Article 215 applies, in addition, to the claims referred to in the first paragraph *sub b*.
4. Article 283 of Book 3 does not apply.

b. Les créances qui incombent à l'armateur par application de la section première du titre sixième;
c. Les créances énumérées au titre onzième A du Livre deuxième du Code de commerce, dans la mesure où elles incombent à l'armateur.
2. Les créances visées au paragraphe premier sont égales en rang et sont payées au marc le franc.
3. Les articles 212, 214, au point *a*, et 216 s'appliquent aux créances énumérées au paragraphe premier. Aux créances énumérées au point *b* du paragraphe premier s'applique, en outre, l'article 215.
4. L'article 283 du Livre troisième ne s'applique pas.

Art. 218 (8.3.3.8a) Na de vorderingen genoemd in artikel 217 zijn de vorderingen genoemd in de artikelen 284 en 285 van Boek 3, voor zover zij dit niet zijn op grond van enig ander artikel van deze titel, op een zeeschip bij voorrang verhaalbaar.

After the claims, referred to in article 217, the claims, referred to in articles 284 and 285, may be the object of recourse by preference against a seagoing vessel, to the extent that they are not so pursuant to any other article of this title.

Sont recouvrables par priorité sur le navire de mer, après les créances énumérées à l'article 217, celles prévues aux article 284 et 285 du Livre troisième, dans la mesure où elles ne le sont pas par application d'un autre article du présent titre.

Art. 219 (8.3.3.9) - 1. De krachtens deze afdeling verleende voorrechten gaan teniet door verloop van een jaar, tenzij de schuldeiser zijn vordering in rechte geldend heeft gemaakt. Deze termijn begint met de aanvang van de dag volgend op die, waarop de vordering opeisbaar wordt. Met betrekking tot de vordering voor hulploon begint deze termijn echter met de aanvang van de dag volgend op die, waarop de hulpverlening is beëindigd.
- 2. Het voorrecht gaat teniet met de vordering.
- 3. In geval van executoriale verkoop gaan de voorrechten mede teniet op het tijdstip waarop het proces-verbaal van verdeling wordt gesloten.

1. The privileges, granted pursuant to this section, are extinguished by the lapse of one year, unless the creditor has judicially realised his claim. This period begins with the commencement of the day following the one on which the claim becomes exigible. With respect to the claim for remuneration for salvage, however,

1. Les privilèges accordés en vertu de la présente section sont éteints à l'expiration du délai d'un an, à moins que le créancier n'ait fait valoir sa créance en justice. Le délai court à compter du lendemain du jour où la créance devient exigible. Quant à la créance pour rémunération d'assistance, le délai court cependant à compter du

this period begins with the commencement of the day following the one on which the salvage has been terminated.
2. The privilege is extinguished with the claim.
3. In the case of sale for execution, the privileges are also extinguished at the time that the minutes of distribution are closed.

lendemain du jour où l'assistance a pris fin.

2. Le privilège s'éteint avec la créance.

3. Dans le cas de vente forcée, les privilèges s'éteignent également au moment de la clôture du procès-verbal de distribution.

Afdeling 4 Voorrechten op zaken aan boord van zeeschepen

Section 4
Privileges on things on board sea-going vessels

Section quatrième
Des privilèges sur des choses à bord de navires de mer

Art. 220 (8.3.4.0) Deze afdeling geldt onder voorbehoud van titel 15.

This section applies subject to Title 15.

La présente section produit effet sous réserve du Titre quinzième.

Art. 221 (8.3.4.1) - 1. In geval van uitwinning van zaken aan boord van een zeeschip worden de kosten van uitwinning, de kosten van bewaking daarvan tijdens deze uitwinning, alsmede de kosten van gerechtelijke rangregeling en verdeling van de opbrengst onder de schuldeisers, uit de opbrengst van de verkoop voldaan boven alle andere vorderingen, waaraan bij deze of enige andere wet een voorrecht is toegekend.
- 2. De in het eerste lid bedoelde vorderingen staan in rang gelijk en worden ponds-pondsgewijs betaald.

1. In case of execution of things on board a sea-going vessel, the costs of execution, the costs of custody thereof during this execution, as well as the costs of judicial ranking and of distribution of the proceeds amongst the creditors, are paid from the proceeds of the sale with preference over all other claims to which this or any other law grants a privilege.
2. The claims, referred to in the first paragraph, are equal in rank and are paid *pro rata*.

1. Dans le cas d'exécution forcée de choses à bord d'un navire de mer, les frais de l'exécution, ceux de la garde en cours de l'exécution, ainsi que ceux de la collocation judiciaire et de la distribution parmi les créanciers sont payés sur le produit de la vente par priorité sur toute autre créance assortie d'un privilège prévu dans la présente ou dans une autre loi.
2. Les créances visées au paragraphe premier sont égales en rang et sont payées au marc le franc.

Art. 222 (8.3.4.2) - 1. Op zaken aan boord van een zeeschip zijn de vorderingen ter zake van hulpverlening en van een bijdrage van die zaken in avarij-grosse bevoorrecht. Deze vorderingen nemen daartoe rang na die welke zijn genoemd in de artikelen 210, 211, 221, 820, 821 en 831, doch vóór alle andere vorderingen, waaraan bij deze of enige andere wet een voorrecht is toegekend.

- 2. Op ten vervoer ontvangen zaken zijn bevoorrecht de vorderingen uit een met betrekking tot die zaken gesloten vervoerovereenkomst, dan wel uit artikel 488 of artikel 951 voortvloeiend, doch slechts voor zover aan de vervoerder door artikel 489 of artikel 954 een recht op de zaken wordt toegekend. Deze vorderingen nemen daartoe rang na die welke zijn genoemd in het eerste lid en in de artikelen 204 en 794, doch vóór alle andere vorderingen, waaraan bij deze of enige andere wet een voorrecht is toegekend.

1. There is a privilege on things on board a sea-going vessel for claims with respect to salvage and to a contribution of those things to general average. For that purpose, these claims take rank after those referred to in articles 210, 211, 221, 820, 821 and 831; however, they rank before all other claims to which this or any other law grants a privilege.
2. Claims resulting from a contract of carriage pertaining to things received for carriage have a privilege on those things; the same applies to claims resulting from article 488 or article 951, but only to the extent that article 489 or article 954 grants the carrier a right to the things. For that purpose, these claims rank after those referred to in the first paragraph and in articles 204 and 794; however, they rank before all other claims to which this or any other law grants a privilege.

1. Sont privilégiées sur les choses à bord du navire de mer les créances se rapportant à l'assistance et à la contribution de choses aux avaries communes. À cette fin, ces créances prennent rang après celles énumérées aux articles 210, 211, 221, 820, 821 et 831, mais avant toute autre créance assortie d'un privilège prévu dans la présente ou une autre loi.
2. Sont privilégiées sur les choses prises en charge aux fins de transport les créances résultant du contrat de transport relatif à ces choses, ou résultant de l'article 488 ou de l'article 951, mais seulement dans la mesure où le transporteur se voit accorder un droit sur les choses par l'effet de l'article 489 ou de l'article 954. À cette fin, les créances prennent rang après celles énumérées au paragraphe premier et aux articles 204 et 794, mais avant toute autre créance assortie d'un privilège prévu dans la présente ou une autre loi.

Art. 223 (8.3.4.3) Wanneer een vordering uit hoofde van artikel 222 bevoorrecht is, zijn de renten hierop en de kosten ten einde een voor tenuitvoerlegging vatbare titel te verkrijgen gelijkelijk bevoorrecht.

Where a claim is privileged pursuant to article 222, the interests thereon and the costs to obtain a title susceptible of execution, are equally privileged.

Lorsqu'une créance est privilégiée par l'effet de l'article 222, les intérêts qu'elle porte et les frais engagés pour obtenir un titre exécutoire le sont également.

Art. 224 (8.3.4.4) - 1. De vorderingen terzake van hulpverlening of bijdrage in avarij-grosse, die bevoorrecht zijn op grond van artikel 211, artikel 222 eerste lid, artikel 821 of artikel 832 eerste lid, nemen onderling rang naar de omgekeerde volgorde van de tijdstippen, waarop zij ontstonden.
- 2. De bevoorrechte vorderingen in het tweede lid van artikel 222 vermeld staan in rang gelijk.

- 3. De in artikel 284 van Boek 3 genoemde vordering neemt rang na de in de vorige leden genoemde vorderingen, ongeacht wanneer die vorderingen zijn ontstaan.
- 4. In rang gelijkstaande vorderingen worden ponds-pondsgewijs betaald.

1. The claims with respect to salvage or contribution to general average, which are privileged pursuant to article 211, article 222, paragraph 1, article 821 or article 832, paragraph 1, rank amongst themselves in the reverse order of the dates on which they have arisen.
2. The privileged claims, mentioned in the second paragraph of article 822, are of equal rank.
3. The claim, referred to in article 284 of Book 3, takes rank after the claims referred to in the preceding paragraphs, irrespective of the date on which those claims have arisen.
4. Claims of equal rank are paid *pro rata*.

1. Les créances se rapportant à l'assistance ou à la contribution aux avaries communes, qui sont privilégiées par application de l'article 211, de l'article 222, paragraphe premier, de l'article 821 ou de l'article 832, paragraphe premier, prennent rang entre elles dans l'ordre inverse des dates de leur naissance.
2. Les créances privilégiées énumérées au deuxième paragraphe de l'article 222 sont égales en rang.
3. La créance prévue à l'article 284 du Livre troisième prend rang après celles qui sont énumérées aux paragraphes précédents, sans égard à leur date de naissance.
4. Les créances de rang égal sont payées au marc le franc.

Art. 225 (8.3.4.5) De voorrechten, genoemd in artikel 222, strekken zich uit tot de schadevergoedingen, verschuldigd voor verlies of niet herstelde beschadiging, daarbij inbegrepen dat deel van een beloning voor hulpverlening, van een beloning voor vlotbrengen of van een vergoeding in avarij-grosse, dat tegenover een zodanig verlies of beschadiging staat. Dit geldt eveneens wanneer deze schadevergoedingen of vorderingen tot beloning zijn overgedragen of met pandrecht zijn bezwaard. Deze schadevergoedingen omvatten echter niet vergoedingen, welke zijn verschuldigd krachtens een overeenkomst van verzekering die dekking geeft tegen het risico van verlies of avarij. Artikel 283 van Boek 3 is niet van toepassing.

The privileges, referred to in article 222, extend to the compensation owed for loss or for damage which has not been repaired, including that part of remuneration for salvage, of remuneration for refloating or of an indemnity in general average which is the counterpart of such loss or damage. This also applies where this compensation or these claims for remuneration have been transferred or encumbered with a right of pledge. This compensation, however, does not include indemnities which are owed pursuant to a contract of

Les privilèges énumérés à l'article 222 grèvent les indemnités dues en raison de perte ou d'avaries non réparées, y compris la part d'une rémunération pour assistance ou pour remise à flot, ou d'une indemnité en avaries communes, qui est la contrepartie d'une telle perte ou avarie. Ceci vaut également dans le cas de cession ou de mise en gage des dommages-intérêts ou des créances en rémunération. Les indemnités n'englobent pas cependant celle qui est due en vertu d'un contrat d'assurance du navire contre le risque de perte ou d'avaries. L'article 283 du Livre

insurance that provides coverage against the risk of loss or damage. Article 283 of Book 3 does not apply.

troisième ne s'applique pas.

Art. 226 (8.3.4.6) De in artikel 222 genoemde vorderingen doen een voorrecht op de daar vermelde zaken ontstaan en zijn alsdan daarop bij voorrang verhaalbaar, ook al is hun eigenaar op het tijdstip, dat het voorrecht is ontstaan, niet de schuldenaar van deze vorderingen.

The claims, referred to in article 222, create a privilege upon the things mentioned in that article, and recourse may then be taken on them by preference, even if their owner is not the debtor of these claims at the time the privilege was created.

Les créances énumérées à l'article 222 font naître un privilège sur les choses qui y sont énoncées, et sont recouvrables sur elles par priorité, même si le propriétaire, à la date de naissance du privilège, n'est pas débiteur des créances.

Art. 227 (8.3.4.7) - 1. Met de aflevering van de zaken aan de daartoe gerechtigde gaan, behalve in het geval van artikel 556, de in artikel 222 genoemde voorrechten teniet. Zij gaan mede teniet met de vordering en door, in geval van executoriale verkoop, niet tijdig verzet te doen tegen de verdeling van de koopprijs alsmede door gerechtelijke rangregeling.
- 2. Zij blijven in stand, zolang de zaken op grond van de artikelen 490, 955 of 569 zijn opgeslagen of daarop op grond van artikel 626 of artikel 636 van het Wetboek van Burgerlijke Rechtsvordering beslag is gelegd.

1. The privileges, referred to in article 222, are extinguished by the handing over of the things to the person who is entitled thereto, except in the case of article 556. They are also extinguished with the claim, and, in the case of a forced sale, by not timely taking opposition against the distribution of the price of sale, as well as by judicial ranking.
2. The privileges remain in force as long as the things are in storage pursuant to articles 490, 955 or 569, or if they have been seized pursuant to article 626 or article 636 of the Code of Civil Procedure.

1. Les privilèges énumérés à l'article 222 s'éteignent par la livraison des choses à la personne qui y a droit, sauf dans le cas prévu à l'article 556. Ils s'éteignent également avec la créance et, dans le cas de vente forcée, par le retard de l'opposition faite contre la distribution du produit de la vente, de même que par la collocation judiciaire.
2. Ils subsistent tant que les choses sont entreposées en application des articles 490, 955 ou 569 ou saisies en application de l'article 626 ou de l'article 636 du Code de procédure civile.

Art. 228 (8.3.4.8) De verkoper van brandstof voor de machines, van ketelwater, levensmiddelen of scheepsbenodigdheden kan het hem in afdeling 8 van titel 1 van Boek 7 toegekende recht slechts gedurende 48 uur na het einde van de levering uitoefenen, doch zulks ook indien deze zaken zich bevinden in handen van de reder, een rompbevrachter of een tijdbevrachter van het schip.

The seller of fuel for the engines, of

Le vendeur de carburant pour les

water for the boiler, of victuals or of naval stores may only exercise the right accorded to him in Section 8 of Title 1 of Book 7 during a period of 48 hours from the termination of the delivery; however, this also applies if these things are in the hands of the shipowner, a bare-boat charterer or a time-charterer of the vessel.

machines, d'eau de chaudière, de vivres ou de fournitures de bord ne peut exercer le droit qui lui est accordé à la section huitième du titre premier du Livre septième, que pendant les 48 heures suivant la fin de la livraison; mais il le peut, même si les choses se trouvent entre les mains de l'armateur, de l'affréteur coque nue ou de l'affréteur à temps du navire.

Afdeling 5 Slotbepalingen

Section 5   **Section cinquième**
Final provisions   **Dispositions finales**

Art. 230 (8.3.5.1) - 1. De afdelingen 2 tot en met 4 van titel 3 zijn niet van toepassing op zeeschepen, welke toebehoren aan het Rijk of enig openbaar lichaam en uitsluitend bestemd zijn voor de uitoefening van
a. de openbare macht of
b. niet-commerciële overheidsdienst.
- 2. De beschikking waarbij de in het eerste lid genoemde bestemming is vastgesteld, kan worden ingeschreven in de openbare registers, bedoeld in afdeling 2 van titel 1 van Boek 3. Artikel 24 lid 1 van Boek 3 is niet van toepassing.
- 3. De inschrijving machtigt de bewaarder tot doorhaling van de teboekstelling van het schip in het in artikel 193 bedoelde register.

1. Sections 2 to 4 inclusive of Title 3 do no apply to sea-going vessels which belong to the State or to any public body, and which are exclusively destined to exercise
a. public authority, or
b. non-commercial public service.
2. The decision determining the destination, referred to in the first paragraph, can be entered in the public registers referred to in Section 2 of Title 1 of Book 3. Article 24, paragraph 1 of Book 3 does not apply.
3. The entry authorises the registrar to cancel the registration of the vessel in the register referred to in article 193.

1. Les sections deuxième à quatrième inclusivement du titre troisième ne s'appliquent pas aux navires de mer appartenant à l'État ou à un organisme public et destinés exclusivement à l'exercice
a. de la puissance publique;
b. d'un service public non commercial.
2. La décision fixant la destination énoncée au paragraphe premier peut être inscrite sur les registres publics visés à la section deuxième du titre premier du Livre troisième. L'article 24, paragraphe 1er, du Livre troisième ne s'applique pas.
3. L'inscription autorise le conservateur à radier l'immatriculation du navire au registre visé à l'article 193.

Art. 231 (8.3.5.2) Behoeven de in de afdelingen 2 tot en met 5 van titel 3 geregelde onderwerpen in het belang van een goede uitvoering van de wet nadere regeling, dan geschiedt dit bij of krachtens algemene maatregel van bestuur, onverminderd de bevoegdheid tot regeling krachtens de Kadasterwet.

Without prejudice to the power to issue regulations pursuant to the *Kadasterwet*,[1] where, in the interest of the proper execution of the law, the subjects covered in this title require further rules, they are determined by or pursuant to regulation.

Sans préjudice des pouvoirs de réglementation en vertu de la *Kadasterwet*[2], sont établies par décret ou en vertu d'un décret les règles précises que pourraient requérir, aux fins de la bonne exécution de la loi, les matières réglées aux sections deuxième à cinquième inclusivement du titre troisième.

TITEL 4 BEMANNING VAN EEN ZEESCHIP

TITLE 4 THE CREW OF A SEA-GOING VESSEL

TITRE QUATRIÈME DE L'ÉQUIPAGE D'UN NAVIRE DE MER

Afdeling 1

Section 1

Section première

Art. 240-259 *Gereserveerd.*

Reserved.

Réservés.

Afdeling 2 Kapitein

Section 2
The captain

Section deuxième
Du capitaine

Art. 260 (8.4.2.13) - 1. De kapitein is bevoegd die rechtshandelingen te verrichten, welke rechtstreeks strekken om het schip in bedrijf te brengen of te houden. Onder rechtshandeling is hier het in ontvangst nemen van een verklaring begrepen.
- 2. De kapitein is bevoegd cognossementen af te geven voor zaken, die ten vervoer zijn ontvangen en aangenomen en passagebiljetten af te geven voor met het schip te vervoeren reizigers. Tevens is hij bevoegd in het buitenland namens de reder omtrent het hulploon overeen te komen en dit te innen.

1. The captain is entitled to perform those juridical acts which are directly intended to put the vessel into operation or to keep it in operation. In this sense, a juridical act includes the receipt of a declaration.

1. Le capitaine peut accomplir les actes juridiques visant directement à la mise en exploitation ou à l'exploitation continue du navire. Acte juridique s'entend ici également de la réception d'une déclaration.

---

[1] *Land Register Act.*
[2] *Loi sur le cadastre.*

2. The captain is entitled to issue bills of lading for things which have been received and accepted for carriage, and to issue tickets for passengers[3] to be carried by the vessel. He is also entitled to contract abroad on behalf of the shipowner with respect to remuneration for salvage, and he is entitled to collect it.

2. Le capitaine peut remettre des connaissements pour des choses prises en charge et acceptées aux fins de transport, ainsi que des billets pour les passagers[4] devant être transportés sur le navire. Il a également le pouvoir de conclure, au nom de l'armateur, une entente à l'étranger relative à la rémunération d'assistance, et de percevoir cette indemnité.

Art. 261 (8.4.2.16) - 1. De kapitein is verplicht voor de belangen van de bevrachters en van de rechthebbenden op de aan boord zijnde zaken, zo mogelijk ook na lossing daarvan, te waken en de maatregelen, die daartoe nodig zijn, te nemen.
- 2. Indien het noodzakelijk is onverwijld ter behartiging van deze belangen rechtshandelingen te verrichten, is de kapitein daartoe bevoegd. Onder rechtshandeling is hier het in ontvangst nemen van een verklaring begrepen.
- 3. Voor zover mogelijk geeft hij van bijzondere voorvallen terstond kennis aan de belanghebbenden bij de betrokken goederen en handelt hij in overleg met hen en volgens hun orders.

1. The captain must look after the interests of the charterers and of title-holders to things on board, if possible after their unloading as well, and he must take the measures necessary for that purpose.
2. If it is necessary to perform, without delay, juridical acts to look after these interests, the captain is entitled to do so. In this sense, a juridical act includes the receipt of a declaration.
3. To the extent possible, he must forthwith notify the parties interested in the property involved of special occurrences, and he must act in consultation with them and according to their instructions.

1. Le capitaine veille aux intérêts des fréteurs et des titulaires des choses se trouvant à bord, si possible même après le déchargement; il prend à cette fin les mesures nécessaires.
2. Le capitaine peut accomplir sans délai les actes juridiques nécessaires pour veiller à ces intérêts. Acte juridique s'entend ici également de la réception d'une déclaration.
3. Autant que possible, il informe immédiatement les intéressés d'incidents particuliers touchant leurs biens et agit en consultation avec eux et suivant leurs ordres.

Art. 262 (8.4.2.19) - 1. Beperkingen van de wettelijke bevoegdheid van de kapitein gelden tegen derden slechts wanneer die hun bekend zijn gemaakt.
- 2. De kapitein verbindt zichzelf slechts dan, wanneer hij de grenzen zijner bevoegdheid overschrijdt.

---

[3] Until now in Book 8, "reiziger" has been translated by "traveller". For carriage by vessel, the term "passenger" seems more appropriate.

[4] À travers le Livre huitième, le néerlandais emploie le terme «reiziger», traduit jusqu'ici par «voyageur». Pour le transport par navire ou bateau, nous avons préféré la traduction «passager».

1. Limitations in the legal power of the captain can only be invoked against third persons when they have been made known to them.
2. The captain only binds himself when he exceeds the boundaries of his power.

1. Les limitations des pouvoirs légaux du capitaine ne valent à l'encontre des tiers que lorsqu'elles ont été portées à leur connaissance.
2. Le capitaine ne s'engage lui-même que lorsqu'il outrepasse ses pouvoirs.

Afdeling 3

Section 3

Section troisième

Art. 270-359 *Gereserveerd.*

Reserved.

Réservés.

TITEL 5 EXPLOITATIE

TITLE 5
OPERATION

TITRE CINQUIÈME
DE L'EXPLOITATION

Afdeling 1 Algemene bepalingen

Section 1
General provisions

Section première
Dispositions générales

Art. 360 (8.5.1.1) - 1. De reder is naast een rompbevrachter met deze hoofdelijk aansprakelijk uit een deze laatste bindende rechtshandeling, die rechtstreeks strekt tot het in bedrijf brengen of houden van het schip. Onder rechtshandeling is hier het in ontvangst nemen van een verklaring begrepen.
- 2. Het eerste lid is niet van toepassing indien aan degeen, met wie de daar genoemde rechtshandeling wordt verricht, kenbaar is gemaakt, dat de rompbevrachter de reder niet vermag te binden dan wel deze derde wist, of zonder eigen onderzoek moest weten, dat het in het eerste lid bedoelde doel werd overschreden.
- 3. Het eerste lid is niet van toepassing ten aanzien van vervoerovereenkomsten, overeenkomsten tot het verrichten van arbeid met de bemanning aangegaan en overeenkomsten als genoemd in afdeling 4 van titel 5 of afdeling 4 van titel 10.
- 4. Het eerste lid is niet van toepassing, wanneer aan de reder de feitelijke macht over het schip door een ongeoorloofde handeling was ontnomen en bovendien de schuldeiser niet te goeder trouw was.
- 5. Hij, die loodsgelden, kanaal- of havengelden dan wel andere scheepvaartrechten voldoet ten behoeve van de reder, een rompbevrachter, een tijdbevrachter of de kapitein dan wel enige andere schuldenaar daarvan, wordt van rechtswege gesubrogeerd in de rechten van de schuldeiser van deze vorderingen.

1. The shipowner is solidarily liable with the bare-boat charterer for a juridical act which binds the latter and which is directly intended to put the vessel into operation or to keep it in operation. In this context, a juridical act includes the receipt of a declaration.
2. The first paragraph does not apply if the person with whom the juridical act referred to in that paragraph is executed, has been notified that the bare-boat charterer is not entitled to bind the shipowner, or if this third person knew or should know without conducting his own examination that the purpose referred to in the first paragraph was exceeded.
3. The first paragraph does not apply with respect to contracts of carriage, labour contracts entered into with the crew, and contracts as referred to in Section 4 of Title 5 or Section 4 of Title 10.
4. The first paragraph does not apply where the factual control over the vessel has been taken away from the shipowner by an illicit act and where, in addition, the creditor was not in good faith.
5. The person who pays pilotage dues, canal or harbour tolls, or any other shipping dues for the benefit of the shipowner, a bare-boat charterer, the captain or any other debtor of such dues, is subrogated by law in the rights of the creditor of these claims.

1. L'armateur est solidairement responsable avec l'affréteur coque nue en raison de l'acte juridique liant ce dernier et visant directement la mise ou le maintien en exploitation ou l'exploitation continue du navire. Acte juridique s'entend ici également de la réception d'une déclaration.
2. Le paragraphe premier ne s'applique pas s'il a été porté à la connaissance de la personne avec qui l'acte a été accompli que l'affréteur coque nue ne peut lier l'armateur ou si ce tiers savait ou devait savoir, sans faire lui-même des recherches, que le but visé au paragraphe premier était outrepassé.
3. Le paragraphe premier ne s'applique pas aux contrats de transport, aux contrats de travail conclus avec l'équipage et aux contrats énumérés à la section quatrième du titre cinquième ou à la section quatrième du titre dixième.
4. Le paragraphe premier ne s'applique pas lorsque l'armateur s'était vu enlever le contrôle matériel du navire par un acte illégitime et que, en outre, le créancier était de mauvaise foi.
5. Celui qui paie les droits de pilotage, de canaux, de port ou d'autres droits de navigation au profit de l'armateur, d'un affréteur coque nue, d'un affréteur à temps, du capitaine ou d'un autre débiteur de ces droits est de plein droit subrogé aux droits du titulaire de ces créances.

Art. 361 (8.5.1.2) - 1. Onder „exploitatie-overeenkomsten" worden verstaan: de bevrachtingen van het schip en de overeenkomsten tot vervoer van zaken of personen met het schip.
- 2. Onder „keten der exploitatie-overeenkomsten" worden verstaan: de exploitatie-overeenkomsten gerangschikt:
a. wat betreft bevrachtingen: te beginnen met een mogelijkerwijs aangegane rompbevrachting en vervolgens in de volgorde, waarin de bevrachters hun bevoegdheid over het schip te beschikken van elkaar afleiden.
b. wat betreft vervoerovereenkomsten, die geen bevrachting zijn: te beginnen met de vervoerovereenkomst aangegaan door een vervoerder, die de beschikking heeft over het schip of een gedeelte daarvan, en te eindigen met

de vervoerovereenkomst aangegaan tussen een vervoerder met het schip en zijn wederpartij, die niet wederom op haar beurt vervoerder met het schip is.
- 3. Voor de toepassing van de artikelen 361 tot en met 366 wordt een reiziger aangemerkt als partij bij de te zijnen aanzien gesloten vervoerovereenkomst.
- 4. In de artikelen 361 tot en met 366 worden onder beschadiging mede begrepen niet-aflevering, geheel of gedeeltelijk verlies, waardevermindering en vertraagde aflevering en wordt onder letsel mede begrepen vertraagde ontscheping.

1. "Contracts of operation" mean: the chartering of the vessel and the contracts of carriage of goods or persons by the vessel.
2. "Chain of contracts of operation" means: the contracts of operation in the following order:
a. concerning chartering: commencing with a possible bare-boat charter, and thereafter in the order in which the charterers derive from each other the power to have the vessel at their disposal;
b. concerning contracts of carriage other than chartering: commencing with the contract of carriage entered into by a carrier who has the vessel or part thereof at his disposal, and terminating with the contract of carriage entered into between a carrier by vessel and his co-contracting party who, in his turn, is not again a carrier by vessel.
3. For the application of articles 361 to 366 inclusive, a passenger is deemed to be a party to the contract of carriage entered into, with respect to him.
4. In articles 361 to 366 inclusive, damage also includes non-delivery, total or partial loss, reduction in value and delayed delivery; and injury also includes delayed disembarkation.

1. «Contrat d'exploitation» s'entend de l'affrètement du navire et des contrats de transport de choses et de personnes par le navire.
2. «Chaîne de contrats d'exploitation» s'entend des contrats d'exploitation classés:
a. s'agissant des affrètements, à commencer par un affrètement, s'il en a été conclu, coque nue et ensuite dans l'ordre où les affréteurs tirent les uns des autres leur pouvoir de disposition sur le navire.
b. s'agissant des contrats de transport qui ne sont pas de l'affrètement, à commencer par celui conclu par un transporteur qui a la disposition du navire ou d'une partie de celui-ci, et à terminer par le contrat conclu entre une personne qui est transporteur au moyen du navire et son cocontractant, qui ne l'est pas à son tour.
3. Aux fins de l'application des articles 361 à 366 inclusivement, le passager est réputé partie au contrat de transport conclu à son égard.
4. Aux fins des articles 361 à 366, l'avarie englobe également la non-livraison, la perte totale ou partielle, la dépréciation de même que la livraison tardive, et la lésion englobe également le débarquement tardif.

Art. 362 (8.5.1.3) Indien een partij bij een exploitatie-overeenkomst door haar wederpartij daarbij terzake van een bij de exploitatie van het schip ontstane schade buiten overeenkomst wordt aangesproken, dan is zij jegens die wederpartij niet verder aansprakelijk dan zij dit zou zijn op grond van de door hen gesloten overeenkomst.

If a party to a contract of operation is sued extra-contractually by his co-contracting party with respect to damage which has occurred in the operation of the vessel, the former is liable towards the latter no further than he would be pursuant to the contract they have entered into.

Si une partie à un contrat d'exploitation est poursuivie extracontractuellement par son cocontractant en matière de dommage survenu lors de l'exploitation du navire, sa responsabilité à l'égard du cocontractant se limite à ce qu'elle eût été sur la base du contrat conclu entre les parties.

Art. 363 (8.5.1.4) Indien een partij bij een exploitatie-overeenkomst terzake van een bij de exploitatie van het schip ontstane schade buiten overeenkomst wordt aangesproken door een andere partij bij een dusdanige overeenkomst, dan is zij tegenover deze niet verder aansprakelijk dan zij dit zou zijn als ware zij wederpartij bij de exploitatie-overeenkomst, die is aangegaan door degene die haar aanspreekt en die in de keten der exploitatie-overeenkomsten tussen haar en deze laatste ligt.

If a party to a contract of operation is sued extra-contractually with respect to damage which has occurred in the operation of the vessel by another party to such a contract, the former is liable towards the latter no further than he would be, as if he were a co-contracting party to the contract of operation which has been entered into by the person who sues him and which, in the chain of contracts of operation, lies between him and the latter.

Si une partie à un contrat d'exploitation est poursuivie extracontractuellement en matière de dommage survenu lors de l'exploitation du navire par une autre partie au contrat, sa responsabilité à l'égard de cette dernière se limite à ce qu'elle eût été sur la base du contrat d'exploitation conclu par cette dernière, où la partie poursuivie aurait été cocontractant et qui, dans la chaîne de contrats d'exploitation, se situe entre la partie poursuivie et celle qui la poursuit.

Art. 364 (8.5.1.5) - 1. Wordt een reder of een bevrachter van een schip, dan wel een vervoerder met een schip terzake van dood of letsel van een persoon of terzake van beschadiging van een zaak, buiten overeenkomst aangesproken door iemand die geen partij is bij een exploitatie-overeenkomst, dan is hij tegenover deze niet verder aansprakelijk dan hij uit overeenkomst zou zijn.
- 2. Was met betrekking tot de persoon of zaak een vervoerovereenkomst afgesloten en is de schade ontstaan in het tijdvak waarin een vervoerder met het schip als zodanig daarvoor aansprakelijk is, dan geldt als overeenkomst, bedoeld in lid 1, de laatste in de keten der exploitatie-overeenkomsten met betrekking tot die persoon of zaak aangegaan.
- 3. Was de persoon of zaak aan boord van het schip op grond van een overeenkomst met een partij bij een exploitatieovereenkomst, doch is het vorige lid niet van toepassing, dan geldt de eerst bedoelde overeenkomst als overeenkomst bedoeld in lid 1.
- 4. Was de persoon of zaak buiten overeenkomst aan boord, dan geldt een vervoerovereenkomst als overeenkomst bedoeld in lid 1.

- 5. De aansprakelijkheid bedoeld in lid 1, is voor de toepassing van de leden 2 en 4 die van een vervoerder, en voor de toepassing van lid 3 die van de aldaar genoemde partij.

1. Where a shipowner, a charterer of a vessel or a carrier by vessel is sued extra-contractually with respect to the death of, or bodily injury to a person, or with respect to damage to a thing by a person who is not party to a contract of operation, the former is liable towards the latter no further than he would be pursuant to the contract.
2. Where a contract of carriage has been entered into with respect to the person or thing and where the damage has occurred during the period in which a carrier by vessel is liable therefore in this capacity, the contract referred to in paragraph 1 is deemed to be the last one in the chain of contracts of operation entered into with respect to that person or thing.
3. Where the person or thing was aboard the vessel pursuant to a contract with a party to a contract of operation, but where the previous paragraph does not apply, the first mentioned contract is deemed to be the contract referred to in paragraph 1.
4. Where the person or thing was aboard the vessel otherwise than pursuant to a contract, a contract of carriage is deemed to be the contract referred to in paragraph 1.
5. The liability referred to in paragraph 1 is, for the application of paragraphs 2 and 4, that of the carrier, and that of the party referred to in paragraph 3, for the application of that paragraph.

1. Lorsque l'armateur ou affréteur d'un navire ou la personne transporteur au moyen du navire est poursuivi extracontractuellement relativement au décès ou à la lésion corporelle d'une personne, ou relativement à l'avarie d'une chose par une personne qui n'est pas partie au contrat d'exploitation, sa responsabilité se limite à ce qu'elle serait sur la base du contrat.
2. Lorsqu'un contrat de transport a été conclu relativement à la personne ou à la chose et que le dommage est survenu dans la période où le transporteur au moyen du navire en tant que tel en est responsable, le contrat visé au paragraphe premier est réputé être le dernier dans la chaîne des contrats d'exploitation conclus relativement à cette personne ou cette chose.
3. Lorsque la personne ou la chose se trouve à bord du navire sur la base d'un contrat avec une partie à un contrat d'exploitation, mais sans que ne s'applique le paragraphe précédent, le contrat visé au paragraphe premier sera le premier des contrats mentionnés.
4. Lorsque la personne ou la chose se trouve à bord en l'absence de contrat, le contrat visé au paragraphe premier est réputé être un contrat de transport.
5. La responsabilité visée au paragraphe premier est, aux fins des paragraphes deuxième et quatrième, celle du transporteur, et aux fins du paragraphe troisième, celle de la personne qui y est mentionnée.

Art. 365 (8.5.1.6) Wordt een vordering als genoemd in de artikelen 362 tot en met 364 buiten overeenkomst ingesteld tegen een ondergeschikte van een partij bij een exploitatieovereenkomst en kan die partij ter afwering van haar aansprakelijkheid voor de gedraging van de ondergeschikte een verweermiddel jegens de eiser ontlenen aan de overeenkomst waardoor haar aansprakelijkheid in gevolge die artikelen wordt beheerst, dan kan ook de ondergeschikte dit verweermiddel inroepen, als ware hijzelf bij de overeenkomst partij.

Where an action, as referred to in articles 362 to 364 inclusive, is instituted extra-contractually against a servant of a party to a contract of operation, and where that party, in order to rebut its liability for the conduct of the servant, can derive a defence against the plaintiff from the contract governing its liability pursuant to those articles, the servant may also invoke this defence, as if he were a party to the contract himself.

Lorsqu'une action mentionnée aux articles 362 à 364 inclusivement est intentée extracontractuellement contre le préposé d'une partie à un contrat d'exploitation et que, à l'égard du demandeur, celle-ci peut tirer du contrat régissant sa responsabilité aux termes de ces articles un moyen de défense à l'encontre de sa responsabilité résultant de la conduite de son préposé, ce dernier peut également invoquer ce moyen, comme s'il était lui-même partie au contrat.

Art. 366 (8.5.1.7) Het totaal van de bedragen verhaalbaar op een derde, die partij is bij een exploitatie-overeenkomst, en zijn ondergeschikten, al dan niet gezamenlijk met het bedrag verhaalbaar op de wederpartij van degeen, die de in de artikelen 363 of 364 genoemde vordering instelde en haar ondergeschikten, mag, behoudens in geval van schade ontstaan uit eigen handeling of nalaten van de aangesprokene, geschied hetzij met het opzet die schade te veroorzaken, hetzij roekeloos en met de wetenschap dat die schade er waarschijnlijk uit zou voortvloeien, niet overtreffen het totaal, dat op grond van de door hen ingeroepen overeenkomst is verschuldigd.

The total amounts recoverable from a third person who is a party to a contract of operation and from his servants, whether or not together with the amounts recoverable from the co-contracting party of the person who instituted the action referred to in articles 364 or 365 and his servants, may not exceed the total owed pursuant to the contract invoked by them, except in the case of damage resulting from the own act or omission of the person sued, done either with the intent to cause that damage or recklessly and with the knowledge that that damage would probably result therefrom.

Le total des sommes recouvrables contre un tiers partie à un contrat d'exploitation et contre ses préposés, joint ou non à celle qui peut être recouvrée sur le cocontractant de celui qui a intenté l'action visée aux articles 364 et 365 et sur ses préposés, ne peut dépasser le total dû en vertu du contrat qu'ils auront invoqué, sauf en cas de dommage résultant de l'acte ou de l'omission propres de la personne poursuivie, commis soit avec l'intention de provoquer un tel dommage, soit témérairement et avec conscience qu'un tel dommage en résulterait probablement.

Afdeling 2 Overeenkomst van goederenvervoer over zee

Section 2	Section deuxième
The contract of carriage of goods by sea	Du contrat de transport de marchandises par mer

Art. 370 (8.5.2.1) - 1. De overeenkomst van goederenvervoer in de zin van deze titel is de overeenkomst van goederenvervoer, al dan niet tijd- of reisbevrachting zijnde, waarbij de ene partij (de vervoerder) zich tegenover de andere partij (de afzender) verbindt aan boord van een schip zaken uitsluitend over zee te vervoeren.
- 2. Vervoer over zee en binnenwateren aan boord van een en eenzelfde schip, dat deze beide wateren bevaart, wordt als vervoer over zee beschouwd, tenzij het varen van dit schip over zee kennelijk ondergeschikt is aan het varen over binnenwateren, in welk geval dit varen als varen over binnenwateren wordt beschouwd.
- 3. Vervoer over zee en binnenwateren aan boord van een en eenzelfde schip, dat zonder eigen beweegkracht deze beide wateren bevaart, wordt beschouwd als vervoer over zee voor zover, met inachtneming tevens van het tweede lid van dit artikel, het varen van het beweegkracht overbrengende schip als varen over zee wordt beschouwd. Voor zover dit niet het geval is, wordt het als vervoer over binnenwateren beschouwd.
- 4. Deze afdeling is niet van toepassing op overeenkomsten tot het vervoeren van postzendingen door of in opdracht van de houder van de concessie bedoeld in de Postwet of onder een internationale postovereenkomst. Onder voorbehoud van artikel 510 is deze afdeling niet van toepassing op overeenkomsten tot het vervoeren van bagage.

1. The contract of carriage of goods within the meaning of this title is a contract of carriage of goods, whether or not being a time- or voyage-charter, whereby one party (the carrier) binds himself towards the other party (the consignor) to carry things on board a vessel exclusively by sea.
2. Carriage by sea and by inland waterways on board one and the same vessel, sailing both, is considered to be carriage by sea, unless the sailing of this vessel on the sea is clearly subordinate to the sailing on inland waterways, in which case the latter is deemed to be sailing on inland waterways.
3. Carriage by sea and by inland waterways on board one and the same vessel, sailing both without its own

1. Le contrat de transport de marchandises, au sens du présent titre, est celui, qu'il soit ou non affrètement à temps ou au voyage, par lequel une partie (le transporteur) s'engage envers l'autre (l'expéditeur) à transporter des choses à bord d'un navire exclusivement par la mer.
2. Est considéré comme du transport maritime le transport par mer et par eaux intérieures à bord d'un même navire qui navigue sur les deux, à moins que la navigation en mer du navire soit manifestement secondaire par rapport à celle qui est effectuée par eaux intérieures; dans ce dernier cas, le transport est considéré comme une navigation par eaux intérieures.
3. Le transport par la mer et par les eaux intérieures à bord d'un seul navire, qui navigue sur les deux sans force

motor power, is considered to be carriage by sea to the extent that, also taking into account the second paragraph of this article, the sailing of the vessel transmitting motor power is considered to be sailing on the sea. To the extent that this is not the case, it is considered to be carriage by inland waterways.

4. This section does not apply to contracts for the carriage of mail by or by order of the holder of the concession referred to in the *Postwet*[1] or pursuant to an international postal agreement. Subject to Article 510, this Section does not apply to contracts for the carriage of baggage.

propre de locomotion, est considéré comme du transport par mer dans la mesure où, compte tenu également du paragraphe deuxième, la navigation du navire transmettant la force de locomotion est considérée comme une navigation par mer. Dans la mesure où ce n'est pas le cas, il s'agit d'un transport par eaux intérieures.

4. La présente section ne s'applique pas au contrat de transport d'envois postaux par le titulaire de la concession visée dans la *Postwet*[2], ou par ses ordres, ou conformément à un traité international relatif aux postes. Sous réserve de l'article 510, la présente section ne s'applique pas au contrat de transport de bagages.

Art. 371 (8.5.2.1a) - 1. Onder gewijzigd Verdrag wordt in dit artikel verstaan het Verdrag van 25 augustus 1924 ter vaststelling van enige eenvormige regelen betreffende het cognossement (Trb. 1953, 109) met inbegrip van de bepaling voorkomend in onderdeel 1 van het daarbij behorende Protocol van ondertekening, zoals dat Verdrag is gewijzigd bij het te Brussel op 23 februari 1968 ondertekende Protocol (Trb. 1979, 26) en als verder gewijzigd bij het te Brussel op 21 december 1979 ondertekende Protocol (Trb. 1985, 122).
- 2. Voor de toepassing van dit artikel wordt onder verdragsstaat verstaan een staat, welke partij is bij het gewijzigd Verdrag.
- 3. De artikelen 1 tot en met 9 van het gewijzigd Verdrag worden toegepast op elk cognossement, dat betrekking heeft op vervoer van zaken tussen havens in twee verschillende staten, indien:
a. het cognossement is uitgegeven in een verdragsstaat, of
b. het vervoer plaats vindt vanuit een haven in een verdragsstaat, of
c. de overeenkomst, die in het cognossement is vervat of daaruit blijkt, bepaalt, dat op die overeenkomst toepasselijk zijn de bepalingen van het gewijzigd Verdrag of van enigerlei wetgeving, welke die verdragsbepalingen van kracht verklaart of in andere vorm of bewoordingen heeft overgenomen, ongeacht de nationaliteit van het schip, de vervoerder, de afzender, de geadresseerde of van iedere andere betrokken persoon.

1. In this article, "modified Convention" means the Convention of 25 August 1924 for the unification of certain rules of law relating to bills of lading (*Trb*. 1953, 109),[3] including the provision in Part 1 of the

1. Convention modifiée s'entend au présent article de la Convention du 25 août 1924 pour l'unification de certaines règles en matière de connaissement (*Trb*. 1953, 109)[4], y compris la disposition figurant à la Partie première

---

[1] *Postal Act*.
[2] *Loi sur les postes*.
[3] *Trb* - Treaty Series of The Netherlands.
[4] *Trb* - le Journal officiel des traités aux Pays-Bas.

Convention's Protocol of signature, as modified by the Protocol signed at Brussels on 23 February 1968 (*Trb.* 1979, 26), and as further modified by the Protocol signed at Brussels on 21 December 1979 (*Trb.* 1985, 122).
2. For the application of this article, contracting State means a State Party to the modified Convention.
3. Articles 1 to 9 inclusive of the modified Convention apply to each bill of lading pertaining to the carriage of things between ports in two different States, if
a. the bill of lading has been issued in a contracting State; or
b. the carriage takes place from a port in a contracting State; or
c. the contract embodied in the bill of lading or if the bill of lading evidencing the contract provides that that contract is governed by the provisions of the modified Convention or of any legislation which declares those treaty provisions to be in force or which has taken them over in any form or terms, irrespective of the nationality of the vessel, the carrier, the consignor, the consignee or any other person involved.

du Protocole de signature afférent, modifiée par le Protocole signé le 23 février 1968 à Bruxelles (*Trb.* 1979, 26) et de nouveau par le Protocole signé le 21 décembre 1979 à Bruxelles (*Trb.* 1985, 122).
2. Aux fins de l'application du présent article, État contractant désigne un État partie à la Convention modifiée.
3. Les articles 1 à 9 inclusivement de la Convention modifiée s'appliquent à tout connaissement relatif au transport de choses entre ports relevant de deux États différents:
a. Si le connaissement est émis dans un État Contractant;
b. Si le transport a lieu au départ d'un port d'un État contractant;
c. Si le contrat que comporte ou dont fait preuve le connaissement prévoit que les dispositions de la Convention modifiée, ou de toute autre législation les déclarant en vigueur ou les reprenant sous une forme ou en des termes différents, régiront le contrat, quelle que soit la nationalité du navire, du transporteur, de l'expéditeur, du destinataire ou de toute autre personne concernée.

Art. 372 (8.5.2.1b) Deze afdeling laat de Elfde Titel A en Afdeling 10A van de Dertiende Titel van het Tweede Boek van het Wetboek van Koophandel onverlet.

This section does not affect Title 11A and Section 10A of Title 13 of Book 2 of the Code of Commerce.

La présente section laisse intacts le titre onzième A et la section dixième A du treizième titre du Livre deuxième du Code de commerce.

Art. 373 (8.5.2.2) - 1. Tijd- of reisbevrachting in de zin van deze afdeling is de overeenkomst van goederenvervoer, waarbij de vervoerder zich verbindt tot vervoer aan boord van een schip, dat hij daartoe, anders dan bij wijze van rompbevrachting, geheel of gedeeltelijk en al dan niet op tijdbasis (tijdbevrachting of reisbevrachting) ter beschikking stelt van de afzender.
- 2. Onder „vervrachter" is in deze afdeling de in het eerste lid genoemde vervoerder, onder „bevrachter" de aldaar genoemde afzender te verstaan.

1. A time- or a voyage-charter within the meaning of this section is a

1. L'affrètement à temps ou au voyage au sens de la présente section est le

ART. 374   BOEK 8

contract of carriage of goods whereby the carrier binds himself to carriage on board a vessel which he puts at the disposal of the consignor for that purpose, other than by way of a bare-boat charter, in whole or in part, and whether or not on a time basis (time- or voyage-chartering).
2. In this section, the "lessor" means the carrier and the "charterer" means the consignor, both as referred to in the first paragraph.

contrat de transport de marchandises par lequel le transporteur s'engage au transport à bord d'un navire qu'il met à cette fin, autrement que par affrètement coque nue, en tout ou partie et à base de temps ou non (affrètement à temps ou au voyage), à la disposition de l'expéditeur.
2. «Fréteur» désigne à la présente section le transporteur et «affréteur» l'expéditeur visés au paragraphe premier.

Art. 374 (8.5.2.3) De wetsbepalingen omtrent huur, bewaarneming en bruikleen zijn op terbeschikkingstelling van een schip, anders dan bij wijze van rompbevrachting, niet van toepassing.

The statutory provisions regarding lease and hire, deposit and loan for use do not apply to the putting at disposal of a vessel, other than by way of a bare-boat charter.

Les dispositions légales relatives au louage, au dépôt et au prêt à usage ne s'appliquent pas à la mise à disposition d'un navire, sauf par affrètement coque nue.

Art. 375 (8.5.2.3a) - 1. Bij eigendomsovergang van een tevoren vervracht, al dan niet teboekstaand, schip op een derde volgt deze in alle rechten en verplichtingen van de vervrachter op, die nochtans naast de nieuwe eigenaar aan de overeenkomst gebonden blijft.
- 2. Rechten en verplichtingen, welke vóór de eigendomsovergang opeisbaar zijn geworden, gaan op de derde niet over.

1. Upon transfer of ownership of a previously chartered vessel, whether or not registered, to a third person, this person succeeds to all rights and obligations of the lessor who nevertheless remains bound to the contract next to the new owner.
2. Rights and obligations which have become exigible before the transfer of ownership, are not transferred to the third person.

1. Lors du transfert de propriété d'un navire déjà affrété, qu'il soit immatriculé ou non, à un tiers, ce dernier succède aux droits et obligations du fréteur, qui reste cependant tenu au contrat aux côtés du nouveau propriétaire.
2. Les droits et obligations qui sont devenus exigibles avant le transfert ne passent pas au tiers.

Art. 376 (8.5.2.4) *Vervallen.*

Repealed.   *Abrogé.*

Art. 377 (8.5.2.4a) In deze titel wordt onder vervoerovereenkomst onder cognossement verstaan de vervoerovereenkomst neergelegd in een cognossement dan wel enig soortgelijk document dat een titel vormt voor het vervoer van zaken over zee; eveneens wordt eronder verstaan de vervoerovereenkomst neergelegd in een cognossement of soortgelijk document als genoemd, dat is uitgegeven uit hoofde van een charterpartij, van het ogenblik af waarop dit cognossement of soortgelijk document de verhouding tussen de vervoerder en de houder van het cognossement beheerst.

In this title, a contract of carriage under a bill of lading means a contract of carriage embodied in a bill of lading or in any other similar document constituting a title for the carriage of things by sea; it also means a contract of carriage embodied in a bill of lading or in a similar document as already referred to, issued pursuant to a charter-party, as of the time when this bill of lading or similar document governs the relationship between the carrier and the holder of the bill of lading.

Au présent titre, contrat de transport sous connaissement désigne le contrat de transport constaté dans un connaissement ou un document similaire formant titre pour le transport de choses par mer; il désigne également le contrat de transport constaté dans un connaissement ou le document similaire déjà mentionné, émis en vertu d'une charte-partie, à compter du moment où ce connaissement ou ce document régit les rapports du transporteur et du porteur du connaissement.

Art. 378 (8.5.2.5) De vervoerder is verplicht ten vervoer ontvangen zaken ter bestemming af te leveren en wel in de staat, waarin hij hen heeft ontvangen.

The carrier must deliver the things which he has received for carriage to destination, and that in the state in which he has received them.

Le transporteur est tenu de livrer les choses prises en charge aux fins de transport à destination, et cela en l'état dans lequel il les a reçues.

Art. 379 (8.5.2.6) Onverminderd artikel 378 is de vervoerder verplicht ten vervoer ontvangen zaken zonder vertraging te vervoeren.

Without prejudice to article 378, the carrier must transport the things which he has received for carriage without delay.

Sans préjudice de l'article 378, le transporteur est tenu de transporter sans retard les choses prises en charge aux fins de transport.

Art. 380 (8.5.2.7) - 1. In geval van tijdbevrachting is de vervrachter verplicht de kapitein opdracht te geven binnen de grenzen door de overeenkomst gesteld de orders van de bevrachter op te volgen. De vervrachter staat er voor in, dat de kapitein de hem gegeven opdracht nakomt.
- 2. De bevrachter staat er voor in, dat het schip de plekken of plaatsen, waarheen hij het ter inlading, lossing of anderszins op grond van het eerste lid beveelt te gaan, veilig kan bereiken, innemen en verlaten. Indien deze plekken of plaatsen blijken niet aan deze vereisten te voldoen, is de bevrachter slechts in zoverre niet aansprakelijk als de kapitein, door de hem gegeven orders op te volgen, onredelijk handelde.
- 3. Onverminderd artikel 461 wordt de bevrachter mede verbonden door en kan hij rechten ontlenen aan een rechtshandeling, die de kapitein ingevolge het eerste lid van dit artikel verricht. Onder rechtshandeling is hier het in ontvangst nemen van een verklaring begrepen.

1. In the case of a time-charter, the

1. Dans le cas de l'affrètement à

lessor must instruct the captain to follow the orders of the charterer within the boundaries set by the contract. The lessor warrants the fact that the captain will perform the instruction given to him.

2. The charterer shall warrant the fact that the vessel can safely reach, occupy and leave the spots or places to which, on the basis of the first paragraph, he orders it to go for loading, unloading or otherwise. If these spots or places prove not to comply with those requirements, the charterer is not liable only to the extent that the captain acted unreasonably in following the orders given to him.

3. Without prejudice to article 461, the charterer is also bound by and may also derive rights from a juridical act executed by the captain pursuant to the first paragraph of this article. A juridical act includes the receipt of a declaration.

temps, le fréteur est tenu de donner ordre au capitaine de se conformer, dans les limites du contrat, aux instructions de l'affréteur. Le fréteur est garant de l'exécution par le capitaine des instructions à lui données.

2. Le fréteur se porte garant de ce que le navire puisse, en toute sécurité, atteindre, charger et quitter les lieux où il lui ordonne d'aller aux fins de chargement, de déchargement ou autrement en application du paragraphe premier. Si les lieux s'avèrent non conformes à ces exigences, l'affréteur n'en est pas responsable dans la seule mesure où le capitaine a agi déraisonnablement en suivant les instructions qui lui ont été données.

3. Sans préjudice de l'article 461, l'acte juridique qu'accomplit le capitaine conformément au paragraphe premier du présent article lie également l'affréteur, et celui-ci peut en tirer des droits. Acte juridique s'entend ici également de la réception d'une déclaration.

Art. 381 (8.5.2.8) - 1. Onder een vervoerovereenkomst onder cognossement is de vervoerder verplicht vóór en bij de aanvang van de reis redelijke zorg aan te wenden voor:
a. het zeewaardig maken van het schip;
b. het behoorlijk bemannen, uitrusten en bevoorraden van het schip;
c. het geschikt maken en in goede staat brengen van de ruimen, koel- en vrieskamers en alle andere delen van het schip, waarin zaken worden geladen, om deze daarin te bergen, te vervoeren en goed te houden.
- 2. Onder een vervoerovereenkomst onder cognossement is de vervoerder, behoudens de artikelen 383, 388, 414 vierde lid en 423, verplicht de zaken behoorlijk en zorgvuldig te laden, te behandelen, te stuwen, te vervoeren, te bewaren, te verzorgen en te lossen.

1. In a contract of carriage under a bill of lading, the carrier must xercise reasonable care, before and at the commencement of the voyage:

a. to make the vessel seaworthy;

b. to man, equip and provision the vessel adequately;
c. to render fit and to bring into good condition the holds, cold-

1. Dans un contrat de transport sous connaissement, le transporteur est tenu, avant le voyage et au début de celui-ci, d'exercer une diligence raisonnable pour:

a. Mettre le navire en état de navigabilité;
b. Convenablement équiper, armer et approvisionner le navire;
c. Approprier et mettre en bon état les cales, chambres froides et

storage and freezing chambers and all other parts of the vessel into which things are loaded in order to be stored, carried and conserved.

2. Except for articles 383, 388, 414, paragraph 4, and 423, in a contract of carriage under a bill of lading, the carrier must load, handle, stow, carry, conserve, look after and unload the things adequately and prudently.

frigorifiques et toutes autres parties du navire où des marchandises sont chargées pour leur réception, transport et conservation.

2. Dans un contrat de transport sous connaissement, le transporteur est tenu, sous réserve des articles 383, 388, 414, quatrième paragraphe, et 423, d'apporter soin et diligence au chargement, à la manutention, à l'arrimage, au transport, à la garde, aux soins et au déchargement.

Art. 382 (8.5.2.9) - 1. Nietig is ieder beding in een vervoerovereenkomst onder cognossement, waardoor de vervoerder of het schip wordt ontheven van aansprakelijkheid voor verlies of beschadiging van of met betrekking tot zaken voortvloeiende uit nalatigheid, schuld of tekortkoming in het voldoen aan de verplichtingen in de artikelen 381, 399, 411, 414 eerste lid, 492, 493 of in artikel 1712 voorzien of waardoor deze aansprakelijkheid mocht worden verminderd op andere wijze dan in deze afdeling of in de artikelen 361 tot en met 366 is voorzien. Een beding, krachtens hetwelk de uitkering op grond van een gesloten verzekering aan de vervoerder komt of elk ander beding van dergelijke strekking, wordt aangemerkt als te zijn gemaakt teneinde de vervoerder van zijn aansprakelijkheid te ontheffen.

- 2. Niettegenstaande het eerste lid is een beding, als daar genoemd, geldig mits het betreft:
a. een geoorloofd beding omtrent avarij-grosse;
b. levende dieren;
c. zaken, die feitelijk op het dek worden vervoerd mits deze in het cognossement als deklading zijn opgegeven.

1. Any stipulation in a contract of carriage under a bill of lading whereby the carrier or the vessel is relieved from liability for loss of or damage to things or in respect thereof, is null where they result from negligence, fault or failure in the performance of the obligations provided for in articles 381, 399, 411, 414, paragraph 1, 492, 493 or 1712; the same applies to the stipulation whereby this liability is reduced in a manner other than that provided for in this section or in articles 361 to 366 inclusive. A stipulation pursuant to which the benefit under an insurance contract inures to the carrier or any other stipulation with similar effect is deemed to have been

1. Est nulle toute stipulation dans un contrat de transport sous connaissement exonérant le transporteur ou le navire de responsabilité pour perte ou avarie concernant les choses, résultant de négligence, faute ou manquement dans l'exécution des obligations prévues aux articles 381, 399, 411, 414, paragraphe premier, 492, 493 ou à l'article 1712, ou atténuant cette responsabilité autrement que ne le prévoient la présente section ou les articles 361 à 366 inclusivement. La stipulation portant que la prestation accordée en exécution du contrat d'assurance revient au transporteur ou toute autre stipulation à l'effet semblable est réputée faite en vue d'exonérer le transporteur de sa responsabilité.

made in order to relieve the carrier of his liability.

2. Notwithstanding paragraph 1, a stipulation as referred to in that paragraph is valid, provided that it concerns:
a. a permissible stipulation concerning general average;
b. live animals;
c. things which in fact are carried on deck, provided that they have been indicated on the bill of lading as deck-cargo.

2. Nonobstant le paragraphe premier, la stipulation qu'il énonce est valide pourvu qu'elle concerne
a. Une stipulation permise relative aux avaries communes;
b. Des animaux vivants;
c. Des choses qui, en fait, sont transportées sur le pont, pourvu qu'elles soient déclarées au connaissement comme pontées.

Art. 383 (8.5.2.10) - 1. Onder een vervoerovereenkomst onder cognossement is noch de vervoerder noch het schip aansprakelijk voor verliezen of schaden, voortgevloeid of ontstaan uit onzeewaardigheid, tenzij deze is te wijten aan gebrek aan redelijke zorg aan de zijde van de vervoerder om het schip zeewaardig te maken, het behoorlijk te bemannen, uit te rusten of te bevoorraden, of om de ruimen, koel- en vrieskamers en alle andere delen van het schip, waarin de zaken worden geladen, geschikt te maken en in goede staat te brengen, zodat zij kunnen dienen tot het bergen, het vervoeren en het bewaren van de zaken, alles overeenkomstig het eerste lid van artikel 381. Telkens als verlies of schade is ontstaan uit onzeewaardigheid, rust de bewijslast ten aanzien van het aangewend zijn van de redelijke zorg op de vervoerder of op iedere andere persoon, die mocht beweren krachtens dit artikel van aansprakelijkheid te zijn ontheven.
- 2. Onder een vervoerovereenkomst al dan niet onder cognossement is noch de vervoerder noch het schip aansprakelijk voor verlies of schade ontstaan of voortgevloeid uit:
a. een handeling, onachtzaamheid of nalatigheid van de kapitein, een ander lid van de bemanning, de loods of ondergeschikten van de vervoerder, gepleegd bij de navigatie of de behandeling van het schip;
b. brand, tenzij veroorzaakt door de persoonlijke schuld van de vervoerder;
c. gevaren, onheilen en ongevallen van de zee of andere bevaarbare wateren;
d. een natuurgebeuren;
e. oorlogshandelingen;
f. een daad van vijanden van de staat;
g. aanhouding of maatregelen van hogerhand of gerechtelijk beslag;
h. maatregelen van quarantaine;
i. een handeling of een nalaten van de afzender of eigenaar der zaken of van hun agent of vertegenwoordiger;
j. werkstakingen of uitsluitingen of stilstand of belemmeringen van de arbeid, tengevolge van welke oorzaak dan ook, hetzij gedeeltelijk hetzij geheel;
k. oproer of onlusten;
l. redding of poging tot redding van mensenlevens of goederen op zee;
m. verlies aan volume of gewicht of enig ander verlies, of enige andere schade, ontstaan uit een verborgen gebrek, de bijzondere aard of een eigen gebrek van de zaak;
n. onvoldoende verpakking;
o. onvoldoende of gebrekkige merken;

p. verborgen gebreken, die ondanks een redelijke zorg niet te ontdekken waren;

q. enige andere oorzaak, niet voortgevloeid uit de persoonlijke schuld van de vervoerder, noch uit de schuld of nalatigheid van zijn agenten of ondergeschikten; doch de bewijslast rust op degeen, die zich op deze ontheffing beroept, en het staat aan hem aan te tonen, dat noch zijn persoonlijke schuld, noch de nalatigheid of schuld van zijn agenten of ondergeschikten heeft bijgedragen tot het verlies of de schade.

- 3. Onder een vervoerovereenkomst onder cognossement is de afzender niet aansprakelijk voor door de vervoerder of het schip geleden verliezen of schaden, voortgevloeid of ontstaan uit welke oorzaak dan ook, zonder dat er is een handeling, schuld of nalatigheid van hem, van zijn agenten of van zijn ondergeschikten.

- 4. Generlei afwijking van de koers tot redding of poging tot redding van mensenlevens of goederen op zee en generlei redelijke afwijking van de koers wordt beschouwd als een schending van enige vervoerovereenkomst en de vervoerder is niet aansprakelijk voor enig verlies of enige schade daardoor ontstaan.

- 5. Het staat de afzender vrij aansprakelijkheid aan te tonen voor verlies of schade ontstaan of voortgevloeid uit de schuld van de vervoerder zelf of de schuld van zijn ondergeschikten, niet bestaande uit een handeling, onachtzaamheid of nalatigheid als in het tweede lid onder *a* bedoeld.

1. In a contract of carriage under a bill of lading, neither the carrier nor the vessel are liable for losses or damages resulting or arising from unseaworthiness, unless this is due to failure to take reasonable care on the part of the carrier in order to make the vessel seaworthy, to man, equip or provision it adequately, or to render fit and to bring into good condition the holds, cold-storage and freezing chambers and all other parts of the vessel into which things are loaded so that they can serve to store, carry and conserve the things, the whole in conformity with paragraph 1 of article 381. Each time that loss or damage arises from unseaworthiness, the burden of proof regarding the use of reasonable care rests upon the carrier or any other person who might plead to be relieved of liability pursuant to this article.

2. In a contract of carriage, whether or not under a bill of lading, neither the carrier nor the vessel are liable for

1. Dans un contrat de transport sous connaissement, ni le transporteur ni le navire ne sont responsables des pertes ou dommages provenant ou résultant de l'état d'innavigabilité, à moins qu'il ne soit imputable à un manque de diligence raisonnable, de la part du transporteur, à mettre le navire en état de navigabilité, à assurer au navire un armement, équipement ou approvisionnement convenables, ou à approprier ou à mettre en bon état les cales, chambres froides et frigorifiques et toutes autres parties où des marchandises sont chargées, de façon qu'elles soient aptes à la réception, au transport et à la préservation des marchandises, le tout conformément aux prescriptions du paragraphe premier de l'article 381. En cas de perte ou de dommage résultant de l'innavigabilité, le fardeau de la preuve de la diligence raisonnable incombe au transporteur ou à toute personne se prévalant de l'exonération prévue au présent article.

2. Dans un contrat de transport, qu'il soit ou non sous connaissement, ni le transporteur ni le navire ne sont

loss or damage resulting or arising from:
a. an act, carelessness or negligence of the captain, another member of the crew, the pilot or servants of the carrier, done in the navigation or handling of the vessel;
b. fire, unless caused by the own fault of the carrier;
c. perils, dangers and accidents of the sea or of other navigable waters;
d. an Act of God;
e. acts of war;
f. an act of public enemies;
g. arrest or restraint of princes, rulers or people, or judicial seizure;
h. quarantine;
i. an act or omission of the consignor or owner of the things, or of their agent or representative;
j. strikes, lock-outs, work-stoppages or restraint of labour, from whatever cause, either wholly or partially;
k. riots or civil disorders;
l. rescue or attempt to rescue human lives or goods at sea;
m. loss in volume or weight, or any other loss or damage resulting from a hidden defect, the special nature of the thing or its own defect;
n. insufficient packing;
o. insufficiency or inadequacy of marks;
p. hidden defects not discoverable despite reasonable care;
q. any other cause not arising from the own fault of the carrier, nor from the fault or negligence of his agents or servants; however, the burden of proof rests upon the person who invokes this exoneration and it is up to him to show that neither his own fault nor the negligence or fault of his

responsables des perte ou dommage provenant ou résultant:
a. des actes, négligence ou défaut du capitaine, marin, pilote ou des préposés du transporteur dans la navigation ou dans l'administration du navire;
b. d'un incendie, sauf s'il est causé par la faute personnelle du transporteur;
c. des périls, dangers ou accidents de la mer ou d'autres eaux navigables;
d. d'un «acte de Dieu»;
e. de faits de guerre;
f. du fait d'ennemis publics;
g. d'un arrêté ou contrainte du prince, autorités ou peuple, ou d'une saisie judiciaire;
h. d'une restriction de quarantaine;
i. d'un acte ou d'une omission de l'expéditeur ou du propriétaire des choses, de son agent ou représentant;
j. de grèves, lock-outs, arrêts ou entraves apportés au travail, pour quelque cause que ce soit, partiellement ou complètement;
k. d'émeutes ou de troubles civils;
l. d'un sauvetage ou tentative de sauvetage de vies ou de biens en mer;
m. de la freinte en volume ou en poids ou de toute autre perte ou dommage résultant de vice caché, nature spéciale ou vice propre de la chose;
n. d'une insuffisance d'emballage;
o. d'une insuffisance ou imperfection de marques;
p. de vices cachés échappant à une diligence raisonnable;
q. de toute autre cause ne provenant pas du fait ou de la faute du transporteur ou du fait ou de la faute des agents ou préposés du transporteur; le fardeau de la preuve, toutefois, incombe à la personne réclamant le bénéfice de cette exception et il lui appartient de montrer que ni la faute personnelle

agents or servants has contributed to the loss or damage.

3. In a contract of carriage under a bill of lading, the consignor is not liable for losses or damages suffered by the carrier or the vessel and which result or arise from whatever cause, without there being an act, fault or negligence on the part of the consignor, his agents or servants.

4. No deviation of any kind from the course in order to rescue or to attempt to rescue human lives or goods at sea, and no reasonable deviation of any kind from the course is considered as a violation of any contract of carriage, and the carrier is not liable for any loss or damage arising therefrom.

5. The consignor may show liability for loss or damage arising or resulting from the fault of the carrier himself or of his servants which does not consist of an act, carelessness or negligence as referred to in paragraph 2 *sub a*.

ni le fait du transporteur ni la faute ou le fait des agents ou préposés du transporteur n'ont contribué à la perte ou au dommage.

3. Sous l'empire d'un contrat de transport sous connaissement, l'expéditeur n'est pas responsable des pertes ou dommages subis par le transporteur ou le navire et provenant ou résultant d'une cause quelconque, sans qu'il y ait acte, faute ou omission de l'expéditeur, de ses agents ou de ses préposés.

4. Aucun déroutement pour sauver ou tenter de sauver des vies ou des biens en mer, ni aucun déroutement raisonnable n'est considéré comme une infraction à un contrat de transport et le transporteur n'est responsable d'aucune perte ou dommage en résultant.

5. L'expéditeur est libre de démontrer la responsabilité pour perte ou dommage provenant ou résultant de la faute du transporteur lui-même ou de ses préposés, s'il ne s'agit pas des actes, négligence ou défaut visés au point *a* du paragraphe deuxième.

Art. 384 (8.5.2.11) Het staat de vervoerder vrij geheel of gedeeltelijk afstand te doen van zijn uit de in het eerste lid van artikel 382 genoemde artikelen of uit de artikelen 383, 388, 414 vierde lid of 423 voortvloeiende rechten en ontheffingen van aansprakelijkheid of zijn uit deze artikelen voortvloeiende aansprakelijkheden en verplichtingen te vermeerderen, mits in geval van een vervoerovereenkomst onder cognossement deze afstand of deze vermeerdering blijkt uit het aan de afzender afgegeven cognossement.

The carrier may, in whole or in part, renounce the rights and exonerations from liability resulting from the articles referred to in paragraph 1 of article 382, or from articles 383, 388, 414, paragraph 4, or 423, or he may increase the liabilities and obligations resulting from these articles, provided that in the case of a contract of carriage under a bill of lading this renunciation or increase is apparent from the bill of lading issued to the consignor.

Le transporteur est libre de renoncer à tout ou partie de ses droits et exonérations ou d'augmenter ses responsabilités et obligations, prévus aux articles énoncés au paragraphe premier de l'article 382 ou aux articles 383, 388, 414, quatrième paragraphe, ou 423, pourvu, dans le cas d'un contrat de transport sous connaissement, que cette renonciation ou cette augmentation apparaisse dans le connaissement délivré à l'expéditeur.

Art. 385 (8.5.2.12) Niettegenstaande het eerste lid van artikel 382 is een beding als daar bedoeld geldig, wanneer het betreft zaken, die door hun karakter of gesteldheid een bijzondere overeenkomst rechtvaardigen en welker vervoer moet geschieden onder omstandigheden of op voorwaarden, die een bijzondere overeenkomst rechtvaardigen. Het hier bepaalde geldt echter slechts, wanneer voor het vervoer van deze zaken geen cognossement, doch een blijkens zijn bewoordingen onverhandelbaar document is afgegeven en het niet betreft een gewone handelslading, verscheept bij gelegenheid van een gewone handelsverrichting.

Notwithstanding the first paragraph of article 382, a stipulation as referred to in that paragraph is valid where it concerns things which, by their nature or condition, justify a special contract and which must be carried under circumstances or conditions justifying a special contract. However, this provision only applies where no bill of lading has been issued for the carriage of these things, but rather, as appears from its wording, a non-negotiable document has been issued, and where it does not involve ordinary commercial cargo shipped on the occasion of an ordinary commercial operation.

Nonobstant le paragraphe premier de l'article 382, la stipulation qui y est visée est valide lorsqu'elle concerne des choses dont le caractère ou la condition et les circonstances ou conditions auxquelles le transport doit s'effectuer justifient une convention spéciale. Toutefois, la présente disposition vaut seulement lorsque, pour le transport de ces choses, a été délivré non pas un connaissement, mais un document qui, d'après ses termes, est non négociable et qu'il ne s'agit pas d'une cargaison commerciale ordinaire, faite au cours d'une opération commerciale ordinaire.

Art. 386 (8.5.2.13) Niettegenstaande het eerste lid van artikel 382 staat het de vervoerder en de afzender vrij in een vervoerovereenkomst enig beding, enige voorwaarde, enig voorbehoud of enige ontheffing op te nemen met betrekking tot de verplichtingen en aansprakelijkheden van de vervoerder of het schip voor het verlies of de schaden opgekomen aan de zaken of betreffende hun bewaring, verzorging of behandeling vóór het laden in en na het lossen uit het over zee vervoerende schip.

Notwithstanding the first paragraph of article 382, the carrier and the consignor may include in the contract of carriage any stipulation, condition, reservation or exoneration with respect to the obligations and liabilities of the carrier or the vessel for the loss of or damage to the things, their conservation, care or handling occurring before the loading into or after the unloading from the vessel performing the carriage by sea.

Nonobstant le paragraphe premier de l'article 382, le transporteur et l'expéditeur sont libres d'insérer dans le contrat de transport des stipulations, conditions, réserves ou exonérations relatives aux obligations et responsabilités du transporteur ou du navire pour la perte ou les dommages survenant aux choses ou concernant leur garde, soin ou manutention avant le chargement ou après le déchargement du navire sur lequel les choses sont transportées par mer.

Art. 387 (8.5.2.14) Voor zover de vervoerder aansprakelijk is wegens niet nakomen van de op hem uit hoofde van de artikelen 378 en 379 rustende verplichtingen, heeft de afzender geen ander recht dan betaling van de in artikel 388 genoemde of de met toepassing van artikel 384 overeengekomen bedragen te vorderen.

To the extent that the carrier is liable for the non-performance of the obligations resting upon him pursuant to articles 378 and 379, the consignor has no right other than to demand the payment of the amounts referred to in article 388 or the agreed amounts in applying article 384.	Dans la mesure où le transporteur est responsable de l'inexécution des obligations lui incombant par l'effet des article 378 et 379, l'expéditeur ne peut demander autre chose que le paiement des sommes prévues à l'article 388 ou convenues par application de l'article 384.

Art. 388 (8.5.2.15) - 1. Tenzij de aard en de waarde van zaken zijn opgegeven door de afzender vóór hun inlading en deze opgave in het cognossement, indien dit is afgegeven, is opgenomen, is noch de vervoerder noch het schip in enig geval aansprakelijk voor enig verlies van of enige schade aan de zaken of met betrekking tot deze voor een bedrag hoger dan de tegenwaarde van 666,67 rekeneenheden per collo of eenheid, dan wel twee rekeneenheden per kilogram brutogewicht der verloren gegane of beschadigde zaken, waarbij het hoogste dezer bedragen in aanmerking moet worden genomen.
- 2. Het totale verschuldigde bedrag wordt berekend met inachtneming van de waarde welke zaken als de ten vervoer ontvangene zouden hebben gehad zoals, ten tijde waarop en ter plaatse waar, zij zijn afgeleverd of zij hadden moeten zijn afgeleverd. De in dit lid genoemde waarde wordt berekend naar de koers op de goederenbeurs of, wanneer er geen dergelijke koers is, naar de gangbare marktwaarde of, wanneer ook deze ontbreekt, naar de normale waarde van zaken van dezelfde aard en hoedanigheid.
- 3. Wanneer een laadkist, een laadbord of dergelijk vervoergerei is gebezigd om zaken bijeen te brengen, wordt iedere collo of eenheid, die volgens vermelding in het cognossement in dat vervoergerei is verpakt, beschouwd als een collo of eenheid als in het eerste lid bedoeld. Behalve in het geval hiervoor omschreven wordt dit vervoergerei als een collo of eenheid beschouwd.
- 4. De rekeneenheid genoemd in dit artikel is het bijzondere trekkingsrecht zoals dat is omschreven door het Internationale Monetaire Fonds. De bedragen genoemd in het eerste lid worden omgerekend in Nederlands geld naar de koers van de dag, waarop de betaling wordt verricht. De waarde van het Nederlandse geld, uitgedrukt in bijzondere trekkingsrechten, wordt berekend volgens de waarderingsmethode die door het Internationale Monetaire Fonds op de dag van omrekening wordt toegepast voor zijn eigen verrichtingen en transacties.
- 5. Noch de vervoerder noch het schip kan zijn aansprakelijkheid met een beroep op dit artikel of het vierde lid van artikel 414 beperken, wanneer bewezen is, dat de schade is ontstaan uit een handeling of nalaten van de vervoerder, geschied hetzij met het opzet schade te veroorzaken, hetzij roekeloos en met de wetenschap dat schade er waarschijnlijk uit zou voortvloeien.
- 6. Bij overeenkomst tussen de vervoerder, de kapitein of de agent van de vervoerder enerzijds en de afzender anderzijds, mogen andere maximumbedragen dan die, genoemd in het eerste lid, worden bepaald, mits deze bedragen in geval

van een vervoerovereenkomst onder cognossement niet lager zijn dan de in het eerste lid genoemde.
- 7. Noch de vervoerder noch het schip is in enig geval aansprakelijk voor verlies of schade van of aan zaken of met betrekking tot deze, indien aard of waarde daarvan door de afzender opzettelijk verkeerdelijk is opgegeven en, indien een cognossement is afgegeven, daarin verkeerdelijk is opgenomen.

1. Unless the nature and value of the things have been declared by the consignor before their loading, and unless this declaration has been included in the bill of lading, if issued, neither the carrier nor the vessel are liable in any event for any loss of or any damage to the things or with respect to them for an amount higher than the counter-value of 666.67 units of account per package or unit, or two units of account per kilogramme gross weight of the lost or damaged things; the higher of these amounts must be used.
2. The total amount owed must be calculated by taking into consideration the value which things, as the ones which have been received for carriage, would have had at the time and place they were delivered or would have had to be delivered. The value referred to in this paragraph is calculated according to the quotation at the commodity exchange or, where there is no such quotation, according to the current market value or, where there is no such value either, according to the normal value of things of the same nature and quality.
3. Where a container, pallet or similar transportation equipment is used to put things together, each package or unit which, according to a declaration in the bill of lading, has been packed into that transportation equipment, is considered as a package or unit as referred to in the first paragraph. Except in the case described above, this transportation equipment is considered to be one package or unit.
4. The unit of account mentioned to in this article is the Special Drawing

1. À moins que l'expéditeur n'ait déclaré la nature et la valeur des choses avant l'embarquement et que cette déclaration ait été insérée dans le connaissement, s'il en a été délivré, ni le transporteur ni le navire ne sont en aucun cas responsables des pertes ou dommages des choses ou concernant celles-ci pour une somme supérieure à l'équivalent de 666,67 unités de compte par colis ou unité, ou à deux unités de compte par kilogramme de poids brut des choses perdues ou endommagées, la plus élevée des sommes étant applicable.

2. La somme totale due est calculée par référence à la valeur qu'auraient eue des choses comme celles prises en charge aux fins de transport dans l'état, au moment et au lieu où elles ont été délivrées ou auraient dû l'être. La valeur des choses énoncée au présent paragraphe est calculée d'après le cours en Bourse ou, à défaut, d'après la valeur marchande courante ou, à défaut de l'un et de l'autre, d'après la valeur usuelle de choses de même nature et qualité.

3. Lorsqu'un cadre, une palette ou tout engin similaire est utilisé pour grouper des choses, tout colis ou unité énuméré au connaissement comme étant inclus dans cet engin est considéré comme colis ou unité au sens du paragraphe premier. En dehors du cas prévu ci-dessus, l'engin est considéré comme colis ou unité.

4. L'unité de compte énoncée au présent article est le droit de tirage

Right as defined by the International Monetary Fund. The amounts mentioned in the first paragraph are converted into Dutch currency against the rate of exchange of the day on which payment is made. The value of the Dutch currency, expressed in Special Drawing Rights, is calculated according to the valuation method applied by the International Monetary Fund on the day of conversion for its own operations and transactions.

5. Neither the carrier nor the vessel may limit its liability by invoking this article or paragraph 4 of article 414, when it has been proven that the damage has arisen from an act or omission of the carrier done either with the intention to cause damage or recklessly and with the knowledge that damage would probably result therefrom.

6. Maximum amounts other than those referred to in the first paragraph may be fixed by contract between the carrier, the captain or the agent of the carrier on the one hand and the consignor on the other, provided that, in the case of a contract of carriage under a bill of lading, these amounts are not lower than the ones referred to in the first paragraph.

7. Neither the carrier nor the vessel are liable in any event for loss of or damage to things or with respect to them, if the nature or value thereof has been intentionally misstated by the consignor and, where a bill of lading has been issued, if they have been wrongly stated therein.

spécial décrit par le Fonds Monétaire International. Les sommes énoncées au paragraphe premier sont converties en monnaie néerlandaise selon le cours au jour de paiement. La valeur de la monnaie néerlandaise, exprimée en droits de tirage spéciaux, est calculée suivant la méthode d'évaluation adoptée par le Fonds Monétaire International pour ses propres activités et transactions au jour de la conversion.

5. Ni le transporteur ni le navire ne peuvent limiter leur responsabilité en invoquant le présent article ou le paragraphe quatrième de l'article 414, lorsqu'il est établi que le dommage résulte d'un acte ou d'une omission du transporteur commis soit avec l'intention de provoquer un dommage, soit témérairement et avec conscience qu'un dommage en résulterait probablement.

6. D'autres sommes maximales que celles prévues au paragraphe premier peuvent être déterminées par contrat entre le transporteur, capitaine ou agent du transporteur et l'expéditeur, pourvu que, dans le cas d'un contrat de transport sous connaissement, elles ne soient pas inférieures à celles qui y sont prévues.

7. Ni le transporteur ni le navire ne sont en aucun cas responsables pour perte ou dommage causé aux choses ou les concernant, si l'expéditeur a sciemment fait une fausse déclaration concernant leur nature ou leur valeur et que celle-ci a été insérée au connaissement, s'il en a été délivré.

Art. 389 (8.5.2.16) Indien met betrekking tot een zaak hulploon, een bijdrage in avarij-grosse of een schadevergoeding uit hoofde van artikel 488 is verschuldigd, wordt deze aangemerkt als een waardevermindering van die zaak.

If a remuneration for salvage, a contribution in general average or compensation pursuant to article 488 is owed with respect to a thing, this is

La rémunération d'assistance, la contribution aux avaries communes et l'indemnité due en vertu de l'article 488 sont réputées dépréciation de la chose à

considered as a reduction in the value of that thing.

laquelle elles se rapportent.

Art. 390 (8.5.2.17) - 1. De tijd- of reisbevrachter is bevoegd de overeenkomst op te zeggen, wanneer hem door de vervrachter is medegedeeld dat het schip niet op de overeengekomen plaats of tijd te zijner beschikking is of zal kunnen zijn.
- 2. Hij kan deze bevoegdheid slechts uitoefenen door binnen een redelijke, niet meer dan 48 uur durende, termijn na ontvangst van een mededeling, als bedoeld in het eerste lid, het in het vijfde lid genoemde bericht te verzenden.
- 3. Indien bij gebreke van de ontvangst van een mededeling, als bedoeld in het eerste lid, het de bevrachter uit anderen hoofde bekend is, dat het schip niet op de overeengekomen plaats of tijd te zijner beschikking is of kan zijn, is hij, zonder dat enige ingebrekestelling is vereist, bevoegd de overeenkomst op te zeggen, doch slechts binnen een redelijke, niet meer dan 48 uur durende, termijn nadat hem dit bekend is geworden; gelijke bevoegdheid komt hem toe, indien hem na ontvangst van een mededeling, als bedoeld in het eerste lid, uit anderen hoofde bekend wordt, dat het schip op grond van andere omstandigheden dan welke de vervrachter tot zijn mededeling brachten, niet op de overeengekomen plaats of tijd te zijner beschikking is of kan zijn.
- 4. De in dit artikel genoemde termijn wordt geschorst op die zaterdagen, zondagen en plaatselijke feestdagen, waarop ten kantore van de bevrachter in het geheel niet wordt gewerkt.
- 5. De opzegging geschiedt door telegram of bericht per telex of door enig ander spoedbericht, waarvan de ontvangst duidelijk aantoonbaar is en de overeenkomst eindigt op het ogenblik van ontvangst daarvan.

1. The time- or voyage-charterer may cancel the contract when the lessor has notified him that the vessel is not or will not be able to be at his disposal at the place or time agreed upon.
2. He may only exercise this power by sending the message referred to in the fifth paragraph within a reasonable period, not exceeding 48 hours, from the reception of a notification as referred to in the first paragraph.
3. If, failing the receipt of a notification as referred to in the first paragraph, the charterer learns from another source that the vessel is not or cannot be at his disposal at the place or time agreed upon, he may cancel the contract, without any putting into default being required, but only within a reasonable period, not exceeding 48 hours, from the time he has learned of this; the charterer has the same power if, after

1. L'affréteur à temps ou au voyage peut résilier le contrat lorsque le fréteur l'informe que le navire n'est pas ou ne pourra être à sa disposition au lieu ou au temps convenus.
2. Il ne peut exercer ce pouvoir qu'en envoyant, dans un délai raisonnable, n'excédant pas les 48 heures depuis la réception de la communication visée au paragraphe premier, l'avis prévu au paragraphe cinquième.
3. Si, à défaut de recevoir la communication visée au paragraphe premier, l'affréteur apprend d'une autre source que le navire n'est pas ou ne peut être à sa disposition au lieu ou au temps convenus, il peut, sans qu'une mise en demeure soit requise, résilier le contrat, mais seulement dans un délai raisonnable n'excédant pas les 48 heures depuis qu'il en a été informé; un pouvoir semblable lui revient si, après réception de la communication visée au

receipt of a notification as referred to in the first paragraph, he learns from another source that the vessel is not or will not be able to be at his disposal at the place or time agreed upon, on the basis of circumstances other than those which led the lessor to his notification.

4. The period referred to in this article is suspended on those Saturdays, Sundays and local public holidays on which no work at all takes place at the office of the charterer.

5. Cancellation takes place by telegram or telex message or by any other urgent message the reception of which can be clearly demonstrated, and the contract is terminated at the time of reception of the message.

paragraphe premier, il apprend d'une autre source que le navire, en raison de circonstances différentes de celles qui ont conduit l'affréteur à envoyer sa communication, n'est pas ou ne pourra être à sa disposition au lieu ou au temps convenus.

4. Le délai prévu au présent article est suspendu les samedis, dimanches et jours fériés locaux pendant lesquels le travail est entièrement arrêté au bureau de l'affréteur.

5. La résiliation s'effectue par télégramme, télex ou tout autre message urgent dont la réception peut être clairement démontrée; le contrat prend fin au moment de la réception du message.

Art. 391 (8.5.2.18) De afzender is verplicht de vervoerder de schade te vergoeden die deze lijdt doordat de overeengekomen zaken, door welke oorzaak dan ook, niet op de overeengekomen plaats en tijd te zijner beschikking zijn.

The consignor must compensate the carrier for the damage which the latter suffers because, for whatever reason, the things agreed upon are not at his disposal at the time and place agreed upon.

L'expéditeur est tenu de réparer le dommage que le transporteur subit du fait que les choses convenues, pour quelque cause que ce soit, ne sont pas à sa disposition au lieu et au temps convenus.

Art. 392 (8.5.2.19) - 1. Alvorens zaken ter beschikking van de vervoerder zijn gesteld, is de afzender bevoegd de overeenkomst op te zeggen.
- 2. Zijn bij het verstrijken van de tijd, waarbinnen de zaken ter beschikking van de vervoerder moeten zijn gesteld, verlengd met de overligtijd, door welke oorzaak dan ook, in het geheel geen zaken ter beschikking van de vervoerder, dan is deze, zonder dat enige ingebrekestelling is vereist, bevoegd de overeenkomst op te zeggen.
- 3. Zijn bij het verstrijken van de in het tweede lid bedoelde tijd, door welke oorzaak dan ook, de overeengekomen zaken slechts gedeeltelijk ter beschikking van de vervoerder, dan is deze, zonder dat enige ingebrekestelling is vereist, bevoegd de overeenkomst op te zeggen dan wel de reis te aanvaarden.
- 4. De opzegging geschiedt door telegram of bericht per telex of door enig ander spoedbericht, waarvan de ontvangst duidelijk aantoonbaar is en de overeenkomst eindigt op het ogenblik van ontvangst daarvan, doch niet vóór lossing van de zaken.
- 5. Onder voorbehoud van het derde lid van artikel 383 is de afzender verplicht de vervoerder de schade te vergoeden die deze lijdt tengevolge van de opzegging of van de aanvaarding van de reis.
- 6. Dit artikel is niet van toepassing in geval van tijdbevrachting.

1. The consignor is entitled to cancel the contract up to the time when the things have been put at the disposal of the carrier.
2. Where, at the lapse of the time within which the things must be put at the disposal of the carrier, extended by the days of demurrage, no things at all are at the disposal of the carrier, for whatever reason, the latter may cancel the contract, without any putting into default being required.
3. Where, at the lapse of the time referred to in the second paragraph, the things agreed upon are only partially at the disposal of the carrier, for whatever reason, the latter may, without any putting into default being required, cancel the contract or commence the voyage.
4. Cancellation takes place by telegram or telex message or by any other urgent message the reception of which can be clearly demonstrated, and the contract is terminated at the time of reception of the message, but not before the unloading of the things.
5. Subject to the third paragraph of article 383, the consignor must compensate the carrier for the damage which the latter suffers because of the cancellation or the commencement of the voyage.
6. This article does not apply to time-chartering.

1. L'expéditeur peut résilier le contrat jusqu'à la mise à disposition des choses au transporteur.
2. Si, à l'expiration du délai dans lequel les choses doivent être mises à la disposition du transporteur, prolongé de la surestarie, aucune chose n'a été mise à la disposition du transporteur, quelle qu'en soit la raison, celui-ci peut résilier le contrat, sans qu'une mise en demeure ne soit requise.
3. Si, à l'expiration du délai visé au paragraphe deuxième, pour quelque cause que ce soit, les choses convenues n'ont été mises à la disposition du transporteur que pour partie, celui-ci peut résilier le contrat ou entreprendre le voyage, sans qu'une mise en demeure ne soit requise,
4. La résiliation s'effectue par télégramme, par télex ou par tout autre message urgent dont la réception peut être clairement démontrée, et le contrat prend fin au moment de la réception du message, mais non avant le déchargement des choses.
5. Sous réserve du paragraphe troisième de l'article 383, l'expéditeur est tenu de réparer le dommage que le transporteur subit par suite de la résiliation ou du voyage entrepris.
6. Le présent article ne s'applique pas dans le cas de l'affrètement à temps.

Art. 393 (8.5.2.22) - 1. In geval van reisbevrachting is de vervrachter tegen zekerheidstelling voor wat hij van de bevrachter heeft te vorderen, op diens verlangen verplicht de reis te aanvaarden met een gedeelte der overeengekomen zaken. De bevrachter is verplicht de vervrachter de dientengevolge geleden schade te vergoeden.
- 2. De vervrachter is bevoegd in plaats van de ontbrekende zaken andere aan te nemen. Hij is niet gehouden de vracht, die hij voor het vervoer van deze zaken ontvangt, met de bevrachter te verrekenen, behalve voor zover hij zijnerzijds van de bevrachter vergoeding van door hem geleden schade heeft geïnd of gevorderd.

1. In the case of voyage-chartering, the lessor must, upon the demand of

1. Dans le cas de l'affrètement au voyage, le fréteur est tenu, contre sûreté

the charterer, commence the voyage with part of the things agreed upon against the furnishing of security for what he can claim from the charterer. The charterer must compensate the lessor for the damage suffered therefrom.
2. Instead of the missing things, the lessor may accept others. He is not obliged to compensate the freight which he receives for the carriage of these things with the charterer, except to the extent that on his part he has received or claimed compensation from the charterer for the damage he has suffered.

pour ce qu'il a à réclamer à l'affréteur, d'entreprendre le voyage à la demande de celui-ci avec une partie des choses convenues. L'affréteur est tenu de réparer le dommage que le fréteur en subit.
2. Le fréteur peut, à la place des choses manquantes, en accepter d'autres. Il n'est pas tenu de compenser avec l'affréteur le fret qu'il reçoit pour le transport de ces choses, sauf dans la mesure où il a reçu de l'affréteur ou lui a demandé une indemnité pour le dommage subi.

Art. 394 (8.5.2.23) - 1. De afzender is verplicht de vervoerder omtrent de zaken alsmede omtrent de behandeling daarvan tijdig al die opgaven te doen, waartoe hij in staat is of behoort te zijn, en waarvan hij weet of behoort te weten, dat zij voor de vervoerder van belang zijn, tenzij hij mag aannemen dat de vervoerder deze gegevens kent.
- 2. De vervoerder is niet gehouden, doch wel gerechtigd, te onderzoeken of de hem gedane opgaven juist en volledig zijn.
- 3. Is bij het verstrijken van de tijd, waarbinnen de zaken ter beschikking van de vervoerder moeten zijn gesteld, door welke oorzaak dan ook, niet of slechts gedeeltelijk voldaan aan de in het eerste lid van dit artikel genoemde verplichting van de afzender, dan zijn, behalve in het geval van tijdbevrachting, het tweede, derde, vierde en vijfde lid van artikel 392 van overeenkomstige toepassing.

1. The consignor must timely provide the carrier with all those indications regarding the things as well as the handling thereof, which he is or ought to be able to provide, and of which he knows or ought to know that they are of importance to the carrier, unless he may assume that the carrier knows of these data.
2. The carrier is not obliged, but is entitled to examine whether the indications given to him are accurate and complete.
3. Except in the case of time-chartering, where, at the lapse of the time within which the things must be put at the disposal of the carrier, the obligation of the consignor, referred to in the first paragraph of this article, has not or has only partially been complied with, for whatever reason,

1. L'expéditeur est tenu de fournir au transporteur, en temps utile, toutes les déclarations qu'il est ou doit être en mesure de faire au sujet des choses et de leur manutention, et dont il sait ou doit savoir qu'elles présentent un intérêt pour le transporteur, sauf s'il est fondé à croire que le transporteur connaît ces renseignements.
2. Le transporteur n'est pas tenu d'examiner si les déclarations qui lui ont été faites sont exactes et complètes, quoiqu'il en ait le droit.
3. Sauf dans le cas de l'affrètement à temps, lorsque, à l'expiration du délai dans lequel les choses doivent être mises à la disposition du transporteur, pour quelque cause que ce soit, l'obligation de l'affréteur visée au paragraphe premier n'a pas été remplie ou ne l'a été qu'en partie, les deuxième, troisième,

paragraphs 2, 3, 4 and 5 of article 392 apply *mutatis mutandis*.

quatrième et cinquième paragraphes de l'article 392 s'appliquent par analogie.

Art. 395 (8.5.2.24) - 1. De afzender is verplicht de vervoerder de schade te vergoeden die deze lijdt doordat, door welke oorzaak dan ook, niet naar behoren aanwezig zijn de documenten en inlichtingen, die van de zijde van de afzender vereist zijn voor het vervoer dan wel ter voldoening aan vóór de aflevering van de zaken te vervullen douane- en andere formaliteiten.
- 2. De vervoerder is verplicht redelijke zorg aan te wenden dat de documenten, die in zijn handen zijn gesteld, niet verloren gaan of onjuist worden behandeld. Een door hem ter zake verschuldigde schadevergoeding zal die, verschuldigd uit hoofde van de artikelen 387, 388 en 389 in geval van verlies van de zaken, niet overschrijden.
- 3. De vervoerder is niet gehouden, doch wel gerechtigd, te onderzoeken of de hem gedane opgaven juist en volledig zijn.
- 4. Zijn bij het verstrijken van de tijd waarbinnen de in het eerste lid genoemde documenten en inlichtingen aanwezig moeten zijn, deze, door welke oorzaak dan ook, niet naar behoren aanwezig, dan zijn, behalve in het geval van tijdbevrachting, het tweede, derde, vierde en vijfde lid van artikel 392 van overeenkomstige toepassing.

1. The consignor must compensate the carrier for the damage which the latter suffers because, for whatever reason, the documents and information which are required from the consignor for the carriage, or for the fulfilment of customs and other formalities before the delivery of the things, are not adequately available.
2. The carrier must exercise reasonable care so that the documents which have been handed him do not get lost or mishandled. Compensation owed by him in this respect shall not exceed that owed pursuant to articles 387, 388 and 389 in case of loss of the things.
3. The carrier is not obliged, but is entitled to examine whether the indications given to him are accurate and complete.
4. Except in the case of time-chartering, where, at the lapse of the time within which the documents and information, referred to in the first paragraph, must be available, these are not adequately available, for whatever reason, paragraphs 2, 3, 4 and 5 of article 392 apply *mutatis mutandis*.

1. L'expéditeur est tenu de réparer le dommage que le transporteur subit du fait que, pour quelque cause que ce soit, les documents et renseignements requis de la part de l'expéditeur pour le transport ou pour l'accomplissement des formalités de douane et autres nécessaires avant la livraison des choses ne sont pas convenablement disponibles.
2. Le transporteur est tenu de faire diligence pour que les documents à lui remis ne se perdent pas ni ne soient traités incorrectement. L'indemnité à sa charge de ce chef ne dépassera pas celle qui serait due aux termes des articles 387, 388 et 389 en cas de perte des choses.
3. Le transporteur n'est pas tenu d'examiner si les déclarations qui lui ont été faites sont exactes et complètes, quoiqu'il en ait le droit.
4. Sauf dans le cas de l'affrètement à temps, lorsque, à l'expiration du délai dans lequel les documents et renseignements visés au paragraphe premier doivent être mis à la disposition du transporteur, ils ne sont pas convenablement disponibles, pour quelque cause que ce soit, les deuxième, troisième, quatrième et cinquième

paragraphes de l'article 392 s'appliquent par analogie.

Art. 396 (8.5.2.25) - 1. Wanneer vóór of bij de aanbieding van de zaken aan de vervoerder omstandigheden aan de zijde van een der partijen zich opdoen of naar voren komen, die haar wederpartij bij het sluiten van de overeenkomst niet behoefde te kennen, doch die, indien zij haar wel bekend waren geweest, redelijkerwijs voor haar grond hadden opgeleverd de vervoerovereenkomst niet of op andere voorwaarden aan te gaan, is deze wederpartij bevoegd de overeenkomst op te zeggen.
- 2. De opzegging geschiedt door telegram, bericht per telex of door enig ander spoedbericht, waarvan de ontvangst duidelijk aantoonbaar is en de overeenkomst eindigt op het ogenblik van de ontvangst daarvan.
- 3. Naar maatstaven van redelijkheid en billijkheid zijn partijen na opzegging der overeenkomst verplicht elkaar de daardoor geleden schade te vergoeden.

1. Where, before or at the time of the presentation of the things to the carrier, circumstances arise or come forward on the part of one of the parties which the other party did not have to know at the time of entering into the contract, but which, had he known them, would have given him reasonable grounds not to enter into the contract of carriage or to enter into it upon different conditions, this other party may cancel the contract.
2. Cancellation takes place by telegram or telex message or by any other urgent message the reception of which can be clearly demonstrated, and the contract is terminated at the time of reception of the message.
3. After cancellation of the contract, the parties must, in accordance with standards of reasonableness and equity, compensate each other for the damage suffered therefrom.

1. Lorsque, avant la présentation des choses au transporteur ou lors de celle-ci, surgissent ou apparaissent des circonstances concernant l'une des parties, que l'autre partie n'était pas tenue de connaître lors de la conclusion du contrat, mais qui, les eût-elle connues, auraient constitué pour elle un motif raisonnable de ne pas conclure le contrat de transport ou de le conclure à d'autres conditions, cette dernière peut alors résilier le contrat.
2. La résiliation s'effectue par télégramme, par télex ou par tout autre message urgent dont la réception peut être clairement démontrée, et le contrat prend fin au moment de la réception du message.
3. Après la résiliation, les parties se doivent, d'après des critères de raison et d'équité, réparation réciproque du dommage qu'elles en ont subi.

Art. 397 (8.5.2.26) - 1. De afzender is verplicht de vervoerder de schade te vergoeden, die materiaal, dat hij deze ter beschikking stelde of zaken die deze ten vervoer ontving dan wel de behandeling daarvan, de vervoerder berokkenden, behalve voor zover deze schade is veroorzaakt door een omstandigheid die een zorgvuldig afzender van de ten vervoer ontvangen zaken niet heeft kunnen vermijden en waarvan zulk een afzender de gevolgen niet heeft kunnen verhinderen.
- 2. Dit artikel laat de artikelen 383 derde lid, 398 en 423, alsmede de bepalingen nopens avarij-grosse onverlet.

1. The consignor must compensate

1. L'expéditeur est tenu de réparer le

the carrier for the damage which the latter has suffered from material that the former has put at the disposal of the carrier or from things that the latter has received for carriage or from the handling thereof, except to the extent that this damage has been caused by a fact which a prudent consignor of the things received for carriage has been unable to avoid and the consequences of which such a consignor has not been able to prevent.
2. This article does not affect articles 383, paragraph 3, 398 and 423, nor the provisions concerning general average.

dommage causé au transporteur par le matériel qu'il a mis à la disposition de ce dernier ou par les choses que ce dernier a reçues aux fins du transport ou encore par la manutention de celles-ci, sauf dans la mesure où le dommage a pour cause une circonstance qu'un expéditeur diligent des choses prises en charge aux fins de transport n'a pu éviter et où un tel expéditeur n'a pu obvier aux conséquences.

2. Le présent article ne porte pas atteinte aux articles 383, paragraphe troisième, 398 et 423, ni aux dispositions relatives aux avaries communes.

Art. 398 (8.5.2.27) - 1. Ten vervoer ontvangen zaken, die een zorgvuldig vervoerder, indien hij geweten zou hebben dat zij na hun inontvangstneming gevaar zouden kunnen opleveren, met het oog daarop niet ten vervoer zou hebben willen ontvangen, mogen door hem op ieder ogenblik en op iedere plaats worden gelost, vernietigd dan wel op andere wijze onschadelijk gemaakt. Ten aanzien van ten vervoer ontvangen zaken, waarvan de vervoerder de gevaarlijkheid heeft gekend, geldt hetzelfde doch slechts dan wanneer zij onmiddellijk dreigend gevaar opleveren. De vervoerder is terzake geen enkele schadevergoeding verschuldigd en de afzender is aansprakelijk voor alle kosten en schaden voor de vervoerder voortvloeiende uit de aanbieding ten vervoer, uit het vervoer of uit de maatregelen zelf.
- 2. Door het treffen van de in het eerste lid bedoelde maatregel eindigt de overeenkomst met betrekking tot de daar genoemde zaken, doch, indien deze alsnog worden gelost, eerst na deze lossing. De vervoerder verwittigt zo mogelijk de afzender, degeen aan wie de zaken moeten worden afgeleverd en degeen, aan wie hij volgens de bepalingen van een mogelijkerwijs afgegeven cognossement bericht van aankomst van het schip moet zenden. Dit lid is niet van toepassing met betrekking tot zaken die de vervoerder na het treffen van de in het eerste lid bedoelde maatregel alsnog naar hun bestemming vervoert.
- 3. Indien zaken na beëindiging van de overeenkomst alsnog in feite worden afgeleverd, wordt vermoed, dat zij zich op het ogenblik van beëindiging van de overeenkomst bevonden in de staat, waarin zij feitelijk zijn afgeleverd; worden zij niet afgeleverd, dan wordt vermoed, dat zij op het ogenblik van beëindiging van de overeenkomst verloren zijn gegaan.
- 4. Indien de afzender na feitelijke aflevering een zaak niet naar haar bestemming vervoert, wordt het verschil tussen de waarden ter bestemming en ter plaatse van de aflevering, als bedoeld in de tweede volzin van het tweede lid van artikel 388, aangemerkt als waardevermindering van die zaak. Vervoert de afzender een zaak na de feitelijke aflevering alsnog naar haar bestemming, dan worden de kosten, die hij te dien einde maakt, aangemerkt als waardevermindering van die zaak.

BOOK/LIVRE 8　　　　　　　　　　　　　　　　　　　　　　　　　　　　　　　ART. 398

- 5. Op de feitelijke aflevering is het tussen partijen overeengekomene alsmede het in deze afdeling nopens de aflevering van zaken bepaalde van toepassing, met dien verstande, dat deze feitelijke aflevering niet op grond van de eerste zin van het eerste lid of op grond van het tweede lid van artikel 484 de vracht verschuldigd doet zijn. De artikelen 490 en 491 zijn van overeenkomstige toepassing.
- 6. Dit artikel laat artikel 423, alsmede de bepalingen nopens avarij-grosse onverlet.
- 7. Nietig is ieder beding, waarbij van het eerste lid van dit artikel wordt afgeweken.

1. At any time and at any place, the carrier may unload, destroy or otherwise render harmless things received for carriage which a prudent carrier would not have wanted to receive for carriage, had he known that, after their reception, they could constitute a danger. The same applies to things received for carriage which the carrier knew to be dangerous, but only when they present an immediately imminent danger. The carrier does not owe any damages in respect hereof and the consignor is liable for all costs and damages which result for the carrier from the presentation for carriage, from the carriage or from the measures themselves.
2. By taking the measure, referred to in the first paragraph, the contract is terminated with respect to the things mentioned therein, but if they are as yet unloaded, only after this unloading. If possible, the carrier notifies the consignor, the person to whom the things must be delivered, and the person to whom, according to the provisions of a bill of lading which may have been issued, he must send a notice of arrival of the vessel. This paragraph does not apply to things which, after taking the measure referred to in the first paragraph, the carrier as yet transports to their destination.
3. If, after termination of the contract, things are in fact as yet delivered, they are presumed, at the time of the termination of the contract, to have been in the

1. Le transporteur peut, à tout moment et à tout endroit, débarquer, détruire ou autrement rendre inoffensives les choses reçues aux fins de transport qu'un transporteur diligent, s'il avait su qu'elles pouvaient présenter un danger après leur réception, n'aurait pas voulu accepter pour cette raison. Il en est de même des choses reçues aux fins de transport dont le transporteur a connu le caractère dangereux, mais seulement lorsqu'elles présentent un danger imminent. Le transporteur ne doit aucune indemnité de ce fait et l'expéditeur est responsable des frais et dommages résultant, pour le transporteur, de la présentation aux fins de transport, du transport ou des mesures elles-mêmes.
2. Le fait de prendre la mesure visée au paragraphe premier met fin au contrat en ce qui regarde les choses évoquées, mais, si elles sont débarquées plus tard, après le débarquement seulement. Le transporteur avise, si possible, l'expéditeur, la personne à qui les choses doivent être livrées et celle à qui, selon les dispositions d'un connaissement, s'il en a été délivré, il doit envoyer un avis de l'arrivée du navire. Le présent paragraphe ne s'applique pas aux choses que le transporteur, après avoir pris la mesure visée au paragraphe premier, transporte néanmoins à leur destination.
3. Si les choses, après la fin du contrat, sont en fait livrées, il y a présomption qu'elles se trouvaient, au moment de la fin du contrat, dans l'état où elles ont effectivement été livrées; si elles ne sont

condition in which they were in fact delivered; if they are not delivered, it is presumed that they were lost at the time of the termination of the contract.

4. If, after factual delivery, the consignor does not carry a thing to its destination, the difference between the values at destination and at the place of delivery, as referred to in the second sentence of the second paragraph of article 388, is deemed to be a reduction in value of that thing. Where, after factual delivery, the consignor carries a thing as yet to its destination, the costs which he makes for that purpose are deemed to be a reduction in value of that thing.

5. The agreement between the parties as well as the provisions of this section concerning the delivery of things apply to the factual delivery, upon the understanding that this factual delivery does not make the freight payable on the basis of the first sentence of the first paragraph or of the second paragraph of article 484. Articles 490 and 491 apply *mutatis mutandis*.

6. This article does not affect article 423 nor the provisions concerning general average.

7. Any stipulation derogating from the first paragraph of this article is null.

pas livrées, il y a présomption qu'elles ont été perdues au moment de la fin du contrat.

4. Si l'expéditeur, après la livraison de fait de la chose, ne la transporte pas à sa destination, la différence entre les valeurs à la destination et à l'endroit de livraison, visée à la deuxième phrase du paragraphe deuxième de l'article 388 est réputée dépréciation de la chose. Si, après la livraison de fait, l'expéditeur transporte la chose à sa destination, les frais engagés à cette fin sont réputés dépréciation de la chose.

5. La livraison de fait est sujette à ce que les parties ont convenu, de même qu'aux dispositions de la présente section, en ce qui regarde la livraison de choses, étant entendu que la livraison de fait ne donne pas lieu, aux termes de la première phrase du paragraphe premier de l'article 484 ou du paragraphe deuxième de cet article, au paiement de fret. Les articles 490 et 491 s'appliquent par analogie.

6. Le présent article ne porte pas atteinte à l'article 423, ni aux dispositions relatives aux avaries communes.

7. Toute stipulation dérogatoire au paragraphe premier du présent article est nulle.

Art. 399 (8.5.2.28) - 1. Na de zaken ontvangen en aangenomen te hebben, moet de vervoerder, de kapitein of de agent van de vervoerder op verlangen van de afzender aan deze een cognossement afgeven, dat onder meer vermeldt:

a. de voornaamste voor identificatie van de zaken nodige merken, zoals deze, voor de inlading van deze zaken is begonnen, door de afzender schriftelijk zijn opgegeven, mits deze merken zijn gestempeld of anderszins duidelijk zijn aangebracht op de onverpakte zaken of op de kisten of verpakkingen, die de zaken inhouden en wel zodanig, dat zij in normale omstandigheden tot het einde van de reis leesbaar zullen blijven;

b. òf het aantal der colli of het stuktal, òf de hoeveelheid òf het gewicht, al naar gelang der omstandigheden, zoals zulks door de afzender schriftelijk is opgegeven;

c. de uiterlijk zichtbare staat en gesteldheid der zaken;

met dien verstande, dat geen vervoerder, kapitein of agent van de vervoerder verplicht zal zijn in het cognossement merken, aantal, hoeveelheid of gewicht op te geven of te noemen waarvan hij redelijke gronden heeft te vermoeden, dat zij niet nauwkeurig de in werkelijkheid door hem ontvangen zaken weergeven of tot het toetsen waarvan hij geen redelijke gelegenheid heeft gehad. De vervoerder wordt vermoed geen redelijke gelegenheid te hebben gehad de hoeveelheid en het gewicht van gestorte of gepompte zaken te toetsen.

- 2. Als de zaken ingeladen zijn, zal het cognossement, dat de vervoerder, kapitein of agent van de vervoerder aan de afzender afgeeft, indien deze dit verlangt, de vermelding „geladen" bevatten, mits de afzender, indien hij vooraf enig op die zaken rechtgevend document heeft ontvangen, dit tegen afgifte van het „geladen"-cognossement teruggeeft. De vervoerder, kapitein of agent van de vervoerder heeft eveneens het recht in de laadhaven op het oorspronkelijk afgegeven document de naam van het schip of van de schepen, aan boord waarvan de zaken werden geladen, en de datum of de data van inlading aan te tekenen, in welk geval het aldus aangevulde document, mits inhoudende de in dit artikel vermelde bijzonderheden, als een „geladen"-cognossement in de zin van dit artikel wordt beschouwd.

1. After the reception and acceptance of the things, the carrier, the captain or the carrier's agent must issue a bill of lading to the consignor, upon the latter's demand, mentioning, among other things:
a. the principal marks necessary to identify the things, such as they have been furnished in writing by the consignor prior to their loading, provided that these marks have been stamped upon or have otherwise been clearly affixed to the unpacked things or to the crates or packings containing the things and this in such a fashion that, under normal circumstances, they will remain readable until the end of the voyage;
b. either the number of packages or the number of pieces, or the quantity or weight, depending on the circumstances such as they have been furnished in writing by the consignor;
c. the externally visible state and condition of the things;
provided that no carrier, captain or carrier's agent shall be obliged to state or to show in the bill of lading any marks, number, quantity or

1. Après avoir reçu et pris en charge les choses, le transporteur, le capitaine ou l'agent du transporteur délivre à l'expéditeur, à la demande de celui-ci, un connaissement portant, entre autres choses:
a. Les marques principales nécessaires à l'identification des choses telles que l'expéditeur les a fournies par écrit, avant que le chargement des choses ne commence, pourvu que ces marques soient imprimées ou apposées clairement de toute autre façon sur les choses non emballées ou sur les caisses ou emballages les contenant, de telle sorte qu'elles devraient normalement rester lisibles jusqu'à la fin du voyage;
b. Ou le nombre de colis ou de pièces, ou la quantité, ou le poids, suivant les cas, tels que l'expéditeur les a fournis par écrit;
c. L'état et le conditionnement apparent des choses;
étant entendu qu'aucun transporteur, capitaine ou agent du transporteur ne sera tenu de déclarer ou de mentionner au connaissement des marques, un

weight regarding which he has reasonable ground to suspect that they do not accurately correspond to the things which he has actually received, or where he has not had a reasonable opportunity to check the things. The carrier is presumed not to have had a reasonable opportunity to check the quantity and the weight of things which are poured or pumped in bulk.

2. When the things have been loaded, the bill of lading which the carrier, captain or carrier's agent issues to the consignor shall, upon the latter's demand, be labelled "loaded", provided that the consignor, if he has previously received a document giving title to those things, return it against the issuance of the "loaded" bill of lading. The carrier, captain or carrier's agent also has the right to note in the port of loading, on the originally issued document, the name of the vessel or vessels on board which the things were loaded, and the date or the dates of loading, in which case the so noted document, provided that it contains the particulars referred to in this article, will be considered as a "loaded" bill of lading within the meaning of this article.

nombre, une quantité ou un poids dont il a une raison sérieuse de soupçonner qu'ils ne représentent pas exactement les choses qu'il a effectivement reçues ou qu'il n'a pas eu les moyens suffisants de vérifier. Le transporteur est présumé n'avoir pas eu les moyens suffisants de contrôler la quantité ou le poids de marchandises chargées en vrac ou par pompage.

2. Lorsque les choses auront été chargées, le connaissement que délivrera le transporteur, le capitaine ou l'agent du transporteur à l'expéditeur sera, si celui-ci le demande, libellé «Embarqué», pourvu que l'expéditeur, s'il a auparavant reçu quelque document donnant droit à ces choses, restitue ce document contre remise du connaissement «Embarqué». Le transporteur, capitaine ou agent du transporteur aura également la faculté d'annoter au port d'embarquement sur le document remis en premier lieu le ou les noms du ou des navires sur lesquels les choses ont été embarquées, et la ou les dates d'embarquement; auquel cas, le document ainsi annoté, à condition de comporter les détails prévus au présent article, sera considéré comme un connaissement «Embarqué» au sens du présent article.

Art. 400-409 *Gereserveerd.*

Reserved. *Réservés.*

Art. 410 (8.5.2.29) Indien een vervoerovereenkomst is gesloten en bovendien een cognossement is afgegeven, wordt, behoudens artikel 441 tweede lid, tweede volzin, de rechtsverhouding tussen de vervoerder en de afzender door de bedingen van de vervoerovereenkomst en niet door die van dit cognossement beheerst. Behoudens het in artikel 441 eerste lid gestelde vereiste van houderschap van het cognossement, strekt dit hun dan slechts tot bewijs van de ontvangst der zaken door de vervoerder.

If a contract of carriage has been entered into, and if, furthermore, a bill of lading has been issued, the juridical relationship between the carrier and the consignor is governed

Si un contrat de transport a été conclu et que, en outre, un connaissement a été délivré, le rapport juridique entre le transporteur et l'expéditeur est régi, sous réserve de la deuxième phrase du

by the stipulations of the contract of carriage and not by those of the bill of lading, except for article 441, paragraph 2, second sentence. Except for the requirement of the detention of the bill of lading provided for in article 441, paragraph 1, the document then only serves them as proof of the reception of the things by the carrier.

paragraphe deuxième de l'article 441, par les clauses du contrat et non par celles du connaissement. Sous réserve de l'exigence de détenir le connaissement prévue à l'article 441, paragraphe premier, celui-ci ne leur sert alors que comme moyen de preuve de la réception des choses par le transporteur.

Art. 411 (8.5.2.30) De afzender wordt geacht ten behoeve van de vervoerder in te staan voor de juistheid op het ogenblik van de in ontvangstneming van de door hem opgegeven merken, getal, hoeveelheid en gewicht, en de afzender zal de vervoerder schadeloos stellen voor alle verliezen, schaden en kosten, ontstaan ten gevolge van onjuistheden in de opgave van deze bijzonderheden. Het recht van de vervoerder op dergelijke schadeloosstelling beperkt in genen dele zijn aansprakelijkheid en zijn verbintenissen, zoals zij uit de vervoerovereenkomst voortvloeien, tegenover elke andere persoon dan de afzender.

The consignor is deemed to warrant the carrier as to the accuracy, at the time of reception, of the marks, number, quantity and weight which he has declared, and he shall indemnify the carrier for all losses, damages and costs resulting from inaccuracies in the declaration of these particulars. The right of the carrier to such indemnification does not in any way limit his liability and his obligations flowing from the contract of carriage towards any person other than the consignor.

L'expéditeur est censé garantir au transporteur, au moment de la prise en charge, l'exactitude des marques, du nombre, de la quantité et du poids qu'il a déclarés et il indemnisera le transporteur des pertes, dommages et dépenses résultant d'inexactitudes sur ces points. Le droit du transporteur à pareille indemnité ne limite d'aucune façon sa responsabilité et ses obligations découlant du contrat à l'égard de toute personne autre que l'expéditeur.

Art. 412 (8.5.2.31) - 1. Het cognossement wordt gedateerd en door de vervoerder ondertekend en vermeldt de voorwaarden waarop het vervoer plaatsvindt, alsmede de plaats waar en de persoon aan wie de zaken moeten worden afgeleverd. Deze wordt, ter keuze van de afzender, aangegeven hetzij bij name of andere aanduiding, hetzij als order van de afzender of van een ander, hetzij als toonder.
- 2. De enkele woorden „aan order" worden geacht de order van de afzender aan te geven.

1. The bill of lading must be dated, signed by the carrier, and it must mention the conditions upon which the carriage takes place, as well as the place where and the person to whom the things must be delivered. At the choice of the consignor, this person is indicated either by name or other

1. Le connaissement porte date et est signé par le transporteur; il énonce les conditions du transport, ainsi que le lieu de livraison des choses et la personne à qui elles doivent l'être. Cette dernière peut être déclarée, au choix de l'expéditeur, soit par nom ou autre indication, soit à l'ordre de l'expéditeur

means, or as to order of the consignor or of another person, or as to bearer.
2. The sole words "to order" are deemed to indicate the order of the consignor.

ou d'une autre personne, soit au porteur.
2. La seule expression «à ordre» est censée désigner l'ordre de l'expéditeur.

Art. 413 (8.5.2.32) Het cognossement wordt, tenzij het op naam is gesteld, afgegeven in één of meer exemplaren. De verhandelbare exemplaren, waarin is vermeld hoeveel van deze exemplaren in het geheel zijn afgegeven, gelden alle voor één en één voor alle. Niet verhandelbare exemplaren moeten als zodanig worden aangeduid.

Unless the bill of lading is in a person's name, it is issued in one or more copies. The negotiable copies, in which is mentioned how many of these copies have been issued in total, count all for one and one for all. Non-negotiable copies must be marked as such.

Le connaissement, sauf s'il est établi nominativement, est délivré en un ou plusieurs exemplaires. Les exemplaires négociables, qui font état du nombre d'exemplaires émis au total, font foi tous pour un et un pour tous. Les exemplaires non négociables doivent être désignés comme tels.

Art. 414 (8.5.2.33) - 1. Tegenbewijs tegen het cognossement wordt niet toegelaten, wanneer het is overgedragen aan een derde te goeder trouw.
- 2. Indien in het cognossement de clausule: „inhoud, hoedanigheid, aantal, gewicht of maat onbekend", of enige andere clausule van dergelijke strekking is opgenomen, binden zodanige in het cognossement voorkomende vermeldingen omtrent de zaken de vervoerder niet, tenzij bewezen wordt, dat hij de inhoud of de hoedanigheid der zaken heeft gekend of had behoren te kennen of dat de zaken hem toegeteld, toegewogen of toegemeten zijn.
- 3. Een cognossement, dat de uiterlijk zichtbare staat of gesteldheid van de zaak niet vermeldt, levert, behoudens tegenbewijs dat ook jegens een derde mogelijk is, een vermoeden op dat de vervoerder die zaak voor zover uiterlijk zichtbaar in goede staat of gesteldheid heeft ontvangen.
- 4. De in het cognossement opgenomen opgave, bedoeld in artikel 388 eerste lid, schept behoudens tegenbewijs een vermoeden, doch bindt niet de vervoerder die haar kan betwisten.

1. Counter evidence the bill of lading is not admissible when it has been transferred to a third person in good faith.
2. If the bill of lading contains the "content, quality, number, weight or measure unknown" clause or any other clause to similar effect, such data regarding the things mentioned in the bill of lading do not bind the carrier, unless it is proven that he knew or ought to have known the content or the quality of the things, or that they were handed over to him,

1. Aucune preuve n'est admise pour contredire le connaissement qui a été transmis à un tiers de bonne foi.
2. Si le connaissement comporte la mention «contenu, qualité, nombre, poids ou mesures inconnues» ou l'équivalent, les mentions au connaissement relatives aux choses ne lient pas le transporteur, à moins qu'il ne soit établi qu'il connaissait ou aurait dû connaître le contenu ou la qualité des choses ou que celles-ci lui ont été remises comptées, pesées ou mesurées.

counted, weighed or measured.
3. A bill of lading which does not mention the externally visible state or condition of the thing, creates a presumption that the carrier has received that thing in a good state and condition, in as much as visible on the outside, save counter evidence which is also possible against a third person.
4. Save counter evidence, the declaration contained in the bill of lading, as referred to in article 388, first paragraph, creates a presumption, but does not bind the carrier who successfully contradicts it.

3. Le connaissement qui ne fait pas mention de l'état ou de la condition visibles de la chose emporte présomption, sauf preuve contraire pouvant également être rapportée à l'encontre d'un tiers, que le transporteur l'a reçue en bon état ou condition, autant que l'apparence permettait d'en juger.
4. La déclaration au connaissement visée au paragraphe premier de l'article 388 constitue une présomption, sauf preuve contraire, mais ne lie pas le transporteur qui parvient à la contester.

Art. 415 (8.5.2.34) - 1. Verwijzingen in het cognossement worden geacht slechts die bedingen daarin in te voegen, die voor degeen, jegens wie daarop een beroep wordt gedaan, duidelijk kenbaar zijn.
- 2. Een dergelijk beroep is slechts mogelijk voor hem, die op schriftelijk verlangen van degeen jegens wie dit beroep kan worden gedaan of wordt gedaan, aan deze onverwijld die bedingen heeft doen toekomen.
- 3. Nietig is ieder beding, waarbij van het tweede lid van dit artikel wordt afgeweken.

1. References in the bill of lading are deemed only to incorporate thereinto those stipulations which are clearly knowable by the person against whom they are invoked.
2. Only that person may invoke such stipulations who, upon the written demand of the person against whom the stipulations may be invoked or are invoked, has sent him those stipulations without delay.
3. Any stipulation derogating from the second paragraph of this article is null.

1. Les renvois que comporte le connaissement ne sont censés y ajouter que les clauses de nature clairement connaissable pour la personne contre qui elles sont invoquées.
2. Ne peut les invoquer que celui qui, sur demande écrite de la personne contre qui il peut les invoquer ou les invoque, les a fait parvenir sans tarder à cette dernière.
3. Toute stipulation dérogatoire au paragraphe deuxième est nulle.

Art. 416 (8.5.2.35) Een cognossement aan order wordt geleverd op de wijze als aangegeven in afdeling 2 van titel 4 van Boek 3.

A bill of lading to order is delivered in the manner indicated in Section 2 of Title 4 of Book 3.

Le connaissement à ordre est délivré de la manière indiquée à la section deuxième du titre quatrième du Livre troisième.

Art. 417 (8.5.2.36) Levering van het cognossement vóór de aflevering van de daarin vermelde zaken door de vervoerder geldt als levering van die zaken.

Delivery of the bill of lading before the surrender by the carrier of the things mentioned therein, counts as delivery of those things.

La délivrance du connaissement avant la livraison, par le transporteur, des choses qui y sont mentionnées vaut délivrance de celles-ci.

Art. 418 (8.5.2.37) De vervoerder is verplicht de plek van inlading en lossing tijdig aan te wijzen; in geval van tijdbevrachting is echter artikel 380 van toepassing en in geval van reisbevrachting artikel 419.

The carrier must timely indicate the place of loading and unloading; however, in case of time-chartering, article 380 applies, and in case of voyage-chartering, article 419.

Le transporteur indique en temps utile le lieu de chargement et de déchargement; dans le cas de l'affrètement à temps, toutefois, l'article 380 s'applique et, dans le cas de l'affrètement au voyage, l'article 419.

Art. 419 (8.5.2.38) - 1. In geval van reisbevrachting is de bevrachter verplicht de plek van inlading en lossing tijdig aan te wijzen.
- 2. Hij moet daartoe aanwijzen een gebruikelijke plek, die terstond of binnen redelijke tijd beschikbaar is, waar het schip veilig kan komen, liggen, laden of lossen en waarvandaan het veilig kan vertrekken.
- 3. Wanneer de bevrachter niet aan deze verplichting voldoet of de bevrachters, als er meer zijn, niet eenstemmig zijn in de aanwijzing, is de vervrachter zonder dat enige aanmaning is vereist verplicht zelf de plek van inlading of lossing aan te wijzen.
- 4. Indien de bevrachter meer dan één plek aanwijst, geldt de tijd nodig voor het verhalen als gebruikte laad- of lostijd. De kosten van verhalen zijn voor zijn rekening.
- 5. De bevrachter staat er voor in, dat het schip op de plek, die hij op grond van het eerste lid ter inlading of lossing aanwijst, veilig kan komen, liggen, laden of lossen en daarvandaan veilig kan vertrekken. Indien deze plek blijkt niet aan deze vereisten te voldoen, is de bevrachter slechts in zoverre niet aansprakelijk als de kapitein, door de hem gegeven aanwijzing op te volgen, onredelijk handelde.

1. In the case of a voyage-charter, the charterer must timely indicate the place of loading and unloading.

2. For that purpose, he must indicate a customary place, available forthwith or within a reasonable period, which the vessel can safely reach, where it can safely remain, load and unload, and from where it can safely leave.

3. When the charterer does not perform this obligation or, if there is more than one charterer, when they

1. Dans le cas de l'affrètement au voyage, l'affréteur indique en temps utile les lieux de chargement et de déchargement.

2. À cette fin, il indique un lieu habituel, qui est disponible immédiatement ou dans un délai normal, où le navire peut se rendre, mouiller, charger ou décharger en toute sécurité et qu'il peut de même quitter en toute sécurité.

3. Lorsque l'affréteur ne remplit pas cette obligation ou que, s'il y a plusieurs affréteurs, ils ne sont pas unanimes dans

are not unanimous in the indication, the lessor himself must indicate the place of loading or unloading, without need for him to be summoned.
4. If the charterer indicates more than one place, the time necessary for shifting counts as time used for loading or unloading. The charterer bears the costs of shifting.
5. The charterer shall warrant the fact that the vessel can safely reach, remain, load and unload at the place which, pursuant to the first paragraph, he indicates for loading or unloading, and that it can safely leave from there. If this place proves not to comply with these requirements, the charterer is not liable only to the extent that the captain has acted unreasonably in following the indication given to him.

l'indication du lieu, le fréteur indique lui-même le lieu de chargement ou de déchargement, sans qu'une sommation ne soit requise.
4. Si l'affréteur indique plus d'un endroit, le temps nécessaire pour le déhalage est considéré comme temps de chargement ou de déchargement. Les frais en incombent à l'affréteur.
5. L'affréteur garantit que le navire peut se rendre, mouiller, charger ou décharger en toute sécurité au lieu qu'il a indiqué pour le chargement et le déchargement conformément au paragraphe premier et qu'il peut de même le quitter en toute sécurité. Si le lieu s'avère non conforme à ces exigences, l'affréteur n'en est pas responsable dans la seule mesure où le capitaine a agi déraisonnablement en suivant l'indication qui lui a été fournie.

Art. 420 (8.5.2.39) Wanneer in geval van reisbevrachting de bevrachter de bevoegdheid heeft laad- of loshaven nader aan te wijzen, is artikel 419 van overeenkomstige toepassing.

Where, in the case of a voyage-charter, the charterer has the right to specify the port of loading or unloading, article 419 applies *mutatis mutandis*.

Lorsque, s'agissant d'un affrètement au voyage, l'affréteur a la faculté de préciser le port de chargement ou de déchargement, l'article 419 s'applique par analogie.

Art. 421 (8.5.2.40) Behalve in geval van bevrachting is de vervoerder verplicht de zaken aan boord van het schip te laden en te stuwen.

Except in the case of chartering, the carrier must load the things on board the vessel, and he must stow them.

Sauf le cas de l'affrètement, le transporteur charge et arrime les choses à bord du navire.

Art. 422 (8.5.2.41) - 1. Voor zover de vervoerder verplicht is tot laden, is hij gehouden zulks in de overeengekomen laadtijd te doen.
- 2. Voor zover de afzender verplicht is tot laden of stuwen, staat hij er voor in dat zulks in de overeengekomen laadtijd geschiedt.
- 3. Werd geen laadtijd vastgesteld, dan behoort de inlading te geschieden zo snel als ter plekke voor een schip als het betrokken schip gebruikelijk of redelijk is.
- 4. Bepaalt de vervoerovereenkomst overliggeld, doch niet de overligtijd, dan wordt deze tijd vastgesteld op acht opeenvolgende etmalen of, als op de ligplek een ander aantal redelijk of gebruikelijk is, op dit aantal.

ART. 423   BOEK 8

- 5. De wettelijke bepalingen omtrent boetebedingen zijn niet van toepassing op bedingen met betrekking tot overliggeld.
- 6. Schuldenaren van overliggeld en een mogelijkerwijs uit hoofde van het tweede lid verschuldigde schadevergoeding zijn tot betaling daarvan hoofdelijk verbonden.

1. To the extent that the carrier is obliged to load, he must do so within the agreed loading time.
2. To the extent that the consignor is obliged to load or to stow, he warrants that such will occur within the agreed loading time.
3. Where no loading time has been fixed, loading should occur as rapidly as is locally customary or reasonable for a vessel as the one involved.
4. Where the contract of carriage provides for demurrage but not for the time of demurrage, this time is fixed at eight consecutive days or, if at the place of berth another number is reasonable or customary, at this number.
5. The statutory provisions regarding penal clauses do not apply to stipulations with respect to demurrage.
6. Debtors of demurrage and of damages, which may be owed pursuant to the second paragraph, are solidarily liable for payment thereof.

1. Dans la mesure où le transporteur est tenu au chargement, il l'accomplit dans le délai de chargement convenu.
2. Dans la mesure où l'expéditeur est tenu au chargement ou à l'arrimage, il se porte garant que cela sera accompli dans le délai de chargement convenu.
3. À défaut de délai convenu, le chargement s'accomplit de façon aussi rapide qu'il est habituel ou convenable en ce lieu pour un navire comme celui en question.
4. Si le contrat de transport détermine l'indemnité, mais non le délai de surestarie, celui-ci est fixé à huit jours consécutifs ou au nombre habituel ou convenable à cet endroit, s'il est différent.
5. Les dispositions légales relatives aux clauses pénales ne s'appliquent pas aux stipulations portant sur les surestaries.
6. Les débiteurs de surestaries et d'autres indemnités éventuellement dues par application du paragraphe deuxième sont tenus solidairement au paiement.

Art. 423 (8.5.2.42) - 1. Onder een vervoerovereenkomst onder cognossement mogen zaken van ontvlambare, explosieve of gevaarlijke aard, tot de inlading waarvan de vervoerder, de kapitein of de agent van de vervoerder geen toestemming zou hebben gegeven, wanneer hij de aard of de gesteldheid daarvan had gekend, te allen tijde vóór de lossing door de vervoerder op iedere plaats worden gelost of vernietigd of onschadelijk gemaakt zonder schadevergoeding, en de afzender van deze zaken is aansprakelijk voor alle schade en onkosten, middellijk of onmiddellijk voortgevloeid of ontstaan uit het inladen daarvan.
- 2. Indien onder een vervoerovereenkomst onder cognossement enige zaak, als bedoeld in het eerste lid, ingeladen met voorkennis en toestemming van de vervoerder, een gevaar wordt voor het schip of de lading, mag zij evenzo door de vervoerder worden gelost of vernietigd of onschadelijk gemaakt zonder enige aansprakelijkheid van de vervoerder, tenzij voor avarij-grosse, indien daartoe gronden bestaan.

1. In a contract of carriage under a bill of lading, things of an

1. Sous l'empire d'un contrat de transport sous connaissement, le

inflammable, explosive or dangerous nature which the carrier, captain or agent of the carrier would not have consented to be loaded had he known the nature or condition thereof, may be unloaded at any place, destroyed or rendered harmless at any time before the unloading by the carrier and this without compensation, and the consignor of these things is liable for all damage and costs which have directly or indirectly resulted or arisen from the loading thereof.
2. If, in a contract of carriage under a bill of lading, any thing as referred to in the first paragraph, loaded with the knowledge and consent of the carrier, becomes a danger for the vessel or the cargo, it may also be unloaded, destroyed or rendered harmless by the carrier without any liability on his part except for general average, if there are reasons therefore.

transporteur peut, à tout moment avant le déchargement et sans indemnité, débarquer, détruire ou rendre inoffensives à tout endroit les choses de nature inflammable, explosive ou dangereuse, à l'embarquement desquels le transporteur, le capitaine ou l'agent du transporteur, connaissant leur nature ou condition, n'auraient pas consenti, et l'expéditeur de ces choses sera responsable des dommages et dépenses provenant ou résultant, directement ou indirectement, de leur embarquement.
2. Si, sous l'empire d'un contrat de transport sous connaissement, une des choses visées au paragraphe premier, embarquées à la connaissance et avec le consentement du transporteur, devenait un danger pour le navire ou la cargaison, le transporteur pourrait de même la débarquer, la détruire ou la rendre inoffensive sans responsabilité de sa part, si ce n'est du chef d'avaries communes s'il y a lieu.

Art. 424 (8.5.2.43) - 1. Behalve in geval van tijd- of reisbevrachting is de vervoerder wanneer, nadat de inlading een aanvang heeft genomen, het schip vergaat of zodanig beschadigd blijkt te zijn, dat het schip het herstel, nodig voor de uitvoering van de overeenkomst, niet waard is of dat dit herstel binnen redelijke tijd niet mogelijk is, na lossing van de zaken bevoegd de overeenkomst te beëindigen, mits hij dit zo spoedig mogelijk doet.
- 2. Vermoed wordt dat het vergaan of de beschadiging van het schip is te wijten aan een omstandigheid, die voor rekening van de vervoerder komt; voor rekening van de vervoerder komen die omstandigheden, die in geval van beschadiging van door hem vervoerde zaken voor zijn rekening komen.
- 3. De vervoerder verwittigt, zo mogelijk, de afzender, degeen aan wie de zaken moeten worden afgeleverd en degeen aan wie hij volgens de bepalingen van een mogelijkerwijs afgegeven cognossement bericht van aankomst van het schip moet zenden.
- 4. Het derde, het vierde en het vijfde lid van artikel 398 zijn van toepassing.

1. Except in the case of time- or voyage-chartering, when, after the commencement of loading, the vessel is wrecked or proves to be damaged in such a fashion that the repair, necessary to perform the contract, is not worth it or cannot be done within a reasonable period, the carrier is entitled to terminate the contract after the unloading of the things, provided

1. Sauf dans le cas de l'affrètement à temps ou au voyage, le transporteur peut, à la condition de le faire aussitôt que possible, mettre fin au contrat après avoir débarqué les choses, lorsque, après le commencement du chargement, le navire périt ou s'avère endommagé au point où la réparation nécessaire pour l'exécution du contrat n'en vaut pas la peine ou ne peut être effectuée dans un

that he does this as soon as possible.
2. The wrecking of the vessel or the damage to it is presumed to be due to a fact for which the carrier is answerable; the carrier is answerable for those facts for which he is answerable in case of damage to things he carries.
3. If possible, the carrier notifies the consignor, the person to whom the things must be delivered, and the person to whom he must send a notice of arrival of the vessel according to the provisions of a bill of lading which may have been issued.
4. Paragraphs 3, 4 and 5 of article 398 apply.

délai convenable.
2. Il y a présomption que la perte ou l'avarie du navire est attribuable à une circonstance incombant au transporteur; lui incombent les circonstances qui lui incomberaient dans le cas de l'avarie des choses par lui transportées.
3. Le transporteur avise, si possible, l'expéditeur, la personne à qui les choses doivent être livrées et celle à qui, conformément aux dispositions du connaissement, s'il en a été délivré, il doit envoyer avis de l'arrivée du navire.
4. Les troisième, quatrième et cinquième paragraphes de l'article 398 s'appliquent.

Art. 425 (8.5.2.44) - 1. In geval van tijd- of reisbevrachting is ieder der partijen, mits zij dit zo spoedig mogelijk doet, bevoegd de overeenkomst geheel of met betrekking tot een gedeelte der zaken op te zeggen, wanneer het schip, zonder dat het vergaan is, zodanig beschadigd blijkt te zijn, dat het schip het herstel, nodig voor de uitvoering van de overeenkomst, niet waard is of dat dit herstel binnen redelijke tijd niet mogelijk is.
- 2. De reisbevrachter komt de hem in het eerste lid van dit artikel toegekende bevoegdheid ten aanzien van reeds aan boord ontvangen zaken niet toe, indien de vervrachter, zodra hem dit redelijkerwijs mogelijk was, heeft verklaard dat hij deze zaken, zij het niet in het bevrachte schip, ondanks de beëindiging van de overeenkomst naar hun bestemming zal vervoeren; zulk vervoer wordt vermoed op grond van de oorspronkelijke overeenkomst plaats te vinden.
- 3. De opzegging geschiedt door telegram of bericht per telex of door enig ander spoedbericht, waarvan de ontvangst duidelijk aantoonbaar is en de overeenkomst eindigt op het ogenblik van ontvangst daarvan, doch ten aanzien van reeds aan boord ontvangen zaken, eerst na lossing van die zaken. Een in een dergelijk telegram of bericht vervatte mededeling, dat de vervrachter zaken alsnog, doch niet in het bevrachte schip, naar hun bestemming zal vervoeren, houdt met betrekking tot die zaken opzegging van de overeenkomst in.
- 4. Ten aanzien van reeds ten vervoer ontvangen zaken wordt vermoed, dat de beschading van het schip is te wijten aan een omstandigheid, die voor rekening van de vervrachter komt; voor rekening van de vervrachter komen die omstandigheden, die in geval van beschadiging van door hem vervoerde zaken voor zijn rekening komen.
- 5. Het derde, het vierde en het vijfde lid van artikel 398 zijn van toepassing met dien verstande, dat ingeval van tijdbevrachting vracht verschuldigd blijft tot op het tijdstip van de lossing der zaken.

1. In the case of time- or voyage-chartering, each of the parties, provided that he does so as soon as

1. Dans le cas de l'affrètement à temps ou au voyage, chaque partie peut, à condition de le faire le plus tôt possible,

possible, is entitled to cancel the contract, totally or with respect to part of the things when the vessel, without being wrecked, proves to be damaged in such a fashion that the repair, necessary to perform the contract, is not worth it or cannot be done within a reasonable period.

2. The voyage-charterer may not use the power given him in the first paragraph of this article with respect to things already received on board if the lessor, as soon as reasonably possible, has declared that he will carry these things to their destination notwithstanding the termination of the contract, albeit not in the chartered vessel; such carriage is presumed to take place on the basis of the original contract.

3. Cancellation takes place by telegram or telex message or by any other urgent message the reception of which can be clearly demonstrated, and the contract is terminated at the time of reception of the message; however, for things already received on board, the contract is terminated only after unloading of these things. Information contained in such a telegram or message to the effect that the lessor will as yet carry things to their destination, albeit not in the chartered vessel, entails cancellation of the contract with respect to those things.

4. With respect to things already received for carriage, it is presumed that the damage to the vessel is due to a fact for which the lessor is answerable; the lessor is answerable for those facts for which he is answerable in case of damage to things he carries.

5. Paragraphs 3, 4 and 5 of Article 398 apply, upon the understanding that, in case of time-chartering, freight remains owed until the time of unloading of the things.

résilier le contrat en entier ou relativement à une partie des choses, lorsque le navire, sans avoir péri, est endommagé au point où la réparation nécessaire pour l'exécution du contrat n'en vaut pas la peine ou ne peut être effectuée dans un délai raisonnable.

2. L'affréteur à temps n'a pas la faculté accordée au paragraphe premier à l'égard des choses déjà reçues à bord, si le fréteur, dès que cela lui est normalement possible, a déclaré qu'il les transportera à destination, malgré la résiliation du contrat et autrement que sur le navire affrété; un tel transport est présumé effectué en exécution du contrat original.

3. La résiliation a lieu par télégramme, télex ou tout autre message urgent dont la réception peut être clairement démontrée; le contrat prend fin au moment de la réception du message, mais, à l'égard des choses déjà reçues à bord, seulement après leur débarquement. La communication dans un tel télégramme ou message, portant que l'affréteur transportera les choses à destination, mais non dans le navire affrété, emporte résiliation du contrat à l'égard de ces choses.

4. À l'égard des choses déjà prises en charge aux fins de transport, il y a présomption que l'endommagement du navire est attribuable à une circonstance incombant à l'affréteur; lui incombent les circonstances qui lui incomberaient dans le cas de l'avarie des choses par lui transportées.

5. Les troisième, quatrième et cinquième paragraphes de l'article 398 s'appliquent, étant entendu que, s'agissant de l'affrètement à temps, le fret reste dû jusqu'au moment du débarquement des choses.

Art. 426 (8.5.2.45) - 1. In geval van tijd- of reisbevrachting eindigt de overeenkomst met het vergaan van het schip. In geval van langdurige tijdingloosheid wordt vermoed, dat het schip is vergaan te 2400 uur Universele Tijd van de dag, waarop het laatste bericht is ontvangen.
- 2. Ten aanzien van reeds ten vervoer ontvangen zaken wordt vermoed, dat het vergaan van het schip is te wijten aan een omstandigheid, die voor rekening van de vervrachter komt; voor rekening van de vervrachter komen die omstandigheden, die in geval van beschadiging van door hem vervoerde zaken voor zijn rekening komen.
- 3. Vervoert de vervrachter ondanks het vergaan van het schip zaken die reeds aan boord waren ontvangen alsnog naar hun bestemming, dan wordt in geval van reisbevrachting dit vervoer vermoed op grond van de oorspronkelijke overeenkomst plaats te vinden.
- 4. De vervrachter verwittigt de bevrachter zo spoedig als dit mogelijk is.
- 5. Het derde, het vierde en het vijfde lid van artikel 398 zijn van toepassing.

1. In the case of time- or voyage-chartering, the contract is terminated with the wrecking of the vessel. In case of prolonged absence of news, it is presumed that the vessel was wrecked at 24 hours Universal Time, on the day on which the last news was received.
2. With respect to things already received for carriage, it is presumed that the wrecking of the vessel is due to a fact for which the lessor is answerable; the lessor is answerable for those facts for which he is answerable in case of damage to things he carries.
3. Where the lessor, despite the wrecking of the vessel, as yet carries things already received on board to their destination, such carriage, in the case of voyage-chartering, is presumed to take place on the basis of the original contract.
4. The lessor notifies the charterer as soon as possible.
5. Paragraphs 3, 4 and 5 of article 398 apply.

1. S'agissant de l'affrètement à temps ou au voyage, le contrat prend fin par la perte du navire. Lorsque l'on est sans nouvelles du navire depuis longtemps, il est présumé perdu à 24h00, Heure Universelle, du jour de la réception de la dernière nouvelle.
2. À l'égard des choses déjà prises en charge aux fins de transport, il y a présomption que la perte du navire est attribuable à une circonstance incombant à l'affréteur; lui incombent les circonstances qui lui incomberaient dans le cas de l'avarie des choses par lui transportées.
3. L'affréteur qui, malgré la perte du navire, transporte à destination les choses déjà reçues à bord est présumé, s'agissant de l'affrètement au voyage, transporter en exécution du contrat original.
4. Le fréteur avise l'affréteur dès que possible.
5. Les troisième, quatrième et cinquième paragraphes de l'article 398 s'appliquent.

Art. 427-439 *Gereserveerd.*

Reserved.

Réservés.

Art. 440 (8.5.2.46) - 1. De afzender - of, indien een cognossement is afgegeven, uitsluitend de in artikel 441 bedoelde houder daarvan en dan alleen tegen afgifte

van alle verhandelbare exemplaren van dit cognossement - is bevoegd, voor zover de vervoerder hieraan redelijkerwijs kan voldoen, aflevering van ten vervoer ontvangen zaken of, indien daarvoor een cognossement is afgegeven, van alle daarop vermelde zaken gezamenlijk, vóór de aankomst ter bestemmingsplaats te verlangen, mits hij de vervoerder en de belanghebbenden bij de overige lading ter zake schadeloos stelt. Hij is verplicht tot bijdragen in een avarij-grosse, wanneer de avarij-grosse handeling plaatshad met het oog op een omstandigheid, waarvan reeds vóór de aflevering is gebleken.
- 2. Hij kan dit recht niet uitoefenen, wanneer door de voortijdige aflevering de reis zou worden vertraagd.
- 3. Zaken, die ingevolge het eerste lid zijn afgeleverd, worden aangemerkt als ter bestemming afgeleverde zaken en de bepalingen van deze afdeling nopens de aflevering van zaken, alsmede de artikelen 490 en 491 zijn van toepassing.

1. To the extent that the carrier can reasonably comply, the consignor - or, if a bill of lading has been issued, only the holder thereof as referred to in article 441 and then solely against the handing over of all negotiable copies of this bill of lading- is entitled to demand, before arrival at the place of destination, the delivery of the things received for carriage, or if a bill of lading has been issued for them, the delivery of all things mentioned therein together, provided that the consignor or holder indemnify the carrier and the parties having an interest in the remainder of the cargo in respect of this delivery. He must contribute to general average when the act pertaining to it took place with respect to a fact already having become apparent before the delivery.
2. He may not exercise this right where the premature delivery would delay the voyage.
3. Things, delivered pursuant to the first paragraph, are deemed to be things delivered to destination and the provisions of this section regarding the delivery of things, as well as articles 490 and 491 apply.

1. L'expéditeur ou, si un connaissement a été délivré, le porteur visé à l'article 441 exclusivement, et alors contre remise de tous les exemplaires négociables du connaissement seulement, est en droit, dans la mesure où le transporteur peut raisonnablement y obtempérer, de demander livraison de choses prises en charge aux fins de transport ou, si un connaissement a été délivré pour celles-ci, de toutes les choses qui y sont énumérées ensemble avant l'arrivée à destination, pourvu qu'il indemnise le transporteur et ceux qui ont un intérêt quant au reste de la cargaison. Il contribue aux avaries communes lorsque l'acte qui y donne lieu a été accompli en vue d'une circonstance déjà apparente avant la livraison.

2. Il ne peut exercer ce droit lorsque la livraison anticipée retarderait le voyage.

3. Les choses livrées par application du paragraphe premier sont réputées livrées à destination et les dispositions de la présente section relatives à la livraison des choses, de même que les articles 490 et 491, s'appliquent.

Art. 441 (8.5.2.47) - 1. Indien een cognossement is afgegeven, heeft uitsluitend de regelmatige houder daarvan, tenzij hij niet op rechtmatige wijze houder is geworden, jegens de vervoerder onder het cognossement het recht aflevering van de zaken overeenkomstig de op de vervoerder rustende verplichtingen te vorderen; daarbij is artikel 387 van toepassing.

- 2. Jegens de houder van het cognossement, die niet de afzender was, is de vervoerder onder cognossement gehouden aan en kan hij een beroep doen op de bedingen van dit cognossement. Jegens iedere houder van het cognossement, kan hij de uit het cognossement duidelijk kenbare rechten tot betaling geldend maken. Jegens de houder van het cognossement, die ook de afzender was, kan de vervoerder zich bovendien op de bedingen van de vervoerovereenkomst en op zijn persoonlijke verhouding tot de afzender beroepen.

1. If a bill of lading has been issued, only its regular holder has the right to demand delivery of the things from the carrier under the bill of lading according to the obligations resting upon the carrier, unless he has not become a holder lawfully; article 387 applies.
2. The carrier under a bill of lading is bound by and may invoke the stipulations of this bill of lading against the holder of the bill who was not the consignor. Against each holder of the bill of lading he can assert the rights to payment which are clearly knowable from the bill. Against the holder of the bill of lading who was also the consignor, the carrier may, in addition, invoke the stipulations of the contract of carriage and his personal relationship with the consignor.

1. Si un connaissement a été délivré, seul le porteur régulier, à moins qu'il ne le soit pas devenu de manière licite, a le droit de demander au transporteur la livraison des choses sous l'empire du connaissement et conformément aux obligations incombant à ce dernier; l'article 387 s'y applique.
2. À l'égard du porteur du connaissement non-expéditeur, le transporteur sous connaissement est lié par les clauses de celui-ci et il peut les invoquer. À l'égard de tout porteur du connaissement, il peut faire valoir les droits au paiement qui apparaissent clairement au connaissement. À l'égard du porteur du connaissement expéditeur, le transporteur peut, en outre, se prévaloir des clauses du contrat de transport et de son rapport personnel avec l'expéditeur.

Art. 442 (8.5.2.47a) - 1. Indien bij toepassing van artikel 461 verscheidene personen als vervoerder onder het cognossement moeten worden aangemerkt zijn dezen jegens de in artikel 441 eerste lid bedoelde cognossementhouder hoofdelijk verbonden.
- 2. In het in het eerste lid genoemde geval is ieder der vervoerders gerechtigd de uit het cognossement blijkende rechten jegens de cognossementhouder uit te oefenen en is deze jegens iedere vervoerder gekweten tot op het opeisbare bedrag dat hij op grond van het cognossement aan één hunner heeft voldaan. Titel 7 van Boek 3 is niet van toepassing.

1. If, in applying article 461, several persons must be considered as carrier under the bill of lading, they are solidarily liable towards the holder of the bill of lading as referred to in the first paragraph of article 441.
2. In the case referred to in the first paragraph, each of the carriers is entitled to exercise the rights

1. Si, par application de l'article 461, plusieurs personnes doivent être considérées comme transporteur aux fins du connaissement, elles sont solidairement tenues à l'égard du porteur du connaissement visé au paragraphe premier de l'article 441.
2. Dans le cas visé au paragraphe premier, chacun des transporteurs peut exercer, à l'égard du porteur du

appearing from the bill of lading against the holder of the bill, and the latter is discharged regarding each carrier up to the exigible amount which he has paid to one of them pursuant to the bill of lading. Title 7 of Book 3 does not apply.

connaissement, les droits qui apparaissent et celui-ci est libéré à l'égard de chacun d'eux jusqu'à concurrence de la somme exigible qu'il a payée en exécution du connaissement à l'un d'entre eux. Le titre septième du Livre troisième ne s'applique pas.

Art. 443-459 *Gereserveerd.*

Reserved.

Réservés.

Art. 460 (8.5.2.48) Van de houders van verschillende exemplaren van hetzelfde cognossement heeft hij het beste recht, die houder is van het exemplaar, waarvan ná de gemeenschappelijke voorman, die houder was van al die exemplaren, het eerst een ander houder is geworden te goeder trouw en onder bezwarende titel.

Amongst the holders of different copies of the same bill of lading, the best right belongs to the holder of the first copy of which, after the common author who was holder of all those copies, another person has become holder in good faith and by onerous title.

A le meilleur droit, parmi les porteurs de différents exemplaires du même connaissement, celui qui détient le premier exemplaire dont, après l'auteur commun porteur de tous les exemplaires, un autre est devenu porteur de bonne foi et à titre onéreux.

Art. 461 (8.5.2.49) - 1. Onverminderd de overige leden van dit artikel worden als vervoerder onder het cognossement aangemerkt hij die het cognossement ondertekende of voor wie een ander dit ondertekende alsmede hij wiens formulier voor het cognossement is gebezigd.
- 2. Indien de kapitein of een ander voor hem het cognossement ondertekende, wordt naast degenen genoemd in het eerste lid, die tijd- of reisbevrachter, die vervoerder is bij de laatste overeenkomst in de keten der exploitatie-overeenkomsten als bedoeld in afdeling 1 van titel 5, als vervoerder onder het cognossement aangemerkt. Indien het schip in rompbevrachting is uitgegeven wordt naast deze eventuele tijd- of reisbevrachter ook de laatste rompbevrachter als vervoerder onder het cognossement aangemerkt. Is het schip niet in rompbevrachting uitgegeven dan wordt naast de hier genoemde eventuele tijd- of reisbevrachter ook de reder als vervoerder onder het cognossement aangemerkt.
- 3. In afwijking van de vorige leden wordt uitsluitend de laatste rompbevrachter, onderscheidenlijk de reder, als vervoerder onder het cognossement aangemerkt indien het cognossement uitsluitend deze rompbevrachter, onderscheidenlijk de reder, uitdrukkelijk als zodanig aanwijst en, in geval van aanwijzing van de rompbevrachter, bovendien diens identiteit uit het cognossement duidelijk kenbaar is.
- 4. Dit artikel laat het tweede lid van artikel 262 onverlet.
- 5. Nietig is ieder beding, waarbij van dit artikel wordt afgeweken.

1. Without prejudice to the remaining paragraphs of this article, the person who signed the bill of

1. Sans préjudice des autres paragraphes du présent article, est réputé transporteur aux fins du connaissement

lading, the person for whom another person signed, as well as the person whose form was used for the bill of lading are deemed to be carriers under the bill of lading.

2. If the captain signed the bill of lading or another person for him, that time- or voyage-charterer who is the carrier in the last contract in the chain of contracts of operation as referred to in Section 1 of Title 5, is deemed to be carrier under the bill of lading in addition to the persons mentioned in the first paragraph. If the vessel has been leased under a bare-boat charter, the last bare-boat charterer too is deemed to be carrier under the bill of lading, in addition to this possible time- or voyage-charterer. If the vessel has not been leased under a bare-boat charter, the shipowner too is deemed to be carrier under the bill of lading, in addition to this possible time- or voyage charterer.

3. By derogation from the previous paragraphs, only the last bare-boat charterer or the shipowner is deemed to be carrier under the bill of lading, if the bill explicitly designates as such the bare-boat charterer or the shipowner, and in addition, in case of designation of the bare-boat charterer, if his identity is clearly knowable from the bill of lading.

4. This article does not affect the second paragraph of article 262.

5. Any stipulation derogating from this article is null.

celui qui l'a signé ou pour qui un autre l'a signé, de même que celui dont la formule a été employée comme connaissement.

2. Si le capitaine ou une autre personne pour lui a signé le connaissement, est réputé transporteur aux fins du connaissement, aux côtés des personnes visées au paragraphe premier, l'affréteur à temps ou au voyage qui est transporteur aux fins du dernier contrat dans la chaîne des contrats d'exploitation visés à la Section première du Titre cinquième. Si le navire est donné en affrètement coque nue, le dernier affréteur coque nue est lui aussi réputé transporteur aux fins du connaissement, aux côtés de cet éventuel affréteur à temps ou au voyage. Si le navire n'est pas donné en affrètement coque nue, l'armateur est lui aussi réputé transporteur aux fins du connaissement, aux côtés de cet éventuel affréteur à temps ou au voyage.

3. Par dérogation aux paragraphes précédents, seul le dernier affréteur coque nue, soit l'armateur, est réputé transporteur aux fins du connaissement, si celui-ci ne désigne à ce titre que cet affréteur coque nue, soit l'armateur, et que, dans le cas de l'affréteur coque nue, en outre son identité apparaît clairement au connaissement.

4. Le présent article ne porte pas atteinte au deuxième paragraphe de l'article 262.

5. Toute stipulation dérogatoire au présent article est nulle.

Art. 462 (8.5.2.49a) - 1. Het eerste lid van artikel 461 vindt geen toepassing indien de als vervoerder onder het cognossement aangemerkte persoon bewijst dat hij die het cognossement voor hem ondertekende daarbij de grenzen zijner bevoegdheid overschreed of dat het formulier zonder zijn toestemming is gebezigd. Desalniettemin wordt een in het eerste lid van artikel 461 bedoelde persoon als vervoerder onder het cognossement aangemerkt, indien de houder van het cognossement bewijst dat op het ogenblik van uitgifte van het cognossement, op grond van een verklaring of gedraging van hem voor wie is ondertekend of wiens formulier is gebezigd, redelijkerwijs mocht worden aangenomen, dat hij die

ondertekende daartoe bevoegd was of dat het formulier met toestemming was gebezigd.
- 2. In afwijking van het eerste lid wordt de rederij als vervoerder onder het cognossement aangemerkt indien haar boekhouder door ondertekening van het cognossement de grenzen zijner bevoegdheid overschreed, doch zij wordt niet gebonden jegens de eerste houder van het cognossement die op het ogenblik van uitgifte daarvan wist dat de boekhouder de grenzen zijner bevoegdheid overschreed.
- 3. Een beroep op het tweede lid van artikel 461 is mogelijk ook indien de kapitein door ondertekening van het cognossement of door een ander de bevoegdheid te geven dit namens hem te ondertekenen, de grenzen zijner bevoegdheid overschreed, doch dergelijk beroep staat niet open aan de eerste houder van het cognossement die op het ogenblik van uitgifte daarvan wist dat de kapitein de grenzen zijner bevoegdheid overschreed.
- 4. Het derde lid vindt eveneens toepassing indien hij die namens de kapitein het cognossement ondertekende daarbij de grenzen zijner bevoegdheid overschreed.

1. The first paragraph of article 461 does not apply if a person deemed to be a carrier under the bill of lading proves that the person who signed the bill of lading for him exceeded the boundaries of his power in doing so, or that the form was used without his permission. Nevertheless, a person referred to in the first paragraph of article 461 is deemed to be carrier under the bill of lading if its holder proves that, at the time of the issuance of the bill, it could be reasonably assumed, on the basis of a declaration or the conduct of the person for whom it was signed or whose form was used, that the person signing was entitled to do so or that the form was used with permission.
2. By derogation from the first paragraph, the shipping enterprise is deemed to be a carrier under the bill of lading if its administrator, by signing the bill of lading, exceeded the boundaries of his power; however, the enterpise does not become bound towards the first holder of the bill of lading who, at the time of its issuance, knew that the administrator had exceeded the boundaries of his power.
3. The second paragraph of article 461 may also be invoked if the

1. Le paragraphe premier de l'article 461 ne s'applique pas si la personne réputée transporteur aux termes du connaissement établit que celui qui l'a signé pour lui a outrepassé les limites de ses pouvoirs ou que la formule a été utilisée sans son consentement. La personne visée au paragraphe premier de l'article 461 est néanmoins réputée transporteur aux fins du connaissement si son porteur établit que, au moment de sa délivrance, l'on pouvait normalement présumer, sur la foi d'une déclaration ou des actes de celui pour qui le connaissement a été signé ou dont la formule a été utilisée, que celui qui l'a signé avait le pouvoir de le faire ou que la formule a été utilisée à bon droit.

2. Par dérogation au paragraphe premier, l'entreprise d'armement est réputée transporteur aux fins du connaissement, si le gérant, en le signant, a outrepassé les limites de ses pouvoirs, mais elle n'est pas engagée à l'égard du premier porteur du connaissement qui, au moment de sa délivrance, savait que le gérant outrepassait les limites de ses pouvoirs.

3. On peut également invoquer le paragraphe deuxième de l'article 461 si

captain, by signing the bill of lading or by giving another person the power to sign on his behalf, exceeded the boundaries of his power; however, this option is not open to the first holder of the bill of lading who, at the time of its issuance, knew that the captain had exceeded the boundaries of his power.
4. Paragraph 3 also applies if the person who signed the bill of lading on behalf of the captain exceeded the boundaries of his power in doing so.

le capitaine outrepassait ses pouvoirs en signant le connaissement ou en accordant à un autre le pouvoir de le faire en son nom; toutefois, le premier porteur du connaissement qui, au moment de sa délivrance, savait que le capitaine outrepassait ses pouvoirs ne peut l'invoquer.

4. Le paragraphe troisième s'applique également si celui qui signait le connaissement au nom du capitaine outrepassait, ce faisant, les limites de ses pouvoirs.

Art. 463-479 *Gereserveerd.*

Reserved.

Réservés.

Art. 480 (8.5.2.50) - 1. Is een vervrachter ingevolge artikel 461 tot meer gehouden dan waartoe hij uit hoofde van zijn bevrachting is verplicht of ontving hij minder dan waartoe hij uit dien hoofde is gerechtigd, dan heeft hij - mits de ondertekening van het cognossement of de afgifte van het formulier plaatsvond krachtens het in de bevrachting bepaalde, dan wel op verzoek van de bevrachter - deswege op deze laatste verhaal.
- 2. Hetzelfde geldt voor een ingevolge het eerste lid aangesproken bevrachter, die op zijn beurt vervrachter is.

1. Where, as a consequence of article 461, a lessor is bound to more than what he is obligated to pursuant to his chartering, or where he has received less than what he is entitled to pursuant to his chartering, he has recourse therefor against the charterer, provided that the bill of lading was signed or the document handed over according to the provisions in the charter-party or upon the request of the charterer.
2. The same applies to a charterer sued according to the first paragraph if, in his turn, he is lessor.

1. Si, par application de l'article 461, le fréteur est tenu à plus que ce à quoi l'affrètement l'engage ou s'il a reçu moins que ce à quoi l'affrètement lui donne droit, il a alors, pourvu que la signature du connaissement ou la remise de la formule ait eu lieu conformément à ce qui était prévu à l'affrètement ou encore à la requête de l'affréteur, un recours contre ce dernier.

2. Il en est de même pour l'affréteur, poursuivi conformément au paragraphe premier, qui est à son tour fréteur.

Art. 481 (8.5.2.51) - 1. De houder van het cognossement, die zich tot ontvangst van de zaken heeft aangemeld, is verplicht, voordat hij deze heeft ontvangen, het cognossement van kwijting te voorzien en aan de vervoerder af te geven.
- 2. Hij is gerechtigd het cognossement tot zekerheid der afgifte daarvan bij een, in geval van geschil op verzoek van de meest gerede partij door de rechter aan te wijzen, derde in bewaring te geven totdat de zaken afgeleverd zijn.

1. The holder of the bill of lading who has applied to receive the things must, before reception, put a discharge on the bill and hand it over to the carrier.

2. To secure the delivery of the things, he is entitled to deposit the bill of lading with a third person until their delivery; in case of dispute, the third person is designated by the judge upon the request of the most diligent party.

1. Le porteur du connaissement qui s'est présenté pour recevoir les choses est tenu, avant de les recevoir, de marquer le connaissement d'une quittance et de le remettre au transporteur.

2. Il a le droit, afin d'assurer la remise des choses, de déposer le connaissement, jusqu'à leur livraison, entre les mains d'un tiers que, en cas de différend, le juge désigne à la requête de la partie la plus diligente.

Art. 482 (8.5.2.52) - 1. Een door de vervoerder na intrekking van het cognossement afgegeven document dat de houder daarvan recht geeft op aflevering van in dat cognossement genoemde zaken, wordt met betrekking tot deze zaken met het cognossement gelijk gesteld. Het cognossement wordt vermoed van het hier bedoelde document deel uit te maken. Hij die dit document ondertekende of voor wie een ander dit ondertekende, noch hij wiens formulier werd gebruikt, wordt door het blote feit van deze ondertekening of dit gebruik als vervoerder onder het cognossement aangemerkt.
- 2. Tenzij in documenten als bedoeld in het eerste lid anders is bepaald, zijn de houders daarvan hoofdelijk verbonden voor de verbintenissen die uit het vervoer van de onder het cognossement vervoerde zaken voor de houder van dat cognossement voortvloeien.

1. A document issued by the carrier after he has taken in the bill of lading and given its holder the right to delivery of the things, mentioned in the bill of lading, is assimilated with the bill of lading with respect to these things. The bill of lading is presumed to form part of the document referred to. Neither the person who signed this document nor the person for whom another person signed it, nor the person whose form was used are deemed to be carriers under the bill of lading by the mere fact of this signature or use.

2. Unless otherwise provided for in documents as referred to in the first paragraph, their holders are solidarily bound by the obligations resulting for the holder of the bill of lading from the carriage of the things transported under the bill.

1. Le document délivré par le transporteur après le retrait du connaissement, donnant au porteur droit à la livraison des choses énumérées dans celui-ci, est assimilé au connaissement en ce qui regarde ces choses. Le connaissement est présumé faire partie du document visé. Celui qui a signé le document ou pour qui un autre l'a signé, ni celui dont la formule a été utilisée n'est, du seul fait de la signature ou de l'utilisation, réputé transporteur aux fins du connaissement.

2. Les porteurs de documents visés au paragraphe premier sont, à moins de disposition contraire, tenus solidairement des obligations résultant, pour le porteur du connaissement, du transport des choses effectué aux termes de ce connaissement.

Art. 483 (8.5.2.53) - 1. Behalve in geval van bevrachting is de vervoerder verplicht de zaken uit het schip te lossen.
- 2. Op de lossing van de zaken vindt artikel 422 overeenkomstige toepassing.

1. Except in the case of chartering, the carrier is obliged to unload the things from the vessel.
2. Article 422 applies *mutatis mutandis* to the unloading of the things.

1. Hormis le cas de l'affrètement, le transporteur est tenu de débarquer les choses.
2. L'article 422 s'applique par analogie au débarquement.

Art. 484 (8.5.2.54) - 1. De vracht is verschuldigd na aflevering van de zaken ter bestemming of ter plaatse, waar de vervoerder hen met inachtneming van artikel 440 afleverde. Is de vracht bepaald naar gewicht of omvang der zaken, dan wordt hij berekend naar deze gegevens bij aflevering.
- 2. Vracht die in één som voor alle zaken ter bestemming is bepaald, is, ook wanneer slechts een gedeelte van die zaken is afgeleverd, in zijn geheel verschuldigd.
- 3. Onder voorbehoud van het vijfde lid van dit artikel is voor zaken, die onderweg zijn verkocht omdat hun beschadigdheid verder vervoer redelijkerwijs niet toeliet, de vracht verschuldigd, doch ten hoogste tot het bedrag van hun opbrengst.
- 4. Vracht, die vooruit te voldoen is of voldaan is, is en blijft behalve in geval van tijdbevrachting in zijn geheel verschuldigd, ook wanneer de zaken niet ter bestemming worden afgeleverd.
- 5. In waardeloze toestand afgeleverde zaken worden aangemerkt als niet te zijn afgeleverd. Zaken, die niet zijn afgeleverd, of die in waardeloze toestand zijn afgeleverd, worden desalniettemin aangemerkt als afgeleverde zaken, voorzover het niet of in waardeloze toestand afleveren het gevolg is van de aard of een gebrek van de zaken, dan wel van een handeling of nalaten van een rechthebbende op of de afzender of ontvanger van de zaken.

1. The freight is owed after delivery of the things to their destination or to the place where the carrier delivered them with due observation of article 440. Where the freight is determined according to the weight or volume of the things, it is calculated according to these data at the time of delivery.
2. Freight which is determined in one sum for all things at the destination is owed in total, even when only part of those things has been delivered.
3. Subject to paragraph 5 of this article, freight is owed for things sold en route because particular average to them did not reasonably permit further carriage, but only up to the amount of their proceeds.

1. Le fret est dû après livraison des choses à destination ou au lieu où le transporteur les a livrées conformément à l'article 440. Si le fret est déterminé d'après le poids ou le volume des choses, il est calculé suivant ces données au moment de la livraison.
2. Le fret déterminé en une somme unique pour l'ensemble des choses à destination est dû en entier, même si elles n'ont été livrées qu'en partie.
3. Sous réserve du paragraphe cinquième du présent article, le fret est dû, mais jusqu'à concurrence maximale du produit de vente, sur les choses vendues en route, leur état d'endommagement ne permettant pas

4. Except in the case of time-chartering, freight payable or paid in advance is and remains owed in total, even when the things are not delivered to destination.
5. Things delivered in a worthless condition are deemed not to have been delivered. Things which have not been delivered or things delivered in a worthless condition are, nevertheless, deemed to be things delivered to the extent that non-delivery or delivery in worthless condition are a result of the nature or of a defect of the things, or of an act or omission of a title-holder to, the consignor of or the recipient of the things.

normalement d'en continuer le transport.
4. Le fret payable ou payé d'avance est dû en entier et le demeure, sauf dans le cas de l'affrètement à temps, même si les choses ne sont pas livrées à destination.
5. Les choses livrées en état dévalorisé sont réputées n'avoir pas été livrées. Celles qui n'ont pas été livrées ou qui l'ont été en état dévalorisé sont néanmoins réputées livrées dans la mesure où l'absence de livraison ou la livraison en état dévalorisé résulte de la nature ou d'un défaut des choses, ou encore d'un acte ou d'une omission d'un titulaire, de l'expéditeur ou du réceptionnaire.

Art. 485 (8.5.2.55) Voor zaken die door een opvarende voor eigen rekening in strijd met enig wettelijk verbod worden vervoerd is de hoogste vracht verschuldigd die ten tijde van de inlading voor soortgelijke zaken kon worden bedongen. Deze vracht is verschuldigd ook wanneer de zaken niet of in waardeloze toestand ter bestemming worden afgeleverd en de ontvanger is met de verscheper hoofdelijk voor deze vracht verbonden.

For things carried by a person on board on his own account and in violation of a statutory prohibition, the highest freight is owed which could be stipulated, at the time of loading, for similar things. This freight is owed even when the things are not delivered to their destination or are delivered in worthless condition, and the recipient is solidarily bound with the consignor for the payment of this freight.

Pour les choses qu'une personne transporte à bord pour son compte en violation d'une interdiction légale, est dû le fret le plus élevé qui pouvait être stipulé pour de telles choses au moment du chargement. Ce fret est dû, lors même que les choses ne sont pas livrées à destination ou sont livrées en état dévalorisé, auquel cas le réceptionnaire et le chargeur en sont solidairement tenus.

Art. 486 (8.5.2.56) Onder voorbehoud van de laatste zinsnede van het vijfde lid van artikel 425 is in geval van tijdbevrachting vracht niet verschuldigd over de tijd, dat de bevrachter het schip niet overeenkomstig de bedingen van de bevrachting te zijner beschikking heeft
a. ten gevolge van beschadiging daarvan, dan wel
b. doordat de vervrachter in de nakoming van zijn verplichtingen te kort schiet,
mits het schip meer dan 24 aaneengesloten uren niet ter beschikking van de bevrachter staat.

Subject to the last clause of the fifth

Sous réserve de la dernière phrase du

paragraph of article 425, in the case of time-chartering, freight is not owed for the period that the charterer does not have the vessel at his disposal according to the provisions of the charter-party
a. as a result of damage thereto; or
b. because the lessor fails in the performance of his obligations,
provided that the vessel is not at the disposal of the charterer for more than 24 consecutive hours.

paragraphe cinquième de l'article 425, s'agissant de l'affrètement à temps, le fret n'est pas dû pour la période durant laquelle l'affréteur n'a pas le navire à sa disposition conformément aux stipulations de l'affrètement
a. Par suite de l'avarie de celui-ci;
b. Du fait que le fréteur manque à ses obligations,
pourvu que le navire soit indisponible pour l'affréteur sur une période de plus de 24 heures consécutives.

Art. 487 (8.5.2.57) - 1. Bij tijdbevrachting komen de brandstof voor de machines, het ketelwater, de havenrechten en soortgelijke rechten en uitgaven, die verschuldigd worden ten gevolge van uitgevoerde reizen en het vervoeren van zaken, ten laste van de bevrachter. De overige lasten der exploitatie van het schip komen ten laste van de vervrachter.
- 2. De vervrachter is gerechtigd en verplicht de zich bij het einde van de bevrachting nog aan boord bevindende brandstof van de bevrachter over te nemen tegen de marktprijs ten tijde en ter plaatse van de oplevering van het schip.

1. In the case of time-chartering, engine fuel, boiler-water, harbour-dues and similar dues and charges, owed as a result of voyages made and the carriage of things, are borne by the charterer. The remaining charges to operate the vessel are borne by the lessor.

1. S'agissant d'affrètement à temps, le fuel pour les machines, l'eau de chaudière, les droits de port et semblables droits et dépenses, dus par suite des voyages effectués et du transport des choses, incombent à l'affréteur. Les autres charges de l'exploitation du navire incombent au fréteur.

2. The lessor is entitled and obliged to take over from the charterer the fuel which is still on board at the end of the chartering, at the market price, at the time and place of the delivery of the vessel.

2. Le fréteur a le droit et l'obligation de reprendre à l'affréteur, au prix du marché à la date et au lieu de la livraison du navire, le fuel se trouvant encore à bord à la fin de l'affrètement.

Art. 488 (8.5.2.58) Onverminderd het omtrent avarij-grosse bepaalde en onverminderd afdeling 1 van titel 4 van Boek 6 zijn de afzender, de ontvanger en, indien een cognossement is afgegeven, de in artikel 441 bedoelde houder daarvan, hoofdelijk verbonden de vervoerder de schade te vergoeden, geleden doordat deze zich als zaakwaarnemer inliet met de behartiging van de belangen van een rechthebbende op ten vervoer ontvangen zaken dan wel doordat de kapitein of de schipper zijn in artikel 261 of artikel 860 genoemde verplichtingen is nagekomen.

Without prejudice to the provisions on general average and Section 1 of Title 4 of Book 6, the consignor, the recipient and, if a bill of lading has been issued, its holder, as referred to

Sans préjudice des dispositions relatives aux avaries communes et de la Section première du Titre quatrième du Livre sixième, l'expéditeur, le réceptionnaire et, si un connaissement a été délivré, le

in article 441, are solidarily liable to compensate the carrier for the damage which he has suffered because of the fact that, as manager of the affairs of another, he involved himself in looking after the interests of a title-holder to things received for carriage, or because the captain or the master have performed their obligations referred to in article 261 or article 860.

porteur visé à l'article 441 sont tenus solidairement de réparer le dommage que subit le transporteur du fait de s'être occupé, à titre de gérant d'affaires, des intérêts d'un titulaire des choses reçues aux fins de transport ou du fait de l'exécution par le capitaine des obligations énumérées à l'article 261 ou à l'article 860.

Art. 489 (8.5.2.59) - 1. De vervoerder is gerechtigd afgifte van zaken, die hij in verband met de vervoerovereenkomst onder zich heeft, te weigeren aan ieder, die uit anderen hoofde dan de vervoerovereenkomst recht heeft op aflevering van die zaken, tenzij op de zaken beslag is gelegd en uit de vervolging van dit beslag een verplichting tot afgifte aan de beslaglegger voortvloeit.
- 2. De vervoerder kan het recht van retentie uitoefenen op zaken, die hij in verband met de vervoerovereenkomst onder zich heeft, voor hetgeen hem door de ontvanger verschuldigd is of zal worden terzake van het vervoer van die zaken alsmede voor hetgeen als bijdrage in avarij-grosse op die zaken verschuldigd is of zal worden. Dit retentierecht vervalt zodra aan de vervoerder is betaald het bedrag waarover geen geschil bestaat en voldoende zekerheid is gesteld voor de betaling van die bedragen, waaromtrent wel geschil bestaat of welker hoogte nog niet kan worden vastgesteld.
- 3. De in dit artikel aan de vervoerder toegekende rechten komen hem niet toe jegens een derde, indien hij op het tijdstip dat hij de zaak ten vervoer ontving, reden had te twijfelen aan de bevoegdheid van de afzender jegens die derde hem de zaak ten vervoer ter beschikking te stellen.

1. The carrier is entitled to refuse to hand over the things, which he detains in connection with the contract of carriage, to any person who has a right to delivery of those things pursuant to a title other than the contract of carriage, unless the things have been seized and the continuation of this seizure results in an obligation to hand the things over to the seizor.
2. The carrier may exercise the right of retention on the things, which he detains in connection with the contract of carriage, for what the recipient owes or will owe him for the carriage of those things, as well as for what is owed or will be owed on those things as contribution to general average. This right of retention lapses as soon as the carrier

1. Le transporteur a le droit de refuser de remettre des choses qu'il détient relativement au contrat de transport à toute personne qui a droit à leur livraison en vertu d'un titre autre que le contrat de transport, à moins que les choses n'aient été saisies et que la poursuite de la saisie n'emporte l'obligation de remise au saisissant.
2. Le transporteur peut exercer, sur les choses qu'il détient relativement au contrat de transport, le droit de rétention pour ce que le réceptionnaire lui doit ou lui devra au titre de leur transport ou de contribution aux avaries communes les grevant. Le droit de rétention s'éteint dès que le transporteur a reçu paiement de la somme non contestée et que sûreté suffisante a été fournie pour le paiement

has been paid the amount over which there is no dispute and sufficient security has been furnished for the payment of those amounts over which there is a dispute or the value of which cannot yet be determined.

3. The carrier is not entitled to use the rights granted him in this article with respect to a third person if, at the time when he received the thing for carriage, he had reason to doubt the right of the consignor with respect to that third person to put the thing at his disposal for carriage.

des sommes qui sont contestées ou dont le montant ne peut encore être déterminé.

3. Les droits reconnus au transporteur au présent article ne lui reviennent pas à l'égard d'un tiers si, au moment de la prise en charge de la chose aux fins de transport, il avait des raisons de douter du pouvoir de l'expéditeur à l'égard du tiers de mettre la chose à sa disposition pour le transport.

Art. 490 (8.5.2.60) - 1. Voor zover hij die jegens de vervoerder recht heeft op aflevering van vervoerde zaken niet opkomt, weigert deze te ontvangen of deze niet met de vereiste spoed in ontvangst neemt, voor zover op zaken beslag is gelegd, alsmede indien de vervoerder gegronde redenen heeft aan te nemen, dat een houder van een cognossement die als ontvanger opkomt, desalniettemin niet tot de aflevering gerechtigd is, is de vervoerder gerechtigd deze zaken voor rekening en gevaar van de rechthebbende bij een derde op te slaan in een daarvoor geschikte bewaarplaats of lichter. Op zijn verzoek kan de rechter bepalen dat hij deze zaken, desgewenst ook in het schip, onder zichzelf kan houden of andere maatregelen daarvoor kan treffen.
- 2. De derde-bewaarnemer en de ontvanger zijn jegens elkaar verbonden, als ware de omtrent de bewaring gesloten overeenkomst mede tussen hen aangegaan. De bewaarnemer is echter niet gerechtigd tot afgifte dan na schriftelijke toestemming daartoe van hem, die de zaken in bewaring gaf.

1. To the extent that the person who, with respect to the carrier, has the right to delivery of the things carried, does not present himself, refuses to receive them or does not promptly take delivery of them, to the extent that the things have been seized, as well as if the carrier has good reasons to assume that a holder of a bill of lading who presents himself as the recipient is nevertheless not entitled to delivery, the carrier has the right to put these things in storage with a third person in a suitable storehouse or lighter, for the account and at the peril of the title holder. At the carrier's request, the judge may determine that he can keep these things in his possession, if desirable also in the vessel, or that he can take other measures for this

1. Dans la mesure où la personne qui, à l'égard du transporteur, a droit à la livraison des choses ne se présente pas, refuse de les recevoir ou n'en prend pas livraison promptement, dans la mesure où des choses ont été saisies, de même que si le transporteur est fondé à croire que le porteur du connaissement qui se présente comme réceptionnaire n'a néanmoins pas droit à la livraison, le transporteur a le droit de déposer ces choses, pour le compte et aux risques du titulaire, auprès d'un tiers dans un entrepôt ou une allège convenable. À la requête du transporteur, le juge peut déterminer qu'il peut en garder la possession, le cas échéant dans le navire, ou prendre d'autres mesures à leur égard.

purpose.
2. The third person-depositary and the recipient are bound towards each other as if the contract entered into with respect to the deposit was also entered into between them. The depositary, however, is not entitled to deliver until after written permission to do so from the person who deposited the things.

2. Le tiers dépositaire et le réceptionnaire sont réciproquement tenus comme s'ils avaient été parties au contrat conclu relativement au dépôt. Le dépositaire n'a, cependant, le droit de livrer que sur consentement écrit à cet effet de la personne qui a mis les choses en dépôt.

Art. 491 (8.5.2.61) - 1. In geval van toepassing van artikel 490 kan de vervoerder, de bewaarnemer dan wel hij, die jegens de vervoerder recht heeft op de aflevering, op zijn verzoek door de rechter worden gemachtigd de zaken geheel of gedeeltelijk op de door deze te bepalen wijze te verkopen.
- 2. De bewaarnemer is verplicht de vervoerder zo spoedig mogelijk van de voorgenomen verkoop op de hoogte te stellen; de vervoerder heeft deze verplichting jegens degeen, die jegens hem recht heeft op de aflevering van de zaken, en jegens degeen, aan wie hij volgens de bepalingen van een mogelijkerwijs afgegeven cognossement bericht van aankomst van het schip moet zenden.
- 3. De opbrengst van het verkochte wordt in de consignatiekas gestort voor zover zij niet strekt tot voldoening van de kosten van opslag en verkoop alsmede, binnen de grenzen der redelijkheid, van de gemaakte kosten. Tenzij op de zaken beslag is gelegd voor een geldvordering, moet aan de vervoerder uit het in bewaring te stellen bedrag worden voldaan hetgeen hem verschuldigd is ter zake van het vervoer, alsmede een bijdrage in avarij-grosse; voor zover deze vorderingen nog niet vaststaan, zal de opbrengst of een gedeelte daarvan op door de rechter te bepalen wijze tot zekerheid voor deze vorderingen strekken.
- 4. De in de consignatiekas gestorte opbrengst treedt in de plaats van de zaken.

1. In the case of application of article 490, the carrier, the depositary, as well as the person who, towards the carrier, has a right to delivery may, upon his request, be authorised by the judge to sell the things in whole or in part in the manner to be determined by him.
2. The depositary must notify the carrier, as soon as possible, of the intended sale; the carrier has this obligation towards the person who, towards him, has the right to delivery of the things, and he has this obligation towards the person to whom he must send a message of arrival of the vessel according to the provisions of the bill of lading, if one has been issued.
3. The proceeds of the sale are paid

1. Dans les cas où s'applique l'article 490, le transporteur, le dépositaire, de même que la personne qui, à l'égard du transporteur, a droit à la livraison, peut, à sa requête, se faire autoriser par le juge à vendre tout ou partie des choses de la façon que celui-ci détermine.
2. Le dépositaire est tenu d'informer le transporteur aussitôt que possible de la vente prévue; le transporteur a cette obligation envers la personne qui, à son égard, a droit à la livraison des choses, de même qu'envers celle que, suivant les dispositions du connaissement, s'il en a été délivré, il doit aviser de l'arrivée du navire.
3. Le produit de la vente est versé à la

into the deposit fund to the extent that they are not used to pay the costs of storage and sale, as well as costs made within the boundaries of reason. Unless the things have been seized for a monetary claim, the carrier must be paid, from the amount to be the deposited, what is owed to him for the carriage, as well as a contribution to general average; to the extent that these claims have not yet been determined, the proceeds or part thereof will serve as security for these claims in a manner to be determined by the judge.
4. The proceeds paid into the deposit fund take the place of the things.

caisse des consignations, dans la mesure où il ne sert pas à payer les frais de l'entreposage et de la vente ou, dans des limites raisonnables, les dépenses engagées. À moins que les choses n'aient été saisies pour une créance pécuniaire, il doit être payé au transporteur, sur la somme à consigner, ce qui lui est dû au titre du transport et d'une contribution aux avaries communes; dans la mesure où ces créances ne sont pas encore fixées, l'ensemble ou partie du produit servira, de la façon que détermine le juge, de sûreté pour ces créances.
4. Le produit de la vente versé à la caisse des consignations se substitue aux choses.

Art. 492 (8.5.2.62) - 1. Tenzij aan de vervoerder of zijn agent in de loshaven vóór of op het ogenblik van het weghalen van de zaken en van hun overgifte aan de krachtens de vervoerovereenkomst op de aflevering rechthebbende persoon schriftelijk kennis is gegeven van verliezen of schaden en van de algemene aard van deze verliezen of schaden, schept dit weghalen, tot op bewijs van het tegendeel, het vermoeden dat de zaken door de vervoerder zijn afgeleverd in de staat als in de vervoerovereenkomst omschreven.
- 2. Zijn de verliezen of schaden niet uiterlijk zichtbaar, dan moet de kennisgeving binnen drie dagen na de aflevering geschieden.
- 3. Schriftelijk voorbehoud is overbodig als de staat van de zaak op het ogenblik van de inontvangstneming door beide partijen gezamenlijk werd vastgesteld.

1. Unless written notification of losses or damages and of the general nature thereof has been given to the carrier or his agent in the port of unloading before or at the time of removal of the things and of their surrender to the person having a right to delivery according to the contract of carriage, this removal creates a presumption, until proof to the contrary, that the things have been delivered by the carrier in the condition described in the contract of carriage.
2. Where the losses or damages are not externally visible, notification must take place within three days from delivery.
3. A written reservation is

1. À moins que, avant ou lors de l'enlèvement des choses et leur remise à la personne qui a droit à la livraison conformément au contrat de transport, le transporteur ou son agent au port de débarquement n'ait été avisé par écrit des pertes ou du dommage ainsi que de leur nature générale, l'enlèvement crée une présomption, jusqu'à preuve du contraire, que le transporteur a livré les choses dans l'état décrit au contrat de transport.
2. Lorsque les pertes ou le dommage ne sont pas visibles à l'extérieur, l'avis doit avoir lieu dans les trois jours suivant la livraison.
3. La réserve écrite est superflue si

superfluous if the condition of the thing, at the time of reception, has been ascertained by both parties jointly.

l'état de la chose, au moment de la réception, a été constaté par les deux parties conjointement.

Art. 493 (8.5.2.63) Indien er zekerheid of vermoeden bestaat, dat er verlies of schade is, moeten de vervoerder en de ontvanger elkaar over en weer in redelijkheid alle middelen verschaffen om het onderzoek van de zaak en het natellen van de colli mogelijk te maken.

If it is certain or if it is presumed that there is loss or damage, the carrier and the recipient must provide each other reciprocally and reasonably with all means to enable the examination of the things and the recounting of the packages.

S'il y a certitude ou présomption de perte ou de dommage, le transporteur et le réceptionnaire sont tenus, autant que faire se peut, de se donner réciproquement toutes les facilités pour l'examen de la chose et le comptage des colis.

Art. 494 (8.5.2.64) - 1. Zowel de vervoerder als hij die jegens de vervoerder recht heeft op de aflevering, is bevoegd bij de aflevering van zaken de rechter te verzoeken een gerechtelijk onderzoek te doen plaatshebben naar de toestand waarin deze worden afgeleverd; tevens zijn zij bevoegd de rechter te verzoeken de daarbij bevonden verliezen of schaden gerechtelijk te doen begroten.
- 2. Indien dit onderzoek in tegenwoordigheid of na behoorlijke oproeping van de wederpartij heeft plaatsgehad, wordt het uitgebrachte rapport vermoed juist te zijn.

1. The carrier as well as the person who, towards the carrier, has the right to delivery are entitled to request the judge, at the time of delivery of the things, that a judicial inquiry take place into the condition in which the things are delivered; they are also entitled to request the judge to have the losses or damages found estimated judicially.
2. If this inquiry has taken place in the presence of or after proper convocation of the other party, the report issued is presumed to be accurate.

1. Le transporteur, aussi bien que celui qui, à son égard, a droit à la livraison, peut présenter une requête au juge, lors de la livraison des choses, pour faire effectuer une enquête judiciaire sur l'état dans lequel celles-ci sont livrées; ils peuvent également présenter une requête au juge pour faire évaluer en justice les pertes ou le dommage qui auront été constatés.
2. Si cette enquête a eu lieu en présence de l'autre partie ou après convocation suffisante, le rapport établi est présumé exact.

Art. 495 (8.5.2.65) - 1. Zowel de vervoerder als hij die jegens de vervoerder recht heeft op de aflevering is, wanneer hij verliezen of schaden van zaken vermoedt, bevoegd de rechter te verzoeken, vóór, bij of terstond na de aflevering daarvan en desgewenst aan boord van het schip een gerechtelijk onderzoek te doen plaatshebben naar de oorzaak daarvan.
- 2. Indien dit onderzoek in tegenwoordigheid of na behoorlijke oproeping van de wederpartij heeft plaatsgehad, wordt het uitgebrachte rapport vermoed juist te zijn.

1. The carrier as well as the person who, towards the carrier, has the right to delivery are entitled to request the judge, when they presume that things have been lost or damaged, that a judicial inquiry take place into the cause thereof before, at, or immediately after the delivery of the things, and, if desirable, on board the vessel.
2. If this inquiry has taken place in the presence of or after proper convocation of the other party, the report issued is presumed to be accurate.

1. Le transporteur, aussi bien que celui qui, à son égard, a droit à la livraison, peut, s'il soupçonne que les choses ont été perdues ou endommagées, présenter une requête au juge pour faire effectuer, avant, pendant ou immédiatement après la livraison et, le cas échéant, à bord du navire, une enquête judiciaire pour en déterminer la cause.
2. Si cette enquête a eu lieu en présence de l'autre partie ou après convocation suffisante, le rapport établi est présumé exact.

Art. 496 (8.5.2.66) - 1. De kosten van gerechtelijk onderzoek, als bedoeld in de artikelen 494 en 495, moeten worden voldaan door de aanvrager.
- 2. De rechter kan deze kosten en door het onderzoek geleden schade geheel of gedeeltelijk ten laste van de wederpartij van de aanvrager brengen, ook al zou daardoor het bedrag genoemd in het eerste lid van artikel 388 worden overschreden.

1. The costs of the judicial inquiry, as referred to in articles 494 and 495, must be paid by the person requesting it.
2. The judge may put these costs and the damage suffered from the inquiry, in whole or in part, at the charge of the other party, even if the amount, referred to in the first paragraph of article 388, would be exceeded thereby.

1. Les frais de l'enquête judiciaire visée aux articles 494 et 495 sont payés par celui qui l'a requise.
2. Le juge peut imputer ces frais et le dommage subi du fait de l'enquête en tout ou en partie à l'autre partie, même s'ils dépassaient en cela la somme visée au paragraphe premier de l'article 388.

Afdeling 3 Overeenkomst van personenvervoer over zee

Section 3
The contract of carriage of persons by sea

Section troisième
Du contrat de transport de personnes par mer

Art. 500 (8.5.3.1) - 1. De overeenkomst van personenvervoer in de zin van deze titel is de overeenkomst van personenvervoer, al dan niet tijd- of reisbevrachting zijnde, waarbij de ene partij (de vervoerder) zich tegenover de andere partij verbindt aan boord van een schip een of meer personen (reizigers) en al dan niet hun bagage uitsluitend over zee te vervoeren. De overeenkomst van personenvervoer aan boord van een luchtkussenvoertuig noch de overeenkomst van personenvervoer als omschreven in artikel 100 is een overeenkomst van personenvervoer in de zin van deze afdeling.

- 2. Vervoer over zee en binnenwateren aan boord van een en eenzelfde schip, dat deze beide wateren bevaart, wordt als vervoer over zee beschouwd.
- 3. Hutbagage in de zin van deze afdeling is de bagage, met uitzondering van levende dieren die de reiziger in zijn hut heeft, die hij in zijn bezit, onder zijn toezicht of in zijn macht heeft, alsmede de bagage die hij aan boord heeft van een met hem als bagage ten vervoer aangenomen voertuig of schip, doch niet dit voertuig of schip zelf.
- 4. Bij algemene maatregel van bestuur kunnen zaken die geen hutbagage zijn voor de toepassing van bepalingen van deze afdeling als hutbagage worden aangewezen, dan wel bepalingen van deze afdeling niet van toepassing worden verklaard op zaken, die hutbagage zijn.

1. The contract of carriage of persons within the meaning of this title is a contract of carriage of persons, whether or not being a time- or voyage-charter, whereby one party (the carrier) binds himself towards the other party to carry on board a vessel one or more persons (passengers), whether or not with their baggage, exclusively by sea. Neither the contract of carriage of persons on board a hovercraft nor the contract of carriage of persons, as defined in article 100, is a contract of carriage of persons within the meaning of this section.
2. Carriage by sea and by inland waterways on board one and the same vessel, which sails both, is considered to be carriage by sea.
3. Cabin baggage within the meaning of this section is baggage, with the exception of live animals which the passenger has in his cabin, in his possession, under his supervision or control, as well as baggage which he has on board a vehicle or vessel accepted for carriage as baggage together with him, but not the vehicle or vessel itself.
4. By regulation, things which are not cabin baggage may be designated as such for the application of the provisions of this section; equally, provisions of this section may be declared inapplicable to things which are cabin baggage.

1. Le contrat de transport de personnes au sens du présent titre est celui, qu'il soit ou non affrètement à temps ou au voyage, par lequel une partie, le transporteur, s'engage envers l'autre à transporter exclusivement par mer, à bord d'un navire, une ou plusieurs personnes, les passagers, avec ou sans bagages. Ni le contrat de transport de personnes à bord d'un hydroglisseur, ni celui prévu à l'article 100 n'est un contrat de transport de personnes au sens de la présente section.
2. Le transport par mer et par eaux intérieures à bord d'un seul navire qui navigue sur les deux est considéré comme transport maritime.
3. Les bagages de cabine au sens de la présente section sont, à l'exception des animaux vivants que le passager a dans sa cabine, les bagages en sa possession, sous sa surveillance ou son contrôle, de même que ceux qui sont à bord d'un véhicule ou d'un navire accepté aux fins du transport en tant que bagages; ce véhicule ou navire, toutefois, n'en sont pas.
4. Par décret, peuvent être désignées comme bagages de cabine, pour l'application de la présente section, des choses qui n'en sont pas; de même, des dispositions de la présente section peuvent être déclarées inapplicables à des choses qui sont des bagages de cabine.

Art. 501 (8.5.3.2) Vervoer over zee omvat:
a. met betrekking tot personen of hun hutbagage de tijd dat de reiziger of zijn hutbagage aan boord van het schip verblijft, de tijd van inscheping of ontscheping, alsmede de tijd dat de reiziger of zijn hutbagage te water wordt vervoerd tussen wal en schip of tussen schip en wal, indien de prijs hiervan in de vracht is inbegrepen of het voor dit hulpvervoer gebezigde schip door de vervoerder ter beschikking van de reiziger is gesteld. Vervoer over zee van personen omvat echter niet de tijd dat de reiziger verblijft in een stationsgebouw, op een kade of enige andere haveninstallatie;
b. met betrekking tot hutbagage bovendien de tijd dat de reiziger verblijft in een stationsgebouw, op een kade of enige andere haveninstallatie, indien die bagage is overgenomen door de vervoerder en niet weer aan de reiziger is afgeleverd;
c. met betrekking tot bagage die geen hutbagage is de tijd tussen het overnemen door de vervoerder hetzij te land, hetzij aan boord en de aflevering door de vervoerder;
d. met betrekking tot een levend dier de tijd dat het aan boord van het schip verblijft dan wel onder de hoede van de vervoerder is.

Carriage by sea includes:
a. with respect to persons or their cabin baggage, the period that the passenger or his cabin baggage is on board the vessel, the period of embarkation or disembarkation, as well as the period during which the passenger is carried by water from a quay to the vessel or from the vessel to a quay, if the price hereof has been included in the fare, or if the vessel used for this auxiliary carriage has been put at the disposal of the passenger by the carrier. The carriage of persons by sea, however, does not include the period during which the passenger finds himself at a terminal, on a quay or any other harbour installation;
b. in addition, with respect to cabin baggage, the period during which the passenger finds himself at a terminal, on a quay or any other harbour installation, if that baggage has been accepted by the carrier and has not been returned to the passenger;
c. with respect to baggage, not being cabin baggage, the period

Le transport par mer comprend:
a. S'agissant des personnes ou de leurs bagages de cabine, la période que le passager ou ses bagages de cabine passent à bord du navire, le temps d'embarquement ou de débarquement, de même que la période pendant laquelle le passager est transporté par eau entre le quai et le navire ou vice versa, si le prix en est compris dans celui du passage ou si le bâtiment utilisé pour ce transport accessoire a été mis à la disposition du passager par le transporteur. Le transport de personnes par mer ne comprend pas, cependant, la période pendant laquelle le passager se trouve dans une gare maritime, sur un quai ou une autre installation portuaire;
b. S'agissant des bagages de cabine, en outre, la période pendant laquelle le passager se trouve dans une gare maritime, sur un quai ou autre installation portuaire, si les bagages ont été pris en charge par le transporteur et n'ont pas été retournés au passager;
c. S'agissant de bagages qui ne sont pas des bagages de cabine, la

between the acceptance by the carrier, either on land or on board, and the handing over by him; d. with respect to a live animal, the period that it is on board or in the custody of the carrier.	période entre la prise en charge par le transporteur, soit sur terre, soit à bord, et la délivrance par le transporteur; d. S'agissant d'un animal vivant, la période pendant laquelle il se trouve à bord du navire ou sous la garde du transporteur.

Art. 502 (8.5.3.3) - 1. Tijd- of reisbevrachting in de zin van deze afdeling is de overeenkomst van personenvervoer, waarbij de vervoerder (de vervrachter) zich verbindt tot vervoer aan boord van een schip dat hij daartoe, anders dan bij wijze van rompbevrachting, in zijn geheel en al dan niet op tijdbasis (tijdbevrachting of reisbevrachting) ter beschikking stelt van zijn wederpartij (de bevrachter).
- 2. De in afdeling 2 van titel 5 in het bijzonder voor het geval van bevrachting gegeven bepalingen, alsmede artikel 375 zijn op deze bevrachting van overeenkomstige toepassing.

1. A time- or a voyage-charter within the meaning of this section is a contract of carriage of persons whereby the carrier (the lessor) binds himself to carriage on board a vessel which he puts at the disposal of the other party (the charterer) for that purpose, other than by way of a bare-boat charter, in its entirety, and whether or not on a time basis (time- or voyage-chartering). 2. The provisions of Section 2 of Title 5, in particular those for chartering, as well as article 375, apply to this chartering *mutatis mutandis*.	1. L'affrètement à temps ou au voyage, au sens de la présente section, est le contrat de transport de personnes par lequel le transporteur (le fréteur) s'engage au transport à bord d'un navire qu'il met à cette fin, autrement que par affrètement coque nue, en entier et à base de temps ou non (affrètement à temps ou au voyage), à la disposition de l'autre partie (l'affréteur). 2. Les dispositions de la section deuxième du titre cinquième visant particulièrement l'affrètement, de même que l'article 375 s'appliquent par analogie à cet affrètement.

Art. 503 (8.5.3.4) De wetsbepalingen omtrent huur, bewaargeving en bruikleen zijn op ter beschikkingstelling van een schip ten vervoer, anders dan bij wijze van rompbevrachting, niet van toepassing.

The statutory provisions regarding lease and hire, deposit and loan for use do not apply to the putting at disposal of a vessel for carriage, other than by way of a bare-boat charter.	Les dispositions légales relatives au louage, au dépôt et au prêt à usage ne s'appliquent pas à la mise à disposition d'un navire aux fins de transport, sauf par affrètement coque nue.

Art. 504 (8.5.3.5) - 1. De vervoerder is aansprakelijk voor schade veroorzaakt door dood of letsel van de reiziger, indien een voorval dat hiertoe leidde zich voordeed tijdens het vervoer en voor zover dit voorval is veroorzaakt door een omstandigheid die een zorgvuldig vervoerder heeft kunnen vermijden of door een omstandigheid waarvan zulk een vervoerder de gevolgen heeft kunnen verhinderen.

- 2. Vermoed wordt dat een zorgvuldig vervoerder de omstandigheid die leidde tot schipbreuk, aanvaring, stranding, ontploffing of brand heeft kunnen vermijden, alsmede dat zulk een vervoerder heeft kunnen verhinderen dat deze omstandigheid tot een dergelijk voorval leidde.
- 3. Gebrekkigheid of slecht functioneren van het schip of van het materiaal, waarvan hij zich voor het vervoer bedient wordt aangemerkt als een omstandigheid die een zorgvuldig vervoerder heeft kunnen vermijden en waarvan hij de gevolgen heeft kunnen verhinderen.
- 4. Bij de toepassing van dit artikel wordt slechts dan rekening gehouden met een gedraging van een derde, indien geen andere omstandigheid, die mede tot het voorval leidde, voor rekening van de vervoerder is.

1. The carrier is liable for damage caused by the death of, or bodily injury to the passenger if an incident leading hereto took place during the carriage and to the extent that this incident was caused by a fact which a prudent carrier has been able to avoid or by a fact the consequences of which such a carrier has been able to prevent.
2. It is presumed that a prudent carrier has been able to prevent the fact leading to shipwreck, collision, stranding, explosion or fire, as well as that such a carrier is able to prevent that this fact would lead to such an incident.
3. Defect in or malfunctioning of the vessel or the material which he uses for the carriage are deemed to be facts which a prudent carrier has been able to avoid and the consequences of which such a carrier has been able to prevent.
4. In applying this article, the conduct of a third person is taken into consideration only if the carrier is not answerable for any other fact which has also contributed to the incident.

1. Le transporteur est responsable du dommage causé par le décès ou la lésion corporelle du passager, si l'incident qui y a donné lieu s'est produit pendant le transport et dans la mesure où cet incident a pour cause une circonstance qu'un transporteur diligent a pu éviter ou aux conséquences de laquelle un tel transporteur a pu obvier.
2. Il y a présomption qu'un transporteur diligent a pu éviter la circonstance qui a conduit au naufrage, à l'abordage, l'échouement, l'explosion ou l'incendie, de même qu'il a pu éviter que cette circonstance ne conduise à un tel incident.
3. La défectuosité ou le mauvais fonctionnement du navire ou du matériel dont il se sert aux fins du transport est réputé circonstance qu'un transporteur diligent a pu éviter ou aux conséquences de laquelle un tel transporteur a pu obvier.
4. Aux fins de l'application du présent article, le comportement d'un tiers n'entre en ligne de compte qu'en l'absence de toute autre circonstance ayant également contribué à l'incident et incombant au transporteur.

Art. 505 (8.5.3.6) - 1. De vervoerder is aansprakelijk voor schade veroorzaakt door geheel of gedeeltelijk verlies dan wel beschadiging van hutbagage of van een als bagage ten vervoer aangenomen levend dier, indien een voorval dat hiertoe leidde zich voordeed tijdens het vervoer en voor zover dit voorval is veroorzaakt door een omstandigheid die een zorgvuldig vervoerder heeft kunnen vermijden of waarvan zulk een vervoerder de gevolgen heeft kunnen verhinderen.
- 2. Behalve met betrekking tot een levend dier zijn het tweede en derde lid van artikel 504 van toepassing.

- 3. Bij de toepassing van dit artikel wordt slechts dan rekening gehouden met een gedraging van een derde, indien geen andere omstandigheid, die mede tot het voorval leidde, voor rekening van de vervoerder is.
- 4. Dit artikel laat de artikelen 545 en 1006 onverlet.

1. The carrier is liable for damage caused by total or partial loss of, or damage to cabin baggage or a live animal accepted as baggage for carriage, if an incident leading hereto took place during the carriage and to the extent that this incident was caused by a fact which a prudent carrier has been able to avoid or the consequences of which such a carrier has been able to prevent.
2. Paragraphs 2 and 3 of article 504 apply, except with respect to a live animal.
3. In applying this article, the conduct of a third person is taken into consideration only if the carrier is not answerable for any other fact which has also contributed to the incident.
4. This article does not affect articles 545 and 1006.

1. Le transporteur est responsable du dommage causé par la perte partielle ou totale ou l'avarie des bagages de cabine ou d'un animal vivant accepté comme bagages aux fins du transport, si l'incident qui y a donné lieu s'est produit pendant le transport et dans la mesure où cet incident a pour cause une circonstance qu'un transporteur diligent a pu éviter ou aux conséquences de laquelle un tel transporteur a pu obvier.
2. Sauf en ce qui a trait à un animal vivant, les paragraphes deuxième et troisième de l'article 504 s'appliquent.
3. Aux fins de l'application du présent article, le comportement d'un tiers n'entre en ligne de compte qu'en l'absence de toute autre circonstance ayant également contribué à l'incident et incombant au transporteur.
4. Le présent article laisse intacts les articles 545 et 1006.

Art. 506 (8.5.3.7) Onder voorbehoud van artikel 505 is de vervoerder aansprakelijk voor schade veroorzaakt door geheel of gedeeltelijk verlies dan wel beschadiging van bagage, indien een voorval dat hiertoe leidde zich voordeed tijdens het vervoer, tenzij en voor zover dit voorval is veroorzaakt door een omstandigheid die een zorgvuldig vervoerder niet heeft kunnen vermijden en waarvan zulk een vervoerder de gevolgen niet heeft kunnen verhinderen.

Subject to article 505, the carrier is liable for damage caused by total or partial loss of or damage to baggage, if an incident leading hereto took place during the carriage, unless and to the extent that this incident was caused by a fact which a prudent carrier has not been able to avoid and the consequences of which such a carrier has not been able to prevent.

Sous réserve de l'article 505, le transporteur est responsable du dommage causé par la perte partielle ou totale ou l'avarie des bagages, si l'incident qui y a donné lieu s'est produit pendant le transport, sauf dans la mesure où cet incident a pour cause une circonstance qu'un transporteur diligent n'a pu éviter ou aux conséquences de laquelle un tel transporteur n'a pu obvier.

Art. 507 (8.5.3.8) De vervoerder is niet aansprakelijk in geval van verlies of beschadiging overkomen aan geldstukken, verhandelbare documenten, goud, zilver, juwelen, sieraden, kunstvoorwerpen of andere zaken van waarde, tenzij deze zaken van waarde aan de vervoerder in bewaring zijn gegeven en hij overeengekomen is hen in zekerheid te zullen bewaren.

The carrier is not liable in case of loss of or damage to coins, negotiable documents, gold, silver, jewellery, ornaments, works of art or other valuable things, unless these valuable things have been deposited with the carrier and he has agreed to safeguard them.	Le transporteur n'est pas responsable en cas de perte ou d'avarie des objets suivants: espèces, titres négociables, or, argent, joaillerie, bijoux, objets d'art ou autres valeurs, à moins qu'ils n'aient été consignés auprès du transporteur et que celui-ci n'ait convenu de les conserver en lieu sûr.

Art. 508 (8.5.3.9) De vervoerder is terzake van door de reiziger aan boord gebrachte zaken die hij, indien hij hun aard of gesteldheid had gekend, niet aan boord zou hebben toegelaten en waarvoor hij geen bewijs van ontvangst heeft afgegeven, geen enkele schadevergoeding verschuldigd indien de reiziger wist of behoorde te weten, dat de vervoerder de zaken niet ten vervoer zou hebben toegelaten; de reiziger is alsdan aansprakelijk voor alle kosten en schaden voor de vervoerder voortvloeiend uit de aanbieding ten vervoer of uit het vervoer zelf.

The carrier does not owe any damages in respect of things brought on board by the passenger which he would not have admitted on board, had he known their nature or condition, and for which he has not issued a receipt, if the passenger knew or ought to know that the carrier would not have admitted the things for carriage; in that case, the passenger is liable for all costs and damages which flow for the carrier from the presentation of those things for carriage or from the carriage itself.	Pour les choses apportées à bord par le passager, que le transporteur n'aurait pas admises s'il en avait connu la nature ou l'état et pour lesquelles il n'a pas délivré un récépissé, ce dernier ne doit aucune indemnité si le passager savait ou devait savoir que le transporteur ne les aurait pas admises aux fins du transport; le passager est alors responsable des frais et dommages résultant, pour le transporteur, de la présentation des choses aux fins de transport ou du transport lui-même.

Art. 509 (8.5.3.10) Onverminderd artikel 508 en onverminderd artikel 179 van Boek 6 is de reiziger verplicht de vervoerder de schade te vergoeden die hij of zijn bagage deze berokkende, behalve voor zover deze schade is veroorzaakt door een omstandigheid die een zorgvuldig reiziger niet heeft kunnen vermijden en voor zover zulk een reiziger de gevolgen daarvan niet heeft kunnen verhinderen. De reiziger kan niet om zich van zijn aansprakelijkheid te ontheffen beroep doen op de hoedanigheid of een gebrek van zijn bagage.

Without prejudice to article 508 and without prejudice to article 179 of Book 6, the passenger must compensate the carrier for the damage which he or his baggage have caused to him, except to the extent that this damage has been caused by a	Sans préjudice de l'article 508, ainsi que de l'article 179 du Livre sixième, le passager est tenu d'indemniser le transporteur du dommage que lui ou ses bagages ont causé à ce dernier, sauf dans la mesure où le dommage a pour cause une circonstance qu'un passager diligent

fact which a prudent passenger has not been able to avoid, and to the extent that such passenger has not been able to prevent the consequences thereof. In order to relieve himself of his liability, the passenger may not invoke the condition of or a defect in his baggage.

n'a pu éviter et où un tel passager n'a pu obvier aux conséquences. Le passager ne peut invoquer, afin de s'exonérer de sa responsabilité, la qualité ou un défaut des bagages.

Art. 510 (8.5.3.11) - 1. Onverminderd de bepalingen van deze afdeling zijn op het vervoer van bagage de artikelen 378, 387, 388 tweede lid, 389, 394 eerste en tweede lid, 395, 396, 398, 488 tot en met 491 en 493 tot en met 496 van toepassing. De in artikel 396 bedoelde opzegging kan ook mondeling geschieden. De in artikel 489 toegekende rechten en het in artikel 491 toegekende recht tot het zich laten voldoen uit het in bewaring te stellen bedrag van kosten terzake van het vervoer, kunnen worden uitgeoefend voor alles wat de wederpartij van de vervoerder of de reiziger aan de vervoerder verschuldigd is.
- 2. Partijen hebben de vrijheid af te wijken van in het eerste lid op hun onderlinge verhouding toepasselijk verklaarde bepalingen.

1. Without prejudice to the provisions of this section, articles 378, 387, 388, paragraph 2, 389, 394, paragraphs 1-2, 395, 396, 398, 488 to 491 inclusive, and 493 to 496 inclusive apply to the carriage of baggage. The cancellation referred to in article 396 may also be done verbally. The rights granted in article 489 and the right granted in article 491 to be paid costs pertaining to the carriage from the amount which is to be deposited, can be exercised for all that the co-contracting party of the carrier or the passenger owes to the carrier.
2. Parties are free to derogate from the provisions which paragraph 1 declares applicable to their mutual relationship.

1. Sans préjudice des dispositions de la présente section, s'appliquent au transport de bagages les articles 378, 387, 388, paragraphe deuxième, 389, 394, paragraphes premier et deuxième, 395, 396, 398, 488 à 491 inclusivement et 493 à 496 inclusivement. La résiliation visée à l'article 396 peut également avoir lieu verbalement. Les droits accordés à l'article 489 et celui qui est accordé à l'article 491 relatifs au paiement, à même la somme à consigner, des frais afférents au transport s'exercent pour tout ce que le cocontractant du transporteur ou le passager doit au transporteur.
2. Les parties sont libres de déroger aux dispositions déclarées applicables à leurs rapports réciproques aux termes du paragraphe premier.

Art. 511 (8.5.3.12) - 1. De reiziger is gehouden de vervoerder schriftelijk kennis te geven:
a.   in geval van uiterlijk zichtbare schade aan bagage:
(i)   wat betreft hutbagage: voor of ten tijde van de ontscheping van de reiziger;
(ii) wat betreft alle andere bagage: voor of ten tijde van de aflevering;
b.   in geval van niet uiterlijk zichtbare schade aan of verlies van bagage: binnen vijftien dagen na de aanvang van de dag, volgende op de dag van ontscheping of aflevering of die waarop de bagage had moeten worden afgeleverd.

- 2. Indien de reiziger niet aan zijn in het eerste lid van dit artikel omschreven verplichting voldoet, wordt, behoudens tegenbewijs, vermoed dat hij de bagage onbeschadigd heeft ontvangen.
- 3. Schriftelijke kennisgeving is overbodig indien de staat van de bagage op het ogenblik van inontvangstneming gezamenlijk is vastgesteld of geïnspecteerd.

1. The passenger must notify the carrier in writing:
a. in the case of externally visible damage to baggage:
(i) concerning cabin baggage: before or at the time of the disembarkation of the passenger;
(ii) concerning all other baggage: before or at the time of delivery;
b. in the case of not externally visible damage to or loss of baggage: within fifteen days of the commencement of the day following the one of disembarkation or delivery, or the one on which the baggage should have been delivered.
2. If the passenger does not comply with his obligation defined in the first paragraph of this article, it is presumed, save counter evidence, that he has received the baggage without damage.
3. Written notification is superfluous if the condition of the baggage, at the time of reception, has been ascertained or inspected jointly.

1. Le passager est tenu d'aviser le transporteur par écrit:
a. En cas de dommage visible de l'extérieur aux bagages:
(i) S'agissant des bagages de cabine: avant ou lors du débarquement des passagers;
(ii) S'agissant de tous autres bagages, avant ou lors de la livraison;
b. En cas de dommage non visible de l'extérieur ou perte du bagage: dans les quinze jours du débarquement ou de la livraison ou du jour où les bagages auraient dus être livrés.
2. Le passager qui ne remplit pas l'obligation décrite au paragraphe premier est présumé, sauf preuve contraire, avoir reçu les bagages intacts.
3. L'avis écrit est inutile si l'état des bagages a été constaté ou inspecté contradictoirement au moment de leur réception.

Art. 512 (8.5.3.13) De vervoerder is niet gehouden, doch wel gerechtigd zich te overtuigen van de aard of gesteldheid van de bagage, indien hij vermoedt dat hij, de aard of gesteldheid van door de reiziger aan boord gebrachte bagage kennende, deze niet aan boord zou hebben toegelaten. De vervoerder is gehouden dit onderzoek te doen geschieden in tegenwoordigheid van de reiziger of, zo dit niet mogelijk is, in tegenwoordigheid van twee personen van wier hulp hij overigens bij de uitvoering van zijn verbintenis geen gebruik maakt.

The carrier is not obliged, but is entitled to assure himself of the nature or condition of the baggage if he suspects that, knowing the nature or condition of baggage brought on board by the passenger, he would not have admitted it on board. The carrier must have this examination conducted in the presence of the

Le transporteur n'est pas tenu de s'assurer de la nature ou de l'état des bagages, quoiqu'il en ait le droit, s'il soupçonne que, les connaissant, il n'aurait pas admis à bord les bagages que le passager a apportés. Le transporteur fait effectuer cet examen en présence du passager ou, sinon, en présence de deux personnes auxquelles

passenger or, if this is impossible, in the presence of two persons whose assistance he does not otherwise use in the performance of his obligation.

il ne fait pas autrement appel dans l'exécution de l'obligation.

Art. 513 (8.5.3.14) Indien de vervoerder bewijst dat schuld of nalatigheid van de reiziger schade heeft veroorzaakt of daartoe heeft bijgedragen kan de aansprakelijkheid van de vervoerder daarvoor geheel of gedeeltelijk worden opgeheven.

The liability of the carrier can be wholly or partially eliminated if he proves that the fault or negligence of the passenger has caused the damage or has contributed thereto.

La responsabilité du transporteur peut être écartée en tout ou partie, s'il établit que la faute ou la négligence du passager a causé le dommage ou y a contribué.

Art. 514 (8.5.3.15) Indien personen van wier hulp de vervoerder bij de uitvoering van zijn verbintenis gebruik maakt, op verzoek van de reiziger diensten bewijzen, waartoe de vervoerder niet is verplicht, worden zij aangemerkt als te handelen in opdracht van de reiziger aan wie zij deze diensten bewijzen.

If persons whose assistance the carrier uses in the performance of his obligation, render services upon the request of the passenger, to which the carrier is not obligated, they are considered as acting upon the orders of the passenger to whom they render these services.

Si les personnes auxquelles le transporteur fait appel dans l'exécution de son obligation rendent au passager, à la requête de celui-ci, des services auxquels le transporteur n'est pas tenu, elles sont réputées agir sur ordre du passager.

Art. 515 (8.5.3.16) Behoudens artikel 516 is de vervoerder die zich, anders dan bij wijze van bevrachting, verbond tot vervoer volgens een dienstregeling, niet aansprakelijk voor schade die is veroorzaakt door vertraging, door welke oorzaak dan ook, vóór, tijdens of na het vervoer opgetreden.

Except for article 516, the carrier who, otherwise than by way of chartering, has bound himself to carry according to a schedule, is not liable for damage caused by delay occasioned, for whatever reason, before, during, or after the carriage.

Sous réserve de l'article 516, le transporteur qui s'est engagé, autrement que par affrètement, à effectuer un transport conformément à un indicateur n'est pas responsable du dommage causé par le retard survenu avant, pendant ou après le transport, quelle qu'en soit la cause.

Art. 516 (8.5.3.17) Onder verlies of beschadiging van bagage wordt mede verstaan vermogensschade geleden doordat de bagage niet binnen een redelijke tijd te rekenen van het ogenblik van aankomst van het schip, waarop deze bagage werd vervoerd of zou worden vervoerd, aan de reiziger werd afgeleverd, doch niet wordt daaronder verstaan vertraging door een arbeidsconflict veroorzaakt.

Loss of or damage to baggage also

La perte ou l'avarie de bagages s'entend

ART. 517   BOEK 8

includes patrimonial damage suffered because the baggage was not delivered to the passenger within a reasonable period to be calculated from the time of arrival of the vessel on which this baggage was carried or would have been carried; however, this does not include delay caused by a labour dispute.

également du dommage patrimonial subi du fait que les bagages n'ont pas été livrés au passager dans un délai raisonnable à compter de l'arrivée du navire sur lequel les bagages ont été ou devaient être transportés, mais ne couvre pas le retard causé par un conflit de travail.

Art. 517 (8.5.3.18) - 1. Behoudens de artikelen 504 tot en met 507 is de vervoerder niet aansprakelijk voor schade ontstaan door een handeling, onachtzaamheid of nalatigheid van de kapitein of de schipper, een ander lid van de bemanning, de loods of de ondergeschikten van de vervoerder, gepleegd bij de navigatie van het schip.
- 2.   Behoudens de artikelen 504 tot en met 507 wordt generlei afwijking van de koers tot redding of poging tot redding van mensenlevens of goederen en generlei redelijke afwijking van de koers beschouwd als een schending van enige vervoerovereenkomst en de vervoerder is niet aansprakelijk voor enig verlies of enige schade daardoor ontstaan.

1. Except for articles 504 to 507 inclusive, the carrier is not liable for damage caused by an act, carelessness or negligence of the captain or master, another member of the crew, the pilot or the servants of the carrier, committed in the navigation of the vessel.
2. Except for articles 504 to 507 inclusive, no deviation of any kind from the course in order to rescue or to attempt to rescue human lives or goods, and no reasonable deviation of any kind from the course is considered as a violation of any contract of carriage, and the carrier is not liable for any loss or damage arising therefrom.

1. Sous réserve des articles 504 à 507 inclusivement, le transporteur n'est pas responsable du dommage causé par l'acte, la négligence ou l'omission du capitaine, d'un autre membre de l'équipage, du pilote ou d'employés du transporteur dans la navigation du navire.
2. Sous réserve des articles 504 à 507 inclusivement, aucun déroutement pour sauver ou tenter de sauver des vies ou des biens ni aucun déroutement justifiable ne sera considéré comme une violation d'un contrat de transport et le transporteur ne sera responsable d'aucune perte ni d'aucun dommage en résultant.

Art. 518 (8.5.3.19) - 1. De aansprakelijkheid van de vervoerder is in geval van dood, letsel of vertraging van de reiziger en in geval van verlies, beschadiging of vertraging van diens bagage beperkt tot een bij of krachtens algemene maatregel van bestuur te bepalen bedrag of bedragen.
- 2.   Dit artikel laat de Elfde Titel A en Afdeling 10A van de Dertiende Titel van het Tweede Boek van het Wetboek van Koophandel onverlet.

1. In case of death of, bodily injury to or delay of the passenger, and in case of loss of, damage to or delay of his baggage, the liability of the

1. La responsabilité du transporteur en cas de décès, de lésion corporelle ou de retard du passager ou en cas de perte, d'avarie ou de retard de ses bagages est

carrier is limited to an amount or amounts to be determined by or pursuant to regulation.
2. This article does not affect Title 11A and Section 10A of Title 13 of Book 2 of the Code of Commerce.

limitée à la ou aux sommes à fixer par décret ou en vertu d'un décret.
2. Le présent article laisse intact le Titre onzième A et la Section 10A du Titre treizième du Livre deuxième du Code de commerce.

Art. 519 (8.5.3.20) - 1. De vervoerder kan zich niet beroepen op enige beperking van zijn aansprakelijkheid voor zover de schade is ontstaan uit zijn eigen handeling of nalaten, geschied hetzij met het opzet die schade te veroorzaken, hetzij roekeloos en met de wetenschap dat die schade er waarschijnlijk uit zou voortvloeien.
- 2. Nietig is ieder beding, waarbij van dit artikel wordt afgeweken.

1. The carrier may not invoke any limitation in his liability to the extent that the damage has arisen from his own act or omission, done either with the intent to cause that damage or recklessly and with the knowledge that that damage would probably result therefrom.
2. Any stipulation derogating from this article is null.

1. Le transporteur ne peut se prévaloir d'aucune limitation de sa responsabilité dans la mesure où le dommage résulte de son propre acte ou omission, commis soit avec l'intention de provoquer un tel dommage soit témérairement et avec conscience qu'un tel dommage en résulterait probablement.
2. Toute stipulation dérogatoire au présent article est nulle.

Art. 520 (8.5.3.21) Nietig is ieder vóór het aan de reiziger overkomen voorval of vóór het verlies of de beschadiging van bagage gemaakt beding, waarbij de ingevolge de artikelen 504 tot en met 507 en 516 op de vervoerder drukkende aansprakelijkheid of bewijslast wordt verminderd op andere wijze dan in deze afdeling is voorzien.

Any stipulation made before the incident experienced by the passenger or before the loss of or the damage to the baggage, whereby the liability or burden of proof resting upon the carrier pursuant to articles 504 to 507 inclusive and 516 is reduced otherwise than as provided for in this section, is null.

Est nulle toute stipulation faite avant l'incident survenu au passager ou avant la perte ou l'avarie des bagages et tendant à atténuer, autrement que de la manière prévue à la présente section, la responsabilité ou la charge de la preuve incombant au transporteur aux termes des articles 504 à 507 inclusivement et 516.

Art. 521 (8.5.3.22) - 1. In geval van verlies of beschadiging van bagage wordt de vordering tot schadevergoeding gewaardeerd naar de omstandigheden.
- 2. In geval van aan de reiziger overkomen letsel en van de dood van de reiziger zijn de artikelen 107 en 108 van Boek 6 niet van toepassing op de vorderingen die de vervoerder als wederpartij van een andere vervoerder tegen deze laatste instelt.

1. In case of loss of or damage to baggage, the action for damages is

1. Les dommages-intérêts dans le cas de perte ou d'avarie des bagages

evaluated according to the circumstances.
2. In case of bodily injury to or death of the passenger, articles 107 and 108 of Book 6 do not apply to actions which the carrier, as co-contracting party of another carrier, takes against the latter.

s'évaluent selon les circonstances.
2. En cas de la lésion corporelle subie par le passager ou de son décès, les articles 107 et 108 du Livre sixième ne s'appliquent pas à l'action que le transporteur intente à un autre transporteur en tant que cocontractant de celui-ci.

Art. 522 (8.5.3.23) De wederpartij van de vervoerder is verplicht deze de schade te vergoeden die hij lijdt doordat de reiziger, door welke oorzaak dan ook, niet tijdig ten vervoer aanwezig is.

The co-contracting party of the carrier must compensate the latter for the damage which he suffers because, for whatever reason, the passenger is not timely present for carriage.

Le cocontractant du transporteur est tenu de réparer le dommage que celui-ci subit du fait que le passager, pour quelque cause que ce soit, ne se présente pas à temps pour le transport.

Art. 523 (8.5.3.24) De wederpartij van de vervoerder is verplicht deze de schade te vergoeden die hij lijdt doordat de documenten met betrekking tot de reiziger, die van haar zijde voor het vervoer vereist zijn, door welke oorzaak dan ook, niet naar behoren aanwezig zijn.

The co-contracting party of the carrier must compensate the latter for the damage which he suffers because, for whatever reason, the documents pertaining to the passenger and required from the co-contracting party for the carriage, are not adequately available.

Le cocontractant du transporteur est tenu de réparer le dommage que celui-ci subit du fait que, pour quelque cause que ce soit, les documents relatifs au passager, requis de la part du cocontractant pour le transport, ne sont pas convenablement disponibles.

Art. 524 (8.5.3.25) - 1. Wanneer vóór of tijdens het vervoer omstandigheden aan de zijde van de wederpartij van de vervoerder of de reiziger zich opdoen of naar voren komen, die de vervoerder bij het sluiten van de overeenkomst niet behoefde te kennen, doch die, indien zij hem wel bekend waren geweest, redelijkerwijs voor hem grond hadden opgeleverd de vervoerovereenkomst niet of op andere voorwaarden aan te gaan, is de vervoerder bevoegd de overeenkomst op te zeggen en de reiziger uit het schip te verwijderen.
- 2. De opzegging geschiedt door een mondelinge of schriftelijke kennisgeving aan de wederpartij van de vervoerder of aan de reiziger en de overeenkomst eindigt op het ogenblik van ontvangst van de eerst ontvangen kennisgeving.
- 3. Naar maatstaven van redelijkheid en billijkheid zijn partijen na opzegging der overeenkomst verplicht elkaar de daardoor geleden schade te vergoeden.

1. Where, before or during the carriage, circumstances arise or come forward on the part of the co-contracting party of the carrier or the

1. Lorsque, avant ou pendant le transport, surgissent ou apparaissent des circonstances concernant le cocontractant ou le passager, que le

passenger, which the carrier did not have to know at the time of entering into the contract, but which, had he known them, would have given him reasonable grounds not to enter into the contract of carriage or to enter into it upon different conditions, the carrier is entitled to cancel the contract and to remove the passenger from the vessel.
2. Cancellation takes place by a verbal or written notice to the co-contracting party of the carrier or to the passenger, and the contract is terminated at the time of reception of the notice which is received first.
3. After cancellation of the contract, the parties must, in accordance with standards of reasonableness and equity, compensate each other for the damage suffered as a result thereof.

transporteur n'était pas tenu de connaître lors de la conclusion du contrat, mais qui, les eût-il connues, auraient constitué pour lui un motif raisonnable de ne pas conclure le contrat de transport ou de le conclure à des conditions différentes, le transporteur peut alors résilier le contrat et évincer le passager du navire.
2. La résiliation a lieu par avis verbal ou écrit au cocontractant du transporteur ou au passager; le contrat prend fin au moment de la réception du premier avis reçu.
3. Après la résiliation, les parties se doivent, selon des critères de raison et d'équité, réparation réciproque du dommage qu'elles en ont subi.

Art. 525 (8.5.3.26) - 1. Wanneer vóór of tijdens het vervoer omstandigheden aan de zijde van de vervoerder zich opdoen of naar voren komen, die diens wederpartij bij het sluiten van de overeenkomst niet behoefde te kennen, doch die, indien zij haar wel bekend waren geweest, redelijkerwijs voor haar grond hadden opgeleverd de vervoerovereenkomst niet of op andere voorwaarden aan te gaan, is deze wederpartij van de vervoerder bevoegd de overeenkomst op te zeggen.
- 2. De opzegging geschiedt door een mondelinge of schriftelijke kennisgeving en de overeenkomst eindigt op het ogenblik van ontvangst daarvan.
- 3. Naar maatstaven van redelijkheid en billijkheid zijn partijen na opzegging der overeenkomst verplicht elkaar de daardoor geleden schade te vergoeden.

1. Where, before or during the carriage, circumstances arise or come forward on the part of the carrier, which his co-contracting party did not have to know at the time of entering into the contract, but which, had he known them, would have given him reasonable grounds not to enter into the contract of carriage or to enter into it upon different conditions, the co-contracting party is entitled to cancel the contract.
2. Cancellation takes place by a verbal or written notice, and the contract is terminated at the time of reception of the notice.
3. After cancellation of the contract, the parties must, in accordance with

1. Lorsque, avant ou pendant le transport, surgissent ou apparaissent des circonstances concernant le transporteur, que son cocontractant n'était pas tenu de connaître lors de la conclusion du contrat, mais qui, les eût-il connues, auraient constitué pour lui un motif raisonnable de ne pas conclure le contrat de transport ou de le conclure à des conditions différentes, il peut alors résilier le contrat.
2. La résiliation a lieu par avis verbal ou écrit et le contrat prend fin au moment de la réception de l'avis.
3. Après la résiliation, les parties se doivent, selon des critères de raison et

149

ART. 526 BOEK 8

standards of reasonableness and equity, compensate each other for the damage suffered as a result thereof.

d'équité, réparation réciproque du dommage qu'elles en ont subi.

Art. 526 (8.5.3.27) Wanneer de reiziger na verlaten van het schip niet tijdig terugkeert kan de vervoerder de overeenkomst beschouwen als op dat tijdstip te zijn geëindigd.

When, after leaving the vessel, the passenger does not return on time, the carrier may consider the contract as having been terminated at that time.

Lorsque le passager, après avoir quitté le navire, n'y retourne pas à temps, le transporteur peut considérer le contrat comme ayant pris fin à ce moment.

Art. 527 (8.5.3.28) - 1. De wederpartij van de vervoerder is steeds bevoegd de overeenkomst op te zeggen. Zij is verplicht de vervoerder de schade te vergoeden, die deze tengevolge van de opzegging lijdt.
- 2. Zij kan dit recht niet uitoefenen, wanneer daardoor de reis van het schip zou worden vertraagd.
- 3. De opzegging geschiedt door een mondelinge of schriftelijke kennisgeving en de overeenkomst eindigt op het ogenblik van ontvangst daarvan.

1. The co-contracting party of the carrier is always entitled to cancel the contract. He must compensate the carrier for the damage which the latter suffers as a result of the cancellation.
2. He may not exercise this right when the voyage of the vessel would thereby be delayed.
3. Cancellation takes place by a verbal or written notice, and the contract is terminated at the time of reception of the notice.

1. Le cocontractant du transporteur peut en tout temps résilier le contrat. Il est tenu de réparer le dommage que subit le transporteur par suite de la résiliation.
2. Il ne peut exercer ce droit lorsque cela retarderait le voyage du navire.
3. La résiliation a lieu par avis verbal ou écrit et le contrat prend fin au moment de la réception de l'avis.

Art. 528 (8.5.3.29) - 1. Wordt terzake van het vervoer een passagebiljet, een ontvangstbewijs voor bagage of enig soortgelijk document afgegeven, dan is de vervoerder verplicht daarin op duidelijke wijze zijn naam en woonplaats te vermelden.
- 2. Nietig is ieder beding, waarbij van het eerste lid van dit artikel wordt afgeweken.
- 3. De artikelen 56 tweede lid, 75 eerste lid en 186 eerste lid van Boek 2 zijn niet van toepassing.

1. Where a ticket, baggage claim or any similar document is issued concerning the carriage, the carrier must clearly indicate on it his name and place of residence.
2. Any stipulation derogating from the first paragraph of this article is

1. Lorsque, aux fins du transport, est délivré un billet de passage, un récépissé pour bagages ou un document analogue, le transporteur est tenu d'y indiquer de façon claire ses nom et domicile.
2. Toute stipulation dérogatoire au paragraphe premier du présent article est

150

null.
3. Articles 56, paragraph 2, 75, paragraph 1, and 186, paragraph 1 of Book 2 do not apply.

nulle.
3. Les articles 56, paragraphe deuxième, 75, paragraphe premier, et 186, paragraphe premier, du Livre deuxième ne s'appliquent pas.

Afdeling 4 Enige bijzondere overeenkomsten

Section 4
Some special contracts

Section quatrième
De quelques contrats particuliers

Art. 530 (8.5.4.1) - 1. Onder de overeenkomst (rompbevrachting), waarbij de ene partij (de rompvervrachter) zich verbindt een schip uitsluitend ter zee ter beschikking te stellen van haar wederpartij (de rompbevrachter) zonder daarover nog enige zeggenschap te houden, ligt de exploitatie van het schip in handen van de rompbevrachter en geschiedt zij voor diens rekening.
- 2.   Artikel 375 is van overeenkomstige toepassing.

1. Under the contract (bare-boat chartering) whereby one party (the bare-boat lessor) binds himself to put a vessel exclusively at sea at the disposal of the other party (bare-boat charterer) without retaining any control thereof, the operation of the vessel is in the hands of the bare-boat charterer and for his account.
2. Article 375 applies *mutatis mutandis*.

1. En vertu du contrat (affrètement coque nue) par lequel l'une des parties (le fréteur coque nue) s'engage à mettre un navire exclusivement en mer à la disposition de son cocontractant (l'affréteur coque nue) sans se réserver aucun contrôle, l'exploitation du navire est entre les mains de l'affréteur coque nue et a lieu à son compte.
2. L'article 375 s'applique par analogie.

Art. 531 (8.5.4.2) - 1. Op de overeenkomst, waarbij de ene partij zich verbindt een schip, anders dan bij wijze van rompbevrachting, uitsluitend ter zee ter beschikking te stellen van de andere partij voor andere doeleinden dan het daarmee vervoeren van zaken of personen zijn de bepalingen nopens avarij-grosse alsmede de bepalingen van deze titel en, indien het een binnenschip betreft, artikel 880 van overeenkomstige toepassing
- 2.   Partijen hebben de vrijheid af te wijken van in het eerste lid op hun onderlinge verhouding toepasselijk verklaarde bepalingen.

1. The provisions concerning general average as well as the provisions of this title and, if it concerns an inland waterway vessel, article 880 apply *mutatis mutandis* to the contract whereby one party, otherwise than by way of bare-boat chartering, binds himself to put a vessel exclusively at sea at the disposal of the other party for purposes other than the carriage by

1. Les dispositions relatives aux avaries communes, de même que celles du présent titre et, s'il s'agit d'un navire de navigation intérieure, l'article 880, s'appliquent par analogie au contrat par lequel l'une des parties s'engage, autrement que par affrètement coque nue, à mettre un navire exclusivement en mer à la disposition de son cocontractant à d'autres fins que le transport de choses ou de personnes.

that vessel of things or persons.

2. Parties are free to derogate from the provisions which paragraph 1 declares applicable to their mutual relationship.

2. Les parties peuvent déroger aux dispositions applicables à leurs rapports réciproques aux termes du paragraphe premier.

Art. 532 (8.5.4.3) Voor de toepassing van de bepalingen van deze afdeling wordt terbeschikkingstelling van een en eenzelfde schip ter zee en op binnenwateren beschouwd als terbeschikkingstelling ter zee, tenzij deze terbeschikkingstelling ter zee kennelijk ondergeschikt is aan die op binnenwateren, in welk geval zij als terbeschikkingstelling op binnenwateren wordt beschouwd.

For the application of the provisions of this section, putting one and the same vessel at disposal on sea and on inland waterways is considered as putting at disposal on sea, unless the putting at disposal on sea is clearly subordinate to that on inland waterways, in which case it is considered to be putting at disposal on inland waterways.

Aux fins de l'application des dispositions de la présente section, la mise à disposition d'un seul navire en mer et dans les eaux intérieures est considérée comme une mise à disposition en mer, à moins que celle-ci soit manifestement subordonnée à la mise à disposition dans les eaux intérieures, auquel cas elle est considérée une mise à disposition dans les eaux intérieures.

TITEL 6 ONGEVALLEN

TITLE 6 ACCIDENTS

TITRE SIXIÈME DES ACCIDENTS

Afdeling 1 Aanvaring

**Section 1
Collision**

**Section première
De l'abordage**

Art. 540 (8.6.1.2) Aanvaring is de aanraking van schepen met elkaar.

There is a collision when two vessels run into one another.

L'abordage se produit lorsque deux navires entrent en contact l'un avec l'autre.

Art. 541 (8.6.1.3) Onder voorbehoud van de Wet aansprakelijkheid olietankschepen vindt het in deze afdeling omtrent aanvaring bepaalde eveneens toepassing indien schade door een zeeschip is veroorzaakt zonder dat een aanvaring plaats had.

Subject to the *Wet aansprakelijkheid olietankschepen*[1] the provisions of this section concerning collision also apply if damage has been caused by a sea-going vessel without there having been a collision.

Sous réserve de la *Wet aansprakelijkheid olietankschepen*[2], les dispositions de la présente section relatives à l'abordage régissent également les cas de dommage qu'un navire de mer a causé, alors même qu'il n'y aurait pas eu abordage.

Art. 542 (8.6.1.4) Indien een zeeschip door een aanvaring schade heeft veroorzaakt, dan wel aan een zeeschip, deszelfs opvarenden of de zaken aan boord daarvan door een schip schade is veroorzaakt, wordt de aansprakelijkheid voor deze schade geregeld door deze afdeling.

If a sea-going vessel has caused damage by a collision, or if a vessel has caused damage to a sea-going vessel or the persons or things on board thereof, the liability for this damage is governed by this section.

En cas de dommage causé par un navire de mer du fait d'un abordage ou subi par un navire de mer ou par les personnes ou choses se trouvant à son bord du fait d'un navire, la responsabilité est réglée conformément à la présente section.

Art. 543 (8.6.1.5) Indien de aanvaring is veroorzaakt door toeval, indien zij is toe te schrijven aan overmacht of indien twijfel bestaat omtrent de oorzaken der aanvaring, wordt de schade gedragen door hen, die haar hebben geleden.

If the collision has been caused by a fortuitous event, if it is due to superior force, or if there is doubt as to the causes of the collision, the damage is borne by the persons who have suffered it.

Si l'abordage est fortuit, s'il est dû à un cas de force majeure ou s'il y a doute sur ses causes, le dommage est supporté par ceux qui l'ont subi.

Art. 544 (8.6.1.6) Indien de aanvaring is veroorzaakt door de schuld van één schip, is de eigenaar van het schip, dat de schuld had, verplicht de schade te vergoeden.

If the collision has been caused by the fault of a single vessel, the owner of the vessel which was at fault must repair the damage.

Si le abordage est causé par la faute d'un seul navire, la réparation du dommage incombe au propriétaire du navire qui l'a commise.

Art. 545 (8.6.1.7) - 1. Indien twee of meer schepen gezamenlijk door hun schuld een aanvaring hebben veroorzaakt, zijn de eigenaren daarvan zonder hoofdelijkheid aansprakelijk voor de schade, toegebracht aan medeschuldige schepen en aan goederen, die zich aan boord daarvan bevinden, en hoofdelijk voor alle overige schade.
- 2. Is de aansprakelijkheid niet hoofdelijk, dan zijn de eigenaren van de schepen, die gezamenlijk door hun schuld de aanvaring hebben veroorzaakt, tegenover de benadeelden aansprakelijk in verhouding tot het gewicht van de

---

[1] *Act respecting the liability of oil tankers.*
[2] *Loi régissant la responsabilité des navires pétroliers.*

schuld van hun schepen; indien echter de omstandigheden meebrengen, dat die verhouding niet kan worden vastgesteld of indien blijkt dat de schuld van deze schepen gelijkwaardig is wordt de aansprakelijkheid in gelijke delen verdeeld.
- 3. Is de aansprakelijkheid hoofdelijk, dan moet elk der aansprakelijke eigenaren zijn door het tweede lid van dit artikel vastgestelde aandeel in de betaling aan de schuldeiser voor zijn rekening nemen. Onder voorbehoud van artikel 364 en artikel 880 heeft hij, die meer dan zijn aandeel heeft betaald, voor het overschot verhaal op zijn medeschuldenaren, die minder dan hun aandeel hebben betaald.

1. If two or more vessels have jointly caused a collision by their fault, the owners thereof are liable, without solidarity, for the damage caused to other vessels at fault and to things on board thereof, and they are solidarily liable for all other damage.

2. Where the liability is not solidary, the owners of the vessels which have jointly caused the collision by their fault are liable with respect to the victims in proportion to the seriousness of the fault of their vessels; however, if the circumstances are such that the proportion cannot be ascertained or if the fault of these vessels proves to be equivalent, the liability is divided into equal parts.

3. Where the liability is solidary, each of the liable owners must assume his share in the payment to the creditor as determined in the second paragraph of this article. Subject to articles 364 and 880, the person who has paid more than his share has recourse for the surplus against his co-debtors who have paid less than their share.

1. Si plusieurs bateaux ont concouru, par leurs fautes, à causer un abordage, leurs propriétaires en répondent, sans solidarité en ce qui concerne le dommage causé aux navires également en faute et aux biens se trouvant à leur bord, et solidairement en ce qui concerne tout autre dommage.

2. S'il n'y a pas de responsabilité solidaire, les propriétaires dont les navires ont concouru, par leurs fautes, à causer l'abordage en répondent à l'égard des lésés dans la proportion de la gravité des fautes de leurs navires; toutefois si, d'après les circonstances, la proportion ne peut pas être établie ou si les fautes apparaissent comme équivalentes, la responsabilité est partagée par parts égales.

3. S'il y a responsabilité solidaire, chacun des propriétaires responsables prend à sa charge une part du paiement au créancier égale à celle déterminée par le paragraphe deuxième du présent article. Sous réserve des articles 364 et 880, celui qui a payé plus que sa part a, pour l'excédent, un recours contre ceux de ses co-débiteurs qui ont payé moins que leur part.

Art. 546 (8.6.1.8) Er bestaan geen wettelijke vermoedens van schuld met betrekking tot de aansprakelijkheid voor aanvaring; het schip, dat in aanraking komt met een andere, zo nodig behoorlijk verlichte, vaste of te bekwamer plaatse vastgemaakte zaak, geen schip zijnde, is aansprakelijk voor de schade, tenzij blijkt dat de aanraking niet is veroorzaakt door schuld van het schip.

There are no legal presumptions of fault with respect to the liability for collision; the vessel which runs into another thing, not being a vessel, if

Il n'y a pas de présomption légale de faute quant à la responsabilité de l'abordage; le navire qui entre en contact avec une autre chose, celle-ci n'étant pas

necessary adequately lit, fixed or fastened at the appropriate place, is liable for the damage unless the collision proves not to have been caused by the fault of the vessel.

un navire, qui est convenablement éclairée et fixe ou attachée à un endroit utile, est responsable du dommage, à moins qu'il n'apparaisse que le contact ne résulte pas de la faute du navire.

Art. 547 (8.6.1.9) De krachtens deze afdeling bestaande aansprakelijkheid wordt niet opgeheven ingeval de aanvaring is veroorzaakt door de schuld van een loods, zelfs niet als het gebruik van deze verplicht is.

The liability pursuant to this section remains intact in the event that the collision has been caused by the fault of a pilot, even if his use is obligatory.

La responsabilité établie par la présente section subsiste dans le cas où l'abordage est causé par la faute du pilote, même lorsque le pilotage est obligatoire.

Afdeling 2 Hulpverlening

Section 2
Assistance

Section deuxième
De l'assistance

Art. 550 (8.6.2.0) Deze afdeling geldt slechts onder voorbehoud van de Astronautenovereenkomst (Trb.1968, 134).

This section only applies subject to the Agreement on the rescue of astronauts (*Trb*. 1968, 134).[1]

La présente section ne vaut que sous réserve de la Convention sur l'assistance aux astronautes (*Trb*. 1968, 134)[2]

Art. 551 (8.6.2.1) - 1. De bepalingen omtrent hulp aan een schip zijn van overeenkomstige toepassing op hulp aan andere in zee dan wel in bevaarbaar binnenwater drijvende of daarin gezonken zaken, dan wel aan andere aan of op het vaste zeestrand of de oevers dezer binnenwateren gezonken of aangespoelde zaken.
- 2. De bepalingen omtrent hulp aan een schip zijn van overeenkomstige toepassing op hulp door een schip aan een luchtvaartuig verleend.

1. The provisions regarding salvage of a vessel apply *mutatis mutandis* to salvage of other things floating or having sunk at sea or in navigable inland waterways, as well as of other things having sunk or washed ashore on the seashore beach or the shores of these inland waterways.
2. The provisions regarding salvage of a vessel apply *mutatis mutandis* to

1. Les dispositions relatives à l'assistance à un navire s'appliquent par analogie à l'assistance prêtée à d'autres choses qui flottent ou ont sombré en mer ou dans les eaux intérieures navigables, de même qu'aux autres choses qui ont sombré ou ont échoué sur la plage ou sur les rives de ces eaux.
2. Les dispositions relatives à l'assistance aux navires s'appliquent par

---

[1] *Agreement on the Rescue of Astronauts, the Return of Astronauts and the Return of Objects Launched in Outer Space,* of April 22, 1968.
[2] *Accord sur le sauvetage des astronautes, le retour des astronautes et la restitution des objects lancés dans l'espace extra-atmosphérique,* du 22 avril 1968.

salvage of an aircraft by a vessel.

analogie à celle que porte un navire à un aéronef.

Art. 552 (8.6.2.2) Voor de toepassing van deze afdeling worden de wateren genoemd in artikel 21 van de Wet op de strandvonderij beschouwd tot de zee, en de stranden en oevers daarvan tot het zeestrand te behoren.

For the application of this section, the waters referred to in article 21 of the *Wet op de strandvonderij*[1] are considered to form part of the sea, and the beaches and shores thereof of the seashore beach.

Aux fins de la présente section, les eaux énumérées à l'article 21 de la *Wet op de strandvonderij*[2] sont considérées faire partie de la mer et leurs plages et rives, du littoral.

Art. 553 (8.6.2.3) Deze afdeling is mede van toepassing, wanneer hulp is verleend door of aan een oorlogsschip of enig ander schip, dat toebehoort aan, dan wel gebruikt of bevracht wordt door enige Staat of openbaar lichaam.

This section also applies to salvage by or of a war-ship or any other vessel belonging to, or operated or chartered by any State or public body.

La présente section s'applique également en cas d'assistance prêtée par ou à un navire de guerre ou un autre navire appartenant à un État ou à une personne de droit public, ou exploité ou affrété par eux.

Art. 554 (8.6.2.4) - 1. Hulp aan in gevaar verkerende schepen, aan zich aan boord daarvan bevindende zaken of aan van een schip afkomstige driftige, aangespoelde of gezonken zaken mag niet worden verleend tegen een uitdrukkelijk en redelijk verbod vanwege het schip in. Kan een dergelijk verbod niet worden uitgevaardigd, dan mag geen hulp worden verleend tegen een uitdrukkelijk en redelijk verbod in van de rechthebbende op het schip of de daarvan afkomstige driftige, aangespoelde of gezonken zaak.
- 2. Een verbod tot hulpverlening kan steeds worden uitgevaardigd.

1. Salvage of vessels in danger, of things on board thereof or of things, coming from a vessel, which drift, have run ashore or have sunk, may not take place against an express and reasonable prohibition on behalf of the vessel. Where such a prohibition cannot be issued, no salvage may take place against an express and reasonable prohibition of the title-holder to the vessel or to the thing coming therefrom which drifts, has run ashore or has sunk.
2. A prohibition to salvage can be

1. Aucune assistance aux navires en danger, aux choses se trouvant à bord de ceux-ci ou en provenant, qui flottent, ont échoué sur la plage ou ont sombré ne doit être prêtée à l'encontre de la défense expresse et raisonnable de la part du navire. Si cette défense ne peut être émise, aucune assistance ne doit être fournie à l'encontre de la défense expresse et raisonnable de la part du titulaire du navire ou de la chose provenant de celui-ci, qui flotte, a échoué sur la plage ou a sombré.
2. La défense d'assistance peut être

---

[1] *Act respecting wrecks.*
[2] *Loi sur les épaves.*

issued at any time.

émise en tout temps.

Art. 555 (8.6.2.5) - 1. Het verlenen van hulp aan een schip, aan zich aan boord daarvan bevindende zaken of aan van een schip afkomstige driftige, aangespoelde of gezonken zaken staat onder leiding van de kapitein en, wanneer er geen kapitein is of deze niet optreedt, onder leiding van de rechthebbende op het schip of de zaak.
- 2. Bij stranding of aanspoeling aan of op het vaste zeestrand berust de leiding, wanneer kapitein noch rechthebbende optreedt, bij de strandvonder.
- 3. Indien het noodzakelijk is onverwijld maatregelen te treffen, geldt het in dit artikel bepaalde niet, totdat de kapitein, de rechthebbende of de strandvonder de leiding op zich heeft genomen.

1. Salvage of a vessel, of things on board thereof or of things, coming from a vessel, which drift, have run ashore or have sunk, is conducted under the direction of the captain, and, if there is no captain or when he does not act, under the direction of the title-holder to the vessel or the thing.
2. In the case of stranding on or running ashore a beach, direction is given by the wreck-master, when neither the captain nor the title-holder act.
3. If it is necessary to take measures without delay, the provisions of this article do not apply until the captain, the title-holder or the wreck-master have assumed direction.

1. L'assistance à un navire, aux choses se trouvant à bord de celui-ci ou en provenant, qui flottent, ont échoué sur la plage ou ont sombré est prêtée sous la direction du capitaine et, à défaut de capitaine ou devant son inaction, du titulaire du navire ou de la chose.
2. Dans le cas d'échouement ou d'atterrissement sur le rivage, la direction de l'assistance incombe, devant l'inaction du capitaine et du titulaire, au directeur aux épaves.
3. S'il est nécessaire de prendre des mesures sans tarder, les dispositions du présent article ne s'appliquent pas tant que le capitaine, le titulaire ou le directeur aux épaves n'ont pas assumé la direction.

Art. 556 (8.6.2.6) - 1. Wanneer een schip door de bemanning is verlaten en door hulpverleners of de strandvonder is overgenomen, staat het de kapitein steeds vrij naar zijn schip terug te keren en het gezag daarover te hernemen, in welk geval de hulpverleners of de strandvonder terstond het gezag aan de kapitein moeten overdragen.
- 2. Indien de kapitein of de rechthebbende, bij de hulpverlening of ter plaatse, waar de geredde zaken worden aangebracht, tegenwoordig is en dit de hulpverleners of de strandvonder bekend is, moeten de hulpverleners of de strandvonder, onverminderd artikel 568, die zaken terstond te zijner beschikking stellen.
- 3. In de gevallen, waarin de geredde zaken niet op grond van het vorige lid terstond ter beschikking van de kapitein of van de rechthebbende moeten worden gesteld, moeten zij, voor zover zij tijdens de hulpverlening zich aan of op de buitengronden of het vaste zeestrand bevinden, terstond ter beschikking worden gesteld van de strandvonder.

1. Where a vessel has been

1. Lorsque l'équipage a quitté le navire

abandoned by the crew and where it has been taken over by persons involved in salvaging or by the wreck-master, the captain is always at liberty to return to his vessel and to retake authority over it, in which case the persons involved in salvaging or the wreck-master must forthwith surrender authority to the captain.

2. If the captain or the title-holder is present at the salvage or at the place where salvaged things are brought ashore, and if the persons involved in salvaging or the wreck-master are aware thereof, they must forthwith put those things at his disposal, without prejudice to article 568.

3. In the cases where, by virtue of the preceding paragraph, the salvaged things do not have to be put at the disposal of the captain or of the title-holder, they must forthwith be put at the disposal of the wreck-master to the extent that during the salvage the things find themselves on the foreshore or on the seashore beach.

et que les assistants ou le directeur aux épaves en ont pris le contrôle, le capitaine est libre de retourner au navire et d'en reprendre le contrôle, auquel cas les assistants ou le directeur aux épaves remettent aussitôt le contrôle au capitaine.

2. Si le capitaine ou le titulaire est présent lors de l'assistance ou au lieu où les choses sauvées sont apportées et que les assistants ou le directeur aux épaves en ont connaissance, ces derniers, sans préjudice de l'article 568, doivent aussitôt les mettre à sa disposition.

3. Dans les cas où les choses sauvées ne doivent pas, par application du paragraphe précédent, être aussitôt mises à la disposition du capitaine ou du titulaire, elles doivent l'être au directeur aux épaves, dans la mesure où, lors de l'assistance, elles se trouvent sur la laisse de mer ou sur la plage.

Art. 557 (8.6.2.7) - 1. Iedere hulp aan in gevaar verkerende schepen, alsmede iedere hulp aan zich aan boord daarvan bevindende zaken geeft, indien de hulp met gunstig gevolg is verleend, recht op een billijk hulploon.
- 2. Geen hulploon is verschuldigd, wanneer de verleende hulp zonder gunstig gevolg blijft.
- 3. Hulp als omschreven in het eerste lid van dit artikel geeft recht op hulploon, ook al is de tot hulploon gerechtigde of hij, die gerechtigd is de vaststelling van het hulploon te vorderen, dezelfde persoon als hij die hulploon verschuldigd is.

1. All salvage of vessels in danger as well as of things on board thereof gives right to equitable remuneration if the salvage has produced a favourable result.

2. No remuneration is due if the salvage remains without favourable result.

3. Salvage, as defined in the first paragraph of this article, gives right to remuneration even if the person entitled thereto or the person entitled to demand the determination thereof is the same person as the one who owes the remuneration.

1. Tout fait d'assistance à des navires en danger ou aux choses se trouvant à bord ayant eu un résultat positif donne droit à une juste rémunération.

2. Aucune rémunération n'est due si le secours prêté ne donne aucun résultat.

3. L'assistance évoquée au paragraphe premier donne droit à une rémunération, quoique celui qui y a droit ou qui peut en demander la fixation soit le même que celui qui la doit.

Art. 558 (8.6.2.8) - 1. Iedere overeenkomst omtrent hulpverlening aangegaan tijdens en onder de invloed van het gevaar, kan op verzoek van een der partijen door de rechter worden vernietigd of gewijzigd, wanneer deze van oordeel is, dat de overeengekomen voorwaarden niet billijk zijn.
- 2. In ieder geval kan de overeenkomst op verzoek van een der partijen door de rechter worden vernietigd of gewijzigd, als bewezen is dat de toestemming van een der partijen is gegeven onder de invloed van bedrog of van verzwijging of dat tussen het loon en de bewezen diensten een ernstige wanverhouding bestaat.
- 3. Nietig is ieder beding, waarbij van dit artikel wordt afgeweken.

1. Each contract regarding salvage entered into during and under the influence of the danger may, upon the request of one of the parties, be annulled or modified by the judge, if he is of the opinion that the agreed conditions are not equitable.
2. The contract can in any event be annulled or modified by the judge, upon the request of one of the parties, if it has been proven that the consent of one of the parties has been given under the influence of fraud or concealment, or that there is a serious disproportion between the remuneration and the services rendered.
3. Any stipulation derogating from this article is null.

1. Toute convention d'assistance passée au moment ou sous l'influence du danger peut, à la requête de l'une des parties, être annulée ou modifiée par le juge, s'il estime que les conditions convenues ne sont pas équitables.
2. Dans tous les cas, la convention peut être annulée ou modifiée par le juge à la requête de l'une des parties, lorsqu'il est prouvé que le consentement de l'une des parties résulte du dol ou de la réticence ou lorsqu'il y a une sérieuse disproportion entre la rémunération et le service rendu.
3. Toute stipulation dérogatoire au présent article est nulle.

Art. 559 (8.6.2.8a) Indien een partij bij een overeenkomst omtrent hulpverlening door haar wederpartij daarbij terzake van een bij de hulpverlening veroorzaakte schade buiten overeenkomst wordt aangesproken, is zij jegens die wederpartij niet verder aansprakelijk dan zij dit zou zijn op grond van de door hen gesloten overeenkomst. De artikelen 365 en 366 zijn van overeenkomstige toepassing.

If a party to a contract regarding salvage is sued extra-contractually by his co-contracting party with respect to damage caused on the occasion of the salvage, the former is liable towards the latter no further than he would be pursuant to the contract entered into between them. Articles 365 and 366 apply *mutatis mutandis*.

Si une partie à une convention d'assistance est poursuivie extracontractuellement par le cocontractant pour un dommage causé à l'occasion de l'assistance, sa responsabilité n'est pas engagée à l'égard de celui-ci au delà de ce qu'elle le serait en vertu de la convention passée entre eux. Les articles 365 et 366 s'appliquent par analogie.

Art. 560 (8.6.2.9) - 1. Het bedrag van het hulploon wordt vastgesteld bij overeenkomst tussen partijen en bij gebreke daarvan door de rechter.

- 2. De rechter stelt het hulploon vast naar omstandigheden, tot grondslag nemende:
a. in de eerste plaats de verkregen uitslag, de moeiten en de verdienste van hen, die de hulp hebben verleend, het gevaar, waarin hebben verkeerd het geholpen schip, zijn reizigers, zijn bemanning, zijn lading, de hulpverleners en het hulpverlenende schip, de gebruikte tijd, de gemaakte kosten en geleden schaden, alsmede het risico van aansprakelijkheid en andere risico's door de hulpverleners gelopen en de waarde van het door hen aan gevaar blootgestelde materiaal, daarbij in voorkomend geval rekening houdend met de bijzondere uitrusting van het hulpverlenende schip;
b. in de tweede plaats de waarde der geredde goederen.
- 3. Het te betalen bedrag mag in geen geval de waarde der geredde goederen overtreffen.
- 4. Wanneer het hulploon mede strekt tot vergoeding van gemaakte kosten en geleden schade geeft de rechter aan welke gemaakte kosten en geleden schade dit betreft.

1. The amount of the remuneration is determined by contract between the parties and, in the absence thereof, by the judge.
2. The judge determines the remuneration according to the circumstances, taking as basis:
a. in the first place, the result obtained, the efforts and the merit of those who have been involved in the slavage, the danger in which the vessel, its passengers, crew, cargo, the persons and the vessel involved in the salvage have been, the time used, the costs incurred and the damage suffered, as well as the risk of liability and other risks run by the persons involved in the salvage, the value of the material which they have exposed to danger, and, in appropriate cases, taking into account the special equipment of the vessel involved in the salvage;
b. in the second place, the value of the salvaged goods.
3. The amount to be paid may in no event exceed the value of the salvaged goods.
4. Where the remuneration is also intended to reimburse costs made and damage suffered, the judge is to

1. Le montant de la rémunération est déterminé par la convention des parties ou, à défaut, par le juge.
2. Le juge fixe la rémunération selon les circonstances, en prenant pour base:
a. En premier lieu, le succès obtenu, les efforts et le mérite de ceux qui ont prêté secours, le danger qu'ont couru le navire assisté, ses passagers, son équipage, sa cargaison, les assistants et le navire assistant, le temps employé, les frais et dommages subis, ainsi que les risques de responsabilité et autres qu'ont courus les assistants et la valeur du matériel exposé par eux, en tenant compte, le cas échéant, de l'appropriation spéciale du navire assistant;
b. En deuxième lieu, la valeur des biens sauvés.
3. En aucun cas la somme à payer ne peut dépasser la valeur des biens sauvés.
4. Lorsque la rémunération sert aussi au remboursement de frais engagés et du dommage subi, le juge précise les frais

indicate which costs made and what damage suffered, are concerned.

et le dommage dont il s'agit.

Art. 561 (8.6.2.10) - 1. Gerechtigd tot hulploon zijn die personen of groepen van personen, die hulp hebben verleend.
- 2. Indien de hulp is verleend door personen of groepen, die afhankelijk van elkaar handelden, is aan deze groepen of personen gezamenlijk slechts één bedrag als hulploon verschuldigd.
- 3. Indien de hulp door een schip is verleend kunnen ook de leden der bemanning, die geen hulp verleenden, tot hulploon gerechtigd zijn.

1. Those persons or groups of persons who were involved in the salvage are entitled to remuneration.
2. If the salvage has been undertaken by persons or groups of persons working interdependently, a single amount is owed to those groups or persons jointly.
3. If the salvage has been undertaken by a vessel, the members of the crew who were not involved in the salvage may also be entitled to remuneration.

1. Ont droit à une rémunération les personnes ou groupes de personnes qui ont prêté secours.
2. Pour le secours prêté par des personnes ou des groupes agissant de concert, une seule somme leur est due conjointement au titre de la rémunération.
3. Dans le cas du secours prêté par un navire, les membres de l'équipage qui n'ont pas prêté assistance peuvent eux aussi avoir droit à rémunération.

Art. 562 (8.6.2.11) Afstand, jegens wie dan ook, door een lid der bemanning van zijn recht op een aandeel in het door een schip te verdienen of verdiende hulploon is nietig, tenzij het schip blijkens zijn constructie uitsluitend of in hoofdzaak voor hulpverlening of sleepdienst is bestemd of de afstand één bepaalde hulpverlening betreft.

Renunciation, with respect to anyone, by a member of the crew of his right to a share in the remuneration earned or to be earned by the vessel is null, unless the vessel, according to its construction, is exclusively or principally destined to salvage or to tow, or unless the renunciation concerns one specific act of salvage.

La renonciation, à l'égard de qui que ce soit, d'un membre de l'équipage à son droit à une part de la rémunération gagnée ou à gagner par le navire est nulle, à moins que le navire, d'après sa construction, soit destiné exclusivement ou principalement à l'assistance ou au remorquage ou que la renonciation ne touche qu'une assistance précise.

Art. 563 (8.6.2.12) - 1. Geen recht op enig hulploon hebben zij, die hulp verleenden niettegenstaande een uitdrukkelijk en redelijk verbod als bedoeld in artikel 554.
- 2. Opvarenden kunnen wegens hulp door hen verleend aan het schip, zich aan boord daarvan bevindende zaken of daarvan afkomstige driftige, aangespoelde of gezonken zaken, slechts recht op hulploon hebben, wanneer door hen diensten zijn bewezen, waartoe zij redelijkerwijs niet zijn gehouden.
- 3. Voor hulp, verleend door een slepend schip aan het daardoor gesleepte schip of de lading daarvan, kan slechts hulploon verschuldigd zijn, wanneer het

slepende schip buitengewone diensten heeft verleend, die niet kunnen worden beschouwd als uitvoering van de sleepovereenkomst.

- 4. Wanneer blijkt, dat de hulpverleners door hun schuld de hulpverlening hebben nodig gemaakt of zich hebben schuldig gemaakt aan diefstal, verberging of andere bedriegelijke handelingen, kan de rechter een geringer hulploon toekennen of alle aanspraak op hulploon ontzeggen.

1. Those persons who were involved in the salvage notwithstanding an express and reasonable prohibition as referred to in article 554, are not entitled to any remuneration.

2. Persons on board can only have right to remuneration for salvage of the vessel, of things on board thereof or of things, coming from a vessel, which drift, have run ashore or have sunk, when they have rendered services to which they were not reasonably obligated.

3. Remuneration can only be owed for salvage by a towing vessel to the vessel or the cargo which it tows, where the towing vessel has rendered exceptional services which cannot be considered as the performance of the contract of towage.

4. The judge may reduce or exclude remuneration where it appears that the persons involved in the salvage have made the salvage necessary by their fault, or have been guilty of theft, concealment or other fraudulent acts.

1. N'ont droit à aucune rémunération les personnes qui ont prêté secours malgré une défense expresse et raisonnable visée à l'article 554.

2. Les personnes se trouvant à bord d'un navire ne peuvent avoir droit à une rémunération pour secours prêté à un autre navire, aux choses se trouvant à bord de celui-ci ou en provenant, qui flottent, ont échoué sur la plage ou ont sombré que si elles ont rendu des services auxquels elles n'étaient pas normalement tenues.

3. Le remorqueur n'a droit à une rémunération pour l'assistance du navire par lui remorqué ou de sa cargaison que s'il a rendu des services exceptionnels ne pouvant être considérés comme l'exécution du contrat de remorquage.

4. Le juge peut réduire ou supprimer la rémunération s'il apparaît que les sauveteurs ont, par leur faute, rendu l'assistance nécessaire ou qu'ils se sont rendus coupables de vol, recel ou d'autres actes frauduleux.

Art. 564 (8.6.2.13) - 1. Indien de hulp is verleend door onafhankelijk van elkaar handelende personen of groepen van personen is ieder dezer personen bevoegd vaststelling te vorderen van het hulploon dat hem of de groep, waarvan hij deel uitmaakte, toekomt.

- 2. Indien de hulp is verleend door afhankelijk van elkaar handelende personen of groepen van personen is ieder dezer personen bevoegd vaststelling te vorderen van het hulploon, dat aan deze personen of groepen gezamenlijk toekomt.

- 3. Indien door een schip hulp is verleend, is uitsluitend de reder of de kapitein bevoegd omtrent het hulploon overeen te komen. De door hem gesloten overeenkomst bindt alle tot hulploon gerechtigden. Hij is verplicht ieder van hen vóór de uitbetaling desverlangd het bedrag van het hulploon schriftelijk mede te delen. Bij gebreke van een overeenkomst is uitsluitend hij, niet alleen gerechtigd, doch ook verplicht gerechtelijke vaststelling van het hulploon te vorderen en dit te innen.

- 4. In het in artikel 557 derde lid bedoelde geval is iedere tot hulploon gerechtigde bevoegd de vaststelling daarvan door de rechter te vorderen, ook al mocht over het hulploon een overeenkomst zijn gesloten.

1. If the salvage has been undertaken by persons or groups of persons working independently, each of these persons is entitled to demand the determination of the remuneration owed to him or to the group to which he belongs. 2. If the salvage has been undertaken by persons or groups of persons working interdependently, each of these persons is entitled to demand the determination of the remuneration owed to these persons or groups jointly. 3. If salvage has been undertaken by a vessel, only the shipowner or the captain are entitled to contract with respect to the remuneration. The contract which he enters into binds all persons entitled to remuneration. With respect to payment, he must notify each of them in writing, upon demand, of the amount of the remuneration. In the absence of a contract, only he is not only entitled but also obliged to demand the determination of the remuneration judicially, and to collect it. 4. In the case referred to in the third paragraph of article 557, each person entitled to remuneration may demand the determination thereof by the judge, even if a contract concerning the remuneration had been entered into.	1. Si l'assistance a été prêtée par des personnes ou groupes agissant de manière indépendante, chacun d'eux peut demander que soit fixée la rémunération qui lui revient, à lui ou au groupe dont il a fait partie. 2. Si l'assistance a été prêtée par des personnes ou groupes agissant de concert, chacun d'eux peut demander que soit fixée la rémunération qui revient à ces personnes ou groupes conjointement. 3. Si l'assistance a été prêtée par un navire, seul l'armateur ou le capitaine peut contracter au sujet de la rémunération. Le contrat par lui conclu engage toutes les personnes qui ont droit à une rémunération. Il est tenu, aux fins du paiement, de communiquer par écrit à chacun d'eux, à sa demande, le montant de la rémunération. À défaut de contrat, lui seul a non seulement le droit, mais encore le devoir de demander que soit fixée en justice la rémunération, et de la percevoir. 4. Dans le cas visé au troisième paragraphe de l'article 557, toute personne qui a droit à une rémunération peut en demander la détermination en justice, même si un contrat avait été conclu à ce propos.

Art. 565 (8.6.2.14) - 1. Bij geschillen omtrent de verdeling van het hulploon tussen de daartoe gerechtigden wordt deze op vordering van de meeste gerede partij door de rechter vastgesteld.
- 2. Behalve bij de verdeling van het hulploon tussen leden van een bemanning in welk geval hij geheel vrij is in zijn verdeling stelt de rechter de verdeling van het hulploon vast naar de in artikel 560 genoemde omstandigheden.

1. In disputes regarding the division of the remuneration between the persons entitled thereto, the division is to be determined by the judge upon	1. En cas de différend, la répartition de la rémunération entre les personnes qui y ont droit est fixée par le juge, à la demande de la partie la plus diligente.

the demand of the most diligent party.
2. Except for the division of remuneration between crew members, in which case he is entirely free, the judge is to determine the division according to the circumstances referred to in article 560.

2. Sauf le cas d'une répartition entre les membres de l'équipage, ce qui lui donne entière liberté, le juge fixe la répartition de la rémunération selon les circonstances énumérées à l'article 560.

Art. 566 (8.6.2.15) Voor hulp verleend aan een schip al dan niet met zaken aan boord, alsmede voor hulp verleend aan de zaken aan boord van een schip, is het hulploon uitsluitend verschuldigd door de reder van het schip.

Only the shipowner owes the remuneration for salvage of a vessel, whether or not with things on board, as well as for salvage of things on board a vessel.

Pour l'assistance à un navire, qu'il y ait ou non des choses à bord, de même que pour l'assistance aux choses à bord d'un navire, seul l'armateur doit la rémunération.

Art. 567 (8.6.2.16) Voor het redden van driftige, aangespoelde of gezonken zaken, die geen schepen zijn in de zin van artikel 1, is hulploon verschuldigd door de rechthebbende daarop.

The title-holder owes remuneration for the salvage of things which drift, have run ashore or have sunk and which are not vessels within the meaning of article 1.

Pour le sauvetage des choses qui, n'étant pas des navires au sens de l'article 1er, flottent, se sont jetées sur la plage ou ont sombré, le titulaire doit la rémunération.

Art. 568 (8.6.2.17) - 1. Hij, die gerechtigd is vaststelling van het hulploon te vorderen, heeft - behoudens artikel 556 eerste en derde lid - jegens ieder, die daarvan afgifte verlangt, een retentierecht op de schepen of zaken, waaraan hulp is verleend, alsmede op de schepen aan welker zich aan boord bevindende zaken hulp is verleend, voor hetgeen ter zake van hulploon is verschuldigd.
- 2. Dit retentierecht vervalt zodra is betaald het bedrag, waarover geen geschil tussen partijen bestaat, en voldoende zekerheid is gesteld voor de betaling van die bedragen, waaromtrent wel geschil bestaat of welker hoogte nog niet kan worden vastgesteld.

1. The person who is entitled to demand determination of the remuneration has –except for article 556, paragraphs 1 and 3– against every person, demanding to be handed over the remuneration, a right of retention upon the vessels or things involved in the salvage, as well as upon the vessels having on board things involved in the salvage, for what is owed with respect to the

1. Celui qui a droit à la fixation de la rémunération a, sous réserve de l'article 556, paragraphes premier et troisième, un droit de rétention à l'égard de toute personne qui en demande la remise, portant sur les navires ou choses auxquels assistance a été prêtée, de même que sur les navires ayant à bord les choses auxquelles assistance a été prêtée, pour ce qui est dû au titre de la rémunération.

remuneration.

2. This right of retention lapses as soon as the amount over which there is no dispute between the parties has been paid, and enough security has been furnished for the payment of those sums over which there is a dispute or the amount of which cannot yet be determined.

2. Ce droit de rétention s'éteint dès que la somme sur laquelle il n'y a pas de différend entre les parties a été payée et que sûreté adéquate a été fournie pour le paiement des sommes sur lesquelles il y a un différend ou dont le montant n'a pu encore être déterminé.

Art. 569 (8.6.2.18) - 1. Indien de rechthebbende op de schepen of andere zaken, waaraan hulp is verleend, niet opkomt, is hij, die vaststelling van het hulploon kan vorderen, gerechtigd deze voor rekening en gevaar van de rechthebbende onder zich te houden dan wel bij een derde op te slaan in een daarvoor geschikte bewaarplaats.
- 2. De derde-bewaarnemer en de rechthebbende zijn jegens elkaar verbonden, als ware de omtrent de bewaring gesloten overeenkomst mede tussen hen aangegaan. De bewaarnemer is echter niet gerechtigd tot afgifte dan na schriftelijke toestemming daartoe van hem, die de zaken in bewaring gaf.

1. If the person entitled to the vessels or other things which have been the subject of salvage, does not present himself, the person who may demand the determination of the remuneration has the right, for the account and risk of the title-holder, to keep them in his possession or to deposit them with a third person in an appropriate storehouse.
2. The third person - depositary and the title-holder are bound towards each other as if the contract with respect to the deposit had also been entered into between them. However, the depositary is not entitled to hand over the things until after written authorisation from the depositor.

1. Si le titulaire des navires ou des autres choses auxquels assistance a été prêtée ne se présente pas, la personne pouvant demander la détermination de la rémunération peut, pour le compte et aux périls du titulaire, les garder en sa possession ou les déposer auprès d'un tiers dans un entrepôt approprié.

2. Le tiers-dépositaire et le titulaire sont liés l'un envers l'autre, comme s'ils étaient parties au contrat conclu relativement au dépôt. Le dépositaire ne peut cependant remettre les choses qu'après autorisation écrite de la part du déposant.

Art. 570 (8.6.2.19) - 1. In geval van toepassing van artikel 569 kan hij, die gerechtigd is vaststelling van het hulploon te vorderen, de bewaarnemer dan wel de rechthebbende op de schepen of zaken, op zijn verzoek door de rechter worden gemachtigd hen geheel of gedeeltelijk op de door deze te bepalen wijze te verkopen.
- 2. De bewaarnemer is verplicht degeen, die de zaken in bewaring gaf, zo spoedig mogelijk van de voorgenomen verkoop op de hoogte te stellen; degeen die de zaken in bewaring gaf of onder zich hield, heeft deze verplichting jegens de hem bekende rechthebbenden op de zaken.
- 3. De opbrengst van het verkochte wordt in de consignatiekas gestort, voor zover zij niet strekt tot voldoening van de kosten van opslag en verkoop alsmede, binnen de grenzen der redelijkheid, van de gemaakte kosten. Tenzij op de zaken

beslag is gelegd voor een geldvordering, moet aan degeen, die de zaken in bewaring gaf, uit het in bewaring te stellen bedrag worden voldaan hetgeen hem terzake van hulploon is verschuldigd; voor zover het hulploon nog niet vaststaat, zal de opbrengst of een gedeelte daarvan op door de rechter te bepalen wijze tot zekerheid voor deze vordering strekken.
- 4. De in de consignatiekas gestorte opbrengst treedt in de plaats van de zaken.

1. In the case of the application of article 569, the person who may demand the determination of the remuneration, the depositary as well as the title-holder to the vessels or things may, upon his request, be authorised by the judge to sell them in whole or in part in a manner to be determined by the latter.
2. The depositary must notify the person who deposited the things of the intended sale as soon as possible; the person who deposited the things or has kept them in his possession has this obligation towards the title-holders to the things who are known to him.
3. The proceeds of the sale are paid into the deposit fund to the extent that they do no serve to pay the costs of deposit and sale as well as, within the bounds of reasonableness, other costs. Unless the things have been seized for a pecuniary claim, the person who deposited the things must be paid from the amount to be deposited what is owed to him as remuneration; to the extent that the remuneration has not yet been determined, the proceeds or part thereof will serve as security for this claim in a manner to be determined by the judge.
4. The proceeds paid into the deposit fund take the place of the things.

1. Dans le cas où s'applique l'article 569, la personne pouvant demander la détermination de la rémunération, le dépositaire, de même que le titulaire des navires ou des choses, peut, à sa requête, se faire autoriser par le juge à vendre ceux-ci en tout ou en partie de la façon que celui-ci détermine.
2. Le dépositaire est tenu d'informer le déposant aussitôt que possible de la vente prévue; celui qui a déposé les choses ou qui les a gardées en sa possession a cette obligation envers la personne qu'il connaît comme titulaire des choses.
3. Le produit de la vente est versé à la caisse des consignations, dans la mesure où il ne sert pas à payer les frais de l'entreposage et de la vente, de même que, dans les limites raisonnables, les dépenses engagées. À moins que les choses n'aient été saisies pour une créance pécuniaire, il doit être payé au déposant, sur la somme à consigner, ce qui lui est dû au titre de la rémunération; dans la mesure où la rémunération n'est pas encore fixée, le produit servira, en tout ou partie et de la façon que détermine le juge, de sûreté pour cette créance.
4. Le produit de la vente versé à la caisse des consignations se substitue aux choses.

Art. 571 (8.6.2.20) - 1. Hij, die gerechtigd is tot hulploon, verkrijgt de eigendom van de zaak, waaraan hulp is verleend en waarvoor geen rechthebbende is opgekomen, twee jaren na de beëindiging van de hulpverlening, mits de zaak zich op dat tijdstip nog in zijn macht bevindt en hij datgene heeft gedaan wat redelijkerwijs van hem kan worden gevergd om de rechthebbende te ontdekken en van het gevolg van de hulpverlening op de hoogte te stellen.

- 2. Het vorige lid vindt geen toepassing, wanneer de rechthebbende zich binnen de in dat lid genoemde termijn bij hem, die vaststelling van het hulploon kan vorderen, heeft aangemeld en aan deze de kosten van bewaring en onderhoud en tot opsporing van de rechthebbende heeft vergoed. Degene die vaststelling van het hulploon kan vorderen is bevoegd de afgifte op te schorten totdat deze verplichting is nagekomen. Indien de rechthebbende die de zaak opeist, de verschuldigde kosten niet binnen een maand nadat ze hem zijn opgegeven, heeft voldaan, wordt hij aangemerkt zijn recht op de zaak te hebben prijsgegeven.

1. The person who is entitled to remuneration acquires the ownership of the thing which has been the subject of salvage and for which no title-holder has presented himself, two years from the termination of the salvage, provided that, at that time, the thing is still under his control and that he has done what can reasonably be expected of him to discover the title-holder and to inform him of the result of the salvage.
2. The preceding paragraph does not apply when the title-holder has, within the period referred to in that paragraph, applied to the person who may demand the determination of the remuneration and has reimbursed him for the costs of the deposit and maintenance and for the costs of tracing the title-holder. The person who may demand the determination of the remuneration is entitled to suspend delivery until this obligation has been fulfilled. If the title-holder who demands the thing does not pay the costs due within one month from the time that they have been indicated to him, he is deemed to have renounced his right to the thing.

1. Celui qui a droit à une rémunération acquiert la propriété de la chose à laquelle assistance a été prêtée et pour laquelle aucun titulaire ne s'est présenté, deux ans après la fin de l'assistance, pourvu que, à cette date, la chose se trouve encore sous son contrôle et qu'il ait fait ce qu'on pouvait normalement exiger pour découvrir le titulaire et pour le mettre au courant des suites de l'assistance.
2. Le paragraphe précédent ne s'applique pas lorsque le titulaire, dans le délai prescrit, s'est présenté chez celui qui peut demander que la rémunération soit fixée et l'a indemnisé des frais de dépôt et d'entretien et de ceux de la recherche du titulaire. Celui qui peut demander la détermination de la rémunération peut suspendre la remise jusqu'à ce que cette obligation ait été remplie. Le titulaire qui demande la chose sera réputé avoir renoncé à son droit sur elle, s'il n'a pas payé les frais dus dans le mois suivant la date où ils lui auront été indiqués.

Art. 572 (8.6.2.21) De wetsbepalingen omtrent zaakwaarneming vinden op het verlenen van hulp geen toepassing.

The statutory provisions regarding management of the affairs of another do not apply to salvage.

Les dispositions légales relatives à la gestion d'affaires ne s'appliquent pas à l'assistance.

Art. 573-602 *Gereserveerd.*

Reserved.

Réservés.

Afdeling 3 Avarij-grosse

Section 3	Section troisième
General average	**Des avaries communes**

Art. 610 (8.6.3.1) Er is een avarij-grosse handeling, wanneer - en alleen wanneer - enige buitengewone opoffering of uitgave opzettelijk en redelijkerwijs wordt verricht of gedaan voor de gemeenschappelijke veiligheid met het doel de goederen, betrokken bij een gemeenschappelijke met een zeeschip uitgevoerde onderneming, voor gevaar - hoe of door wiens toedoen dit ook zij ontstaan - te behoeden.

There is an act of general average when -and only when- any extraordinary sacrifice or expense is made intentionally and reasonably for the common good, for the purpose of safeguarding the goods involved in a common expedition carried out by a sea-going vessel, from danger, however and by whosoever action arisen.

Il y a acte d'avarie commune uniquement lorsque, intentionnellement et raisonnablement, un sacrifice extraordinaire est fait ou une dépense extraordinaire engagée pour le salut commun, dans le dessein de préserver des biens compris dans une expédition commune effectuée par un navire de mer contre un péril - quelle qu'en soit l'origine et quelle que soit la personne qui par son fait y a donné naissance.

Art. 611 (8.6.3.2) Alleen zodanige verliezen, schaden of onkosten, die het onmiddellijke gevolg zijn van een avarij-grosse handeling, worden als avarij-grosse toegelaten.

Only such losses, damages or expenses which are the direct result of an act of general average are admitted as general average.

Seront seuls admis en avaries communes les pertes, dommages ou dépenses qui sont la conséquence directe d'un acte d'avarie commune.

Art. 612 (8.6.3.3) - 1. Avarij-grosse wordt aan hem, die haar leed, vergoed door de reder, de belanghebbende bij verschuldigde vracht of passagegeld, de ontvanger van de lading en de eigenaren van de overige zich aan boord bevindende zaken, met uitzondering van brieven, andere poststukken of postpakketten, van bagage en van persoonlijke zaken van opvarenden die geen bagage zijn.
- 2. In afwijking van het eerste lid draagt een motorrijtuig of schip, dat door een vervoerder in verband met een overeenkomst van personenvervoer aan boord van het schip wordt vervoerd, bij in de avarij-grosse.

1. The person who has suffered general average is compensated by the shipowner, the person who has an interest in the freight or fare owed, the recipient of the cargo and the owners of the other things on board, with the exception of letters, other postal articles or parcels, of baggage

1. L'indemnisation des avaries communes à la personne qui les a subies incombe à l'armateur, à celui qui a un intérêt dans le fret ou le prix du passage dus, au réceptionnaire de la cargaison et aux propriétaires des autres choses se trouvant à bord, à l'exception des lettres et autres envois postaux, des bagages et

and of personal effects not being baggage belonging to persons on board.
2. By derogation from paragraph 1, a motor vehicle or vessel, carried on board the vessel by a carrier in connection with a contract of carriage of persons, contributes to general average.

des effets personnels qui ne sont pas des bagages et qui appartiennent aux personnes à bord.
2. Par dérogation au paragraphe premier, un véhicule automobile et un navire que le transporteur transporte à bord du navire en rapport avec un contrat de transport de personnes contribuent aux avaries communes.

Art. 613 (8.6.3.5) De vergoedingen in avarij-grosse en de dragende waarden der in de avarij-grosse bijdragende belangen worden bovendien bepaald met inachtneming van de York-Antwerp Rules, nader omschreven bij algemene maatregel van bestuur.

In addition, compensation for general average and the contributing values of the interests contributing to general average are determined according to the York-Antwerp Rules, further defined by regulation.

Les indemnités et avaries communes et les valeurs contributives des intérêts appelés à contribuer aux avaries communes sont, en outre, déterminées conformément aux règles d'York et d'Anvers, telles qu'elles sont précisées par décret.

Afdeling 4 Gevaarlijke stoffen aan boord van een zeeschip

Section 4
Dangerous substances on board a sea-going vessel

Section quatrième
Des matières dangereuses à bord d'un navire de mer

Artikel 620 In deze afdeling wordt verstaan onder:
a. «*gevaarlijke stof*»: een stof die als zodanig bij algemene maatregel van bestuur is aangewezen; de aanwijzing kan worden beperkt tot bepaalde concentraties van de stof, tot bepaalde in de algemene maatregel van bestuur te omschrijven gevaren die aan de stof verbonden zijn, en tot bepaalde daarin te omschrijven situaties waarin de stof zich bevindt;
b. «*schip*»: zeeschip, niet zijnde een luchtkussenvoertuig;
c. «*schade*»:
1o. schade veroorzaakt door dood of letsel van enige persoon veroorzaakt door een gevaarlijke stof;
2o. andere schade buiten het schip aan boord waarvan de gevaarlijke stof zich bevindt, veroorzaakt door die gevaarlijke stof, met uitzondering van verlies van of schade met betrekking tot andere schepen of binnenschepen en zaken aan boord daarvan, indien die schepen of binnenschepen deel uitmaken van een sleep, waarvan ook dit schip deel uitmaakt, of hecht met dit schip in een eenheid zijn gekoppeld;
3o. de kosten van preventieve maatregelen en verlies of schade veroorzaakt door zulke maatregelen;
d. «*preventieve maatregel*»: iedere redelijke maatregel ter voorkoming of beperking van schade door wie dan ook genomen met uitzondering van de

overeenkomstig deze afdeling aansprakelijke persoon nadat een gebeurtenis heeft plaatsgevonden;
e. «*gebeurtenis*»: elk feit of elke opeenvolging van feiten met dezelfde oorzaak, waardoor schade ontstaat of waardoor een ernstige en onmiddellijke dreiging van schade ontstaat;
f. «*reder*»: de persoon die in een register waarin het schip te boek staat, als eigenaar van het schip is ingeschreven, of, bij gebreke van enige teboekstelling, de persoon die het schip in eigendom heeft.

In this section:

a. "*dangerous substance*" means a substance designated as such by regulation; the designation may be limited to certain concentrations of the substance, to certain dangers connected with the substance and to be defined in the regulation, and to certain situations in which the substance finds itself and to be defined in the regulation;

b. "*vessel*" means a sea-going vessel, not being a hovercraft;

c. "*damage*" means:

1o. damage caused by death of, or bodily injury to a person, caused by a dangerous substance;

2o. other damage outside the vessel on which the dangerous substance finds itself, caused by that dangerous substance, with the exception of loss of or damage to other vessels or inland waterway vessels and things on board thereof, if those vessels or inland waterway vessels form part of a tow, of which also this vessel forms part, or if those vessels are closely joined with this vessel in a unit;

3o. the costs of preventive measures and loss or damage caused by such measures;

d. "*preventive measure*" means every reasonable measure to prevent or minimise damage, taken by whomever, with the exception of the person liable according to this section, after an event has occurred;

Dans la présente section

a. «*matière dangereuse*» signifie toute matière désignée comme telle par décret; la désignation peut être limitée à certaines concentrations de la matière, à certains dangers afférents à la matière et décrits dans le décret et à certaines situations y décrites dans lesquelles se trouve la matière;

b. «*navire*» signifie le navire de mer qui n'est pas un hydroglisseur;

c. «*dommage*» signifie:

1o. le dommage par suite de la mort ou de la lésion corporelle d'une personne, causée par la matière dangereuse;

2o. d'autres dommages subis à l'extérieur du navire à bord duquel se trouve la matière dangereuse, qui sont causés par celle-ci, à l'exception de la perte ou du dommage causés à d'autres navires ou bateaux de navigation intérieure et aux choses se trouvant à bord de ceux-ci, si ces navires ou bateaux font partie d'un convoi auquel appartient également le navire en question ou s'ils sont fermement attachés pour former une unité;

3o. les frais de mesures de sauvegarde et la perte ou le dommage causés par celles-ci;

d. «*mesure de sauvegarde*» signifie toute mesure raisonnable, prise par quiconque, à l'exception de la personne responsable conformément à la présente section, après la survenance d'un événement en vue de prévenir ou de réduire le

e. *"event"* means every fact or every succession of facts with the same cause, by which damage or serious and immediate danger of damage arises;
f. *"shipowner"* means the person who is entered as owner of the vessel in a register in which the vessel is registered, or, where there is no registration, the person who owns the vessel.

e. «*événement*» signifie tout fait ou succession de faits ayant la même origine et dont résulte un dommage ou qui constitue une menace grave et imminente de dommage;
f. «*armateur*» signifie la personne inscrite comme propriétaire sur le registre où le navire est immatriculé, ou, à défaut d'immatriculation, celle qui a la propriété du navire.

Artikel 621 - 1. Deze afdeling is niet van toepassing, indien de reder jegens degene die de vordering instelt, aansprakelijk is uit hoofde van een exploitatieovereenkomst of jegens deze persoon een beroep op een exploitatieovereenkomst heeft.
- 2. Deze afdeling is van toepassing op de periode waarin een gevaarlijke stof zich aan boord van een schip bevindt, daaronder begrepen de periode vanaf het begin van de inlading van de gevaarlijke stof in het schip tot het einde van de lossing van die stof uit het schip.
- 3. Deze afdeling is niet van toepassing op schade veroorzaakt wanneer het schip uitsluitend wordt gebruikt in een niet voor publiek toegankelijk gebied en zulk gebruik een onderdeel vormt van een in dat gebied plaatsvindende bedrijfsuitoefening.
- 4. Op zich overeenkomstig het tweede lid aan boord bevindende stoffen als bedoeld in artikel 175 van Boek 6 is dat artikel niet van toepassing, tenzij zich het geval van het derde lid voordoet.

1. This section does not apply if the shipowner is liable towards the person instituting the action on the basis of a contract of operation, or if such owner can invoke a contract of operation against this person.
2. This section applies to the period in which a dangerous substance is on board a vessel, including the period from the commencement of the loading of the dangerous substance into the vessel until the termination of the unloading of that substance from the vessel.
3. This section does not apply to damage caused when the vessel is used exclusively in an area which is not accessible to the public and when such use forms part of a business operation taking place in that area.
4. Article 175 of Book 6 does not apply to substances referred to in that

1. La présente section ne s'applique pas si l'armateur est responsable envers celui qui intente l'action aux termes d'un contrat d'exploitation ou s'il peut invoquer ce contrat à l'encontre de cette personne.
2. La présente section s'applique à la période pendant laquelle la matière dangereuse se trouve à bord d'un navire, ce qui comprend la période qui va du début du chargement de la matière dangereuse dans le navire jusqu'à l'achèvement du déchargement de cette matière.
3. La présente section ne s'applique pas au dommage causé lorsque le navire est utilisé exclusivement dans un lieu non accessible au public et que cette utilisation fait partie de l'exploitation d'une entreprise dans ce lieu.
4. L'article 175 du Livre sixième ne s'applique pas aux matières visées à cet

article and which are on board according to paragraph 2 of this article, unless the case, referred to in paragraph 3 of article 175, occurs.

article se trouvant à bord conformément au paragraphe deuxième, à moins que ne se présente le cas prévu au paragraphe troisième.

Artikel 622 - 1. Indien een gevaarlijke stof zich bevindt in een vervoermiddel dat zich aan boord van een schip bevindt zonder dat de gevaarlijke stof uit dit gestapelde vervoermiddel wordt gelost, zal de gevaarlijke stof voor die periode geacht worden zich alleen aan boord van dat schip te bevinden. In afwijking van het in de vorige zin bepaalde zal, gedurende de handelingen bedoeld in artikel 623, vijfde lid, onderdelen *c*, *d* en *e*, de gevaarlijke stof geacht worden zich alleen aan boord van het gestapelde vervoermiddel te bevinden.
- 2. Indien een gevaarlijke stof zich bevindt in een schip dat wordt gesleept door een ander schip of door een binnenschip of wordt voortbewogen door een ander schip of door een binnenschip, dat hecht met dit schip in een eenheid gekoppeld is, zal de gevaarlijke stof geacht worden zich alleen aan boord van eerstgenoemd schip te bevinden.

1. If a dangerous substance is in a means of transportation which is on board a vessel without the dangerous substance being unloaded from this means of transportation, the dangerous substance shall be deemed to be exclusively on board that vessel during that period. By derogation from the provision of the preceding sentence, the dangerous substance shall be deemed to be exclusively on board the means of transportation during the acts referred to in article 623, paragraph 5, *sub c*, *d* and *e*.
2. If a dangerous substance is in a vessel which is towed by another vessel or by an inland waterway vessel, or which is moved by another vessel or inland waterway vessel which is closely joined with this vessel in a unit, the dangerous substance shall be deemed to be exclusively on board the former vessel.

1. Si une matière dangereuse se trouve dans un moyen de transport lui-même situé à bord d'un navire, sans que la matière dangereuse ne soit déchargée de ce moyen de transport, la matière dangereuse sera réputée pendant cette période se trouver uniquement à bord du navire. Par dérogation à la phrase précédente, la matière dangereuse sera réputée pendant les activités visées aux points *c*, *d* et *e* du paragraphe cinquième de l'article 623 se trouver uniquement à bord de ce moyen de transport.
2. Si la matière dangereuse se trouve à bord d'un navire remorqué par un autre navire ou par un bateau de navigation intérieure ou mû par un autre navire ou par un bateau de navigation intérieure, fermement attaché au premier navire pour former une unité, la matière dangereuse sera réputée se trouver uniquement à bord du premier navire.

Artikel 623 - 1. Hij die ten tijde van een gebeurtenis reder is van een schip aan boord waarvan zich een gevaarlijke stof bevindt, is aansprakelijk voor de schade door die stof veroorzaakt ten gevolge van die gebeurtenis. Bestaat de gebeurtenis uit een opeenvolging van feiten met dezelfde oorzaak, dan rust de aansprakelijkheid op degene die ten tijde van het eerste feit reder was.
- 2. De reder is niet aansprakelijk indien:

a. de schade is veroorzaakt door een oorlogshandeling, vijandelijkheden, burgeroorlog, opstand of natuurgebeuren van uitzonderlijke, onvermijdelijke en onweerstaanbare aard;
b. de schade uitsluitend is veroorzaakt door een handelen of nalaten van een derde, niet zijnde een persoon genoemd in het vijfde lid, onderdeel a, geschied met het opzet de schade te veroorzaken;
c. de afzender of enige andere persoon niet heeft voldaan aan zijn verplichting hem in te lichten over de gevaarlijke aard van de stof, en noch de reder noch de in het vijfde lid, onderdeel *a*, genoemde personen wisten of hadden behoren te weten dat deze gevaarlijk was.
- 3. Indien de reder bewijst dat de schade geheel of gedeeltelijk het gevolg is van een handelen of nalaten van de persoon die de schade heeft geleden, met het opzet de schade te veroorzaken, of van de schuld van die persoon, kan hij geheel of gedeeltelijk worden ontheven van zijn aansprakelijkheid tegenover die persoon.
- 4. De reder kan voor schade slechts uit anderen hoofde dan deze afdeling worden aangesproken in het geval van het tweede lid, onderdeel *c*, alsmede in het geval dat hij uit hoofde van arbeidsovereenkomst kan worden aangesproken.
- 5. Behoudens de artikelen 624 en 625 zijn voor schade niet aansprakelijk:
a. de ondergeschikten, vertegenwoordigers of lasthebbers van de reder of de leden van de bemanning,
b. de loods en ieder ander die, zonder bemanningslid te zijn, ten behoeve van het schip werkzaamheden verricht,
c. zij die anders dan tegen een uitdrukkelijk en redelijk verbod vanwege het schip in hulp verlenen aan het schip, de zich aan boord daarvan bevindende zaken of de opvarenden,
d. zij die op aanwijzing van een bevoegde overheidsinstantie hulp verlenen aan het schip, de zich aan boord daarvan bevindende zaken of de opvarenden,
e. zij die preventieve maatregelen nemen met uitzondering van de reder,
f. de ondergeschikten, vertegenwoordigers of lasthebbers van de in dit lid, onderdelen *b*, *c*, *d* en *e*, van aansprakelijkheid vrijgestelde personen, tenzij de schade is ontstaan uit hun eigen handelen of nalaten, geschied hetzij met het opzet die schade te veroorzaken, hetzij roekeloos en met de wetenschap dat die schade er waarschijnlijk uit zou voortvloeien.
- 6. De reder heeft, voor zover niet anders is overeengekomen, verhaal op de in het vijfde lid bedoelde personen, doch uitsluitend indien dezen ingevolge het slot van dit lid voor de schade kunnen worden aangesproken.

1. The person who, at the time of an event, is the shipowner of a vessel on board of which there is a dangerous substance, is liable for the damage caused by that substance as a result of that event. Where the event exists of a succession of facts with the same cause, the liability rests upon the person who was the shipowner at the time of the first fact.
2. The shipowner is not liable if:
a. the damage was caused by an act of war, hostilities, civil war,

1. Celui qui, au moment d'un événement, est armateur du navire à bord duquel se trouve la matière dangereuse est responsable du dommage causé par celle-ci par suite de cet événement. Si un événement consiste en une succession de faits ayant la même origine, la responsabilité incombe à celui qui est armateur au moment du premier fait.
2. L'armateur n'est pas responsable:
a. Si le dommage résulte d'un acte de guerre, d'hostilités, d'une guerre

insurgence or natural events of an exceptional, unavoidable and irresistible nature;
b. the damage was caused exclusively by an act or omission of a third person, not being a person referred to in paragraph 5, *sub a*, done with the intent to cause the damage;
c. the consignor or any other person has not complied with his obligation to inform him with regard to the dangerous nature of the substance, and if neither the shipowner nor the persons referred to in paragraph 5, *sub a*, knew or ought to have known that the substance was dangerous.
3. If the shipowner proves that the damage is wholly or partially the result of an act or omission of the person who has suffered the damage, done with the intent to cause the damage, or that it is the result of the fault of that person, the shipowner may be wholly or partially relieved of his liability with respect to that person.
4. The shipowner can only be sued for damage on a basis other than this section in the case of paragraph 2, *sub c*, as well as in the case that he can be sued pursuant to a labour contract.
5. Without prejudice to articles 624 and 625, the following persons are not liable for damage:
a. the servants, representatives or mandataries of the shipowner or the members of the crew;
b. the pilot and any other person who, without being a member of the crew, performs activities for the vessel;
c. the persons who, otherwise than against an express and reasonable prohibition on the part of the vessel, are involved in the salvage of the vessel, or of the things or persons on board

civile, d'une insurrection ou d'un phénomène naturel de caractère exceptionnel, inévitable et irrésistible;
b. Si le dommage résulte en totalité du fait qu'un tiers autre qu'une personne visée au point a du paragraphe cinquième *a* agi ou omis d'agir dans l'intention de causer un dommage;
c. Si l'expéditeur ou toute autre personne ne s'est pas acquitté de son obligation de l'informer de la nature dangereuse de la matière et que ni l'armateur ni les personnes visées au point *a* du paragraphe cinquième n'avaient ou n'auraient dû avoir connaissance qu'elle était dangereuse;
3. Si l'armateur prouve que le dommage résulte en totalité ou en partie du fait que la personne qui l'a subi a agi ou omis d'agir dans l'intention de causer un dommage ou de la faute de cette personne, il peut être relevé de tout ou partie de sa responsabilité envers elle.

4. L'armateur ne peut être poursuivi en réparation du dommage, à un autre chef que la présente section, que dans le cas du point *c* du paragraphe deuxième, de même que dans le cas d'une poursuite au titre d'un contrat de travail.
5. Sous réserve des articles 624 et 625, ne sont pas responsables du dommage:
a. Les préposés, représentants ou mandataires de l'armateur ou les membres de l'équipage;
b. Le pilote et toute autre personne qui, sans être membre de l'équipage, s'acquitte de services pour le navire;
c. Les personnes qui, autrement qu'à l'encontre d'une défense expresse et raisonnable de la part du navire, prêtent assistance à celui-ci ou aux choses ou personnes se trouvant à bord;

thereof;	
d. the persons who, upon the instructions of a competent public authority are involved in the salvage of the vessel, or of the things or persons on board thereof;	d. Les personnes qui, sur les instructions d'une autorité publique compétente, prêtent assistance au navire ou aux choses ou personnes se trouvant à bord;
e. the persons taking preventive measures, with the exception of the shipowner;	e. Les personnes autres que l'armateur qui prennent des mesures de sauvegarde;
f. the servants, representatives or mandataries of the persons relieved of liability in this paragraph, sub b, c, d and e, unless the damage has arisen from their own act or omission, done either with the intent to cause that damage or recklessly and with the knowledge that that damage would probably result therefrom.	f. Les préposés, représentants ou mandataires des personnes exemptes de responsabilité aux termes des points b, c, d et e, à moins que le dommage résulte de leur propre acte ou omission, commis soit avec l'intention de provoquer un tel dommage, soit témérairement et avec conscience qu'un tel dommage en résulterait probablement.
6. To the extent not otherwise agreed, the shipowner has recourse against the persons referred to in paragraph 5, but only if they can be sued for the damage pursuant to the end of that paragraph.	6. L'armateur a, dans la mesure où le contraire n'a pas été convenu, un recours contre les personnes visées au paragraphe cinquième, mais seulement si elles peuvent être poursuivies en réparation du dommage aux termes de la fin du paragraphe.

Artikel 624 - 1. Indien de reder bewijst dat de gevaarlijke stof tijdens de periode bedoeld in artikel 621, tweede lid, is geladen of gelost onder de uitsluitende verantwoordelijkheid van een door hem bij name genoemde ander dan de reder of zijn ondergeschikte, vertegenwoordiger of lasthebber, zoals de afzender of ontvanger, is de reder niet aansprakelijk voor de schade als gevolg van een gebeurtenis tijdens het laden of lossen van de gevaarlijke stof en is die ander voor deze schade aansprakelijk overeenkomstig deze afdeling.
- 2.   Indien echter de gevaarlijke stof tijdens de periode bedoeld in artikel 621, tweede lid, is geladen of gelost onder de gezamenlijke verantwoordelijkheid van de reder en een door de reder bij name genoemde ander, zijn de reder en die ander hoofdelijk aansprakelijk overeenkomstig deze afdeling voor de schade als gevolg van een gebeurtenis tijdens het laden of lossen van de gevaarlijke stof.
- 3.   Indien is geladen of gelost door een persoon in opdracht of ten behoeve van de vervoerder of een ander, zoals de afzender of de ontvanger, is niet deze persoon, maar de vervoerder of die ander aansprakelijk.
- 4.   Indien een ander dan de reder op grond van het eerste of het tweede lid aansprakelijk is, kan die ander geen beroep doen op artikel 623, vierde lid en vijfde lid, onderdeel b.
- 5.   Indien een ander dan de reder op grond van het eerste of het tweede lid aansprakelijk is, zijn ten aanzien van die ander de Elfde Titel A van het Tweede Boek van het Wetboek van Koophandel, alsmede de artikelen 320a tot en met

320z van het Wetboek van Burgerlijke Rechtsvordering van overeenkomstige toepassing, met dien verstande dat in geval van hoofdelijke aansprakelijkheid:
a. de beperking van aansprakelijkheid krachtens de Elfde Titel A van het Tweede Boek van het Wetboek van Koophandel geldt voor het geheel der naar aanleiding van eenzelfde gebeurtenis ontstane vorderingen gericht tegen beiden;
b. een fonds gevormd door één van hen overeenkomstig artikel 320c van het Wetboek van Burgerlijke Rechtsvordering wordt aangemerkt als door beiden te zijn gevormd en zulks ten aanzien van de vorderingen waarvoor het fonds werd gesteld.
- 6. In de onderlinge verhouding tussen de reder en de in het tweede lid van dit artikel genoemde ander is de reder niet tot vergoeding verplicht dan in geval van schuld van hemzelf of van zijn ondergeschikten, vertegenwoordigers of lasthebbers.
- 7. Dit artikel is niet van toepassing als tijdens de periode, bedoeld in artikel 621, tweede lid, is geladen of gelost onder de uitsluitende of gezamenlijke verantwoordelijkheid van een persoon, genoemd in artikel 623, vijfde lid, onderdeel c, d of e.

1. If the shipowner proves that the dangerous substance has been loaded or unloaded during the period referred to in article 621, paragraph 2, under the exclusive responsibility of a person, whom he mentions by name, such as the consignor or recipient, but other than the shipowner or his servant, representative or mandatary, the shipowner is not liable for the damage as the result of an event during the loading or unloading of the dangerous substance, and in that case the other person is liable for this damage according to this section.
2. However, if the dangerous substance has been loaded or unloaded during the period referred to in article 621, paragraph 2, under the joint responsibility of the shipowner and another person, whom he mentions by name, the shipowner and that other person are solidarily liable according to this section for the damage as a result of an event during the loading or unloading of the dangerous substance.
3. If loading or unloading has been done by a person upon the order or for the benefit of the carrier or another person, such as the consignor

1. Si l'armateur prouve que la matière dangereuse a été chargée ou déchargée, au cours de la période visée au paragraphe deuxième de l'article 621, sous la seule responsabilité d'une personne qu'il désigne nommément, tel l'expéditeur ou le réceptionnaire, mais autre que l'armateur ou son préposé, représentant ou mandataire, il n'est pas responsable du dommage résultant d'un événement en cours de chargement ou déchargement de la matière dangereuse; cette autre personne en est alors responsable conformément à la présente Section.
2. Toutefois, si la matière dangereuse a été chargée ou déchargée, au cours de la période visée au paragraphe deuxième de l'article 621, sous la responsabilité conjointe de l'armateur et d'une autre personne qu'il désigne nommément, l'armateur et cette autre personne sont solidairement responsables, conformément à la présente Section, du dommage résultant d'un événement en cours de chargement ou déchargement de la matière dangereuse.
3. Si le chargement ou le déchargement a été effectué par une personne agissant sous les ordres ou au profit du transporteur ou d'une autre

or recipient, it is not this person but the carrier or that other person who is liable.

4. If a person other than the shipowner is liable on the basis of paragraphs 1 or 2, that other person may not invoke article 623, paragraph 4 and paragraph 5, *sub b*.

5. If a person other than the shipowner is liable on the basis of paragraphs 1 or 2, Title 11A of Book 2 of the Code of Commerce, as well as articles 320*a* to 320*z* inclusive of the Code of Civil Procedure apply *mutatis mutandis* to that other person, upon the understanding that in the case of solidarity:
a. the limitation of liability pursuant to Title 11A of Book 2 of the Code of Commerce applies for the whole of the actions aimed at both persons and which have arisen in connection with the same event;
b. a fund, constituted by one of them according to article 320*c* of the Code of Civil Procedure, is deemed to have been constituted by both persons and that with respect to the actions aimed at the fund.

6. In the mutual relationship between the shipowner and the other person, referred to in paragraph 2 of this article, the shipowner is not obligated to compensation except in the case of his own fault or that of his servants, representatives or mandataries.

7. This article does not apply if loading or unloading has taken place during the period referred to in article 621, paragraph 2, under the exclusive or joint responsibility of a person, referred to in article 623, paragraph 5, *sub c, d* or *e*.

personne, tel l'expéditeur ou le réceptionnaire, la responsabilité incombe non à cette personne, mais au transporteur ou à cette autre personne.

4. Si une autre personne que l'armateur est responsable aux termes des paragraphes premier ou deuxième, elle ne peut se prévaloir des paragraphes quatrième et cinquième, point *b*, de l'article 623.

5. Si une autre personne que l'armateur est responsable aux termes des paragraphes premier ou deuxième, le Titre onzième A du Livre deuxième du Code de commerce, de même que les articles 320*a* à 320*z* inclusivement du Code de procédure civile, s'appliquent par analogie, étant entendu que dans le cas de responsabilité solidaire:
a. La limitation de responsabilité en vertu du Titre onzième A du Livre deuxième du Code de commerce s'applique à l'ensemble des actions nées d'un même événement et intentées contre les deux;
b. Le fonds constitué par l'un d'eux, conformément à l'article 320*c* du Code de procédure civile, est réputé avoir été constitué par les deux à l'égard des actions pour lesquelles le fonds est constitué.

6. Dans les rapports réciproques entre l'armateur et l'autre personne visée au paragraphe deuxième du présent article, l'armateur n'est tenu à la réparation du dommage que dans le cas de sa propre faute ou de celle de ses préposés, représentants ou mandataires.

7. Le présent article ne s'applique pas si le chargement ou déchargement a été effectué , au cours de la période visée au paragraphe deuxième de l'article 621, sous la responsabilité exclusive ou conjointe d'une personne visée au paragraphe 5, points *c, d* ou *e* de l'article 623.

Artikel 625 - Indien ingevolge artikel 623, tweede lid, onderdeel *c*, de reder niet aansprakelijk is, is de afzender of andere persoon aansprakelijk overeenkomstig deze afdeling en zijn te diens aanzien de Elfde Titel A van het Tweede Boek van het Wetboek van Koophandel, alsmede de artikelen 320*a* tot en met 320*z* van het Wetboek van Burgerlijke Rechtsvordering van overeenkomstige toepassing. De afzender of andere persoon kan geen beroep doen op artikel 623, vierde lid.

If the shipowner is not liable pursuant to article 623, paragraph 2, *sub c*, the consignor or other person is liable according to this section, and with respect to him Title 11A of Book 2 of the Code of Commerce, as well as articles 320*a* to 320*z* inclusive of the Code of Civil Procedure apply *mutatis mutandis*. The consignor or other person may not invoke article 623, paragraph 4.

Si, conformément au paragraphe deuxième, point *c*, de l'article 623, l'armateur n'est pas responsable, l'expéditeur ou l'autre personne l'est, conformément à la présente Section, et le Titre onzième A du Livre deuxième du Code de commerce, de même que les articles 320*a* à 320*z* inclusivement du Code de procédure civile, s'appliquent à lui par analogie. L'expéditeur ou cette autre personne ne peut se prévaloir du paragraphe quatrième de l'article 623.

Artikel 626 - Indien schade veroorzaakt door de gevaarlijke stof redelijkerwijs niet kan worden gescheiden van schade anderszins veroorzaakt, zal de gehele schade worden aangemerkt als schade in de zin van deze afdeling.

If damage caused by the dangerous substance cannot be reasonably separated from damage caused otherwise, the whole damage shall be deemed to be damage within the meaning of this section.

Si le dommage causé par la matière dangereuse n'est pas raisonnablement séparable du dommage d'une autre origine, la totalité du dommage sera réputée dommage au sens de la présente Section.

Artikel 627 - 1. Wanneer door een gebeurtenis schade is veroorzaakt door gevaarlijke stoffen aan boord van meer dan één schip, dan wel aan boord van een schip en een binnenschip of een luchtkussenvoertuig, zijn de reders en de eigenaar of exploitant van de daarbij betrokken schepen, het binnenschip of het luchtkussenvoertuig, onverminderd het in artikel 623, tweede en derde lid, en artikel 624, afdeling 4 van titel 11 en afdeling 1 van titel 14 bepaalde, hoofdelijk aansprakelijk voor alle schade waarvan redelijkerwijs niet kan worden aangenomen dat zij veroorzaakt is door gevaarlijke stoffen aan boord van één of meer bepaalde schepen, binnenschip of luchtkussenvoertuig.
- 2.   Het bepaalde in het eerste lid laat onverlet het beroep op beperking van aansprakelijkheid van de reder, eigenaar of exploitant krachtens de Elfde Titel A of de Dertiende Titel, Afdeling 10A, telkens van het Tweede Boek van het Wetboek van Koophandel, dan wel de artikelen 1218 tot en met 1220, ieder tot het voor hem geldende bedrag.

1. Without prejudice to the provisions of article 623, paragraphs 2 and 3, article 624, Section 4 of Title 11, and Section 1 of Title 14, when an event causes damage by dangerous

1. Sans préjudice des dispositions des paragraphes deuxième et troisième de l'article 623, de l'article 624, de la Section quatrième du Titre onzième et de la Section première du Titre

substances on board more than one vessel, or on board a vessel and an inland waterway vessel or a hovercraft, the shipowners and the owner or operator of the vessels, the inland waterway vessel or the hovercraft, involved therewith, are solidarily liable for all damage of which it cannot be reasonably assumed that it has been caused by dangerous substances on board one or more specific vessels, inland waterway vessel or hovercraft.

quatorzième, lorsque le dommage résulte d'un événement mettant en cause deux ou plusieurs navires, ou un navire et un bateau de navigation intérieure ou un hydroglisseur, ayant à bord les matières dangereuses causant le dommage, les armateurs et le propriétaire ou l'exploitant des navires, du bateau de navigation intérieure ou de l'hydroglisseur impliqués sont solidairement responsables de la totalité du dommage qui ne peut raisonnablement être imputé aux matières dangereuses se trouvant à bord d'un ou de plusieurs navires, bateau de navigation intérieure ou hydroglisseur déterminés.

2. The provisions of the first paragraph do not affect the limitation of liability which the shipowner, the owner or operator can invoke pursuant to Title 11A, Title 13, Section 10A, both of Book 2 of the Code of Commerce, as well as articles 1218 to 1220 inclusive, for each of them up to the amount applicable to him.

2. Les dispositions du paragraphe premier laissent intacte la limitation de responsabilité dont peuvent se prévaloir l'armateur, le propriétaire ou l'exploitant, chacun jusqu'à concurrence de la somme qui lui est applicable, en vertu du Titre onzième A ou de la Section dixième A du Titre treizième, du Code de commerce dans les deux cas, de même que des articles 1218 à 1220 inclusivement.

TITEL 7 BEPERKING VAN AANSPRAKELIJKHEID

TITLE 7 LIMITATION OF LIABILITY

TITRE SEPTIÈME DE LA LIMITATION DE LA RESPONSABILITÉ

Art. 750-769 *Gereserveerd.*

Reserved.

Réservés.

III BINNENVAARTRECHT

III INLAND WATERWAY LAW

III DU DROIT DE LA NAVIGATION INTÉRIEURE

TITEL 8 HET BINNENSCHIP EN DE ZAKEN AAN BOORD DAARVAN

TITLE 8 THE INLAND WATERWAY VESSEL AND THE THINGS ON BOARD THEREOF

TITRE HUITIÈME DU BATEAU DE NAVIGATION INTÉRIEURE ET DES CHOSES À BORD

Afdeling 1 Rederij van het binnenschip

**Section 1
The shipping enterprise of the inland waterway vessel**

**Section première
De l'entreprise d'armement du bateau de navigation intérieure**

Art. 770 (8.8.1.1) - 1. Indien een binnenschip blijkens de openbare registers, bedoeld in afdeling 2 van titel 1 van Boek 3 aan twee of meer personen gezamenlijk toebehoort, bestaat tussen hen een rederij. Wanneer de eigenaren van het schip onder een gemeenschappelijke naam optreden bestaat slechts een rederij, indien zulks uitdrukkelijk bij akte is overeengekomen en deze akte in die registers is ingeschreven.
- 2. De rederij is geen rechtspersoon.

1. If it appears from the public registers, referred to in Section 2 of Title 1 of Book 3, that an inland waterway vessel belongs to two or more persons jointly, a shipping enterprise exists between them. When the owners of the vessel act under a common name, there is only a shipping enterprise between them if this has been agreed explicitly by deed and if this deed has been entered into those registers.

1. Si un bateau de navigation intérieure, d'après les registres publics visés à la section deuxième du titre premier du Livre troisième, appartient à plusieurs personnes conjointement, il existe entre elles une entreprise d'armement. Lorsque les propriétaires du bateau agissent sous un nom commun, une entreprise d'armement n'existe entre eux que s'il en a été expressément convenu ainsi par acte inscrit sur ces registres.

2. A shipping enterprise is not a legal person.

2. L'entreprise d'armement n'est pas une personne morale.

Art. 771 (8.8.1.2) Afdeling 1 van titel 3 is op de rederij van een binnenschip van overeenkomstige toepassing.

Section 1 of Title 3 applies *mutatis mutandis* to the shipping enterprise of the inland waterway vessel.

La section première du titre troisième s'applique par analogie à l'entreprise d'armement du bateau de navigation intérieure.

Afdeling 2 Rechten op binnenschepen

**Section 2
Rights in inland waterway vessels**

**Section deuxième
Des droits sur les bateaux de navigation intérieure**

Art. 780 (8.8.2.1) - 1. In de afdelingen 2 tot en met 6 van titel 8 worden onder schepen mede verstaan schepen in aanbouw.
- 2. Onder binnenschepen worden in de afdelingen 2 tot en met 6 van titel 8 mede verstaan draagvleugelboten, veerponten, alsmede baggermolens, drijvende kranen, elevatoren en alle drijvende werktuigen, pontons of materiaal van soortgelijke aard, die voldoen aan de in de artikelen 1 en 3 ten aanzien van binnenschepen vermelde vereisten.
- 3. Indien een schip in aanbouw een schip in de zin van artikel 1 is geworden, ontstaat daardoor niet een nieuw schip.

1. In Sections 2 to 6 inclusive of Title 8, vessels also include vessels under construction.

2. In Sections 2 to 6 inclusive of Title 8, inland waterway vessels also include hovercraft, ferries, as well as dredges, pontoon cranes, elevators and all floating equipment, pontoons or material of similar nature satisfying the requirements, mentioned in articles 1 and 3, with respect to inland waterway vessels.

3. No new vessel is created, if a vessel under construction has become a vessel within the meaning of article 1.

1. Dans les sections deuxième à sixième inclusivement du titre huitième, bateau désigne également celui qui est en voie de construction.

2. Bateaux de navigation intérieure désigne également, dans les sections deuxième à sixième inclusivement du titre huitième, les hydrofoils, les bacs, ainsi que les dragues, grues et élévateurs flottants et tous autres engins, pontons ou outillage flottants de nature analogue, qui satisfont aux exigences des articles premier et troisième à l'égard des bateaux de navigation intérieure.

3. Si un navire en construction est devenu navire au sens de l'article 1er, il n'en résulte pas un navire nouveau.

Art. 781 (8.8.2.2) In deze afdeling wordt verstaan onder:
a. Het Verdrag van Genève: de op 25 januari 1965 te Genève gesloten overeenkomst inzake inschrijving van binnenschepen, met Protocollen (*Trb.* 1966, 228);

b. Verdragsstaat: een staat, waarvoor het Verdrag van Genève van kracht is;
c. Register: het in artikel 783 genoemde register;
d. Verdragsregister: een buiten Nederland in een verdragsstaat gehouden register, als bedoeld in artikel 2 van het Verdrag van Genève;
e. de openbare registers: de openbare registers, bedoeld in afdeling 2 van titel 1 van Boek 3.

In this section:
a. the Geneva Convention is the agreement concluded at Geneva on 25 January 1965 respecting the registration of inland navigation vessels, together with its Protocols (*Trb.* 1966, 228);[1]
b. Contracting State is a State for which the Geneva Convention is in force;
c. Register is the register referred to in article 783;
d. Convention register is a register kept outside The Netherlands in a Contracting State, as referred to in article 2 of the Geneva Convention;
e. public registers are the public registers referred to in Section 2 of Title 1 of Book 3.

Dans la présente section:
a. La Convention de Genève signifie la convention conclue le 25 janvier 1965, à Genève, relative à l'immatriculation des bateaux de navigation intérieure, avec ses Protocoles (*Trb.* 1966, 228)[2];
b. État contractant signifie un État pour lequel la Convention de Genève est en vigueur;
c. Registre signifie le registre prévu à l'article 783;
d. Registre de la Convention: signifie le registre tenu en dehors des Pays-Bas par un État contractant, visé à l'article 2 de la Convention de Genève;
e. Les registres publics signifie ceux visés à la Section deuxième du Titre premier du Livre troisième.

Art. 782 (8.8.2.3) De in deze afdeling aan de eigenaar opgelegde verplichtingen rusten, indien het schip toebehoort aan meer personen, aan een vennootschap onder firma, aan een commanditaire vennootschap of aan een rechtspersoon, mede op iedere mede-eigenaar, beherende vennoot of bestuurder.

If a vessel belongs to several persons, to a general partnership, a limited partnership or a legal person, the obligations which this section imposes upon the owner rest upon each co-owner, managing partner or director.

S'agissant d'un navire appartenant à plusieurs personnes, à une société en nom collectif, à une société en commandite ou à une personne morale, les obligations imposées au propriétaire dans la présente section incombent à chaque copropriétaire, associé gérant ou dirigeant.

Art. 783 (8.8.2.4) Er wordt een afzonderlijk openbaar register gehouden voor de teboekstelling van binnenschepen, dat deel uitmaakt van de openbare registers.

A separate public register, which forms part of the public registers,

Il est tenu un registre public distinct pour l'immatriculation des bateaux de

---

[1] *Trb.* or *Tractatenblad* : Official Netherlands Treaty Series.
[2] *Trb.* ou *Tractatenblad* la publication officielle dans laquelle sont publiés les traités auxquels les Pays-Bas sont partie.

shall be kept for the registration of inland waterway vessels.

navigation intérieure; ce registre fait partie des registres publics.

Art. 784 (8.8.2.5) - 1. Teboekstelling is slechts mogelijk
- van een in aanbouw zijnd binnenschip: indien het in Nederland in aanbouw is;
- van een afgebouwd binnenschip: indien aan tenminste één der volgende voorwaarden is voldaan:
a. dat de plaats, van waaruit de exploitatie van het schip gewoonlijk wordt geleid, in Nederland is gelegen;
b. dat, wanneer de eigenaar van het schip een natuurlijke persoon is, deze Nederlander is of zijn woonplaats in Nederland heeft;
c. dat, wanneer de eigenaar van het schip een rechtspersoon of een vennootschap is, zijn zetel of de plaats van waaruit hij zijn bedrijf voornamelijk uitoefent, in Nederland is gelegen,
met dien verstande, dat in geval van mede-eigendom van het binnenschip de onder *b* en *c* genoemde voorwaarden niet als vervuld worden beschouwd, wanneer niet het schip ten minste voor de helft in eigendom toebehoort aan natuurlijke personen, rechtspersonen of vennootschappen, die aan deze voorwaarden voldoen.
- 2. Teboekstelling is niet mogelijk van een binnenschip dat reeds teboekstaat in het register, in het in artikel 193 genoemde register of in een verdragsregister.
- 3. In afwijking van het tweede lid is teboekstelling van een binnenschip dat in een verdragsregister teboekstaat mogelijk, wanneer dit schip, nadat de teboekstelling ervan in dat verdragsregister is doorgehaald, volgens het eerste lid kan worden teboekgesteld. Deze teboekstelling heeft evenwel slechts rechtsgevolg, wanneer zij is gevolgd door aantekening in het register, dat de teboekstelling in het verdragsregister is doorgehaald.
- 4. In afwijking van het tweede lid is teboekstelling van een binnenschip dat in een verdragsregister teboekstaat mogelijk, wanneer de bewaarder van dat register uit hoofde van het tweede lid van artikel 22 van Protocol no. 2 bij het Verdrag van Genève weigert het eigendomsrecht van de koper na gedwongen verkoop in te schrijven.
- 5. De teboekstelling wordt verzocht door de eigenaar van het binnenschip. Hij moet daarbij ter inschrijving overleggen een door hem ondertekende verklaring, dat naar zijn beste weten het schip voor teboekstelling als binnenschip vatbaar is.
- 6. De teboekstelling in het register heeft geen rechtsgevolg, wanneer aan de vereisten van de voorgaande leden van dit artikel niet is voldaan.
- 7. Bij de aanvraag tot teboekstelling wordt woonplaats gekozen in Nederland. Deze woonplaats wordt in de aanvraag tot teboekstelling vermeld en kan door een andere in Nederland gelegen woonplaats worden vervangen.

1. Registration
- of an inland waterway vessel under construction is only possible, if it is under construction in The Netherlands;- of a fully constructed inland waterway vessel is only possible, if at least one of the following conditions has been fulfilled:
a. that the place from where the vessel is usually operated, is

1. L'immatriculation est possible seulement
- pour un bateau de navigation intérieure en construction, s'il est en voie de construction aux Pays-Bas;
- pour un bateau de navigation intérieure construit, si l'une au moins des conditions suivantes est remplie:
a. Le lieu d'où l'exploitation du bateau sera habituellement dirigée se situe

located in The Netherlands;
b. that, where the owner of the vessel is a natural person, he is Dutch or is domiciled in The Netherlands;
c. that, where the owner of the vessel is a legal person, partnership or corporation, it has its headquarters or principal place of business in The Netherlands;
upon the understanding that, in the event of co-ownership of the inland waterway vessel, the conditions, referred to sub b and c, are deemed not to have been fulfilled unless the natural or legal persons, or the partnerships or corporations, fulfilling these conditions, have at least half the ownership of the vessel.
2. It is not possible to register an inland waterway vessel which is already entered in the register, in the register referred to in article 193, or in a Convention register.
3. By derogation from the second paragraph, registration of an inland waterway vessel which is entered in a Convention register is possible, where this vessel, after the cancellation of this entry in that Convention register, can be registered according to paragraph 1. This registration, however, only has juridical effect, when it has been followed by an annotation in the register that the registration in the Convention register has been cancelled.
4. By derogation from the second paragraph, registration of an inland waterway vessel which is entered in a Convention register is possible, where the keeper of that register refuses to register the right of ownership of the buyer after a forced sale pursuant to the second paragraph of article 22 of Protocol No 2 to the Geneva Convention.
5. Registration is requested by the owner of the inland waterway vessel.

aux Pays-Bas;
b. Le propriétaire du bateau étant personne physique, il est Néerlandais ou a son domicile aux Pays-Bas;
c. Le propriétaire du bateau étant une personne morale ou société commerciale, il a son siège ou la direction principale de ses affaires aux Pays-Bas;
étant entendu que, pour un bateau de navigation intérieure en copropriété, les conditions b et c ci-dessus ne sont pas considérées comme remplies à moins que les personnes physiques ou morales ou les sociétés commerciales remplissant ces conditions aient au moins la moitié de la propriété du bateau.
2. L'immatriculation n'est pas possible pour un bateau de navigation intérieure déjà immatriculé au registre, à celui prévu à l'article 193 ou à un registre de la Convention.
3. Par dérogation au paragraphe deuxième, l'immatriculation d'un bateau de navigation intérieure immatriculé à un registre de la Convention est possible lorsque le bateau, après radiation de l'immatriculation à ce registre, peut être immatriculé conformément au paragraphe premier. L'immatriculation ne produit cependant d'effet juridique qu'à la condition d'être suivie de la mention au registre portant la radiation de l'immatriculation au registre de la Convention.
4. Par dérogation au paragraphe deuxième, l'immatriculation d'un bateau de navigation intérieure immatriculé à un registre de la Convention est possible lorsque le conservateur de ce registre refuse d'inscrire le droit de propriété de l'acheteur après une vente forcée, en vertu du paragraphe deuxième de l'article 22 du Protocole No 2 à la Convention de Genève.
5. L'immatriculation a lieu à la requête du propriétaire du bateau de navigation

For that purpose, he must submit a declaration signed by him to the effect that, to the best of his knowledge, the vessel is susceptible of registration as an inland waterway vessel.

6. The entry in the register has no juridical effect where the requirements of the preceding paragraphs of this article have not been fulfilled.

7. On the occasion of the request for registration, domicile shall be elected in The Netherlands. This domicile is mentioned in the request for registration, and may be replaced by another domicile located in The Netherlands.

intérieure. Il dépose pour inscription une déclaration signée de sa main, portant que le bateau, autant qu'il sache, est susceptible d'immatriculation en tant que bateau de navigation intérieure.

6. L'immatriculation ne produit pas d'effet juridique lorsque les conditions énoncées aux paragraphes précédents ne sont pas remplies.

7. La requête d'immatriculation comporte élection de domicile aux Pays-Bas. Le domicile est mentionné dans la requête d'immatriculation; il peut être remplacé par un autre domicile situé aux Pays-Bas.

Art. 785 (8.8.2.6) - 1. De eigenaar van een binnenschip is verplicht de teboekstelling daarvan te verzoeken. Aan deze verplichting moet worden voldaan binnen drie maanden, nadat volgens artikel 784 teboekstelling mogelijk is.
- 2. Geen verplichting tot teboekstelling bestaat
a. ten aanzien van vrachtschepen met minder dan 20 tonnen van 1000 kilogram laadvermogen of andere binnenschepen met minder dan 10 kubieke meters verplaatsing, zijnde de in kubieke meters uitgedrukte waterverplaatsing tussen het vlak van inzinking van het ledige binnenschip in zoet water en het vlak van de grootste toegelaten diepgang;
b. ten aanzien van afgebouwde binnenschepen, die teboekstaan in het register van een niet-verdragsstaat en in die staat voldoen aan tenminste één der in het eerste lid van artikel 3 van het Verdrag van Genève genoemde voorwaarden;
c. ten aanzien van binnenschepen, die komen van een niet-verdragsstaat en op weg zijn naar het land waar zij zullen moeten worden teboekgesteld.

1. The owner of an inland waterway vessel must request its registration. This obligation has to be fulfilled within three months from the possibility of registration according to article 784.

2. There is no obligation to register

a. with respect to cargo vessels of less than 20 tons of 1000 kilogrammes capacity or other inland waterway vessels of less than 10 cubic metres of movement, this being the movement of water expressed in

1. Le propriétaire du bateau de navigation intérieure est tenu d'en requérir l'immatriculation. Il doit remplir cette obligation dans les trois mois suivant le moment où, conformément à l'article 784, l'immatriculation est possible.

2. L'obligation d'immatriculation n'existe pas

a. À l'égard des bateaux affectés au transport des marchandises dont le port en lourd est inférieur à 20 tonnes de 1000 kilogrammes ou des autres bateaux de navigation intérieure dont le déplacement est inférieur à 10 mètres cubes; par

cubic metres between the level of immersion of the empty inland waterway vessel in fresh water and the maximum permissible draught;

b. with respect to fully constructed inland waterway vessels which are entered in the register of a non-Contracting State and which in that State fulfill at least one of the conditions referred to in the first paragraph of article 3 of the Geneva Convention;

c. with respect to inland waterway vessels coming from a non-Contracting State and heading towards the country where they will have to be registered.

déplacement, il faut entendre le déplacement d'eau, exprimé en mètres cubes, entre le niveau d'immersion du bateau vide en eau douce et celui de l'immersion maximale;

b. À l'égard des bateaux de navigation intérieure construits, qui sont immatriculés au registre d'un pays qui n'est pas État contractant et qui y remplissent l'une au moins des conditions évoquées au paragraphe premier de l'article 3 de la Convention de Genève;

c. À l'égard des bateaux de navigation intérieure, venant d'un pays qui n'est pas État contractant et en route vers le pays où ils devront être immatriculés.

Art. 786 (8.8.2.7) - 1. De teboekstelling wordt slechts doorgehaald
a. op verzoek van degeen, die in het openbare register als eigenaar vermeld staat
1o. als de teboekstelling niet of niet meer verplicht is;
2o. als het schip in een verdragsregister teboekstaat onder voorwaarde van doorhaling van de teboekstelling in het Nederlandse register;
3o. als het schip in het register van een niet-verdragsstaat zal worden teboekgesteld en in die staat zal voldoen aan tenminste één der in het eerste lid van artikel 3 van het Verdrag van Genève genoemde voorwaarden. In dit geval heeft de doorhaling slechts rechtsgevolg, wanneer binnen 30 dagen daarna door de eigenaar wordt overgelegd een door hem ondertekende verklaring, dat het schip in het register van de genoemde staat teboekstaat en aldaar voldoet aan tenminste één der in het eerste lid van artikel 3 van het Verdrag van Genève genoemde voorwaarden.
b. op aangifte van de eigenaar of ambtshalve
1o. als het schip vergaan is, gesloopt is of blijvend ongeschikt voor drijven is geworden;
2o. als het schip door rovers of vijanden is genomen;
3o. als het schip, indien het niet in het register teboek zou staan, een zeeschip zou zijn in de zin van artikel 2 of een dergelijk zeeschip in aanbouw;
4o. als het schip niet of niet meer voldoet aan tenminste één der in het eerste lid van artikel 784 voor teboekstelling genoemde voorwaarden;
5o. als het schip in een verdragsregister teboekstaat zonder dat daarbij de voorwaarde van doorhaling van de teboekstelling in het Nederlandse register is gesteld.
- 2. In de in het eerste lid onder *b* genoemde gevallen is de eigenaar tot het doen van aangifte verplicht binnen drie maanden nadat de reden tot doorhaling zich heeft voorgedaan.
- 3. Wanneer ten aanzien van het schip inschrijvingen of voorlopige aantekeningen ten gunste van derden bestaan, geschiedt doorhaling slechts, wanneer geen dezer derden zich daartegen verzet.

- 4. Doorhaling geschiedt slechts na op verzoek van de meest gerede partij verleende machtiging van de rechter.

1. The registration shall only be cancelled
a. upon the request of the person who is mentioned in the public register as owner:
1º. if the registration is not or is no longer compulsory;
2º. if the vessel is registered in a Convention register upon the condition that the registration in the Dutch register be cancelled;
3º. if the vessel will be entered in the register of a non-Contracting State and if in that State it will fulfill at least one of the conditions referred to in the first paragraph of article 3 of the Geneva Convention. In this case, the cancellation only has juridical effect when, within 30 days thereafter, the owner submits a declaration signed by him to the effect that the vessel is entered in the register of the State referred to and that it there fulfills at least one of the conditions of the first paragraph of article 3 of the Geneva Convention.
b. upon the declaration of the owner or *ex officio*:
1º. if the vessel has been wrecked, demolished, or has become permanently unfit for floating;
2º. if the vessel has been taken by pirates or enemies;
3º. if the vessel, had it not been entered in the register, would be a sea-going vessel within the meaning of article 2 or a similar sea-going vessel under construction;
4º. if the vessel does not fulfill or no longer fulfills at least one of the conditions for registration referred to in the first paragraph of article 784;
5º. if the vessel is registered in a

1. L'immatriculation est radiée seulement
a. À la requête de celui qui apparaît comme propriétaire au registre public;
1º. si l'immatriculation n'est pas ou n'est plus obligatoire;
2º. si le bateau est immatriculé à un registre de la Convention à condition que soit radiée l'immatriculation au registre néerlandais;
3º. si le bateau sera immatriculé au registre d'un pays qui n'est pas État contractant et remplira dans ce pays l'une au moins des conditions évoquées au paragraphe premier de l'article 3 de la Convention de Genève. Dans ce cas, la radiation produit effet seulement lorsque, dans les trente jours suivants, le propriétaire dépose une déclaration signée de sa main portant que le bateau est immatriculé au registre de l'État mentionné et remplit dans ce pays l'une au moins des conditions évoquées au paragraphe premier de l'article 3 de la Convention de Genève.
b. Sur déclaration du propriétaire ou d'office
1º. si le bateau a péri, est démoli ou est devenu de façon permanente inapte à flotter;
2º. si le bateau a été pris par des pirates ou par l'ennemi;
3º. si, en l'absence de l'immatriculation au registre, le bateau était un navire de mer au sens de l'article 2 ou un tel navire de mer en construction;

4º. si le bateau ne remplit pas ou ne remplit plus l'une au moins des conditions d'immatriculation évoquées au paragraphe premier de l'article 784;
5º. si le bateau est immatriculé à un

Convention register without the condition therein that the registration in the Dutch register be cancelled.
2. In the cases referred to in the first paragraph *sub b*, the owner must make a declaration within three months from the time the ground for cancellation has occurred.
3. Where, with respect to the vessel, there are entries or provisional annotations in favour of third persons, cancellation only takes place if none of them opposes it.
4. Cancellation only takes place after authorisation granted by the judge upon the request of the most diligent party.

registre de la Convention sans qu'y soit mentionnée la condition de la radiation de l'immatriculation au registre néerlandais.
2. Dans les cas prévus au point *b* du paragraphe premier, le propriétaire est tenu de faire la déclaration dans les trois mois suivant la survenance de la cause de radiation.
3. Lorsqu'il existe, au sujet du bateau, des inscriptions ou des notes provisoires au profit de tiers, la radiation n'a lieu que si aucun d'eux ne s'y oppose.
4. La radiation n'a lieu qu'avec l'autorisation du juge, accordée à la requête de la partie la plus diligente.

Art. 787 (8.8.2.8) - 1. Zolang de teboekstelling in het register niet is doorgehaald heeft teboekstelling van een binnenschip in een register van een niet-verdragsstaat of vestiging in een niet-verdragsstaat van rechten daarop, voor vestiging waarvan in Nederland inschrijving in de openbare registers vereist zou zijn geweest, geen rechtsgevolg.
- 2. In afwijking van het eerste lid wordt een teboekstelling of vestiging van rechten als daar bedoeld erkend, wanneer deze geschiedde onder voorwaarde van doorhaling van de teboekstelling in het Nederlandse register binnen 30 dagen na de teboekstelling van het schip in het buitenlandse register.

1. As long as the entry in the register has not been cancelled, registration of an inland waterway vessel in a register of a non-Contracting State or the establishment in a non-Contracting State of rights in the vessel, for the establishment of which in The Netherlands entry in the public registers would have been required, has no juridical effect.
2. By derogation from the first paragraph, a registration or establishment of rights, as referred to in that paragraph, is recognised when it has been done upon the condition to cancel the entry in the Dutch register within 30 days from the registration of the vessel in the foreign register.

1. Tant que l'immatriculation du bateau de navigation intérieure au registre n'a pas été radiée, sont sans effet l'immatriculation effectuée au registre d'un pays qui n'est pas État contractant, ainsi que l'établissement, dans un pays qui n'est pas État contractant, de droits sur le bateau, pour lequel l'inscription sur les registres publics serait requise aux Pays-Bas.
2. Par dérogation au paragraphe premier, sont reconnus l'immatriculation ou l'établissement de droits qui y sont visés, lorsqu'ils ont eu lieu à la condition de radier l'immatriculation au registre néerlandais dans les 30 jours suivant l'immatriculation du bateau au registre étranger.

Art. 788 (8.8.2.9) De enige zakelijke rechten, waarvan een in het register teboekstaand binnenschip het voorwerp kan zijn, zijn de eigendom, de hypotheek, het vruchtgebruik en de in artikel 821 en artikel 827 eerste lid onder *b* genoemde voorrechten.

The only real rights of which an inland waterway vessel, entered in the register, can be the object are ownership, hypothec, usufruct and the privileges referred to in article 821 and article 827, paragraph 1, *sub b*.

Les seuls droits réels dont peut faire l'objet le bateau de navigation intérieure immatriculé au registre sont la propriété, l'hypothèque, l'usufruit et les privilèges prévus aux articles 821 et 827, paragraphe premier, au point *b*.

Art. 789 (8.8.2.10) *Vervallen.*

Repealed.   *Abrogé.*

Art. 790 (8.8.2.11) - 1. Een in het register teboekstaand binnenschip is een registergoed.
- 2. Bij toepassing van artikel 301 van Boek 3 ter zake van akten die op de voet van artikel 89 leden 1 en 4 van Boek 3 zijn bestemd voor de levering van een zodanig binnenschip, kan de in het eerste genoemde artikel bedoelde uitspraak van de Nederlandse rechter niet worden ingeschreven, zolang zij niet in kracht van gewijsde is gegaan.

1. An inland waterway vessel, entered in the register, is registered property.
2. In applying article 301 of Book 3 with respect to deeds which, on the basis of article 89, paragraphs 1 and 4 of Book 3, are intended for the delivery of such an inland waterway vessel, the decision of the Dutch judge, referred to in the first mentioned article, cannot be registered until it has become final.

1, Le bateau de navigation intérieure immatriculé au registre constitue un bien immatriculé.
2. Aux fins de l'application de l'article 301 du Livre troisième à propos des actes destinés, conformément à l'article 89, paragraphes 1er et 4 de ce Livre, à la délivrance d'un tel bateau de navigation intérieure, le jugement du juge néerlandais visé au premier article mentionné ne peut être inscrit tant qu'il n'est pas passé en force de chose jugée.

Art. 791 (8.8.2.12) Eigendom, hypotheek en vruchtgebruik op een teboekstaand binnenschip worden door een bezitter te goeder trouw verkregen door een onafgebroken bezit van vijf jaren.

Ownership of, hypothec on and usufruct in a registered inland waterway vessel are acquired by a possessor in good faith by an uninterrupted possession of five years.

La propriété, l'hypothèque et l'usufruit portant sur un bateau de navigation intérieure immatriculé se prescrivent au profit du possesseur de bonne foi par une possession non interrompue de cinq ans.

Art. 792 (8.8.2.13) Onverminderd het bepaalde in artikel 260, eerste lid van Boek 3 wordt in de notariële akte waarbij hypotheek wordt verleend op een

teboekstaand binnenschip of op een recht waaraan een zodanig schip is onderworpen, duidelijk vermeld:
a. het aan de hypotheek onderworpen schip;
b. de voorwaarden voor opeisbaarheid of een verwijzing naar een op het kantoor van inschrijving ingeschreven document waarin de voorwaarden voor opeisbaarheid zijn vastgelegd;
c. de bedongen rente en het tijdstip of de tijdstippen waarop deze vervalt.

Without prejudice to the provisions of article 260, first paragraph, of Book 3, the notarial deed in which hypothec is granted upon a registered inland waterway vessel or upon a right to which such a vessel is subjected, clearly mentions:
a. the vessel subject to the hypothec;
b. the conditions for exigibility or a reference to a document registered at the registration office establishing the conditions for exigibility;
c. the stipulated interest and the date or dates on which it is due.

Sans préjudice des dispositions de l'article 260, paragraphe premier, du Livre troisième, l'acte notarié par lequel est consentie une hypothèque sur un bateau de navigation intérieure immatriculé ou sur un droit grevant celui-ci mentionne clairement
a. le bateau grevé de l'hypothèque;
b. les conditions d'exigibilité ou un renvoi à un document inscrit au bureau d'immatriculation, qui établit ces conditions;
c. l'intérêt stipulé et la ou les dates d'échéance.

Art. 793 (8.8.2.14) Behoudens afwijkende, uit de openbare registers blijkende, bedingen omvat de hypotheek de zaken die uit hoofde van hun bestemming blijvend met het schip zijn verbonden en die toebehoren aan de eigenaar van het schip. Artikel 266 van Boek 3 is niet van toepassing.

Except for derogating stipulations which are apparent from the public registers, the hypothec encompasses the things which, pursuant to their destination, are permanently attached to the vessel and belong to the owner of the vessel. Article 266 of Book 3 does not apply.

Sauf stipulations contraires apparaissant sur les registres publics, l'hypothèque grève les choses qui, de par leur destination, sont rattachées au bateau de façon permanente et qui appartiennent au propriétaire. L'article 266 du Livre troisième ne s'applique pas.

Art. 794 (8.8.2.15) De door hypotheek gedekte vordering neemt rang na de vorderingen, genoemd in de artikelen 820, 821, 221, 222 eerste lid, 831 en 832 eerste lid, doch vóór alle andere vorderingen, waaraan bij deze of enige andere wet een voorrecht is toegekend.

The claim covered by hypothec ranks after the claims referred to in articles 820, 821, 221, 222, first paragraph, 831 and 832, first paragraph; however, it ranks before all other claims to which this or any other law grants a privilege.

La créance garantie par hypothèque prend rang après celles visées aux articles 820, 821, 221, 222, paragraphe premier, 831 et 832, paragraphe premier, mais avant toute autre créance assortie d'un privilège prévu dans la présente ou une autre loi.

Art. 795 (8.8.2.16) Indien de vordering rente draagt, strekt de hypotheek mede tot zekerheid voor de renten der hoofdsom, vervallen gedurende de laatste drie jaren voorafgaand aan het begin van de uitwinning en gedurende de loop hiervan. Artikel 263 van Boek 3 is niet van toepassing.

If the claim carries interest, the hypothec also serves as security for the interests upon the principal sum which have become due during the last three years preceding the commencement of execution and during the course thereof. Article 263 of Book 3 does not apply.

Si la créance porte intérêt, l'hypothèque garantit également les intérêts sur le principal échus durant les trois ans précédant le début de la saisie-exécution et au cours de celle-ci. L'article 263 du Livre troisième ne s'applique pas.

Art. 796 (8.8.2.17) Op hypotheek op een aandeel in een teboekstaand binnenschip is artikel 177 van Boek 3 niet van toepassing; de hypotheek blijft na vervreemding of toedeling van het schip in stand.

Article 177 of Book 3 does not apply to a hypothec on a share in a registered inland waterway vessel; after alienation or attribution of the vessel, the hypothec remains in force.

L'article 177 du Livre troisième ne s'applique pas à l'hypothèque sur une part d'un bateau de navigation intérieure immatriculé; l'hypothèque subsiste après l'aliénation ou l'attribution du navire.

Art. 797 (8.8.2.18) - 1. De eerste twee leden van artikel 264 van Boek 3 zijn in geval van een hypotheek, waaraan een teboekstaand binnenschip is onderworpen, mede van toepassing op bevrachtingen.
- 2. De artikelen 234 en 261 van Boek 3 zijn op een zodanige hypotheek niet van toepassing.

1. In the case of a hypothec to which a registered inland waterway vessel is subject, the first two paragraphs of article 264 of Book 3 also apply to chartering.

2. Articles 234 and 261 of Book 3 do not apply to such a hypothec.

1. Dans le cas d'une hypothèque grevant un bateau de navigation intérieure immatriculé, les deux premiers paragraphes de l'article 264 du Livre troisième s'appliquent également à l'affrètement.

2. Les articles 234 et 261 du Livre troisième ne s'appliquent pas à une telle hypothèque.

Art. 798 (8.8.2.19) In geval van vruchtgebruik op een teboekstaand binnenschip zijn de bepalingen van artikel 217 van Boek 3 mede van toepassing op bevrachting voorzover die bepalingen niet naar hun aard uitsluitend op pacht, huur van bedrijfsruimte of huur van woonruimte van toepassing zijn.

In case of usufruct in a registered inland waterway vessel, the provisions of article 217 of Book 3 also apply to chartering, to the extent

Dans le cas de l'usufruit portant sur un bateau de navigation intérieure immatriculé, les dispositions de l'article 217 du Livre troisième s'appliquent

that those provisions do not, according to their nature, apply exclusively to farm leases, leases of commercial or residential space.

également à l'affrètement, dans la mesure où leur nature n'en restreint pas exclusivement l'application au bail rural et au bail d'un espace commercial ou d'habitation.

Afdeling 3 Huurkoop van teboekstaande binnenschepen

Section 3
Hire-purchase of registered inland waterway vessels

Section troisième
De la location-vente de bateaux de navigation intérieure immatriculés

Art. 800 (8.8.2A.1) - 1. Scheepshuurkoop van een in het in artikel 783 genoemde register teboekstaand binnenschip komt tot stand bij een notariële akte, waarbij de koper zich verbindt tot betaling van een prijs in termijnen, waarvan twee of meer termijnen verschijnen nadat de verkoper aan de koper het schip ter beschikking heeft gesteld en de verkoper zich verbindt tot eigendomsoverdracht van het binnenschip na algehele betaling van hetgeen door de koper krachtens de overeenkomst is verschuldigd.
- 2. De overeenkomst is slechts van kracht indien daartoe schriftelijk toestemming is verkregen van degenen van wier beperkt recht of beslag blijkt uit een inschrijving in de openbare registers, die reeds bestond op de dag van de inschrijving van de in artikel 805 bedoelde hypotheek.
- 3. Voor de bedingen omtrent de terbeschikkingstelling van het schip kan worden verwezen naar een aan de akte te hechten en door partijen te ondertekenen geschrift.
- 4. De volmacht tot het aangaan van een scheepshuurkoop moet bij authentieke akte worden verleend.

1. The hire-purchase of an inland waterway vessel, registered in the register referred to in article 783, is effected by a notarial deed in which the buyer binds himself to pay the price in instalments, two or more of which become due after the seller has put the vessel at the disposal of the buyer, and in which the seller binds himself to transfer ownership of the inland waterway vessel after full payment of what the buyer owes pursuant to the contract.
2. The contract is only valid if written permission for it has been obtained from the persons whose dismembered right or seizure are apparent from an entry in the public registers, already existing on the day of the registration of the hypothec referred to in article 805.

1. La location-vente d'un bateau de navigation intérieure, immatriculé au registre visé à l'article 783, se forme par un acte notarié dans lequel l'acheteur s'engage à payer le prix par versements, dont deux ou plus échoiront après que le vendeur aura mis le bateau à sa disposition, et le vendeur s'engage à transférer la propriété du bateau après paiement intégral de ce que doit l'acheteur en vertu du contrat.
2. Le contrat ne vaut que s'il a reçu l'assentiment écrit de ceux dont le droit démembré ou la saisie apparaît par une inscription sur les registres publics, déjà existante au jour de l'inscription de l'hypothèque visée à l'article 805.

3. For the stipulations regarding the putting at disposal of the vessel, reference may be made to a writing to be attached to the deed and to be signed by the parties.
4. Procuration to enter into hire-purchase of a vessel must be granted by authentic deed.

3. Les stipulations concernant la mise à disposition du bateau peuvent faire l'objet d'un renvoi à un écrit devant être attaché à l'acte et signé par les parties.
4. La procuration en vue de conclure une location-vente de bateau est accordée par acte authentique.

Art. 801 (8.8.2A.2) - 1. De overeenkomst kan worden ingeschreven in de openbare registers, bedoeld in afdeling 2 van titel 1 van Boek 3.
- 2. Bij eigendomsovergang op een derde van een schip, ten aanzien waarvan reeds een scheepshuurkoopovereenkomst was ingeschreven in de openbare registers, bedoeld in afdeling 2 van titel 1 van Boek 3, volgt deze derde in alle rechten en verplichtingen van de scheepshuurverkoper op, die nochtans naast de nieuwe eigenaar aan de overeenkomst gebonden blijft.
- 3. Rechten en verplichtingen welke vóór de eigendomsovergang opeisbaar zijn geworden, gaan op de derde niet over.

1. The contract can be entered in the public registers referred to in Section 2 of Title 1 of Book 3.

2. Upon the transfer to a third person of the ownership of a vessel in respect of which a contract of hire-purchase of a vessel was already entered in the public registers, referred to in Section 2 of Title 1 of Book 3, this third person succeeds to all rights and obligations of the seller in the hire-purchase who nevertheless remains bound to the contract next to the new owner.

3. Rights and obligations which have become exigible before the transfer of ownership, are not transferred to the third person.

1. Le contrat peut être inscrit sur les registres publics visés à la Section deuxième du Titre premier du Livre troisième.

2. Lors de la transmission de propriété à un tiers d'un bateau au sujet duquel un contrat de location-vente était déjà inscrit sur les registres visés à la Section deuxième du Titre premier du Livre troisième, le tiers succède à tous les droits et obligations du locateur-vendeur; ce dernier demeure néanmoins lié par le contrat aux côtés du nouveau propriétaire.

3. Les droits et obligations devenus exigibles avant la transmission de la propriété ne se transmettent pas au tiers.

Art. 802 (8.8.2A.3) In de artikelen 803 tot en met 812 wordt onder koper de scheepshuurkoper en onder verkoper de scheepshuurverkoper verstaan.

In articles 803 to 812 inclusive, the buyer means the buyer in the hire-purchase, and the seller the seller in the hire-purchase.

Aux fins des articles 803 à 812 inclusivement, l'acheteur s'entend du locataire-acheteur de bateau et le vendeur, du locateur-vendeur de bateau.

Art. 803 (8.8.2A.4) - 1. Partijen zijn verplicht in de akte te vermelden welk deel van elk der te betalen termijnen strekt tot aflossing van de prijs voor de koop van het schip („de koopsom"), welk deel strekt tot betaling van mogelijkerwijs

verschuldigde rente en welk deel mogelijkerwijs betrekking heeft op de terbeschikkingstelling van het schip.
- 2. Nietig is ieder beding, waarbij van het eerste lid van dit artikel wordt afgeweken met dien verstande dat, bij gebreke of onduidelijkheid van de vermelding van de daar bedoelde verdeling, deze op verzoek van de meest gerede partij alsnog door de rechter wordt vastgesteld.

1. The parties must mention in the deed which part of each of the instalments to be paid serves to discharge the purchase price of the vessel ("the purchase price"), which part serves to pay interest which may be owed, and which part possibly relates to putting the vessel at disposal.
2. Any stipulation derogating from the first paragraph of this article is null, upon the understanding that in the case of absence or ambiguity of the mention of the division referred to in that paragraph, it may as yet be determined by the judge upon the request of the most diligent party.

1. Les parties sont tenues d'indiquer dans l'acte la part de chaque versement qui sert à l'acquittement du prix d'achat du bateau («le prix d'achat»), la part servant au paiement d'éventuels intérêts et celle qui se rapporte, le cas échéant, à la mise à disposition du bateau.
2. Est nulle toute stipulation dérogeant au paragraphe premier du présent article, étant entendu que, dans le cas d'absence ou d'obscurité de la mention indiquant la répartition visée, celle-ci peut toujours être fixée par le juge à la requête de la partie la plus diligente.

Art. 804 (8.8.2A.5) Nietig is ieder beding volgens hetwelk gedurende de contractsperiode een hogere koopsom kan worden vastgesteld.

Any stipulation according to which a higher purchase price may be fixed during the course of the contract, is null.

Est nulle la stipulation selon laquelle un prix d'achat plus élevé peut être fixé en cours de contrat.

Art. 805 (8.8.2A.6) - 1. De verkoper is verplicht
a. het schip ter beschikking van de koper te stellen en te laten;
b. de koper te vrijwaren voor de gevolgen van
1º. een staat of eigenschap van het schip
2º. een op het schip gelegd beslag
3º. zijn faillissement
4º. enige op hem persoonlijk betreffende omstandigheid
mits deze gevolgen ertoe leiden dat het schip aan de koper niet die mate van beschikking kan verschaffen die deze bij het aangaan van de overeenkomst er van mocht verwachten. De verkoper is niet verplicht de koper te vrijwaren voor de gevolgen van een feitelijke stoornis door derden zonder bewering van recht op het schip of van een bewering van recht op het schip zonder feitelijke stoornis;
c. zorg te dragen dat ten behoeve van de koper op de dag der overeenkomst hypotheek op de eigendom van het schip wordt gevestigd ten belope van een bedrag, gelijk aan driemaal de koopsom, terzake van hetgeen de verkoper aan de koper in verband met de scheepshuurkoop of de ontbinding daarvan verschuldigd is of zal worden;

d. zich te onthouden van iedere eigendomsoverdracht van het schip en zodra de koper zal hebben voldaan aan zijn in de overeenkomst neergelegde verplichtingen tot betaling, het schip aan dezen in eigendom over te dragen vrij van na het tot stand komen van de scheepshuurkoop gevestigde hypotheken ten gunste van derden en vrij van boven hypotheek rangnemende voorrechten en beslagen terzake van vorderingen waarvan de verkoper de schuldenaar is.

- 2. Nietig is ieder beding, waarbij ten nadele van de koper van het in het eerste lid onder *a*, *c* of *d* bepaalde wordt afgeweken, met dien verstande dat de hypotheek als daar onder *c* wordt bedoeld, wordt verleend op de door partijen nader overeen te komen voorwaarden of bij gebreke van overeenstemming daaromtrent op de voorwaarden door de rechter alsnog op verzoek van de meest gerede partij zo mogelijk in overeenstemming met het gebruik vast te stellen.

- 3. Nietig is ieder beding, waarbij ten nadele van de koper van het in het eerste lid onder *b* bepaalde wordt afgeweken ten aanzien van een feit dat de verkoper bij het aangaan van de overeenkomst kende.

- 4. Nietig is ieder beding, waarbij het bedrag van een door de verkoper mogelijkerwijs te betalen schadevergoeding wegens niet nakoming van zijn uit dit artikel voortvloeiende verplichtingen bij voorbaat wordt vastgesteld.

1. The seller must
a. put and leave the vessel at the disposal of the buyer;
b. warrant the buyer against the consequences
1o. of a state or quality of the vessel
2o. of a seizure against the vessel
3o. of his bankruptcy
4o. of any fact concerning him personally,
provided that these consequences lead to the result that the vessel cannot provide the buyer with that degree of disposability which he could have expected thereof at the conclusion of the contract. The seller is not obliged to warrant the buyer against the consequences of a factual disturbance by third persons without claim of right to the vessel or of a claim of right to the vessel without factual disturbance;
c. ensure that, on the day of the contract, a hypothec be established on the ownership of the vessel in favour of the buyer for a sum equal to three times the purchase price, for that which the seller owes or will owe to the buyer in connection with the hire-purchase of the vessel or the

1. Le vendeur est tenu
a. de mettre le bateau à la disposition de l'acheteur et de le lui laisser;
b. de garantir l'acheteur des suites
1o. d'un état ou qualité du bateau
2o. d'une saisie du bateau
3o. de sa faillite
4o. de toute circonstance le concernant personnellement,
pourvu que ces suites aient pour effet que le bateau ne peut procurer à l'acheteur le degré de disponibilité qu'il pouvait en attendre lors de la conclusion du contrat. Le vendeur n'est pas tenu de garantir l'acheteur des suites d'un trouble de fait par un tiers sans prétention de droit sur le bateau ou d'une prétention de droit sur le bateau sans trouble de fait;

c. de veiller à ce que, le jour du contrat, soit établie sur la propriété du bateau une hypothèque au profit de l'acheteur pour une somme égale à trois fois le prix d'achat, portant sur ce que le vendeur doit ou devra à l'acheteur relativement à la location-vente du bateau ou de sa résolution;

setting aside thereof;
d. refrain from any transfer of ownership of the vessel and transfer its ownership to the buyer as soon as the latter hasfulfilled his obligations to pay as laid down in the contract, free of hypothecs established after the creation of the hire-purchase of the vessel in favour of third persons, and free of privileges and seizures ranking before hypothec, for claims of which the seller is the debtor.
2. Any stipulation derogating from the provisions of the first paragraph *sub a, c* or *d* to the detriment of the buyer is null, upon the understanding that the hypothec referred to *sub c* is granted upon conditions to be agreed by the parties, or in default thereof, upon conditions as yet to be determined by the judge upon the request of the most diligent party, if possible in conformity with usage.
3. Any stipulation derogating from the provisions of the first paragraph *sub b* to the detriment of the buyer is null with respect to a fact that the seller knew upon the conclusion of the contract.
4. Any stipulation fixing, in advance, the amount of damages possibly to be paid by the seller for the non-performance of the obligations resulting from this article, is null.

d. de s'abstenir de tout transfert de propriété du bateau et, dès que l'acheteur aura rempli les obligations de paiement que lui impose le contrat, de lui transférer la propriété du bateau, libre de toute hypothèque au profit de tiers établie après la conclusion de la location-vente, de même que de tout privilège et de toute saisie, prenant rang avant l'hypothèque et relatifs à des créances dont le vendeur est débiteur.
2. Est nulle toute stipulation dérogeant au détriment de l'acheteur aux dispositions aux points *a, c* ou *d* du paragraphe premier, étant entendu que l'hypothèque visée au point *c* est consentie à des conditions à préciser entre les parties ou, à défaut d'entente, que fixera le juge, si possible conformément à l'usage, à la requête de la partie la plus diligente.
3. Est nulle toute stipulation dérogeant au détriment de l'acheteur aux dispositions du point *b* du paragraphe premier en ce qui a trait à un fait connu du vendeur au moment de la conclusion du contrat.
4. Est nulle toute stipulation fixant à l'avance la somme de l'indemnité que le vendeur devra éventuellement payer pour cause d'inexécution de ses obligations découlant du présent article.

Art. 806 (8.8.2A.7) De koper die aan zijn in de overeenkomst neergelegde verplichtingen tot betaling heeft voldaan, is verplicht het schip in eigendom te aanvaarden, mits dit vrij zij van hypotheken ten gunste van derden en vrij van boven hypotheek rangnemende voorrechten en beslagen ter zake van vorderingen, waarvan de verkoper de schuldenaar is.

The buyer who has fulfilled his obligations to pay as laid down in the contract, must accept the ownership of the vessel, provided that it is free of hypothecs in favour of third persons, of privileges and seizures ranking before hypothec, for claims

L'acheteur qui a rempli ses obligations de paiement prévues au contrat est tenu d'accepter la propriété du bateau, pourvu que celui-ci soit libre d'hypothèques au profit de tiers et de privilèges ou saisies prenant rang avant l'hypothèque, relatifs à des créances

of which the seller is the debtor.

dont le vendeur est débiteur.

Art. 807 (8.8.2A.8) - 1. Onder voorbehoud van artikel 808 is de koper gerechtigd door hem verschuldigde gedeelten van de termijnen die betrekking hebben op de koopsom en de rente aan te wenden tot rechtstreekse betaling van opeisbare rente en aflossingen aan de schuldeisers te wier behoeve hypotheek op het schip is gevestigd.
- 2. Indien en voor zover het door de koper aan de verkoper verschuldigde per termijn minder bedraagt dan het bedrag dat periodiek aan rente en aflossing aan de in het eerste lid bedoelde hypothecaire schuldeiser is verschuldigd, is deze, in afwijking van artikel 29 van Boek 6 gehouden de overeenkomstig het eerste lid betaalde huurkooptermijnen te ontvangen, onverminderd de verplichting van de hypothecaire schuldenaar tot betaling van het restant verschuldigde. De hypothecaire schuldeiser is verplicht de hypothecaire schuldenaar mede te delen welke opeisbare rente en aflossingen door de koper zijn betaald.
- 3. Indien de koper aan de in het eerste lid bedoelde hypothecaire schuldeiser heeft doen weten, dat hij van het hem in dit artikel toegekende recht gebruik wenst te maken, is deze laatste verplicht de koper in te lichten omtrent de grootte van de nog resterende hypothecaire schuld.
- 4. De betalingen overeenkomstig dit artikel aan een hypothecaire schuldeiser gedaan, strekken in mindering op hetgeen de koper aan de verkoper verschuldigd is. De koper stelt de verkoper onverwijld in kennis van deze betalingen.
- 5. Overdracht of inpandgeving van de vordering, die de verkoper op de koper heeft of een onder de koper ten laste van de verkoper gelegd beslag, kan aan de rechten, die de koper aan de bepalingen van dit artikel ontleent, geen afbreuk doen.
- 6. Bij openbare, eigenmachtige of executoriale verkoop van het schip ten behoeve van een hypothecaire schuldeiser of van een beslaglegger op het schip, heeft de koper het recht in artikel 269 van Boek 3 aan de derde bezitter toegekend. Maakt hij van dit recht gebruik, dan is het derde lid van overeenkomstige toepassing.

1. Subject to article 808, the buyer is entitled to apply the parts of the instalments which he owes with respect to the purchase price and interest, to the direct payment of exigible interest and reimbursements to the creditors in favour of whom hypothec has been established upon the vessel.
2. If and to the extent that each instalment that the buyer owes to the seller is less than the amount of interest and reimbursement owed periodically to the hypothecary creditor, referred to in the first paragraph, the latter must, by derogation from article 29 of Book 6, receive the hire-purchase instalments paid in accordance with the first

1. Sous réserve de l'article 808, l'acheteur a le droit d'employer les parties dues des versements, relatives au prix d'achat et aux intérêts, pour le paiement direct de l'intérêt exigible et le remboursement des créanciers au profit desquels une hypothèque a été constituée sur le bateau.

2. Si le versement périodique que doit l'acheteur au vendeur est inférieur à la somme due périodiquement au créancier hypothécaire visé au paragraphe premier au titre d'intérêt et de remboursement, et dans la mesure de cette différence, ce dernier, par dérogation à l'article 29 du Livre sixième, est tenu de recevoir les versements du contrat de location-vente effectués conformément au paragraphe

paragraph, without prejudice to the obligation of the hypothecary debtor to pay the surplus owed. The hypothecary creditor must inform the hypothecary debtor which exigible interest and reimbursements have been paid by the buyer.
3. If the buyer has let the hypothecary creditor, referred to in the first paragraph, know that he wishes to use the right given to him in this article, the latter must inform the buyer of the amount remaining of the hypothecary debt.
4. Payments made according to this article to a hypothecary creditor diminish what the buyer owes to the seller. The buyer informs the seller of these payments without delay.

5. The transfer or the pledging of the claim of the seller against the buyer, or a seizure against the buyer for the benefit of the seller cannot affect the rights which the buyer derives from the provisions of this article.
6. In the event of public, private or forced sale of the vessel for the benefit of a hypothecary creditor or a person seizing the vessel, the buyer grants to the third person possessor the right referred to in article 269 of Book 3. If the latter uses this right, paragraph 3 applies *mutatis mutandis*.

premier, sans préjudice de l'obligation du débiteur hypothécaire de payer le surplus dû. Le créancier hypothécaire est tenu d'informer le débiteur hypothécaire de l'intérêt payé et des remboursements ont été effectués par l'acheteur.
3. Si l'acheteur a fait savoir au créancier hypothécaire visé au paragraphe premier qu'il entend se prévaloir du droit que lui accorde le présent article, ce dernier est tenu d'informer l'acheteur du montant de la dette hypothécaire restante.
4. Les paiements effectués conformément au présent article au créancier hypothécaire réduisent d'autant ce que doit l'acheteur au vendeur. L'acheteur avise sans tarder le vendeur de ces paiements.
5. La cession ou le nantissement de la créance du vendeur sur l'acheteur et la saisie pratiquée sur les biens de l'acheteur pour le compte du vendeur ne portent pas atteinte aux droits que l'acheteur tire des dispositions du présent article.
6. Dans le cas d'une vente publique, d'une vente en exécution d'une clause de voie parée ou d'une vente forcée du bateau au profit du créancier hypothécaire ou d'un saisissant, l'acheteur accorde au tiers possesseur le droit visé à l'article 269 du Livre troisième. Si celui-ci se prévaut de ce droit, le paragraphe troisième s'applique par analogie.

Art. 808 (8.8.2A.9) - 1. Na verloop van één jaar na het sluiten van de overeenkomst is de koper gerechtigd het restant van de verschuldigde koopsom geheel of ten dele vóór het verschijnen van de bij de overeenkomst vastgestelde termijnen te voldoen met herberekening van het rentebestanddeel in de termijnen die alsnog verschuldigd waren, zulks op de voorwaarden door partijen overeengekomen danwel overeen te komen of bij gebreke van overeenstemming daaromtrent door de rechter op verzoek van de meest gerede partij vast te stellen.
- 2. Nietig is ieder beding, waarbij ten nadele van de koper van dit artikel wordt afgeweken.

1. One year after the conclusion of the contract, the buyer may pay the remainder of the purchase price

1. À l'expiration du délai d'un an à compter de la conclusion du contrat, l'acheteur a le droit d'acquitter tout ou

owed, in whole or in part, before the instalments determined in the contract become due, with recalculation of the interest part of the instalments still to come, and such upon the conditions agreed or to be agreed by the parties, or in the absence thereof, to be determined by the judge upon the request of the most diligent party.
2. Any stipulation derogating from this article to the detriment of the buyer is null.

partie du restant du prix d'achat dû avant que les versements prévus au contrat ne viennent à échéance; la part d'intérêt des versements encore à venir est alors recalculée, le tout aux conditions convenues ou à convenir entre les parties ou, à défaut d'entente à leur sujet, à déterminer par le juge à la requête de la partie la plus diligente.
2. Est nulle toute stipulation dérogeant au présent article au détriment de l'acheteur.

Art. 809 (8.8.2A.10) - 1. In geval de koper niet aan zijn verplichting tot betaling van de koopsom of de rente, dan wel een termijn daarvan voldoet, kan de verkoper hierop eerst een beroep doen om krachtens een daartoe mogelijkerwijs gemaakt beding teruggave van het schip te vorderen, nadat hij de koper terzake in gebreke heeft gesteld en deze, nadat hem bij die ingebrekestelling een redelijke termijn is gesteld alsnog aan zijn verplichtingen te voldoen, hiermee in gebreke blijft.
- 2. Nietig is ieder beding, waarbij van dit artikel wordt afgeweken.

1. In case the buyer does not fulfill his obligation to pay the purchase price, the interest or an instalment, the seller can invoke this to claim the restitution of the vessel pursuant to a possible stipulation to that effect, but only after he has put the buyer into default and when the latter remains in default, having been given a reasonable period in the putting into default to fulfill his obligations as yet.
2. Any stipulation derogating from this article is null.

1. Lorsque l'acheteur ne s'acquitte pas de son obligation de payer le prix d'achat ou l'intérêt, ou encore un versement, le vendeur ne peut s'en prévaloir pour revendiquer le bateau en vertu d'une éventuelle stipulation convenue à cet effet qu'après avoir mis l'acheteur en demeure et que celui-ci, s'étant vu accorder dans la mise en demeure un délai raisonnable pour se mettre en règle, y fait défaut.
2. Est nulle toute stipulation dérogeant au présent article.

Art. 810 (8.8.2A.11) - 1. Indien de overeenkomst is ontbonden tengevolge van het in gebreke blijven van de koper te voldoen aan zijn verplichting tot betaling van de koopsom of de rente, dan wel een termijn daarvan en de verkoper of de koper dientengevolge in een betere vermogenstoestand zou geraken dan bij in stand blijven van de overeenkomst, zijn partijen verplicht onverwijld tot volledige verrekening over te gaan.
- 2. Ieder beding, waarbij de verkoper zich de bevoegdheid voorbehoudt de waarde van het schip te bepalen, laat de bevoegdheid van de koper deze waarde op zijn verzoek nader door de rechter te doen vaststellen, onverlet.
- 3. Nietig is ieder beding, waarbij van dit artikel wordt afgeweken.

1. If the contract has been set aside as a result of the failure of the buyer to fulfill his obligation to pay the

1. Dans l'éventualité où le contrat est résolu par suite du défaut de l'acheteur de s'acquitter de son obligation de payer

purchase price, the interest or an instalment, and if as a result thereof the seller or the buyer would find himself in a better patrimonial situation than he would be, if the contract were to be kept in force, the parties must proceed to full compensation without delay.

2. Any stipulation whereby the seller reserves the right to determine the value of the vessel, does not affect the right of the buyer to have this value further determined by the judge upon his request.

3. Any stipulation derogating from this article is null.

le prix d'achat ou l'intérêt, ou encore un versement, et où le vendeur ou l'acheteur se trouverait de ce fait dans une meilleure situation patrimoniale qu'il ne le serait si le contrat avait été maintenu, les parties sont tenues d'effectuer sans délai une compensation intégrale.

2. La stipulation par laquelle le vendeur se réserve le pouvoir de déterminer la valeur du bateau ne porte pas atteinte au pouvoir de l'acheteur de faire déterminer, à sa requête, cette valeur de façon plus précise par le juge.

3. Est nulle toute stipulation dérogeant au présent article.

Art. 811 (8.8.2A.12) *Vervallen.*

Repealed.

Abrogé.

Art. 812 (8.8.2A.13) Nietig is ieder beding, krachtens hetwelk de overeenkomst van rechtswege eindigt.

Any stipulation pursuant to which the contract is terminated *de jure* is null.

Est nulle toute stipulation par laquelle le contrat prend fin de plein droit.

Afdeling 4 Voorrechten op binnenschepen

Section 4
Privileges on inland waterway vessels

Section quatrième
Des privilèges sur les bateaux de navigation intérieure

Art. 820 (8.8.3.1) - 1. In geval van uitwinning van een binnenschip worden de kosten van uitwinning, de kosten van bewaking tijdens deze uitwinning of verkoop, alsmede de kosten van gerechtelijke rangregeling en verdeling van de opbrengst onder de schuldeisers uit de opbrengst van de verkoop voldaan boven alle andere vorderingen, waaraan bij deze of enige andere wet een voorrecht is toegekend.
- 2. In geval van verkoop van een gestrand, onttakeld of gezonken binnenschip, dat de overheid in het openbaar belang heeft doen opruimen, worden de kosten der wrakopruiming uit de opbrengst van de verkoop voldaan boven alle andere vorderingen, waaraan bij deze of enige andere wet een voorrecht is toegekend.
- 3. De in de vorige leden bedoelde vorderingen staan in rang gelijk en worden ponds-pondsgewijs betaald.

1. In case of execution of an inland waterway vessel, the costs of execution, the costs of custody during such execution or sale, as well as the

1. Dans le cas d'exécution forcée d'un bateau de navigation intérieure, les frais de l'exécution, ceux de la garde au cours de l'exécution ou de la vente, de même

costs of judicial ranking and of distribution of the proceeds amongst the creditors, are paid from the proceeds of the sale with preference over all other claims to which this or any other law grants a privilege.
2. In case of sale of an inland waterway vessel which has run aground, has been dismantled or has sunk, and which public authority has had cleared away in the public interest, the costs of clearing the wreck are paid from the proceeds of the sale with preference over all other claims to which this or any other law grants a privilege.
3. The claims, referred to in the preceding paragraphs, are equal in rank and are paid *pro rata*.

Art. 820*a* (8.8.3.1a) Artikel 292 van Boek 3 en artikel 60, tweede lid, eerste zin, derde lid en vierde lid, van de Faillissementswet zijn op binnenschepen niet van toepassing.

Article 292 of Book 3 and article 60, paragraph 2, first sentence, and paragraphs 3 and 4 of the *Faillissementswet*[1] do not apply to inland waterway vessels.

L'article 292 du Livre troisième et la première phrase du deuxième paragraphe ainsi que les troisième et quatrième paragraphes de l'article 60 de la *Faillissementswet*[2] ne s'appliquent pas aux bateaux de navigation intérieure.

Art. 821 (8.8.3.2) Boven alle andere vorderingen waaraan bij deze of enige andere wet een voorrecht is toegekend zijn, behoudens artikel 820, op een binnenschip bevoorrecht:
a. in geval van beslag: de vorderingen ter zake van kosten na het beslag gemaakt tot behoud van het schip, daaronder begrepen de kosten van herstellingen, die onontbeerlijk waren voor het behoud van het schip;
b. de vorderingen ontstaan uit de arbeidsovereenkomsten van de schipper of de andere leden der bemanning, met dien verstande dat de vorderingen met betrekking tot loon, salaris of beloningen slechts bevoorrecht zijn tot op een bedrag over een tijdvak van zes maanden verschuldigd;
c. de vorderingen ter zake van hulpverlening alsmede ter zake van de bijdrage van het schip in avarij-grosse.

With preference over all other claims to which this or any other law grants a privilege, except article 820, the following claims have a privilege on

Prennent rang avant toute autre créance sur un bateau de navigation intérieure, assortie d'un privilège prévu dans la présente ou une autre loi, sous réserve

---

[1] *Bankruptcy Act.*
[2] *Loi sur la faillite.*

an inland waterway vessel:
a. in case of seizure: the claims for costs made after seizure in order to preserve the vessel, including costs of repairs which were indispensable to preserve the vessel;
b. the claims resulting from the contracts of employment of the master or the other members of the crew, upon the understanding that the claims with respect to wages, salary or remuneration are only privileged up to an amount owed over a period of six months;
c. the claims for salvage as well as for the contribution of the vessel to general average.

de l'article 820:
a. Dans le cas d'une saisie: les créances pour frais engagés après la saisie pour la conservation du bateau, y compris ceux des réparations indispensables pour sa conservation;
b. Les créances nées des contrats de travail du capitaine ou des autres membres de l'équipage, étant entendu que les créances relatives aux gages, au salaire ou aux rémunérations ne sont privilégiées que pour la somme due sur une période de six mois;
c. Les créances du chef d'assistance, ainsi que de contribution du bateau aux avaries communes.

Art. 822 (8.8.3.3) Wanneer een vordering uit hoofde van artikel 821 bevoorrecht is, zijn de renten hierop en de kosten teneinde een voor tenuitvoerlegging vatbare titel te verkrijgen gelijkelijk bevoorrecht.

Where a claim is privileged pursuant to article 821, the interests thereon and the costs to obtain a title susceptible of execution, are equally privileged.

Lorsqu'une créance est privilégiée par l'effet de l'article 821, les intérêts qu'elle porte et les frais engagés pour obtenir un titre exécutoire le sont également.

Art. 823 (8.8.3.4) - 1. De bevoorrechte vorderingen, genoemd in artikel 821, nemen rang in de volgorde, waarin zij daar zijn gerangschikt.
- 2. Bevoorrechte vorderingen onder dezelfde letter vermeld, staan in rang gelijk, doch de vorderingen genoemd in artikel 821 onder *c* nemen onderling rang naar de omgekeerde volgorde van de tijdstippen, waarop zij ontstonden.
- 3. In rang gelijkstaande vorderingen worden ponds-pondsgewijs betaald.

1. The privileged claims, referred to in article 821, rank in the order listed in that article.
2. Privileged claims, mentioned under the same letter, have equal rank, but the claims, referred to in article 821 *sub c*, rank amongst themselves in the reverse order of the times at which they have arisen.
3. Claims of equal rank are paid *pro rata*.

1. Les créances privilégiées énumérées à l'article 821 prennent rang dans l'ordre qu'elles y occupent.
2. Les créances privilégiées énoncées au même point sont égales en rang, mais celles prévues au point *c* de l'article 821 prennent rang entre elles dans l'ordre inverse des dates de leur naissance.
3. Les créances de rang égal sont payées au marc le franc.

Art. 824 (8.8.3.5) De voorrechten genoemd in artikel 821, strekken zich uit tot

a. alle zaken, die uit hoofde van hun bestemming blijvend met het schip zijn verbonden en die toebehoren aan de eigenaar van het schip;
b. de schadevergoedingen, verschuldigd voor het verlies van het schip of voor niet herstelde beschadiging daarvan, daarbij inbegrepen dat deel van een beloning voor hulpverlening, van een beloning voor vlotbrengen of van een vergoeding in avarij-grosse, dat tegenover een zodanig verlies of beschadiging staat. Dit geldt eveneens wanneer deze schadevergoedingen of vorderingen tot beloning zijn overgedragen of met pandrecht zijn bezwaard. Deze schadevergoedingen omvatten echter niet vergoedingen welke zijn verschuldigd krachtens een overeenkomst van verzekering van het schip, die dekking geeft tegen het risico van verlies of avarij. Artikel 283 van Boek 3 is niet van toepassing.

The privileges, referred to in article 821, extend to
a. all things which, pursuant to their destination, are permanently attached to the vessel and belong to its owner;
b. the compensation owed for the loss of the vessel or for damage thereto which has not been repaired, including that part of remuneration for salvage, of remuneration for refloating or of an indemnity in general average, which is the counterpart of such loss or damage. This also applies where this compensation or these claims for remuneration have been transferred or encumbered with a right of pledge. This compensation, however, does not include indemnities which are owed pursuant to a contract of insurance of the vessel that provides coverage against the risk of loss or damage. Article 283 of Book 3 does not apply.

Les privilèges prévus à l'article 821 grèvent
a. Toutes les choses qui, de par leur destination, sont rattachées au bateau de façon permanente et qui appartiennent au propriétaire;
b. Les indemnités dues en raison de la perte du bateau ou des avaries non réparées, y compris la part d'une rémunération pour assistance ou pour remise à flot, ou d'une indemnité en avaries communes, qui est la contrepartie d'une telle perte ou avarie. Ceci vaut également dans le cas de cession ou de mise en gage des dommages-intérêts ou des créances en rémunération. Les indemnités n'englobent pas, cependant, celle qui est due en vertu d'un contrat d'assurance du bateau contre le risque de perte ou d'avaries. L'article 283 du Livre troisième ne s'applique pas.

Art. 825 (8.8.3.6) - 1. De schuldeiser, die een voorrecht heeft op grond van artikel 821, vervolgt zijn recht op het schip, in wiens handen dit zich ook bevinde.
- 2. Voorrechten als bedoeld in artikel 821 kunnen worden ingeschreven in de openbare registers bedoeld in afdeling 2 van titel 1 van Boek 3. Artikel 24 lid 1 van Boek 3 is niet van toepassing.

1. The creditor, who has a privilege pursuant to article 821, follows his right to the vessel in whosoever hands it may find itself.

1. Le créancier titulaire qui a un privilège aux termes de l'article 821 suit son droit sur le bateau, quelles que soient les mains entre lesquelles il le trouve.

2. Privileges, as referred to in article 821, can be entered in the public registers referred to in Section 2 of Title 1 of Book 3. Article 24, paragraph 1 of Book 3 does not apply.

2. Les privilèges visés à l'article 211 sont susceptibles d'inscription sur les registres publics visés à la section deuxième du titre premier du Livre troisième. L'article 24, paragraphe 1er, de ce Livre ne s'applique pas.

Art. 826 (8.8.3.7) De vorderingen genoemd in artikel 821, doen een voorrecht op het schip ontstaan en zijn alsdan daarop verhaalbaar, zelfs wanneer zij zijn ontstaan tijdens de exploitatie van het schip door een ander dan de eigenaar, tenzij aan deze de feitelijke macht over het schip door een ongeoorloofde handeling was ontnomen en bovendien de schuldeiser niet te goeder trouw was.

The claims, referred to in article 821, create a privilege upon the vessel and recourse may then be taken on it for them, even where they have arisen during the operation of the vessel by a person other than the owner, unless the factual control over the vessel had been taken away from him by an illicit act and, furthermore, if the creditor was not in good faith.

Les créances énoncées à l'article 821 font naître un privilège sur le bateau et sont recouvrables sur celui-ci, lors même qu'elles sont nées pendant son exploitation par un autre que le propriétaire, sauf si celui-ci s'était vu enlever le contrôle matériel du bateau par un acte illégitime et que, en outre, le créancier était de mauvaise foi.

Art. 827 (8.8.3.8) - 1. Boven alle andere vorderingen, waaraan bij deze of enige andere wet een voorrecht is toegekend, doch na de bevoorrechte vorderingen genoemd in artikel 821, na de hypothecaire vorderingen, na de vorderingen genoemd in de artikelen 222 en 832 en na de vordering van de pandhouder, zijn op een binnenschip, waaronder voor de toepassing van dit artikel niet is te verstaan een binnenschip in aanbouw, bij voorrang verhaalbaar:
a. de vorderingen, die voortvloeien uit rechtshandelingen die de eigenaar, de scheepshuurkoper of een bevrachter binden en die rechtstreeks strekken tot het in bedrijf brengen of houden van het schip, alsmede de vorderingen die tegen een uit hoofde van artikel 461 gelezen met artikel 462 of artikel 943 gelezen met artikel 944 als vervoerder aangemerkte persoon kunnen worden geldend gemaakt. Onder rechtshandeling is hier het in ontvangst nemen van een verklaring begrepen;
b. de vorderingen, die uit hoofde van afdeling 1 van titel 6 of afdeling 1 van titel 11 op de eigenaar rusten;
c. de vorderingen, genoemd in Afdeling 10A van de Dertiende Titel van het Tweede Boek van het Wetboek van Koophandel voor zover zij op de eigenaar rusten.
- 2. De in het eerste lid genoemde vorderingen staan in rang gelijk en worden ponds-pondsgewijs betaald.
- 3. De artikelen 822, 824 onder *a* en 826 zijn op de in het eerste lid genoemde vorderingen van toepassing. Op de vorderingen die in het eerste lid onder *b* worden genoemd, is ook artikel 825 van toepassing.
- 4. Artikel 283 van Boek 3 is niet van toepassing.

1. With preference over all other claims to which this or any other law

1. Sont recouvrables par priorité sur le bateau de navigation intérieure, lequel,

grants a privilege, but after the privileged claims, referred to in article 821, after the hypothecary claims, after the claims referred to in articles 222 and 832, and after the claim of the pledgee, the following claims are recoverable by preference against an inland waterway vessel, which, for the purposes of this article, does not include an inland waterway vessel under construction:

a. the claims resulting from juridical acts which bind the owner, the buyer in a hire-purchase or a charterer, and which are directly intended to put the vessel into operation or to keep it in operation, as well as the claims which can be realised against a person who is deemed to be a carrier pursuant to article 461, read together with article 462, or article 943, read together with article 944. A juridical act in this paragraph includes the receipt of a declaration;

b. the claims resting upon the owner pursuant to Section 1 of Title 6 or Section 1 of Title 11;

c. the claims referred to in Section 10A of Title 13 of Book 2 of the Code of Commerce, to the extent that they rest upon the owner.

2. The claims, referred to in the first paragraph, are of equal rank and are paid *pro rata*.

3. Articles 822, 824 *sub a* and 826 apply to the claims, referred to in the first paragraph. Article 825 applies, in addition, to the claims referred to in the first paragraph *sub b*.

4. Article 283 of Book 3 does not apply.

aux fins du présent article, n'inclut pas le bateau de navigation intérieure en construction, avant toute autre créance assortie d'un privilège prévu dans la présente ou une autre loi, mais après les créances privilégiées énumérées à l'article 821, les créances hypothécaires, les créances énoncées aux articles 222 et 832 et celle du créancier gagiste:

a. Les créances résultant d'actes juridiques liant le propriétaire, l'acheteur-locataire ou l'affréteur et visant directement la mise ou le maintien en exploitation du bateau, de même que les créances que l'on peut faire valoir contre une personne réputée transporteur par l'effet de l'article 461 lu avec l'article 462, ou de l'article 943 lu avec l'article 944. Acte juridique, s'entend également de la réception d'une déclaration;

b. Les créances qui incombent au propriétaire par application de la section première du titre sixième ou de la section première du titre onzième;

c. Les créances énumérées à la section dixième A du titre treizième du Livre deuxième du Code de commerce, dans la mesure où elles incombent au propriétaire.

2. Les créances visées au paragraphe premier sont égales en rang et sont payées au marc le franc.

3. Les articles 822, 824, au point *a*, et 826 s'appliquent aux créances énumérées au paragraphe premier. Aux créances énumérées au point *b* du paragraphe premier s'applique, en outre, l'article 825.

4. L'article 283 du Livre troisième ne s'applique pas.

Art. 828 (8.8.3.8a) Na de vorderingen in artikel 827 zijn de vorderingen genoemd in de artikelen 284 en 285 van Boek 3, voor zover zij dit niet zijn op grond van enig ander artikel van deze titel, op een binnenschip bij voorrang verhaalbaar.

After the claims, referred to in article 827, the claims referred to in articles 284 and 285 of Book 3, are recoverable against an inland waterway vessel by preference, to the extent that they are not so pursuant to any other article of this title.

Sont recouvrables par priorité sur le bateau de navigation intérieure, après les créances énumérées à l'article 827, celles prévues aux article 284 et 285 du Livre troisième, dans la mesure où elles ne le sont pas par application d'un autre article du présent titre.

Art. 829 (8.8.3.9) - 1. De krachtens deze afdeling verleende voorrechten gaan teniet door verloop van een jaar, tenzij de schuldeiser zijn vordering in rechte geldend heeft gemaakt. Deze termijn begint met de aanvang van de dag volgend op die, waarop de vordering opeisbaar wordt. Met betrekking tot de vordering voor hulploon begint deze termijn echter met de aanvang van de dag volgend op die, waarop de hulpverlening is beëindigd.
- 2. Het voorrecht gaat teniet met de vordering.
- 3. In geval van executoriale verkoop gaan de voorrechten mede teniet op het tijdstip waarop het proces-verbaal van verdeling wordt gesloten.

1. The privileges, granted pursuant to this section, are extinguished by the lapse of one year, unless the creditor has judicially realised his claim. This period begins with the commencement of the day following the one on which the claim becomes exigible. With respect to the claim for remuneration for salvage, however, this period begins with the commencement of the day following the one on which the salvage has been terminated.
2. The privilege is extinguished with the claim.
3. In the case of sale for execution, the privileges are also extinguished at the time that the minutes of distribution are closed.

1. Les privilèges accordés en vertu de la présente section sont éteints à l'expiration du délai d'un an, à moins que le créancier n'ait fait valoir sa créance en justice. Le délai court à compter du lendemain du jour où la créance devient exigible. S'agissant de la créance pour rémunération d'assistance, le délai court cependant à compter du lendemain du jour où l'assistance a pris fin.
2. Le privilège s'éteint avec la créance.
3. Dans le cas de vente forcée, les privilèges s'éteignent également au moment de clôture du procès-verbal de distribution.

Afdeling 5 Voorrechten op zaken aan boord van binnenschepen

Section 5
Privileges on things on board inland waterway vessels

Section cinquième
Des privilèges sur des choses à bord de bateaux de navigation intérieure

Art. 830 (8.8.4.0) Deze afdeling geldt onder voorbehoud van titel 15.

This section applies subject to Title 15.

La présente section produit effet sous réserve du Titre quinzième.

Art. 831 (8.8.4.1) - 1. In geval van uitwinning van zaken aan boord van een binnenschip worden de kosten van uitwinning, de kosten van bewaking daarvan tijdens deze uitwinning, alsmede de kosten van gerechtelijke rangregeling en verdeling van de opbrengst onder de schuldeisers, uit de opbrengst van de verkoop voldaan boven alle andere vorderingen, waaraan bij deze of enige andere wet een voorrecht is toegekend.
- 2. De in het vorige lid bedoelde vorderingen staan in rang gelijk en worden ponds-pondsgewijs betaald.

1. In case of execution of things on board an inland waterway vessel, the costs of execution, the costs of custody thereof during this execution, as well as the costs of judicial ranking and of distribution of the proceeds amongst the creditors, are paid from the proceeds of the sale with preference over all other claims to which this or any other law grants a privilege.
2. The claims, referred to in the first paragraph, are equal in rank and are paid *pro rata*.

1. Dans le cas d'exécution forcée de choses à bord d'un bateau de navigation intérieure, les frais de l'exécution, ceux de la garde en cours de l'exécution, de même que ceux de la collocation judiciaire et de la distribution parmi les créanciers sont payés sur le produit de la vente par priorité sur toute autre créance assortie d'un privilège prévu dans la présente ou une autre loi.
2. Les créances visées au paragraphe premier sont égales en rang et sont payées au marc le franc.

Art. 832 (8.8.4.2) - 1. Op zaken aan boord van een binnenschip zijn de vorderingen ter zake van hulpverlening en van een bijdrage van die zaken in avarij-grosse bevoorrecht. Deze vorderingen nemen daartoe rang na die welke zijn genoemd in de artikelen 210, 211, 221, 820, 821 en 831, doch vóór alle andere vorderingen, waaraan bij deze of enige andere wet een voorrecht is toegekend.
- 2. Op ten vervoer ontvangen zaken zijn bevoorrecht de vorderingen uit een met betrekking tot die zaken gesloten vervoerovereenkomst, dan wel uit artikel 488 of artikel 951 voortvloeiend, doch slechts voor zover aan de vervoerder door artikel 489 of artikel 954 een recht op de zaken wordt toegekend. Deze vorderingen nemen daartoe rang na die welke zijn genoemd in het eerste lid en in de artikelen 204 en 794, doch vóór alle andere vorderingen, waaraan bij deze of enige andere wet een voorrecht is toegekend.

1. There is a privilege on things on board an inland waterway vessel for claims with respect to salvage and to a contribution of those things to general average. For that purpose, these claims take rank after those referred to in articles 210, 211, 221, 820, 821 and 831; however, they rank before all other claims to which this or any other law grants a privilege.
2. Claims resulting from a contract of carriage pertaining to things received for carriage have a privilege on those things; the same applies to

1. Sont privilégiées sur les choses à bord du bateau de navigation intérieure les créances se rapportant à l'assistance et à la contribution de ces choses aux avaries communes. À cette fin, ces créances prennent rang après celles énumérées aux articles 210, 211, 221, 820, 821 et 831, mais avant toute autre créance assortie d'un privilège prévu dans la présente ou une autre loi.
2. Sont privilégiées sur les choses prises en charge aux fins de transport les créances résultant du contrat de transport relatif à ces choses, ou

claims resulting from article 488 or article 951, but only to the extent that article 489 or article 954 grants the carrier a right to the things. For that purpose, these claims rank after those referred to in the first paragraph and in articles 204 and 794; however, they rank before all other claims to which this or any other law grants a privilege.

résultant de l'article 488 ou de l'article 951, mais seulement dans la mesure où le transporteur se voit accorder un droit sur les choses par l'effet de l'article 489 ou de l'article 954. À cette fin, les créances prennent rang après celles énumérées au paragraphe premier et aux articles 204 et 794, mais avant toute autre créance assortie d'un privilège prévu dans la présente ou une autre loi.

Art. 833 (8.8.4.3) Wanneer een vordering uit hoofde van artikel 832 bevoorrecht is, zijn de renten hierop en de kosten teneinde een voor tenuitvoerlegging vatbare titel te verkrijgen gelijkelijk bevoorrecht.

Where a claim is privileged pursuant to article 832, the interests thereon and the costs to obtain a title susceptible of execution, are equally privileged.

Lorsqu'une créance est privilégiée par l'effet de l'article 832, les intérêts qu'elle porte et les frais engagés pour obtenir un titre exécutoire le sont également.

Art. 834 (8.8.4.4) - 1. De vorderingen terzake van hulpverlening of bijdrage in avarij-grosse, die bevoorrecht zijn op grond van artikel 211, artikel 222 eerste lid, artikel 821 of artikel 832 eerste lid, nemen onderling rang naar de omgekeerde volgorde van de tijdstippen, waarop zij ontstonden.
- 2. De bevoorrechte vorderingen in het tweede lid van artikel 832 vermeld staan in rang gelijk.
- 3. De in artikel 284 van Boek 3 genoemde vordering neemt rang na de in de vorige leden genoemde vorderingen, ongeacht wanneer die vorderingen zijn ontstaan.
- 4. In rang gelijkstaande vorderingen worden ponds-pondsgewijs betaald.

1. The claims with respect to salvage or contribution to general average, which are privileged pursuant to article 221, article 222, paragraph 1, article 821 or article 832, paragraph 1, rank amongst themselves in the reverse order of the dates on which they have arisen.
2. The privileged claims, mentioned in the second paragraph of article 832, are of equal rank.
3. The claim, referred to in article 284 of Book 3, takes rank after the claims referred to in the preceding paragraphs, irrespective of the date on which those claims have arisen.
4. Claims of equal rank are paid *pro rata*.

1. Les créances se rapportant à l'assistance ou à la contribution aux avaries communes, qui sont privilégiées par application de l'article 221, de l'article 222, paragraphe premier, de l'article 821 ou de l'article 832, paragraphe premier, prennent rang entre elles dans l'ordre inverse des dates de leur naissance.
2. Les créances privilégiées énumérées au deuxième paragraphe de l'article 832 sont égales en rang.
3. La créance prévue à l'article 284 du Livre troisième prend rang après celles énumérées aux paragraphes précédents, sans égard à leur date de naissance.
4. Les créances de rang égal sont payées au marc le franc.

Art. 835 (8.8.4.5) De voorrechten, genoemd in artikel 832, strekken zich uit tot de schadevergoedingen, verschuldigd voor verlies of niet herstelde beschadiging, daarbij inbegrepen dat deel van een beloning voor hulpverlening, van een beloning voor vlotbrengen of van een vergoeding in avarij-grosse, dat tegenover een zodanig verlies of beschadiging staat. Dit geldt eveneens wanneer deze schadevergoedingen of vorderingen tot beloning zijn overgedragen of met pandrecht zijn bezwaard. Deze schadevergoedingen omvatten echter niet vergoedingen, welke zijn verschuldigd krachtens een overeenkomst van verzekering die dekking geeft tegen het risico van verlies of avarij. Artikel 283 van Boek 3 is niet van toepassing.

The privileges, referred to in article 832, extend to the compensation owed for loss or for damage which has not been repaired, including that part of remuneration for salvage, of remuneration for refloating or of an indemnity in general average which is the counterpart of such loss or damage. This also applies where this compensation or these claims for remuneration have been transferred or encumbered with a right of pledge. This compensation, however, does not include indemnities which are owed pursuant to a contract of insurance that provides coverage against the risk of loss or damage. Article 283 of Book 3 does not apply.

Les privilèges énumérés à l'article 832 grèvent les indemnités dues en raison de perte ou d'avaries non réparées, y compris la part d'une rémunération pour assistance ou pour remise à flot, ou d'une indemnité en avaries communes, qui est la contrepartie d'une telle perte ou avarie. Ceci vaut également dans le cas de cession ou de mise en gage des dommages-intérêts ou des créances en rémunération. Les indemnités n'englobent pas cependant celle qui est due en vertu d'un contrat d'assurance contre le risque de perte ou d'avaries. L'article 283 du Livre troisième ne s'applique pas.

Art. 836 (8.8.4.6) De in artikel 832 genoemde vorderingen doen een voorrecht op de daar vermelde zaken ontstaan en zijn alsdan daarop bij voorrang verhaalbaar, ook al is hun eigenaar op het tijdstip, dat het voorrecht is ontstaan, niet de schuldenaar van deze vorderingen.

The claims, referred to in article 832, create a privilege upon the things mentioned in that article, and recourse may then be taken on them by preference, even if their owner is not the debtor of these claims at the time the privilege was created.

Les créances énumérées à l'article 832 font naître un privilège sur les choses qui y sont énoncées, et sont recouvrables sur elles par priorité, même si le propriétaire, à la date de naissance du privilège, n'est pas débiteur des créances.

Art. 837 (8.8.4.7) - 1. Met de aflevering van de zaken aan de daartoe gerechtigde gaan, behalve in het geval van artikel 556, de in artikel 832 genoemde voorrechten teniet. Zij gaan mede teniet met de vordering en door, in geval van executoriale verkoop, niet tijdig verzet te doen tegen de verdeling van de koopprijs alsmede door gerechtelijke rangregeling.

ART. 838 BOEK 8

\- 2. Zij blijven in stand, zolang de zaken op grond van de artikelen 490, 955 of 569 zijn opgeslagen of daarop op grond van artikel 626 of artikel 636 van het Wetboek van Burgerlijke Rechtsvordering beslag is gelegd.

1. The privileges, referred to in article 832, are extinguished by the handing over of the things to the person who is entitled thereto, except in the case of article 556. They are also extinguished with the claim, and, in the case of a forced sale, by not timely taking opposition against the distribution of the proceeds of the sale, as well as by judicial ranking.
2. The privileges remain in force as long as the things are in storage pursuant to articles 490, 955 or 569, or if they have been seized pursuant to article 626 or article 636 of the Code of Civil Procedure.

1. Les privilèges énumérés à l'article 832 s'éteignent par la livraison des choses à la personne qui y a droit, sauf dans le cas prévu à l'article 556. Ils s'éteignent également avec la créance et, dans le cas de vente forcée, par le retard de l'opposition faite à la distribution du produit de la vente, de même que par la collocation judiciaire.
2. Ils subsistent tant que les choses sont entreposées en application des articles 490, 955 ou 569, ou saisies en application de l'article 626 ou de l'article 636 du Code de procédure civile.

Art. 838 (8.8.4.8) De verkoper van brandstof voor de machines, van ketelwater, levensmiddelen of scheepsbenodigdheden kan het hem in afdeling 8 van titel 1 van Boek 7 toegekende recht slechts gedurende 48 uur na het einde van de levering uitoefenen, doch zulks ook indien deze zaken zich bevinden in handen van de eigenaar, de scheepshuurkoper, een rompbevrachter of een tijdbevrachter van het schip.

The seller of fuel for the engines, of water for the boiler, of victuals or of naval stores may only exercise the right accorded to him in Section 8 of Title 1 of Book 7 during a period of 48 hours from the termination of the delivery; however, this also applies if these things are in the hands of the owner, the buyer in a hire-purchase, a bare-boat charterer or a time-charterer of the vessel.

Le vendeur de carburant pour les machines, d'eau de chaudière, de vivres ou de fournitures de bord ne peut exercer le droit qui lui est accordé à la section huitième du titre premier du Livre septième, que pendant les 48 heures suivant la fin de la livraison; mais il le peut même si les choses se trouvent entre les mains du propriétaire, de l'acheteur-locataire, de l'affréteur coque nue ou de l'affréteur à temps du bateau.

Afdeling 6 Slotbepalingen

Section 6
Final provisions

Section sixième
Dispositions finales

Art. 840 (8.8.5.1) - 1. De afdelingen 2 tot en met 5 van titel 8 zijn niet van toepassing op binnenschepen, welke toebehoren aan het Rijk of enig openbaar lichaam en uitsluitend bestemd zijn voor de uitoefening van
    a.   de openbare macht of

b. niet-commerciële overheidsdienst.
- 2. De beschikking waarbij de in het eerste lid genoemde bestemming is vastgesteld, kan worden ingeschreven in de openbare registers, bedoeld in afdeling 2 van titel 1 van Boek 3. Artikel 24 lid 1 van Boek 3 is niet van toepassing.
- 3. De inschrijving machtigt de bewaarder tot doorhaling van de teboekstelling van het schip in het in artikel 193 bedoelde register.

1. Sections 2 to 5 inclusive of Title 8 do not apply to inland waterway vessels which belong to the State or to any public body, and which are exclusively destined to exercise

a. public authority, or
b. non-commercial public service.
2. The decision determining the destination, referred to in the first paragraph, can be entered in the public registers referred to in Section 2 of Title 1 of Book 3. Article 24, paragraph 1 of Book 3 does not apply.
3. The entry authorises the registrar to cancel the registration of the vessel in the register referred to in article 193.

1. Les sections deuxième à cinquième inclusivement du titre huitième ne s'appliquent pas aux bateaux de navigation intérieure appartenant à l'État ou à un organisme public et destinés exclusivement à l'exercice

a. de la puissance publique;
b. d'un service public non commercial.
2. La décision fixant la destination énoncée au paragraphe premier peut être inscrite sur les registres publics visés à la section deuxième du titre premier du Livre troisième. L'article 24, paragraphe 1er, du Livre troisième ne s'applique pas.
3. L'inscription autorise le conservateur à radier l'immatriculation du bateau au registre visé à l'article 193.

Art. 841 (8.8.5.2) - 1. Behoeven de in de afdelingen 2 tot en met 6 van titel 8 geregelde onderwerpen in het belang van een goede uitvoering van de wet nadere regeling, dan geschiedt dit bij of krachtens algemene maatregel van bestuur, onverminderd de bevoegdheid tot regeling krachtens de Kadasterwet.
- 2. In de in het eerste lid bedoelde algemene maatregel van bestuur kan, in afwijking van artikel 786 tweede lid, een nadere regeling worden gegeven met betrekking tot de termijn waarbinnen de eigenaar van een binnenschip, waarop het eerste lid onder *b* ten vijfde van dat artikel van toepassing is en waarvan de teboekstelling in het buitenlandse register heeft plaatsgevonden, voordat het Verdrag van Genève voor de staat van dat register van kracht is geworden, verplicht is tot het doen van aangifte tot doorhaling van de teboekstelling.

1. Without prejudice to the power to issue regulations pursuant to the *Kadasterwet*,[1] where, in the interest of the proper execution of Sections 2 to 6 inclusive of Title 8, the subjects covered therein require further rules, they are determined by or pursuant to regulation.
2. In the regulation, referred to in

1. Sans préjudice des pouvoirs de réglementation en vertu de la *Kadasterwet*[2], sont établies par décret ou en vertu d'un décret les règles précises que pourraient requérir, aux fins de la bonne exécution de la loi, les matières réglées aux sections deuxième à sixième inclusivement du titre huitième.
2. Le décret visé au paragraphe

---
[1] *Land Register Act.*
[2] *Loi sur le cadastre.*

paragraph 1, and by derogation from article 786, paragraph 2, further rules may be given with respect to the time within which the owner of an inland waterway vessel, to which paragraph 1 *sub b*, 5o of that article applies and of which the entry in a foreign register has taken place prior to the coming into force of the Geneva Convention for the State of that register, must make a declaration to cancel the registration.

premier peut, par dérogation au paragraphe deuxième de l'article 786, donner des règles précises relatives au délai dans lequel le propriétaire d'un bateau de navigation intérieure, auquel s'applique le point *b*, 5o du paragraphe premier de cet article et dont l'immatriculation à un registre étranger a eu lieu avant que, pour l'État de ce registre, la Convention de Genève ne soit entrée en vigueur, est tenu de produire une déclaration visant la radiation de l'inscription.

TITEL 9 BEMANNING VAN EEN BINNENSCHIP

TITLE 9 THE CREW OF AN INLAND WATERWAY VESSEL

TITRE NEUVIÈME DE L'ÉQUIPAGE D'UN BATEAU DE NAVIGATION INTÉRIEURE

Afdeling 1

Section 1

Section première

Art. 850-859 *Gereserveerd.*

Reserved.

Réservés.

Afdeling 2 Schipper

Section 2
The master

Section deuxième
Du capitaine

Art. 860 (8.9.2.10) - 1. De schipper is verplicht voor de belangen van de bevrachters en van de rechthebbenden op de aan boord zijnde zaken, zo mogelijk ook na lossing daarvan, te waken en de maatregelen die daartoe nodig zijn, te nemen.
- 2. Indien het noodzakelijk is onverwijld ter behartiging van deze belangen rechtshandelingen te verrichten, is de schipper daartoe bevoegd. Onder rechtshandeling is hier het in ontvangst nemen van een verklaring begrepen.
- 3. Voor zover mogelijk geeft hij van bijzondere voorvallen terstond kennis aan de belanghebbenden bij de betrokken goederen en handelt hij in overleg met hen en volgens hun orders.

1. The master must look after the interests of the charterers and of title-

1. Le capitaine veille aux intérêts des fréteurs et des titulaires des choses se

holders to things on board, if possible after their unloading as well, and he must take the measures necessary for that purpose.
2. If it is necessary to perform, without delay, juridical acts to look after these interests, the master is entitled to do so. In this sense, a juridical act includes the receipt of a declaration.
3. To the extent possible, he must forthwith notify the parties interested in the property involved of special occurrences, and he must act in consultation with them and according to their instructions.

trouvant à bord, si possible même après le déchargement; il prend à cette fin les mesures nécessaires.
2. Le capitaine peut accomplir sans délai les actes juridiques qui s'imposent pour veiller à ces intérêts. Acte juridique s'entend également de la réception d'une déclaration.
3. Autant que possible, il informe immédiatement les intéressés d'incidents particuliers touchant leurs biens et agit en consultation avec eux et suivant leurs ordres.

Art. 861 (8.9.2.13) - 1. Beperkingen van de wettelijke bevoegdheid van de schipper gelden tegen derden slechts wanneer die hun bekend zijn gemaakt.
- 2. De schipper verbindt zichzelf slechts dan, wanneer hij de grenzen zijner bevoegdheid overschrijdt.

1. Limitations in the legal power of the master can only be invoked against third persons when they have been made known to them.
2. The master only binds himself when he exceeds the boundaries of his power.

1. Les limitations des pouvoirs légaux du capitaine ne valent à l'encontre des tiers que lorsqu'elles ont été portées à leur connaissance.
2. Le capitaine ne s'engage lui-même que lorsqu'il excède les limites de ses pouvoirs.

Afdeling 3

Section 3

Section troisième

Art. 870-879 *Gereserveerd.*

Reserved.

Réservés.

TITEL 10 EXPLOITATIE

| TITLE 10 | TITRE DIXIÈME |
| OPERATION | DE L'EXPLOITATION |

Afdeling 1 Algemene bepaling

| Section 1 | Section première |
| General provisions | Dispositions générales |

Art. 880 (8.10.1.1) Op de exploitatie van een binnenschip zijn de artikelen 361 tot en met 366 van overeenkomstige toepassing.

Articles 361 to 366 inclusive apply *mutatis mutandis* to the operation of an inland waterway vessel.

Les articles 361 à 366 inclusivement s'appliquent par analogie à l'exploitation du bateau de navigation intérieure.

Afdeling 2 Overeenkomst van goederenvervoer over binnenwateren

| Section 2 | Section deuxième |
| The contract of carriage of goods by inland waterways | Du contrat de transport de marchandises par eaux intérieures |

Art. 890 (8.10.2.1) - 1. De overeenkomst van goederenvervoer in de zin van deze titel is de overeenkomst van goederenvervoer, al dan niet tijd- of reisbevrachting zijnde, waarbij de ene partij (de vervoerder) zich tegenover de andere partij (de afzender) verbindt aan boord van een schip zaken uitsluitend over binnenwateren te vervoeren.
- 2. Vervoer over zee en binnenwateren aan boord van een en eenzelfde schip, dat deze beide wateren bevaart, wordt als vervoer over binnenwateren beschouwd, mits het varen van dit schip over zee kennelijk ondergeschikt is aan het varen over binnenwateren.
- 3. Vervoer over zee en binnenwateren aan boord van een en eenzelfde schip, dat zonder eigen beweegkracht deze beide wateren bevaart, wordt beschouwd als vervoer over binnenwateren voor zover, met inachtneming tevens van het tweede lid van dit artikel, het varen van het beweegkracht over brengende schip als varen over binnenwateren wordt beschouwd. Voor zover dit niet het geval is, wordt het als vervoer over zee beschouwd.
- 4. Deze afdeling is niet van toepassing op overeenkomsten tot het vervoeren van postzendingen door of in opdracht van de houder van de concessie bedoeld in de Postwet of onder een internationale postovereenkomst. Onder voorbehoud van artikel 980 is deze afdeling niet van toepassing op overeenkomsten tot het vervoeren van bagage.

1. The contract of carriage of goods within the meaning of this title is a contract of carriage of goods, whether or not being a time- or voyage-

1. Le contrat de transport de marchandises, au sens du présent titre, est celui, qu'il soit ou non affrètement à temps ou au voyage, par lequel une

charter, whereby one party (the carrier) binds himself towards the other party (the consignor) to carry things on board a vessel exclusively on inland waterways.

2. Carriage by sea and by inland waterways on board one and the same vessel, sailing both, is considered to be carriage by inland waterways, provided that the sailing of this vessel on the sea is clearly subordinate to the sailing on inland waterways.

3. Carriage by sea and by inland waterways on board one and the same vessel, sailing both without its own motive power, is considered to be carriage by inland waterways to the extent that, also taking into account the second paragraph of this article, the sailing of the vessel transmitting motive power is considered to be sailing on inland waterways. To the extent that this is not the case, it is considered to be carriage by sea.

4. This section does not apply to contracts for the carriage of mail by or by order of the holder of the concession referred to in the *Postwet*[1] or pursuant to an international postal agreement. Subject to Article 980, this section does not apply to contracts to carry baggage.

partie (le transporteur) s'engage envers l'autre (l'expéditeur) à transporter des choses à bord d'un bateau exclusivement par les eaux intérieures.

2. Le transport par la mer et par les eaux intérieures à bord d'un seul navire qui navigue sur les deux est considéré comme du transport par les eaux intérieures, pourvu que la navigation maritime du navire soit manifestement secondaire par rapport à la navigation par les eaux intérieures.

3. Le transport par la mer et par les eaux intérieures à bord d'un seul navire, qui navigue sur les deux sans force propre de locomotion est considéré comme du transport par les eauxintérieures dans la mesure où, compte tenu également du paragraphe deuxième, la navigation du navire transmettant la force de locomotion est considérée comme une navigation par les eaux intérieures. Dans la mesure où ce n'est pas le cas, il s'agit d'un transport par mer.

4. La présente section ne s'applique pas au contrat de transport d'envois postaux par le titulaire de la concession visée dans la *Postwet*[2] ou par ses ordres, ou conformément à un traité international relatif aux postes. Sous réserve de l'article 980, la présente section ne s'applique pas au contrat de transport de bagages.

Art. 891 (8.10.2.1a) Deze afdeling laat de Elfde Titel A en de Afdeling 10A van de Dertiende Titel van het Tweede Boek van het Wetboek van Koophandel onverlet.

This Section does not affect Title 11A and Section 10A of Title 13 of Book 2 of the Code of Commerce.

La présente section laisse intacts le titre onzième A et la section dixième A du titre treizième du Livre deuxième du Code de commerce.

Art. 892 (8.10.2.2) - 1. Tijd- of reisbevrachting in de zin van deze afdeling is de overeenkomst van goederenvervoer, waarbij de vervoerder zich verbindt tot vervoer aan boord van een schip, dat hij daartoe, anders dan bij wijze van

---

[1] *Postal Act.*
[2] *Loi sur les postes.*

rompbevrachting, geheel of gedeeltelijk en al dan niet op tijdbasis (tijdbevrachting of reisbevrachting) ter beschikking stelt van de afzender.
- 2. De overeenkomst van vletten is de tijdbevrachting strekkende tot vervoer van zaken binnen een havencomplex.
- 3. Ruimtebevrachting is de reisbevrachting tegen een naar inhoud van het schip bepaalde vracht.
- 4. Onder „vervrachter" is in deze afdeling de in het eerste lid genoemde vervoerder, onder „bevrachter" de aldaar genoemde afzender te verstaan.

1. A time- or a voyage-charter within the meaning of this section is a contract of carriage of goods whereby the carrier binds himself to carriage on board a vessel which he puts at the disposal of the consignor for that purpose, other than by way of a bareboat charter, in whole or in part, and whether or not on a time basis (time- or voyage-chartering).
2. A contract to convey in flat-boats is the time-chartering intended to carry things within a harbour complex.
3. Space-chartering is the voyage-chartering against freight determined according to the contents of the vessel.
4. In this section, the "lessor" means the carrier and the "charterer" means the consignor, both as referred to in the first paragraph.

1. L'affrètement à temps ou au voyage, au sens de la présente section, est le contrat de transport de marchandises par lequel le transporteur s'engage au transport à bord d'un bateau qu'il met à cette fin, autrement que par affrètement coque nue, en tout ou partie et à base de temps ou non (affrètement à temps ou au voyage), à la disposition de l'expéditeur.
2. Le contrat de transports locaux[1] est l'affrètement à temps visant le transport de choses à l'intérieur d'un port.
3. L'affrètement de cale[2] est l'affrètement au voyage contre un fret déterminé selon le contenu du bateau.
4. «Fréteur» désigne à la présente section le transporteur, par «affréteur», l'expéditeur visés au paragraphe premier.

Art. 893 (8.10.2.3) De wetsbepalingen omtrent huur, bewaarneming en bruikleen zijn op terbeschikkingstelling van een schip, anders dan bij wijze van rompbevrachting, niet van toepassing.

The statutory provisions regarding lease and hire, deposit and loan for use do not apply to the putting at disposal of a vessel, other than by way of a bare-boat charter.

Les dispositions légales relatives au louage, au dépôt et au prêt à usage ne s'appliquent pas à la mise à disposition d'un navire, sauf par affrètement coque nue.

Art. 894 (8.10.2.3a) - 1. Bij eigendomsovergang van een tevoren vervracht, al dan niet teboekstaand, schip op een derde volgt deze in alle rechten en verplichtingen van de vervrachter op, die nochtans naast de nieuwe eigenaar aan de overeenkomst gebonden blijft.

---

[1] Le contrat de «vletten», plus général que l'acconage, ne paraît pas avoir d'équivalent direct en français. Le «vlet» est une petite embarcation à fond plat.
[2] Nous remercions Me Taco van der Valk, du cabinet Nauta Dutilh à Rotterdam, de nous avoir suggéré ce terme.

- 2. Rechten en verplichtingen, welke vóór de eigendomsovergang opeisbaar zijn geworden, gaan op de derde niet over.

1. Upon the transfer of ownership of a previously chartered vessel, whether or not registered, to a third person, this person succeeds to all rights and obligations of the lessor who nevertheless remains bound to the contract next to the new owner.
2. Rights and obligations which have become exigible before the transfer of ownership, are not transferred to the third person.

1. Lors du transfert de propriété d'un bateau déjà affrété, qu'il soit immatriculé ou non, à un tiers, ce dernier succède aux droits et obligations du fréteur, qui reste cependant tenu au contrat aux côtés du nouveau propriétaire.
2. Les droits et obligations qui sont devenus exigibles avant le transfert ne passent pas au tiers.

Art. 895 (8.10.2.4) De vervoerder is verplicht ten vervoer ontvangen zaken ter bestemming af te leveren en wel in de staat waarin hij hen heeft ontvangen.

The carrier must deliver the things which he has received for carriage to destination, and that in the state in which he has received them.

Le transporteur est tenu de livrer les choses prises en charge aux fins de transport à destination et cela en l'état dans lequel il les a reçues.

Art. 896 (8.10.2.5) Onverminderd artikel 895 is de vervoerder verplicht ten vervoer ontvangen zaken zonder vertraging te vervoeren.

Without prejudice to article 895, the carrier must transport the things which he has received for carriage without delay.

Sans préjudice de l'article 895, le transporteur est tenu de transporter sans retard les choses prises en charge aux fins de transport.

Art. 897 (8.10.2.6) - 1. In geval van tijdbevrachting is de vervrachter verplicht de schipper opdracht te geven binnen de grenzen door de overeenkomst gesteld de orders van de bevrachter op te volgen. De vervrachter staat er voor in, dat de schipper de hem gegeven opdracht nakomt.
- 2. De bevrachter staat er voor in, dat het schip de plekken of plaatsen, waarheen hij het ter inlading, lossing of anderszins op grond van het eerste lid beveelt te gaan, veilig kan bereiken, innemen en verlaten. Indien deze plekken of plaatsen blijken niet aan deze vereisten te voldoen, is de bevrachter slechts in zoverre niet aansprakelijk als de schipper, door de hem gegeven orders op te volgen, onredelijk handelde.
- 3. Onverminderd artikel 943 wordt de bevrachter mede verbonden door en kan hij rechten ontlenen aan een rechtshandeling, die de schipper ingevolge het eerste lid van dit artikel verricht. Onder rechtshandeling is hier het in ontvangst nemen van een verklaring begrepen.

1. In the case of a time-charter, the lessor must instruct the master to follow the orders of the charterer within the boundaries set by the contract. The lessor warrants the fact

1. Dans le cas de l'affrètement à temps, le fréteur est tenu de donner ordre au capitaine de se conformer, dans les limites du contrat, aux instructions de l'affréteur. Le fréteur est garant de

that the master will perform the instruction given to him.
2. The charterer shall warrant the fact that the vessel can safely reach, occupy and leave the spots or places to which, on the basis of the first paragraph, he orders it to go for loading, unloading or otherwise. If these spots or places prove not to comply with those requirements, the charterer is not liable only to the extent that the master acted unreasonably in following the orders given to him.
3. Without prejudice to article 943, the charterer is also bound by and may also derive rights from a juridical act executed by the master pursuant to the first paragraph of this article. A juridical act includes the receipt of a declaration.

l'exécution par le capitaine des instructions qui lui ont été données.
2. Le fréteur se porte garant de ce que le bateau puisse, en toute sécurité, atteindre, charger et quitter les lieux où il lui ordonne d'aller aux fins de chargement, de déchargement ou autrement en application du paragraphe premier. Si les lieux s'avèrent non conformes à ces exigences, l'affréteur n'en est pas responsable dans la seule mesure où le capitaine a agi déraisonnablement en suivant les instructions qui lui ont été données.
3. Sans préjudice de l'article 943, l'acte juridique qu'accomplit le capitaine conformément au paragraphe premier du présent article lie également l'affréteur et celui-ci peut en tirer des droits. Acte juridique s'entend ici également de la réception d'une déclaration.

Art. 898 (8.10.2.7) - 1. De vervoerder is niet aansprakelijk voor schade ontstaan door een beschadiging, voor zover deze is veroorzaakt door een omstandigheid die een zorgvuldig vervoerder niet heeft kunnen vermijden en voor zover zulk een vervoerder de gevolgen daarvan niet heeft kunnen verhinderen.
- 2. Ten aanzien van deugdelijkheid en geschiktheid van het schip en van het materiaal, waarvan hij zich bedient of die hij ter beschikking stelt, is van de vervoerder de zorg vereist van een zorgvuldig vervoerder, die aan boord van eigen schip vervoert en gebruik maakt van eigen materiaal. Voor ondeugdelijkheid of ongeschiktheid van materiaal, dat door afzender of ontvanger ter beschikking van de vervoerder is gesteld, is de vervoerder niet aansprakelijk, voor zover een zorgvuldig vervoerder zich van zulk materiaal zou hebben bediend.
- 3. Onder beschadiging worden mede verstaan geheel of gedeeltelijk verlies van zaken, vertraging, alsmede ieder ander schade veroorzakend feit.

1. The carrier is not liable for damages resulting from damage to the extent that it has been caused by a fact which a prudent carrier has not been able to avoid, and to the extent that such a carrier has not been able to prevent the consequences thereof.
2. With respect to the good state and adequacy of the vessel and of the material which he uses or puts at disposal, the carrier owes the duty of a prudent carrier transporting on board his own vessel and using his own material. The carrier is not liable

1. Le transporteur n'est pas responsable du dommage résultant d'avarie, dans la mesure où celle-ci a pour cause une circonstance qu'un transporteur diligent n'a pu éviter et où un tel transporteur n'a pu obvier aux conséquences.
2. À l'égard du bon état et de l'adéquation du bateau et du matériel dont il se sert ou qu'il met à disposition, le transporteur est tenu aux soins du transporteur diligent qui transporte à bord de son propre bateau et qui se sert de son propre matériel. Le transporteur

for the bad state or inadequacy of material put at his disposal by the consignor or recipient to the extent that a prudent carrier would have used such material.

3. Damage also includes total or partial loss of things, delay, as well as any other fact causing damage.

n'est pas responsable du mauvais état ou de l'inadéquation du matériel que l'expéditeur ou le réceptionnaire a mis à sa disposition, dans la mesure où un transporteur diligent se serait servi de tel matériel.

3. Avarie s'entend également de la perte totale ou partielle des choses, du retard ainsi que de tout autre fait dommageable.

Art. 899 (8.10.28) Vermoed wordt dat een zorgvuldig vervoerder de volgende omstandigheden niet heeft kunnen vermijden:
a. brand;
b. ontploffing;
c. hitte;
d. koude;
e. optreden van knaagdieren of ongedierte;
f. bederf;
g. lekkage;
h. smelting;
i. ontvlamming;
j. corrosie.

It is presumed that a prudent carrier has not been able to avoid the following circumstances:
a. fire;
b. explosion;
c. heat;
d. cold;
e. the presence of rodents or vermin;
f. deterioration;
g. leakage;
h. melting;
i. inflammation;
j. corrosion.

Il y a présomption qu'un transporteur diligent n'a pu éviter les circonstances suivantes:
a. L'incendie;
b. L'explosion;
c. La chaleur;
d. Le froid;
e. La présence de rongeurs ou de vermine;
f. La détérioration;
g. Le coulage;
h. La fonte;
i. L'inflammation;
j. La corrosion.

Art. 900 (8.10.2.9) Wanneer vervoerde zaken een beschadiging of een verlies lijden, waaraan zij door hun aard licht onderhevig zijn, wanneer levende dieren doodgaan of beschadigd worden, of wanneer door de afzender in een laadkist gestuwde zaken bij onbeschadigde laadkist een beschadiging of een verlies lijden, wordt vermoed dat de vervoerder noch de omstandigheid die deze beschadiging of dit verlies veroorzaakte heeft kunnen vermijden, noch heeft kunnen verhinderen, dat deze omstandigheid tot deze beschadiging of dit verlies leidde.

Where things carried suffer damage or loss to which they are easily susceptible by their nature, where live animals die or are injured, or where

Lorsque les choses transportées subissent une avarie ou perte auxquelles elles sont de par leur nature facilement exposées, lorsque des animaux vivants

things stowed by the consignor into a container suffer damage or loss whereas the container itself remains without damage, it is presumed that the carrier has not been able to avoid the fact that has caused the damage or loss, or to prevent that this fact would lead to this damage or loss.

meurent ou sont blessés ou encore dans le cas d'avarie ou de perte à des choses arrimées dans un conteneur lui-même non endommagé, il y a présomption que le transporteur n'a pu ni éviter la circonstance causant cette avarie ou perte, ni empêcher que cette circonstance entraine l'avarie ou la perte.

Art. 901 (8.10.2.10) - 1. De vervoerder is niet aansprakelijk voor schade ontstaan door een beschadiging voor zover deze, hoe dan ook, is veroorzaakt door een handeling, onachtzaamheid of nalatigheid van één of meer opvarenden van het schip, de sleepboot of de duwboot, gepleegd bij de navigatie daarvan, tenzij de navigatiefout niet zou zijn gemaakt indien de vervoerder bij de keuze van deze personen gehandeld zou hebben als van een zorgvuldig vervoerder mag worden verwacht. Het in de vorige zin bepaalde geldt ook voor zover de beschadiging mede werd veroorzaakt door een na de navigatiefout opgekomen omstandigheid, die een zorgvuldig vervoerder heeft kunnen vermijden of waarvan zulk een vervoerder de gevolgen heeft kunnen verhinderen. Fouten gepleegd bij het samenstellen van een sleep of van een duweenheid zijn navigatiefouten als hier bedoeld.
- 2. Voor schade ontstaan door eigen navigatiefouten is de vervoerder slechts aansprakelijk, wanneer hij deze beging hetzij met het opzet die schade te veroorzaken, hetzij roekeloos en met de wetenschap dat die schade er waarschijnlijk uit zou voortvloeien.
- 3. Onder beschadiging worden mede verstaan geheel of gedeeltelijk verlies van zaken, vertraging, alsmede ieder ander schade veroorzakend feit.

1. The carrier is not liable for damages resulting from damage to the extent that it has been caused, in whatever fashion, by an act, carelessness or negligence of one or more persons on board the vessel, by the tug-boat or push-boat, in the navigation thereof, unless the navigation error would not have been made if the carrier would have acted as may be expected from a prudent carrier in the choice of these persons. The provisions of the preceding sentence are also valid to the extent that the damage has equally been caused by a fact occurring after the navigation error and which a prudent carrier has been able to avoid and the consequences of which he has been able to prevent. Errors made in the composition of a tug-unit or push-unit are errors in this sense.

1. Le transporteur n'est pas responsable du dommage résultant d'avarie, dans la mesure où celle-ci, de quelque façon que ce soit, a pour cause l'acte, la négligence ou l'omission de personnes à bord du bateau, du remorqueur ou du pousseur, dans la navigation de celui-ci, à moins que l'erreur de navigation n'eût pas été commise si le transporteur, dans le choix de ces personnes, avait agi comme on pouvait l'attendre d'un transporteur diligent. La disposition de la phrase précédente vaut aussi dans la mesure où l'avarie a également pour cause une circonstance survenue après l'erreur de navigation, circonstance qu'un transporteur diligent a pu éviter ou aux conséquences de laquelle il a pu obvier. Constituent des erreurs de navigation celles qui sont commises lors de la composition de l'unité à remorquer ou à

2. The carrier is only liable for damage resulting from his own navigation errors where he has committed them either with the intention to cause that damage or recklessly and with the knowledge that that damage would probably result therefrom.
3. Damage also includes total or partial loss of things, delay, as well as any other fact causing damage.

touer.
2. Le transporteur n'est responsable du dommage survenu par suite de ses propres erreurs de navigation que lorsqu'il les a commises avec l'intention de provoquer un tel dommage, ou témérairement et avec conscience qu'un tel dommage en résulterait probablement.
3. Avarie s'entend également de la perte totale ou partielle de choses, du retard, de même que de tout autre fait dommageable.

Art. 902 (8.10.2.11) - 1. Nietig is ieder beding, waarbij de ingevolge artikel 895 op de vervoerder drukkende aansprakelijkheid of bewijslast op andere wijze wordt verminderd dan in deze afdeling is voorzien, tenzij het betreft:
a. beschadiging opgekomen vóór of voortvloeiend uit een omstandigheid liggend vóór het laden in of na het lossen uit het schip;
b. het vervoer van zaken, die door hun karakter of gesteldheid een bijzondere overeenkomst rechtvaardigen en welker vervoer moet geschieden onder omstandigheden of op voorwaarden, die een bijzondere overeenkomst rechtvaardigen. Het hier bepaalde geldt echter slechts, wanneer voor het vervoer van deze zaken geen cognossement aan order of toonder, doch een blijkens zijn bewoordingen onverhandelbaar document is afgegeven en het niet betreft een gewone handelslading, verscheept bij gelegenheid van een gewone handelsverrichting.
- 2. In afwijking van het eerste lid staat het partijen vrij bij een in het bijzonder ten aanzien van het voorgenomen vervoer aangegane en in een afzonderlijk, niet naar in een ander geschrift voorkomende bedingen verwijzend, geschrift neergelegde overeenkomst te bedingen dat de vervoerder niet aansprakelijk is voor schade ontstaan door een beschadiging, voor zover deze is veroorzaakt door een in die overeenkomst ondubbelzinnig omschreven wijze van behandeling der zaken dan wel ondeugdelijkheid of ongeschiktheid van schip of materiaal. Ondanks zulk een beding blijft de vervoerder aansprakelijk voor door de omschreven wijze van behandeling dan wel ondeugdelijkheid of ongeschiktheid veroorzaakte beschadiging, voor zover een zorgvuldig vervoerder deze had kunnen verhinderen.
- 3. Wordt voor het vervoer een cognossement of ander document afgegeven, dan moet, op straffe van nietigheid van een beding als bedoeld in het tweede lid, daarin uitdrukkelijk worden verwezen naar dit afzonderlijke geschrift.
- 4. Onder beschadiging worden mede verstaan niet-aflevering en geheel of gedeeltelijk verlies van zaken.

1. Any stipulation whereby the liability or burden of proof resting upon the carrier pursuant to article 895 is limited in a manner other than that provided for in this section, is null, unless it concerns:
a. damage occurring or resulting from a fact occurring before the

1. Est nulle toute stipulation diminuant la responsabilité ou le fardeau de la preuve incombant au transporteur en vertu de l'article 895 autrement que de la manière prévue à la présente section, à moins qu'il ne s'agisse:
a. D'une avarie survenue, ou résultant d'une circonstance survenue, avant

loading into or after the unloading from the vessel;
b. the contract of carriage of things which, by their nature or condition, justify a special contract and which must be carried under circumstances or conditions justifying a special contract. However, this provision only applies where no bill of lading to order or bearer has been issued for the carriage of these things, but rather, as appears from its wording, a non-negotiable document, and where it does not involve ordinary commercial cargo shipped on the occasion of an ordinary commercial act.

2. By derogation from the first paragraph, parties are free to stipulate by contract, entered into especially with respect to the intended carriage and embodied in a separate writing not referring to stipulations appearing in another writing, that the carrier is not liable for damages resulting from damage to the extent that this has been caused by a manner of handling the things, unequivocally defined in that contract, or by the bad state or inadequacy of the vessel or material. Notwithstanding such a stipulation the carrier remains liable for damage caused by the defined manner of handling, or the bad state or inadequacy to the extent that a prudent carrier could have prevented these.

3. Where a bill of lading or other document is issued for the carriage, it must explicitly refer to this separate writing on pain of nullity of a stipulation as referred to in the second paragraph.

4. Damage also includes non-delivery and total or partial loss of things.

le chargement ou après le débarquement du bateau;
b. Du transport de choses dont le caractère ou la condition et les circonstances ou conditions dans lesquelles le transport doit se faire, justifient une convention spéciale. Toutefois la présente disposition vaut seulement lorsque, pour le transport de ces choses, a été délivré non pas un connaissement à ordre ou au porteur, mais un document qui, d'après ses termes, est non négociable et qu'il ne s'agit pas d'une cargaison commerciale ordinaire, faite au cours d'une opération commerciale ordinaire.

2. Par dérogation au paragraphe premier, les parties sont libres de convenir, par entente particulière conclue en vue du transport envisagé et couchée dans un écrit distinct ne renvoyant pas à des stipulations figurant dans un autre écrit, que le transporteur ne sera pas responsable de dommage résultant d'avarie, dans la mesure où celle-ci est causée par le mode de manutention des choses, spécifié sans équivoque au contrat, ou par le mauvais état ou l'inadéquation du bateau ou du matériel. Malgré une telle stipulation, le transporteur demeure responsable de l'avarie causée par le mode de manutention spécifié ou par le mauvais état ou l'inadéquation, dans la mesure où un transporteur diligent aurait pu les prévenir.

3. Lorsque un connaissement ou autre document est délivré pour le transport, il doit, sous peine de nullité de la stipulation visée au paragraphe deuxième, renvoyer à cet écrit distinct.

4. Avarie s'entend également de la non-délivrance et de la perte totale ou partielle des choses.

Art. 903 (8.10.2.12) - 1. Voor zover de vervoerder aansprakelijk is wegens niet nakomen van de op hem uit hoofde van de artikelen 895 en 896 rustende

verplichtingen, heeft de afzender geen ander recht dan betaling te vorderen van een bedrag, dat wordt berekend met inachtneming van de waarde welke zaken als de ten vervoer ontvangene zouden hebben gehad zoals, ten tijde waarop en ter plaatse waar, zij zijn afgeleverd of zij hadden moeten zijn afgeleverd.
- 2. De in het eerste lid genoemde waarde wordt berekend naar de koers op de goederenbeurs of, wanneer er geen dergelijke koers is, naar de gangbare marktwaarde of, wanneer ook deze ontbreekt, naar de normale waarde van zaken van dezelfde aard en hoedanigheid.
- 3. De vervoerder is in geen geval aansprakelijk voor verlies of schade van of aan zaken of met betrekking tot deze, indien aard of waarde daarvan door de afzender opzettelijk verkeerdelijk is opgegeven en, indien een cognossement is afgegeven, daarin verkeerdelijk is opgenomen.
- 4. Nietig is ieder beding, waarbij van dit artikel ten nadele van de vervoerder wordt afgeweken.

1. To the extent that the carrier is liable for non-performance of the obligations resting upon him pursuant to articles 895 and 896, the consignor has no right other than to claim payment of an amount, calculated with consideration for the value which things such as the ones received for carriage would have had in the state in which, at the time when, and at the place where they have been delivered or should have been delivered.
2. The value, referred to in the first paragraph, is calculated according to the quotation at the commodity exchange or, where there is no such quotation, according to the current market value, or where there is no such value either, according to the normal value of things of the same nature and quality.
3. In no case is the carrier liable for loss of or damage to things or with respect to these, if the nature or value thereof has been intentionally misstated by the consignor and, where a bill of lading has been issued, if they have been wrongly stated therein.
4. Any stipulation derogating from this article to the detriment of the carrier is null.

1. Dans la mesure où le transporteur est responsable de l'inexécution des obligations qui lui incombent par l'effet des articles 895 et 896, l'expéditeur n'a d'autre droit que celui de demander paiement d'une somme établie en considération de la valeur qu'auraient eue des choses comme celles qui ont été prises en charge aux fins de transport en l'état, au moment et à l'endroit où elles ont été livrées ou auraient dû l'être.

2. La valeur évoquée au paragraphe premier est calculée d'après le cours en Bourse ou, à défaut, d'après la valeur marchande courante ou, à défaut de l'un et de l'autre, d'après la valeur usuelle de choses de même nature et qualité.

3. Le transporteur n'est en aucun cas responsable de perte ou d'avarie survenues aux choses ou les concernant, si l'expéditeur a délibérément fait une déclaration fausse de leur nature ou qualité et que celle-ci a été insérée dans le connaissement, s'il en a été délivré.

4. Est nulle toute stipulation dérogeant au présent article au détriment du transporteur.

Art. 904 (8.10.2.13) - 1. Indien met betrekking tot een zaak hulploon, een bijdrage in avarij-grosse of een schadevergoeding uit hoofde van artikel 951 is verschuldigd, wordt deze aangemerkt als een waardevermindering van die zaak.
- 2. Nietig is ieder beding, waarbij van dit artikel ten nadele van de vervoerder wordt afgeweken.

1. If remuneration for salvage, a contribution in general average or compensation pursuant to article 951 is owed with respect to a thing, this is considered as a reduction in the value of that thing.
2. Any stipulation derogating from this article to the detriment of the carrier is null.

1. La rémunération d'assistance, la contribution aux avaries communes et l'indemnité due en vertu de l'article 951 sont réputées dépréciation de la chose à laquelle elles se rapportent.
2. Est nulle toute stipulation dérogeant au présent article au détriment du transporteur.

Art. 905 (8.10.2.14) - 1. Voor zover de vervoerder aansprakelijk is wegens niet nakomen van de op hem uit hoofde van de artikelen 895 en 896 rustende verplichtingen, is hij niet aansprakelijk boven bij of krachtens algemene maatregel van bestuur te bepalen bedragen.
- 2. Nietig is ieder beding, waarbij van dit artikel ten nadele van de vervoerder wordt afgeweken.

1. To the extent that the carrier is liable for non-performance of the obligations resting upon him pursuant to articles 895 and 896, he is not liable beyond amounts to be determined by or pursuant to regulation.
2. Any stipulation derogating from this article to the detriment of the carrier is null.

1. Dans la mesure où le transporteur est responsable de l'inexécution des obligations qui lui incombent par l'effet des articles 895 et 896, sa responsabilité ne peut dépasser les sommes déterminées par décret ou en vertu d'un décret.
2. Est nulle toute stipulation dérogeant au présent article au détriment du transporteur.

Art. 906 (8.10.2.15) - 1. De vervoerder kan zich niet beroepen op enige beperking van zijn aansprakelijkheid, voor zover de schade is ontstaan uit zijn eigen handeling of nalaten, geschied hetzij met het opzet die schade te veroorzaken, hetzij roekeloos en met de wetenschap dat die schade er waarschijnlijk uit zou voortvloeien.
- 2. Nietig is ieder beding, waarbij van dit artikel wordt afgeweken.

1. The carrier may not invoke any limitation in his liability to the extent that the damage has arisen from his own act or omission, done either with the intention to cause that damage or recklessly and with the knowledge that that damage would probably result therefrom.
2. Any stipulation derogating from this article is null.

1. Le transporteur ne peut se prévaloir d'une limitation de responsabilité, dans la mesure où le dommage résulte de son propre acte ou omission, commis soit avec l'intention de provoquer un tel dommage, soit témérairement et avec conscience qu'un tel dommage en résulterait probablement.
2. Toute stipulation dérogatoire au présent article est nulle.

Art. 907 (8.10.2.16) De afzender is verplicht de vervoerder de schade te vergoeden die deze lijdt doordat de overeengekomen zaken, door welke oorzaak dan ook, niet op de overeengekomen plaats en tijd te zijner beschikking zijn.

The consignor must compensate the carrier for the damage which the latter suffers because, for whatever reason, the things agreed upon are not at his disposal at the time and place agreed upon.	L'expéditeur est tenu de réparer le dommage que le transporteur subit du fait que les choses convenues, pour quelque cause que ce soit, ne sont pas à sa disposition au lieu et au temps convenus.

Art. 908 (8.10.2.17) - 1. Alvorens zaken ter beschikking van de vervoerder zijn gesteld, is de afzender bevoegd de overeenkomst op te zeggen.
- 2. Zijn bij het verstrijken van de tijd, waarbinnen de zaken ter beschikking van de vervoerder moeten zijn gesteld, door welke oorzaak dan ook, in het geheel geen zaken ter beschikking van de vervoerder, dan is deze, zonder dat enige ingebrekestelling is vereist, bevoegd de overeenkomst op te zeggen.
- 3. Zijn bij het verstrijken van de in het tweede lid bedoelde tijd, door welke oorzaak dan ook, de overeengekomen zaken slechts gedeeltelijk ter beschikking van de vervoerder dan is deze, zonder dat enige ingebrekestelling is vereist, bevoegd de overeenkomst op te zeggen dan wel de reis te aanvaarden. De afzender is op verlangen van de vervoerder in geval van opzegging van de overeenkomst verplicht tot lossing van de reeds gestuwde zaken of, in geval de vervoerder de reis aanvaardt en het vertrek van het schip zonder herstuwing van de reeds gestuwde zaken niet mogelijk is, tot deze herstuwing.
- 4. De opzegging geschiedt door een mondelinge of schriftelijke kennisgeving of enig ander bericht, waarvan de ontvangst duidelijk aantoonbaar is en de overeenkomst eindigt op het ogenblik van ontvangst, doch niet vóór lossing van de zaken.
- 5. De afzender is verplicht de vervoerder de schade te vergoeden die deze lijdt tengevolge van de opzegging, van de aanvaarding van de reis, dan wel van lossing of herstuwing van reeds ingenomen zaken.
- 6. Dit artikel is niet van toepassing in geval van tijdbevrachting.

1. The consignor is entitled to cancel the contract until the time when the things have been put at the disposal of the carrier.	1. L'expéditeur peut résilier le contrat jusqu'à la mise à disposition des choses au transporteur.
2. Where, at the lapse of the time within which the things must be put at the disposal of the carrier, no things at all are at the disposal of the carrier, for whatever reason, the latter may cancel the contract, without any putting into default being required.	2. Si, à l'expiration du délai dans lequel les choses doivent être mises à la disposition du transporteur, pour quelque cause que ce soit, aucune chose n'a été mise à la disposition du transporteur, celui-ci peut résilier le contrat, sans qu'une mise en demeure ne soit requise.
3. Where, at the lapse of the time referred to in the second paragraph, only part of the things agreed upon are at the disposal of the carrier, for	3. Si, à l'expiration du délai visé au paragraphe deuxième, pour quelque cause que ce soit, les choses convenues n'ont été mises à la disposition du

whatever reason, the latter may, without any putting into default being required, cancel the contract or commence the voyage. In case of cancellation of the contract, the consignor must, upon the demand of the carrier, unload the things which have already been stowed, or he must restow them in case the carrier commences the voyage and the departure of the vessel is impossible without restowing the already stowed things.
4. Cancellation takes place by a verbal or written notice or by any other message the reception of which can be clearly demonstrated, and the contract is terminated at the time of reception of the message, but not before the unloading of the things.
5. The consignor must compensate the carrier for the damage which the latter suffers because of the cancellation, the commencement of the voyage, or the unloading or restowing of things already accepted for carriage.
6. This article does not apply in case of time-chartering.

transporteur que pour partie, celui-ci peut résilier le contrat ou entreprendre le voyage, sans qu'une mise en demeure ne soit requise,. Dans le cas de résiliation du contrat, l'expéditeur est tenu, à la demande du transporteur, de décharger les choses déjà chargées ou, pour le cas où le transporteur entreprend le voyage et que le départ du bateau ne peut avoir lieu sans le rechargement des choses déjà chargées, d'effectuer le rechargement.
4. La résiliation s'effectue par avis verbal ou écrit ou par tout autre message dont la réception peut être clairement démontrée et le contrat prend fin au moment de la réception du message, mais non avant le déchargement des choses.
5. L'expéditeur est tenu de réparer le dommage que le transporteur subit par suite de la résiliation, du voyage entrepris, ou encore du déchargement ou rechargement des choses déjà acceptées aux fins de transport.
6. Le présent article ne s'applique pas dans le cas de l'affrètement à temps.

Art. 909 (8.10.2.20) - 1. In geval van reisbevrachting is de vervrachter na ontvangst van wat hij van de bevrachter heeft te vorderen, op diens verlangen verplicht de reis te aanvaarden met een gedeelte der overeengekomen zaken. De bevrachter is verplicht de vervrachter de vracht over de niet ter beschikking gestelde zaken vóór het begin van het vervoer te voldoen.
- 2. De vervrachter is bevoegd in plaats van de ontbrekende zaken andere aan te nemen. Hij is niet gehouden de vracht, die hij voor het vervoer van deze zaken ontvangt, met de bevrachter te verrekenen, behalve voor zover hij zijnerzijds van de bevrachter vracht over niet ter beschikking gestelde zaken heeft geïnd of gevorderd.
- 3. Is vertrek niet mogelijk zonder herstuwing van de reeds gestuwde zaken, dan is de bevrachter op verlangen van de vervrachter tot deze herstuwing verplicht. Hij is bovendien verplicht de vervrachter de schade te vergoeden die deze door herstuwing van reeds ingenomen zaken lijdt.

1. In the case of voyage-chartering, the lessor must, upon the demand of the charterer, commence the voyage with part of the things agreed upon after reception of what he can claim from the charterer. The latter must

1. Dans le cas de l'affrètement au voyage, le fréteur, sur réception de ce qu'il peut réclamer à l'affréteur, est tenu, à la demande de ce dernier, d'entreprendre le voyage avec une partie des choses convenues. L'affréteur est

pay the lessor the freight for the things which have not been put at disposal before the commencement of the carriage.
2. Instead of the missing things, the lessor may accept others. He is not obliged to compensate the freight which he receives for the carriage of these things with the charterer, except to the extent that on his part he has received or claimed freight from the charterer for the things which have not been put at disposal.
3. If departure is impossible without restowing of the things already stowed, the charterer must do so upon the demand of the lessor. In addition, he must compensate the lessor for the damage which the latter suffers from the restowing of things already accepted for carriage.

tenu d'acquitter le fret sur les choses non mises à disposition avant le début du transport.
2. Le fréteur peut, à la place des choses manquantes, en accepter d'autres. Il n'est pas tenu de compenser avec l'affréteur le fret qu'il reçoit pour le transport de ces choses, sauf dans la mesure où il a perçu du fret ou l'a demandé à l'affréteur pour des choses non mises à disposition.
3. Si le départ ne peut avoir lieu sans rechargement des choses déjà chargées, le fréteur, à la demande de l'affréteur, y est tenu. Il est, en outre, tenu de réparer le dommage que subit l'affréteur du fait du rechargement des choses déjà acceptées aux fins de transport.

Art. 910 (8.10.2.21) - 1. De afzender is verplicht de vervoerder omtrent de zaken alsmede omtrent de behandeling daarvan tijdig al die opgaven te doen, waartoe hij in staat is of behoort te zijn, en waarvan hij weet of behoort te weten, dat zij voor de vervoerder van belang zijn, tenzij hij mag aannemen dat de vervoerder deze gegevens kent.
- 2. De vervoerder is niet gehouden, doch wel gerechtigd, te onderzoeken of de hem gedane opgaven juist en volledig zijn.
- 3. Is bij het verstrijken van de tijd, waarbinnen de zaken ter beschikking van de vervoerder moeten zijn gesteld, door welke oorzaak dan ook, niet of slechts gedeeltelijk voldaan aan de in het eerste lid van dit artikel genoemde verplichting van de afzender, dan zijn, behalve in het geval van tijdbevrachting, het tweede, derde, vierde en vijfde lid van artikel 908 en het vijfde lid van artikel 911 van overeenkomstige toepassing.

1. The consignor must timely provide the carrier with all those indications regarding the things as well as the handling thereof, which he is or ought to be able to provide, and of which he knows or ought to know that they are of importance to the carrier, unless he may assume that the carrier knows of these data.
2. The carrier is not obliged, but is entitled to examine whether the indications given to him are accurate and complete.
3. Except in the case of time-chartering, where, at the lapse of the

1. L'expéditeur est tenu de fournir au transporteur, en temps utile, toutes les déclarations qu'il est ou doit être en mesure de faire au sujet des choses et de leur manutention, et dont il sait ou doit savoir qu'elles présentent un intérêt pour le transporteur, sauf s'il est fondé à croire que le transporteur connaît ces renseignements.
2. Le transporteur n'est pas tenu d'examiner si les déclarations qui lui ont été faites sont exactes et complètes, quoiqu'il en ait le droit.
3. Sauf dans le cas de l'affrètement à temps, lorsque, à l'expiration du délai

227

time within which the things must be put at the disposal of the carrier, the obligation of the consignor, referred to in the first paragraph of this article, has not or has only been partially fulfilled, for whatever reason, paragraphs 2, 3, 4 and 5 of article 908 and paragraph 5 of article 911 apply *mutatis mutandis*.

dans lequel les choses doivent être mises à la disposition du transporteur, pour quelque cause que ce soit, l'obligation de l'affréteur visée au paragraphe premier n'a pas été remplie ou ne l'a été qu'en partie, les deuxième, troisième, quatrième et cinquième paragraphes de l'article 908 et le cinquième paragraphe de l'article 911 s'appliquent par analogie.

Art. 911 (8.10.2.22) - 1. De afzender is verplicht de vervoerder de schade te vergoeden die deze lijdt doordat, door welke oorzaak dan ook, niet naar behoren aanwezig zijn de documenten en inlichtingen, die van de zijde van de afzender vereist zijn voor het vervoer dan wel ter voldoening aan vóór de aflevering van de zaken te vervullen douane- en andere formaliteiten.
- 2. De vervoerder is verplicht redelijke zorg aan te wenden dat de documenten, die in zijn handen zijn gesteld, niet verloren gaan of onjuist worden behandeld. Een door hem terzake verschuldigde schadevergoeding zal die, verschuldigd uit hoofde van de artikelen 903 tot en met 906 in geval van verlies van de zaken, niet overschrijden.
- 3. De vervoerder is niet gehouden, doch wel gerechtigd, te onderzoeken of de hem gedane opgaven juist en volledig zijn.
- 4. Zijn bij het verstrijken van de tijd waarbinnen de in het eerste lid genoemde documenten en inlichtingen aanwezig moeten zijn, deze, door welke oorzaak dan ook, niet naar behoren aanwezig, dan zijn, behalve in het geval van tijdbevrachting, het tweede, derde, vierde en vijfde lid van artikel 908 van overeenkomstige toepassing.
- 5. Indien door het niet naar behoren aanwezig zijn van de in dit artikel bedoelde documenten of inlichtingen vervoer van zaken van de betrokken of van een andere afzender op de onderhavige reis wordt verlengd ten gevolge van vertraging in de aanvang of het verloop daarvan, zal de schadevergoeding niet minder bedragen dan het overliggeld over het aantal uren, waarmee het vervoer is verlengd.

1. The consignor must compensate the carrier for the damage which the latter suffers because, for whatever reason, the documents and information which are required from the consignor for the carriage, or for the fulfillment of customs and other formalities before the delivery of the things, are not adequately available.
2. The carrier must exercise reasonable care so that the documents which have been handed to him do not get lost or mishandled. Compensation owed by him in this respect shall not exceed that owed pursuant to articles 903 to 906

1. L'expéditeur est tenu de réparer le dommage que le transporteur subit du fait que, pour quelque cause que ce soit, les documents et renseignements requis de la part de l'expéditeur pour le transport ou pour l'accomplissement des formalités de douane et autres nécessaires avant la livraison des choses ne sont pas convenablement disponibles.
2. Le transporteur est tenu de faire diligence pour que les documents à lui remis ne se perdent pas ni ne soient traités incorrectement. L'indemnité à sa charge de ce chef ne dépassera pas celle qui serait due aux termes des articles 903 à 906 inclusivement en cas de perte

inclusive in case of loss of the things.
3. The carrier is not obliged, but is entitled to examine whether the indications given to him are accurate and complete.
4. Except in the case of time-chartering, where, at the lapse of the time within which the documents and information, referred to in the first paragraph, must be available, these are not adequately available, for whatever reason, paragraphs 2, 3, 4 and 5 of article 908 apply *mutatis mutandis*.

5. If, because of inadequate availability of the documents or information referred to in this article, carriage of things of the consignor involved or of another is prolonged during the voyage in question as a result of delay in the commencement or the course of the voyage, damages shall not be lower than the amounts of the demurrage for the number of hours with which the carriage has been prolonged.

des choses.
3. Le transporteur n'est pas tenu d'examiner si les déclarations qui lui ont été faites sont exactes et complètes, quoiqu'il en ait le droit.
4. Sauf dans le cas de l'affrètement à temps, lorsque, à l'expiration du délai dans lequel les documents et renseignements visés au paragraphe premier doivent être mis à la disposition du transporteur, ils ne sont pas convenablement disponibles, pour quelque cause que ce soit, les deuxième, troisième, quatrième et cinquième paragraphes de l'article 908 s'appliquent par analogie.
5. Si les documents et renseignements visés au présent article ne sont pas convenablement disponibles et que le transport de choses de l'expéditeur concerné ou d'un autre lors du voyage en question s'en trouve prolongé par suite du retard au départ ou en cours de voyage, l'indemnité ne sera pas inférieure aux surestaries dues pour le nombre d'heures dont le transport a été prolongé.

Art. 912 (8.10.2.23) - 1. Wanneer vóór of bij de aanbieding van de zaken aan de vervoerder omstandigheden aan de zijde van een der partijen zich opdoen of naar voren komen, die haar wederpartij bij het sluiten van de overeenkomst niet behoefde te kennen, doch die, indien zij haar wel bekend waren geweest, redelijkerwijs voor haar grond hadden opgeleverd de vervoerovereenkomst niet of op andere voorwaarden aan te gaan, is deze wederpartij bevoegd de overeenkomst op te zeggen.
- 2. De opzegging geschiedt door een mondelinge of schriftelijke kennisgeving of enig ander bericht, waarvan de ontvangst duidelijk aantoonbaar is en de overeenkomst eindigt op het ogenblik van ontvangst daarvan.
- 3. Naar maatstaven van redelijkheid en billijkheid zijn partijen na opzegging der overeenkomst verplicht elkaar de daardoor geleden schade te vergoeden.

1. Where, before or at the time of the presentation of the things to the carrier, circumstances arise or come forward on the part of one of the parties which the other party did not have to know at the time of entering into the contract, but which, had he known them, would have given him reasonable grounds not to enter into

1. Lorsque, avant la présentation des choses au transporteur ou lors de celle-ci, surgissent ou apparaissent des circonstances concernant l'une des parties, que l'autre partie n'était pas tenu de connaître lors de la conclusion du contrat, mais qui, les eût-elle connues, auraient constitué pour elle un motif raisonnable de ne pas conclure le contrat

the contract of carriage or to enter into it upon different conditions, this other party may cancel the contract.
2. Cancellation takes place by a verbal or written notice or by any other message the reception of which can be clearly demonstrated, and the contract is terminated at the time of reception of the message.
3. After cancellation of the contract, the parties must, in accordance with standards of reasonableness and equity, compensate each other for the damage suffered therefrom.

de transport ou de le conclure à d'autres conditions, cette dernière peut alors résilier le contrat.
2. La résiliation s'effectue par avis verbal ou écrit ou par tout autre message dont la réception peut être clairement démontrée; le contrat prend fin au moment de la réception du message.
3. Après la résiliation, les parties se doivent, selon des critères de raison et d'équité, réparation réciproque du dommage qu'elles en ont subi.

Art. 913 (8.10.2.24) - 1. De afzender is verplicht de vervoerder de schade te vergoeden, die materiaal, dat hij deze ter beschikking stelde of zaken die deze ten vervoer ontving dan wel de behandeling daarvan, de vervoerder berokkenden, behalve voor zover deze schade is veroorzaakt door een omstandigheid die een zorgvuldig afzender van de ten vervoer ontvangen zaken niet heeft kunnen vermijden en waarvan zulk een afzender de gevolgen niet heeft kunnen verhinderen.
- 2. Dit artikel laat artikel 914 en de bepalingen nopens avarij-grosse onverlet.

1. The consignor must compensate the carrier for the damage which the latter has suffered from material that the former put at the disposal of the carrier or from things that the latter received for carriage or from the handling thereof, except to the extent that this damage has been caused by a fact which a prudent consignor of the things received for carriage has been unable to avoid and the consequences of which such a consignor has not been able to prevent.
2. This article does not affect article 914 and the provisions concerning general average.

1. L'expéditeur est tenu de réparer le dommage causé au transporteur par le matériel qu'il a mis à la disposition de ce dernier ou par les choses que ce dernier a reçues aux fins du transport ou encore par la manutention de ceux-ci, sauf dans la mesure où le dommage a pour cause une circonstance qu'un expéditeur diligent des choses prises en charge aux fins de transport n'a pu éviter et aux conséquences de laquelle un tel expéditeur n'a pu obvier.
2. Le présent article ne porte pas atteinte à l'article 914, ni aux dispositions relatives aux avaries communes.

Art. 914 (8.10.2.25) - 1. Ten vervoer ontvangen zaken, die een zorgvuldig vervoerder, indien hij geweten zou hebben dat zij na hun inontvangstneming gevaar zouden kunnen opleveren, met het oog daarop niet ten vervoer zou hebben willen ontvangen, mogen door hem op ieder ogenblik en op iedere plaats worden gelost, vernietigd dan wel op andere wijze onschadelijk gemaakt. Ten aanzien van ten vervoer ontvangen zaken, waarvan de vervoerder de gevaarlijkheid heeft gekend, geldt hetzelfde doch slechts dan wanneer zij onmiddellijk dreigend gevaar opleveren.

- 2. Indien de vervoerder op grond van het eerste lid gerechtigd is tot lossen, vernietigen of op andere wijze onschadelijk maken van zaken, is de afzender op verlangen van de vervoerder en wanneer hem dit redelijkerwijs mogelijk is, verplicht deze maatregelen te nemen.
- 3. Door het treffen van de in het eerste of tweede lid bedoelde maatregelen eindigt de overeenkomst met betrekking tot de daar genoemde zaken, doch, indien deze alsnog worden gelost, eerst na deze lossing. De vervoerder verwittigt zo mogelijk de afzender, degeen aan wie de zaken moeten worden afgeleverd en degenen, aan wie hij volgens de bepalingen van een mogelijkerwijs afgegeven vrachtbrief of cognossement bericht van aankomst van het schip moet zenden. Dit lid is niet van toepassing met betrekking tot zaken die de vervoerder na het treffen van de in het eerste of tweede lid bedoelde maatregel alsnog naar hun bestemming vervoert.
- 4. Naar maatstaven van redelijkheid en billijkheid zijn partijen na beëindiging van de overeenkomst verplicht elkaar de daardoor geleden schade te vergoeden.
- 5. Indien zaken na beëindiging van de overeenkomst alsnog in feite worden afgeleverd, wordt vermoed, dat zij zich op het ogenblik van beëindiging van de overeenkomst bevonden in de staat, waarin zij feitelijk zijn afgeleverd; worden zij niet afgeleverd, dan wordt vermoed, dat zij op het ogenblik van beëindiging van de overeenkomst verloren zijn gegaan.
- 6. Indien de afzender na feitelijke aflevering een zaak niet naar haar bestemming vervoert, wordt het verschil tussen de waarden ter bestemming en ter plaatse van de aflevering, beide als bedoeld in het tweede lid van artikel 903, aangemerkt als waardevermindering van die zaak. Vervoert de afzender een zaak na de feitelijke aflevering alsnog naar haar bestemming, dan worden de kosten die hij te dien einde maakt aangemerkt als waardevermindering van die zaak.
- 7. Op de feitelijke aflevering is het tussen partijen overeengekomene alsmede het in deze afdeling nopens de aflevering van zaken bepaalde van toepassing, met dien verstande, dat deze feitelijke aflevering niet op grond van de tweede zin van het eerste lid of op grond van het derde lid van artikel 947 de vracht verschuldigd doet zijn. De artikelen 955, 956 en 957 zijn van overeenkomstige toepassing.
- 8. Dit artikel laat de bepalingen nopens avarij-grosse onverlet.
- 9. Nietig is ieder beding, waarbij van het eerste of het tweede lid van dit artikel wordt afgeweken.

1. At any time and at any place, the carrier may unload, destroy or otherwise render harmless things received for carriage which a prudent carrier would not have wanted to receive for carriage, had he known that, after their reception, they could constitute a danger. The same applies to things received for carriage which the carrier knew to be dangerous, but only when they present an immediately imminent danger.

2. If, pursuant to the first paragraph, the carrier is entitled to unload, destroy or otherwise render harmless

1. Le transporteur peut, à tout moment et à tout endroit, débarquer, détruire ou autrement rendre inoffensives les choses reçues aux fins de transport qu'un transporteur diligent, s'il avait su qu'elles pouvaient présenter un danger après leur réception, n'aurait pas voulu accepter pour cette raison. Il en est de même des choses reçues aux fins de transport dont le transporteur a connu le caractère dangereux, mais seulement lorsqu'elles présentent un danger imminent.

2. Si le transporteur, aux termes du paragraphe premier, peut débarquer, détruire ou autrement rendre

things, the consignor must take these measures upon the demand of the carrier and where it is reasonably possible for him to do so.
3. By taking the measure, referred to in the first or second paragraph, the contract is terminated with respect to the things mentioned therein, but if they are as yet unloaded, only after this unloading. If possible, the carrier notifies the consignor, the person to whom the things must be delivered, and the person to whom, according to the provisions of a consignment note or bill of lading which may have been issued, he must send a notice of arrival of the vessel. This paragraph does not apply to things which, after taking the measure referred to in the first or second paragraph, the carrier as yet transports to their destination.

4. After cancellation of the contract, the parties must, in accordance with standards of reasonableness and equity, compensate each other for the damage suffered therefrom.
5. If, after termination of the contract, things are in fact as yet delivered, they are presumed, at the time of the termination of the contract, to have been in the condition in which they were in fact delivered; if they are not delivered, it is presumed that they were lost at the time of the termination of the contract.
6. If, after factual delivery, the consignor does not transport a thing to its destination, the difference between the values at destination and at the place of delivery, as referred to in the second paragraph of article 903, is deemed to be a reduction in value of that thing. Where, after factual delivery, the consignor carries a thing as yet to its destination, the costs which he makes for that purpose are deemed to be a reduction in value of that thing.
7. The agreement between the

inoffensives des choses, l'expéditeur est tenu, à la demande du transporteur et lorsque cela lui est normalement possible, de prendre ces mesures.
3. Le fait de prendre la mesure visée aux paragraphes premier ou deuxième met fin au contrat en ce qui regarde les choses évoquées, mais si elles sont débarquées plus tard, après le débarquement seulement. Le transporteur avise, si possible, l'expéditeur, la personne à qui les choses doivent être livrées et celle à qui, selon les dispositions de la lettre de voiture ou du connaissement, s'il en a été délivré, il doit envoyer un avis de l'arrivée du bateau. Le présent paragraphe ne s'applique pas aux choses que le transporteur, après avoir pris la mesure visée aux paragraphes premier ou deuxième, transporte néanmoins à leur destination.
4. Après la résiliation du contrat, les parties se doivent, selon des critères de raison et d'équité, réparation réciproque du dommage qu'elles en ont subi.
5. Si les choses, après la fin du contrat, sont en fait livrées, il y a présomption qu'elles se trouvaient, au moment de la fin du contrat, dans l'état où elles ont effectivement été livrées; si elles ne sont pas livrées, il y a présomption qu'elles ont été perdues au moment de la fin du contrat.

6. Si l'expéditeur, après la livraison de fait de la chose, ne la transporte pas à sa destination, la différence entre les valeurs à la destination et à l'endroit de livraison, les deux visées au paragraphe deuxième de l'article 903, est réputée dépréciation de la chose. Si, après la livraison de fait, l'expéditeur transporte la chose à sa destination, les frais engagés à cette fin sont réputés dépréciation de la chose.
7. La livraison de fait est sujette à ce

parties as well as the provisions of this section concerning the delivery of things apply to the factual delivery, upon the understanding that this factual delivery does not make the freight payable on the basis of the second sentence of the first paragraph or of the third paragraph of article 947. Articles 955, 956 and 957 apply *mutatis mutandis*.
8. This article does not affect the provisions concerning general average.
9. Any stipulation derogating from the first or second paragraph of this article is null.

que les parties ont convenu, de même qu'aux dispositions de la présente section, en ce qui regarde la livraison de choses, étant entendu que la livraison de fait ne donne pas lieu, aux termes de la deuxième phrase du paragraphe premier de l'article 947 ou du paragraphe troisième de cet article, au paiement de fret. Les articles 955, 956 et 957 s'appliquent par analogie.
8. Le présent article ne porte pas atteinte aux dispositions relatives aux avaries communes.
9. Toute stipulation dérogatoire aux paragraphes premier ou deuxième du présent article est nulle.

Art. 915 (8.10.2.27) - 1. Zowel de afzender als de vervoerder kunnen terzake van het vervoer een document (vrachtbrief) opmaken en verlangen dat dit of een mogelijkerwijs door hun wederpartij opgemaakt document, door hun wederpartij wordt getekend en aan hen wordt afgegeven. Dit document kan noch aan order noch aan toonder worden gesteld. De ondertekening kan worden gedrukt of door een stempel dan wel enig ander kenmerk van oorsprong worden vervangen.
- 2. In de vrachtbrief worden aan de hand van door de afzender te verstrekken gegevens vermeld:
a. de ten vervoer ontvangen zaken,
b. de plaats waar de vervoerder de zaken ten vervoer heeft ontvangen,
c. de plaats waarheen de vervoerder op zich neemt de zaken te vervoeren,
d. de geadresseerde,
e. de vracht,
f. al hetgeen overigens aan afzender en vervoerder gezamenlijk goeddunkt.
De afzender staat in voor de juistheid, op het ogenblik van inontvangstneming van de zaken, van de door hem verstrekte gegevens.
- 3. Ondertekening door de afzender houdt op zichzelf niet in, dat hij de juistheid erkent van de aantekeningen die de vervoerder op de vrachtbrief ten aanzien van de zaken plaatste.

1. Both the consignor and the carrier may draft a document (consignment note) pertaining to the carriage, and may demand that this document, or possibly a document drafted by the other party, be signed by such party and handed over to them. This document may not be made out to order or bearer. The signature may be printed or replaced by a stamp or any other indication of origin.
2. According to data to be provided by the consignor, the consignment

1. L'expéditeur aussi bien que le transporteur peuvent rédiger un document relatif au transport (lettre de voiture) et demander que celui-ci ou le document rédigé par le cocontractant soit signé par ce dernier et leur soit remis. Le document ne peut être établi ni à ordre ni au porteur. La signature peut être imprimée ou remplacée par un timbre ou toute autre marque d'origine.

2. Sont indiqués dans la lettre de transport, sur la foi de renseignements

note will make mention of:
a. the things received for carriage;
b. the place where the carrier has received the things for carriage;
c. the place to which the carrier undertakes to carry the things;
d. the consignee;
e. the freight;
f. anything else that consignor and carrier jointly deem fit.

The consignor guarantees the accuracy of the data he has provided at the time of reception of the things.

3. The signature of the consignor does not in and of itself mean that he recognises the accuracy of the notes which the carrier has put on the consignment note with respect to the things.

qui seront fournis par l'expéditeur:
a. Les choses prises en charge aux fins de transport;
b. Le lieu de prise en charge par le transporteur;
c. Le lieu vers lequel le transporteur s'engage à transporter les choses;
d. Le destinataire;
e. Le fret;
f. Tout autre renseignement que l'expéditeur et le transporteur conjointement jugeront utile.

L'expéditeur se porte garant de l'exactitude, au moment de la prise en charge des choses, des renseignements par lui fournis.

3. La signature par l'expéditeur ne signifie pas en soi qu'il reconnaît la justesse des réserves relatives aux choses, que le transporteur a apposées sur la lettre de voiture.

Art. 916 (8.10.2.28) - 1. Op verlangen van de afzender, geuit voor de inlading een aanvang neemt, is de vervoerder verplicht voor zaken, die hij ten vervoer ontving, een cognossement op te maken, te dateren, te ondertekenen en tegen intrekking van een ontvangstbewijs of ligcognossement, dat door hem mocht zijn afgegeven, aan de afzender af te geven. De afzender is verplicht de gegevens, die nodig zijn voor het opmaken van het cognossement te verstrekken en staat in voor de juistheid daarvan op het ogenblik van de inontvangstneming van de zaken. Op verlangen van de vervoerder is de afzender verplicht het cognossement mede te ondertekenen of hem een ondertekend afschrift daarvan ter hand te stellen.
- 2. Wanneer de zaken voor zij ten vervoer zijn ingeladen door de vervoerder worden ontvangen, is deze op verlangen van de afzender verplicht een ontvangstbewijs of een voorlopig cognossement op te maken, te dateren, te ondertekenen en af te geven. De afzender is verplicht de gegevens, die nodig zijn voor het opmaken van dit document, te verstrekken en hij staat in voor de juistheid daarvan op het ogenblik van de inontvangstneming van de zaken.
- 3. Nadat de inlading is voltooid, is de vervoerder op verlangen van de afzender verplicht een dergelijk voorlopig cognossement hetzij om te ruilen tegen een cognossement, als in het eerste lid bedoeld, hetzij op het voorlopige cognossement de naam van het schip of de schepen, aan boord waarvan de zaken werden geladen, en de datum of de data van de inlading aan te tekenen en vervolgens deze gegevens te ondertekenen.
- 4. De ondertekening kan worden gedrukt of door een stempel dan wel enig ander kenmerk van oorsprong worden vervangen.

1. Upon the demand of the consignor expressed before the commencement of the loading, the carrier must draft a bill of lading for

1. À la demande de l'expéditeur, exprimée avant le début du chargement, le transporteur est tenu d'établir un connaissement pour les choses dont il

things that he has received for carriage, which he dates, signs and hands to the consignor against revocation of a receipt or harbour bill of lading which he may have issued. The consignor must provide the data necessary for the drafting of the bill of lading and guarantees the accuracy thereof at the time of reception of the things. Upon the demand of the carrier, the consignor must countersign the bill of lading or hand to the carrier a signed copy thereof.

2. When the things are received by the carrier before the loading for carriage, he must, upon the demand of the consignor, draft a receipt or provisional bill of lading, which he dates, signs and hands over. The consignor must provide the data necessary for the drafting of this document and guarantees the accuracy thereof at the time of reception of the things.

3. After the completion of the loading, the carrier must, upon the demand of the consignor, either exchange such a provisional bill of lading against a bill of lading as referred to in the first paragraph, or note on the provisional bill of lading the name of the vessel or the vessels on board of which the things were loaded, and the date or dates of loading and he must subsequently sign these data.

4. The signature may be printed or replaced by a stamp or any other indication of origin.

prend charge aux fins de transport, de le dater, de le signer et, contre révocation du récépissé ou connaissement en séjour[1], s'il en a été délivré, de le délivrer à l'expéditeur. L'expéditeur est tenu de fournir les renseignements nécessaires pour établir le connaissement et se porte garant de leur exactitude au moment de la prise en charge des choses. À la demande du transporteur, l'expéditeur est tenu de contresigner le connaissement ou de lui en remettre une copie portant sa signature.

2. Lorsque les choses sont prises en charge par le transporteur avant d'être chargées, il est tenu, à la demande de l'expéditeur, d'établir un récépissé ou un connaissement provisoire, de le dater et signer et de le lui délivrer. L'expéditeur est tenu de fournir les renseignements nécessaires pour établir ce document et se porte garant de leur exactitude au moment de la prise en charge des choses.

3. Une fois le chargement effectué, le transporteur est tenu, à la demande de l'expéditeur, soit d'échanger ce connaissement contre celui visé au paragraphe premier, soit d'y noter le nom du ou des bateaux à bord desquels les choses ont été chargées, et la ou les dates du chargement et ensuite de parafer ces indications.

4. La signature peut être imprimée ou être remplacée par un timbre ou autre marque d'origine.

Art. 917 (8.10.2.29) Indien een vervoerovereenkomst is gesloten en bovendien een cognossement is afgegeven, wordt, behoudens artikel 940 tweede lid, tweede volzin, de rechtsverhouding tussen de vervoerder en de afzender door de bedingen van de vervoerovereenkomst en niet door die van dit cognossement beheerst. Behoudens het in artikel 940 eerste lid gestelde vereiste van houderschap van het

---

[1] Il ne paraît pas y avoir d'équivalent direct du terme néerlandais «ligcognossement». La traduction dans le texte a été façonnée par analogie avec «contrat d'affrètement en séjour».

cognossement, strekt dit hun dan slechts tot bewijs van de ontvangst der zaken door de vervoerder.

If a contract of carriage has been entered into and if, furthermore, a bill of lading has been issued, the juridical relationship between the carrier and the consignor is governed by the stipulations of the contract of carriage and not by those of the bill of lading, except for article 940, paragraph 2, second sentence. Except for the requirement of detention of the bill of lading provided for in article 940, paragraph 1, the bill of lading then only serves them as proof of the reception of the things by the carrier.

Si un contrat de transport a été conclu et si, en outre, un connaissement a été délivré, le rapport juridique entre le transporteur et l'expéditeur est régi, sous réserve de la deuxième phrase du deuxième paragraphe de l'article 940, par les clauses du contrat et non par celles du connaissement. Sous réserve de l'exigence de détenir le connaissement prévue à l'article 940, paragraphe premier, celui-ci ne leur sert alors que comme moyen de preuve de la réception des choses par le transporteur.

Art. 918 (8.10.2.30) Het cognossement, voor zover het geen ligcognossement is, vermeldt de ten vervoer ontvangen zaken, de plaats waar de vervoerder hen ten vervoer heeft ontvangen, de plaats waarheen de vervoerder op zich neemt hen te vervoeren, het schip aan boord waarvan de zaken worden geladen, en de geadresseerde.

To the extent that the bill of lading is not a harbour bill of lading, it will make mention of the things received for carriage, the place where the carrier has received them for carriage, the place to which the carrier undertakes to carry them, the vessel on board of which the things are loaded, and the consignee.

Le connaissement qui n'est pas un connaissement en séjour indique les choses prises en charge aux fins de transport, le lieu où le transporteur les a prises en charge, le lieu vers lequel le transporteur s'engage à les transporter, le bateau à bord duquel elles ont été chargées et le destinataire.

Art. 919 (8.10.2.31) - 1. In het cognossement wordt de geadresseerde, ter keuze van de afzender, aangegeven hetzij bij name of andere aanduiding, hetzij als order van de afzender of van een ander, hetzij als toonder. Op verlangen van de vervoerder wordt vermeld aan wie deze kennis kan geven dat hij gereed is te lossen.
- 2. De enkele woorden „aan order" worden geacht de order van de afzender aan te geven.

1. In the bill of lading, at the choice of the consignor, the consignee must be indicated either by name or other means, or as to order of the consignor or of another person, or as to bearer. Upon the demand of the carrier, mention will be made of the person whom he can notify that he is ready

1. Le connaissement indique le destinataire, au choix de l'expéditeur, soit par nom ou autre désignation, soit en tant qu'ordre de l'expéditeur ou d'une autre personne, soit au porteur. À la demande du transporteur, est indiquée la personne que le transporteur avisera qu'il est prêt pour le déchargement.

to unload.
2. The sole words "to order" are deemed to indicate the order of the consignor.

2. La seule expression «à ordre» est censée désigner l'ordre de l'expéditeur.

Art. 920 (8.10.2.31a) De verhandelbare exemplaren van een cognossement, waarin is vermeld hoeveel van deze exemplaren in het geheel zijn afgegeven, gelden alle voor één en één voor alle.

The negotiable copies of a bill of lading, in which it is mentioned how many of these copies have been issued in total, count all for one and one for all.

Les exemplaires négociables du connaissement qui font état du nombre d'exemplaires émis au total font foi tous pour un et un pour tous.

Art. 921 (8.10.2.32) - 1. Het cognossement bewijst, behoudens tegenbewijs, dat de vervoerder de zaken heeft ontvangen en wel wat hun aard betreft, zoals deze daarin in het algemeen zijn omschreven en overigens zoals deze daarin naar aantal, gewicht of maat zijn vermeld. Tegenbewijs tegen het cognossement wordt niet toegelaten, wanneer het is overgedragen aan een derde te goeder trouw.
- 2. Indien in het cognossement de clausule: „aard, aantal, maat of gewicht onbekend" of enige andere clausule van dergelijke strekking is opgenomen, binden zodanige in het cognossement voorkomende vermeldingen omtrent de zaken de vervoerder niet, tenzij bewezen wordt, dat hij de aard, het aantal, de maat of het gewicht der zaken heeft gekend of had behoren te kennen.
- 3. Een cognossement, dat de uiterlijk zichtbare staat of gesteldheid van de zaak niet vermeldt, levert, behoudens tegenbewijs dat ook jegens een derde mogelijk is, een vermoeden op dat de vervoerder die zaak voor zover uiterlijk zichtbaar in goede staat of gesteldheid heeft ontvangen.
- 4. Ondertekening door de afzender van het cognossement of van een afschrift daarvan houdt op zichzelf niet in, dat hij de juistheid erkent van de aantekeningen die de vervoerder daarop ten aanzien van de zaken plaatste.

1. Save counter evidence, the bill of lading is evidence of the fact that the carrier has received the things and, with respect to their nature, in the manner in which they have been generally described therein, and for the remainder such as indicated therein according to number, weight or measure. Counter evidence against the bill of lading is not admissible when it has been transferred to a third person in good faith.
2. If the bill of lading contains the "nature, number, measure or weight unknown" clause or any other clause to similar effect, such mentions regarding the things, appearing in the bill of lading, do not bind the carrier,

1. Le connaissement fait foi, sauf preuve contraire, de la prise en charge des choses par le transporteur et, s'agissant de leur nature, telles qu'elles y sont de manière genérale décrites et, en outre, telles qu'elles y sont indiquées d'après leur nombre, poids ou mesure. Aucune preuve n'est admise pour contredire le connaissement qui a été transmis à un tiers de bonne foi.
2. Si le connaissement comporte la mention «nature, nombre, mesure ou poids inconnus» ou l'équivalent, les mentions au connaissement relatives aux choses ne lient pas le transporteur, à moins qu'il ne soit établi qu'il ait connu

unless it is proven that he knew, or ought to have known the nature, number, measure or weight of the things.
3. A bill of lading which does not mention the externally visible state or condition of the thing, creates a presumption that the carrier has received that thing in a good state or condition, in as much as visible on the outside, save counter evidence which is also possible against a third person.
4. The signature by the consignor of the bill of lading or of a copy thereof does not in and of itself mean that he recognises the accuracy of the notes which the carrier has put thereon with respect to the things.

ou ait dû connaître leurs nature, nombre, mesure ou poids.

3. Le connaissement qui ne fait pas état de l'apparence ou de la condition visibles de la chose emporte présomption, sauf preuve contraire pouvant également être rapportée à l'encontre d'un tiers, que le transporteur l'a reçue en bon état, autant que l'apparence permettait d'en juger.

4. La signature du connaissement ou d'une copie par l'expéditeur ne signifie pas en soi qu'il reconnaît la justesse des réserves relatives aux choses, que le transporteur y a apposées.

Art. 922 (8.10.2.33) - 1. Verwijzingen in het cognossement worden geacht slechts die bedingen daarin in te voegen, die voor degeen, jegens wie daarop een beroep wordt gedaan, duidelijk kenbaar zijn.
- 2. Een dergelijk beroep is slechts mogelijk voor hem, die op schriftelijk verlangen van degeen jegens wie dit beroep kan worden gedaan of wordt gedaan, aan deze onverwijld die bedingen heeft doen toekomen.
- 3. Nietig is ieder beding, waarbij van het tweede lid van dit artikel wordt afgeweken.

1. References in the bill of lading are deemed only to incorporate thereinto those stipulations which are clearly knowable by the person against whom they are invoked.
2. Only that person may invoke such stipulations who, upon the written demand of the person against whom they may be invoked or are invoked, has sent him those stipulations without delay.
3. Any stipulation derogating from the second paragraph of this article is null.

1. Les renvois que comporte le connaissement ne sont censés y ajouter que les clauses de nature clairement connaissable pour la personne contre qui elles sont invoquées.
2. Ne peut les invoquer que celui qui, sur demande écrite de la personne contre qui il peut les invoquer ou les invoque, les a fait parvenir sans tarder à cette dernière.
3. Toute stipulation dérogatoire au paragraphe deuxième est nulle.

Art. 923 (8.10.2.34) Een cognossement aan order wordt geleverd op de wijze aangegeven in afdeling 2 van titel 4 van Boek 3.

A bill of lading to order is delivered in the manner indicated in Section 2 of Title 4 of Book 3.

Le connaissement à ordre est délivré de la manière indiquée à la section deuxième du titre quatrième du Livre troisième.

Art. 924 (8.10.2.35) Levering van het cognossement vóór de aflevering van de daarin vermelde zaken door de vervoerder geldt als levering van die zaken.

Delivery of the bill of lading before the surrender by the carrier of the things mentioned therein, counts as delivery of those things.

La délivrance du connaissement avant la livraison, par le transporteur, des choses qui y sont mentionnées vaut délivrance de celles-ci.

Art. 925 (8.10.2.36) De vervoerder is verplicht de plek van inlading en lossing tijdig aan te wijzen; in geval van tijdbevrachting is echter artikel 897 van toepassing en in geval van reisbevrachting artikel 926.

The carrier must timely indicate the place of loading and unloading; however, in the case of time-chartering article 897 applies, and in the case of voyage-chartering article 926.

Le transporteur indique en temps utile le lieu de chargement et de déchargement; cependant, dans le cas de l'affrètement à temps, l'article 897 s'applique et, dans le cas de l'affrètement au voyage, l'article 926.

Art. 926 (8.10.2.37) - 1. In geval van reisbevrachting is de bevrachter verplicht de plek van inlading en lossing tijdig aan te wijzen.
- 2. Hij moet daartoe aanwijzen een plek, waar het schip veilig kan komen, liggen, laden of lossen en waarvandaan het veilig kan vertrekken.
- 3. Indien de aangewezen plek niet beschikbaar is, lopen laad- en lostijd zoals zij gelopen zouden hebben wanneer deze plek wel beschikbaar zou zijn geweest.
- 4. Wanneer de bevrachter niet aan deze verplichting voldoet, is de vervrachter zonder dat enige aanmaning is vereist bevoegd zelf de plek van inlading of lossing aan te wijzen.
- 5. Indien de bevrachter meer dan één plek aanwijst, geldt de tijd nodig voor het verhalen als gebruikte laad- of lostijd. De kosten van verhalen zijn voor zijn rekening.
- 6. De bevrachter staat er voor in, dat het schip op de plek, die hij op grond van het eerste lid ter inlading of lossing aanwijst, veilig kan komen, liggen, laden of lossen en daarvandaan veilig kan vertrekken. Indien deze plek blijkt niet aan deze vereisten te voldoen, is de bevrachter slechts in zoverre niet aansprakelijk als de schipper, door de hem gegeven aanwijzing op te volgen, onredelijk handelde.

1. In the case of a voyage-charter, the charterer must timely indicate the place of loading and unloading.

2. For that purpose, he must indicate a place, available forthwith or within a reasonable period, which the vessel can safely reach, where it can safely remain, load and unload, and from where it can safely leave.
3. If the indicated place is not available, loading and unloading times run as if they would have, had

1. Dans le cas de l'affrètement au voyage, l'affréteur indique en temps utile le lieu de chargement et de déchargement.
2. À cette fin, il indique un lieu où le bateau peut se rendre, mouiller, charger ou décharger en toute sécurité et qu'il peut quitter en toute sécurité.

3. Si le lieu indiqué n'est pas disponible, les temps de chargement et de déchargement courent comme ils

this place been available.

4. When the charterer does not perform this obligation, the lessor himself is entitled to indicate the place of loading or unloading, without need for him to be summoned.
5. If the charterer indicates more than one place, the time necessary for shifting counts as time used for loading or unloading. The charterer bears the costs of shifting.
6. The charterer shall warrant the fact that the vessel can safely reach, remain, load and unload at the place which, pursuant to the first paragraph, he indicates for loading or unloading, and that it can safely leave from there. If this place proves not to comply with these requirements, the charterer is not liable only to the extent that the master has acted unreasonably in following the indication given to him.

l'auraient fait, si le lieu avait été disponible.
4. Lorsque l'affréteur ne remplit pas cette obligation, le fréteur indique lui-même le lieu de chargement ou de déchargement, sans qu'une sommation ne soit requise.
5. Si l'affréteur indique plus d'un endroit, le temps nécessaire pour le déhalage est considéré comme temps de chargement ou de déchargement. Les frais en incombent à l'affréteur.
6. L'affréteur garantit que le bateau peut se rendre, mouiller, charger ou décharger en toute sécurité au lieu qu'il a indiqué pour le chargement et le déchargement conformément au paragraphe premier et qu'il peut de même le quitter en toute sécurité. Si le lieu s'avère non conforme à ces exigences, l'affréteur n'en est pas responsable dans la seule mesure où le capitaine a agi déraisonnablement en suivant l'indication qui lui a été fournie.

Art. 927 (8.10.2.38) Wanneer in geval van reisbevrachting de bevrachter de bevoegdheid heeft laad- of loshaven nader aan te wijzen, is artikel 926 van overeenkomstige toepassing.

Where, in the case of a voyage-charter, the charterer has the right to specify the port of loading or unloading, article 926 applies *mutatis mutandis*.

Lorsque, s'agissant d'un affrètement au voyage, l'affréteur a la faculté de préciser le port de chargement ou de déchargement, l'article 926 s'applique par analogie.

Art. 928 (8.10.2.39) In geval van ruimtebevrachting zijn alle kosten en tijdverlet, veroorzaakt om het schip de plek waar het ter beschikking moet worden gesteld te doen bereiken, ten laste van de bevrachter. De vergoeding voor tijdverlet zal niet minder bedragen dan het overliggeld voor de gebezigde uren.

In the case of space-chartering, all costs and loss of time caused by the fact of having to make the vessel reach the place where it must be put at disposal, are borne by the charterer. The compensation for loss of time shall be no less than the demurrage for the hours used.

Dans le cas de l'affrètement de cale[1], tous les frais et la perte de temps occasionnés pour permettre au bateau d'atteindre le lieu où il doit être mis à disposition sont à la charge de l'affréteur. L'indemnité pour la perte de temps ne sera pas inférieure à la surestarie pour les heures qui ont été

---

[1] Voir note à l'art. 892.

nécessaires.

Art. 929 (8.10.2.40) - 1. De vervoerder is verplicht het schip ter inlading en ter lossing beschikbaar te stellen.
- 2. De afzender is verplicht de zaken aan boord van het schip te laden en te stuwen en de ontvanger is verplicht hen uit het schip te lossen. Wanneer de vervoerder daarbij aanwijzingen geeft voor de veiligheid van de vaart of ter voorkoming van schade zijn zij verplicht deze op te volgen.

1. The carrier must put the vessel at disposal for loading and unloading.	1. Le transporteur est tenu de mettre à disposition le bateau aux fins de chargement et de déchargement.
2. The consignor must load and stow the things on board the vessel, and the recipient must unload them from the vessel. Where, in doing so, the carrier gives indications for the safety of navigation or to prevent damage, they must follow them.	2. L'expéditeur est tenu d'embarquer et d'arrimer les choses à bord du bateau et le réceptionnaire est tenu de les débarquer. Ils sont tenus de suivre les indications que leur donne le transporteur pour la sécurité de la navigation ou pour éviter des dommages.

Art. 930 (8.10.2.41) - 1. De laadtijd gaat in op de dag volgende op die waarop de vervoerder aan de afzender of aan een door deze aangewezen persoon het schip heeft gemeld.
- 2. Indien het de afzender bekend is, dat het schip zich op de dag van het sluiten van de overeenkomst in de laadplaats bevindt, wordt de vervoerder beschouwd als op die dag de in het eerste lid bedoelde melding te hebben verricht.

1. The loading time commences on the day following the one on which the carrier has presented the vessel to the consignor or a person designated by him.	1. Le délai de chargement court à compter du lendemain du jour où le transporteur a présenté le bateau à l'expéditeur ou à la personne que celui-ci aura indiquée.
2. If the consignor is aware of the fact that the vessel is at the loading place on the day of the conclusion of the contract, the carrier is deemed to have made the presentation, as referred to in the first paragraph, on that day.	2. Si l'expéditeur est au courant que le bateau se trouve, le jour de conclusion du contrat, au lieu d'embarquement, le transporteur est considéré avoir fait, ce jour-là, la présentation visée au paragraphe premier.

Art. 931 (8.10.2.42) - 1. Voor zover de vervoerder verplicht is tot laden, is hij gehouden zulks in de overeengekomen laadtijd te doen.
- 2. Voor zover de afzender verplicht is tot laden of stuwen, staat hij er voor in dat zulks in de overeengekomen laadtijd geschiedt.
- 3. Wanneer overligtijd is bedongen, is de afzender gerechtigd deze tijd na afloop van de laadtijd voor inlading en stuwing te bezigen.
- 4. Bepaalt de vervoerovereenkomst overliggeld, doch niet de overligtijd, dan wordt deze tijd vastgesteld op vier opeenvolgende dagen of, als op de ligplek een ander aantal redelijk of gebruikelijk is, op dit aantal.

- 5. De laadtijd wordt verkort met het aantal uren, dat de belading eerder is aangevangen of de vervoerder het schip op verlangen van de afzender eerder voor belading beschikbaar hield dan het tijdstip, waarop ingevolge het eerste lid van artikel 930 de laadtijd inging. Hij wordt verlengd met het aantal uren, dat het schip na aanvang van de werktijd op de dag, waarop de laadtijd inging, nog niet voor belading beschikbaar was.
- 6. Laadtijd, bedongen overligtijd en de in het vierde lid bedoelde overligdagen worden, voor zover de afzender tot laden of stuwen verplicht is, verlengd met de uren, dat niet kan worden geladen of gestuwd door schuld van de vervoerder of door omstandigheden gelegen in het schip of in het materiaal van het schip waarvan de vervoerder of de afzender zich bedient. Zij nemen een einde, wanneer belading en stuwing zijn beëindigd.

1. To the extent that the carrier is obliged to load, he must do so within the agreed loading time.
2. To the extent that the consignor is obliged to load or to stow, he warrants that such will occur within the agreed loading time.
3. Where demurrage has been stipulated, the consignor is entitled to use this time for loading and stowing after the completion of loading time.
4. Where the contract of carriage provides for demurrage but not for the time of demurrage, this time is fixed at four consecutive days or, if at the place of berth another number is reasonable or customary, at this number.
5. The loading time is shortened by the number of hours that loading has commenced before the time at which loading time has commenced pursuant to article 930, or by the number of hours that the carrier has put the vessel at disposal for loading upon the demand of the consignor before the time referred to above. The time is prolonged by the number of hours that the vessel was not yet at disposal for loading after the commencement of working hours on the day on which the loading time commenced.
6. Loading time, stipulated demurrage and the demurrage days referred to in paragraph 4 are, to the extent that the consignor is obliged to load or to stow, prolonged by the

1. Dans la mesure où le transporteur est tenu au chargement, il l'accomplit dans le délai de chargement convenu.
2. Dans la mesure où l'expéditeur est tenu au chargement ou à l'arrimage, il se porte garant que cela sera accompli dans le délai de chargement convenu.
3. Lorsque une surestarie a été convenue, l'expéditeur peut s'en prévaloir à l'expiration du délai de chargement et d'arrimage.
4. Si le contrat de transport détermine l'indemnité, mais non le délai de surestarie, celui-ci est fixé à quatre jours consécutifs ou au nombre habituel ou convenable à cet endroit, s'il est différent.
5. Le délai de chargement est réduit du nombre d'heures que le chargement a commencé avant l'heure prévue ou que le transporteur, à la demande de l'expéditeur, a gardé le bateau à la disposition de ce dernier plus tôt que le début du délai de chargement prévu au paragraphe premier de l'article 930. Il est prolongé du nombre d'heures où le bateau, à compter du début des heures ouvrables de la première journée du délai de chargement, n'a pas été disponible pour le chargement.
6. Dans la mesure où l'expéditeur est tenu au chargement ou à l'arrimage, le délai de chargement, la surestarie convenue et les jours de planche supplémentaires visés au paragraphe

hours that no loading or stowing is possible through the fault of the carrier or by reason of circumstances related to the vessel or the material of the vessel which the carrier or the consignor uses. They are terminated when loading and stowing have been finished.

quatrième sont prolongés du nombre d'heures où le chargement ou l'arrimage ne pouvait se faire par la faute du transporteur ou en raison de circonstances tenant au bateau ou au matériel du bateau dont se sert le transporteur ou l'expéditeur. Ils prennent fin une fois le chargement et l'arrimage achevés.

Art. 932 (8.10.2.43) - 1. De afzender is gehouden tot betaling van overliggeld voor de overligtijd met uitzondering van de uren vermeld in de eerste zin van het zesde lid van artikel 931. Hij is bovendien verplicht de vervoerder de schade te vergoeden wanneer, door welke oorzaak dan ook, vervoer van zaken van de betrokken of van een andere afzender op de onderhavige reis wordt verlengd ten gevolge van vertraging in de aanvang of het verloop van dit vervoer, ontstaan doordat de afzender belading en stuwing niet had voltooid in de laadtijd en de bedongen of wettelijke overligtijd. Deze schadevergoeding zal niet minder bedragen dan het overliggeld over het aantal uren, waarmee het vervoer is verlengd.
- 2. De wettelijke bepalingen omtrent boetebedingen zijn niet van toepassing op bedingen met betrekking tot overliggeld.
- 3. Schuldenaren van overliggeld en een mogelijkerwijs uit hoofde van het tweede lid van artikel 931 verschuldigde schadevergoeding zijn tot betaling daarvan hoofdelijk verbonden.
- 4. Voorts gelden de regels, zo nodig vastgesteld bij algemene maatregel van bestuur, ten aanzien van het aantal der laad- en losdagen, de berekening van de laad-, los- en overligtijd, het bedrag van het overliggeld, de wijze, waarop het gewicht der te vervoeren of vervoerde zaken wordt bepaald, de duur van de werktijd en de uren, waarop deze begint en eindigt, voor zover niet bij plaatselijke verordening andere uren van aanvang en einde zijn bepaald, en de vergoeding voor of het meetellen van nachten, zaterdagen, zondagen en daarmede geheel of gedeeltelijk gelijkgestelde dagen, indien des nachts of op genoemde dagen geladen, gestuwd of gelost wordt, alsmede het begin van laad- en lostijd en de dagen en uren, waarop kennisgevingen van laad- of losgereedheid kunnen worden gedaan.

1. The consignor must pay demurrage for the time of demurrage with the exception of the hours mentioned in the first sentence of paragraph 6 of article 931. Furthermore, he must compensate the carrier for damage when, by whatever cause, carriage of things of the consignor involved or of another consignor is prolonged on the relevant voyage as a result of delay in the commencement or the course of this carriage, arising from the fact that the consignor had not completed

1. L'expéditeur est tenu au paiement de l'indemnité pour surestarie, exception faite des heures visées à la première phrase du paragraphe sixième de l'article 931. Il est, en outre, tenu de réparer le dommage que subit le transporteur lorsque, par quelque cause que ce soit, le transport des choses de l'expéditeur concerné ou d'un autre est prolongé pendant le voyage en question, le début ou le déroulement du voyage ayant été retardé du fait que l'expéditeur n'a pas terminé le chargement ou l'arrimage dans le délai de chargement

loading and stowing within the loading time and the stipulated or statutory time of demurrage. This compensation shall not be less than the demurrage for the number of hours by which the carriage has been prolonged.
2. The statutory provisions regarding penal clauses do not apply to stipulations with respect to demurrage.
3. Debtors of demurrage and of damages, which may be owed pursuant to the second paragraph of article 931, are solidarily liable for payment thereof.
4. Furthermore, the rules apply, if necessary determined by regulation, with respect to the number of loading and unloading days, the calculation of the time of loading, unloading and demurrage, the amount of the demurrage, the manner in which the weight of the things carried or to be carried is determined, the duration of the working time and the hours on which it begins and ends, to the extent that no other starting and finishing hours have been determined by local regulation, and with respect to the compensation for or the counting of nights, Saturdays, Sundays or days wholly or partially equivalent thereto, if stowing or unloading takes place at night or on those days, as well as the beginning of the loading and unloading time and the days and hours on which notices of readiness to load or unload are given.

et la surestarie convenue ou légale. L'indemnité ne sera pas inférieure à la surestarie due pour le nombre d'heures dont le transport a été prolongé.

2. Les dispositions légales relatives aux clauses pénales ne s'appliquent pas aux stipulations de surestarie.

3. Les débiteurs de surestarie et d'éventuelles indemnités dues en application du paragraphe deuxième de l'article 931 sont tenus solidairement au paiement.

4. S'appliquent ,en outre, les règles, qui pourront être fixées par décret, relatives aux points suivants: le nombre de jours de chargement et de déchargement, le calcul du délai de chargement, de déchargement et de surestarie, le montant de surestarie, la façon de déterminer le poids des choses à transporter, la durée des heures de travail et leur début et fin, dans la mesure où un règlement local ne fixe pas d'autres heures de début et de fin, et l'indemnité et l'inclusion des nuits, samedi, dimanche et jours en tout ou partie équivalents, si le chargement, l'arrimage ou le déchargement a lieu la nuit ou pendant ces jours, de même que le début des délais de chargement et de déchargement et les jours et les heures où peut être donné avis de la disponibilité pour chargement ou déchargement.

Art. 933 (8.10.2.44) De artikelen 930, 931 en 932 vinden overeenkomstige toepassing op lossen.

Articles 930, 931 and 932 apply *mutatis mutandis* to unloading.

Les articles 930, 931 et 932 s'appliquent par analogie au débarquement.

Art. 934 (8.10.2.45) - 1. Behalve in geval van tijd- of reisbevrachting is de vervoerder wanneer, nadat de inlading een aanvang heeft genomen, het schip vergaat of zodanig beschadigd blijkt te zijn, dat het herstel, nodig voor de uitvoering van de overeenkomst, niet zonder ingrijpende maatregel mogelijk is, na

lossing van de zaken bevoegd de overeenkomst te beëindigen, mits hij dit zo spoedig mogelijk doet; een maatregel tot herstel, die lossing van de gehele lading noodzakelijk maakt, wordt daarbij vermoed een ingrijpende maatregel te zijn.
- 2. Vermoed wordt dat het vergaan of de beschadiging van het schip is te wijten aan een omstandigheid, die voor rekening van de vervoerder komt; voor rekening van de vervoerder komen die omstandigheden, die in geval van beschadiging van door hem vervoerde zaken voor zijn rekening komen.
- 3. De vervoerder verwittigt, zo mogelijk, de afzender, de geadresseerde en degene aan wie hij volgens de bepalingen van een mogelijkerwijs afgegeven cognossement bericht van gereedheid tot lossen moet zenden.
- 4. Het vijfde, het zesde en het zevende lid van artikel 914 zijn van toepassing.

1. Except in the case of time- or voyage-chartering, when, after the commencement of loading, the vessel is wrecked or proves to be damaged in such a fashion that the repair, necessary to perform the contract, is not possible without serious intervention, the carrier is entitled to terminate the contract after the unloading of the things, provided that he do this as soon as possible; an intervention to repair, necessitating unloading of the entire cargo, is presumed to be a serious intervention.
2. The wrecking of the vessel or the damage to it is presumed to be due to a fact for which the carrier is answerable; the carrier is answerable for those facts for which he is answerable in case of damage to things he carries.
3. If possible, the carrier notifies the consignor, the consignee and the person to whom he must send a notice of readiness to unload according to the provisions of a bill of lading which may have been issued.
4. Paragraphs 5, 6 and 7 of article 914 apply.

1. Sauf dans le cas de l'affrètement à temps ou au voyage, le transporteur peut, à la condition de le faire aussitôt que possible, mettre fin au contrat après avoir débarqué les choses, lorsque, après le commencement du chargement, le bateau périt ou s'avère endommagé au point où la réparation nécessaire pour l'exécution du contrat ne peut être effectuée sans intervention sérieuse; une mesure de réparation qui nécessite le déchargement de la cargaison entière est présumée être une intervention sérieuse.
2. Il y a présomption que la perte ou l'avarie du bateau est attribuable à une circonstance incombant au transporteur; lui incombent les circonstances qui lui incomberaient dans le cas de l'avarie des choses par lui transportées.
3. Le transporteur avise, si possible, l'expéditeur, le destinataire et la personne à qui, selon les dispositions d'un connaissement, s'il en a été délivré, il doit envoyer un avis de la disponibilité du bateau pour le déchargement.
4. Les paragraphes cinquième, sixième et septième de l'article 914 s'appliquent.

Art. 935 (8.10.2.46) - 1. In geval van tijd- of reisbevrachting is de vervrachter, mits hij dit zo spoedig mogelijk doet, bevoegd de overeenkomst geheel of met betrekking tot een gedeelte der zaken al dan niet uitdrukkelijk op te zeggen, wanneer het schip, zonder dat het vergaan is, zodanig beschadigd blijkt te zijn, dat het, naar het oordeel van de vervrachter, het herstel, nodig voor de uitvoering van de overeenkomst, niet waard is of dit herstel binnen redelijke tijd niet mogelijk is.
- 2. Wanneer in geval van reisbevrachting de vervrachter reeds aan boord ontvangen zaken, zij het niet in het bevrachte schip, ondanks de beëindiging van

de overeenkomst naar hun bestemming vervoert, wordt dit vervoer vermoed op grond van de oorspronkelijke overeenkomst plaats te vinden.

- 3. Door de opzegging eindigt de overeenkomst, doch ten aanzien van reeds aan boord ontvangen zaken, eerst na lossing van die zaken.

- 4. Ten aanzien van reeds ten vervoer ontvangen zaken wordt vermoed, dat de beschadiging van het schip is te wijten aan een omstandigheid, die voor rekening van de vervrachter komt; voor rekening van de vervrachter komen die omstandigheden, die in geval van beschadiging van door hem vervoerde zaken voor zijn rekening komen.

- 5. De vervrachter verwittigt, zo spoedig als dit mogelijk is, de bevrachter, de geadresseerde en degeen aan wie hij bericht van gereedheid tot lossen moet zenden.

- 6. Het vijfde, het zesde en het zevende lid van artikel 914 zijn van toepassing met dien verstande, dat in geval van tijdbevrachting vracht verschuldigd blijft tot op het tijdstip van de lossing der zaken.

1. In the case of time- or voyage-chartering, the lessor, provided that he do so as soon as possible, is entitled to cancel the contract, whether or not explicitly, totally or with respect to part of the things when the vessel, without being wrecked, proves to be damaged in such a fashion that, according to the lessor's judgment, the repair, necessary to perform the contract, is not worth it or cannot be done within a reasonable period.

2. When, in the case of voyage-chartering, the lessor carries things already received on board to their destination notwithstanding the termination of the contract, albeit not in the chartered vessel, such carriage is presumed to take place on the basis of the original contract.

3. Cancellation terminates the contract; however, for things already received on board, only after their unloading.

4. With respect to things already received for carriage, it is presumed that the damage to the vessel is due to a fact for which the lessor is answerable; the lessor is answerable for those facts for which he is answerable in case of damage to things he carries.

5. As soon as possible, the lessor notifies the charterer, the consignee

1. Dans le cas de l'affrètement à temps ou au voyage, le fréteur peut, à condition de le faire aussitôt que possible, résilier le contrat, expressément ou non, en entier ou relativement à une partie des choses, lorsque le bateau, sans avoir péri, s'avère endommagé au point où, de l'avis du fréteur, la réparation nécessaire pour l'exécution du contrat ne vaut pas la peine ou ne peut l'être dans un délai raisonnable.

2. S'agissant de l'affrètement au voyage, le fréteur qui, malgré la fin du contrat, transporte à destination, bien que non pas à bord du bateau affrété, les choses déjà reçues à bord est présumé transporter en exécution du contrat initial.

3. La résiliation met fin au contrat, mais, à l'égard des choses déjà reçues à bord, seulement après leur déchargement.

4. À l'égard des choses déjà prises en charge aux fins de transport, il y a présomption que l'avarie du bateau est attribuable à une circonstance incombant à l'affréteur; lui incombent les circonstances qui lui incomberaient dans le cas de l'avarie des choses par lui transportées.

5. Le fréteur avise, dès que possible, l'affréteur, le destinataire et la personne

and the person to whom he must send a notice of readiness to unload.
6. Paragraphs 5, 6 and 7 of article 914 apply, upon the understanding that, in case of time-chartering, freight remains due until the time of unloading of the things.

à laquelle il doit envoyer avis de la disponibilité pour le débarquement.
6. Les cinquième, sixième et septième paragraphes de l'article 914 s'appliquent, étant entendu que, s'agissant de l'affrètement à temps, le fret reste dû jusqu'au moment du débarquement des choses.

Art. 936 (8.10.2.47) - 1. In geval van tijd- of reisbevrachting eindigt de overeenkomst met het vergaan van het schip.
- 2. Ten aanzien van reeds ten vervoer ontvangen zaken wordt vermoed, dat het vergaan van het schip is te wijten aan een omstandigheid, die voor rekening van de vervrachter komt; voor rekening van de vervrachter komen die omstandigheden, die in geval van beschadiging van door hem vervoerde zaken voor zijn rekening komen.
- 3. Vervoert de vervrachter ondanks het vergaan van het schip zaken die reeds aan boord waren ontvangen alsnog naar hun bestemming, dan wordt in geval van reisbevrachting dit vervoer vermoed op grond van de oorspronkelijke overeenkomst plaats te vinden.
- 4. De vervrachter verwittigt, zo spoedig als dit mogelijk is, de bevrachter, de geadresseerde en degeen aan wie hij bericht van gereedheid tot lossen moet zenden.
- 5. Het vijfde, het zesde en het zevende lid van artikel 914 zijn van toepassing.

1. In the case of time- or voyage-chartering, the contract is terminated with the wrecking of the vessel.
2. With respect to things already received for carriage, it is presumed that the wrecking of the vessel is due to a fact for which the lessor is answerable; the lessor is answerable for those facts for which he is answerable in case of damage to things he carries.
3. Where the lessor, despite the wrecking of the vessel, as yet carries things already received on board to their destination, such carriage, in the case of voyage-chartering, is presumed to take place on the basis of the original contract.
4. As soon as possible, the lessor notifies the charterer, the consignee and the person to whom he must send a notice of readiness to unload.
5. Paragraphs 5, 6 and 7 of article 914 apply.

1. S'agissant de l'affrètement à temps ou au voyage, le contrat prend fin par la perte du bateau.
2. À l'égard des choses déjà prises en charge aux fins de transport, il y a présomption que la perte du bateau est attribuable à une circonstance incombant à l'affréteur; lui incombent les circonstances qui lui incomberaient dans le cas de l'avarie des choses par lui transportées.
3. Le transporteur qui, malgré la perte du bateau, transporte à destination les choses déjà reçues à bord est présumé, s'agissant de l'affrètement au voyage, transporter en exécution du contrat initial.
4. Le fréteur avise, dès que possible, l'affréteur, le destinataire et la personne à laquelle il doit envoyer avis de la disponibilité pour le débarquement.
5. Les cinquième, sixième et septième paragraphes de l'article 914 s'appliquent.

Art. 937 (8.10.2.48) - 1. De afzender is, tenzij een cognossement is afgegeven, bevoegd zichzelf of een ander als geadresseerde aan te wijzen, een gegeven aanduiding van de geadresseerde te wijzigen, orders omtrent de aflevering te geven of te wijzigen dan wel aflevering van ten vervoer ontvangen zaken voor de aankomst ter bestemming te verlangen, voor zover de vervoerder aan deze aanwijzingen redelijkerwijs kan voldoen en mits hij de vervoerder en de belanghebbenden bij de overige lading ter zake schadeloos stelt. Hij is verplicht tot bijdragen in een avarij-grosse, wanneer de avarij-grosse handeling plaatshad met het oog op een omstandigheid, waarvan reeds vóór de aflevering is gebleken. Wanneer het schip naar een niet eerder overeengekomen plaats of plek is gevaren, is hij verplicht de vervoerder ter zake bovendien een redelijke vergoeding te geven.
- 2. Hij kan deze rechten niet uitoefenen, wanneer door het opvolgen van zijn aanwijzingen de reis zou worden vertraagd.
- 3. Deze rechten van de afzender vervallen al naarmate de geadresseerde op de losplek zaken ter lossing aanneemt of de geadresseerde van de vervoerder schadevergoeding verlangt omdat deze zaken niet aflevert.
- 4. Zaken, die ingevolge het eerste lid zijn afgeleverd, worden aangemerkt als ter bestemming afgeleverde zaken en de bepalingen van deze afdeling nopens de aflevering van zaken, alsmede de artikelen 955, 956 en 957 zijn van toepassing.

1. Unless a bill of lading has been issued, the consignor is entitled to designate himself or another person as consignee, to modify a given indication of the consignee, to give or modify orders regarding the delivery, as well as to demand delivery of things received for carriage before arrival at the place of destination, to the extent that the carrier can reasonably comply with these indications and provided that he indemnify the carrier and the parties having an interest in the remainder of the cargo with respect hereto. He must contribute to general average when the act pertaining to it took place with respect to a fact having become apparent already before the delivery. Furthermore, when the vessel has sailed to a place not earlier agreed upon, he must give a reasonable compensation to the carrier on this account.
2. He may not exercise these rights where the voyage would be delayed by following his indications.
3. These rights of the consignor lapse as the consignee accepts things for unloading at the place of

1. À moins qu'un connaissement n'ait été délivré, l'expéditeur peut désigner lui-même ou une autre personne comme destinataire, modifier une indication de destinataire déjà donnée, donner ou modifier des ordres relatifs à la livraison ou demander livraison des choses prises en charge aux fins de transport avant leur arrivée à destination, dans la mesure où le transporteur peut raisonnablement se conformer à ces indications et pourvu qu'il indemnise le transporteur et ceux qui ont un intérêt quant au reste de la cargaison. Il contribue aux avaries communes lorsque l'acte qui y donne lieu a été accompli en vue d'une circonstance déjà apparente avant la livraison. Lorsque le bateau se rend à un lieu non convenu auparavant, il est tenu, en outre, de verser au transporteur une indemnité convenable.

2. Il ne peut exercer ces droits lorsque le respect des indications retarderait le voyage.
3. Les droits de l'expéditeur s'éteignent à mesure que le destinataire prend livraison des choses au lieu de

unloading, or as the consignee claims damages from the carrier because he does not deliver these things.

4. Things, delivered pursuant to the first paragraph, are deemed to be things delivered to destination, and the provisions of this section regarding the delivery of things, as well as articles 955, 956 and 957 apply.

débarquement ou que ce dernier demande au transporteur réparation du dommage pour défaut de livrer les choses.

4. Les choses livrées par application du paragraphe premier sont réputées livrées à destination et les dispositions de la présente section relatives à la livraison, de même que les articles 955, 956 et 957, s'appliquent.

Art. 938 (8.10.2.49) - 1. Indien een cognossement is afgegeven, is uitsluitend de in artikel 940 bedoelde houder daarvan en dan alleen tegen afgifte van alle verhandelbare exemplaren van dit cognossement, bevoegd, voor zover de vervoerder hieraan redelijkerwijs kan voldoen, aflevering van alle daarop vermelde zaken gezamenlijk vóór de aankomst ter bestemming te verlangen, mits hij de vervoerder en de belanghebbenden bij de overige lading ter zake schadeloos stelt. Hij is verplicht tot bijdragen in een avarij-grosse, wanneer de avarij-grosse handeling plaatshad met het oog op een omstandigheid, waarvan reeds voor de aflevering is gebleken. Wanneer het schip naar een niet eerder overeengekomen plaats of plek is gevaren, is hij verplicht de vervoerder ter zake bovendien een redelijke vergoeding te geven.
- 2. Hij kan dit recht niet uitoefenen, wanneer door de voortijdige aflevering de reis zou worden vertraagd.
- 3. Zaken, die ingevolge het eerste lid zijn afgeleverd, worden aangemerkt als ter bestemming afgeleverde zaken en de bepalingen van deze afdeling nopens de aflevering van zaken, alsmede de artikelen 955, 956 en 957 zijn van toepassing.

1. If a bill of lading has been issued, only its holder as referred to in article 940 and then solely against the handing over of all negotiable copies of this bill of lading, is entitled to demand, before arrival at the place of destination, the delivery of all things mentioned therein together, to the extent that the carrier can reasonably comply herewith, and provided that the holder indemnify the carrier and the parties having an interest in the remainder of the cargo in respect of this delivery. He must contribute to general average when the act pertaining to it took place with respect to a fact already having become apparent before the delivery. Furthermore, when the vessel has sailed to a place not earlier agreed upon, he must give a reasonable compensation to the carrier on this

1. Si un connaissement a été délivré, seul le porteur visé à l'article 940, et encore contre remise de tous les exemplaires négociables du connaissement seulement, peut demander, dans la mesure où le transporteur peut raisonnablement obtempérer, livraison de toutes les choses qui y sont énumérées ensemble avant l'arrivée à destination, pourvu qu'il indemnise, à l'égard de cette livraison, le transporteur et ceux qui ont un intérêt quant au reste de la cargaison. Il contribue aux avaries communes lorsque l'acte qui y donne lieu a été accompli en vue d'une circonstance déjà apparente avant la livraison. Lorsque le bateau se rend à un lieu non convenu auparavant, il est tenu, en outre, de verser au transporteur une indemnité convenable.

account.

2. He may not exercise this right where the premature delivery would delay the voyage.

3. Things, delivered pursuant to the first paragraph, are deemed to be things delivered to destination and the provisions of this section regarding the delivery of things, as well as articles 955, 956 and 957 apply.

2. Il ne peut exercer ce droit lorsque la livraison anticipée retarderait le voyage.

3. Les choses livrées en application du paragraphe premier sont réputées livrées à destination et les dispositions de la présente section relatives à la livraison des choses, de même que les articles 955, 956 et 957, s'appliquent.

Art. 939 (8.10.2.50) Indien geen cognossement doch aan de afzender een vrachtbrief die een geadresseerde vermeldt is afgegeven, heeft ook deze geadresseerde jegens de vervoerder het recht aflevering van de zaken overeenkomstig de op de vervoerder rustende verplichtingen te vorderen; daarbij zijn de artikelen 903, 905 en 906 van overeenkomstige toepassing.

If no bill of lading has been issued but rather a consignment note has been given to the consignor mentioning a consignee, this consignee has the right to demand from the carrier the delivery of the things according to the obligations resting upon the carrier; articles 903, 905 and 906 apply *mutatis mutandis*.

S'il a été délivré à l'expéditeur, non pas un connaissement, mais une lettre de voiture indiquant un destinataire, ce dernier a le droit de demander au transporteur la livraison des choses conformément aux obligations incombant à celui-ci; les articles 903, 905 et 906 s'appliquent par analogie.

Art. 940 (8.10.2.51) - 1. Indien een cognossement is afgegeven, heeft uitsluitend de regelmatige houder daarvan, tenzij hij niet op rechtmatige wijze houder is geworden, jegens de vervoerder onder het cognossement het recht aflevering van de zaken overeenkomstig de op de vervoerder rustende verplichtingen te vorderen; daarbij zijn de artikelen 903, 905 en 906 van toepassing.
- 2. Jegens de houder van het cognossement, die niet de afzender was, is de vervoerder onder cognossement gehouden aan en kan hij een beroep doen op de bedingen van dit cognossement. Jegens iedere houder van het cognossement kan hij de uit het cognossement duidelijk kenbare rechten tot betaling geldend maken. Jegens de houder van het cognossement, die ook de afzender was, kan de vervoerder zich bovendien op de bedingen van de vervoerovereenkomst en op zijn persoonlijke verhouding tot de afzender beroepen.

1. If a bill of lading has been issued, only its regular holder has the right to demand delivery of the things from the carrier under the bill of lading according to the obligations resting upon the carrier, unless he has not become a holder lawfully; articles 903, 905 and 905 apply.

2. The carrier under a bill of lading is bound by and may invoke the

1. Si un connaissement a été délivré, seul le porteur régulier, à moins qu'il ne le soit pas devenu de manière licite, a le droit de demander au transporteur la livraison des choses sous l'empire du connaissement et conformément aux obligations incombant à ce dernier; les articles 903, 905 et 906 s'appliquent.

2. À l'égard du porteur du connaissement non-expéditeur, le

stipulations of this bill of lading against the holder of the bill who was not the consignor. Against each holder of the bill of lading, he can assert the rights to payment which are clearly knowable from the bill. Against the holder of the bill of lading, who was also the consignor, the carrier may, in addition, invoke the stipulations of the contract of carriage and his personal relationship with the consignor.

transporteur sous connaissement est lié par les clauses de celui-ci et il peut les invoquer. À l'égard de tout porteur du connaissement, il peut faire valoir les droits au paiement qui apparaissent clairement au connaissement. À l'égard du porteur du connaissement expéditeur, le transporteur peut ,en outre, se prévaloir des clauses du contrat de transport et de son rapport personnel avec l'expéditeur.

Art. 941 (8.10.2.51a) - 1. Indien bij toepassing van artikel 943 verscheidene personen als vervoerder onder het cognossement moeten worden aangemerkt zijn dezen jegens de in artikel 940 eerste lid bedoelde cognossementhouder hoofdelijk verbonden.
- 2. In het in het eerste lid genoemde geval is ieder der vervoerders gerechtigd de uit het cognossement blijkende rechten jegens de cognossementhouder uit te oefenen en is deze jegens iedere vervoerder gekweten tot op het opeisbare bedrag dat hij op grond van het cognossement aan één hunner heeft voldaan. Titel 7 van Boek 3 is niet van toepassing.

1. If, in applying article 943, several persons must be considered as carrier under the bill of lading, they are solidarily liable towards the holder of the bill of lading as referred to in the first paragraph of article 940.

2. In the case referred to in the first paragraph, each of the carriers is entitled to exercise the rights appearing from the bill of lading against the holder of the bill, and the latter is discharged regarding each carrier up to the exigible amount which he has paid to one of them pursuant to the bill of lading. Title 7 of Book 3 does not apply.

1. Si, par application de l'article 943, plusieurs personnes doivent être considérées comme transporteur aux fins du connaissement, elles sont solidairement tenues à l'égard du porteur du connaissement visé au paragraphe premier de l'article 940.
2. Dans le cas visé au paragraphe premier, chacun des transporteurs peut exercer, à l'égard du porteur du connaissement, les droits qui y apparaissent et celui-ci est libéré à l'égard de chacun d'eux jusqu'à concurrence de la somme exigible qu'il a payée en exécution du connaissement à l'un d'entre eux. Le titre septième du Livre troisième ne s'applique pas.

Art. 942 (8.10.2.52) Van de houders van verschillende exemplaren van hetzelfde cognossement heeft hij het beste recht, die houder is van het exemplaar, waarvan ná de gemeenschappelijke voorman, die houder was van al die exemplaren, het eerst een ander houder is geworden te goeder trouw en onder bezwarende titel.

Amongst the holders of different copies of the same bill of lading, the best right belongs to the holder of the first copy of which, after the common author who was holder of all those

A le meilleur droit, parmi les porteurs de différents exemplaires du même connaissement, celui qui détient le premier exemplaire dont, après l'auteur commun porteur de tous les

copies, another person has become holder in good faith and by onerous title.

exemplaires, un autre est devenu porteur de bonne foi et à titre onéreux.

Art. 943 (8.10.2.53) - 1. Onverminderd de overige leden van dit artikel worden als vervoerder onder het cognossement aangemerkt hij die het cognossement ondertekende of voor wie een ander dit ondertekende alsmede hij wiens formulier voor het cognossement is gebezigd. Is het cognossement niet of op onleesbare wijze ondertekend, dan wordt de wederpartij van de afzender als vervoerder onder het cognossement aangemerkt.
- 2. Indien de schipper of een ander voor hem het cognossement ondertekende, wordt naast degenen genoemd in het eerste lid, die tijd- of reisbevrachter, die vervoerder is bij de laatste overeenkomst in de keten der exploitatie-overeenkomsten als bedoeld in afdeling 1 van titel 5, als vervoerder onder het cognossement aangemerkt. Indien het schip in rompbevrachting is uitgegeven wordt naast deze eventuele tijd- of reisbevrachter ook de laatste rompbevrachter als vervoerder onder het cognossement aangemerkt. Is het schip niet in rompbevrachting uitgegeven, dan wordt naast de hiergenoemde eventuele tijd- of reisbevrachter ook de eigenaar als vervoerder onder het cognossement aangemerkt.
- 3. In afwijking van de vorige leden wordt uitsluitend de laatste rompbevrachter, onderscheidenlijk de eigenaar, als vervoerder onder het cognossement aangemerkt indien het cognossement uitsluitend deze rompbevrachter, onderscheidenlijk de eigenaar, uitdrukkelijk als zodanig aanwijst en, in geval van aanwijzing van de rompbevrachter, bovendien diens identiteit uit het cognossement duidelijk kenbaar is.
- 4. Dit artikel laat het tweede lid van artikel 861 onverlet.
- 5. Nietig is ieder beding, waarbij van dit artikel wordt afgeweken.

1. Without prejudice to the remaining paragraphs of this article, the person who signed the bill of lading, the person for whom another person signed, as well as the person whose form was used for the bill of lading, are deemed to be carriers under the bill of lading. If the bill of lading has not been signed or has been signed illegibly, the co-contracting party of the consignor is deemed to be carrier under the bill of lading.
2. If the master signed the bill of lading or another person for him, that time- or voyage-charterer who is the carrier in the last contract in the chain of contracts of operation as referred to in Section 1 of Title 5, is deemed to be carrier under the bill of lading, in addition to the persons mentioned in the first paragraph. If the vessel

1. Sans préjudice des autres paragraphes du présent article, est réputé transporteur aux fins du connaissement celui qui l'a signé ou pour qui un autre l'a signé, de même que celui dont la formule a été employée comme connaissement. Si le connaissement n'est pas signé ou est signé de façon illisible, le cocontractant de l'expéditeur est réputé transporteur aux fins du connaissement.

2. Si le capitaine ou une autre personne pour lui a signé le connaissement, est réputé transporteur aux fins du connaissement, aux côtés des personnes visées au paragraphe premier, l'affréteur à temps ou au voyage qui est transporteur aux fins du dernier contrat dans la chaîne des contrats d'exploitation visés à la Section

has been leased under a bare-boat charter, the last bare-boat charterer too is deemed to be carrier under the bill of lading, in addition to this possible time- or voyage-charterer. If the vessel has not been leased under a bare-boat charter, the owner too is deemed to be carrier under the bill of lading, in addition to this possible time- or voyage charterer.

3. By derogation from the previous paragraphs, only the last bare-boat charterer, or the owner are deemed to be carriers under the bill of lading, if the bill exclusively and explicitly designates as such the bare-boat charterer, or the owner and in addition, in case of designation of the bare-boat charterer, if his identity is clearly knowable from the bill of lading.

4. This article does not affect the second paragraph of article 861.

5. Any stipulation derogating from this article is null.

première du Titre cinquième. Si le bateau est donné en affrètement coque nue, le dernier affréteur coque nue est lui aussi réputé transporteur aux fins du connaissement, aux côtés de cet éventuel affréteur à temps ou au voyage. Si le bateau n'est pas donné en affrètement coque nue, le propriétaire est lui aussi réputé transporteur aux fins du connaissement, aux côtés de cet éventuel affréteur à temps ou au voyage.

3. Par dérogation aux paragraphes précédents, seul le dernier affréteur coque nue, soit le propriétaire, est réputé transporteur aux fins du connaissement, si celui-ci ne désigne que cet affréteur coque nue, soit le propriétaire, à ce titre et que, en outre, dans le cas de l'affréteur coque nue, son identité apparaisse clairement au connaissement.

4. Le présent article ne porte pas atteinte au deuxième paragraphe de l'article 861.

5. Toute stipulation dérogatoire au présent article est nulle.

Art. 944 (8.10.2.53a) - 1. Het eerste lid, eerste volzin van artikel 943 vindt geen toepassing indien een daar als vervoerder onder het cognossement aangemerkte persoon bewijst dat hij die het cognossement voor hem ondertekende daarbij de grenzen zijner bevoegdheid overschreed of dat het formulier zonder zijn toestemming is gebezigd. Desalniettemin wordt een in het eerste lid, eerste volzin van artikel 943 bedoelde persoon als vervoerder onder het cognossement aangemerkt, indien de houder van het cognossement bewijst dat op het ogenblik van uitgifte van het cognossement, op grond van een verklaring of gedraging van hem voor wie is ondertekend of wiens formulier is gebezigd, redelijkerwijze mocht worden aangenomen, dat hij die ondertekende daartoe bevoegd was of dat het formulier met toestemming was gebezigd.
- 2. In afwijking van het eerste lid wordt de rederij als vervoerder onder het cognossement aangemerkt indien haar boekhouder door ondertekening van het cognossement de grenzen zijner bevoegdheid overschreed, doch zij wordt niet gebonden jegens de eerste houder van het cognossement die op het ogenblik van uitgifte daarvan wist dat de boekhouder de grenzen zijner bevoegdheid overschreed.
- 3. Een beroep op het tweede lid van artikel 943 is mogelijk ook indien de schipper door ondertekening van het cognossement of door een ander de bevoegdheid te geven dit namens hem te ondertekenen, de grenzen zijner bevoegdheid overschreed, doch dergelijk beroep staat niet open aan de eerste houder van het cognossement die op het ogenblik van uitgifte daarvan wist dat de schipper de grenzen zijner bevoegdheid overschreed.

- 4. Het derde lid vindt eveneens toepassing indien hij die namens de schipper het cognossement ondertekende daarbij de grenzen zijner bevoegdheid overschreed.

1. The first sentence of the first paragraph of article 493 does not apply if a person deemed to be carrier under the bill of lading proves that the person who signed the bill of lading for him exceeded the boundaries of his power in doing so, or that the form was used without his permission. Nevertheless, a person, referred to in the first paragraph, first sentence of article 943 is deemed to be carrier under the bill of lading if its holder proves that, at the time of the issuance of the bill, it could be reasonably assumed, on the basis of a declaration or conduct of the person for whom the bill of lading was signed or whose form was used, that the person signing was entitled to do so or that the form was used with permission.
2. By derogation from the first paragraph, the shipping enterprise is deemed to be carrier under the bill of lading if its administrator, by signing the bill of lading, exceeded the boundaries of his power; however, the enterprise does not become bound towards the first holder of the bill of lading who, at the time of its issuance, knew that the administrator had exceeded the boundaries of his power.
3. The second paragraph of article 943 may also be invoked if the master, by signing the bill of lading or by giving another person the power to sign on his behalf, exceeded the boundaries of his power; however, this option is not open to the first holder of the bill of lading who, at the time of its issuance, knew that the master exceeded the boundaries of his power.
4. Paragraph 3 also applies if the person, who signed the bill of lading on behalf of the master, exceeded the

1. La première phrase du paragraphe premier de l'article 943 ne s'applique pas si la personne réputée transporteur aux fins du connaissement établit que celui qui a signé le connaissement pour lui a excédé les limites de ses pouvoirs ou que la formule a été employée sans son consentement. La personne visée à la première phrase du paragraphe premier de l'article 943 est, néanmoins, réputée transporteur aux fins du connaissement, si le porteur de celui-ci établit que, au moment de sa délivrance, l'on pouvait normalement présumer, sur la foi d'une déclaration ou des actes de celui pour qui le conaissement a été signé ou dont la formule a été employée, que celui qui a signé avait le pouvoir de le faire ou que la formule a été employée avec son consentement.
2. Par dérogation au paragraphe premier, l'entreprise d'armement est réputée transporteur aux fins du connaissement, si le gérant, en le signant, a outrepassé les limites de ses pouvoirs, mais elle n'est pas engagée à l'égard du premier porteur du connaissement qui, au moment de sa délivrance, savait que le gérant outrepassait les limites de ses pouvoirs.
3. On peut également invoquer le paragraphe deuxième de l'article 943 si le capitaine outrepassait les limites de ses pouvoirs en signant le connaissement ou en accordant à un autre le pouvoir de le faire en son nom; toutefois, le premier porteur du connaissement qui, au moment de sa délivrance, savait que le capitaine excédait les limites de ses pouvoirs ne peut l'invoquer.
4. Le paragraphe troisième s'applique également si celui qui signait le connaissement au nom du capitaine

boundaries of his power in doing so.

outrepassait, ce faisant, les limites de ses pouvoirs.

Art. 945 (8.10.2.54) - 1. Is een vervrachter ingevolge artikel 943 tot meer gehouden dan waartoe hij uit hoofde van zijn bevrachting is verplicht of ontving hij minder dan waartoe hij uit dien hoofde is gerechtigd, dan heeft hij mits de ondertekening van het cognossement of de afgifte van het formulier plaatsvond krachtens het in de bevrachting bepaalde, dan wel op verzoek van de bevrachter deswege op deze laatste verhaal.
- 2. Hetzelfde geldt voor een ingevolge het eerste lid aangesproken bevrachter, die op zijn beurt vervrachter is.

1. Where, as a consequence of article 943, a lessor is bound to more than what he is obligated to pursuant to his chartering, or where he has received less than what he is entitled to pursuant to his chartering, he has recourse therefor against the charterer, provided that the bill of lading was signed or the document handed over according to the provisions in the charter-party or upon the request of the charterer.
2. The same applies to a charterer sued according to the first paragraph if, in his turn, he is lessor.

1. Si, par application de l'article 943, le fréteur est tenu à plus que ce à quoi l'affrètement l'engage ou s'il a reçu moins que ce à quoi l'affrètement lui donne droit, il a alors, pourvu que la signature du connaissement ou la remise de la formule ait eu lieu conformément à ce qui était prévu à l'affrètement ou encore à la requête de l'affréteur, un recours contre ce dernier.

2. Il en est de même pour l'affréteur, poursuivi conformément au paragraphe premier, qui est à son tour fréteur.

Art. 946 (8.10.2.55) - 1. De houder van het cognossement, die zich tot ontvangst van de zaken heeft aangemeld, is verplicht, voordat hij deze heeft ontvangen, het cognossement van kwijting te voorzien en aan de vervoerder af te geven.
- 2. Hij is gerechtigd het cognossement tot zekerheid der afgifte daarvan bij een, in geval van geschil op verzoek van de meest gerede partij door de rechter aan te wijzen, derde in bewaring te geven totdat de zaken afgeleverd zijn.
- 3. Tenzij het cognossement in overeenstemming met het eerste lid van kwijting is voorzien en aan de vervoerder is afgegeven, is de ontvanger verplicht naarmate van de aflevering van de zaken ontvangstbewijzen daarvoor af te geven, voor zover althans dit de aflevering niet op onredelijke wijze vertraagt.

1. The holder of the bill of lading who has applied to receive the things must, before reception, put a discharge on the bill and hand it over to the carrier.

2. To secure the delivery of the things, he is entitled to deposit the bill of lading with a third person until their delivery; in case of dispute, the third person is designated by the judge upon the request of the most

1. Le porteur du connaissement qui s'est présenté pour recevoir les choses est tenu, avant de les recevoir, de marquer le connaissement d'une quittance et de le remettre au transporteur.

2. Il a le droit, afin d'assurer la remise des choses, de déposer le connaissement, jusqu'à leur livraison, entre les mains d'un tiers, que, en cas de différend, le juge désigne à la requête de la partie la plus diligente.

diligent party.

3. Unless a discharge has been put on the bill of lading in accordance with the first paragraph, the recipient receiving delivery must issue receipts for the delivery of the things as they are delivered, to the extent nevertheless that this does not delay the delivery unreasonably.

3. À moins que le connaissement n'ait été marqué d'une quittance conformément au paragraphe premier, le réceptionnaire est tenu de délivrer des reçus pour les choses livrées à mesure de leur livraison, pour autant toutefois que cela ne retarde pas indûment la livraison.

Art. 947 (8.10.2.56) - 1. Een derde gedeelte van de vracht, berekend over de ten vervoer ontvangen zaken, of, wanneer een beding als „franco vracht tegen ontvangstbewijs" is gemaakt, twee derde gedeelte daarvan is verschuldigd op het ogenblik, dat de vervoerder de zaken ten vervoer ontvangt of, wanneer door hem een vrachtbrief of cognossement wordt afgegeven, bij het afgeven hiervan. De overige vracht is verschuldigd na aflevering van de zaken ter bestemming of ter plaatse, waar de vervoerder hen met inachtneming van artikel 937 of artikel 938 afleverde. Is de vracht bepaald naar gewicht of omvang der zaken, dan wordt hij berekend naar deze gegevens bij aflevering.
- 2. Wanneer zaken weliswaar worden afgeleverd, doch niet ter bestemming, is distantievracht verschuldigd. Deze wordt berekend aan de hand van het door de zaken afgelegde gedeelte van het vervoer en de door de vervoerder gemaakte kosten. Hierbij wordt rekening gehouden met de gehele duur en lengte van het vervoer en het totaal van de daarvoor door de vervoerder te maken kosten.
- 3. Vracht, die in één som voor alle zaken is bepaald, is, ook wanneer slechts een gedeelte van die zaken ter bestemming is afgeleverd, in zijn geheel verschuldigd.
- 4. Vracht, die vooruit te voldoen is of voldaan is, is en blijft - behalve in geval van tijdbevrachting - in zijn geheel verschuldigd, ook wanneer de zaken niet ter bestemming worden afgeleverd.
- 5. Zaken, die niet zijn afgeleverd, worden desalniettemin aangemerkt als afgeleverde zaken voor zover het niet afleveren het gevolg is van de aard of een gebrek van de zaken, dan wel van een handeling of nalaten van een rechthebbende op of de afzender, geadresseerde of ontvanger van de zaken.
- 6. Wanneer de vracht in het cognossement op een lager bedrag is vastgesteld dan in de vervoerovereenkomst, is het verschil aan de vervoerder vooruit te voldoen.
- 7. Wanneer de afzender niet de vóór het begin van het vervoer verschuldigde vracht heeft voldaan, is de vervoerder bevoegd het vertrek van het schip op te schorten. Met toestemming van de rechter is hij gerechtigd tot het nemen van de in de artikelen 955 en 957 genoemde maatregelen. Gaat hij hiertoe over, dan zijn deze artikelen alsmede artikel 956 van toepassing. De afzender is verplicht de vervoerder de schade te vergoeden, wanneer, door welke oorzaak dan ook, vervoer van zaken van de betrokken of van een andere afzender op de onderhavige reis wordt verlengd ten gevolge van deze opschorting. Deze schadevergoeding zal niet minder bedragen dan het overliggeld over het aantal uren, waarmee het vervoer is verlengd.

1. A third of the freight, calculated over the things received for carriage, or, where a stipulation such as "free

1. Le tiers du fret, calculé sur les choses prises en charge aux fins de transport - ou, dans le cas d'une

of freight against receipt" has been made, two-thirds thereof is owed at the time that the carrier receives the things for carriage or, when he has issued a consignment note or bill of lading, upon its issuance. The remaining freight is owed after delivery of the things to destination or to the place where the carrier delivered them with due observation of article 937 or 938. Where the freight is determined according to the weight or volume of the things, it is calculated according to these data at the time of delivery.

2. When things are delivered but not to destination, ratable freight is owed. It is calculated according to the part of the carriage over which the things have been carried and the costs incurred by the carrier. In doing so, account is taken of the whole duration and length of the carriage and the total costs to be incurred by the carrier for that purpose.

3. Freight which is determined in one sum for all things is owed in total, even when only part of those things has been delivered at destination.

4. Except in the case of time-chartering, freight payable or paid in advance is and remains owed in total, even when the things are not delivered to destination.

5. Things which have not been delivered are nevertheless deemed to have been delivered to the extent that non-delivery is the result of the nature or of a defect of the things, or of an act or omission of a title-holder to, the consignor, the consignee or the recipient of the things.

6. Where, in the bill of lading, the freight has been fixed at an amount lower than in the contract of carriage, the difference must be paid to the carrier in advance.

7. Where the consignor has not paid the freight owed before the commencement of the carriage, the

stipulation «fret payable contre certificat de délivraison», les deux tiers - est dû au moment de la prise en charge des choses par le transporteur ou, le cas échéant, de la délivrance de la lettre de voiture ou du connaissement. Le surplus est dû au moment de la livraison des choses à destination ou au lieu où le transporteur les a livrées conformément à l'article 937 ou 938. Si le fret est déterminé d'après le poids ou le volume des choses, il est calculé suivant ces données au moment de la livraison.

2. Lorsque les choses sont livrées, mais non à destination, le fret de distance est dû. Il est calculé d'après la portion du trajet que les choses ont parcourue et les frais que le transporteur a engagés. On tient compte de la durée et de la longueur totales du transport, ainsi que de l'ensemble des frais que le transporteur devait y engager.

3. Le fret déterminé en une somme unique pour l'ensemble des choses est dû en entier, même si elles n'ont été livrées à destination qu'en partie.

4. Le fret payable ou payé d'avance est dû en entier et le demeure, sauf le cas de l'affrètement à temps, même si les choses ne sont pas livrées à destination.

5. Les choses non livrées sont néanmoins réputées livrées dans la mesure où la non-livraison résulte de la nature ou d'un vice des choses, ou encore d'un acte ou omission de leur titulaire, expéditeur, destinataire ou réceptionnaire.

6. Lorsque le fret est fixé au connaissement à une somme inférieure à celle que prévoit le contrat de transport, la différence doit être acquittée au transporteur à l'avance.

7. Lorsque l'expéditeur n'a pas réglé le fret dû avant le début du transport, le transporteur peut suspendre le départ du

carrier is entitled to suspend the departure of the vessel. With permission of the judge, he is entitled to take the measures referred to in articles 955 and 957. Where he proceeds to do so, these articles as well as article 956 apply. The consignor must compensate the carrier for the damage when, by whatever cause, carriage of things of the consignor involved or of another is prolonged during the voyage in question as a result of this suspension. This compensation shall not be lower than the amounts of the demurrage for the number of hours with which the carriage has been prolonged.

bateau. Avec l'autorisation du juge, il a le droit de prendre les mesures énumérées aux articles 955 et 957. Le cas échéant, ces articles s'appliquent, de même que l'article 956. L'expéditeur est tenu de réparer le dommage que subit le transporteur du fait que, par quelque cause que ce soit, le transport des choses de l'expéditeur concerné ou d'un autre est retardé par suite de cette suspension lors du voyage en question. L'indemnité ne sera pas inférieure aux surestaries dues pour le nombre d'heures dont le transport a été prolongé.

Art. 948 (8.10.2.57) Voor zaken die door een opvarende voor eigen rekening in strijd met enig wettelijk verbod worden vervoerd is de hoogste vracht verschuldigd die ten tijde van de inlading voor soortgelijke zaken kon worden bedongen. Deze vracht is verschuldigd ook wanneer de zaken niet ter bestemming worden afgeleverd en de ontvanger is met de verscheper hoofdelijk voor deze vracht verbonden.

For things carried by a person on board for his own account and in violation of a statutory prohibition, the highest freight is owed which could be stipulated, at the time of loading, for similar things. This freight is owed even when the things are not delivered to their destination, and the recipient is solidarily bound with the consignor for the payment of this freight.

Pour les choses qu'une personne transporte à bord pour son compte en violation d'une interdiction légale, est dû, le fret le plus élevé qui pouvait être stipulé pour pareilles choses au moment du chargement. Ce fret est dû lors même que les choses ne sont pas livrées à destination, et le réceptionnaire et le chargeur en sont solidairement tenus.

Art. 949 (8.10.2.58) Onder voorbehoud van de laatste zinsnede van het zesde lid van artikel 935 is in geval van tijdbevrachting vracht niet verschuldigd over de tijd, dat de bevrachter het schip niet overeenkomstig de bedingen van de bevrachting te zijner beschikking heeft
a. ten gevolge van beschadiging daarvan, dan wel
b. doordat de vervrachter in de nakoming van zijn verplichtingen tekort schiet, mits het schip meer dan 24 aaneengesloten uren niet ter beschikking van de bevrachter staat.

Subject to the last clause of the sixth paragraph of article 935, in the case of time-chartering, freight is not owed for the period that the charterer

Sous réserve de la dernière phrase du paragraphe sixième de l'article 935, s'agissant de l'affrètement à temps, le fret n'est pas dû sur la période pendant

does not have the vessel at his disposal according to the provisions of the charter-party
a. as a result of damage thereto; or
b. because the lessor fails in the performance of his obligations,
provided that the vessel is not at the disposal of the charterer for more than 24 consecutive hours.

laquelle l'affréteur n'a pas à sa disposition le bateau conformément aux stipulations de l'affrètement
a. par suite de l'avarie de celui-ci;
b. du fait que le fréteur manque à ses obligations,
pourvu que le bateau soit indisponible pour l'affréteur pendant une période de plus de 24 heures consécutives.

Art. 950 (8.10.2.59) - 1. Bij tijdbevrachting komen de brandstof voor de voortstuwingsinstallaties en de smeerolie, de havenrechten en soortgelijke rechten en uitgaven, die verschuldigd worden ten gevolge van uitgevoerde reizen en het vervoeren van zaken, ten laste van de bevrachter. De overige lasten der exploitatie van het schip komen ten laste van de vervrachter.
- 2. Bij vletten komen de havengelden ten laste van de vervrachter, tenzij het schip zich begeeft naar een andere gemeente. In dat geval komen de havengelden, verschuldigd in die andere gemeente, alsmede de havengelden, verschuldigd na terugkeer in de oorspronkelijke gemeente, ten laste van de bevrachter.

1. In the case of time-chartering, fuel for the propulsion machines, lubricating oil, harbour-dues and similar dues and charges, owed as a result of voyages made and the carriage of things, are borne by the charterer. The remaining charges to operate the vessel are borne by the lessor.
2. In the case of conveyance in flatboats, harbour-dues are borne by the lessor, unless the vessel goes to another commune. In that case, harbour-dues, owed in that other commune, as well as the harbour-dues owed after return to the original commune, are borne by the charterer.

1. S'agissant d'affrètement à temps, le fuel pour les machines de propulsion, l'huile de graissage, les droits de port et semblables droits et dépenses, dus par suite des voyages effectués et du transport des choses, incombent à l'affréteur. Les autres charges de l'exploitation du bateau incombent au fréteur.
2. Dans le cas du contrat de transports locaux[1], les droits de port incombent au fréteur, à moins que le navire ne se rende à une autre commune. Dans ce dernier cas, les droits de port dus dans l'autre commune, ainsi que ceux qui seront dus au retour dans la commune d'origine, incombent à l'affréteur.

Art. 951 (8.10.2.60) Onverminderd het omtrent avarij-grosse bepaalde en onverminderd afdeling 1 van titel 4 van Boek 6 zijn de afzender en de ontvanger en, indien een cognossement is afgegeven, de in artikel 940 bedoelde houder daarvan, hoofdelijk verbonden de vervoerder de schade te vergoeden, geleden doordat deze zich als zaakwaarnemer inliet met de behartiging van de belangen van een rechthebbende op ten vervoer ontvangen zaken dan wel doordat de kapitein of de schipper zijn in de artikelen 261 of 860 genoemde verplichtingen is nagekomen.

Without prejudice to the provisions on general average and Section 1 of

Sans préjudice des dispositions relatives aux avaries communes et de la Section

---
[1] Voir note à l'art. 892.

Title 4 of Book 6, the consignor, the recipient and, if a bill of lading has been issued, its holder, as referred to in article 940, are solidarily liable to compensate the carrier for the damage which he has suffered because of the fact that, as manager of the affairs of another, he involved himself in looking after the interests of a title-holder to things received for carriage, or because the captain or the master have performed their obligations referred to in articles 261 or 860.

première du Titre quatrième du Livre sixième, l'expéditeur et le réceptionnaire et, si un connaissement a été délivré, le porteur visé à l'article 940 sont tenus solidairement de réparer le dommage que subit le transporteur du fait de s'être occupé, à titre de gérant d'affaires, des intérêts d'un titulaire des choses reçues aux fins de transport ou du fait de l'exécution par le capitaine des obligations énumérées à l'article 261 ou à l'article 860.

Art. 952 (8.10.2.61) Slechts een schriftelijk en ondubbelzinnig daartoe strekkend beding ontheft de afzender van zijn verplichtingen ter zake van het vervoer.

Only a written and unequivocal stipulation to that effect relieves the consignor of his obligations with respect to the carriage.

Seule une stipulation écrite et non ambiguè relève l'expéditeur de ses obligations relatives au transport.

Art. 953 (8.10.2.62) - 1. De vervoerder is verplicht de bedragen, die als rembours op de zaak drukken, bij aflevering van de zaak van de ontvanger te innen en vervolgens aan de afzender af te dragen. Wanneer hij aan deze verplichting, door welke oorzaak dan ook, niet voldoet, is hij verplicht het bedrag van het rembours aan de afzender te vergoeden, doch indien deze geen of minder schade leed, ten hoogste tot op het bedrag van de geleden schade.
- 2. De ontvanger, die ten tijde van de aflevering weet dat een bedrag als rembours op de zaak drukt, is verplicht aan de vervoerder het door deze aan de afzender verschuldigde bedrag te voldoen.

1. Upon delivery of the thing, the carrier must collect from the recipient the amounts resting upon the thing by way of cost on delivery charges, and he must then hand them over to the consignor. Where, for whatever reason, he does not comply with this obligation, he must compensate the consignor for the amount of the cost on delivery charges, but if the latter has suffered no or less damage, up to the amount of the damage suffered.

2. The recipient who, at the time of delivery, knows that an amount rests upon the thing by way of cost on delivery charges, must pay to the carrier the amount which the latter

1. Le transporteur est tenu, lors de la livraison, de percevoir auprès du réceptionnaire les sommes grevant la chose au titre de frais d'un envoi contre remboursement et de les remettre ensuite à l'expéditeur. Lorsqu'il ne remplit pas cette obligation, pour quelque cause que ce soit, il est tenu d'indemniser l'expéditeur de ces sommes, mais, si celui-ci n'a pas subi de dommage ou a subi un dommage inférieur, jusqu'à concurrence de ce dommage.
2. Le réceptionnaire qui sait, lors de la livraison, qu'une somme grève la chose au titre de frais d'un envoi contre remboursement est tenu de payer au transporteur la somme que celui-ci doit à

owes to the consignor.   l'expéditeur.

Art. 954 (8.10.2.63) - 1. De vervoerder is gerechtigd afgifte van zaken, die hij in verband met de vervoerovereenkomst onder zich heeft, te weigeren aan ieder, die uit anderen hoofde dan de vervoerovereenkomst recht heeft op aflevering van die zaken, tenzij op de zaken beslag is gelegd en uit de vervolging van dit beslag een verplichting tot afgifte aan de beslaglegger voortvloeit.
- 2. De vervoerder kan het recht van retentie uitoefenen op zaken, die hij in verband met de vervoerovereenkomst onder zich heeft, voor hetgeen hem verschuldigd is of zal worden terzake van het vervoer van die zaken alsmede voor hetgeen als bijdrage in avarij-grosse op die zaken verschuldigd is of zal worden. Hij kan dit recht tevens uitoefenen voor hetgeen bij wijze van rembours op de zaak drukt. Indien een cognossement is afgegeven, kan hij dit recht slechts uitoefenen voor wat hem door de ontvanger verschuldigd is of zal worden, tenzij het cognossement bepaalt, dat de vracht of andere vorderingen terzake van het vervoer door de afzender moeten worden voldaan; in dat geval kan hij de zaken terughouden, totdat de afzender aan zijn verplichtingen voldoet. Dit retentierecht vervalt zodra aan de vervoerder is betaald het bedrag waarover geen geschil bestaat en voldoende zekerheid is gesteld voor de betaling van die bedragen, waaromtrent wel geschil bestaat of welker hoogte nog niet kan worden vastgesteld. De vervoerder behoeft echter geen zekerheid te aanvaarden voor hetgeen bij wijze van rembours op de zaak drukt.
- 3. De in dit artikel aan de vervoerder toegekende rechten komen hem niet toe jegens een derde, indien hij op het tijdstip dat hij de zaak ten vervoer ontving, reden had te twijfelen aan de bevoegdheid van de afzender jegens die derde hem de zaak ten vervoer ter beschikking te stellen.

1. The carrier is entitled to refuse to hand over the things, which he detains in connection with the contract of carriage, to any person who has a right to delivery of those things pursuant to a title other than the contract of carriage, unless the things have been seized and the continuation of this seizure results in an obligation to hand the things over to the seizor.
2. The carrier may exercise the right of retention on the things, which he detains in connection with the contract of carriage, for what is or will be owed to him for the carriage of those things, as well as for what is due or will be due on those things as contribution to general average. He may also exercise this right for the charges resting upon that thing by way of cost on delivery. If a bill of lading has been issued, he can only exercise this right for what the

1. Le transporteur a le droit de refuser de remettre des choses qu'il détient relativement au contrat de transport à toute personne qui a droit à leur livraison et vertu d'un titre autre que le contrat de transport, à moins que les choses n'aient été saisies et que la poursuite de la saisie n'emporte l'obligation de remise au saisissant.

2. Le transporteur peut exercer, sur les choses qu'il détient relativement au contrat de transport, le droit de rétention pour ce qui lui est ou sera dû au titre de leur transport ou de contribution aux avaries communes les grevant. Il peut également exercer ce droit pour ce qui grève les choses au titre des frais d'un envoi contre remboursement. Si un connaissement a été délivré, il ne peut exercer ce droit que pour ce que le réceptionnaire lui doit ou lui devra, à moins que le connaissement ne prévoie

recipient owes or will owe to him, unless the bill of lading provides that the freight or other claims with respect to the carriage must be paid by the consignor; in that case, he may retain the things until the consignor fulfills his obligations. This right of retention lapses as soon as the carrier has been paid the amount over which there is no dispute and sufficient security has been furnished for the payment of those amounts over which there is a dispute or the value of which cannot yet be determined. The carrier, however, does not have to accept security for what rests upon the thing by way of cost on delivery charges.
3. The carrier is not entitled to use the rights granted to him in this article against a third person if, at the time when he received the thing for carriage, he had reason to doubt the right of the consignor with respect to that third person to put the thing at his disposal for carriage.

que le fret et d'autres créances doivent être payés par l'expéditeur; dans ce cas, il peut retenir les choses jusqu'à ce que celui-ci s'acquitte de ses obligations. Le droit de rétention s'éteint dès que le transporteur a reçu paiement de la somme non contestée et que sûreté suffisante a été fournie pour le paiement des sommes qui sont contestées ou dont le montant ne peut encore être déterminé. Le transporteur n'est, cependant, pas tenu d'accepter une sûreté pour ce qui grève la chose au titre de frais d'un envoi contre remboursement.

3. Les droits reconnus au transporteur au présent article ne lui reviennent pas à l'égard d'un tiers, si, au moment de la prise en charge de la chose aux fins de transport, il avait des raisons de douter du pouvoir de l'expéditeur à l'égard du tiers de mettre la chose à sa disposition pour le transport.

Art. 955 (8.10.2.64) - 1. Voor zover, nadat zo nodig de in artikel 933 bedoelde melding is geschied, hij die jegens de vervoerder recht heeft op aflevering van vervoerde zaken, niet opkomt, weigert deze te ontvangen of deze niet met de vereiste spoed in ontvangst neemt, voor zover op zaken beslag is gelegd, alsmede indien de vervoerder gegronde redenen heeft aan te nemen, dat een houder van een cognossement die als ontvanger opkomt, desalniettemin niet tot de aflevering gerechtigd is, is de vervoerder gerechtigd deze zaken voor rekening en gevaar van de rechthebbende bij een derde op te slaan in een daarvoor geschikte bewaarplaats of lichter. Op zijn verzoek kan de rechter bepalen, dat hij deze zaken, desgewenst ook in het schip, onder zichzelf kan houden of andere maatregelen daarvoor kan treffen. Hij is verplicht de afzender zo spoedig mogelijk op de hoogte te stellen.
- 2. De derde-bewaarnemer en de ontvanger zijn jegens elkaar verbonden, als ware de omtrent de bewaring gesloten overeenkomst mede tussen hen aangegaan. De bewaarnemer is echter niet gerechtigd tot afgifte dan na schriftelijke toestemming daartoe van hem, die de zaken in bewaring gaf. Artikel 1764 is niet van toepassing.

1. To the extent that, if necessary after the presentation referred to in article 933, the person who, with respect to the carrier, has the right to delivery of the things carried, does not present himself, refuses to receive them or does not promptly take

1. Dans la mesure où, la présentation visée à l'article 933 étant faite le cas échéant, la personne qui, à l'égard du transporteur, a droit à la livraison des choses ne se présente pas, refuse de les recevoir ou n'en prend pas livraison promptement, dans la mesure où des

delivery of them, to the extent that things have been seized, as well as if the carrier has good reasons to assume that the holder of a bill of lading who presents himself as recipient, is nevertheless not entitled to delivery, the carrier has the right to put these things in storage with a third person in a suitable storehouse or lighter, for the account and at the peril of the title-holder. At the carrier's request, the judge may determine that he can keep these things in his possession, if desirable also in the vessel, or that he can take other measures for this purpose. He must notify the consignor as soon as possible.

2. The third person-depositary and the recipient are bound towards each other as if the contract entered into with respect to the deposit was also entered into between them. The depositary, however, is not entitled to deliver until after written permission to do so from the person who deposited the things. Article 1764 does not apply.

choses ont été saisies, de même que si le transporteur est fondé à croire que le porteur du connaissement qui se présente comme réceptionnaire n'a néanmoins pas droit à la livraison, le transporteur a le droit de déposer ces choses, pour le compte et aux risques du titulaire, auprès d'un tiers dans un entrepôt ou une allège convenable. À la requête du transporteur, le juge peut déterminer qu'il peut en garder la possession, le cas échéant dans le bateau, ou prendre d'autres mesures à leur égard. Il est tenu d'aviser l'expéditeur dès que possible.

2. Le tiers dépositaire et le réceptionnaire sont réciproquement tenus comme s'ils avaient été parties au contrat conclu relativement au dépôt. Le dépositaire n'a, cependant, le droit de livrer que sur consentement écrit à cet effet de la personne qui a mis les choses en dépôt. L'article 1764 ne s'applique pas.

Art. 956 (8.10.2.65) De vervoerder blijft in het geval van de artikelen 954 of 955, zolang hij de zaken niet heeft opgeslagen, voor ieder uur oponthoud gerechtigd tot overliggeld of, indien hij meer schade lijdt, tot volledige schadevergoeding.

In the cases provided for in articles 954 or 955, the carrier, as long as he has not deposited the things, remains entitled to demurrage for each hour of delay or, if he suffers more damage, to full compensation.

Dans les cas prévus aux articles 954 et 955, le transporteur, tant qu'il n'a déposé les choses, conserve son droit aux surestaries pour chaque heure de retard ou, si le dommage est supérieur, à la réparation intégrale.

Art. 957 (8.10.2.66) - 1. In geval van toepassing van artikel 955 kan de vervoerder, de bewaarnemer dan wel hij, die jegens de vervoerder recht heeft op de aflevering, op zijn verzoek door de rechter worden gemachtigd de zaken geheel of gedeeltelijk op de door deze te bepalen wijze te verkopen.
- 2. De bewaarnemer is verplicht de vervoerder zo spoedig mogelijk van de voorgenomen verkoop op de hoogte te stellen; de vervoerder heeft deze verplichting jegens degeen, die jegens hem recht heeft op de aflevering van de zaken, en jegens degeen aan wie hij volgens artikel 933 melding moet doen.
- 3. De opbrengst van het verkochte wordt in de consignatiekas gestort voor zover zij niet strekt tot voldoening van de kosten van opslag en verkoop alsmede, binnen de grenzen der redelijkheid, van de gemaakte kosten. Tenzij op de zaken

beslag is gelegd voor een geldvordering, moet aan de vervoerder uit het in bewaring te stellen bedrag worden voldaan hetgeen hem verschuldigd is ter zake van het vervoer, op grond van een remboursbeding, alsmede een bijdrage in avarij-grosse; voor zover deze vorderingen nog niet vaststaan, zal de opbrengst of een gedeelte daarvan op door de rechter te bepalen wijze tot zekerheid voor deze vorderingen strekken.
- 4. De in de consignatiekas gestorte opbrengst treedt in de plaats van de zaken.

1. In the event of application of article 955, the carrier, the depositary as well as the person who, towards the carrier, has a right to delivery may, upon his request, be authorised by the judge to sell the things in whole or in part in the manner to be determined by him.
2. The depositary must notify the carrier as soon as possible of the intended sale; the carrier has this obligation towards the person who, towards him, has the right to delivery of the things, and he has this obligation towards the person to whom he must make the presentation according to article 933.
3. The proceeds of the sale are paid into the deposit fund to the extent that they are not used to pay the costs of storage and sale, as well as costs made within the boundaries of reason. Unless the things have been seized for a pecuniary claim, the carrier must be paid from the amount to be deposited what is owed to him for the carriage, a stipulation for cost on delivery charges, as well as a contribution to general average; to the extent that these claims have not yet been determined, the proceeds or part thereof will serve as security for these claims in a manner to be determined by the judge.
4. The proceeds paid into the deposit fund take the place of the things.

1. Dans les cas où s'applique l'article 955, le transporteur, le dépositaire, de même que la personne qui, à l'égard du transporteur, a droit à la livraison,, peut, à sa requête, se faire autoriser par le juge à vendre tout ou partie des choses de la façon que celui-ci détermine.
2. Le dépositaire est tenu d'informer le transporteur aussitôt que possible de la vente prévue; le transporteur a cette obligation envers la personne qui, à son égard, a droit à la livraison des choses et envers celle à laquelle, conformément à l'article 933, il doit faire la présentation.
3. Le produit de la vente est versé à la caisse des consignations, dans la mesure où il ne sert pas à payer les frais de l'entreposage et de la vente ou, dans des limites raisonnables, les dépenses engagées. À moins que les choses n'aient été saisies pour une créance pécuniaire, il doit être payé au transporteur, sur la somme à consigner, ce qui lui est dû au titre du transport, en application d'une stipulation d'envoi contre remboursement, et au titre d'une contribution aux avaries communes; dans la mesure où ces créances ne sont pas encore fixées, tout ou partie du produit servira, de la façon que détermine le juge, de sûreté pour ces créances.
4. Le produit de la vente versé à la caisse des consignations se substitue aux choses.

Art. 958 (8.10.2.67) Indien er zekerheid of vermoeden bestaat, dat er verlies of schade is, moeten de vervoerder en hij, die jegens de vervoerder recht heeft op de aflevering, elkaar over en weer in redelijkheid alle middelen verschaffen om het onderzoek van de zaak en het natellen van de colli mogelijk te maken.

If it is certain or if it is presumed that there is loss or damage, the carrier and the person who, towards the carrier, has the right to delivery must provide each other reciprocally and reasonably with all means to enable the examination of the thing and the recounting of the packages.

S'il y a certitude ou présomption de perte ou de dommage, le transporteur et celui qui, à son égard, a droit à la livraison sont tenus, autant que faire se peut, de se donner réciproquement toutes les facilités pour l'examen de la chose et le comptage des colis.

Art. 959 (8.10.2.68) - 1. Zowel de vervoerder als hij die jegens de vervoerder recht heeft op de aflevering is bevoegd bij de aflevering van zaken de rechter te verzoeken een gerechtelijk onderzoek te doen plaatshebben naar het gewicht, de maat of enige andere omstandigheid, die van belang is bij de vaststelling van de vracht, alsmede naar de toestand waarin de zaken worden afgeleverd; tevens zijn zij bevoegd de rechter te verzoeken de daarbij bevonden verliezen of schaden gerechtelijk te doen begroten.
- 2. Indien dit onderzoek in tegenwoordigheid of na behoorlijke oproeping van de wederpartij heeft plaatsgehad, wordt het uitgebrachte rapport vermoed juist te zijn.

1. The carrier as well as the person who, towards the carrier, has the right to delivery are entitled to request the judge, at the time of delivery of the things, that a judicial inquiry take place into the weight, measure or any other fact important to determine the freight, as well as into the condition in which the things are delivered; they are also entitled to request the judge to have the losses or damages found estimated judicially.
2. If this inquiry has taken place in the presence of or after proper convocation of the other party, the report issued is presumed to be accurate.

1. Le transporteur, aussi bien que celui qui, à son égard, a droit à la livraison, peut présenter une requête au juge, lors de la livraison des choses, de faire effectuer une enquête judiciaire sur le poids, la mesure ou une autre circonstance qui importe pour la fixation du fret, de même que sur l'état dans lequel elles sont livrées; ils peuvent également présenter une requête au juge pour faire évaluer en justice les pertes ou le dommage qui auront été constatés.
2. Si cette enquête a eu lieu en présence de l'autre partie ou après convocation suffisante, le rapport établi est présumé exact.

Art. 960 (8.10.2.69) - 1. Zowel de vervoerder als hij die jegens de vervoerder recht heeft op de aflevering is, wanneer hij verliezen of schaden van zaken vermoed, bevoegd de rechter te verzoeken bij of terstond na de aflevering daarvan en desgewenst aan boord van het schip, een gerechtelijk onderzoek te doen plaatshebben naar de oorzaak daarvan.
- 2. Indien dit onderzoek in tegenwoordigheid of na behoorlijke oproeping van de wederpartij heeft plaatsgehad, wordt het uitgebrachte rapport vermoed juist te zijn.

1. The carrier as well as the person who, towards the carrier, has the right to delivery are entitled to request the

1. Le transporteur, aussi bien que celui qui, à son égard, a droit à la livraison, peut, s'il soupçonne des pertes ou des

judge, when they presume that things have been lost of damaged, that a judicial inquiry take place into the cause thereof, at or immediately after the delivery of the things, and, if desirable, on board the vessel.
2. If this inquiry has taken place in the presence of or after proper convocation of the other party, the report issued is presumed to be accurate.

dommages aux choses, présenter une requete au juge pour faire effectuer, pendant ou immédiatement après la livraison et, le cas échéant, à bord du bateau, une enquête judiciaire pour en déterminer la cause.
2. Si cette enquête a eu lieu en présence de l'autre partie ou après convocation suffisante, le rapport établi est présumé exact.

Art. 961 (8.10.2.70) - 1. De kosten van gerechtelijk onderzoek, als bedoeld in de artikelen 959 en 960, moeten worden voldaan door de aanvrager.
- 2. De rechter kan deze kosten en door het onderzoek geleden schade geheel of gedeeltelijk ten laste van de wederpartij van de aanvrager brengen, ook al zouden daardoor de bedragen genoemd in de in artikel 905 bedoelde algemene maatregel van bestuur worden overschreden.

1. The costs of the judicial inquiry, as referred to in articles 959 and 960, must be paid by the person requesting it.
2. The judge may put these costs and the damage suffered from the inquiry, in whole or in part, at the charge of the other party, even if the amounts mentioned in the regulation referred to in article 905, would be exceeded thereby.

1. Les frais de l'enquête judiciaire visée aux articles 959 et 960 sont payés par celui l'a requise.
2. Le juge peut porter ces frais et le dommage subi du fait de l'enquête en tout ou partie à la charge de l'autre partie, même s'ils dépassaient en cela les sommes fixées au décret visé à l'article 905.

Afdeling 3 Overeenkomst van personenvervoer over binnenwateren

Section 3
The contract of carriage of persons by inland waterways

Section troisième
Du contrat de transport de personnes par eaux intérieures

Art. 970 (8.10.3.1) - 1. De overeenkomst van personenvervoer in de zin van deze titel is de overeenkomst van personenvervoer, al dan niet tijd- of reisbevrachting zijnde, waarbij de ene partij (de vervoerder) zich tegenover de andere partij verbindt aan boord van een schip een of meer personen (reizigers) en al dan niet hun bagage uitsluitend over binnenwateren te vervoeren. Vervoer tussen wal en schip als bedoeld in artikel 501 onder *a* wordt niet als vervoer over binnenwateren aangemerkt. De overeenkomst van personenvervoer aan boord van een luchtkussenvoertuig noch de overeenkomst van personenvervoer als omschreven in artikel 100 is een overeenkomst van personenvervoer in de zin van deze afdeling.
- 2. Hutbagage in de zin van deze afdeling is de bagage, met uitzondering van levende dieren die de reiziger in zijn hut heeft, die hij in zijn bezit, onder zijn

toezicht of in zijn macht heeft, alsmede de bagage die hij aan boord heeft van een met hem als bagage ten vervoer aangenomen voertuig of schip, doch niet dit voertuig of schip zelf.
- 3. Handbagage in de zin van deze afdeling is de bagage, met uitzondering van levende dieren, die de reiziger als gemakkelijk mee te voeren, draagbare dan wel met de hand verrijdbare zaken op of bij zich heeft.
- 4. Bij algemene maatregel van bestuur kunnen zaken die geen hut- of handbagage zijn voor de toepassing van bepalingen van deze afdeling als hut- of handbagage worden aangewezen, dan wel bepalingen van deze afdeling niet van toepassing worden verklaard op zaken, die hut- of handbagage zijn.

1. The contract of carriage of persons within the meaning of this title is a contract of carriage of persons, whether or not being a time- or voyage-charter, whereby one party (the carrier) binds himself towards the other party to carry on board a vessel one or more persons (passengers), whether or not with their baggage, exclusively on inland waterways. Carriage between quay and vessel, as referred to in article 501 *sub a*, is not considered as carriage by inland waterways. Neither the contract of carriage of persons on board a hovercraft nor the contract of carriage of persons, as defined in article 100, is a contract of carriage of persons within the meaning of this section.

2. Cabin baggage within the meaning of this section is baggage, with the exception of live animals which the passenger has in his cabin, in his possession, under his supervision or control, as well as baggage which he has on board a vehicle or vessel accepted for carriage as baggage together with him, but not the vehicle or vessel itself.

3. Hand baggage within the meaning of this section is baggage, with the exception of live animals, which the passenger has with him or on him as things that are easy to take along, to carry or to roll by hand.

4. By regulation, things which are not cabin or hand baggage may be designated as such for the application

1. Le contrat de transport de personnes au sens du présent titre est celui, qu'il soit ou non affrètement à temps ou au voyage, par lequel une partie, le transporteur, s'engage envers l'autre à transporter exclusivement par eaux intérieures, à bord d'un bateau, une ou plusieurs personnes, les passagers, que ce soit ou non avec leurs bagages. Le transport entre le quai et le navire visé au paragraphe *a* de l'article 501 n'est pas considéré comme du transport par eaux intérieures. Ni le contrat de transport de personnes à bord d'un hydroglisseur, ni celui prévu à l'article 100 n'est un contrat de transport de personnes au sens de la présente section.

2. Les bagages de cabine au sens de la présente section sont, à l'exception des animaux vivants que le passager a dans sa cabine, les bagages qu'il a en sa possession, sous son contrôle ou en sa puissance, de même que les bagages qu'il a à bord d'un véhicule ou d'un bateau acceptés aux fins du transport en tant que bagages, mais non ce véhicule ou bateau lui-même.

3. Les bagages à main au sens de la présente section sont, à l'exception des animaux vivants, ceux que le passager a avec lui ou sur lui en tant qu'effets faciles à emporter, à porter ou pouvant être roulés à la main.

4. Par décret, peuvent être désignées comme bagages de cabine ou à main, aux fins de l'application des dispositions

ART. 971 BOEK 8

of the provisions of this section; equally, provisions of this section may be declared inapplicable to things which are cabin or hand baggage.

de la présente section, des choses qui n'en sont pas; de même, des dispositions de la présente section peuvent être déclarées inapplicables à des choses qui sont des bagages de cabine ou à main.

Art. 971 (8.10.3.2) Vervoer over binnenwateren omvat
a. met betrekking tot personen of hun hut- of handbagage de tijd dat de reiziger of zijn hut- of handbagage aan boord van het schip verblijft, de tijd van inscheping of ontscheping, alsmede, onder voorbehoud van artikel 501, de tijd dat de reiziger of zijn hut- of handbagage te water wordt vervoerd tussen wal en schip of tussen schip en wal, indien de prijs hiervan in de vracht is inbegrepen of het voor dit hulpvervoer gebezigde schip door de vervoerder ter beschikking van de reiziger is gesteld. Vervoer over binnenwateren van personen omvat echter niet de tijd dat de reiziger verblijft op een ponton, een steiger, een veerstoep of enig schip dat ligt tussen de wal en het schip aan boord waarvan hij vervoerd zal worden of werd, in een stationsgebouw, op een kade of enige andere haveninstallatie;
b. met betrekking tot hut- of handbagage bovendien de tijd dat de reiziger verblijft op een ponton, een steiger, een veerstoep of enig schip dat ligt tussen de wal en het schip aan boord waarvan hij vervoerd zal worden of werd, in een stationsgebouw, op een kade of enige andere haveninstallatie, indien de bagage is overgenomen door de vervoerder en niet weer aan de reiziger is afgeleverd;
c. met betrekking tot bagage die noch hut- noch handbagage is, de tijd tussen het overnemen daarvan door de vervoerder hetzij te land, hetzij aan boord en de aflevering door de vervoerder.

Carriage by inland waterways includes:
a. with respect to persons or their cabin or hand baggage, the period that the passenger or his cabin or hand baggage is on board the vessel, the period of embarkation or disembarkation, as well as, subject to article 501, the period during which the passenger or his cabin or hand baggage is carried by water from a quay to the vessel or from the vessel to a quay, if the price hereof has been included in the fare, or if the vessel used for this auxiliary carriage has been put at the disposal of the passenger by the carrier. The carriage of persons by inland waterways, however, does not include the period during which the passenger finds himself on a

Le transport par eaux intérieures comprend:
a. S'agissant des personnes ou de leurs bagages de cabine ou à main, la période que le passager ou ces bagages passent à bord du navire, le temps d'embarquement ou de débarquement, de même que, sous réserve de l'article 501, la période pendant laquelle le passager ou ses bagages sont transportés par eau entre le quai et le navire ou vice versa, si le prix en est compris dans celui du passage ou si le bâtiment utilisé pour ce transport accessoire a été mis à la disposition du passager par le transporteur. Le transport de personnes par eaux intérieures ne comprend pas, cependant, la période pendant laquelle le passager se trouve sur un ponton, un pont d'embarquement, une rampe d'accès ou sur un autre bâtiment, se

pontoon, a pier, access ramp or any vessel lying between the quay and the vessel on board of which he will be carried or was carried, at a terminal, on a quay or any other harbour installation;
b. in addition, with respect to cabin or hand baggage, the period during which the passenger finds himself on a pontoon, a pier, access ramp or any vessel lying between the quay and the vessel on board of which he was or will be carried, at a terminal, on a quay or any other harbour installation, if the baggage has been accepted by the carrier and has not been returned to the passenger;
c. with respect to baggage, not being cabin or hand baggage, the period between the acceptance by the carrier, either on land or on board, and the handing over by him.

situant entre le quai et le navire sur lequel il sera ou a été transporté, dans une gare maritime, sur un quai ou une autre installation portuaire;
b. S'agissant des bagages de cabine ou à main, en outre, la période pendant laquelle le passager se trouve sur un ponton, un pont d'embarquement, une rampe d'accès ou sur un autre bâtiment, se situant entre le quai et le navire sur lequel il sera ou a été transporté, dans une gare maritime, sur un quai ou une autre installation portuaire, si les bagages ont été pris en charge par le transporteur et n'ont pas été retournés au passager;
c. S'agissant de bagages qui ne sont pas des bagages de cabine ou à main, la période entre la prise en charge par le transporteur, soit sur terre, soit à bord, et la délivrance par le transporteur;

Art. 972 (8.10.3.3) - 1. Tijd- of reisbevrachting in de zin van deze afdeling is de overeenkomst van personenvervoer, waarbij de vervoerder (de vervrachter) zich verbindt tot vervoer aan boord van een schip dat hij daartoe, anders dan bij wijze van rompbevrachting, in zijn geheel en al dan niet op tijdbasis (tijdbevrachting of reisbevrachting) ter beschikking stelt van zijn wederpartij (de bevrachter).
- 2. De in afdeling 2 van titel 10 in het bijzonder voor het geval van bevrachting gegeven bepalingen alsmede artikel 894 zijn op deze bevrachting van overeenkomstige toepassing.

1. A time- or a voyage-charter within the meaning of this section is a contract of carriage of persons whereby the carrier (the lessor) binds himself to carriage on board a vessel which he puts at the disposal of the other party (the charterer) for that purpose, other than by way of a bareboat charter, in its entirety, and whether or not on a time basis (time- or voyage-chartering).
2. The provisions of Section 2 of Title 10, in particular those for chartering, as well as article 894 apply to this chartering *mutatis mutandis*.

1. L'affrètement à temps ou au voyage au sens de la présente section est le contrat de transport de personnes par lequel le transporteur (le fréteur) s'engage au transport à bord d'un bateau qu'il met à cette fin, autrement que par affrètement coque nue, en entier et à base de temps ou non (affrètement à temps ou au voyage), à la disposition de l'autre partie (l'affréteur).
2. Les dispositions de la section deuxième du titre dixième visant particulièrement l'affrètement, de même que l'article 894 s'appliquent par analogie à cet affrètement.

Art. 973 (8.10.3.4) De wetsbepalingen omtrent huur, bewaarneming en bruikleen zijn op terbeschikkingstelling van een schip ten vervoer, anders dan bij wijze van rompbevrachting, niet van toepassing.

The statutory provisions regarding lease and hire, deposit and loan for use do not apply to the putting at disposal of a vessel for carriage, other than by way of a bare-boat charter.

Les dispositions légales relatives au louage, au dépôt et au prêt à usage ne s'appliquent pas à la mise à disposition d'un navire aux fins de transport, sauf par affrètement coque nue.

Art. 974 (8.10.3.5) - 1. De vervoerder is aansprakelijk voor schade veroorzaakt door dood of letsel van de reiziger, indien een voorval dat hiertoe leidde zich voordeed tijdens het vervoer en voor zover dit voorval is veroorzaakt door een omstandigheid die een zorgvuldig vervoerder heeft kunnen vermijden of door een omstandigheid waarvan zulk een de vervoerder de gevolgen heeft kunnen verhinderen.
- 2. Vermoed wordt dat een zorgvuldig vervoerder de omstandigheid die leidde tot schipbreuk, aanvaring, stranding, ontploffing of brand heeft kunnen vermijden, alsmede dat zulk een vervoerder heeft kunnen verhinderen dat deze omstandigheid tot een dergelijk voorval leidde.
- 3. Gebrekkigheid of slecht functioneren van het schip of van het materiaal waarvan hij zich voor het vervoer bedient, wordt aangemerkt als een omstandigheid die een zorgvuldig vervoerder heeft kunnen vermijden en waarvan hij de gevolgen heeft kunnen verhinderen.
- 4. Bij de toepassing van dit artikel wordt slechts dan rekening gehouden met een gedraging van een derde, indien geen andere omstandigheid, die mede tot het voorval leidde, voor rekening van de vervoerder is.

1. The carrier is liable for damage caused by the death of, or bodily injury to the passenger if an incident leading hereto took place during the carriage and to the extent that this incident was caused by a fact which a prudent carrier has been able to avoid or by a fact the consequences of which such a carrier has been able to prevent.
2. It is presumed that a prudent carrier has been able to prevent the fact leading to shipwreck, collision, stranding, explosion or fire, as well as that such a carrier has been able to prevent that this fact would lead to such an incident.
3. Defect in or malfunctioning of the vessel or the material which he uses for the carriage are deemed to be facts which a prudent carrier has been

1. Le transporteur est responsable du dommage causé par le décès ou la lésion corporelle du passager, si l'incident qui y a donné lieu s'est produit pendant le transport et dans la mesure où cet incident a pour cause une circonstance qu'un transporteur diligent a pu éviter ou aux conséquences de laquelle un tel transporteur a pu obvier.

2. Il y a présomption qu'un transporteur diligent a pu éviter la circonstance qui a conduit au naufrage, à l'abordage, l'échouement, l'explosion ou l'incendie, de même qu'un tel transporteur a pu empêcher que cette circonstance ne conduise à un tel incident.

3. La défectuosité ou le mauvais fonctionnement du bateau ou du matériel dont il se sert aux fins du transport est réputée circonstance qu'un

able to avoid and the consequences of which such a carrier has been able to prevent.
4. In applying this article, the conduct of a third person is taken into consideration only if the carrier is not answerable for any other fact which has also contributed to the incident.

transporteur diligent a pu éviter ou aux conséquences desquelles un tel transporteur a pu obvier.
4. Aux fins de l'application du présent article, le comportement d'un tiers n'entre en ligne de compte qu'en l'absence de toute autre circonstance ayant également contribué à l'incident et incombant au transporteur.

Art. 975 (8.10.3.6) - 1. De vervoerder is aansprakelijk voor schade veroorzaakt door geheel of gedeeltelijk verlies dan wel beschadiging van hut- of handbagage met uitzondering van een zaak, die zich aan boord van een als bagage ten vervoer aangenomen voertuig of schip bevindt indien een voorval dat hiertoe leidde zich voordeed tijdens het vervoer en voor zover dit voorval is veroorzaakt door een omstandigheid die een zorgvuldig vervoerder heeft kunnen vermijden of waarvan zulk een vervoerder de gevolgen heeft kunnen verhinderen.
- 2. Het tweede en derde lid van artikel 974 zijn van toepassing.
- 3. Bij de toepassing van dit artikel wordt slechts dan rekening gehouden met een gedraging van een derde, indien geen andere omstandigheid, die mede tot het voorval leidde, voor rekening van de vervoerder is.
- 4. Dit artikel laat de artikelen 545 en 1006 onverlet.

1. The carrier is liable for damage caused by total or partial loss of, or damage to cabin or hand baggage with the exception of a thing which is on board a vehicle or vessel accepted for carriage as baggage, if an incident leading hereto took place during the carriage and to the extent that this incident was caused by a fact which a prudent carrier has been able to avoid or the consequences of which such a carrier has been able to prevent.

2. Paragraphs 2 and 3 of article 974 apply.
3. In applying this article, the conduct of a third person is taken into consideration only if the carrier is not answerable for any other fact which has also contributed to the incident.
4. This article does not affect articles 545 and 1006.

1. Le transporteur est responsable du dommage causé par la perte partielle ou totale ou l'avarie des bagages de cabine ou à main, à l'exception d'une chose qui se trouve à bord d'un véhicule ou d'un bateau acceptés aux fins du transport en tant que bagages, si l'incident qui y a donné lieu s'est produit pendant le transport et dans la mesure où cet incident a pour cause une circonstance qu'un transporteur diligent a pu éviter ou aux conséquences de laquelle un tel transporteur a pu obvier.
2. Les paragraphes deuxième et troisième de l'article 974 s'appliquent.
3. Aux fins de l'application du présent article, le comportement d'un tiers n'entre en ligne de compte qu'en l'absence de toute autre circonstance ayant également contribué à l'incident et incombant au transporteur.
4. Le présent article laisse intacts les articles 545 et 1006.

Art. 976 (8.10.3.7) Onder voorbehoud van artikel 975 is de vervoerder aansprakelijk voor schade veroorzaakt door geheel of gedeeltelijk verlies dan wel beschadiging van bagage, indien een voorval dat hiertoe leidde zich voordeed tijdens het vervoer en voor zover dit voorval is veroorzaakt door een

ART. 977					BOEK 8

omstandigheid die een zorgvuldig vervoerder heeft kunnen vermijden of waarvan zulk een vervoerder de gevolgen heeft kunnen verhinderen.

Subject to article 975, the carrier is liable for damage caused by total or partial loss of or damage to baggage, if an incident leading hereto took place during the carriage, and to the extent that this incident was caused by a fact which a prudent carrier has been able to avoid or the consequences of which such a carrier has been able to prevent.

Sous réserve de l'article 975, le transporteur est responsable du dommage causé par la perte partielle ou totale ou par l'avarie des bagages, si l'incident qui y a donné lieu s'est produit pendant le transport et dans la mesure où cet incident a pour cause une circonstance qu'un transporteur diligent a pu éviter ou aux conséquences de laquelle un tel transporteur a pu obvier.

Art. 977 (8.10.3.8) De vervoerder is niet aansprakelijk in geval van verlies of beschadiging overkomen aan geldstukken, verhandelbare documenten, goud, zilver, juwelen, sieraden, kunstvoorwerpen of andere zaken van waarde, tenzij deze zaken van waarde aan de vervoerder in bewaring zijn gegeven en hij overeengekomen is hen in zekerheid te zullen bewaren.

The carrier is not liable in case of loss of or damage to coins, negotiable documents, gold, silver, jewellery, ornaments, works of art or other valuable things, unless these valuable things have been deposited with the carrier and he has agreed to safeguard them.

Le transporteur n'est pas responsable en cas de perte ou d'avarie des objets suivants: espèces, titres négociables, or, argent, joaillerie, bijoux, objets d'art ou autres valeurs, à moins qu'ils n'aient été consignés auprès du transporteur et que celui-ci n'ait convenu de les conserver en lieu sûr.

Art. 978 (8.10.3.9) De vervoerder is terzake van door de reiziger aan boord gebrachte zaken die hij, indien hij hun aard of gesteldheid had gekend, niet aan boord zou hebben toegelaten en waarvoor hij geen bewijs van ontvangst heeft afgegeven, geen enkele schadevergoeding verschuldigd indien de reiziger wist of behoorde te weten, dat de vervoerder de zaken niet ten vervoer zou hebben toegelaten; de reiziger is alsdan aansprakelijk voor alle kosten en schaden voor de vervoerder voortvloeiend uit de aanbieding ten vervoer of uit het vervoer zelf.

The carrier does not owe any damages in respect of things brought on board by the passenger which he would not have admitted on board, had he known their nature or condition, and for which he has not issued a receipt, if the passenger knew or ought to know that the carrier would not have admitted the things for carriage; in that case, the passenger is liable for all costs and damages which flow for the carrier from the presentation of those things for carriage or from the carriage

Pour les choses apportées à bord par le passager, que le transporteur n'aurait pas admises s'il en avait connu la nature ou l'état et pour lesquelles il n'a pas délivré un récépissé, ce dernier ne doit aucune indemnité, si le passager savait ou devait savoir que le transporteur ne les aurait pas admises aux fins du transport; le passager est alors responsable des frais et dommages résultant, pour le transporteur, de la présentation des choses aux fins de transport ou du transport lui-même.

itself.

Art. 979 (8.10.3.10) Onverminderd artikel 978 en onverminderd artikel 179 van Boek 6 is de reiziger verplicht de vervoerder de schade te vergoeden die hij of zijn bagage deze berokkende, behalve voor zover deze schade is veroorzaakt door een omstandigheid die een zorgvuldig reiziger niet heeft kunnen vermijden en voor zover zulk een reiziger de gevolgen daarvan niet heeft kunnen verhinderen. De reiziger kan niet om zich van zijn aansprakelijkheid te ontheffen beroep doen op de hoedanigheid of een gebrek van zijn bagage.

Without prejudice to article 978 and without prejudice to article 179 of Book 6, the passenger must compensate the carrier for the damage which he or his baggage have done to him, except to the extent that this damage has been caused by a fact which a prudent passenger has not been able to avoid, and to the extent that such passenger has not been able to prevent the consequences thereof. In order to relieve himself of his liability, the passenger may not invoke the condition of or a defect in his baggage.

Sans préjudice de l'article 978, ainsi que de l'article 179 du Livre sixième, le passager est tenu d'indemniser le transporteur du dommage que lui ou ses bagages ont causé à ce dernier, sauf dans la mesure où le dommage a pour cause une circonstance qu'un passager diligent n'a pu éviter et où un tel passager n'a pu obvier aux conséquences. Le passager ne peut invoquer, afin de s'exonérer de sa responsabilité, la qualité ou un défaut des bagages.

Art. 980 (8.10.3.11) - 1. Onverminderd de bepalingen van deze afdeling zijn op het vervoer van bagage de artikelen 895, 903 eerste en tweede lid, 904 eerste lid, 910 eerste en tweede lid, 911, 912, 914, 951 en 954 tot en met 961 van toepassing. De in artikel 954 toegekende rechten en het in artikel 957 toegekende recht tot het zich laten voldoen uit het in bewaring te stellen bedrag van kosten terzake van het vervoer, kunnen worden uitgeoefend voor alles wat de wederpartij van de vervoerder of de reiziger aan de vervoerder verschuldigd is.
- 2. Partijen hebben de vrijheid af te wijken van in het eerste lid op hun onderlinge verhouding toepasselijk verklaarde bepalingen.

1. Without prejudice to the provisions of this section, articles 895, 903, paragraphs 1-2, 904, paragraph 1, 910, paragraphs 1-2, 911, 912, 914, 951, and 954 to 961 inclusive apply to the carriage of baggage. The rights granted in article 954, and the right granted in article 957 to be paid costs pertaining to the carriage from the amount which is to be deposited, can be exercised for all that the co-contracting party of the carrier or the passenger owes to the carrier.

1. Sans préjudice des dispositions de la présente section, s'appliquent au transport de bagages les articles 895, 903, paragraphes premier et deuxième, 904, paragraphe premier, 910, paragraphes premier et deuxième, 911, 912, 914, 951 et 954 à 961 inclusivement. Les droits accordés à l'article 954 et celui qui est accordé à l'article 957 relatifs au paiement, à même la somme devant être consignée, des frais afférents au transport s'exercent pour tout ce que le cocontractant du transporteur ou le passager doit au transporteur.

2. Parties are free to derogate from the provisions which paragraph 1 declares applicable to their mutual relationship.

2. Les parties sont libres de déroger aux dispositions déclarées applicables à leurs rapports réciproques aux termes du paragraphe premier.

Art. 981 (8.10.3.12) Op de overeenkomst van personenvervoer zijn de artikelen 511 tot en met 516 van overeenkomstige toepassing.

Articles 511 to 516 inclusive apply *mutatis mutandis* to the contract of carriage of persons.

Les articles 511 à 516 inclusivement s'appliquent par analogie au contrat de transport de personnes.

Art. 982 (8.10.3.13) - 1. Behoudens de artikelen 974 tot en met 977 is de vervoerder niet aansprakelijk voor schade ontstaan door een handeling, onachtzaamheid of nalatigheid van de kapitein of de schipper, een ander lid van de bemanning, de loods of de ondergeschikten van de vervoerder, gepleegd bij de navigatie van het schip.
- 2. Behoudens de artikelen 974 tot en met 977 wordt generlei afwijking van de koers tot redding of poging tot redding van mensenlevens of goederen en generlei redelijke afwijking van de koers beschouwd als een schending van enige vervoerovereenkomst en de vervoerder is niet aansprakelijk voor enig verlies of enige schade daardoor ontstaan.

1. Except for articles 974 to 977 inclusive, the carrier is not liable for damage caused by an act, carelessness or negligence of the captain or master, another member of the crew, the pilot or the servants of the carrier, committed in the navigation of the vessel.
2. Except for articles 974 to 977 inclusive, no deviation of any kind from the course in order to rescue or to attempt to rescue human lives or goods, and no reasonable deviation of any kind from the course is considered as a violation of any contract of carriage, and the carrier is not liable for any loss or damage arising therefrom.

1. Sous réserve des articles 974 à 977 inclusivement, le transporteur n'est pas responsable du dommage causé par l'acte, la négligence ou l'omission du capitaine, d'un autre membre de l'équipage, du pilote ou d'employés du transporteur dans la navigation du bateau.
2. Sous réserve des articles 974 à 977 inclusivement, aucun déroutement pour sauver ou tenter de sauver des vies ou des biens ni aucun déroutement justifiable ne sera considéré comme une violation d'un contrat de transport et le transporteur ne sera responsable d'aucune perte ni d'aucun dommage en résultant.

Art. 983 (8.10.3.14) - 1. De aansprakelijkheid van de vervoerder is in geval van dood, letsel of vertraging van de reiziger en in geval van verlies, beschadiging of vertraging van diens bagage beperkt tot een bij of krachtens algemene maatregel van bestuur te bepalen bedrag of bedragen.
- 2. Dit artikel laat de Elfde Titel A en Afdeling 10A van de Dertiende Titel van het Tweede Boek van het Wetboek van Koophandel onverlet.

1. In case of death of, bodily injury to or delay of the passenger, and in

1. La responsabilité du transporteur en cas de décès, de lésion corporelle ou de

case of loss of, damage to or delay of his baggage, the liability of the carrier is limited to an amount or amounts to be determined by or pursuant to regulation.
2. This article does not affect Title 11A and Section 10A of Title 13 of Book 2 of the Code of Commerce.

retard du passager ou en cas de perte, d'avarie ou de retard de ses bagages est limitée à la ou aux sommes à fixer par décret ou en vertu d'un décret.

2. Le présent article laisse intact le Titre onzième A et la Section 10A du Titre treizième du Livre deuxième du Code de commerce.

Art. 984 (8.10.3.15) - 1. De vervoerder kan zich niet beroepen op enige beperking van zijn aansprakelijkheid voor zover de schade is ontstaan uit zijn eigen handeling of nalaten, geschied hetzij met het opzet die schade te veroorzaken, hetzij roekeloos en met de wetenschap dat die schade er waarschijnlijk uit zou voortvloeien.
- 2. Nietig is ieder beding, waarbij van dit artikel wordt afgeweken.

1. The carrier may not invoke any limitation in his liability to the extent that the damage has arisen from his own act or omission, done either with the intent to cause that damage or recklessly and with the knowledge that that damage would probably result therefrom.
2. Any stipulation derogating from this article is null.

1. Le transporteur ne peut se prévaloir d'aucune limitation de sa responsabilité dans la mesure où le dommage résulte de son propre acte ou omission, commis soit avec l'intention de provoquer un tel dommage soit témérairement et avec conscience qu'un tel dommage en résulterait probablement.
2. Toute stipulation dérogatoire au présent article est nulle.

Art. 985 (8.10.3.16) Nietig is ieder vóór het aan de reiziger overkomen voorval of vóór het verlies of beschadiging van bagage gemaakt beding, waarbij de ingevolge de artikelen 974 tot en met 977 op de vervoerder drukkende aansprakelijkheid of bewijslast wordt verminderd op andere wijze dan in deze afdeling is voorzien.

Any stipulation made before the incident experienced by the passenger or before the loss of or the damage to the baggage, whereby the liability or burden of proof resting upon the carrier pursuant to articles 974 to 977 inclusive is reduced otherwise than as provided for in this section, is null.

Est nulle toute stipulation faite avant l'incident survenu au passager ou avant la perte ou l'avarie des bagages et tendant à atténuer, autrement que de la manière prévue à la présente section, la responsabilité ou la charge de la preuve incombant au transporteur aux termes des articles 974 à 977 inclusivement.

Art. 986 (8.10.3.17) Op de overeenkomst van personenvervoer over binnenwateren zijn de artikelen 521 tot en met 528 van overeenkomstige toepassing.

Articles 521 to 528 inclusive apply *mutatis mutandis* to the contract of carriage of persons by inland waterways.

Les articles 521 à 528 inclusivement s'appliquent par analogie au contrat de transport de personnes par eaux intérieures.

Afdeling 4 Enige bijzondere overeenkomsten

Section 4	Section quatrième
Some special contracts	De quelques contrats particuliers

Art. 990 (8.10.5.1) - 1. Onder de overeenkomst (rompbevrachting), waarbij de ene partij (de rompvervrachter) zich verbindt een schip uitsluitend op binnenwateren ter beschikking te stellen van haar wederpartij (de rompbevrachter) zonder daarover nog enige zeggenschap te houden, ligt de exploitatie van het schip in handen van de rompbevrachter en geschiedt zij voor diens rekening.
- 2. Artikel 894 is van overeenkomstige toepassing.

1. Under the contract (bare-boat chartering) whereby one party (the bare-boat lessor) binds himself to put a vessel exclusively on inland waterways at the disposal of the other party (bare-boat charterer) without retaining any control thereof, the operation of the vessel is in the hands of the bare-boat charterer and for his account.
2. Article 894 applies *mutatis mutandis*.

1. En vertu du contrat (affrètement coque nue) par lequel l'une des parties (le fréteur coque nue) s'engage à mettre un bateau exclusivement dans les eaux intérieures à la disposition de son cocontractant (l'affréteur coque nue) sans se réserver aucun contrôle, l'exploitation du bateau est entre les mains de l'affréteur coque nue et a lieu à son compte.
2. L'article 894 s'applique par analogie.

Art. 991 (8.10.5.2) - 1. Op de overeenkomst, waarbij de ene partij zich verbindt een schip, anders dan bij wijze van rompbevrachting, uitsluitend op binnenwateren ter beschikking te stellen van de andere partij voor andere doeleinden dan het aan boord daarvan opslaan of het daarmee vervoeren van zaken of personen zijn de bepalingen nopens avarij-grosse alsmede de bepalingen van deze titel en, indien het een zeeschip betreft, de artikelen 361 tot en met 366 van overeenkomstige toepassing.
- 2. Partijen hebben de vrijheid af te wijken van in het eerste lid op hun onderlinge verhouding toepasselijk verklaarde bepalingen.

1. The provisions concerning general average as well as the provisions of this title and, if it concerns a sea-going vessel, articles 361 to 366 inclusive apply *mutatis mutandis* to the contract whereby one party, otherwise than by way of bare-boat chartering, binds himself to put a vessel exclusively on inland waterways at the disposal of the other party for purposes other than the deposit on or the carriage by that vessel of things or persons.
2. Parties are free to derogate from the provisions which paragraph 1

1. Les dispositions relatives aux avaries communes, de même que celles du présent titre et, s'il s'agit d'un bateau de mer, les articles 361 à 366 inclusivement, s'appliquent par analogie au contrat par lequel l'une des parties s'engage, autrement que par affrètement coque nue, à mettre un bateau exclusivement dans les eaux intérieures à la disposition de son cocontractant à d'autres fins que l'entreposage à bord ou le transport de choses ou de personnes.
2. Les parties peuvent déroger aux dispositions applicables à leurs rapports

declares applicable to their mutual relationship.

réciproques aux termes du paragraphe premier.

Art. 992 (8.10.5.3) - 1. De ligovereenkomst is de overeenkomst, waarbij de ene partij (de vervrachter) zich verbindt een schip anders dan bij wijze van rompbevrachting uitsluitend op binnenwateren ter beschikking te stellen van de andere partij (de bevrachter), teneinde aan boord daarvan zaken te laden, op te slaan en daaruit te lossen.
- 2. De ligovereenkomst kan voor bepaalde of voor onbepaalde tijd worden aangegaan. Indien zij voor bepaalde tijd is aangegaan en na afloop van die tijd stilzwijgend wordt verlengd, wordt zij vermoed een voor onbepaalde tijd aangegane overeenkomst te zijn.
- 3. Op de ligovereenkomst zijn de bepalingen nopens avarij-grosse alsmede de bepalingen van deze titel en, indien het een zeeschip betreft, de artikelen 361 tot en met 366 van overeenkomstige toepassing, met dien verstande, dat partijen de vrijheid hebben in hun onderlinge verhouding van deze bepalingen af te wijken.

1. The contract of berth is the contract whereby one party (the lessor) binds himself towards the other party (the charterer) to put a vessel at disposal otherwise than by way of bare-boat chartering, exclusively on inland waterways, to load things on board thereof, to deposit them and to unload them therefrom.
2. The contract of berth can be entered into for a determinate or indeterminate period. If it has been entered into for a determinate period and is extended at the expiry of that period, it is presumed to be a contract entered into for an indeterminate period.
3. The provisions regarding general average as well as the provisions of this title and, if it concerns a sea-going vessel, articles 361 to 366 inclusive apply *mutatis mutandis* to the contract of berth, upon the understanding that parties are free to deviate from these provisions in their mutual relationship.

1. Le contrat d'affrètement en séjour est celui par lequel une partie (le fréteur) s'engage, autrement que par affrètement coque nue, à mettre un bateau à la disposition de l'autre (l'affréteur) exclusivement dans les eaux intérieures, afin d'y embarquer des choses, de les y entreposer et de les débarquer.

2. Le contrat d'affrètement en séjour est conclu pour une durée déterminée ou indéterminée. Conclu pour une durée déterminée et tacitement reconduit à l'expiration de celle-ci, il est présumé être un contrat à durée indéterminée.

3. Au contrat d'affrètement en séjour s'appliquent par analogie les dispositions relatives aux avaries communes, de même que celles du présent titre et, s'il s'agit d'un navire de mer, les articles 361 à 366 inclusivement, étant entendu que les parties sont libres de déroger à ces dispositions dans leurs rapports réciproques.

Art. 993 (8.10.5.4) - 1. Indien de ligovereenkomst voor onbepaalde tijd is aangegaan, kan zij door de bevrachter zonder termijn en door de vervrachter met een termijn van ten minste zeven dagen worden opgezegd.
- 2. Bij opzegging door de vervrachter moet het schip na afloop van de door deze gestelde termijn door de bevrachter zijn gelost.

- 3. De ligprijs is verschuldigd tot en met de dag, waarop de lossing is voltooid, doch in elk geval tot en met de tweede dag volgend op de dag van de opzegging door de bevrachter.
- 4. De opzegging geschiedt door een mondelinge of schriftelijke kennisgeving of enig ander bericht, waarvan de ontvangst duidelijk aantoonbaar is.

1. If the contract of berth has been entered into for an indeterminate period, it can be cancelled by the charterer without notice and by the lessor with a notice of at least seven days.
2. In the case of cancellation by the lessor, the vessel must have been unloaded by the charterer at the expiry of the notice period given by the lessor.
3. The price for the contract of berth is owed until and including the day on which the unloading has been completed, but in any event until and including the second day following the day of cancellation by the charterer.
4. Cancellation takes place by verbal or written notice, or by any other message the reception of which can be clearly demonstrated.

1. Le contrat d'affrètement en séjour à durée indéterminée peut être résilié par l'affréteur sans avis préalable et par le fréteur sur avis d'au moins sept jours.
2. En cas de résiliation par le fréteur, le bateau doit être déchargé par l'affréteur à l'expiration du délai fixé par le fréteur.
3. Le prix d'affrètement en séjour est dû jusqu'au jour où le déchargement est achevé inclusivement, mais dans tous les cas jusqu'au deuxième jour suivant celui de la résiliation par l'affréteur.
4. La résiliation a lieu par avis verbal ou écrit ou par tout autre message dont la réception peut être clairement démontrée.

Art. 994 (8.10.5.6) - 1. De overeenkomst voor liggen en/of varen is de overeenkomst, waarbij de ene partij (de vervrachter) zich verbindt een schip, anders dan bij wijze van rompbevrachting, uitsluitend op binnenwateren ter beschikking te stellen van de andere partij (de bevrachter) en waarbij de bevrachter de keuze heeft het schip slechts te laten liggen of het, na een tijd van liggen, te laten varen.
- 2. Het liggen wordt beheerst door het omtrent de ligovereenkomst bepaalde; op het varen zijn de bepalingen nopens avarij-grosse, alsmede de bepalingen van deze titel en, indien het een zeeschip betreft, de artikelen 361 tot en met 366 van overeenkomstige toepassing.

1. The contract of berth and/or sailing is the contract whereby one party (the lessor) binds himself towards the other party (the charterer) to put a vessel at disposal otherwise than by way of bare-boat chartering, exclusively on inland waterways, and whereby the charterer has the choice to only berth the vessel or to let it sail after a period of berthing.
2. Berthing is governed by the

1. Le contrat d'affrètement pour séjourner ou naviguer est celui par lequel une partie (le fréteur) s'engage, autrement que par affrètement coque nue, à mettre un bateau à la disposition de l'autre (l'affréteur) exclusivement dans les eaux intérieures, ce dernier ayant alors le choix de laisser le bateau au quai seulement ou, après une période au quai, de le faire naviguer.
2. Le séjour est régi par les

provisions regarding the contract of berth; the provisions regarding general average as well as the provisions of this title and, if it concerns a sea-going vessel, articles 361 to 366 inclusive apply *mutatis mutandis* to sailing.

dispositions relatives au contrat d'affrètement en séjour; à la navigation s'appliquent par analogie les dispositions relatives aux avaries communes, de même que celles du présent titre et, s'il s'agit d'un navire de mer, les articles 361 à 366 inclusivement.

Art. 995 (8.10.5.7) De bevrachter heeft het recht het schip gedeeltelijk te lossen en daarna te laten varen. In dat geval is hij de vracht verschuldigd, die bij varen met de volle lading verschuldigd zou zijn geweest.

The charterer is entitled to unload the vessel in part and to let it sail thereafter. In that case, he owes the freight which would have been owed in the case of sailing with a full load.

L'affréteur a le droit de décharger le bateau pour partie et de le faire naviguer par la suite. Il doit alors le fret dû en cas de navigation avec pleine cargaison.

Art. 996 (8.10.5.8) - 1. De vervrachter kan, wanneer geen bepaalde ligtijd is overeengekomen, met een termijn van ten minste zeven dagen de ligtijd beëindigen door een mondelinge of schriftelijke kennisgeving aan de bevrachter, dan wel door enig ander bericht, waarvan de ontvangst duidelijk aantoonbaar is. Deelt de bevrachter aan de vervrachter niet binnen 48 uur na ontvangst van deze kennisgeving mede, dat hij het schip wenst te laten varen, dan gaat na afloop van deze termijn van 48 uur de lostijd in.
- 2. De ligprijs is verschuldigd tot en met de dag, waarop de lossing is voltooid, doch in elk geval tot en met de tweede dag volgend op de dag, waarop de vervrachter de in het eerste lid bedoelde mededeling deed.

1. If no specific period has been agreed upon for berthing, it can be terminated by the lessor with a notice of at least seven days, given verbally or in writing to the charterer, or by any other message the reception of which can be clearly demonstrated. Where the charterer does not notify the lessor within 48 hours from the reception of this notice that he wishes to let the vessel sail, the time of unloading commences upon the expiry of this period of 48 hours.
2. The price for the contract of berth is owed until and including the day on which the unloading has been completed, but in any event until and including the second day following the day on which the lessor has given the notice referred to in the first paragraph.

1. Le fréteur peut, si aucun délai au quai n'a été convenu, terminer la période de quai sur avis d'au moins sept jours, donné verbalement ou par écrit à l'affréteur ou par tout autre message dont la réception peut être clairement démontrée. Si l'affréteur n'informe pas le fréteur dans les 48 heures de la réception de cet avis de son intention de faire naviguer le bateau, le délai de déchargement court à l'expiration de ce délai.

2. Le prix d'affrètement en séjour est dû jusqu'au jour où le déchargement est achevé inclusivement, mais dans tous les cas jusqu'au deuxième jour suivant celui de la résiliation par le fréteur.

Art. 997 (8.10.5.9) - 1. Indien de bevrachter het schip wenst te laten varen is de vervrachter verplicht uiterlijk op de eerste werkdag volgende op die, waarop hij daarvan kennisgeving heeft ontvangen, de reis aan te vangen. Wordt hij in de aanvaarding van de reis door de bevrachter opgehouden, dan is deze verplicht hem op de voet van artikel 932 schade te vergoeden.
- 2. Kan de reis door omstandigheden, die de vervrachter niet toe te rekenen zijn en die reeds bestonden ten tijde van de opdracht tot varen, niet worden aangevangen of vervolgd, dan blijft, zolang de verhindering duurt, de ligprijs verschuldigd.

1. If the charterer wishes to let the vessel sail, the lessor must commence the voyage no later than the first working day following the one on which he has received notification thereof. Where he is delayed in commencing the voyage by the charterer, the latter must compensate him according to article 932.
2. Where the voyage can not be commenced or continued by circumstances for which the lessor is not answerable and which already existed at the time of the order to sail, the price for the contract of berth remains owed for the duration of the impediment.

1. Si l'affréteur souhaite faire naviguer le bateau, le fréteur est tenu d'entreprendre le voyage au plus tard au premier jour ouvrable suivant celui de la réception d'un avis à cet effet. S'il se trouve empêché de commencer le voyage par le fait de l'affréteur, celui-ci est tenu de l'indemniser conformément à l'article 932.
2. Lorsque le voyage ne peut être entrepris ou continué par suite de circonstances non imputables à l'affréteur et existant déjà au moment de l'ordre de naviguer, le prix d'affrètement en séjour demeure dû pendant la durée de l'empêchement.

Art. 998 (8.10.5.10) Voor de toepassing van de bepalingen van deze afdeling wordt terbeschikkingstelling van een en eenzelfde schip ter zee en op binnenwateren beschouwd als terbeschikkingstelling op binnenwateren, mits de terbeschikkingstelling ter zee kennelijk ondergeschikt is aan die op binnenwateren.

For the application of the provisions of this section, putting one and the same vessel at disposal on sea and on inland waterways is considered as putting at disposal on inland waterways, provided that the putting at disposal on sea is clearly subordinate to that on inland. waterways.

Aux fins de l'application des dispositions de la présente section, la mise à disposition d'un seul navire dans les eaux intérieures et en mer est considérée comme une mise à disposition dans les eaux intérieures pourvu que la mise à disposition en mer soit manifestement subordonnée à celle dans les eaux intérieures.

TITEL 11 ONGEVALLEN

TITLE 11	TITRE ONZIÈME
ACCIDENTS	DES ACCIDENTS

Afdeling 1 Aanvaring

Section 1	Section première
Collision	De l'abordage

Art. 1000 (8.11.1.1) Onder binnenschepen worden in deze afdeling mede verstaan draagvleugelboten, vlotten, veerponten, beweegbare delen van schipbruggen, baggermolens, drijvende kranen, elevatoren en alle drijvende werktuigen, pontons of materiaal van soortgelijke aard, die voldoen aan de in de artikelen 1 en 3 ten aanzien van binnenschepen vermelde vereisten.

In this section, inland waterway vessels also include hovercraft, rafts, ferries, moveable parts of bridges, dredges, pontoon cranes, elevators and all floating equipment satisfying the requirements of articles 1 and 3 with respect to inland waterway vessels.

Les bateaux de navigation intérieure comprennent également les hydrofoils, les radeaux, les bacs, les sections mobiles de ponts de bateaux, les dragues, grues et élévateurs flottants et tous autres engins, pontons ou outillage flottants de nature analogue, qui satisfont aux exigences des articles 1 et 3 relatives aux bateaux de navigation intérieure.

Art. 1001 (8.11.1.2) Aanvaring is de aanraking van schepen met elkaar.

There is a collision when two vessels run into each other.

L'abordage se produit lorsque deux bateaux entrent en contact l'un avec l'autre.

Art. 1002 (8.11.1.3) Het in deze afdeling omtrent aanvaring bepaalde vindt - voor zover niet afdeling 1 van titel 6 van toepassing is - eveneens toepassing indien schade door een binnenschip is veroorzaakt zonder dat een aanvaring plaatshad.

To the extent that Section 1 of Title 6 does not apply, the provisions of this section concerning collision also apply if damage has been caused by an inland waterway vessel without there having been a collision.

Les dispositions de la présente section relatives à l'abordage régissent également - dans la mesure où la section première du titre sixième ne s'applique pas - les cas de dommage qu'un bateau de navigation intérieure a causé, alors même qu'il n'y aurait pas eu abordage.

Art. 1003 (8.11.1.4) Indien een binnenschip door een aanvaring schade heeft veroorzaakt, wordt de aansprakelijkheid voor deze schade geregeld door deze afdeling, voor zover althans niet afdeling 1 van titel 6 van toepassing is.

If an inland waterway vessel has caused damage by a collision, the liability for this damage is governed by this section, to the extent at least that Section 1 of Title 6 does not apply.

En cas de dommage causé par un bateau de navigation intérieure du fait d'un abordage, la responsabilité est réglée conformément à la présente section, dans la mesure du moins où la section première du titre sixième ne s'applique pas.

Art. 1004 (8.11.1.5) - 1. Verplichting tot schadevergoeding op grond van deze afdeling bestaat slechts indien de schade is veroorzaakt door schuld. Er bestaat geen wettelijk vermoeden van schuld terzake van een aanvaring, doch het schip, dat in aanraking komt met een andere, zo nodig behoorlijk verlichte, vaste of te bekwamer plaats vastgemaakte zaak, geen schip zijnde, is aansprakelijk voor de schade, tenzij blijkt dat de schade niet is veroorzaakt door schuld van het schip.
- 2. Indien de schade is veroorzaakt door toeval, indien zij is toe te schrijven aan overmacht of indien haar oorzaken niet kunnen worden vastgesteld, wordt zij gedragen door hen, die haar hebben geleden.
- 3. In geval van slepen is ieder binnenschip, dat deel uitmaakt van een sleep, slechts aansprakelijk indien er schuld aan zijn zijde is.

1. The obligation to repair damage on the basis of this section only exists if the damage has been caused by fault. There is no legal presumption of fault with respect to collision, but the vessel which runs into another thing not being a vessel which, if need be, is properly lit, fixed or attached at the appropriate place, is liable for the damage, unless it appears that the damage has not been caused by the fault of the vessel.
2. If the damage has been caused by a fortuitous event, if it is due to superior force, or if its causes cannot be determined, the damage is borne by the persons who have suffered it.
3. In the case of towing, each inland waterway vessel forming part of a tow is only liable if there is fault on its part.

1. L'obligation de réparer le dommage fondée sur la présente section n'existe que si le dommage résulte d'une faute. Il n'y a pas de présomption légale de faute en matière d'abordage, mais le bateau qui entre en contact avec une autre chose, n'étant pas un navire, qui est convenablement éclairée et fixe ou attachée à un endroit utile, est responsable du dommage, à moins qu'il n'apparaisse que le dommage ne résulte pas de la faute du bateau.
2. Le dommage qui résulte d'un cas fortuit, d'un cas de force majeure ou dont les causes ne peuvent être établies est supporté par ceux qui l'ont éprouvé.
3. En cas de remorquage, chaque bateau de navigation intérieure faisant partie d'un convoi n'est responsable que s'il y a faute de sa part.

Art. 1005 (8.11.1.6) Indien de schade is veroorzaakt door de schuld van één binnenschip, is de eigenaar van dit schip verplicht de schade te vergoeden.

If the damage has been caused by the fault of a single inland waterway vessel, the owner of this vessel must repair the damage.

Si le dommage est causé par la faute d'un seul bateau de navigation intérieure, la réparation du dommage incombe à son propriétaire.

Art. 1006 (8.11.1.7) - 1. Indien twee of meer binnenschepen gezamenlijk door hun schuld schade hebben veroorzaakt, zijn de eigenaren daarvan zonder hoofdelijkheid aansprakelijk voor de schade, toegebracht aan medeschuldige schepen en aan goederen, die zich aan boord daarvan bevinden, en hoofdelijk voor alle overige schade.
- 2. Is de aansprakelijkheid niet hoofdelijk, dan zijn de eigenaren van de schepen, die gezamenlijk door hun schuld de schade hebben veroorzaakt, tegenover de benadeelden aansprakelijk in verhouding tot het gewicht van de schuld van hun schepen; indien echter de omstandigheden meebrengen, dat die verhouding niet kan worden vastgesteld of indien blijkt dat de schuld van deze schepen gelijkwaardig is, wordt de aansprakelijkheid in gelijke delen verdeeld.
- 3. Is de aansprakelijkheid hoofdelijk, dan moet elk der aansprakelijke eigenaren zijn door het tweede lid van dit artikel vastgestelde aandeel in de betaling aan de schuldeiser voor zijn rekening nemen. Onder voorbehoud van de artikelen 880 en 364 heeft hij, die meer dan zijn aandeel heeft betaald, voor het overschot verhaal op zijn medeschuldenaren die minder dan hun aandeel hebben betaald. Verlies, veroorzaakt door het onvermogen van een der eigenaren van de medeschuldige schepen om te betalen, wordt over de andere eigenaren omgeslagen in de door het tweede lid van dit artikel vastgestelde verhouding.

1. If two or more inland waterway vessels have jointly caused damage by their fault, the owners thereof are liable, without solidarity, for the damage caused to other vessels at fault and to things on board thereof, and they are solidarily liable for all other damage.
2. Where the liability is not solidary, the owners of the vessels which have jointly caused the damage by their fault are liable with respect to the victims in proportion to the seriousness of the fault of their vessels; however, if the circumstances are such that the proportion cannot be ascertained or if the fault of these vessels proves to be equivalent, the liability is divided into equal parts.
3. Where the liability is solidary, each of the liable owners must assume his share in the payment to the creditor as determined in the second paragraph of this article. Subject to article 880 and article 364, the person who has paid more than his share has recourse for the surplus against his co-debtors who have paid less than their share. Loss, caused by the inability to pay of one of the

1. Si plusieurs bateaux ont concouru, par leur faute, à réaliser un dommage, leurs propriétaires en répondent, sans solidarité en ce qui concerne le dommage causé aux bateaux également en faute et aux biens se trouvant à leur bord, et solidairement en ce qui concerne tout autre dommage.
2. S'il n'y a pas de responsabilité solidaire, les propriétaires dont les navires ont concouru, par leur faute, à causer l'abordage en répondent à l'égard des lésés dans la proportion de la gravité des fautes de leurs navires; toutefois si, d'après les circonstances, la proportion ne peut pas être établie ou si les fautes apparaissent comme équivalentes, la responsabilité est partagée par parts égales
3. S'il y a responsabilité solidaire, chacun des propriétaires responsables prend à sa charge une part du paiement au créancier égale à celle déterminée par le paragraphe deuxième du présent article. Sous réserve des articles 880 et 364, celui qui a payé plus que sa part a, pour l'excédent, un recours contre ceux de ses co-débiteurs qui ont payé moins que leur part. La perte qu'occasionne l'insolvabilité de l'un des propriétaires

owners of the vessels jointly at fault, is apportioned amongst the other owners in the proportion determined in the second paragraph of this article.

des bateaux conjointement fautifs se répartit entre les autres dans la proportion déterminée par le paragraphe deuxième du présent article.

Art. 1007 (8.11.1.8) De krachtens deze afdeling bestaande aansprakelijkheid wordt niet opgeheven ingeval de schade is veroorzaakt door de schuld van een loods, zelfs niet als het gebruik van deze verplicht is.

The liability pursuant to this section remains intact in the event that the damage has been caused by the fault of a pilot, even if his use is obligatory.

La responsabilité établie par la présente section subsiste dans le cas où le dommage est causé par la faute du pilote, même lorsque le pilotage est obligatoire.

Afdeling 2 Hulpverlening

Section 2
Salvage

Section deuxième
De l'assistance

Art. 1010 (8.11.2.1) De hulpverlening door binnenschepen en de hulp verleend aan binnenschepen, aan zich aan boord daarvan bevindende zaken of aan van een binnenschip afkomstige in zee dan wel in bevaarbaar binnenwater drijvende, dan wel daarin gezonken of aangespoelde zaken worden geregeld door afdeling 2 van titel 6, met dien verstande dat hetgeen in die afdeling voor de reder is bepaald, wanneer het een binnenschip betreft, geldt voor de eigenaar daarvan en hetgeen voor de kapitein is bepaald, wanneer het een binnenschip betreft, geldt voor de schipper daarvan.

Section 2 of Title 6 governs the salvage by inland waterway vessels and the salvage of inland waterway vessels, of things on board thereof, or of things coming from an inland waterway vessel floating on the sea or on navigable inland waterways, or having sunk therein or washed ashore; this applies upon the understanding that, where an inland waterway vessel is concerned, the provisions of that section regarding the shipowner count for the owner thereof, and the provisions regarding the captain for the master.

L'assistance prêtée par des bateaux de navigation intérieure ou prêtée à ceux-ci, aux choses se trouvant à bord ou qui, provenant de bateaux de navigation intérieure, flottent en mer ou dans les eaux intérieures navigables, ou qui y ont sombré ou s'y sont jetées est régie par la section deuxième du titre sixième, étant entendu que ce qui y est disposé relativement à l'armateur vaut, s'agissant d'un bateau de navigation intérieure, pour le propriétaire[1].

---

[1] La fin de cet article, qui comporte, pour le capitaine, une disposition semblable à celle prévue pour l'armateur et le propriétaire, n'est pas traduite, étant donné que le français emploie un seul terme, capitaine, là où le néerlandais distingue le kapitein (navires de mer) et le schipper (bateaux de navigation intérieure).

Afdeling 3 Avarij-grosse

Section 3	Section troisième
General average	Des avaries communes

Art. 1020 (8.11.3.1) - 1. Avarij-grosse zijn de opofferingen en uitgaven redelijkerwijs verricht of gedaan bij aanwezigheid van bijzondere omstandigheden met het doel een binnenschip en de goederen aan boord daarvan uit een gemeenschappelijk gevaar hoe of door wiens toedoen dit ook zij ontstaan te redden.
- 2. Verlies van passagegeld is geen avarij-grosse.

1. General average means the sacrifices or expenses reasonably made, in the presence of special circumstances, with the purpose of safeguarding an inland waterway vessel and the goods on board thereof from a common danger, however and by whosever action arisen.

2. The loss of a fare does not constitute general average.

1. Les avaries communes sont les sacrifices faits et dépenses encourues raisonnablement en présence de circonstances exceptionnelles dans le but de sauver le bateau de navigation intérieure et les choses se trouvant à bord d'un péril commun, quelle qu'en soit l'origine et quelle que soit la personne dont le fait y a donné naissance.

2. La perte du prix de passage ne constitue pas des avaries communes.

Art. 1021 (8.11.3.2) - 1. Avarij-grosse wordt aan hem, die haar leed, vergoed door de eigenaar van het binnenschip, de belanghebbende bij de vracht, de ontvanger van de lading en de eigenaren van de overige zich aan boord bevindende zaken met uitzondering van postzendingen, mondvoorraden, passagiersbagage, zelfs wanneer geregistreerd, en van persoonlijke bezittingen.
- 2. In afwijking van het eerste lid draagt een motorrijtuig of schip, dat door een vervoerder in verband met een overeenkomst van personenvervoer aan boord van het binnenschip wordt vervoerd, bij in de avarij-grosse.

1. The person who has suffered general average is compensated by the owner of the inland waterway vessel, the person who has an interest in the freight, the recipient of the cargo and the owners of the other things on board, with the exception of postal articles, provisions, passenger baggage, even when checked, and personal belongings.

2. By derogation from paragraph 1, a motor vehicle or vessel, carried on board the vessel by a carrier in connection with a contract of carriage of persons, contributes to general

1. L'indemnisation des avaries communes à la personne qui les a subies incombe au propriétaire du bateau de navigation intérieure, à celui qui a un intérêt dans le fret, au réceptionnaire de la cargaison et aux propriétaires des autres choses se trouvant à bord, à l'exception des envois postaux, des provisions de bouche, des bagages, même enregistrés, des passagers et des effets personnels.

2. Par dérogation au paragraphe premier, un véhicule automobile et un bateau que le transporteur transporte à bord du bateau en rapport avec un contrat de transport de personnes

average.

contribuent aux avaries communes.

Art. 1022 (8.11.3.3) De vergoedingen in avarij-grosse en de dragende waarden der in de avarij-grosse bijdragende belangen worden bovendien bepaald met inachtneming van de Rijnregels I.V.R., nader omschreven bij algemene maatregel van bestuur.

In addition, compensation for general average and the contributing values of the interests contributing to general average are determined according to the Rhine Rules I.V.R., further defined by regulation.

Les indemnités en avaries communes et les valeurs contributives des intérêts appelés à contribuer aux avaries communes sont, en outre, déterminées conformément aux Règles du Rhin I.V.R., telles qu'elles sont précisées par décret.

Afdeling 4 Gevaarlijke stoffen aan boord van een binnenschip

**Section 4
Dangerous substances on board an inland waterway vessel**

**Section quatrième
Des matières dangereuses à bord d'un bateau de navigation intérieure**

Artikel 1030 In deze afdeling wordt verstaan onder:
a. «*gevaarlijke stof*»: een stof die als zodanig bij algemene maatregel van bestuur is aangewezen; de aanwijzing kan worden beperkt tot bepaalde concentraties van de stof, tot bepaalde in de algemene maatregel van bestuur te omschrijven gevaren die aan de stof verbonden zijn, en tot bepaalde daarin te omschrijven situaties waarin de stof zich bevindt;
b. «*schip*»: binnenschip, niet zijnde een luchtkussenvoertuig;
c. «*schade*»:
1º. schade veroorzaakt door dood of letsel van enige persoon veroorzaakt door een gevaarlijke stof;
2º. andere schade buiten het schip aan boord waarvan de gevaarlijke stof zich bevindt, veroorzaakt door die gevaarlijke stof, met uitzondering van verlies van of schade met betrekking tot andere schepen of zeeschepen en zaken aan boord daarvan, indien die schepen of zeeschepen deel uitmaken van een sleep, waarvan ook dit schip deel uitmaakt, of hecht met dit schip in een eenheid zijn gekoppeld;
3º. de kosten van preventieve maatregelen en verlies of schade veroorzaakt door zulke maatregelen;
d. «*preventieve maatregel*»: iedere redelijke maatregel ter voorkoming of beperking van schade door wie dan ook genomen met uitzondering van de overeenkomstig deze afdeling aansprakelijke persoon nadat een gebeurtenis heeft plaatsgevonden;
e. «*gebeurtenis*»: elk feit of elke opeenvolging van feiten met dezelfde oorzaak, waardoor schade ontstaat of waardoor een ernstige en onmiddellijke dreiging van schade ontstaat;
f. «*eigenaar*»: hij die de zeggenschap heeft over het gebruik van het schip aan boord waarvan de gevaarlijke stof zich bevindt. De persoon die in een register waarin het schip te boek staat, als eigenaar van het schip is ingeschreven, of, bij gebreke van enige teboekstelling, de persoon die het

schip in eigendom heeft, wordt aangemerkt als eigenaar, tenzij hij bewijst dat ten tijde van de gebeurtenis een door hem bij name genoemde ander de zeggenschap over het gebruik van het schip had of dat op dat tijdstip een ander zonder zijn toestemming en zonder dat hij zulks redelijkerwijs kon voorkomen de zeggenschap over het gebruik van het schip had.

In this section:	Dans la présente section
a. "*dangerous substance*" means a substance designated as such by regulation; the designation may be limited to certain concentrations of the substance, to certain dangers connected with the substance and to be defined in the regulation, and to certain situations in which the substance finds itself and to be defined in the regulation;	a. «*matière dangereuse*» signifie toute matière désignée comme telle par décret; la désignation peut être limitée à certaines concentrations de la matière, à certains dangers afférents à la matière et décrits dans le décret et à certaines situations y décrites dans lesquelles se trouve la matière;
b. "*vessel*" means an inland waterway vessel, not being a hovercraft;	b. «*navire*» signifie un bateau de navigation intérieure qui n'est pas un hydroglisseur;
c. "*damage*" means:	c. «*dommage*» signifie
1o. damage caused by death of, or bodily injury to a person, caused by a dangerous substance;	1o. le dommage par suite de la mort ou de la lésion corporelle d'une personne, causée par la matière dangereuse;
2o. other damage outside the vessel on which the dangerous substance finds itself, caused by that dangerous substance, with the exception of loss of or damage to other vessels or sea-going vessels and things on board thereof, if those vessels or sea-going vessels form part of a tow, of which also this vessel forms part, or if those vessels are closely joined with this vessel in a unit;	2o. d'autres dommages subis à l'extérieur du navire à bord duquel se trouve la matière dangereuse, qui sont causés par celle-ci, à l'exception de la perte ou du dommage causés à d'autres navires ou navires de mer et aux choses se trouvant à bord de ceux-ci, si ces navires ou navires de mer font partie d'un convoi auquel appartient également le navire en question ou s'ils sont fermement attachés pour former une unité;
3o. the costs of preventive measures and loss or damage caused by such measures;	3o. les frais de mesures de sauvegarde et la perte ou le dommage causés par celles-ci;
d. "*preventive measure*" means every reasonable measure to prevent or minimise damage, taken by whomever, with the exception of the person liable according to this section, after an event has occurred;	d. «*mesure de sauvegarde*» signifie toute mesure raisonnable, prise par quiconque, à l'exception de la personne responsable conformément à la présente section, après la survenance d'un événement, en vue de prévenir ou de réduire le dommage;
e. "*event*" means every fact or	e. «*événement*» signifie tout fait ou

every succession of facts with the same cause, by which damage or serious and immediate danger of damage arises;
f. *"owner"* means the person who has the say in the use of the vessel on board of which the dangerous substance finds itself. The person who is entered as owner of the vessel in a register in which the vessel is registered, or, where there is no registration, the person who owns the vessel is deemed to be the owner, unless he proves that another person, whom he names, had the say in the use of the vessel at the time of the event, or that at such time another person had the say in the use of the vessel without his permission and without him being reasonably able to prevent this.

succession de faits ayant la même origine et dont résulte un dommage ou qui constitue une menace grave et imminente de dommage;
f. «*propriétaire*» signifie la personne qui dispose de l'emploi du navire à bord duquel se trouve la matière dangereuse. La personne inscrite comme propriétaire sur le registre où le navire est immatriculé, ou, à défaut d'immatriculation, celle qui a la propriété du navire est réputée propriétaire, sauf à prouver que, au moment de l'événement, une personne autre, qu'elle désigne nommément, disposait de l'emploi du navire ou qu'à ce moment une autre personne, sans son consentement et sans qu'il puisse normalement le prévenir, disposait de l'emploi du navire.

Artikel 1031 - 1. Deze afdeling is niet van toepassing, indien de eigenaar jegens degene die de vordering instelt, aansprakelijk is uit hoofde van een exploitatie-overeenkomst of jegens deze persoon een beroep op een exploitatie-overeenkomst heeft.
- 2. Deze afdeling is van toepassing op de periode waarin een gevaarlijke stof zich aan boord van een schip bevindt, daaronder begrepen de periode vanaf het begin van de inlading van de gevaarlijke stof in het schip tot het einde van de lossing van die stof uit het schip.
- 3. Deze afdeling is niet van toepassing op schade veroorzaakt wanneer het schip uitsluitend wordt gebruikt in een niet voor publiek toegankelijk gebied en zulk gebruik een onderdeel vormt van een in dat gebied plaatsvindende bedrijfsuitoefening.
- 4. Op zich overeenkomstig het tweede lid aan boord bevindende stoffen als bedoeld in artikel 175 van Boek 6 is dat artikel niet van toepassing, tenzij zich het geval van het derde lid voordoet.

1. This section does not apply if the owner is liable towards the person instituting the action on the basis of a contract of operation, or if such owner can invoke a contract of operation against this person.
2. This section applies to the period in which a dangerous substance is on board a vessel, including the period from the commencement of the loading of the dangerous substance

1. La présente section ne s'applique pas si le propriétaire est responsable envers celui qui intente l'action aux termes d'un contrat d'exploitation ou s'il peut invoquer ce contrat à l'encontre de cette personne.
2. La présente section s'applique à la période pendant laquelle la matière dangereuse se trouve à bord d'un navire, ce qui comprend la période qui va du début du chargement de la matière

into the vessel until the termination of the unloading of that substance from the vessel.
3. This section does not apply to damage caused when the vessel is used exclusively in an area which is not accessible to the public and when such use forms part of a business operation taking place in that area.
4. Article 175 of Book 6 does not apply to substances referred to in that article and which are on board according to paragraph 2 of this article, unless the case, referred to in paragraph 3 of article 175, occurs.

dangereuse dans le navire jusqu'à l'achèvement du déchargement de cette matière.
3. La présente section ne s'applique pas au dommage causé lorsque le navire est utilisé exclusivement dans un lieu non accessible au public et que cette utilisation fait partie de l'exploitation d'une entreprise dans ce lieu.
4. L'article 175 du Livre sixième ne s'applique pas aux matières visées à cet article se trouvant à bord conformément au paragraphe deuxième, à moins que ne se présente le cas prévu au paragraphe troisième.

Artikel 1032 - 1. Indien een gevaarlijke stof zich bevindt in een vervoermiddel dat zich aan boord van een schip bevindt zonder dat de gevaarlijke stof uit dit gestapelde vervoermiddel wordt gelost, zal de gevaarlijke stof voor die periode geacht worden zich alleen aan boord van genoemd schip te bevinden.
- 2. Indien een gevaarlijke stof zich bevindt in een schip dat wordt gesleept door een ander schip of door een zeeschip of wordt voortbewogen door een ander schip of door een zeeschip, dat hecht met dit schip in een eenheid gekoppeld is, zal de gevaarlijke stof geacht worden zich alleen aan boord van laatstgenoemd schip of zeeschip te bevinden.
- 3. Gedurende de handelingen bedoeld in artikel 1033, vijfde lid, onderdelen *c*, *d* en *e*, zal de gevaarlijke stof geacht worden:
a. in afwijking van het eerste lid, zich alleen aan boord van het gestapelde vervoermiddel te bevinden;
b. in afwijking van het tweede lid, zich alleen aan boord van eerstgenoemd schip te bevinden.

1. If a dangerous substance is in a means of transportation which is on board a vessel without the dangerous substance being unloaded from this means of transportation, the dangerous substance shall be deemed to be exclusively on board that vessel during that period.
2. If a dangerous substance is in a vessel which is towed by another vessel or by an sea-going vessel, or which is moved by another vessel or sea-going vessel which is closely joined with this vessel in a unit, the dangerous substance shall be deemed to be exclusively on board the latter vessel or sea-going vessel.
3. During the acts referred to in article 1033, paragraph 5, *sub c, d*

1. Si une matière dangereuse se trouve dans un moyen de transport lui-même situé à bord d'un navire et qu'elle n'a pas été déchargée de ce moyen de transport, elle sera réputée se trouver uniquement à bord du navire pendant cette période.
2. Si la matière dangereuse se trouve à bord d'un navire remorqué par un autre navire ou par un navire de mer, ou mû par un autre navire ou par un navire de mer fermement attaché au premier navire pour former une unité, la matière dangereuse sera réputée se trouver uniquement à bord de ce dernier navire ou navire de mer.
3. Pendant les activités visées aux points *c*, *d* et *e* du paragraphe cinquième

and *e*, the dangerous substance shall be deemed:
a. to be exclusively on board the means of transportation, by derogation from the first paragraph;
b. to be exclusively on board the vessel mentioned first, by derogation from paragraph 2.

de l'article 1033, la matière dangereuse sera réputée
a. Par dérogation au paragraphe premier, se trouver uniquement à bord du moyen de transport ci-dessus mentionné;
b. Par dérogation au paragraphe deuxième, se trouver uniquement à bord du premier navire ci-dessus mentionné;

Artikel 1033 - 1. Hij die ten tijde van een gebeurtenis eigenaar is van een schip aan boord waarvan zich een gevaarlijke stof bevindt, is aansprakelijk voor de schade door die stof veroorzaakt ten gevolge van die gebeurtenis. Bestaat de gebeurtenis uit een opeenvolging van feiten met dezelfde oorzaak, dan rust de aansprakelijkheid op degene die ten tijde van het eerste feit eigenaar was.
- 2. De eigenaar is niet aansprakelijk indien:
a. de schade is veroorzaakt door een oorlogshandeling, vijandelijkheden, burgeroorlog, opstand of natuurgebeuren van uitzonderlijke, onvermijdelijke en onweerstaanbare aard;
b. de schade uitsluitend is veroorzaakt door een handelen of nalaten van een derde, niet zijnde een persoon genoemd in het vijfde lid, onderdeel *a*, geschied met het opzet de schade te veroorzaken;
c. de afzender of enige andere persoon niet heeft voldaan aan zijn verplichting hem in te lichten over de gevaarlijke aard van de stof, en noch de eigenaar, noch de in het vijfde lid, onderdeel *a*, genoemde personen wisten of hadden behoren te weten dat deze gevaarlijk was.
- 3. Indien de eigenaar bewijst dat de schade geheel of gedeeltelijk het gevolg is van een handelen of nalaten van de persoon die de schade heeft geleden, met het opzet de schade te veroorzaken, of van de schuld van die persoon, kan hij geheel of gedeeltelijk worden ontheven van zijn aansprakelijkheid tegenover die persoon.
- 4. De eigenaar kan voor schade slechts uit anderen hoofde dan deze afdeling worden aangesproken in het geval van het tweede lid, onderdeel *c*, alsmede in het geval dat hij uit hoofde van arbeidsovereenkomst kan worden aangesproken.
- 5. Behoudens de artikelen 1034 en 1035 zijn voor schade niet aansprakelijk:
a. de ondergeschikten, vertegenwoordigers of lasthebbers van de eigenaar of de leden van de bemanning,
b. de loods en ieder ander die, zonder bemanningslid te zijn, ten behoeve van het schip werkzaamheden verricht,
c. zij die anders dan tegen een uitdrukkelijk en redelijk verbod vanwege het schip in hulp verlenen aan het schip, de zich aan boord daarvan bevindende zaken of de opvarenden,
d. zij die op aanwijzing van een bevoegde overheidsinstantie hulp verlenen aan het schip, de zich aan boord daarvan bevindende zaken of de opvarenden,
e. zij die preventieve maatregelen nemen met uitzondering van de eigenaar,
f. de ondergeschikten, vertegenwoordigers of lasthebbers van de in dit lid, onderdelen *b*, *c*, *d* en *e*, van aansprakelijkheid vrijgestelde personen, tenzij de schade is ontstaan uit hun eigen handelen of nalaten, geschied hetzij met het opzet die schade te veroorzaken, hetzij roekeloos en met de wetenschap dat die schade er waarschijnlijk uit zou voortvloeien.

- 6. De eigenaar heeft, voor zover niet anders is overeengekomen, verhaal op de in het vijfde lid bedoelde personen, doch uitsluitend indien dezen ingevolge het slot van dit lid voor de schade kunnen worden aangesproken.

1. The person who, at the time of an event, is the owner of a vessel on board of which there is a dangerous substance, is liable for the damage caused by that substance as a result of that event. Where the event consists of a succession of facts with the same cause, the liability rests upon the person who was the owner at the time of the first fact.
2. The owner is not liable if:

a. the damage was caused by an act of war, hostilities, civil war, insurgence or natural events of an exceptional, unavoidable and irresistible nature;

b. the damage was caused exclusively by an act or omission of a third person, not being a person referred to in paragraph 5, *sub a*, done with the intent to cause the damage;

c. the consignor or any other person has not complied with his obligation to inform the owner with regard to the dangerous nature of the substance, and if neither the owner nor the persons referred to in paragraph 5, *sub a*, knew or ought to have known that the substance was dangerous.
3. If the owner proves that the damage is wholly or partially the result of an act or omission of the person who has suffered the damage, done with the intent to cause the damage, or that it is the result of the fault of that person, the owner may be wholly or partially relieved of his liability with respect to that person.
4. The owner can only be sued for damage on a basis other than this section in the case of paragraph 2, *sub c*, as well as in the case that he can be sued pursuant to a labour

1. Celui qui, au moment d'un événement, est propriétaire du navire à bord duquel se trouve la matière dangereuse est responsable du dommage causé par celle-ci par suite de cet événement. Si un événement consiste en une succession de faits ayant la même origine, la responsabilité incombe à celui qui est propriétaire au moment du premier fait.
2. Le propriétaire n'est pas responsable:

a. Si le dommage résulte d'un acte de guerre, d'hostilités, d'une guerre civile, d'une insurrection ou d'un phénomène naturel de caractère exceptionnel, inévitable et irrésistible;

b. Si le dommage résulte en totalité du fait qu'un tiers autre qu'une personne visée au point a du paragraphe cinquième *a* agi ou omis d'agir dans l'intention de causer un dommage;

c. Si l'expéditeur ou toute autre personne ne s'est pas acquitté de son obligation de l'informer de la nature dangereuse de la matière et que ni le propriétaire ni les personnes visées au point *a* du paragraphe cinquième n'avaient ou n'auraient dû avoir connaissance qu'elle était dangereuse;
3. Si le propriétaire prouve que le dommage résulte en totalité ou en partie du fait que la personne qui l'a subi a agi ou omis d'agir dans l'intention de causer un dommage ou de la faute de cette personne, il peut être relevé de tout ou partie de sa responsabilité envers elle.

4. Le propriétaire ne peut être poursuivi en réparation du dommage à un autre chef que la présente section que dans le cas du point *c* du paragraphe deuxième, de même que dans le cas

contract.

5. Without prejudice to articles 1034 and 1035, the following persons are not liable for damage:
a. the servants, representatives or mandataries of the owner or the members of the crew;
b. the pilot and any other person who, without being a member of the crew, performs activities for the vessel;
c. the persons who, otherwise than against an express and reasonable prohibition on the side of the vessel, are involved in the salvage of the vessel, or of the things or persons on board thereof;
d. the persons who, upon the instructions of a competent public authority, are involved in the salvage of a vessel, or of the things or persons on board thereof;
e. the persons taking preventive measures, with the exception of the owner;
f. the servants, representatives or mandataries of the persons relieved of liability in this paragraph, sub b, c, d and e, unless the damage has arisen from their own act or omission, done either with the intent to cause that damage or recklessly and with the knowledge that that damage would probably result therefrom.

6. To the extent not otherwise agreed, the owner has recourse against the persons referred to in paragraph 5, but only if they can be sued for the damage pursuant to the end of this paragraph.

d'une poursuite au titre d'un contrat de travail.

5. Sous réserve des articles 1034 et 1035, ne sont pas responsables du dommage:
a. Les préposés, représentants ou mandataires du propriétaire ou les membres de l'équipage;
b. Le pilote et toute autre personne qui, sans être membre de l'équipage, s'acquitte de services pour le navire;
c. Les personnes qui, autrement qu'à l'encontre d'une défense expresse et raisonnable de la part du navire, prêtent assistance à celui-ci ou aux choses ou personnes se trouvant à bord;
d. Les personnes qui, sur les instructions d'une autorité publique compétente, prêtent assistance au navire ou aux choses ou personnes se trouvant à bord;
e. Les personnes autres que le propriétaire qui prennent des mesures de sauvegarde;
f. Les préposés, représentants ou mandataires des personnes exemptes de responsabilité aux termes des points b, c, d et e, à moins que le dommage résulte de leur propre acte ou omission, commis soit avec l'intention de provoquer un tel dommage, soit témérairement et avec conscience qu'un tel dommage en résulterait probablement.

6. Le propriétaire a, dans la mesure où le contraire n'a pas été convenu, un recours contre les personnes visées au paragraphe cinquième, mais seulement si elles peuvent être poursuivies en réparation du dommage aux termes de la fin du paragraphe.

Artikel 1034 - 1. Indien de eigenaar bewijst dat de gevaarlijke stof tijdens de periode bedoeld in artikel 1031, tweede lid, is geladen of gelost onder de uitsluitende verantwoordelijkheid van een door hem bij name genoemde ander dan de eigenaar of zijn ondergeschikte, vertegenwoordiger of lasthebber, zoals de afzender of ontvanger, is de eigenaar niet aansprakelijk voor de schade als gevolg van een gebeurtenis tijdens het laden of lossen van de gevaarlijke stof en is die ander voor deze schade aansprakelijk overeenkomstig deze afdeling.

- 2. Indien echter de gevaarlijke stof tijdens de periode bedoeld in artikel 1031, tweede lid, is geladen of gelost onder de gezamenlijke verantwoordelijkheid van de eigenaar en een door de eigenaar bij name genoemde ander, zijn de eigenaar en die ander hoofdelijk aansprakelijk overeenkomstig deze afdeling voor de schade als gevolg van een gebeurtenis tijdens het laden of lossen van de gevaarlijke stof.
- 3. Indien is geladen of gelost door een persoon in opdracht of ten behoeve van de vervoerder of een ander, zoals de afzender of de ontvanger, is niet deze persoon, maar de vervoerder of die ander aansprakelijk.
- 4. Indien een ander dan de eigenaar op grond van het eerste of het tweede lid aansprakelijk is, kan die ander geen beroep doen op artikel 1033, vierde lid en vijfde lid, onderdeel *b*.
- 5. Indien een ander dan de eigenaar op grond van het eerste of het tweede lid aansprakelijk is, zijn ten aanzien van die ander de Dertiende Titel, Afdeling l0A, van het Tweede Boek van het Wetboek van Koophandel, alsmede de artikelen 320*a* tot en met 320*z* van het Wetboek van Burgerlijke Rechtsvordering van overeenkomstige toepassing, met dien verstande dat in geval van hoofdelijke aansprakelijkheid:
a. de beperking van aansprakelijkheid krachtens de Dertiende Titel, Afdeling 10A, van het Tweede Boek van het Wetboek van Koophandel geldt voor het geheel der naar aanleiding van eenzelfde gebeurtenis ontstane vorderingen gericht tegen beiden;
b. een fonds gevormd door één van hen overeenkomstig artikel 320*c* van het Wetboek van Burgerlijke Rechtsvordering wordt aangemerkt als door beiden te zijn gevormd en zulks ten aanzien van de vorderingen waarvoor het fonds werd gesteld.
- 6. In de onderlinge verhouding tussen de eigenaar en de in het tweede lid van dit artikel genoemde ander is de eigenaar niet tot vergoeding verplicht dan in geval van schuld van hemzelf of van zijn ondergeschikten, vertegenwoordigers of lasthebbers.
- 7. Dit artikel is niet van toepassing als tijdens de periode, bedoeld in artikel 1031, tweede lid, is geladen of gelost onder de uitsluitende of gezamenlijke verantwoordelijkheid van een persoon, genoemd in artikel 1033, vijfde lid, onderdeel *c*, *d* of *e*.

1. If the owner proves that the dangerous substance has been loaded or unloaded during the period referred to in article 1031, paragraph 2, under the exclusive responsibility of a person, such as the consignor or recipient, whom he mentions by name, other than the owner or his servant, representative or mandatary, the owner is not liable for the damage as the result of an event during the loading or unloading of the dangerous substance, and in that case the other person is liable for this

1. Si le propriétaire prouve que la matière dangereuse a été chargée ou déchargée, au cours de la période visée au paragraphe deuxième de l'article 1031, sous la seule responsabilité d'une personne, qu'il désigne nommément, tel l'expéditeur ou le réceptionnaire, mais autre que le propriétaire ou son préposé, représentant ou mandataire, il n'est pas responsable du dommage résultant d'un événement en cours de chargement ou déchargement de la matière dangereuse cette autre personne en est alors responsable conformément à la présente

damage according to this section.
2. However, if the dangerous substance has been loaded or unloaded during the period referred to in article 1031, paragraph 2, under the joint responsibility of the owner and a person, whom he mentions by name, the owner and that other person are solidarily liable according to this section for the damage as a result of an event during the loading or unloading of the dangerous substance.
3. If loading or unloading has been done by a person upon the order or for the benefit of the carrier or another person, such as the consignor or recipient, it is not this person but the carrier or that other person who is liable.
4. If a person other than the owner is liable on the basis of paragraphs 1 or 2, that other person cannot invoke article 1033, paragraph 4 and paragraph 5, *sub b*.
5. If a person other than the owner is liable on the basis of paragraphs 1 or 2, Title 13, Section 10A of Book 2 of the Code of Commerce, as well as articles 320*a* to 320*z* inclusive of the Code of Civil Procedure apply *mutatis mutandis* to that other person, upon the understanding that in the case of solidarity:

a. the limitation of liability pursuant to Title 13, Section 10A of Book 2 of the Code of Commerce applies for the whole of the actions aimed at both persons and which have arisen in connection with the same event;
b. a fund, constituted by one of them according to article 320*c* of the Code of Civil Procedure, is deemed to have been constituted by both persons and that with respect to the actions aimed at the fund.

Section.
2. Toutefois, si la matière dangereuse a été chargée ou déchargée, au cours de la période visée au paragraphe deuxième de l'article 1031, sous la responsabilité conjointe du propriétaire et d'une autre personne qu'il désigne nommément, le propriétaire et cette autre personne sont solidairement responsables, conformément à la présente Section, du dommage résultant d'un événement en cours de chargement ou déchargement de la matière dangereuse.
3. Si le chargement ou le déchargement a été effectué par une personne agissant sous les ordres ou au profit du transporteur ou d'une autre personne, tel l'expéditeur ou le réceptionnaire, la responsabilité incombe non à cette personne, mais au transporteur ou à cette autre personne.
4. Si une autre personne que le propriétaire est responsable aux termes des paragraphes premier ou deuxième, elle ne peut se prévaloir des paragraphes quatrième et cinquième, point *b*, de l'article 1033.
5. Si une autre personne que le propriétaire est responsable aux termes des paragraphes premier ou deuxième, la Section dixième A du Titre treizième du Livre deuxième du Code de commerce, de même que les articles 320*a* à 320*z* inclusivement du Code de procédure civile, s'appliquent par analogie, étant entendu que dans le cas de responsabilité solidaire:

a. La limitation de responsabilité en vertu de la Section dixième A du Titre treizième du Livre deuxième du Code de commerce s'applique à l'ensemble des actions nées d'un même événement et intentées contre les deux;
b. Le fonds constitué par l'un d'eux, conformément à l'article 320*c* du Code de procédure civile, est réputé avoir été constitué par les deux à l'égard des actions pour lesquelles le fonds est constitué.

6. In the mutual relationship between the owner and the other person, referred to in paragraph 2 of this article, the owner is not obligated to compensation except in the case of his own fault or that of his servants, representatives or mandataries.
7. This article does not apply if loading or unloading has taken place during the period referred to in article 1031, paragraph 2, under the exclusive or joint responsibility of a person, referred to in article 1033, paragraph 5, *sub c*, *d* or *e*.

6. Dans les rapports réciproques entre le propriétaire et l'autre personne visée au paragraphe deuxième du présent article, le propriétaire n'est tenu à la réparation du dommage que dans le cas de sa propre faute ou de celle de ses préposés, représentants ou mandataires.
7. Le présent article ne s'applique pas si le chargement ou déchargement a été effectué, au cours de la période visée au paragraphe deuxième de l'article 1031, sous la responsabilité exclusive ou conjointe d'une personne visée au paragraphe 5, points *c*, *d* ou *e* de l'article 1033.

Artikel 1035 - Indien ingevolge artikel 1033, tweede lid, onderdeel *c*, de eigenaar niet aansprakelijk is, is de afzender of andere persoon aansprakelijk overeenkomstig deze afdeling en zijn te diens aanzien de Dertiende Titel, Afdeling 10A, van het Tweede Boek van het Wetboek van Koophandel, alsmede de artikelen 320*a* tot en met 320*z* van het Wetboek van Burgerlijke Rechtsvordering van overeenkomstige toepassing. De afzender of andere persoon kan geen beroep doen op artikel 1033, vierde lid.

If the owner is not liable pursuant to article 1033, paragraph 2, *sub c*, the consignor or other person is liable according to this section, and with respect to them Title 13, Section 10A of Book 2 of the Code of Commerce, as well as articles 320*a* to 320*z* inclusive of the Code of Civil Procedure apply *mutatis mutandis*. The consignor or other person may not invoke article 1033, paragraph 4.

Si, conformément au paragraphe deuxième, point *c*, de l'article 1033, le propriétaire n'est pas responsable, l'expéditeur ou l'autre personne l'est, conformément à la présente Section, et la Section dixième A du Titre treizième du Livre deuxième du Code de commerce, de même que les articles 320*a* à 320*z* inclusivement du Code de procédure civile, s'appliquent à lui par analogie. L'expéditeur ou cette autre personne ne peut se prévaloir du paragraphe quatrième de l'article 1033.

Artikel 1036 - Indien schade veroorzaakt door de gevaarlijke stof redelijkerwijs niet kan worden gescheiden van schade anderszins veroorzaakt, zal de gehele schade worden aangemerkt als schade in de zin van deze afdeling.

If damage caused by the dangerous substance cannot be reasonably separated from damage caused otherwise, the whole damage shall be deemed to be damage within the meaning of this section.

Si le dommage causé par la matière dangereuse n'est pas raisonnablement séparable du dommage d'une autre origine, la totalité du dommage sera réputée dommage au sens de la présente Section

Artikel 1037 - 1. Wanneer door een gebeurtenis schade is veroorzaakt door gevaarlijke stoffen aan boord van meer dan één schip, dan wel aan boord van een

schip en een zeeschip of een luchtkussenvoertuig, zijn de eigenaren en de reder of de exploitant van de daarbij betrokken schepen, het zeeschip of het luchtkussenvoertuig, onverminderd het in artikel 1033, tweede en derde lid, en artikel 1034, afdeling 4 van titel 6 en afdeling 1 van titel 14 bepaalde, hoofdelijk aansprakelijk voor alle schade waarvan redelijkerwijs niet kan worden aangenomen dat zij veroorzaakt is door gevaarlijke stoffen aan boord van één of meer bepaalde schepen, zeeschip of luchtkussenvoertuig.
- 2. Het bepaalde in het eerste lid laat onverlet het beroep op beperking van aansprakelijkheid van de reder, eigenaar of exploitant krachtens de Elfde Titel A of de Dertiende Titel, Afdeling 10A, telkens van het Tweede Boek van het Wetboek van Koophandel, dan wel de artikelen 1218 tot en met 1220, ieder tot het voor hem geldende bedrag.

1. Without prejudice to the provisions of article 1033, paragraphs 2 and 3, article 1034, Section 4 of Title 6, and Section 1 of Title 14, when an event causes damage by dangerous substances on board more than one vessel, or on board a vessel and a sea-going vessel or a hovercraft, the owners and the shipowner or operator of the vessels, the sea-going vessel or the hovercraft, involved therewith, are solidarily liable for all damage of which it cannot be reasonably assumed that it has been caused by dangerous substances on board one or more specific vessels, sea-going vessel or hovercraft.

2. The provisions of the first paragraph do not affect the limitation of liability which the shipowner, the owner or operator can invoke pursuant to Title 11A, Title 13, Section 10A, both of Book 2 of the Code of Commerce, as well as articles 1218 to 1220 inclusive, for each of them up to the amount applicable to him.

1. Sans préjudice des dispositions des paragraphes deuxième et troisième de l'article 1033, de l'article 1034, de la Section quatrième du Titre sixième et de la Section première du Titre quatorzième, lorsque le dommage résulte d'un événement mettant en cause deux ou plusieurs navires, ou un navire et un navire de mer ou un hydroglisseur, ayant à bord les matières dangereuses causant le dommage, les propriétaires et l'armateur ou l'exploitant des navires, du navire de mer ou de l'hydroglisseur en cause sont solidairement responsables de tout dommage qui ne peut raisonnablement être imputé aux matières dangereuses se trouvant à bord d'un ou de plusieurs navires, navire de mer ou hydroglisseur déterminés.

2. Les dispositions du paragraphe premier laissent intacte la limitation de responsabilité dont peuvent se prévaloir l'armateur, le propriétaire ou l'exploitant, chacun jusqu'à concurrence de la somme qui lui est applicable, en vertu du Titre onzième A ou de la Section dixième A du Titre treizième, du Code de commerce dans les deux cas, de même que des articles 1218 à 1220 inclusivement.

TITEL 12

TITLE 12   TITRE DOUZIÈME

Art. 1060-1079 *Gereserveerd.*

Reserved.   *Réservés.*

IV WEGVERVOERSRECHT

IV ROAD TRANSPORT LAW

IV DU DROIT DU TRANSPORT ROUTIER

TITEL 13 WEGVERVOER

TITLE 13 ROAD TRANSPORT

TITRE TREIZIÈME DU TRANSPORT ROUTIER

Afdeling 1 Algemene bepalingen

Section 1. General provisions

Section première Dispositions générales

Art. 1080 (8.13.1.1) - 1. Bij algemene maatregel van bestuur kunnen zaken, die geen voertuigen zijn, voor de toepassing van bepalingen van deze titel als voertuig worden aangewezen, dan wel bepalingen van deze titel niet van toepassing worden verklaard op zaken, die voertuigen zijn.
- 2. Een takelwagen is niet een voertuig in de zin van deze titel.
- 3. Een overeenkomst, waarbij de ene partij zich tegenover de andere partij verbindt een voertuig te besturen, dat hem daartoe door die andere partij ter beschikking is gesteld, is niet een overeenkomst van vervoer in de zin van deze titel.

1. By regulation, certain things which are not vehicles, may be designated as such for the application of the provisions of this title; equally, provisions of this title may be declared inapplicable to things which are vehicles.
2. A tow truck is not a vehicle within the meaning of this title.
3. A contract whereby one party binds himself towards the other to drive a vehicle which the latter has put at the disposal of the former for that purpose, is not a contract of carriage within the meaning of this

1. Par décret, peuvent être désignées comme véhicules aux fins de l'application des dispositions du présent titre des choses qui n'en sont pas; de même, des dispositions du présent titre peuvent être déclarées inapplicables à des choses qui sont des véhicules.
2. Une dépanneuse n'est pas un véhicule au sens du présent titre.
3. Le contrat par lequel une partie s'engage à l'égard de l'autre à conduire un véhicule que celle-ci met à sa disposition n'est pas un contrat de transport au sens du présent titre.

title.

Art. 1081 (8.13.1.2) Op de exploitatie van een voertuig zijn de artikelen 361 tot en met 366 van overeenkomstige toepassing, met dien verstande dat deze artikelen eveneens van overeenkomstige toepassing zijn wanneer degene op wie krachtens artikel 2 eerste en tweede lid van de Wet Aansprakelijkheidsverzekering Motorrijtuigen de verplichting tot verzekering rust, de in artikel 6 dier wet bedoelde verzekeraar of een ondergeschikte van een dezer buiten overeenkomst wordt aangesproken. De artikelen 361 tot en met 366 zijn bovendien van overeenkomstige toepassing, indien het Waarborgfonds Motorverkeer, genoemd in artikel 23 van eerdervermelde wet, dan wel het bureau, genoemd in het zesde lid van artikel 2 van die wet, of een ondergeschikte van een dezer buiten overeenkomst wordt aangesproken.

Articles 361 to 366 inclusive apply *mutatis mutandis* to the operation of a vehicle, upon the understanding that these articles also apply *mutatis mutandis*, when the person who has the duty of insurance pursuant to article 2, paragraphs 1 and 2, of the *Wet Aansprakelijkheidsverzekering Motorrijtuigen*[1], the insurer referred to in article 6 of that Act, or a servant of one of them is sued extra-contractually. Furthermore, articles 361 to 366 inclusive apply *mutatis mutandis*, if the *Waarborgfonds Motorverkeer*,[2] referred to in article 23 of the aforementioned Act, or the office, mentioned in paragraph 6 of article 2 of that Act, or a servant of one of them is sued extra-contractually.

Les articles 361 à 366 inclusivement s'appliquent par analogie à l'exploitation d'un véhicule, étant entendu que ces articles s'appliquent également, par analogie, lors d'une poursuite extracontractuelle intentée à la personne soumise à l'obligation d'assurance par l'effet des premier et deuxième paragraphes de l'article 2 de la *Wet Aansprakelijkheidsverzekering Motorrijtuigen*[3], à l'assureur visé à l'article 6 de cette loi ou au préposé de l'un d'eux. Les articles 361 à 366 inclusivement s'appliquent, en outre, par analogie lors d'une poursuite extracontractuelle intentée au *Waarborgfonds Motorverkeer*[4], évoqué à l'article 23 de la loi ci-dessus mentionnée, au bureau visé au paragraphe sixième de l'article 2 de cette loi ou au préposé de l'un d'eux.

Afdeling 2 Overeenkomst van goederenvervoer over de weg

Section 2
Contract of carriage of goods by road

Section deuxième
Le contrat de transport de marchandises par route

Art. 1090 (8.13.2.1) De overeenkomst van goederenvervoer in de zin van deze titel is de overeenkomst van goederenvervoer, al dan niet tijd- of reisbevrachting zijnde, waarbij de ene partij (de vervoerder) zich tegenover de andere partij (de

---

[1] *Act on liability insurance for motor vehicles.*
[2] *Guarantee fund for motor traffic.*
[3] *Loi concernant l'assurance-responsabilité automobile.*
[4] *Fonds d'indemnisation pour la circulation automobile.*

afzender) verbindt door middel van een voertuig zaken uitsluitend over de weg en anders dan langs spoorstaven te vervoeren.

The contract of carriage of goods within the meaning of this title is a contract of carriage of goods, whether or not being time- or voyage-chartering, whereby one party (the carrier) binds himself towards the other party (the consignor) to carry things by vehicle, exclusively by road, and otherwise than by rail.	Le contrat de transport de marchandises par route au sens du présent titre est le contrat de transport de marchandises, qu'il soit ou non affrètement à temps ou au voyage, par lequel une partie (le transporteur) s'engage à l'égard de l'autre (l'expéditeur) à transporter des choses par véhicule, exclusivement par route et autrement que par chemin de fer.

Art. 1091 (8.13.2.2) Vervoer over de weg van zaken omvat voor de toepassing van artikel 1098 tweede lid, in afwijking van het elders bepaalde, het tijdvak dat het voertuig zich aan boord van een ander vervoermiddel en niet op de weg bevindt, doch dit slechts ten aanzien van zaken die daarbij niet uit dat voertuig werden uitgeladen.

By derogation from provisions elsewhere, carriage of things by road includes, for the application of article 1098, paragraph 2, the period that the vehicle is on board another means of transportation and not on the road, but only in respect of things which were not unloaded from that vehicle in the process.	Par dérogation aux dispositions édictées ailleurs, le transport des marchandises par route comprend, aux fins du paragraphe deuxième de l'article 1098, la période pendant laquelle le véhicule se trouve à bord d'un autre moyen de transport et non sur la route, mais cela seulement à l'égard des choses non déchargées du véhicule à cette occasion.

Art. 1092 (8.13.2.3) Deze afdeling is niet van toepassing op overeenkomsten tot lijkbezorging, overeenkomsten tot het vervoeren van verhuisgoederen of overeenkomsten tot het vervoeren van postzendingen door of in opdracht van de houder van de concessie, bedoeld in de Postwet of onder een internationale postovereenkomst. Onder voorbehoud van artikel 1154 is deze afdeling niet van toepassing op overeenkomsten tot het vervoeren van bagage.

This section does not apply to funeral transportation contracts, contracts to carry furniture, or contracts to carry postal articles by or by order of the holder of the concession referred to in the *Postwet*[1] or pursuant to an international postal agreement. Subject to article 1154, this section does not apply to contracts to carry baggage.	La présente section ne s'applique pas aux contrats de transport funéraire ou de transport de déménagement ni au contrat de transport d'envois postaux par le titulaire de la concession visée dans la *Postwet*[2] ou par ses ordres, ou conformément à un traité international relatif aux postes. Sous réserve de l'article 1154, la présente section ne s'applique pas au contrat de transport de bagages.

---

[1] *Postal Act.*
[2] *Loi sur les postes.*

Art. 1093 (8.13.2.4) - 1. Tijd- of reisbevrachting in de zin van deze afdeling is de overeenkomst van goederenvervoer, waarbij de vervoerder zich verbindt tot vervoer door middel van een voertuig, dat hij daartoe in zijn geheel met bestuurder en al dan niet op tijdbasis (tijdbevrachting of reisbevrachting) ter beschikking stelt van de afzender.
- 2. Onder „vervrachter" is in deze afdeling de in het eerste lid genoemde vervoerder, onder „bevrachter" de aldaar genoemde afzender te verstaan.

1. A time- or a voyage charter within the meaning of this section is a contract of carriage of goods whereby the carrier binds himself to carriage by a vehicle which he puts at the disposal of the consignor for that purpose in its entirety, with driver and whether or not on a time basis (time- or voyage chartering).
2. In this section, the "lessor" means the carrier and the "charterer" means the consignor, both as referred to in the first paragraph.

1. L'affrètement à temps ou au voyage au sens de la présente section est le contrat de transport de marchandises par lequel le transporteur s'engage au transport au moyen d'un véhicule qu'il met à cette fin, en entier, avec conducteur et à base de temps ou non (affrètement à temps ou au voyage), à la disposition de l'expéditeur.
2. «Fréteur» désigne, à la présente section, le transporteur évoqué et «affréteur» l'expéditeur visés au paragraphe premier.

Art. 1094 (8.13.2.5) De wetsbepalingen omtrent huur, bewaarneming en bruikleen zijn op terbeschikkingstelling van een voertuig met bestuurder, ten einde door middel daarvan zaken te vervoeren, niet van toepassing.

The statutory provisions regarding lease and hire, deposit and loan for use do not apply to the putting at disposal of a vehicle with driver for the purpose of carrying things therewith.

Les dispositions légales relatives à la location, au dépôt et au prêt à usage ne s'appliquent pas à la mise à disposition d'un véhicule avec conducteur aux fins d'y transporter des marchandises.

Art. 1095 (8.13.2.6) De vervoerder is verplicht ten vervoer ontvangen zaken ter bestemming af te leveren en wel in de staat waarin hij hen heeft ontvangen.

The carrier must deliver the things which he has received for carriage to destination, and in the state in which he has received them.

Le transporteur est tenu de livrer les choses prises en charge aux fins de transport à destination, et cela, en l'état dans lequel il les a reçues.

Art. 1096 (8.13.2.7) Onverminderd artikel 1095 is de vervoerder verplicht ten vervoer ontvangen zaken zonder vertraging te vervoeren.

Without prejudice to article 1095, the carrier must transport the things which he has received for carriage without delay.

Sans préjudice de l'article 1095, le transporteur est tenu de transporter sans retard les choses prises en charge aux fins de transport.

Art. 1097 (8.13.2.8) - 1. In geval van bevrachting is de vervrachter verplicht de bestuurder opdracht te geven binnen de grenzen door de overeenkomst gesteld de orders van de bevrachter op te volgen. De vervrachter staat ervoor in, dat de bestuurder de hem gegeven opdracht nakomt.
- 2. De bevrachter staat in voor schade die de vervrachter lijdt door de plaatselijke gesteldheid van de plekken, waarheen hij de bestuurder van het voertuig op grond van het eerste lid ter inlading of lossing beveelt te gaan en hij is slechts in zoverre voor die schade niet aansprakelijk, als de bestuurder, door de hem gegeven orders op te volgen, onredelijk handelde.

1. In the case of chartering, the lessor must instruct the driver to follow the orders of the charterer within the boundaries set by the contract. The lessor warrants the fact that the driver will perform the instruction given to him.
2. The charterer is answerable for damage which the lessor suffers by the local condition of the places to which, on the basis of the first paragraph, he orders the driver of the vehicle to go for loading or unloading, and he is not liable for that damage only to the extent that the driver acted unreasonably in following the orders given to him.

1. Dans le cas de l'affrètement, le fréteur est tenu de donner ordre au conducteur de se conformer, dans les limites du contrat, aux instructions de l'affréteur. Le fréteur est garant de l'exécution par le conducteur des instructions qui lui ont été données.
2. Le fréteur répond du dommage que subit l'affréteur par les conditions locales des lieux où il ordonne le conducteur du véhicule de se rendre aux fins de chargement ou de déchargement en application du paragraphe premier; il n'en est pas responsable dans la seule mesure où le conducteur a agi déraisonnablement en suivant les instructions qui lui ont été données..

Art. 1098 (8.13.2.9) - 1. De vervoerder is niet aansprakelijk voor schade ontstaan door een beschadiging, voor zover deze is veroorzaakt door een omstandigheid die een zorgvuldig vervoerder niet heeft kunnen vermijden en voor zover zulk een vervoerder de gevolgen daarvan niet heeft kunnen verhinderen.
- 2. De vervoerder kan niet om zich van zijn aansprakelijkheid te ontheffen beroep doen op de gebrekkigheid van het voertuig of van het materiaal waarvan hij zich bedient, tenzij dit laatste door de afzender, de geadresseerde of de ontvanger te zijner beschikking is gesteld. Onder materiaal wordt niet begrepen een schip, luchtvaartuig of spoorwagon, waarop het voertuig zich bevindt.
- 3. Onder beschadiging worden mede verstaan geheel of gedeeltelijk verlies van zaken, vertraging, alsmede ieder ander schade veroorzakend feit.

1. The carrier is not liable for damages arising from damage to the extent that it has been caused by a fact which a prudent carrier has not been able to avoid, and to the extent that such a carrier has not been able to prevent the consequences thereof.
2. The carrier cannot invoke the defect of the vehicle or of the material which he uses in order to relief himself of his liability, unless

1. Le transporteur n'est pas responsable du dommage résultant d'avarie, dans la mesure où celle-ci a pour cause une circonstance qu'un transporteur diligent n'a pu éviter et où un tel transporteur n'a pu obvier aux conséquences.
2. Le transporteur ne peut, afin de s'exonérer de sa responsabilité, invoquer la défectuosité du véhicule ou du matériel dont il se sert, à moins que

the material has been put at his disposal by the consignor, the consignee or the recipient. Material does not include a vessel, aircraft or railway car on which the vehicle finds itself.
3. Damage also includes total or partial loss of things, delay, as well as any other fact causing damage.

celui-ci ne soit mis à sa disposition par l'expéditeur, le destinataire ou le réceptionnaire. Matériel ne comprend pas le navire, l'aéronef ou le wagon de chemin de fer, sur lequel se trouve le véhicule.
3. Avarie s'entend également de la perte totale ou partielle des choses, du retard, ainsi que de tout autre fait dommageable.

Art. 1099 (8.13.2.10) Onverminderd de artikelen 1100 en 1101 is de vervoerder, die de op hem uit hoofde van de artikelen 1095 en 1096 rustende verplichtingen niet nakwam, desalniettemin voor de daardoor ontstane schade niet aansprakelijk, voor zover dit niet nakomen het gevolg is van de bijzondere risico's verbonden aan een of meer van de volgende omstandigheden:
a. het vervoer van de zaken in een onoverdekt voertuig, wanneer dit uitdrukkelijk is overeengekomen en op de vrachtbrief is vermeld;
b. behandeling, lading, stuwing of lossing van de zaken door de afzender, de geadresseerde of personen, die voor rekening van de afzender of de geadresseerde handelen;
c. de aard van bepaalde zaken zelf, die door met deze aard zelf samenhangende oorzaken zijn blootgesteld aan geheel of gedeeltelijk verlies of aan beschadiging, in het bijzonder door ontvlamming, ontploffing, smelting, breuk, corrosie, bederf, uitdroging, lekkage, normaal kwaliteitsverlies, of optreden van ongedierte of knaagdieren;
d. hitte, koude, temperatuurverschillen of vochtigheid van de lucht, doch slechts indien niet is overeengekomen dat het vervoer zal plaatsvinden met een voertuig speciaal ingericht om de zaken aan invloed daarvan te onttrekken;
e. onvolledigheid of gebrekkigheid van de adressering, cijfers, letters of merken der colli;
f. het feit dat het vervoer een levend dier betreft.

Without prejudice to articles 1100 and 1101, the carrier who did not perform the obligations resting upon him pursuant to articles 1095 and 1096, is nevertheless not liable for damage arising therefrom to the extent that this non-performance is the consequence of special risks connected with one or more of the following circumstances:
a. the carriage of things in a non-covered vehicle, when this has been expressly agreed and is mentioned in the consignment note;
b. handling, loading, stowing or unloading of the things by the

Sans préjudice des articles 1100 et 1101, le transporteur qui n'exécute pas les obligations qui lui incombent par l'effet des articles 1095 et 1096 n'est néanmoins pas responsable du dommage en résultant dans la mesure où l'inexécution est la suite de risques particuliers liés aux circonstances suivantes:
a. Transport de choses dans un véhicule non bâché, lorsque ce transport a été convenu expressément et mentionné dans la lettre de voiture;
b. Manutention, chargement, arrimage ou déchargement des choses par

ART. 1100 BOEK 8

      consignor, the consignee or persons acting for the account of the consignor or consignee;
c. the nature of certain things themselves which, through causes connected with this nature, are subject to total or partial loss, or to damage, in particular by inflammation, explosion, melting, breaking, corrosion, deterioration, dehydration, leakage, normal loss of quality, or the occurrence of rodents or vermin;
d. heat, cold, variations in temperature or humidity of the air, but only if it has not been agreed that carriage will take place in a vehicle especially equipped to shield the things from the influence thereof;
e. incompleteness of or defect in the manner of addressing, the numbers, letters or marks of the parcels;
f. the fact that carriage concerns a live animal.

      l'expéditeur, le destinataire ou les personnes agissant pour le compte de l'expéditeur ou du destinataire;
c. Nature de certaines choses exposées, pour des causes inhérentes à cette nature même, à perte totale ou partielle ou à avarie, notamment par inflammation, explosion, fonte, bris, corrosion, détérioration, dessiccation, coulage, détérioration normale ou par l'action de la vermine ou des rongeurs;
d. Chaleur, froid, variations de température ou d'humidité de l'air, mais seulement en l'absence d'une entente prévoyant le transport par un véhicule spécialement aménagé pour soustraire les choses à l'influence de ces facteurs;
e. Insuffisance ou imperfection de l'adresse, des numéros, lettres ou marques des colis;
f. Le fait qu'un animal vivant est transporté.

Art. 1100 (8.13.2.11) - 1. Wanneer de vervoerder bewijst dat, gelet op de omstandigheden van het geval, het niet nakomen van de op hem uit hoofde van de artikelen 1095 en 1096 rustende verplichtingen een gevolg heeft kunnen zijn van een of meer der in artikel 1099 genoemde bijzondere risico's, wordt vermoed, dat het niet nakomen daaruit voortvloeit. Degeen, die jegens de vervoerder recht heeft op de zaken, kan evenwel bewijzen, dat dit niet nakomen geheel of gedeeltelijk niet door een van deze risico's is veroorzaakt.
- 2. Het hierboven genoemde vermoeden bestaat niet in het in artikel 1099 onder *a* genoemde geval, indien zich een ongewoon groot tekort voordoet dan wel een ongewoon groot verlies van colli.
- 3. Indien in overeenstemming met het door partijen overeengekomene het vervoer plaatsvindt door middel van een voertuig, speciaal ingericht om de zaken te onttrekken aan de invloed van hitte, koude, temperatuurverschillen of vochtigheid van de lucht, kan de vervoerder ter ontheffing van zijn aansprakelijkheid ten gevolge van deze invloed slechts een beroep doen op artikel 1099 onder *c*, indien hij bewijst, dat alle maatregelen waartoe hij, rekening houdende met de omstandigheden, verplicht was, zijn genomen met betrekking tot de keuze, het onderhoud en het gebruik van deze inrichtingen en dat hij zich heeft gericht naar de bijzondere instructies bedoeld in het vijfde lid.
- 4. De vervoerder kan slechts beroep doen op artikel 1099 onder *f*, indien hij bewijst dat alle maatregelen, waartoe hij normaliter, rekening houdende met de omstandigheden, verplicht was, zijn genomen en dat hij zich heeft gericht naar de bijzondere instructies bedoeld in het vijfde lid.

- 5. De bijzondere instructies, bedoeld in het derde en het vierde lid van dit artikel, moeten aan de vervoerder vóór de aanvang van het vervoer zijn gegeven, hij moet deze uitdrukkelijk hebben aanvaard en zij moeten, indien voor dit vervoer een vrachtbrief is afgegeven, daarop zijn vermeld. De enkele vermelding op de vrachtbrief levert te dezer zake geen bewijs op.

1. Where the carrier proves that, taking into consideration the circumstances of the case, the non-performance of the obligations resting upon him pursuant to articles 1095 and 1096, may have been the consequence of one or more of the special risks mentioned in article 1099, it is presumed that the non-performance results therefrom. The person who, with respect to the carrier, is entitled to the things, may, however, prove that the non-performance has not been caused in whole or in part by one of these risks.
2. The presumption mentioned above does not exist in the case mentioned in article 1099 *sub a*, if there is an unusually large deficiency, or an unusually large loss of parcels.
3. If, in accordance with the agreement between the parties, carriage takes place in a vehicle especially equipped to shield the things from the influence of heat, cold, variations in temperature or humidity of the air, the carrier may only invoke article 1099 *sub c* in order to relief himself of his liability as a consequence of this influence, if he proves that all measures to which, taking into account the circumstances, he was obligated, have been taken with respect to the choice, maintenance and use of these facilities, and that he has conformed to the special instructions referred to in paragraph 5.
4. The carrier may only invoke article 1099 *sub f*, if he proves that all measures to which, taking into account the circumstances, he was normally obligated, have been taken, and that he has conformed to the special instructions referred to in

1. Lorsque le transporteur établit que, eu égard aux circonstances de fait, l'inexécution des obligations lui incombant par l'effet des articles 1095 et 1096 a pu résulter d'un ou de plusieurs des risques particuliers prévus à l'article 1099, il y a présomption que l'inexécution en résulte. Celui qui, à l'égard du transporteur, a droit aux choses peut cependant faire la preuve que l'inexécution n'a pas l'un de ces risques pour cause totale ou partielle.

2. La présomption visée ci-dessus n'est pas applicable dans le cas prévu au point *a* de l'article 1099, s'il y a manquant ou perte de colis d'une importance anormale.
3. Si, conformément à l'entente des parties, le transport est effectué au moyen d'un véhicule spécialement aménagé en vue de soustraire les choses à l'influence de la chaleur, du froid, des variations de température ou de l'humidité de l'air, le transporteur ne peut, pour s'exonérer de sa responsabilité découlant de cette influence, invoquer le bénéfice de l'article 1099, au point *c*, qu'en prouvant que toutes les mesures lui incombant, compte tenu des circonstances, ont été prises en ce qui concerne le choix, l'entretien et l'emploi de ces aménagements et qu'il s'est conformé aux instructions spéciales visées au paragraphe cinquième.
4. Le transporteur ne peut invoquer l'article 1099, au point *f*, qu'en prouvant que toutes les mesures lui incombant normalement, compte tenu des circonstances, ont été prises et qu'il s'est conformé aux instructions spéciales visées au paragraphe cinquième.

paragraph 5.

5. The special instructions, referred to in paragraphs 3 and 4 of this article, must have been given to the carrier before the commencement of the carriage; he must have accepted them expressly and, if a consignment note has been issued for this carriage, they must be mentioned thereon. The sole mention on the consignment note does not constitute evidence in this respect.

5. Les instructions spéciales, visées aux paragraphes troisième et quatrième du présent article, doivent avoir été données au transporteur avant le début du transport; il doit les avoir acceptées expressément et, si une lettre de voiture a été délivrée pour le transport, elles doivent y être inscrites. La simple mention sur la lettre de voiture n'en fait pas foi.

Art. 1101 (8.13.2.12) Wanneer de vervoerder de op hem uit hoofde van de artikelen 1095 en 1096 rustende verplichtingen niet nakwam, wordt ten aanzien van
a. zaken, die onverpakt zijn, terwijl zij gelet op hun aard of de wijze van vervoer, verpakt hadden behoren te zijn, dan wel zaken die, gelet op hun aard of de wijze van vervoer, niet voldoende of niet doelmatig zijn verpakt;
b. onverpakte zaken, die niet vallen onder de omschrijving onder *a* gegeven, indien de vervoerder bewijst, dat gelet op de omstandigheden van het geval het niet nakomen een gevolg heeft kunnen zijn van het bijzondere risico verbonden aan het onverpakt zijn, vermoed dat de vervoerder noch de omstandigheid, die het niet nakomen veroorzaakte, heeft kunnen vermijden, noch de gevolgen daarvan heeft kunnen verhinderen en dat het niet nakomen niet is ontstaan door een of meer der in het tweede lid van artikel 1098 voor rekening van de vervoerder gebrachte omstandigheden.

Where the carrier did not perform the obligations resting upon him pursuant to articles 1095 and 1096, it is presumed, with respect to
a. unpackaged things which, given their nature or manner of carriage, should have been packaged, or things which, given their nature or manner of carriage, are insufficiently or ineffectively packaged;
b. unpackaged things not falling under the definition given sub *a*, if the carrier proves that, given the circumstances of the case, the non-performance may have been a consequence of the special risk connected with the fact of being unpackaged,
that the carrier has not been able to avoid the fact causing the non-performance, nor that he has been able to prevent the consequences

Lorsque le transporteur n'exécute pas les obligations lui incombant par l'effet des articles 1095 et 1096, il y a présomption,
a. en ce qui concerne les choses non emballées qui, eu égard à leur nature ou au mode de transport, auraient dû l'être, ou encore des choses dont l'emballage, eu égard à leur nature ou au mode de transport, était insuffisant ou inefficace;
b. en ce qui concerne les choses non emballées non régies par la description au point *a*, si le transporteur établit que, eu égard aux circonstances de l'espèce, l'inexécution a pu résulter du risque particulier provenant de l'absence d'emballage,
que le transporteur n'a pu éviter la circonstance causant l'inexécution, ni n'a pu obvier aux conséquences de l'inexécution et que l'inexécution ne

thereof, and that the non-performance has not arisen from one or more facts for which the carrier is answerable pursuant to the second paragraph of article 1098.

résulte pas de circonstances incombant au transporteur par l'effet du paragraphe deuxième de l'article 1098.

Art. 1102 (8.13.2.13) - 1. Nietig is ieder beding, waarbij de ingevolge artikel 1095 op de vervoerder drukkende aansprakelijkheid of bewijslast op andere wijze wordt vermeerderd of verminderd dan in deze afdeling is voorzien, tenzij dit beding uitdrukkelijk en anders dan door een verwijzing naar in een ander geschrift voorkomende bedingen, is aangegaan bij een in het bijzonder ten aanzien van het voorgenomen vervoer aangegane en in een afzonderlijk geschrift neergelegde overeenkomst.
- 2. Bovendien is nietig ieder beding, waarbij de ingevolge artikel 1095 op de vervoerder drukkende aansprakelijkheid of bewijslast op andere wijze wordt vermeerderd of verminderd dan in deze afdeling is voorzien, wanneer dit beding
a. voorkomt in enig document, dat door een vermelding daarop is aangeduid als transportbrief of
b. tussen de vervoerder en de ontvanger is aangegaan bij de aflevering van de zaak.

1. Any stipulation whereby the liability or burden of proof resting upon the carrier pursuant to article 1095, is increased or limited in a manner other than that provided for in this section, is null, unless this stipulation has been entered into expressly and otherwise than by a reference to stipulations appearing in another writing, in a contract entered into especially with respect to the intended carriage and consigned in a separate writing.
2. Furthermore, any stipulation whereby the liability or burden of proof resting upon the carrier pursuant to article 1095, is increased or limited in a manner other than that provided for in this section, is null, when this stipulation
a. appears in any document which, by a mention thereon, is indicated as a waybill, or
b. has been entered into by carrier and recipient upon the delivery of the thing.

1. Est nulle toute stipulation augmentant ou diminuant la responsabilité ou le fardeau de la preuve incombant au transporteur en vertu de l'article 1095 autrement que de la manière prévue à la présente section, à moins qu'elle n'ait été consentie de manière expresse, autrement que par renvoi aux clauses figurant dans un autre écrit, par entente particulière conclue en vue du transport envisagé et couchée dans un écrit distinct.
2. Est, en outre, nulle toute stipulation augmentant ou diminuant la responsabilité ou le fardeau de la preuve incombant au transporteur en vertu de l'article 1095, autrement que de la manière prévue à la présente section, lorsque cette stipulation
a. figure dans un document portant une mention le désignant comme lettre de transport;
b. a été consentie entre le transporteur et le réceptionnaire lors de livraison de la chose.

Art. 1103 (8.13.2.14) - 1. Voor zover de vervoerder aansprakelijk is wegens niet nakomen van de op hem uit hoofde van de artikelen 1095 en 1096 rustende verplichtingen, heeft de afzender geen ander recht dan betaling te vorderen van

een bedrag, dat wordt berekend met inachtneming van de waarde welke zaken als de ten vervoer ontvangene zouden hebben gehad zoals, ten tijde waarop en ter plaatse waar zij zijn afgeleverd of zij hadden moeten zijn afgeleverd.
- 2. De in het eerste lid genoemde waarde wordt berekend naar de koers op de goederenbeurs of, wanneer er geen dergelijke koers is, naar de gangbare marktwaarde of, wanneer ook deze ontbreekt, naar de normale waarde van zaken van dezelfde aard en hoedanigheid.

1. To the extent that the carrier is liable for non-performance of the obligations resting upon him pursuant to articles 1095 and 1096, the consignor has no other right than to claim payment of an amount, calculated with consideration for the value which things as the ones received for carriage would have had in the state in which, at the time when, and at the place where they have been delivered or should have been delivered.
2. The value, referred to in the first paragraph, is calculated according to the quotation at the commodity exchange or, when there is no such quotation, according to the current market value or, where there is no such value either, according to the normal value of things of the same nature and quality.

1. Dans la mesure où le transporteur est responsable de l'inexécution des obligations lui incombant par l'effet des articles 1095 et 1096, l'expéditeur n'a d'autre droit que celui de demander paiement d'une somme établie en considération de la valeur qu'auraient eue des choses comme celles qui ont été prises en charge aux fins de transport en l'état, au moment et à l'endroit où elles ont été livrées ou auraient dû l'être.
2. La valeur évoquée au paragraphe premier est calculée d'après le cours en Bourse ou, à défaut, d'après la valeur marchande courante ou, à défaut de l'un et de l'autre, d'après la valeur usuelle de choses de même nature et qualité.

Art. 1104 (8.13.2.15) Indien met betrekking tot een zaak een schadevergoeding uit hoofde van artikel 1129 is verschuldigd, wordt deze aangemerkt als een waardevermindering van die zaak.

If compensation is owed with respect to a thing pursuant to article 1129, this is considered as a reduction in the value of that thing.

L'indemnité due en vertu de l'article 1129 est réputée dépréciation de la chose à laquelle elle se rapporte.

Art. 1105 (8.13.2.16) Voor zover de vervoerder aansprakelijk is wegens niet nakomen van de op hem uit hoofde van de artikelen 1095 en 1096 rustende verplichtingen, is hij niet aansprakelijk boven bij of krachtens algemene maatregel van bestuur te bepalen bedragen.

To the extent that the carrier is liable for the non-performance of the obligations resting upon him pursuant to articles 1095 and 1096, he is not liable beyond amounts to be determined by or pursuant to

Dans la mesure où le transporteur est responsable de l'inexécution des obligations lui incombant par l'effet des articles 1095 et 1096, sa responsabilité ne peut dépasser les sommes déterminées par décret ou en vertu d'un

regulation. décret.

Art. 1106 (8.13.2.17) - 1. De afzender kan, mits de vervoerder hierin toestemt en tegen betaling van een overeen te komen bedrag, op de vrachtbrief een waarde van de zaken aangeven, die het maximum, vermeld in de in artikel 1105 genoemde algemene maatregel van bestuur, overschrijdt. In dat geval treedt het aangegeven bedrag in de plaats van dit maximum.
- 2. Nietig is ieder beding, ook indien het wordt aangegaan op de wijze als voorzien in het eerste lid van artikel 1102, waarbij het aldus aangegeven bedrag hoger wordt gesteld dan de in het eerste lid van artikel 1103 genoemde waarde.

1. Provided that the carrier consents and against payment of an amount to be agreed upon, the consignor may indicate in the consignment note a value for the things which exceeds the maximum mentioned in the regulation referred to in article 1105. In that case, the indicated value takes the place of this maximum.
2. Any stipulation, even if entered into in the manner provided for in the first paragraph of article 1102, whereby the thus indicated amount is set higher than the value referred to in the first paragraph of article 1103, is null.

1. L'expéditeur peut, avec le consentement du transporteur et contre paiement d'une somme à convenir, déclarer sur la lettre de voiture une valeur des choses excédant la limite prévue au décret évoqué à l'article 1105. La somme déclarée se substitue alors à cette limite.
2. Est nulle toute stipulation, même convenue de la manière prévue à l'article 1102, fixant la somme ainsi déclarée au delà de la valeur prévue au paragraphe premier de l'article 1103.

Art. 1107 (8.13.2.18) - 1. De afzender kan, mits de vervoerder hierin toestemt en tegen betaling van een overeen te komen bedrag, door vermelding op de vrachtbrief het bedrag van een bijzonder belang bij de aflevering voor het geval van verlies of beschadiging van vervoerde zaken en voor dat van overschrijding van een overeengekomen termijn van aflevering daarvan, vaststellen.
- 2. Indien een bijzonder belang bij de aflevering is aangegeven, kan, indien de vervoerder aansprakelijk is wegens niet nakomen van de op hem uit hoofde van de artikelen 1095 en 1096 rustende verplichtingen, onafhankelijk van de schadevergoedingen genoemd in de artikelen 1103 tot en met 1106 en tot ten hoogste eenmaal het bedrag van het aangegeven belang, een schadevergoeding worden gevorderd gelijk aan de bewezen bijkomende schade.

1. Provided that the carrier consents and against payment of an amount to be agreed upon, the consignor may, by mention in the consignment note, determine the amount of a special interest in delivery for the case of loss of or damage to things carried, and for that of exceeding an agreed period for delivery thereof.
2. If a special interest in delivery has been declared and if the carrier is

1. L'expéditeur peut, avec le consentement du transporteur et contre paiement d'une somme à convenir, fixer en l'inscrivant à la lettre de voiture le montant d'un intérêt spécial à la livraison pour le cas de perte ou d'avarie des choses transportées et pour celui du dépassement du délai de livraison convenu.
2. Si un intérêt spécial à la livraison a été déclaré, il peut être demandé, au

liable for the non-performance of the obligations resting upon him pursuant to articles 1095 and 1096, damages may be claimed equal to the proven ancillary damage, independently of the damages referred to in articles 1103 to 1106 inclusive, and up to once the amount of the declared interest.

transporteur responsable de l'inexécution des obligations lui incombant par l'effet des articles 1095 et 1096, une indemnité égale au dommage accessoire dont la preuve est apportée, indépendamment des indemnités prévues aux articles 1103 à 1106 inclusivement et jusqu'à concurrence d'une fois la somme de l'intérêt déclaré.

Art. 1108 (8.13.2.19) - 1. De vervoerder kan zich niet beroepen op enige beperking van zijn aansprakelijkheid, voor zover de schade is ontstaan uit zijn eigen handeling of nalaten, geschied hetzij met het opzet die schade te veroorzaken, hetzij roekeloos en met de wetenschap dat die schade er waarschijnlijk uit zou voortvloeien.
- 2. Nietig is ieder beding, waarbij van dit artikel wordt afgeweken.

1. The carrier may not invoke any limitation in his liability to the extent that the damage has arisen from his own act or omission, done either with the intent to cause that damage or recklessly and with the knowledge that that damage would probably result therefrom.
2. Any stipulation derogating from this article is null.

1. Le transporteur ne peut se prévaloir d'aucune limitation de sa responsabilité dans la mesure où le dommage résulte de son propre acte ou omission, commis soit avec l'intention de provoquer un tel dommage soit témérairement et avec conscience qu'un tel dommage en résulterait probablement.
2. Toute stipulation dérogatoire au présent article est nulle.

Art. 1109 (8.13.2.20) - 1. De afzender is bevoegd de overeenkomst op te zeggen, wanneer hem door de vervoerder is medegedeeld dat geen voertuig op de overeengekomen plaats of tijd voor het vervoer aanwezig is of zal kunnen zijn.
- 2. Hij kan deze bevoegdheid slechts uitoefenen terstond na ontvangst van deze mededeling.
- 3. Indien bij gebreke van de ontvangst van een mededeling, als bedoeld in het eerste lid, het de afzender uit anderen hoofde bekend is, dat het voertuig niet op de overeengekomen plaats of tijd voor het vervoer aanwezig is of kan zijn, is hij, zonder dat enige ingebrekestelling is vereist, bevoegd de overeenkomst op te zeggen, doch slechts binnen een redelijke termijn nadat hem dit bekend was; gelijke bevoegdheid komt hem toe, indien hem na ontvangst van een mededeling, als bedoeld in het eerste lid, uit anderen hoofde bekend wordt, dat het voertuig op grond van andere omstandigheden dan welke de vervoerder tot zijn mededeling brachten, niet op de overeengekomen plaats of tijd voor het vervoer aanwezig is of kan zijn.
- 4. De opzegging geschiedt door een mondelinge of schriftelijke kennisgeving of enig ander bericht, waarvan de ontvangst duidelijk aantoonbaar is, en de overeenkomst eindigt op het ogenblik van ontvangst daarvan.
- 5. Indien de vervoerder gehouden is de schade, die de afzender door de opzegging lijdt, te vergoeden, zal deze vergoeding niet meer bedragen dan de vracht voor het overeengekomen vervoer, of, in geval van tijdbevrachting, voor terbeschikkingstelling van het voertuig gedurende 24 uur.

1. The consignor may cancel the contract when the carrier has notified him that no vehicle is present or will be able to be present for the carriage at the place or time agreed upon.
2. He may only exercise this power forthwith after reception of this notification.
3. If, failing the receipt of a notification as referred to in the first paragraph, the consignor learns from another source that the vehicle is not or cannot be present for the carriage at the place or time agreed upon, he may cancel the contract, without any putting into default being required, but only within a reasonable period from the time he has learned of this; he has the same power if, after receipt of a notification as referred to in the first paragraph, he learns from another source that the vehicle is not present or cannot be present for the carriage at the place or time agreed upon, on the basis of circumstances other than those which have led the carrier to his notification.
4. Cancellation takes place by a verbal or written notice or any other message the reception of which can be clearly demonstrated, and the contract is terminated at the time of reception of the message.
5. If the carrier is bound to compensate the consignor for the damage which he suffers from the cancellation, this compensation shall not be higher than the freight for the agreed carriage or, in case of time-chartering, for the putting at disposal of the vehicle for 24 hours.

1. L'expéditeur peut résilier le contrat lorsque le transporteur l'informe qu'aucun véhicule n'est ou ne pourra être présent au lieu ou au temps convenus.
2. Il ne peut exercer ce pouvoir qu'immédiatement après la réception de cette communication.
3. Si, à défaut de recevoir la communication visée au paragraphe premier, l'expéditeur apprend d'une autre source que le véhicule n'est pas ou ne pourra être à sa disposition au lieu ou au temps convenus, il peut, sans qu'une mise en demeure soit requise, résilier le contrat, mais seulement dans un délai raisonnable depuis qu'il en a été informé; un pouvoir semblable lui revient si, après réception de la communication visée au paragraphe premier, il apprend d'une autre source que le véhicule, en raison de circonstances différentes de celles qui ont conduit le transporteur à envoyer sa communication, n'est pas ou ne pourra être à sa disposition au lieu ou au temps convenus.
4. La résiliation s'effectue par avis verbal ou écrit ou tout autre message dont la réception peut être clairement démontrée; le contrat prend fin au moment de la réception du message.
5. Si le transporteur est tenu de réparer le dommage que l'expéditeur subit par suite de la résiliation, l'indemnité ne peut dépasser le montant du fret pour le transport convenu ou, dans le cas de l'affrètement à temps, pour la mise à disposition du véhicule pendant 24 heures.

Art. 1110 (8.13.2.21) De afzender is verplicht de vervoerder de schade te vergoeden die deze lijdt doordat de overeengekomen zaken, door welke oorzaak dan ook, niet op de overeengekomen plaats en tijd te zijner beschikking zijn.

The consignor must compensate the carrier for the damage which the latter suffers, because, for whatever reason, the things agreed upon are not at his disposal at the place and time

L'expéditeur est tenu de réparer le dommage que le transporteur subit du fait que les choses convenues, pour quelque cause que ce soit, ne sont pas à sa disposition au lieu et au temps

agreed upon.

convenus.

Art. 1111 (8.13.2.22) - 1. Alvorens zaken ter beschikking van de vervoerder zijn gesteld is de afzender bevoegd de overeenkomst op te zeggen. Hij is verplicht aan de vervoerder de vracht, die voor het vervoer van de zaken was overeengekomen, te voldoen.
- 2. De opzegging geschiedt door een mondelinge of schriftelijke kennisgeving of enig ander bericht, waarvan de ontvangst duidelijk aantoonbaar is, en de overeenkomst eindigt op het ogenblik van ontvangst daarvan.
- 3. Dit artikel is niet van toepassing ingeval van tijdbevrachting.

1. Before things have been put at the disposal of the carrier, the consignor may cancel the contract. He must pay the carrier the freight which was agreed upon for the carriage of the things.
2. Cancellation takes place by a verbal or written notice or any other message the reception of which can be clearly demonstrated, and the contract is terminated at the time of the reception of the message.
3. This article does not apply in case of time-chartering.

1. L'expéditeur peut résilier le contrat jusqu'à la mise à disposition des choses au transporteur. Il est tenu de payer au transporteur le fret convenu pour le transport des choses.
2. La résiliation s'effectue par avis verbal ou écrit ou par tout autre message dont la réception peut être clairement démontrée; le contrat prend fin au moment de la réception de l'avis.
3. Le présent article ne s'applique pas dans le cas de l'affrètement à temps.

Art. 1112 (8.13.2.23) - 1. Zijn bij het verstrijken van de tijd, waarbinnen de zaken ter beschikking van de vervoerder moeten zijn gesteld, door welke oorzaak dan ook, in het geheel geen zaken ter beschikking, dan is de vervoerder, zonder dat enige ingebrekestelling is vereist, bevoegd de overeenkomst op te zeggen. De afzender is verplicht hem de vracht, die voor het vervoer van de zaken was overeengekomen, te voldoen.
- 2. De opzegging geschiedt door een mondelinge of schriftelijke kennisgeving of enig ander bericht, waarvan de ontvangst duidelijk aantoonbaar is, en de overeenkomst eindigt op het ogenblik van ontvangst daarvan.
- 3. Dit artikel is niet van toepassing in geval van tijdbevrachting.

1. Where, at the lapse of the time within which the things must be put at the disposal of the carrier, no things at all are at disposal, for whatever cause, the carrier may cancel the contract, without any putting in default being required. The consignor must pay him the freight which was agreed upon for the carriage of the things.
2. Cancellation takes place by a verbal or written notice or any other message the reception of which can be clearly demonstrated, and the

1. Si, à l'expiration du délai dans lequel les choses doivent être mises à la disposition du transporteur, pour quelque cause que ce soit, aucune chose n'a été mise à la disposition du transporteur, celui-ci peut résilier le contrat, sans qu'une mise en demeure ne soit requise. L'expéditeur est tenu de lui payer le fret convenu pour le transport des choses.
2. La résiliation s'effectue par avis verbal ou écrit ou par tout autre message dont la réception peut être clairement démontrée; le contrat prend fin au

contract is terminated at the time of reception of the message.
3. This article does not apply in case of time-chartering.

moment de la réception de l'avis.
3. Le présent article ne s'applique pas dans le cas de l'affrètement à temps.

Art. 1113 (8.13.2.24) - 1. Zijn bij het verstrijken van de tijd, waarbinnen de zaken ter beschikking van de vervoerder moeten zijn gesteld, door welke oorzaak dan ook, de overeengekomen zaken slechts gedeeltelijk ter beschikking van de vervoerder, dan is deze, zonder dat enige ingebrekestelling is vereist, bevoegd de overeenkomst op te zeggen, dan wel de reis te aanvaarden.
- 2. De afzender is op verlangen van de vervoerder in geval van opzegging van de overeenkomst verplicht tot lossing van de reeds gestuwde zaken of, in geval de vervoerder de reis aanvaardt en het vertrek van het voertuig zonder herstuwing van de reeds gestuwde zaken niet mogelijk is, tot deze herstuwing. Hij is verplicht de vervoerder de vracht, die voor het vervoer van de niet ter beschikking zijnde of tengevolge van de opzegging niet vervoerde zaken was overeengekomen, te voldoen en deze bovendien de schade te vergoeden, die hij lijdt ten gevolge van de opzegging, van de aanvaarding van de reis, dan wel van lossing of herstuwing van reeds ingenomen zaken.
- 3. De opzegging geschiedt door een mondelinge of schriftelijke kennisgeving of enig ander bericht, waarvan de ontvangst duidelijk aantoonbaar is, en de overeenkomst eindigt op het ogenblik van ontvangst daarvan.
- 4. Dit artikel is niet van toepassing in geval van tijdbevrachting.

1. Where, at the lapse of the time within which the things must be put at the disposal of the carrier, the agreed things are only partially at the disposal of the carrier, for whatever cause, the carrier may cancel the contract or commence the journey, without any putting in default being required.
2. Upon the demand of the carrier, the consignor must, in case of cancellation of the contract, unload the already stowed things or, in case the carrier commences the journey and the departure of the vehicle is impossible without restowing of the already stowed things, the consignor must restow these. He must pay the carrier the freight which was agreed upon for the carriage of the things not being at disposal or not having been carried as a consequence of the cancellation, and, furthermore, he must compensate the carrier for the damage which the latter suffers as a result of the cancellation, of the commencement of the journey, or of

1. Si, à l'expiration du délai dans lequel les choses doivent être mises à la disposition du transporteur, pour quelque cause que ce soit, les choses convenues n'ont été mises à la disposition du transporteur que pour partie, celui-ci peut, sans qu'une mise en demeure ne soit requise, résilier le contrat ou entreprendre le voyage.
2. Dans le cas de résiliation du contrat, l'expéditeur est tenu, à la demande du transporteur, de décharger les choses déjà chargées ou, pour le cas où le transporteur entreprend le voyage et que le départ du véhicule ne peut avoir lieu sans le rechargement des choses déjà chargées, d'effectuer le rechargement. Il est tenu de payer au transporteur le fret convenu pour le transport des choses non disponibles ou, par suite de la résiliation, non transportées; il est, en outre, tenu de réparer le dommage que celui-ci subit par suite de la résiliation, du voyage entrepris ou encore du déchargement ou rechargement des choses déjà acceptées aux fins de transport.

unloading or restowing of things already accepted.

3. Cancellation takes place by a verbal or written notice or any other message the reception of which can be clearly demonstrated, and the contract is terminated at the time of reception of the message.	3. La résiliation s'effectue par avis verbal ou écrit ou par tout autre message dont la réception peut être clairement démontrée; le contrat prend fin au moment de la réception de l'avis.
4. This article does not apply in case of time-chartering.	4. Le présent article ne s'applique pas dans le cas de l'affrètement à temps.

Art. 1114 (8.13.2.25) - 1. De afzender is verplicht de vervoerder omtrent de zaken alsmede omtrent de behandeling daarvan tijdig al die opgaven te doen, waartoe hij in staat is of behoort te zijn, en waarvan hij weet of behoort te weten, dat zij voor de vervoerder van belang zijn, tenzij hij mag aannemen dat de vervoerder deze gegevens kent.
- 2. De afzender is verplicht de gegevens, die hij volgens het eerste lid aan de vervoerder moet verstrekken, zo mogelijk op of aan de te vervoeren zaken of derzelver verpakking duidelijk aan te brengen en wel zodanig, dat zij in normale omstandigheden tot het einde van het vervoer leesbaar zullen blijven.
- 3. De vervoerder is niet gehouden, doch wel gerechtigd, te onderzoeken of de hem gedane opgaven juist en volledig zijn.
- 4. Is bij het verstrijken van de tijd waarbinnen de zaken ter beschikking van de vervoerder moeten zijn gesteld, door welke oorzaak dan ook, niet of slechts gedeeltelijk voldaan aan de in het eerste of tweede lid van dit artikel genoemde verplichtingen van de afzender, dan zijn, behalve in het geval van tijdbevrachting, de artikelen 1112 en 1113 van overeenkomstige toepassing.

1. The consignor must timely provide the carrier with all those indications regarding the things as well as the handling thereof which he is or ought to be able to provide, and of which he knows or ought to know that they are of importance to the carrier, unless he may assume that the carrier knows of these data.	1. L'expéditeur est tenu de fournir au transporteur, en temps utile, toutes les déclarations qu'il est ou doit être en mesure de faire au sujet des choses et de leur manutention, et dont il sait ou doit savoir qu'elles présentent un intérêt pour le transporteur, sauf s'il est fondé à croire que le transporteur connaît ces renseignements.
2. The consignor must, if possible, put the data, which he is obliged to give to the carrier pursuant to the first paragraph, clearly on or onto the things to be carried or the packaging thereof, and this in such a manner that, under normal circumstances, they will remain readable until the end of the carriage.	2. L'expéditeur est tenu d'apposer clairement sur les choses à transporter ou leur emballage les indications qu'il doit fournir au transporteur conformément au paragraphe premier, de telle manière que, dans des circonstances normales, ils demeureront lisibles jusqu'à la fin du transport.
3. The carrier is not obliged, but is entitled to examine whether the indications given to him are accurate and complete.	3. Le transporteur n'est pas tenu d'examiner si les déclarations qui lui ont été faites sont exactes et complètes, quoiqu'il en ait le droit.
4. Except in the case of time-	4. Sauf dans le cas de l'affrètement à

chartering, where, at the lapse of the time within which the things must be put at the disposal of the carrier, the obligations of the consignor, referred to in paragraphs 1 or 2 of this article, have not or have only been partially fulfilled, for whatever reason, articles 1112 and 1113 apply *mutatis mutandis*.

temps, lorsque, à l'expiration du délai dans lequel les choses doivent être mises à la disposition du transporteur, pour quelque cause que ce soit, les obligations de l'expéditeur visées aux paragraphes premier et deuxième n'ont pas été remplies ou ne l'ont été qu'en partie, les articles 1112 et 1113 s'appliquent par analogie.

Art. 1115 (8.13.2.26) - 1. De afzender is verplicht de vervoerder de schade te vergoeden die deze lijdt doordat, door welke oorzaak dan ook, niet naar behoren aanwezig zijn de documenten en inlichtingen, die van de zijde van de afzender vereist zijn voor het vervoer dan wel ter voldoening aan vóór de aflevering van de zaken te vervullen douane- en andere formaliteiten.
- 2. De vervoerder is verplicht redelijke zorg aan te wenden, dat de documenten, die in zijn handen zijn gesteld niet verloren gaan of onjuist worden behandeld. Een door hem ter zake verschuldigde schadevergoeding zal die, verschuldigd uit hoofde van de artikelen 1103 tot en met 1108 in geval van verlies van de zaken, niet overschrijden.
- 3. De vervoerder is niet gehouden, doch wel gerechtigd, te onderzoeken of de hem gedane opgaven juist en volledig zijn.
- 4. Zijn bij het verstrijken van de tijd, waarbinnen de in het eerste lid genoemde documenten en inlichtingen aanwezig moeten zijn, deze, door welke oorzaak dan ook, niet naar behoren aanwezig, dan zijn, behalve in het geval van tijdbevrachting, de artikelen 1112 en 1113 van overeenkomstige toepassing.

1. The consignor must compensate the carrier for the damage which the latter suffers because, for whatever reason, the documents and information which are required from the consignor for the carriage, or for the fulfillment of customs and other formalities before the delivery of the things, are not adequately available.
2. The carrier must exercise reasonable care so that the documents which have been handed to him do not get lost or mishandled. Compensation owed by him in this respect shall not exceed that owed pursuant to articles 1103 to 1108 inclusive, in case of loss of the things.
3. The carrier is not obliged, but is entitled to examine whether the indications given to him are accurate and complete.
4. Except in the case of time-chartering, where, at the lapse of the

1. L'expéditeur est tenu de réparer le dommage que le transporteur subit du fait que, pour quelque cause que ce soit, les documents et renseignements requis de la part de l'expéditeur pour le transport ou pour l'accomplissement des formalités de douane et autres nécessaires avant la livraison des choses ne sont pas convenablement disponibles.
2. Le transporteur est tenu de faire diligence pour que les documents à lui remis ne se perdent pas ni ne soient traités incorrectement. L'indemnité à sa charge de ce chef ne dépassera pas celle qui serait due aux termes des articles 1103 à 1108 inclusivement en cas de perte des choses.
3. Le transporteur n'est pas tenu d'examiner si les déclarations qui lui ont été faites sont exactes et complètes, quoiqu'il en ait le droit.
4. Sauf dans le cas de l'affrètement à temps, lorsque, à l'expiration du délai

time within which the documents and information, referred to in the first paragraph, must be available, these are not adequately available, for whatever reason, articles 1112 and 1113 apply *mutatis mutandis*.

dans lequel les documents et renseignements visés au paragraphe premier doivent être mis à la disposition du transporteur, ils ne sont pas convenablement disponibles, pour quelque cause que ce soit, les articles 1112 et 1113 s'appliquent par analogie.

Art. 1116 (8.13.2.27) - 1. Wanneer vóór of bij de aanbieding van de zaken aan de vervoerder omstandigheden aan de zijde van een der partijen zich opdoen of naar voren komen, die haar wederpartij bij het sluiten van de overeenkomst niet behoefde te kennen, doch die, indien zij haar wel bekend waren geweest, redelijkerwijs voor haar grond hadden opgeleverd de vervoerovereenkomst niet of op andere voorwaarden aan te gaan, is deze wederpartij bevoegd de overeenkomst op te zeggen.
- 2. De opzegging geschiedt door een mondelinge of schriftelijke kennisgeving of enig ander bericht, waarvan de ontvangst duidelijk aantoonbaar is, en de overeenkomst eindigt op het ogenblik van ontvangst daarvan.
- 3. Naar maatstaven van redelijkheid en billijkheid zijn partijen na opzegging der overeenkomst verplicht elkaar de daardoor geleden schade te vergoeden.

1. Where, before or at the time of the presentation of the things to the carrier, circumstances arise or come forward on the part of one of the parties which the other party did not have to know at the time of entering into the contract, but which, had he known them, would have given him reasonable grounds not to enter into the contract of carriage or to enter into it upon different conditions, this other party may cancel the contract.
2. Cancellation takes place by a verbal or written notice or any other message the reception of which can be clearly demonstrated, and the contract is terminated at the time of reception of the message.
3. After cancellation of the contract, the parties must, in accordance with standards of reasonableness and equity, compensate each other for the damage suffered therefrom.

1. Lorsque, avant la présentation des choses au transporteur ou lors de celle-ci, surgissent ou apparaissent des circonstances concernant l'une des parties, que l'autre partie n'était pas tenue de connaître lors de la conclusion du contrat, mais qui, les eût-elle connues, auraient constitué pour elle un motif raisonnable de ne pas conclure le contrat de transport ou de le conclure à d'autres conditions, cette dernière peut alors résilier le contrat.
2. La résiliation s'effectue par avis verbal ou écrit et le contrat prend fin au moment de la réception de l'avis.

3. Après la résiliation, les parties se doivent, selon des critères de raison et d'équité, réparation réciproque du dommage qu'elles en ont subi.

Art. 1117 (8.13.2.28) - 1. De afzender is verplicht de vervoerder de buitengewone schade te vergoeden, die materiaal dat hij deze ter beschikking stelde of zaken die deze ten vervoer ontving, dan wel de behandeling daarvan, de vervoerder berokkenden, behalve voor zover deze schade is veroorzaakt door een omstandigheid die voor rekening van de vervoerder komt; voor rekening van de

vervoerder komen die omstandigheden, die in geval van beschadiging van door hem vervoerde zaken voor zijn rekening komen.
- 2. Dit artikel laat artikel 1118 onverlet.

<table>
<tr><td>

1. The consignor must compensate the carrier for the extraordinary damage which the latter has suffered from material that the former put at the disposal of the carrier or from things that the latter received for carriage, or from the handling thereof, except to the extent that this damage has been caused by a fact for which the carrier is answerable; the carrier is answerable for those facts for which he is answerable in case of damage to the things carried by him.
2. This article does not affect article 1118.

</td><td>

1. L'expéditeur est tenu de réparer le dommage extraordinaire causé au transporteur par le matériel qu'il a mis à la disposition de ce dernier ou par les choses que ce dernier a reçues aux fins du transport ou encore par la manutention de ceux-ci, sauf dans la mesure où le dommage a pour cause une circonstance incombant au transporteur; incombent au transporteur les circonstances qui lui incombent dans le cas de l'avarie des choses qu'il transporte.
2. Le présent article ne porte pas atteinte à l'article 1118.

</td></tr>
</table>

Art. 1118 (8.13.2.29) - 1. Zaken ten aanzien waarvan de afzender, door welke oorzaak dan ook, niet aan zijn verplichtingen uit hoofde van het eerste en tweede lid van artikel 1114 voldeed, mogen door de vervoerder op ieder ogenblik en op iedere plaats worden gelost, vernietigd of op andere wijze onschadelijk gemaakt, doch dit slechts dan wanneer zij onmiddellijk dreigend gevaar opleveren. De vervoerder is terzake geen enkele schadevergoeding verschuldigd en de afzender is aansprakelijk voor alle kosten en schaden voor de vervoerder voortvloeiende uit de aanbieding ten vervoer, uit het vervoer of uit deze maatregelen zelf.
- 2. Indien de vervoerder op grond van het eerste lid gerechtigd is tot lossen, vernietigen of op andere wijze onschadelijk maken van zaken, is de afzender op verlangen van de vervoerder en wanneer hem dit redelijkerwijs mogelijk is, verplicht deze maatregel te nemen.
- 3. Door het treffen van de in het eerste of tweede lid bedoelde maatregel eindigt de overeenkomst met betrekking tot de daar genoemde zaken, doch indien deze alsnog worden gelost, eerst na deze lossing. De vervoerder verwittigt de afzender en zo mogelijk degeen aan wie de zaken moeten worden afgeleverd. Dit lid is niet van toepassing met betrekking tot zaken, die de vervoerder na het treffen van de in het eerste lid bedoelde maatregel alsnog naar hun bestemming vervoert.
- 4. Op de feitelijke aflevering is het tussen partijen overeengekomene alsmede het in deze afdeling nopens de aflevering van zaken bepaalde van toepassing. De artikelen 1132, 1133, 1137 en 1138 zijn van overeenkomstige toepassing.
- 5. Nietig is ieder beding, waarbij van het eerste of het tweede lid van dit artikel wordt afgeweken.

<table>
<tr><td>

1. Things in respect of which the consignor, for whatever reason, did not perform his obligations pursuant to paragraphs 1 and 2 of article 1114, may be unloaded by the carrier at any time and at any place; they may be destroyed or rendered harmless in

</td><td>

1. Le transporteur peut, à tout moment et à tout endroit, débarquer, détruire ou autrement rendre inoffensives les choses à l'égard desquelles l'expéditeur, pour quelque cause que ce soit, n'a pas rempli ses obligations aux termes des paragraphes premier et deuxième de

</td></tr>
</table>

another manner, but only if they present an immediately imminent danger. The carrier does not owe any damages in respect thereof, and the consignor is liable for all costs and damages which result for the carrier from the presentation for carriage, from the carriage or from these measures themselves.
2. If, pursuant to the first paragraph, the carrier is entitled to unload, destroy or otherwise render harmless things, the consignor must take these measures upon the demand of the carrier and where it is reasonably possible for him to do.
3. By taking the measure, referred to in the first or second paragraph, the contract is terminated with respect to the things mentioned therein, but if they are as yet unloaded, only after this unloading. The carrier notifies the consignor and, if possible, the person to whom the things must be delivered. This paragraph does not apply to things which, after taking the measure referred to in the first paragraph, the carrier as yet transports to their destination.
4. The agreement between the parties as well as the provisions of this section regarding delivery of things apply to the factual delivery. Articles 1132, 1133, 1137 and 1138 apply *mutatis mutandis*.
5. Any stipulation derogating from the first or second paragraph of this article is null.

l'article 1114, mais seulement lorsqu'elles présentent un danger imminent. Le transporteur ne doit aucune indemnité de ce fait et l'expéditeur est responsable des frais et dommages résultant, pour le transporteur, de la présentation aux fins de transport, du transport ou des mesures elles-mêmes.
2. Si le transporteur, aux termes du paragraphe premier, peut débarquer, détruire ou autrement rendre inoffensives des choses, l'expéditeur est tenu, à la demande du transporteur et lorsque cela lui est normalement possible, de prendre ces mesures.
3. Le fait de prendre la mesure visée aux paragraphes premier ou deuxième met fin au contrat en ce qui regarde les choses évoquées, mais si elles sont débarquées plus tard, après le débarquement seulement. Le transporteur avise l'expéditeur et, si possible, la personne à qui les choses doivent être livrées. Le présent paragraphe ne s'applique pas aux choses que le transporteur, après avoir pris la mesure visée au paragraphe premier, transporte néanmoins à leur destination.
4. La livraison de fait est sujette à ce que les parties ont convenu, de même qu'aux dispositions de la présente section, en ce qui regarde la livraison de choses. Les articles 1132, 1133, 1137 et 1138 s'appliquent par analogie.
5. Toute stipulation dérogatoire aux paragraphes premier ou deuxième du présent article est nulle.

Art. 1119 (8.13.2.30) - 1. Zowel de afzender als de vervoerder kunnen ter zake van het vervoer een vrachtbrief opmaken en verlangen dat deze of een mogelijkerwijs door hun wederpartij opgemaakte vrachtbrief door hun wederpartij wordt getekend en aan hen wordt afgegeven. De ondertekening kan worden gedrukt of door een stempel dan wel enig ander kenmerk van oorsprong worden vervangen.
- 2. Op de vrachtbrief worden volgens de daarop mogelijkerwijs voorkomende aanwijzingen de volgende aanduidingen vermeld:
a. de afzender, als hoedanig slechts één persoon kan worden genoemd;
b. de ten vervoer ontvangen zaken;
c. de plaats waar de vervoerder de zaken ten vervoer heeft ontvangen;
d. de plaats waarheen de vervoerder op zich neemt de zaken te vervoeren;
e. de geadresseerde, als hoedanig slechts één persoon kan worden genoemd;

f. de vervoerder;
g. al hetgeen overigens aan afzender en vervoerder gezamenlijk goeddunkt.
- 3. De aanduidingen vermeld in het tweede lid onder *a* tot en met *e* worden in de vrachtbrief opgenomen aan de hand van door de afzender te verstrekken gegevens. De afzender staat in voor de juistheid, op het ogenblik van inontvangstneming van de zaken, van deze gegevens. De aanduiding van de vervoerder wordt in de vrachtbrief opgenomen aan de hand van door deze te verstrekken gegevens en de vervoerder staat in voor de juistheid hiervan.
- 4. Partijen zijn verplicht elkaar de schade te vergoeden, die zij lijden door het ontbreken van in het tweede lid genoemde gegevens.

1. Both the consignor and the carrier may draft a consignment note pertaining to the carriage, and may demand that this note or a consignment note which has possibly been drafted by their co-contracting party, be signed by such party and handed over to them. The signature may be printed or replaced by a stamp or any other indication of origin.
2. The consignment note will mention the following indications, according to the instructions possibly appearing thereon:
a. the consignor, in which capacity only one person can be mentioned;
b. the things received for carriage;
c. the place where the carrier has received the things for carriage;
d. the place to which the carrier undertakes to carry the things;
e. the consignee, in which capacity only one person can be mentioned;
f. the carrier;
g. anything else that the consignor and carrier jointly deem fit.

3. The indications, mentioned in the second paragraph *sub a* to *e* inclusive, are included in the consignment note according to data to be provided by the consignor. The consignor guarantees the accuracy of these data, at the time of the reception of the things. The indication of the carrier is included in the consignment

1. L'expéditeur aussi bien que le transporteur peuvent rédiger une lettre de voiture relative au transport et demander que celle-ci ou la lettre de voiture éventuellement rédigée par le cocontractant soit signée par ce dernier et leur soit remise. La signature peut être imprimée ou remplacée par un timbre ou toute autre marque d'origine.
2. La lettre de voiture doit contenir, conformément aux indications y figurant éventuellement, les mentions suivantes:
a. L'expéditeur, une seule personne pouvant figurer à ce titre;
b. Les choses prises en charge aux fins du transport;
c. Le lieu de prise en charge par le transporteur;
d. Le lieu vers lequel le transporteur s'engage à transporter les choses;
e. Le destinataire, une seule personne pouvant figurer à ce titre;
f. Le transporteur;
g. Tout autre renseignement que l'expéditeur et le transporteur conjointement jugeront utile.

3. Les mentions évoquées aux points *a* à *e* inclusivement du paragraphe deuxième sont inscrites sur la lettre de voiture sur la foi des renseignements fournis par l'expéditeur. Celui-ci se porte garant de l'exactitude, au moment de la prise en charge des choses, des renseignements par lui fournis. La mention du transporteur est inscrite sur

note according to data to be provided by him, and the carrier guarantees the accuracy thereof.
4. The parties must compensate each other for the damage which they suffer from the absence of data referred to in the second paragraph.

la lettre de voiture sur la foi de renseignements fournis par ce dernier, qui se porte garant de leur exactitude.
4. Les parties se doivent réparation du dommage qu'elles subissent par l'absence de renseignements visés au paragraphe deuxième.

Art. 1120 (8.13.2.30a) De vervoerder is niet gehouden, doch vóór de afgifte van de vrachtbrief aan de afzender wel gerechtigd, te onderzoeken of de daarop omtrent de zaken vermelde gegevens juist, nauwkeurig en volledig zijn. Hij is bevoegd zijn bevindingen ten aanzien van de zaken op de vrachtbrief aan te tekenen.

The carrier is not obliged, but is entitled, before the handing over of the consignment note to the consignor, to examine whether the data mentioned thereon with respect to the things are accurate, precise and complete. He is entitled to note his findings regarding the things on the consignment note.

Le transporteur n'est pas tenu d'examiner si les indications figurant sur la lettre de voiture relativement aux choses sont exactes, précises et complètes, quoique, avant la remise de celle-ci à l'expéditeur, il en ait le droit. Il peut noter les résultats de son examen sur la lettre de voiture.

Art. 1121 (8.13.2.30b) Wanneer de te vervoeren zaken moeten worden geladen in verschillende voertuigen, of wanneer het verschillende soorten zaken of afzonderlijke partijen betreft, hebben afzender zowel als vervoerder het recht te eisen, dat er evenveel vrachtbrieven worden opgemaakt als er voertuigen moeten worden gebruikt of als er soorten of partijen zaken zijn.

Where the things to be carried must be loaded into different vehicles, or are of different kinds or are divided into different lots, both the consignor and the carrier have the right to require that as many consignment notes be drafted as there are vehicles to be used, or as there are kinds or lots of things.

Lorsque les choses à transporter doivent être chargées sur différents véhicules ou qu'il s'agisse des différentes sortes de choses ou de lots distincts, l'expéditeur aussi bien que le transporteur peuvent demander qu'il y ait autant de lettres de voiture qu'il y a de véhicules, de sortes de choses ou de lots.

Art. 1122 (8.13.2.31) - 1. Tenzij tussen hen een bevrachting is aangegaan, wordt op verlangen van afzender of vervoerder, mits dit te kennen is gegeven alvorens zaken ter beschikking van de vervoerder worden gesteld, de vrachtbrief voor deze zaken opgesteld in de vorm van een transportbrief. Aan de bovenvoorzijde van de vrachtbrief wordt alsdan met duidelijk leesbare letters het woord „transportbrief" geplaatst.
- 2. De transportbrief wordt opgemaakt in overeenstemming met de vereisten genoemd in artikel 1119 en artikel 1121.
- 3. Verwijzingen in de transportbrief worden geacht slechts die bedingen daarin in te voegen, die voor degeen, jegens wie daarop een beroep wordt gedaan, duidelijk kenbaar zijn. Een dergelijk beroep is slechts mogelijk voor hem, die op

schriftelijk verlangen van degeen jegens wie dit beroep kan worden gedaan of wordt gedaan, aan deze onverwijld die bedingen heeft doen toekomen.
- 4. Indien beide partijen zulks verlangen, kan ook in geval van bevrachting een transportbrief worden opgemaakt. Deze moet dan voldoen aan de in dit artikel gestelde eisen.
- 5. Nietig is ieder beding, waarbij van dit artikel wordt afgeweken.

1. Unless there is a charter-party between carrier and consignor, the consignment note for the things is drafted in the form of a waybill, upon the demand of either of them, provided that this has been made known before these things have been put at the disposal of the carrier. In that case, the word "waybill" is placed with clearly legible letters on the top of the front of the consignment note.
2. The waybill is drafted according to the requirements, referred to in article 1119 and article 1121.
3. References in the waybill are deemed only to incorporate thereinto those stipulations which are clearly knowable by the person against whom they are invoked. Only that person may invoke such stipulations who, upon the written demand of the person against whom they may be invoked or are invoked, has sent him those stipulations without delay.
4. A waybill can also be drafted in the case of chartering, if both parties demand it. This waybill must comply with the requirements of this article.
5. Any stipulation derogating from this article is null.

1. À moins d'avoir convenu d'un affrètement, l'expéditeur aussi bien que le transporteur peuvent demander, à condition de le faire avant la prise en charge des choses par le transporteur, que la lettre de voiture pour ces choses soit rédigée sous forme de lettre de transport. La mention «lettre de transport» doit alors apparaître en lettres clairement lisibles au recto supérieur de la lettre de voiture.
2. La lettre de transport est dressée conformément aux conditions énoncées aux articles 1119 et 1121.
3. Les renvois que comporte la lettre de transport ne sont censés y ajouter que les clauses de nature clairement connaissable pour la personne contre qui elles sont invoquées. Ne peut les invoquer que celui qui, sur demande écrite de la personne contre qui il peut les invoquer ou les invoque, les a fait parvenir sans tarder à cette dernière.
4. Si les deux parties le demandent, une lettre de transport peut également être dressée dans le cas de l'affrètement. La lettre doit alors être conforme aux conditions du présent article.
5. Toute stipulation dérogatoire au présent article est nulle.

Art. 1123 (8.13.2.32) - 1. Indien een transportbrief is afgegeven, wordt, onder voorbehoud van het tweede lid van dit artikel, de rechtsverhouding tussen de vervoerder enerzijds en de afzender of de geadresseerde anderzijds beheerst door de bedingen van deze transportbrief.
- 2. Indien een vervoerovereenkomst is gesloten en bovendien een transportbrief is afgegeven, wordt de rechtsverhouding tussen de vervoerder en de afzender door de bedingen van de vervoerovereenkomst en niet door die van deze transportbrief beheerst. De transportbrief strekt hun dan slechts, en dit onder voorbehoud van artikel 1124, tot bewijs van de ontvangst der zaken door de vervoerder.

1. If a waybill has been issued and subject to the second paragraph of this article, the juridical relationship between the carrier on the one hand and the consignor or consignee on the other is governed by the stipulations of this waybill.
2. If a contract of carriage has been entered into and if, furthermore, a waybill has been issued, the juridical relationship between the carrier and the consignor is governed by the stipulations of the contract of carriage and not by those of this waybill. The waybill then only serves them as proof of the reception of the things by the carrier, and this subject to article 1124.

1. Si une lettre de transport a été délivrée, le rapport juridique entre le transporteur, d'une part, et l'expéditeur ou le destinataire, de l'autre, est régi, sous réserve du paragraphe deuxième, par les clauses de cette lettre.
2. Si un contrat de transport a été conclu et que, en outre, une lettre de transport a été délivrée, le rapport juridique entre le transporteur et l'expéditeur est régi par les clauses du contrat et non par celles de la lettre de transport. Sous réserve de l'exigence de détenir la lettre de transport, prévue à l'article 1124, paragraphe premier, celle-ci ne leur sert alors que comme moyen de preuve de la réception des choses par le transporteur.

Art. 1124 (8.13.2.33) - 1. In de vrachtbrief vervatte gegevens omtrent de ten vervoer ontvangen zaken leveren geen bewijs op jegens de vervoerder, tenzij het gegevens betreft waarvan een zorgvuldig vervoerder de juistheid kan beoordelen.
- 2. Bevat de vrachtbrief een door de vervoerder afzonderlijk ondertekende verklaring dat hij de juistheid erkent van in die verklaring genoemde gegevens omtrent de ten vervoer ontvangen zaken, dan wordt tegenbewijs daartegen niet toegelaten.
- 3. Een vrachtbrief, die de uiterlijk zichtbare staat of gesteldheid van de zaak niet vermeldt, levert geen vermoeden op, dat de vervoerder die zaak, voor zover uiterlijk zichtbaar, in goede staat of gesteldheid heeft ontvangen.
- 4. Door de vervoerder op de vrachtbrief geplaatste aantekeningen, genoemd in artikel 1120, binden de afzender niet. Bevat echter de vrachtbrief een door de afzender afzonderlijk ondertekende verklaring, dat hij de juistheid van die aantekeningen erkent, dan wordt tegenbewijs daartegen niet toegelaten.

1. The data included in the consignment note regarding the things received for carriage do not constitute evidence against the carrier, unless it concerns data the accuracy of which a prudent carrier can judge.
2. Where the consignment note contains a declaration, separately signed by the carrier, attesting to the accuracy of the data mentioned in that declaration regarding the things received for carriage, no counter evidence will be allowed.
3. A consignment note which does not mention the externally visible

1. Les indications contenues dans la lettre de voiture relatives aux choses prises en charge aux fins de transport ne font pas preuve contre le transporteur, sauf s'il s'agit d'indications dont un transporteur diligent peut juger l'exactitude.
2. Lorsque la lettre de voiture comporte une déclaration, séparément signée par le transporteur, par laquelle il reconnaît la justesse des indications y figurant relatives aux choses prises en charge aux fins de transport, la preuve contraire n'est pas admise.
3. La lettre de voiture qui ne fait pas état de l'apparence ou de la condition

state or condition of the thing, does not create a presumption that the carrier has received that thing in a good state or condition, in as much as visible on the outside.
4. Notes put by the carrier on the consignment note and referred to in article 1120, do not bind the consignor. However, where the consignment note contains a declaration, separately signed by the consignor, attesting to the accuracy of these notes, no counter evidence will be allowed.

visibles de la chose n'emporte pas présomption que le transporteur l'a reçue en bon état autant que l'apparence permettait d'en juger.
4. Les notes prévues à l'article 1120 que le transporteur appose sur la lettre de voiture ne lient pas l'expéditeur. Toutefois, lorsque la lettre de voiture comporte une déclaration, séparément signée par l'expéditeur, par laquelle il reconnaît la justesse de ces notes, la preuve contraire n'est pas admise.

Art. 1125 (8.13.2.34) - 1. De afzender is bevoegd zichzelf of een ander als geadresseerde aan te wijzen, een gegeven aanduiding van de geadresseerde te wijzigen, orders omtrent de aflevering te geven of te wijzigen dan wel aflevering vóór de aankomst ter bestemming van zonder transportbrief ten vervoer ontvangen zaken of, wanneer een transportbrief is afgegeven, van alle daarop vermelde zaken, te verlangen.
- 2. De uitvoering van deze instructies moet mogelijk zijn op het ogenblik, dat de instructies de persoon, die deze moet uitvoeren, bereiken en zij mag noch de normale bedrijfsuitvoering van de vervoerder beletten, noch schade toebrengen aan de vervoerder of belanghebbenden bij de overige lading. Doet zij dit laatste desalniettemin, dan is de afzender verplicht de geleden schade te vergoeden. Wanneer het voertuig naar een niet eerder overeengekomen plaats is gereden, is hij verplicht de vervoerder ter zake bovendien een redelijke vergoeding te geven.
- 3. Deze rechten van de afzender vervallen al naarmate de geadresseerde op de losplaats zaken aanneemt of de geadresseerde van de vervoerder schadevergoeding verlangt omdat deze zaken niet aflevert.
- 4. Zaken, die ingevolge het eerste lid zijn afgeleverd, worden aangemerkt als ter bestemming afgeleverde zaken en de bepalingen van deze afdeling nopens de aflevering van zaken, alsmede de artikelen 1132, 1133, 1137 en 1138 zijn van toepassing.

1. The consignor is entitled to indicate himself or another person as consignee, to modify an indication which has been given of the consignee, to give or to modify orders regarding the delivery, or to demand delivery of the things received for carriage without a waybill, before the arrival at destination, or when a waybill has been issued, the delivery of all things mentioned thereon.
2. The performance of these instructions must be possible at the time they reach the person who must

1. L'expéditeur peut désigner lui-même ou un autre comme destinataire, modifier la désignation déjà fournie du destinataire, donner ou modifier des instructions relatives à la livraison ou encore demander la livraison avant leur arrivée à destination des choses prises en charge aux fins de transport sans lettre de transport ou, si une telle lettre a été délivrée, de toutes les choses qui y figurent.

2. L'exécution de ces instructions doit être possible au moment où elles atteignent la personne qui doit les

perform them, and the performance may neither prevent the normal business operation of the carrier nor cause damage to the carrier or to persons having an interest in the remainder of the cargo. Where the latter happens all the same, the consignor must compensate the damage suffered. Where the vehicle has been driven to a place not previously agreed upon, he must, furthermore, give the carrier a reasonable compensation for this.

3. The rights of the consignor lapse as the consignee accepts things at the place of unloading, or as the consignee demands compensation from the carrier, because the latter does not deliver things.

4. Things delivered pursuant to the first paragraph, are deemed to be things delivered at destination, and the provisions of this section regarding the delivery of things, as well as articles 1132, 1133, 1137 and 1138, apply.

exécuter et elle ne doit ni empêcher l'exploitation normale de l'entreprise du transporteur ni causer un dommage au transporteur ou à ceux qui ont un intérêt quant au reste de la cargaison. Si cela se produit néanmoins, l'expéditeur est tenu de réparer le dommage subi. Lorsque le véhicule s'est rendu à un endroit non convenu antérieurement, il est, en outre, tenu de verser au transporteur une indemnité convenable.

3. Les droits de l'expéditeur s'éteignent à mesure que le destinataire accepte les choses au lieu de déchargement ou demande au transporteur réparation du dommage pour les choses que celui-ci ne livre pas.

4. Les choses livrées conformément au paragraphe premier sont réputées livrées à destination et les dispositions de la présente section relatives à la livraison des choses, de même que les articles 1132, 1133, 1137 et 1138, s'appliquent.

Art. 1126 (8.13.2.35) Indien aan de afzender een vrachtbrief is afgegeven, die een geadresseerde vermeldt, heeft ook deze geadresseerde jegens de vervoerder het recht aflevering van zaken overeenkomstig de op de vervoerder rustende verplichtingen te vorderen; daarbij zijn de artikelen 1103-1108 van overeenkomstige toepassing.

If a consignment note has been issued to the consignor mentioning a consignee, also the latter has the right with respect to the carrier to claim delivery of things according to the obligations resting upon the carrier; in that respect, articles 1103 to 1108 inclusive apply *mutatis mutandis*.

Si l'expéditeur s'est fait remettre une lettre de voiture qui fait état d'un destinataire, celui-ci a également, à l'égard du transporteur, le droit de demander la livraison des choses conformément aux obligations incombant au transporteur; les articles 1103 à 1108 s'appliquent par analogie.

Art. 1127 (8.13.2.36) De ontvanger is verplicht terstond na de aflevering van de zaken een ontvangstbewijs daarvoor af te geven.

Forthwith after the delivery of the things, the recipient must issue a receipt therefor.

Le réceptionnaire est tenu, aussitôt les choses livrées, de remettre un reçu.

Art. 1128 (8.13.2.37) - 1. Vracht is behalve in geval van tijdbevrachting verschuldigd op het ogenblik, dat de vervoerder de zaken ten vervoer ontvangt of, wanneer een vrachtbrief wordt afgegeven, bij het afgeven hiervan.
- 2. Vracht, die vooruit te voldoen is of voldaan is, is en blijft behalve in geval van tijdbevrachting in zijn geheel verschuldigd, ook wanneer de zaken niet ter bestemming worden afgeleverd.
- 3. Wanneer de afzender niet aan zijn uit dit artikel voortvloeiende verplichtingen heeft voldaan, is de vervoerder bevoegd het vervoer van de betrokken zaak op te schorten. Met toestemming van de rechter is hij gerechtigd tot het nemen van de in de artikelen 1132 en 1133 genoemde maatregelen. Gaat hij hiertoe over, dan zijn deze artikelen van toepassing.

1. Except in the case of time-chartering, freight is owed at the time when the carrier receives the things for carriage, or when a consignment note is issued, at the issuance thereof.
2. Except in the case of time-chartering, freight, payable or paid in advance, is and remains owed in total, even when the things are not delivered to destination.
3. Where the consignor has not performed his obligations flowing from this article, the carrier is entitled to suspend the carriage of the thing involved. With the permission of the judge, he is entitled to take the measures referred to in articles 1132 and 1133. Where he proceeds to do so, these articles apply.

1. Sauf dans le cas de l'affrètement à temps, le fret est dû au moment de la prise en charge des choses par le transporteur ou de la délivrance de la lettre de voiture, le cas échéant.
2. Sauf dans le cas de l'affrètement à temps, le fret payable ou payé d'avance est dû en entier et le demeure, même si les choses ne sont pas livrées à destination.
3. Lorsque l'expéditeur n'a pas rempli les obligations qui lui incombent aux termes du présent article, le transporteur peut suspendre le transport de la chose concernée. Avec l'autorisation du juge, il a le droit de prendre les mesures évoquées aux articles 1132 et 1133. S'il les prend, ces articles s'appliquent.

Art. 1129 (8.13.2.38) Onverminderd de afdeling 1 van titel 4 van Boek 6 zijn de afzender en de ontvanger hoofdelijk verbonden de vervoerder de schade te vergoeden, geleden doordat deze zich als zaakwaarnemer inliet met de behartiging van de belangen van een rechthebbende op ten vervoer ontvangen zaken.

Without prejudice to Section 1 of Title 4 of Book 6, the consignor and the recipient are solidarily bound to compensate the carrier for the damage which he has suffered because he has involved himself as manager of the affairs of another in looking after the interests of a title-holder to things received for carriage.

Sans préjudice de la Section première du Titre quatrième du Livre sixième, l'expéditeur et le réceptionnaire sont tenus solidairement de réparer le dommage subi par le transporteur du fait de s'être occupé, à titre de gérant d'affaires, des intérêts d'un titulaire de choses reçues aux fins de transport.

Art. 1130 (8.13.2.39) - 1. De vervoerder is verplicht de bedragen, die als rembours op de zaak drukken, bij aflevering van de zaak van de ontvanger te innen en vervolgens aan de afzender af te dragen. Wanneer hij aan deze verplichting, door welke oorzaak dan ook, niet voldoet, is hij verplicht het bedrag van het rembours

aan de afzender te vergoeden, doch indien deze geen of minder schade leed, ten hoogste tot op het bedrag van de geleden schade.
- 2. De ontvanger, die ten tijde van de aflevering weet dat een bedrag als rembours op de zaak drukt, is verplicht aan de vervoerder het door deze aan de afzender verschuldigde bedrag te voldoen.

1. Upon delivery of the thing, the carrier must collect from the recipient the amounts resting upon the thing by way of cost on delivery charges, and he must then hand them over to the consignor. Where, for whatever reason, he does not comply with this obligation, he must compensate the consignor for the amount of the cost on delivery charges, but if the latter has suffered no or less damage, up to the amount of the damage suffered.

2. The recipient who, at the time of delivery, knows that an amount rests upon the thing by way of cost on delivery charges, must pay to the carrier the amount which the latter owes to the consignor.

1. Le transporteur est tenu, lors de la livraison, de percevoir auprès du réceptionnaire les sommes grevant la chose au titre de frais d'un envoi contre remboursement et de les remettre ensuite à l'expéditeur. Lorsqu'il ne remplit pas cette obligation, pour quelque cause que ce soit, il est tenu d'indemniser l'expéditeur de ces sommes, mais, si celui-ci n'a pas subi de dommage ou a subi un dommage inférieur, jusqu'à concurrence de ce dommage.

2. Le réceptionnaire qui sait, lors de la livraison, qu'une somme grève la chose au titre de frais d'un envoi contre remboursement est tenu de payer au transporteur la somme que celui-ci doit à l'expéditeur.

Art. 1131 (8.13.2.40) - 1. De vervoerder is gerechtigd afgifte van zaken of documenten, die hij in verband met de vervoerovereenkomst onder zich heeft, te weigeren aan ieder, die uit anderen hoofde dan de vervoerovereenkomst recht heeft op aflevering daarvan, tenzij daarop beslag is gelegd en uit de vervolging van dit beslag een verplichting tot afgifte aan de beslaglegger voortvloeit.
- 2. De vervoerder kan het recht van retentie uitoefenen op zaken of documenten, die hij in verband met de vervoerovereenkomst onder zich heeft, voor hetgeen hem verschuldigd is of zal worden terzake van het vervoer van die zaken. Hij kan dit recht tevens uitoefenen voor hetgeen bij wijze van rembours op de zaak drukt. Dit retentierecht vervalt zodra aan de vervoerder is betaald het bedrag waarover geen geschil bestaat en voldoende zekerheid is gesteld voor de betaling van die bedragen, waaromtrent wel geschil bestaat of welker hoogte nog niet kan worden vastgesteld. De vervoerder behoeft echter geen zekerheid te aanvaarden voor hetgeen bij wijze van rembours op de zaak drukt.
- 3. De in dit artikel aan de vervoerder toegekende rechten komen hem niet toe jegens een derde, indien hij op het tijdstip dat hij de zaak of het document ten vervoer ontving, reden had te twijfelen aan de bevoegdheid van de afzender jegens die derde hem die zaak of dat document ten vervoer ter beschikking te stellen.

1. The carrier is entitled to refuse to hand over things or documents which he detains in connection with the contract of carriage, to any person who has a right to delivery thereof pursuant to a title other than the

1. Le transporteur a le droit de refuser de remettre des choses ou des documents qu'il détient relativement au contrat de transport à toute personne qui a droit à leur livraison en vertu d'un titre autre que le contrat de transport, à moins

contract of carriage, unless they have been seized and the continuation of this seizure results in an obligation to hand them over to the seizor.
2. The carrier may exercise the right of retention on things or documents which he detains in connection with the contract of carriage, for what is or will be owed to him for the carriage of those things. He may also exercise this right for the charges resting upon the things by way of cost on delivery. This right of retention lapses as soon as the carrier has been paid the amount over which there is no dispute and sufficient security has been furnished for the payment of those amounts over which there is a dispute or the value of which cannot yet be determined. The carrier, however, does not have to accept security for what rests upon the thing by way of cost on delivery charges.
3. The carrier is not entitled to use the rights granted to him in this article with respect to a third person if, at the time when he received the thing or the document for carriage, he had reason to doubt the right of the consignor with respect to that third person to put that thing or document at his disposal for carriage.

qu'ils n'aient été saisis et que la poursuite de la saisie n'emporte l'obligation de remise au saisissant.

2. Le transporteur peut exercer, sur les choses ou les documents qu'il détient relativement au contrat de transport, le droit de rétention pour ce qui lui est ou sera dû au titre de leur transport. Il peut également exercer ce droit pour ce qui grève les choses au titre des frais d'un envoi contre remboursement. Le droit de rétention s'éteint dès que le transporteur a reçu paiement de la somme non contestée et que sûreté suffisante a été fournie pour le paiement des sommes qui sont contestées ou dont le montant ne peut encore être déterminé. Le transporteur n'est, cependant, pas tenu d'accepter une sûreté pour ce qui grève la chose au titre de frais d'un envoi contre remboursement.

3. Les droits reconnus au transporteur au présent article ne lui reviennent pas à l'égard d'un tiers, si, au moment de la prise en charge de la chose ou du document aux fins de transport, il avait des raisons de douter du pouvoir de l'expéditeur à l'égard du tiers de mettre la chose ou le document à sa disposition pour le transport.

Art. 1132 (8.13.2.41) - 1. Voor zover hij die jegens de vervoerder recht heeft op aflevering van vervoerde zaken niet opkomt, weigert deze te ontvangen of deze niet met de vereiste spoed in ontvangst neemt, of voor zover op zaken beslag is gelegd, is de vervoerder gerechtigd deze zaken voor rekening en gevaar van de rechthebbende bij een derde op te slaan in een daarvoor geschikte bewaarplaats. Op zijn verzoek kan de rechter bepalen dat hij deze zaken, desgewenst ook in het voertuig, onder zichzelf kan houden of andere maatregelen daarvoor kan treffen. Hij is verplicht de afzender zo spoedig mogelijk op de hoogte te stellen.
- 2. De derde-bewaarnemer en de ontvanger zijn jegens elkaar verbonden, als ware de omtrent bewaring gesloten overeenkomst mede tussen hen aangegaan. De bewaarnemer is echter niet gerechtigd tot afgifte dan na schriftelijke toestemming daartoe van hem, die de zaken in bewaring gaf.

1. To the extent that the person who, with respect to the carrier, has the right to delivery of things carried, does not present himself, refuses to receive them or does not promptly

1. Dans la mesure où la personne qui, à l'égard du transporteur, a droit à la livraison des choses ne se présente pas, refuse de les recevoir ou n'en prend pas livraison promptement, ou dans la

take delivery of them, or to the extent that things have been seized, the carrier is entitled to deposit these things with a third person in a place fit for that purpose, for the account and at the peril of the title-holder. At his request, the judge may determine that he can keep these things in his posession, if desirable also in the vehicle, or that he can take other measures for this purpose. He must notify the consignor as soon as possible.

2. The third person - depositary and the recipient are bound towards each other as if the contract entered into with respect to the deposit was also entered into between them. The depositary, however, is not entitled to deliver until after written permission to do so from the person who deposited the things.

mesure où des choses ont été saisies, le transporteur a le droit de déposer ces choses, pour le compte et aux risques du titulaire, auprès d'un tiers dans un entrepôt convenable. À la requête du transporteur, le juge peut déterminer qu'il peut en garder la possession, le cas échéant dans le véhicule, ou prendre d'autres mesures à leur égard. Il est tenu d'aviser l'expéditeur dès que possible.

2. Le tiers dépositaire et le réceptionnaire sont réciproquement tenus comme s'ils avaient été parties au contrat conclu relativement au dépôt. Le dépositaire n'a, cependant, le droit de livrer que sur consentement écrit à cet effet de la personne qui a mis les choses en dépôt.

Art. 1133 (8.13.2.42) - 1. In geval van toepassing van artikel 1132, kan de vervoerder, de bewaarnemer dan wel hij die jegens de vervoerder recht heeft op de aflevering, op zijn verzoek door de rechter worden gemachtigd de zaken geheel of gedeeltelijk op de door deze te bepalen wijze te verkopen.
- 2. De bewaarnemer is verplicht de vervoerder zo spoedig mogelijk van de voorgenomen verkoop op de hoogte te stellen; de vervoerder heeft deze verplichting jegens degeen, die jegens hem recht heeft op de aflevering van de zaken.
- 3. De opbrengst van het verkochte wordt in de consignatiekas gestort voor zover zij niet strekt tot voldoening van de kosten van opslag en verkoop alsmede, binnen de grenzen der redelijkheid, van de gemaakte kosten. Tenzij op de zaken beslag is gelegd voor een geldvordering, moet aan de vervoerder uit het in bewaring te stellen bedrag worden voldaan hetgeen hem verschuldigd is ter zake van het vervoer of op grond van een remboursbeding; voor zover deze vorderingen nog niet vaststaan, zal de opbrengst of een gedeelte daarvan op door de rechter te bepalen wijze tot zekerheid voor deze vorderingen strekken.
- 4. De in de consignatiekas gestorte opbrengst treedt in de plaats van de zaken.

1. In case of application of article 1132, the carrier, the depositary as well as the person who, towards the carrier, has a right to the delivery may, upon his request, be authorised by the judge to sell the things in whole or in part, in the manner to be determined by him.

2. The depositary must notify the carrier as soon as possible of the

1. Dans les cas où s'applique l'article 1132, le transporteur, le dépositaire, de même que la personne qui, à l'égard du transporteur, a droit à la livraison, peut, à sa requête, se faire autoriser par le juge à vendre tout ou partie des choses de la façon que celui-ci détermine.

2. Le dépositaire est tenu d'informer le transporteur aussitôt que possible de la

intended sale; the carrier has this obligation towards the person who, towards him, has to right to the delivery of the things.

3. The proceeds of the sale are paid into the deposit fund to the extent that they are not intended to pay for the costs of the deposit and sale, as well as for the costs made within the boundaries of reason. Unless the things have been seized for a monetary claim, the carrier must be paid from the amount to be deposited what is owed to him for the carriage or on the basis of a stipulation for cost on delivery charges; to the extent that these claims have not yet been determined, the proceeds or part thereof will serve as security for these claims in a manner to be determined by the judge.

4. The proceeds paid into the deposit fund take the place of the things.

vente prévue; le transporteur a cette obligation envers la personne qui, à son égard, a droit à la livraison des choses.

3. Le produit de la vente est versé à la caisse des consignations, dans la mesure où il ne sert pas à payer les frais de l'entreposage et de la vente ou, dans des limites raisonnables, les dépenses engagées. À moins que les choses n'aient été saisies pour une créance pécuniaire, il doit être payé au transporteur, sur la somme à consigner, ce qui lui est dû au titre du transport ou en application d'une stipulation d'envoi contre remboursement; dans la mesure où ces créances ne sont pas encore fixées, tout ou partie du produit servira, de la façon que détermine le juge, de sûreté pour ces créances.

4. Le produit de la vente versé à la caisse des consignations se substitue aux choses.

Art. 1134 (8.13.2.48) Indien er zekerheid of vermoeden bestaat, dat er verlies of schade is, moeten de vervoerder en hij, die jegens de vervoerder recht heeft op de aflevering, elkaar over en weer in redelijkheid alle middelen verschaffen om het onderzoek van de zaak en het natellen van de colli mogelijk te maken.

If it is certain or presumed that there is loss or damage, the carrier and the person who, towards the carrier, has the right to the delivery must provide each other reciprocally and reasonably with all means to make the examination of the thing and the recounting of the packages possible.

S'il y a certitude ou présomption de perte ou de dommage, le transporteur et celui qui, à son égard, a droit à la livraison sont tenus, autant que faire se peut, de se donner réciproquement toutes les facilités pour l'examen de la chose et le comptage des colis.

Art. 1135 (8.13.2.49) - 1. Zowel de vervoerder als hij die jegens de vervoerder recht heeft op de aflevering is bevoegd bij de aflevering van zaken de rechter te verzoeken een gerechtelijk onderzoek te doen plaatshebben naar de toestand waarin deze worden afgeleverd; tevens zijn zij bevoegd de rechter te verzoeken de daarbij bevonden verliezen of schaden gerechtelijk te doen begroten.

- 2. Indien dit onderzoek in tegenwoordigheid of na behoorlijke oproeping van de wederpartij heeft plaatsgehad, wordt het uitgebrachte rapport vermoed juist te zijn.

1. The carrier as well as the person who, towards the carrier, has the right to the delivery are entitled to request

1. Le transporteur, aussi bien que celui qui, à son égard, a droit à la livraison, peut présenter une requête au juge, lors

the judge, at the time of delivery of the things, that a judicial inquiry take place into the condition in which they are delivered; they are also entitled to request the judge to have the losses or damages found estimated judicially.

2. If this inquiry has taken place in the presence of or after proper convocation of the other party, the report issued is presumed to be accurate.

de la livraison des choses, pour faire effectuer une enquête judiciaire sur l'état dans lequel celles-ci sont livrées; ils peuvent également présenter une requête au juge pour faire évaluer en justice les pertes ou le dommage qui auront été constatés.

2. Si cette enquête a eu lieu en présence de l'autre partie ou après convocation suffisante, le rapport établi est présumé exact.

Art. 1136 (8.13.2.50) - 1. De kosten van gerechtelijk onderzoek, als bedoeld in artikel 1135, moeten worden voldaan door de aanvrager.
- 2. De rechter kan deze kosten en door het onderzoek geleden schade geheel of gedeeltelijk ten laste van de wederpartij van de aanvrager brengen, ook al zouden daardoor de bedragen genoemd in de in artikel 1105 bedoelde algemene maatregel van bestuur worden overschreden.

1. The costs of the judicial inquiry, as referred to in article 1135, must be paid by the person requesting it.
2. The judge may put these costs and the damage suffered from the inquiry, in whole or in part, at the charge of the other party, even if the amounts, mentioned in the regulation referred to in article 1105, would be exceeded thereby.

1. Les frais de l'enquête judiciaire visée à l'article 1135 sont payés par celui l'a requise.
2. Le juge peut porter ces frais et le dommage subi du fait de l'enquête en tout ou partie à la charge de l'autre partie, même s'ils dépassaient ainsi la somme visée au paragraphe premier de l'article 1105.

Art. 1137 (8.13.2.51) Indien binnen één jaar nadat de vervoerder aan degeen, die jegens hem recht op aflevering van zaken heeft, schadevergoeding heeft uitgekeerd ter zake van het niet afleveren van deze zaken, deze zaken of enige daarvan alsnog onder de vervoerder blijken te zijn of te zijn gekomen, is de vervoerder verplicht die afzender of die geadresseerde, die daartoe bij aangetekende brief het verlangen uitte, van deze omstandigheid bij aangetekende brief op de hoogte te brengen en heeft de afzender respectievelijk de geadresseerde gedurende dertig dagen na ontvangst van deze mededeling het recht tegen verrekening van de door hem ontvangen schadevergoeding opnieuw afleveren van deze zaken te verlangen. Hetzelfde geldt, indien de vervoerder terzake van het niet afleveren geen schadevergoeding heeft uitgekeerd, met dien verstande dat de termijn van één jaar begint met de aanvang van de dag volgende op die, waarop de zaken hadden moeten zijn afgeleverd.

If, within one year from the payment of compensation by the carrier for non-delivery of things to the person who, towards him, is entitled to delivery of these things, they or some of them prove still to be in the

S'il s'avère que les choses ou quelques-unes d'entre elles, au cours de l'année suivant le paiement par le transporteur d'une indemnité pour non-livraison à celui qui, à son égard, a droit à leur livraison, se trouvent ou sont venues

carrier's detention or to have come into such detention, the carrier must inform, by registered letter, such consignor or consignee, who has so demanded by registered letter, of this fact, and the consignor or the consignee have the right, during thirty days from receipt of this notification, to demand delivery of these things again, against compensation for the damages which they have received. The same applies if the carrier has paid no compensation for the non-delivery, upon the understanding that the period of one year commences with the beginning of the day following the one on which the things should have been delivered.

sous le contrôle du transporteur, celui-ci est tenu d'en aviser par lettre recommandée l'expéditeur ou le destinataire qui en a manifesté le souhait par lettre recommandée; l'expéditeur ou le destinataire peut alors, dans les trente jours suivant la réception de cet avis, demander à nouveau la livraison de ces choses contre compensation de l'indemnité reçue. Il en est de même si le transporteur n'a pas payé d'indemnité pour non-livraison, étant entendu que le délai d'un an court à partir du lendemain du jour où les choses auraient dû être livrées.

Art. 1138 (8.13.2.52) Met betrekking tot ten vervoer ontvangen zaken, die de vervoerder onder zich heeft, doch ten aanzien waarvan hij niet meer uit hoofde van de vervoerovereenkomst tot aflevering is verplicht, is artikel 1133 van overeenkomstige toepassing met dien verstande, dat uit de opbrengst van het verkochte bovendien aan de vervoerder moet worden voldaan het bedrag, dat deze mogelijkerwijs voldeed ter zake van zijn aansprakelijkheid wegens het niet nakomen van de op hem uit hoofde van de artikelen 1095 en 1096 rustende verplichtingen.

Article 1133 applies *mutatis mutandis* with respect to things received for carriage which the carrier detains, but in respect of which he is no longer obliged to delivery pursuant to the contract of carriage, upon the understanding that, from the proceeds of the sale, the carrier must, furthermore, be paid the amount which he may have paid with respect to his liability for non-performance of the obligations resting upon him pursuant to articles 1095 and 1096.

L'article 1133 s'applique par analogie aux choses prises en charge aux fins de transport que le transporteur a sous son contrôle, mais qu'il n'est plus tenu de livrer aux termes du contrat de transport, étant entendu que le produit de la vente doit servir, en outre, à indemniser le transporteur de la somme qu'il a pu payer au titre de sa responsabilité pour l'inexécution des obligations qui lui incombent aux termes des articles 1095 et 1096.

Afdeling 3 Overeenkomst van personenvervoer over de weg

Section 3.
Contract of carriage of persons by road

Section troisième
Du contrat de transport de personnes par route

Art. 1140 (8.13.3.1) - 1. De overeenkomst van personenvervoer in de zin van deze titel is de overeenkomst van personenvervoer, al dan niet tijd- of reisbevrachting zijnde, waarbij de ene partij (de vervoerder) zich tegenover de andere partij verbindt aan boord van een voertuig een of meer personen (reizigers) en al dan niet hun bagage uitsluitend over de weg en anders dan langs spoorstaven te vervoeren.
- 2. De overeenkomst van personenvervoer als omschreven in artikel 100 is niet een overeenkomst van personenvervoer in de zin van deze afdeling.

1. The contract of carriage of persons within the meaning of this title is a contract, whether or not being time- or voyage-chartering, whereby one party (the carrier) binds himself towards the other party to carry on board a vehicle one or more persons (travellers), whether or not with their baggage, exclusively by road, and otherwise than by rail.
2. The contract of carriage of persons, as defined in article 100, is not a contract of carriage of persons within the meaning of this section.

1. Le contrat de transport de personnes, au sens du présent titre, est celui, qu'il soit ou non affrètement à temps ou au voyage, par lequel une partie, le transporteur, s'engage envers l'autre à transporter, à bord d'un véhicule, une ou plusieurs personnes, les voyageurs, que ce soit ou non avec leurs bagages, exclusivement par la route et autrement que par rail.
2. Le contrat de transport prévu à l'article 100 n'est pas un contrat de transport de personnes au sens de la présente section.

Art. 1141 (8.13.3.1a) - 1. Handbagage in de zin van deze afdeling is de bagage met inbegrip van levende dieren, die de reiziger als gemakkelijk mee te voeren, draagbare dan wel met de hand verrijdbare zaken op of bij zich heeft.
- 2. Bij algemene maatregel van bestuur kunnen zaken, die geen handbagage zijn, voor de toepassing van bepalingen van deze afdeling als handbagage worden aangewezen, dan wel bepalingen van deze afdeling niet van toepassing worden verklaard op zaken, die handbagage zijn.

1. Hand baggage within the meaning of this section is baggage, including live animals, which the traveller has with him or on him as things that are easy to take along, to carry or to roll by hand.
2. By regulation, things which are not hand baggage, may be designated as such for the application of the provisions of this section; equally, provisions of this section may be declared inapplicable to things which

1. Les bagages à main, au sens de la présente section, sont ceux, y compris les animaux vivants, que le passager a avec lui ou sur lui en tant qu'effets faciles à emporter, à porter ou pouvant être roulés à la main.
2. Par décret, peuvent être désignées comme bagages à main, aux fins de l'application des dispositions de la présente section, des choses qui n'en sont pas; de même, des dispositions de la présente section peuvent être

are hand baggage.

déclarées inapplicables à des choses qui sont des bagages à main.

Art. 1142 (8.13.3.2) - 1. Vervoer over de weg van personen omvat uitsluitend de tijd dat de reiziger aan boord van het voertuig is, terwijl dit zich op de weg bevindt. Bovendien omvat het de tijd van zijn instappen daarin of uitstappen daaruit.
- 2. Vervoer over de weg van personen omvat voor de toepassing van artikel 1148 tweede lid, in afwijking van het elders bepaalde, het tijdvak dat het voertuig zich aan boord van een ander vervoermiddel en niet op de weg bevindt, doch dit slechts ten aanzien van de reiziger die zich aan boord van dat voertuig bevindt of die daar in- of uitstapt.

1. Carriage of persons by road exclusively includes the period that the traveller is on board the vehicle while it is on the road. Furthermore, it includes the period that the traveller enters the vehicle or leaves it.
2. By derogation from provisions elsewhere, carriage by road of persons includes, for the application of article 1148, paragraph 2, the period that the vehicle is on board another means of transportation and not on the road, but only in respect of the traveller who is on board that vehicle, enters or leaves it.

1. Le transport de personnes par route comprend exclusivement le temps que le voyageur est à bord du véhicule qui se trouve sur la route. Il englobe, en outre, le temps de la montée en voiture et de la descente.
2. Aux fins du deuxième paragraphe de l'article 1148, le transport de personnes par route comprend, par dérogation aux dispositions édictées ailleurs, la période pendant laquelle le véhicule est à bord d'un autre moyen de transport et non sur la route, mais seulement à l'égard du voyageur qui se trouve à bord du véhicule ou qui y monte ou en descend.

Art. 1143 (8.13.3.3) - 1. Vervoer over de weg van handbagage omvat uitsluitend de tijd dat deze aan boord van het voertuig is terwijl dit zich op de weg bevindt. Bovendien omvat het de tijd van inlading daarin en uitlading daaruit.
- 2. Voor bagage, die geen handbagage is, omvat het vervoer over de weg de tijd tussen het overnemen daarvan door de vervoerder en de aflevering door de vervoerder.
- 3. Vervoer over de weg van bagage omvat voor de toepassing van artikel 1150 tweede lid, in afwijking van het elders bepaalde, het tijdvak dat het voertuig, aan boord waarvan de bagage zich bevindt, zich aan boord van een ander vervoermiddel en niet op de weg bevindt, doch dit slechts ten aanzien van bagage, die zich aan boord van dat voertuig bevindt of die daarin wordt ingeladen dan wel daaruit wordt uitgeladen.

1. Carriage of hand baggage by road exclusively includes the period that it is on board the vehicle, while on the road. Furthermore, it includes the period of loading into and unloading from the vehicle.
2. For baggage which is not hand baggage, carriage by road includes

1. Le transport des bagages à main par route comprend exclusivement le temps que ceux-ci sont à bord du véhicule se trouvant sur la route. Il comprend, en outre, le temps de leur chargement et déchargement.
2. S'agissant de bagages qui ne sont pas des bagages à main, le transport par

the period between the acceptance thereof and the delivery by the carrier.
3. By derogation from provisions elsewhere, carriage of baggage by road includes, for the application of article 1150, paragraph 2, the period that the vehicle, on board of which the baggage finds itself, is on board another means of transportation and not on the road, but only in respect of baggage which is on board that vehicle, which is loaded thereinto, or is unloaded therefrom.

route comprend la période entre leur prise en charge et leur livraison par le transporteur.
3. Aux fins du deuxième paragraphe de l'article 1150, le transport de bagages par route comprend, par dérogation aux dispositions édictées ailleurs, la période pendant laquelle le véhicule où se trouvent les bagages est à bord d'un autre moyen de transport et non sur la route, mais seulement à l'égard des bagages qui se trouvent à bord du véhicule ou qui y sont chargés ou déchargés.

Art. 1144 (8.13.3.4) - 1. Tijd- of reisbevrachting in de zin van deze afdeling is de overeenkomst van personenvervoer, waarbij de vervoerder (vervrachter) zich verbindt tot vervoer aan boord van een voertuig, dat hij daartoe in zijn geheel met bestuurder en al dan niet op tijdbasis (tijdbevrachting of reisbevrachting) ter beschikking stelt van zijn wederpartij (bevrachter).
- 2. De artikelen 1093, 1097, 1109 en 1113 zijn op deze bevrachting van overeenkomstige toepassing.

1. A time- or a voyage-charter within the meaning of this section is a contract of carriage of persons whereby the carrier (lessor) binds himself to carriage on board a vehicle which he puts at the disposal of the other party (charterer) for that purpose in its entirety, with driver, and whether or not on a time basis (time- or voyage- chartering).
2. Articles 1093, 1097, 1109, 1113 and 1113 apply *mutatis mutandis* to this chartering.

1. L'affrètement à temps ou au voyage, au sens de la présente section, est le contrat de transport de personnes par lequel le transporteur (le fréteur) s'engage au transport à bord d'un véhicule qu'il met à cette fin, en entier, avec conducteur et à base de temps ou non (affrètement à temps ou au voyage), à la disposition de l'autre partie (l'affréteur).
2. Les articles 1093, 1097, 1109 et 1113 s'appliquent par analogie à cet affrètement.

Art. 1145 (8.13.3.5) De wetsbepalingen omtrent huur, bewaarneming en bruikleen zijn op terbeschikkingstelling van een voertuig met bestuurder, ten einde aan boord daarvan personen te vervoeren, niet van toepassing.

The statutory provisions regarding lease and hire, deposit and loan for use do not apply to the putting at disposal of a vehicle with driver for the purpose of carrying persons on board thereof.

Les dispositions légales relatives au louage, au dépôt et au prêt à usage ne s'appliquent pas à la mise à disposition d'un véhicule avec conducteur aux fins d'y transporter des personnes.

Art. 1146 (8.13.3.6) *Vervallen.*

Repealed.

Abrogé.

Art. 1147 (8.13.3.7) De vervoerder is aansprakelijk voor schade veroorzaakt door dood of letsel van de reiziger ten gevolge van een ongeval dat in verband met en tijdens het vervoer aan de reizigers is overkomen.

The carrier is liable for damage caused by death of, or bodily injury to the traveller as a result of an accident which has happened to the travellers in connection with and during the carriage.

Le transporteur est responsable du dommage causé par le décès ou la lésion corporelle du voyageur à la suite d'un accident en relation avec le transport ou pendant celui-ci.

Art. 1148 (8.13.3.8) - 1. De vervoerder is niet aansprakelijk voor schade door dood of letsel van de reiziger veroorzaakt, voor zover het ongeval dat hiertoe leidde, is veroorzaakt door een omstandigheid die een zorgvuldig vervoerder niet heeft kunnen vermijden en voor zover zulk een vervoerder de gevolgen daarvan niet heeft kunnen verhinderen.
- 2. Lichamelijke of geestelijke tekortkomingen van de bestuurder van het voertuig alsmede gebrekkigheid of slecht functioneren van het voertuig of van het materiaal, waarvan hij zich voor het vervoer bedient, worden aangemerkt als een omstandigheid die een zorgvuldig vervoerder heeft kunnen vermijden en waarvan zulk een vervoerder de gevolgen heeft kunnen verhinderen. Onder materiaal wordt niet begrepen een schip, luchtvaartuig of spoorwagon, aan boord waarvan het voertuig zich bevindt.
- 3. Bij de toepassing van dit artikel wordt slechts dan rekening gehouden met een gedraging van een derde, indien geen andere omstandigheid, die mede tot het ongeval leidde, voor rekening van de vervoerder is.

1. The carrier is not liable for damage caused by death of, or bodily injury to the traveller to the extent that the accident leading hereto has been caused by a fact which a prudent carrier has not been able to avoid, and to the extent that such a carrier has not been able to prevent the consequences thereof.
2. Physical or mental disabilities of the driver of the vehicle, as well as defect in or malfunctioning of the vehicle or of the material which he uses for the carriage, are considered as facts which a prudent carrier has been able to avoid, and the consequences of which such a carrier has been able to prevent. Material does not include a vessel, aircraft or railway car on board of which the vehicle finds itself.
3. In applying this article, the conduct of a third person is taken into

1. Le transporteur n'est pas responsable du dommage causé par le décès ou la lésion corporelle du voyageur, dans la mesure où l'accident a pour cause une circonstance qu'un transporteur diligent n'a pu éviter et où un tel transporteur n'a pu obvier aux conséquences.
2. Les défaillances physiques ou mentales du conducteur du véhicule, de même que la défectuosité ou le mauvais fonctionnement du véhicule ou du matériel dont il se sert aux fins du transport est réputée circonstance qu'un transporteur diligent a pu éviter et aux conséquences desquelles un tel transporteur a pu obvier. Le matériel ne comprend pas le navire, l'aéronef ou le wagon de chemin de fer à bord duquel se trouve le véhicule.
3. Aux fins de l'application du présent article, le comportement d'un tiers

ART. 1149 BOEK 8

consideration only, if the carrier is not answerable for any other fact which has also contributed to the accident.

n'entre en ligne de compte qu'en l'absence de toute autre circonstance ayant également contribué à l'accident et incombant au transporteur.

Art. 1149 (8.13.3.9) Nietig is ieder vóór het aan de reiziger overkomen ongeval gemaakt beding waarbij de ingevolge artikel 1147 op de vervoerder drukkende aansprakelijkheid of bewijslast wordt verminderd op andere wijze dan in deze afdeling is voorzien.

Any stipulation made before the accident which has happened to the traveller, whereby the liability or burden of proof resting upon the carrier pursuant to article 1147 is reduced otherwise than as provided for in this section, is null.

Est nulle toute stipulation faite avant l'accident survenu au voyageur et tendant à atténuer, autrement que de la manière prévue à la présente section, la responsabilité ou la charge de la preuve incombant au transporteur aux termes de la présente section.

Art. 1150 (8.13.3.10) - 1. De vervoerder is aansprakelijk voor schade veroorzaakt door geheel of gedeeltelijk verlies dan wel beschadiging van bagage voor zover dit verlies of deze beschadiging is ontstaan tijdens het vervoer en is veroorzaakt door een omstandigheid die een zorgvuldig vervoerder heeft kunnen vermijden en waarvan zulk een vervoerder de gevolgen heeft kunnen verhinderen. Voor schade veroorzaakt door geheel of gedeeltelijk verlies dan wel beschadiging van handbagage is hij bovendien aansprakelijk voor zover dit verlies of deze beschadiging is veroorzaakt door een aan de reiziger overkomen ongeval, dat voor rekening van de vervoerder komt.
- 2. Lichamelijke of geestelijke tekortkomingen van de bestuurder van het voertuig alsmede gebrekkigheid of slecht functioneren van het voertuig of van het materiaal waarvan hij zich voor het vervoer bedient, worden aangemerkt als een omstandigheid die een zorgvuldig vervoerder heeft kunnen vermijden en waarvan zulk een vervoerder de gevolgen heeft kunnen verhinderen. Onder materiaal wordt niet begrepen een schip, luchtvaartuig of spoorwagon, aan boord waarvan het voertuig zich bevindt.
- 3. Bij de toepassing van het eerste lid wordt ten aanzien van handbagage slechts dan rekening gehouden met een gedraging van een derde, indien geen andere omstandigheid, die mede tot het voorval leidde, voor rekening van de vervoerder is.
- 4. Nietig is ieder vóór het verlies of de beschadiging van bagage gemaakt beding, waarbij de ingevolge dit artikel op de vervoerder drukkende aansprakelijkheid of bewijslast op andere wijze wordt verminderd dan in deze afdeling is voorzien.

1. The carrier is liable for damage caused by total or partial loss of, or damage to baggage to the extent that this loss or damage has arisen during the carriage and has been caused by a fact which a prudent carrier has been able to avoid or the consequences of which such a carrier has been able to

1. Le transporteur est responsable du dommage causé par la perte partielle ou totale ou l'avarie des bagages, dans la mesure où cette perte ou avarie est survenue au cours du transporteur et où elle a pour cause une circonstance qu'un transporteur diligent a pu éviter ou aux conséquences de laquelle un tel

prevent. Furthermore, he is liable for damage caused by total or partial loss of, or damage to hand baggage to the extent that this loss or damage has been caused by an accident which has happened to the traveller and for which the carrier is answerable.

2. Physical or mental disabilities of the driver of the vehicle, as well as defect in or malfunctioning of the vehicle or of the material which he uses for the carriage, are considered as facts which a prudent carrier has been able to avoid, and the consequences of which such a carrier has been able to prevent. Material does not include a vessel, aircraft or railway car, on board of which the vehicle finds itself.

3. In applying of paragraph 1, the conduct of a third person is taken into consideration with respect to hand baggage only, if the carrier is not answerable for any other fact which has also contributed to the incident.

4. Any stipulation made before the loss of, or damage to baggage, whereby the liability or burden of proof resting upon the carrier pursuant to this article, is reduced otherwise than as provided for in this section, is null.

transporteur a pu obvier. S'agissant du dommage causé par la perte partielle ou totale ou l'avarie des bagages à main, il est, en outre, responsable dans la mesure où cette perte ou avarie a pour cause un accident survenu au voyageur et incombant au transporteur.

2. Les défaillances physiques ou mentales du conducteur du véhicule, de même que la défectuosité ou le mauvais fonctionnement du véhicule ou du matériel dont il se sert aux fins du transport, sont réputés circonstances qu'un transporteur diligent a pu éviter et aux conséquences desquelles un tel transporteur a pu obvier. Le matériel ne comprend pas le navire, l'aéronef ou le wagon de chemin de fer à bord duquel se trouve le véhicule.

3. Aux fins de l'application du paragraphe premier et s'agissant de bagages à main, le comportement d'un tiers n'entre en ligne de compte qu'en l'absence de toute autre circonstance ayant également contribué à l'incident et incombant au transporteur.

Est nulle toute stipulation faite avant la perte ou l'avarie des bagages et tendant à atténuer, autrement que de la manière prévue à la présente section, la responsabilité ou la charge de la preuve incombant au transporteur aux termes de la présente section.

Art. 1151 (8.13.3.10a) De vervoerder is niet aansprakelijk in geval van verlies of beschadiging overkomen aan geldstukken, verhandelbare documenten, goud, zilver, juwelen, sieraden, kunstvoorwerpen of andere zaken van waarde, tenzij deze zaken van waarde aan de vervoerder in bewaring zijn gegeven en hij overeengekomen is hen in zekerheid te zullen bewaren.

The carrier is not liable in case of loss of or damage to coins, negotiable documents, gold, silver, jewellery, ornaments, works of art or other valuable things, unless these valuable things have been deposited with the carrier and he has agreed to safeguard them.

Le transporteur n'est pas responsable en cas de perte ou d'avarie des objets suivants: espèces, titres négociables, or, argent, joaillerie, bijoux, objets d'art ou autres valeurs, à moins qu'ils n'aient été consignés auprès du transporteur et que celui-ci n'ait convenu de les conserver en lieu sûr.

Art. 1152 (8.13.3.10b) De vervoerder is terzake van door de reiziger aan boord van het voertuig gebrachte zaken die hij, indien hij hun aard of gesteldheid had gekend, niet aan boord van het voertuig zou hebben toegelaten en waarvoor hij geen bewijs van ontvangst heeft afgegeven, geen enkele schadevergoeding verschuldigd indien de reiziger wist of behoorde te weten, dat de vervoerder de zaken niet ten vervoer zou hebben toegelaten; de reiziger is alsdan aansprakelijk voor alle kosten en schaden voor de vervoerder voortvloeiend uit de aanbieding ten vervoer of uit het vervoer zelf.

The carrier does not owe any damages in respect of things brought on board the vehicle by the traveller, which the carrier would not have admitted on board the vehicle, had he known their nature or condition, and for which he has not issued a receipt, if the traveller knew or ought to know that the carrier would not have admitted the things for carriage; in that case, the traveller is liable for all costs and damages which flow for the carrier from the presentation for carriage or from the carriage itself.

Le transporteur ne doit aucune indemnité pour les choses apportées à bord du véhicule par le voyageur, que le transporteur n'aurait pas admises s'il en avait connu la nature ou l'état, et pour lesquelles il n'a pas délivré un récépissé, si le voyageur savait ou devait savoir que le transporteur ne les aurait pas admises aux fins du transport; le voyageur est alors responsable des frais et dommages résultant, pour le transporteur, de la présentation des choses aux fins de transport ou du transport lui-même.

Art. 1153 (8.13.3.10c) Onverminderd artikel 1152 en onverminderd artikel 179 van Boek 6 is de reiziger verplicht de vervoerder de schade te vergoeden die hij of zijn bagage deze berokkende, behalve voor zover deze schade is veroorzaakt door een omstandigheid die een zorgvuldig reiziger niet heeft kunnen vermijden en voor zover zulk een reiziger de gevolgen daarvan niet heeft kunnen verhinderen. De reiziger kan niet om zich van zijn aansprakelijkheid te ontheffen beroep doen op de hoedanigheid of een gebrek van zijn bagage.

Without prejudice to article 1152 and without prejudice to article 179 of Book 6, the traveller must compensate the carrier for the damage which he or his baggage have done to him, except to the extent that this damage has been caused by a fact which a prudent traveller has not been able to avoid, and to the extent that such traveller has not been able to prevent the consequences thereof. In order to relieve himself of his liability, the traveller may not invoke the condition of or a defect in his baggage.

Sans préjudice de l'article 1152, ainsi que de l'article 179 du Livre sixième, le voyageur est tenu d'indemniser le transporteur du dommage que lui ou ses bagages ont causé à ce dernier, sauf dans la mesure où le dommage a pour cause une circonstance qu'un passager diligent n'a pu éviter et où un tel passager n'a pu obvier aux conséquences. Le voyageur ne peut invoquer, afin de s'exonérer de sa responsabilité, la qualité ou un défaut des bagages.

Art. 1154 (8.13.3.11) - 1. Onverminderd de bepalingen van deze afdeling zijn op het vervoer van bagage de artikelen 1095, 1096, 1103, 1104, 1114 eerste, tweede en derde lid, 1115 eerste, tweede en derde lid, 1116 tot en met 1118, 1129 en 1131 tot en met 1138 van toepassing. De in artikel 1131 toegekende rechten en het in artikel 1133 en artikel 1138 toegekende recht tot het zich laten voldoen uit het in

bewaring te stellen bedrag van kosten ter zake van het vervoer, kunnen worden uitgeoefend voor alles wat de wederpartij van de vervoerder of de reiziger aan de vervoerder verschuldigd is.
- 2. Partijen hebben de vrijheid af te wijken van in het eerste lid op hun onderlinge verhouding toepasselijk verklaarde bepalingen.

1. Without prejudice to the provisions of this section, articles 1095, 1096, 1103, 1104, 1114, paragraphs 1, 2 and 3, 1115, paragraphs 1, 2 and 3, 1116 to 1118 inclusive, 1129 and 1131 to 1138 inclusive apply to the carriage of baggage. The rights granted in article 1131, and the right granted in article 1133 and in article 1138 to be paid costs pertaining to the carriage from the amount which is to be deposited, can be exercised for all that the co-contracting party of the carrier or the traveller owes to the carrier.

2. Parties are free to derogate from the provisions which paragraph 1 declares applicable to their mutual relationship.

1. Sans préjudice des dispositions de la présente section, s'appliquent au transport de bagages les articles 1095, 1096, 1103, 1104, 1114, paragraphes premier, deuxième et troisième, 1115, paragraphes premier, deuxième et troisième, 1116 à 1118 inclusivement, 1129 et 1131 à 1138 inclusivement. Les droits accordés à l'article 1131 et celui qui est accordé à l'article 1133 et à l'article 1138 relatifs au paiement, à même la somme à consigner, des frais afférents au transport s'exercent pour tout ce que le cocontractant du transporteur ou le voyageur doit au transporteur.

2. Les parties sont libres de déroger aux dispositions déclarées applicables à leurs rapports réciproques aux termes du paragraphe premier.

Art. 1155 (8.13.3.12) Indien de vervoerder bewijst dat schuld of nalatigheid van de reiziger schade heeft veroorzaakt of daartoe heeft bijgedragen, kan de aansprakelijkheid van de vervoerder daarvoor geheel of gedeeltelijk worden opgeheven.

The liability of the carrier can be wholly or partially eliminated, if the carrier proves that the fault or negligence of the traveller has caused the damage or has contributed thereto.

La responsabilité du transporteur peut être écartée en tout ou partie, s'il établit que la faute ou la négligence du voyageur a causé le dommage ou y a contribué.

Art. 1156 (8.13.3.12a) Indien personen van wier hulp de vervoerder bij de uitvoering van zijn verbintenis gebruik maakt, op verzoek van de reiziger diensten bewijzen, waartoe de vervoerder niet is verplicht, worden zij aangemerkt als te handelen in opdracht van de reiziger aan wie zij deze diensten bewijzen.

If persons whose assistance the carrier uses in the performance of his obligation, render services upon the request of the traveller, to which the carrier is not obligated, they are considered as acting upon the orders of the traveller to whom they render

Si les personnes auxquelles le transporteur fait appel dans l'exécution de son obligation rendent au voyageur, à la requête de celui-ci, des services auxquels le transporteur n'est pas tenu, elles sont réputées agir sur ordre du voyageur.

these services.

Art. 1157 (8.13.3.13) De aansprakelijkheid van de vervoerder is in geval van dood, letsel of vertraging van de reiziger en in geval van verlies, beschadiging of vertraging van diens bagage beperkt tot bij of krachtens algemene maatregel van bestuur te bepalen bedrag of bedragen.

In case of death of, bodily injury to or delay of the traveller, and in case of loss of, damage to or delay of his baggage, the liability of the carrier is limited to an amount or amounts to be determined by or pursuant to regulation.

La responsabilité du transporteur en cas de décès, de lésion corporelle ou de retard du voyageur ou en cas de perte, d'avarie ou de retard de ses bagages est limitée à la ou aux sommes à fixer par décret ou en vertu d'un décret.

Art. 1158 (8.13.3.14) - 1. De vervoerder kan zich niet beroepen op enige beperking van zijn aansprakelijkheid, voor zover de schade is ontstaan uit zijn eigen handeling of nalaten, geschied hetzij met het opzet die schade te veroorzaken, hetzij roekeloos en met de wetenschap, dat die schade er waarschijnlijk uit zou voortvloeien.
- 2. Nietig is ieder beding, waarbij van dit artikel wordt afgeweken.

1. The carrier may not invoke any limitation in his liability to the extent that the damage has arisen from his own act or omission, done either with the intent to cause that damage or recklessly and with the knowledge that that damage would probably result therefrom.
2. Any stipulation derogating from this article is null.

1. Le transporteur ne peut se prévaloir d'aucune limitation de sa responsabilité dans la mesure où le dommage résulte de son propre acte ou omission, commis soit avec l'intention de provoquer un tel dommage, soit témérairement et avec conscience qu'un tel dommage en résulterait probablement.
2. Toute stipulation dérogatoire au présent article est nulle.

Art. 1159 (8.13.3.15) - 1. In geval van verlies of beschadiging van bagage wordt de vordering tot schadevergoeding gewaardeerd naar de omstandigheden.
- 2. In geval van aan de reiziger overkomen letsel of van de dood van de reiziger zijn de artikelen 107 en 108 van Boek 6 niet van toepassing op de vorderingen die de vervoerder als wederpartij van een andere vervoerder tegen deze instelt.

1. In case of loss of or damage to baggage, the action for damages is evaluated according to the circumstances.
2. In case of bodily injury which has happened to the traveller, or in case of his death, articles 107 and 108 of Book 6 do not apply to the actions which the carrier, as co-contracting party of another carrier, takes against the latter.

1. Les dommages-intérêts dans le cas de perte ou d'avarie des bagages s'évaluent selon les circonstances.
2. En cas de lésion corporelle subie par le voyageur ou de son décès, les articles 107 et 108 du Livre sixième ne s'appliquent pas à l'action que le transporteur intente à un autre transporteur en tant que cocontractant de celui-ci.

Art. 1160 (8.13.3.16) De wederpartij van de vervoerder is verplicht deze de schade te vergoeden die hij lijdt doordat de reiziger, door welke oorzaak dan ook, niet tijdig ten vervoer aanwezig is.

The co-contracting party of the carrier must compensate the latter for the damage which he suffers because, for whatever reason, the traveller is not timely present for carriage.

Le cocontractant du transporteur est tenu de réparer le dommage que celui-ci subit du fait que le voyageur, pour quelque cause que ce soit, ne se présente pas à temps pour le transport.

Art. 1161 (8.13.3.17) De wederpartij van de vervoerder is verplicht deze de schade te vergoeden die hij lijdt doordat de documenten met betrekking tot de reiziger, die van haar zijde voor het vervoer vereist zijn, door welke oorzaak dan ook, niet naar behoren aanwezig zijn.

The co-contracting party of the carrier must compensate the latter for the damage which he suffers because, for whatever reason, the documents pertaining to the traveller and required from the co-contracting party for the carriage, are not adequately available.

Le cocontractant du transporteur est tenu de réparer le dommage que celui-ci subit du fait que, pour quelque cause que ce soit, les documents relatifs au voyageur, requis de la part du cocontractant pour le transport, ne sont pas convenablement disponibles.

Art. 1162 (8.13.3.18) - 1. Wanneer vóór of tijdens het vervoer omstandigheden aan de zijde van de wederpartij van de vervoerder of de reiziger zich opdoen of naar voren komen, die de vervoerder bij het sluiten van de overeenkomst niet behoefde te kennen, doch die, indien zij hem wel bekend waren geweest, redelijkerwijs voor hem grond hadden opgeleverd de vervoerovereenkomst niet of op andere voorwaarden aan te gaan, is de vervoerder bevoegd de overeenkomst op te zeggen en de reiziger uit het voertuig te verwijderen.
- 2. De opzegging geschiedt door een mondelinge of schriftelijke kennisgeving aan de wederpartij van de vervoerder of aan de reiziger en de overeenkomst eindigt op het ogenblik van ontvangst van de eerst ontvangen kennisgeving.
- 3. Naar maatstaven van redelijkheid en billijkheid zijn partijen na opzegging der overeenkomst verplicht elkaar de daardoor geleden schade te vergoeden.

1. Where, before or during the carriage, circumstances arise or come forward on the part of the co-contracting party of the carrier or the traveller which the carrier did not have to know at the time of entering into the contract but which, had he known them, would have given him reasonable grounds not to enter into the contract of carriage or to enter into it upon different conditions, the carrier is entitled to cancel the contract and to remove the traveller

1. Lorsque, avant ou pendant le transport, surgissent ou apparaissent des circonstances concernant le cocontractant ou le voyageur, que le transporteur n'était pas tenu de connaître lors de la conclusion du contrat, mais qui, les eût-il connues, auraient constitué pour lui un motif raisonnable de ne pas conclure le contrat de transport ou de le conclure à des conditions différentes, le transporteur peut alors résilier le contrat et évincer le voyageur du véhicule.

from the vehicle.

2. Cancellation takes place by a verbal or written notice to the co-contracting party of the carrier or to the traveller, and the contract is terminated at the time of reception of the notice which is received first.

3. After cancellation of the contract, the parties must, in accordance with standards of reasonableness and equity, compensate each other for the damage suffered as a result thereof.

2. La résiliation a lieu par avis verbal ou écrit au cocontractant du transporteur ou au voyageur et le contrat prend fin au moment de la réception du premier avis reçu.

3. Après la résiliation, les parties se doivent, selon des critères de raison et d'équité, réparation réciproque du dommage qu'elles en ont subi.

Art. 1163 (8.13.3.19)) - 1. Wanneer vóór of tijdens het vervoer omstandigheden aan de zijde van de vervoerder zich opdoen of naar voren komen, die diens wederpartij bij het sluiten van de overeenkomst niet behoefde te kennen, doch die, indien zij haar wel bekend waren geweest, redelijkerwijs voor haar grond hadden opgeleverd de vervoerovereenkomst niet of op andere voorwaarden aan te gaan, is deze wederpartij van de vervoerder bevoegd de overeenkomst op te zeggen.
- 2. De opzegging geschiedt door een mondelinge of schriftelijke kennisgeving en de overeenkomst eindigt op het ogenblik van ontvangst daarvan.
- 3. Naar maatstaven van redelijkheid en billijkheid zijn partijen na opzegging der overeenkomst verplicht elkaar de daardoor geleden schade te vergoeden.

1. Where, before or during the carriage, circumstances arise or come forward on the part of the carrier, which his cocontracting party did not have to know at the time of entering into the contract, but which, had he known them, would have given him reasonable grounds not to enter into the contract of carriage or to enter into it upon different conditions, this co-contracting party is entitled to cancel the contract.

2. Cancellation takes places by a verbal or written notice, and the contract is terminated at the time of reception of the notice.

3. After cancellation of the contract, the parties must, in accordance with standards of reasonableness and equity, compensate each other for the damage suffered as a result thereof.

1. Lorsque, avant ou pendant le transport, surgissent ou apparaissent des circonstances concernant le transporteur, que son cocontractant n'était pas tenu de connaître lors de la conclusion du contrat, mais qui, les eût-il connues, auraient constitué pour lui un motif raisonnable de ne pas conclure le contrat de transport ou de le conclure à des conditions différentes, il peut alors résilier le contrat.

2. La résiliation a lieu par avis verbal ou écrit et le contrat prend fin au moment de la réception de l'avis.

3. Après la résiliation, les parties se doivent, selon des critères de raison et d'équité, réparation réciproque du dommage qu'elles en ont subi.

Art. 1164 (8.13.3.20) Wanneer de reiziger na verlaten van het voertuig niet tijdig terugkeert, kan de vervoerder de overeenkomst beschouwen als op dat tijdstip te zijn geëindigd.

When, after leaving the vehicle, the

Lorsque le voyageur, après avoir quitté

traveller does not return on time, the carrier may consider the contract as having been terminated at that time.

le véhicule, n'y retourne pas à temps, le transporteur peut considérer le contrat comme ayant pris fin à ce moment.

Art. 1165 (8.13.3.21) - 1. De wederpartij van de vervoerder is steeds bevoegd de overeenkomst op te zeggen. Zij is verplicht de vervoerder de schade te vergoeden die deze ten gevolge van de opzegging lijdt.
- 2. Zij kan dit recht niet uitoefenen, wanneer daardoor de reis van het voertuig zou worden vertraagd.
- 3. De opzegging geschiedt door een mondelinge of schriftelijke kennisgeving en de overeenkomst eindigt op het ogenblik van ontvangst daarvan.

1. The co-contracting party of the carrier is always entitled to cancel the contract. He must compensate the carrier for the damage which the latter suffers as a result of the cancellation.
2. He may not exercise this right when the journey of the vehicle would thereby be delayed.
3. Cancellation takes place by a verbal or written notice, and the contract is terminated at the time of reception of the notice.

1. Le cocontractant du transporteur peut en tout temps résilier le contrat. Il est tenu de réparer le dommage que subit le transporteur par suite de la résiliation.
2. Il ne peut exercer ce droit lorsque cela retarderait le voyage du véhicule.
3. La résiliation a lieu par avis verbal ou écrit et le contrat prend fin au moment de la réception de l'avis.

Art. 1166 (8.13.3.22) - 1. Wordt ter zake van het vervoer een plaatsbewijs, een ontvangstbewijs voor bagage of enig soortgelijk document afgegeven, dan is de vervoerder verplicht daarin op duidelijke wijze zijn naam en woonplaats te vermelden.
- 2. Nietig is ieder beding, waarbij van het eerste lid van dit artikel wordt afgeweken.
- 3. De artikelen 56 tweede lid, 75 eerste lid en 186 eerste lid van Boek 2 zijn niet van toepassing.

1. Where a ticket, a baggage claim or any similar document is issued concerning the carriage, the carrier must clearly indicate on it his name and place of residence.
2. Any stipulation derogating from the first paragraph of this article is null.
3. Articles 56, paragraph 2, 75, paragraph 1 and 186, paragraph 1 of Book 2 do not apply.

1. Lorsque, aux fins du transport, est délivré un billet, un récépissé pour bagage ou un autre tel document, le transporteur est tenu d'y indiquer de façon claire ses nom et domicile.
2. Toute stipulation dérogatoire au paragraphe premier du présent article est nulle.
3. Les articles 56, paragraphe deuxième, et 186, paragraphe premier, du Livre deuxième ne s'appliquent pas.

Afdeling 4 Verhuisovereenkomst

Section 4.	Section quatrième
Contract of removal	Du contrat de déménagement

Art. 1170 (8.13.4.1) - 1. De verhuisovereenkomst in de zin van deze titel is de overeenkomst van goederenvervoer, waarbij de vervoerder (de verhuizer) zich tegenover de afzender (de opdrachtgever) verbindt verhuisgoederen te vervoeren, hetzij uitsluitend in een gebouw of woning, hetzij uitsluitend ten dele in een gebouw of woning en ten dele over de weg, hetzij uitsluitend over de weg. Vervoer langs spoorstaven wordt niet als vervoer over de weg beschouwd.
- 2.   Verhuisgoederen in de zin van deze titel zijn zaken die zich in een overdekte ruimte bevinden en die tot de stoffering, meubilering of inrichting van die ruimte bestemd zijn en als zodanig reeds zijn gebruikt met uitzondering van die zaken die volgens verkeersopvatting niet tot de gebruikelijke inhoud van die ruimte behoren.
- 3.   Indien partijen overeenkomen, dat het geheel van het vervoer over de weg zal worden beheerst door het geheel van de rechtsregelen, die het zouden beheersen, wanneer het andere zaken dan verhuisgoederen zou betreffen, wordt deze overeenkomst niet als verhuisovereenkomst aangemerkt.

1. The contract of removal within the meaning of this title is a contract of carriage of goods whereby the carrier (the remover) binds himself towardss the consignor (the client) to carry household property, either exclusively within a building or dwelling, or exclusively in part in a building or dwelling and in part by road, or exclusively by road. Carriage by rail is not considered as carriage by road.

2. Household property within the meaning of this title are things which find themselves in a covered space, and which are intended and have already been used as such for the purpose of upholstering, furnishing or decorating that space, with the exception of those things which, according to common opinion, do not belong to the usual contents of that space.

3. If parties agree that the whole of the carriage by road will be governed by the whole of the juridical rules which would govern it, when it would concern things other than

1. Le contrat de déménagement, au sens du présent Titre, est le contrat de transport de marchandises par lequel le transporteur (le déménageur) s'engage envers l'expéditeur (le client) à transporter des biens à déménager, soit exclusivement à l'intérieur d'un édifice ou d'une demeure, soit exclusivement pour partie à l'intérieur d'un édifice ou d'une demeure, pour partie par route, soit exclusivement par route. Le transport par rail n'est pas considéré comme transport par route.

2. Les biens à déménager, au sens du présent Titre, sont les choses qui se trouvent dans un espace couvert, qui sont destinées à garnir, à meubler ou à aménager celui-ci et qui ont déjà été utilisées à cette fin, à l'exception des choses qui, d'après l'opinion généralement admise, ne font pas partie du contenu habituel d'un tel espace.

3. Si les parties conviennent que le transport par route dans sa totalité sera régi par l'ensemble des règles applicables s'il s'agissait de choses autres que des biens à déménager, le

household property, this contract is not considered as a contract of removal.

contrat ne sera pas réputé contrat de déménagement.

Art. 1171 (8.13.4.2) Vervoer over de weg van verhuisgoederen omvat voor de toepassing van artikel 1175 tweede lid, in afwijking van het elders bepaalde, het tijdvak dat het voertuig aan boord waarvan de verhuisgoederen zich bevinden, zich aan boord van een ander vervoermiddel en niet op de weg bevindt, doch dit slechts ten aanzien van verhuisgoederen, die daarbij niet uit dat voertuig werden uitgeladen.

By derogation from provisions elsewhere, carriage by road of household property includes, for the application of article 1175, paragraph 2, the period that the vehicle, on board of which the household property finds itself, is on board another means of transportation and not on the road, but only with respect to household property which, in the process, is not unloaded from that vehicle.

Par dérogation aux dispositions édictées ailleurs, le transport des biens à déménager par route comprend, aux fins du paragraphe deuxième de l'article 1175, la période pendant laquelle le véhicule à bord duquel se trouvent ces biens est à bord d'un autre moyen de transport et non sur la route, mais cela seulement à l'égard des biens à déménager non déchargés du véhicule à cette occasion.

Art. 1172 (8.13.4.3) De verhuizer is verplicht verhuisgoederen, die gelet op hun aard of de wijze van vervoer, ingepakt behoren te worden of uit elkaar genomen behoren te worden, in te pakken dan wel uit elkaar te nemen en ter bestemming uit te pakken, dan wel in elkaar te zetten.

The remover must package or dismantle, and at destination he must unpackage or assemble household property which, considering its nature or the mode of carriage, should be packaged or dismantled.

Le déménageur est tenu d'emballer ou de désassembler les biens à déménager qui, compte tenu de leur nature ou du mode de transport, doivent l'être et de les déballer ou assembler à destination.

Art. 1173 (8.13.4.4) - 1. De verhuizer is verplicht de verhuisgoederen ter bestemming af te leveren en wel in de staat, waarin zij hem uit hoofde van artikel 1172 ter verpakking of demontage, dan wel in de staat, waarin zij hem ten vervoer ter beschikking zijn gesteld.
- 2. Onder afleveren wordt in deze afdeling verstaan het plaatsen van de verhuisgoederen ter bestemming op de daartoe mogelijkerwijs aangeduide plek en zulks, bij toepassing van artikel 1172, na hen te hebben uitgepakt of in elkaar gezet.

1. The remover must deliver the household property to destination in the state in which it has been put at his disposal for packaging or dismantling pursuant to article 1172, or in the state in which it has been put

1. Le déménageur est tenu de livrer à destination les biens à déménager et cela, en l'état dans lequel, aux termes de l'article 1172, ils ont été mis à sa disposition aux fins d'emballage et de démontage ou en l'état dans lequel ils

at his disposal for carriage.

2. Delivery in this section means placing the household property at destination at the place which has possibly been indicated for that purpose, and this, where article 1172 applies, after having unpackaged or assembled the property.

ont été mis à sa disposition aux fins de transport.

2. Livraison signifie, à la présente section, le fait de placer, à destination, les biens à déménager à l'endroit qui a pu être indiqué et cela, le cas échéant conformément à l'article 1172, après les avoir déballés ou assemblés.

Art. 1174 (8.13.4.5) Onverminderd artikel 1173 is de verhuizer verplicht een aangevangen verhuizing zonder vertraging te voltooien.

Without prejudice to article 1173, the remover must complete without delay a removal which has begun.

Sans préjudice de l'article 1173, le transporteur est tenu d'achever sans retard un déménagement commencé.

Art. 1175 (8.13.4.6) - 1. Bij niet nakomen van de op hem uit hoofde van de artikelen 1173 en 1174 rustende verplichtingen is de verhuizer desalniettemin voor de daardoor ontstane schade niet aansprakelijk, voor zover dit niet nakomen is veroorzaakt door een omstandigheid die een zorgvuldig verhuizer niet heeft kunnen vermijden en voor zover zulk een verhuizer de gevolgen daarvan niet heeft kunnen verhinderen.
- 2. De verhuizer kan niet om zich van zijn aansprakelijkheid uit hoofde van de artikelen 1173 of 1174 te ontheffen beroep doen op:
a. de gebrekkigheid van het voertuig dat voor de verhuizing wordt gebezigd;
b. de gebrekkigheid van het materiaal, waarvan hij zich bedient, tenzij dit door de opdrachtgever te zijner beschikking is gesteld; onder materiaal wordt niet begrepen een schip, luchtvaartuig of spoorwagon, waarop het voertuig, dat voor de verhuizing wordt gebezigd, zich bevindt;
c. de gebrekkigheid van steunpunten benut voor de bevestiging van hijswerktuigen;
d. enig door toedoen van derden, wier handelingen niet voor rekening van de opdrachtgever komen, aan de verhuisgoederen overkomen ongeval.
- 3. Het eerste lid van dit artikel is eveneens van toepassing ten aanzien van aansprakelijkheid van de verhuizer uit anderen hoofde dan van de artikelen 1173 of 1174.

1. The remover who has not performed the obligations resting upon him pursuant to articles 1173 and 1174, is nevertheless not liable for damage arising therefrom to the extent that this non-performance has been caused by a fact which a prudent remover has not been able to avoid, and to the extent that such remover has not been able to prevent the consequences thereof.
2. In order to relieve himself of his liability pursuant to articles 1173 or

1. Dans le cas de l'inexécution des obligations qui lui incombent aux termes des articles 1173 et 1174, le déménageur n'est néanmoins pas responsable du dommage qui en résulte, dans la mesure où l'inexécution a pour cause une circonstance qu'un déménageur diligent n'a pu éviter et où un tel déménageur n'a pu obvier aux conséquences.

2. Le déménageur ne peut invoquer, afin de s'exonérer de sa responsabilité

1174, the remover may not invoke:
a. the defect of the vehicle used for the removal;
b. the defect of the material which he uses, unless it has been put at his disposal by the client; material does not include a vessel, aircraft or railway car on which the vehicle, used for the removal, finds itself;
c. the defect of supports used to attach hoisting equipment;
d. any accident which happens to the household property by the conduct of third persons for whose acts the client is not answerable.
3. The first paragraph of this article also applies with respect to the liability of the remover otherwise than pursuant to articles 1173 or 1174.

aux termes des articles 1173 et 1174:
a. La défectuosité du véhicule utilisé pour le déménagement;
b. La défectuosité de l'équipement dont il se sert, à moins que celui-ci ne soit mis à sa disposition par le client; matériel ne comprend pas le navire, l'aéronef ou le wagon de chemin de fer, sur lequel se trouve le véhicule utilisé pour le déménagement;
c. La défectuosité des points d'appui utilisés pour attacher les outils de levage;
d. Un accident quelconque survenu aux biens à déménager du fait d'un tiers dont les actes ne sont pas à la charge du client.
3. Le paragraphe premier du présent article régit également la responsabilité du déménageur à un autre titre que celui des articles 1173 et 1174.

Art. 1176 (8.13.4.7) Onverminderd de artikelen 1177 en 1178 is de verhuizer, die de op hem uit hoofde van de artikelen 1173 en 1174 rustende verplichtingen niet nakwam, desalniettemin voor de daardoor ontstane schade niet aansprakelijk, voor zover dit niet nakomen het gevolg is van de bijzondere risico's verbonden aan een of meer van de volgende omstandigheden:
a. het inpakken of uit elkaar nemen, dan wel het uitpakken of in elkaar zetten van verhuisgoederen door de opdrachtgever of met behulp van enige persoon of enig middel door de opdrachtgever daartoe eigener beweging ter beschikking gesteld;
b. de keuze door de opdrachtgever hoewel de verhuizer hem een andere mogelijkheid aan de hand deed van een wijze van verpakking of uitvoering van de verhuisovereenkomst, die verschilt van wat voor de overeengekomen verhuizing gebruikelijk is;
c. de aanwezigheid onder de verhuisgoederen van zaken waarvoor de verhuizer, indien hij op de hoogte was geweest van hun aanwezigheid en hun aard, bijzondere maatregelen zou hebben getroffen;
d. de aard of de staat van de verhuisgoederen zelf, die door met deze aard of staat zelf samenhangende oorzaken zijn blootgesteld aan geheel of gedeeltelijk verlies of aan beschadiging.

Without prejudice to articles 1177 and 1178, the remover, who did not perform the obligations resting upon him pursuant to articles 1173 and 1174, is nevertheless not liable for damage arising therefrom to the

Sans préjudice des articles 1177 et 1178, le déménageur qui n'a pas rempli les obligations qui lui incombent aux termes des articles 1173 et 1174 n'est néanmoins pas responsable du dommage qui en résulte, dans la mesure où

extent that this non-performance is the consequence of special risks connected with one or more of the following circumstances:
a. the packing or disassembly, or the unpacking or assembly of household property by the client, or with the assistance of any person or means which the client has put at disposal for this purpose of his own motion;
b. the choice by the client, notwithstanding another possibility suggested to him by the remover, of a manner of packing or of performing the contract of removal which differs from what is customary for the agreed removal;
c. the presence amongst the household property of things for which the remover would have taken special measures, had he been aware of their presence and nature;
d. the nature or state of the household property itself which is subject to total or partial loss or to damage by causes connected with this nature or state.

l'inexécution a pour cause des risques particuliers inhérents à l'une ou plusieurs des circonstances suivantes:
a. L'emballage ou le désassemblage, ou le déballage et l'assemblage des biens à déménager par le client ou à l'aide de personnes ou de moyens que le client, à son initiative, a fournis;
b. Le choix par le client, malgré une option différente suggérée par le déménageur, d'un mode d'emballage ou d'exécution du contrat de déménagement qui diverge de ce qui est d'usage pour le déménagement convenu;
c. La présence, parmi les biens à déménager, de choses pour lesquelles le déménageur, eût-il été au courant de leur présence ou nature, aurait pris des précautions particulières;
d. La nature ou l'état des biens à déménager eux-mêmes, exposés, par des causes inhérentes à cette nature ou à cet état, à perte partielle ou totale ou à avarie.

Art. 1177 (8.13.4.8) Wanneer de verhuizer bewijst dat, gelet op de omstandigheden van het geval, het niet nakomen van de op hem uit hoofde van de artikelen 1173 en 1174 rustende verplichtingen een gevolg heeft kunnen zijn van een of meer der in artikel 1176 genoemde bijzondere risico's, wordt vermoed, dat het niet nakomen daaruit voortvloeit.

Where the remover proves that, taking into account the circumstances of the case, the non-performance of the obligations resting upon him pursuant to articles 1173 and 1174, may have been the consequence of one or more special risks mentioned in article 1176, it is presumed that the non-performance results therefrom.

Lorsque le déménageur établit que, eu égard aux circonstances de l'espèce, l'inexécution des obligations qui lui incombent aux termes des articles 1173 et 1174 a pu résulter d'un ou plusieurs des risques particuliers prévus à l'article 1176, il y a présomption qu'elle en résulte.

Art. 1178 (8.13.4.9) - 1. Wanneer de verhuizer de op hem uit hoofde van de artikelen 1173 en 1174 rustende verplichtingen niet nakwam, wordt ten aanzien van:

a. levende dieren;
b. geld, geldswaardige papieren, juwelen, uit edelmetaal vervaardigde of andere kostbare kleinodiën

vermoed dat de verhuizer noch de omstandigheid, die het niet nakomen veroorzaakte, heeft kunnen vermijden, noch de gevolgen daarvan heeft kunnen verhinderen en dat het niet nakomen niet is ontstaan door een of meer der in het tweede lid van artikel 1175 voor rekening van de verhuizer gebrachte omstandigheden.

- 2. De verhuizer kan geen beroep doen op het eerste lid onder *b*, indien de opdrachtgever hem de daar genoemde zaken afzonderlijk en onder opgave van hoeveelheid en waarde vóór het begin der verhuizing overhandigde.

1. Where the remover has not performed the obligations resting upon him pursuant to articles 1173 and 1174, it is presumed with respect to:
a. live animals;
b. money, valuable documents, jewellery, objects made from precious stones or which are otherwise valuable,
that he has not been able to avoid the fact which has caused the non-performance, that he has not been able to prevent the consequences thereof, and that the non-performance has not resulted from one or more of the facts for which the remover is answerable pursuant to paragraph 2 of article 1175.
2. The remover cannot invoke the first paragraph *sub b*, if the client has handed over to him the things, referred to in that sub-paragraph, separately and with indication of quantity and value, before the commencement of the removal.

1. Lorsque le déménageur n'a pas rempli les obligations qui lui incombent aux termes des articles 1173 et 1174, il y a présomption, en ce qui regarde
a. Les animaux vivants;
b. Les espèces, les titres de valeur, la joaillerie, les bijoux fabriqués en métal précieux ou autrement de valeur exceptionnelle,
que le déménageur n'a pu éviter la circonstance causant l'inexécution ni n'a pu obvier aux conséquences et que l'inexécution ne résulte pas d'une ou de plusieurs des circonstances portées à la charge du déménageur aux termes du paragraphe deuxième de l'article 1175.
2. Le déménageur ne peut se prévaloir du paragraphe premier, au point *b*, si le client lui a remis, séparément et avec indication de leur quantité et de leur valeur, les choses y visées avant le début du déménagement.

Art. 1179 (8.13.4.10) - 1. Nietig is ieder beding, waarbij de ingevolge artikel 1173 op de verhuizer drukkende aansprakelijkheid of bewijslast op andere wijze wordt verminderd dan in deze afdeling is voorzien.
- 2. Wanneer het verhuisgoederen betreft, die door hun karakter of gesteldheid een bijzondere overeenkomst rechtvaardigen, staat het partijen in afwijking van het eerste lid vrij de op de verhuizer drukkende aansprakelijkheid of bewijslast te verminderen, doch slechts wanneer dit beding uitdrukkelijk en anders dan door een verwijzing naar in een ander geschrift voorkomende bedingen is aangegaan bij een in het bijzonder ten aanzien van de voorgenomen verhuizing aangegane en in een afzonderlijk geschrift neergelegde overeenkomst.

1. Any stipulation whereby the
1. Est nulle toute stipulation diminuant

liability or burden of proof resting upon the remover pursuant to article 1173, is limited in a manner other than that provided for in this section, is null.

2. Where household property is concerned which, by its character or condition justifies a special contract, parties are free, by derogation from the first paragraph, to limit the liability or burden of proof resting upon the remover, but only when this stipulation has been entered into explicitly and otherwise than by reference to stipulations appearing in another writing, in a contract entered into especially with respect to the intended removal and laid down in a separate writing.

la responsabilité ou le fardeau de la preuve incombant au déménageur en vertu de l'article 1173, autrement que de la manière prévue à la présente section.

2. S'agissant de biens à déménager dont le caractère ou la condition justifient une convention spéciale, les parties sont libres, par dérogation au paragraphe premier, de diminuer la responsabilité ou le fardeau de la preuve incombant au déménageur, mais seulement si la stipulation à cet effet a été convenue de manière expresse et autrement que par renvoi à des stipulations figurant dans un autre écrit, et fait partie d'un contrat conclu spécialement en vue du déménagement en question et couché dans un écrit distinct.

Art. 1180 (8.13.4.11) Voor zover de verhuizer aansprakelijk is wegens niet nakomen van de op hem uit hoofde van de artikelen 1173 en 1174 rustende verplichtingen heeft de opdrachtgever geen ander recht dan te zijner keuze te vorderen betaling van een redelijk bedrag voor herstel van beschadigd verhuisgoed, dan wel betaling van een bedrag, dat wordt berekend met inachtneming van de waarde welke verhuisgoederen als die, waarop de verhuisovereenkomst betrekking heeft, zouden hebben gehad, zoals, ten tijde waarop en ter plaatse waar, zij zijn afgeleverd of zij hadden moeten zijn afgeleverd.

To the extent that the remover is liable for non-performance of the obligations resting upon him pursuant to articles 1173 and 1174, the client has no other right than, at his choice, to claim payment of a reasonable amount to repair damaged household property, or to claim payment of an amount which is calculated with due observance of the value which household property such as that to which the contract of removal pertains, would have had at the time and place where it has been or should have been delivered.

Dans la mesure où le déménageur est responsable de l'inexécution des obligations qui lui incombent aux termes des articles 1173 et 1174, le client n'a d'autre droit que de demander le paiement, à son choix, d'une somme convenable pour la réparation des biens à déménager avariés ou d'une somme calculée en tenant compte de la valeur qu'auraient eue des biens à déménager comme ceux sur lesquels porte le contrat de déménagement, en l'état, au temps et au lieu où ils ont été livrés ou auraient dû l'être.

Art. 1181 (8.13.4.12) Indien met betrekking tot een verhuisgoed een schadevergoeding uit hoofde van artikel 1195 is verschuldigd, wordt deze aangemerkt als een waardevermindering van dat verhuisgoed.

If compensation is owed with respect to household property pursuant to article 1195, this is considered as a reduction in the value of that household property.

L'indemnité se rapportant aux biens à déménager qui est due en vertu de l'article 1129 est réputée dépréciation de ces biens.

Art. 1182 (8.13.4.13) Voor zover de verhuizer aansprakelijk is wegens niet nakomen van de op hem uit hoofde van de artikelen 1173 en 1174 rustende verplichtingen, is hij niet aansprakelijk boven bij of krachtens algemene maatregel van bestuur te bepalen bedragen. Bij of krachtens deze maatregel kan worden vastgesteld welk bedrag van de geleden schade voor risico van de opdrachtgever blijft.

To the extent that the remover is liable for the non-performance of the obligations resting upon him pursuant to articles 1173 and 1174, he is not liable beyond amounts to be determined by or pursuant to regulation. The amount of the damage suffered which remains at the risk of the client may be determined by or pursuant to this regulation.

Dans la mesure où le déménageur est responsable de l'inexécution des obligations qui lui incombent aux termes des articles 1173 et 1174, sa responsabilité ne peut dépasser les sommes déterminées par décret ou en vertu d'un décret. Le montant du dommage subi dont le risque incombe au client peut être fixé par décret ou en vertu d'un décret.

Art. 1183 (8.13.4.14) - 1. De opdrachtgever kan, mits de verhuizer hierin toestemt en tegen betaling van een overeen te komen bedrag, schriftelijk een waarde van de verhuisgoederen aangeven, die het maximum, vermeld in de in artikel 1182 genoemde algemene maatregel van bestuur, overschrijdt. In dat geval treedt het aangegeven bedrag in de plaats van dit maximum.
- 2. Nietig is ieder beding waarbij het aldus aangegeven bedrag hoger wordt gesteld dan het hoogste der in artikel 1180 genoemde bedragen.

1. Provided that the remover consents and against payment of an amount to be agreed upon, the client may, in writing, indicate a value for the household property which exceeds the maximum, mentioned in the regulation referred to in article 1182. In that case the indicated amount takes the place of this maximum.
2. Any stipulation fixing the thus indicated amount higher than the highest of the amounts, referred to in article 1180, is null.

1. Le client peut, avec le consentement du déménageur et contre paiement d'une somme à convenir, déclarer par écrit une valeur des biens à déménager excédant la limite prévue au décret évoqué à l'article 1182. La somme déclarée se substitue alors à cette limite.

2. Est nulle toute stipulation fixant la somme ainsi déclarée au delà de la plus élevée des sommes prévues au paragraphe premier de l'article 1180.

Art. 1184 (8.13.4.15) - 1. De opdrachtgever kan, mits de verhuizer hierin toestemt en tegen betaling van een overeen te komen bedrag, schriftelijk het bedrag van een bijzonder belang bij de aflevering voor het geval van verlies of beschadiging van

vervoerd verhuisgoed en voor dat van overschrijding van een overeengekomen termijn van aanvang of einde der verhuizing vaststellen.
- 2. Indien een bijzonder belang bij de aflevering is aangegeven, kan, indien de verhuizer aansprakelijk is wegens niet nakomen van de op hem uit hoofde van artikel 1173 rustende verplichting dan wel op grond van overschrijding van een overeengekomen termijn van aanvang of einde der verhuizing, onafhankelijk van de schadevergoedingen genoemd in de artikelen 1180 tot en met 1183 en tot ten hoogste eenmaal het bedrag van het aangegeven belang, een schadevergoeding worden gevorderd gelijk aan de bewezen bijkomende schade.

1. Provided that the remover consents and against payment of an amount to be agreed upon, the client may, in writing, determine the amount of a special interest in delivery for the case of loss of or damage to household property carried, and for that of exceeding an agreed period of commencement or termination of the removal.
2. If a special interest in delivery has been indicated and if the remover is liable for the non-performance of the obligation resting upon him pursuant to article 1173, or upon the ground of exceeding an agreed period of commencement or termination of the removal, damages may be claimed equal to the proven ancillary damage, independently of the damages referred to in articles 1180 to 1183 inclusive, and up to once the amount of the indicated interest.

1. Le client peut, avec le consentement du déménageur et contre paiement d'une somme à convenir, fixer par écrit le montant d'un intérêt spécial à la livraison pour le cas de perte ou d'avarie des biens à déménager et pour celui du dépassement du délai convenu pour le début ou la fin du déménagement.
2. Si un intérêt spécial à la livraison a été déclaré, il peut être demandé au déménageur, responsable de l'inexécution de l'obligation lui incombant par l'effet de l'article 1173 ou en raison du dépassement du délai convenu pour le début ou la fin du déménagement, une indemnité égale au dommage accessoire dont la preuve est rapportée, indépendamment des indemnités prévues aux articles 1180 à 1183 inclusivement et jusqu'à concurrence d'une seule fois la somme de l'intérêt déclaré.

Art. 1185 (8.13.4.16) - 1. De verhuizer kan zich niet beroepen op enige beperking van zijn aansprakelijkheid, voor zover de schade is ontstaan uit zijn eigen handeling of nalaten, geschied hetzij met het opzet die schade te veroorzaken, hetzij roekeloos en met de wetenschap dat die schade er waarschijnlijk uit zou voortvloeien.
- 2. Nietig is ieder beding, waarbij van dit artikel wordt afgeweken.

1. The remover may not invoke any limitation in his liability to the extent that the damage has arisen from his own act or omission, done either with the intent to cause that damage or recklessly and with the knowledge that that damage would probably result therefrom.
2. Any stipulation derogating from

1. Le déménageur ne peut se prévaloir d'aucune limitation de sa responsabilité dans la mesure où le dommage résulte de son propre acte ou omission, commis soit avec l'intention de provoquer un tel dommage, soit témérairement et avec conscience qu'un tel dommage en résulterait probablement.
2. Toute stipulation dérogatoire au

this article is null.

présent article est nulle.

Art. 1186 (8.13.4.17) - 1. De opdrachtgever is bevoegd de overeenkomst op te zeggen, wanneer hem door de verhuizer is medegedeeld, dat hij niet op de overeengekomen plaats en tijd met de verhuizing een aanvang kan of zal kunnen maken.
- 2. Hij kan deze bevoegdheid slechts uitoefenen terstond na ontvangst van deze mededeling.
- 3. Indien bij gebreke van de ontvangst van een mededeling, als bedoeld in het eerste lid, het de opdrachtgever uit anderen hoofde bekend is, dat de verhuizer niet op de overeengekomen plaats of tijd met de verhuizing een aanvang maakt of kan maken, is hij, zonder dat enige ingebrekestelling is vereist, bevoegd de overeenkomst op te zeggen, doch slechts binnen een redelijke termijn, nadat hem dit bekend is geworden; gelijke bevoegdheid komt hem toe, indien hem na ontvangst van een mededeling, als bedoeld in het eerste lid, uit anderen hoofde bekend wordt, dat de verhuizer op grond van andere omstandigheden dan welke hem tot zijn mededeling brachten niet met de verhuizing op de overeengekomen plaats of tijd een aanvang maakt of kan maken.
- 4. De opzegging geschiedt door een mondelinge of schriftelijke kennisgeving en de overeenkomst eindigt op het ogenblik van ontvangst daarvan.
- 5. Indien de verhuizer gehouden is de schade, die de opdrachtgever door de opzegging lijdt, te vergoeden, zal deze vergoeding, behoudens artikel 1184, niet meer bedragen dan de overeengekomen verhuisprijs.

1. The client may cancel the contract when the remover has notified him that he is or will be unable to commence the removal at the place and time agreed upon.
2. He may only exercise this power forthwith after reception of this notification.
3. If, failing the receipt of a notification as referred to in the first paragraph, the client learns from another source that the remover does not commence or cannot commence the removal at the place or time agreed upon, he may cancel the contract, without any putting into default being required, but only within a reasonable period from the time he has learned of this; he has the same power if, after receipt of a notification as referred to in the first paragraph, he learns from another source that the remover does not commence or cannot commence the removal at the place or time agreed upon, on the basis of circumstances other than those which have led him

1. Le client peut résilier le contrat lorsque le déménageur l'informe qu'il ne peut ou ne pourra commencer le déménagement au lieu et au temps convenus.
2. Il ne peut exercer ce pouvoir qu'immédiatement après la réception de cette communication.
3. Si, à défaut de recevoir la communication visée au paragraphe premier, le client apprend d'une autre source que le déménageur ne commence pas le déménagement au lieu et au temps convenus ou ne peut le faire, il peut, sans qu'une mise en demeure soit requise, résilier le contrat, mais seulement dans un délai raisonnable depuis qu'il en a été informé; un pouvoir semblable revient au client si, après réception de la communication visée au paragraphe premier, il apprend d'une autre source que, en raison de circonstances différentes de celles qui l'ont conduit à envoyer sa communication, le déménageur ne commence pas le déménagement au lieu et au temps convenus ou ne peut le faire.

to his notification.

4. Cancellation takes place by a verbal or written notice, and the contract is terminated at the time of reception of the notice.

5. Except for article 1184, if the remover is bound to compensate the client for the damage which he suffers from the cancellation, this compensation shall not be higher than the removal price agreed upon.

4. La résiliation s'effectue par avis verbal ou écrit et le contrat prend fin au moment de la réception de l'avis.

5. Si le déménageur est tenu de réparer le dommage que le client subit par suite de la résiliation, l'indemnité ne peut, sous réserve de l'article 1184, dépasser le montant du prix de déménagement convenu.

Art. 1187 (8.13.4.18) De opdrachtgever is verplicht de verhuizer de schade te vergoeden, die deze lijdt doordat de overeengekomen verhuisgoederen, door welke oorzaak dan ook, niet op de overeengekomen plaats en tijd te zijner beschikking zijn.

The client must compensate the remover for the damage which the latter suffers because, for whatever reason, the household property agreed upon is not at his disposal at the place and time agreed upon.

Le client est tenu de réparer le dommage que le déménageur subit du fait que les biens à déménager convenus, pour quelque cause que ce soit, ne sont pas à sa disposition au lieu et au temps convenus.

Art. 1188 (8.13.4.19) - 1. Alvorens verhuisgoederen ter beschikking van de verhuizer zijn gesteld, is de opdrachtgever bevoegd de overeenkomst op te zeggen. Hij is verplicht aan de verhuizer de daardoor geleden schade te vergoeden.
- 2. De opzegging geschiedt door een mondelinge of schriftelijke kennisgeving en de overeenkomst eindigt op het ogenblik van ontvangst daarvan.

1. The client may cancel the contract before household property has been put at the disposal of the remover. He must compensate the remover for the damage suffered therefrom.

2. Cancellation takes place by a verbal or written notice, and the contract is terminated at the time of reception of the notice.

1. L'expéditeur peut résilier le contrat jusqu'à la mise à disposition du transporteur des biens à transporter. Il est tenu de réparer le dommage que le transporteur en subit.

2. La résiliation s'effectue par avis verbal ou écrit; le contrat prend fin au moment de la réception de l'avis.

Art. 1189 (8.13.4.20) - 1. Zijn bij het verstrijken van de tijd, waarbinnen de verhuisgoederen ter beschikking van de verhuizer moeten zijn gesteld, door welke oorzaak dan ook, in het geheel geen verhuisgoederen ter beschikking, dan is de verhuizer, zonder dat enige ingebrekestelling is vereist, bevoegd de overeenkomst op te zeggen. De opdrachtgever is verplicht hem de daardoor geleden schade te vergoeden.
- 2. De opzegging geschiedt door een mondelinge of schriftelijke kennisgeving en de overeenkomst eindigt op het ogenblik van ontvangst daarvan.

1. Where, at the lapse of the time

1. Si, à l'expiration du délai dans

within which the household property must be put at the disposal of the remover, no household property at all is at disposal, for whatever reason, the remover may cancel the contract, without any putting into default being required. The client must compensate him for the damage suffered therefrom.
2. Cancellation takes place by a verbal or written notice, and the contract is terminated at the time of reception of the notice.

lequel les biens à déménager doivent être mis à la disposition du déménageur, pour quelque cause que ce soit, aucun bien n'a été mis à la disposition du déménageur, celui-ci peut résilier le contrat, sans qu'une mise en demeure ne soit requise. Le client est tenu de réparer le dommage qu'il en subit.
2. La résiliation s'effectue par avis verbal ou écrit; le contrat prend fin au moment de la réception de l'avis.

Art. 1190 (8.13.4.21) - 1. Zijn bij het verstrijken van de tijd, waarbinnen de verhuisgoederen ter beschikking van de verhuizer moeten zijn gesteld, door welke oorzaak dan ook, de overeengekomen verhuisgoederen slechts gedeeltelijk ter beschikking, dan is de verhuizer op verlangen van de opdrachtgever desalniettemin verplicht de wel ter beschikking gestelde goederen te verhuizen.
- 2. De opdrachtgever is verplicht de verhuizer de daardoor geleden schade te vergoeden.

1. Where, at the lapse of the time within which the household property must be put at the disposal of the remover, the household property, for whatever reason, is only partially at disposal, the remover is nevertheless obliged, upon the demand of the client, to move the property which has been put at disposal.
2. The client must compensate the remover for the damage suffered therefrom.

1. Si, à l'expiration du délai dans lequel les biens à déménager doivent être mis à la disposition du déménageur, pour quelque cause que ce soit, les choses convenues n'ont été mises à la disposition que pour partie, le déménageur est néanmoins tenu, à la demande du client, de déménager les biens effectivement mis à sa disposition.
2. Le client est tenu de réparer le dommage que le déménageur en subit.

Art. 1191 (8.13.4.22) - 1. De opdrachtgever is verplicht de verhuizer omtrent de verhuisgoederen alsmede omtrent de behandeling daarvan tijdig al die opgaven te doen, waartoe hij in staat is of behoort te zijn, en waarvan hij weet of behoort te weten, dat zij voor de verhuizer van belang zijn, tenzij hij mag aannemen dat de verhuizer deze gegevens kent.
- 2. De verhuizer is niet gehouden, doch wel gerechtigd, te onderzoeken of de hem gedane opgaven juist en volledig zijn.

1. The client must timely provide the remover with all those indications regarding the household property as well as the handling thereof which he is or ought to be able to provide, and of which he knows or ought to know that they are of importance to the remover, unless he may assume that

1. Le client est tenu de fournir au déménageur, en temps utile, toutes les déclarations qu'il est ou doit être en mesure de faire au sujet des biens à déménager et de leur manutention, et dont il sait ou doit savoir qu'elles présentent un intérêt pour le déménageur, sauf s'il est fondé à croire

the remover knows of these data.

2. The remover is not obliged, but is entitled to examine whether the indications given to him are accurate and complete.

que le déménageur connaît ces renseignements.

2. Le déménageur n'est pas tenu d'examiner si les déclarations qui lui ont été faites sont exactes et complètes, quoiqu'il en ait le droit.

Art. 1192 (8.13.4.23) - 1. De opdrachtgever is verplicht de verhuizer de schade te vergoeden die deze lijdt doordat, door welke oorzaak dan ook, niet naar behoren aanwezig zijn de documenten en inlichtingen, die blijkens mededeling door de verhuizer van de zijde van de opdrachtgever vereist zijn voor de verhuizing dan wel ter voldoening aan voor de aflevering van de verhuisgoederen te vervullen douane- en andere formaliteiten.
- 2. De verhuizer is verplicht redelijke zorg aan te wenden, dat de documenten, die in zijn handen zijn gesteld, niet verloren gaan of onjuist worden behandeld. Een terzake door hem verschuldigde schadevergoeding zal die, verschuldigd uit hoofde van de artikelen 1180 tot en met 1185 in geval van verlies van de verhuisgoederen niet overschrijden.
- 3. De verhuizer is niet gehouden, doch wel gerechtigd, te onderzoeken of de hem gedane opgaven juist en volledig zijn.
- 4. Zijn bij het verstrijken van de tijd, waarbinnen de in het eerste lid genoemde documenten en inlichtingen aanwezig moeten zijn, deze, door welke oorzaak dan ook, niet naar behoren aanwezig, dan zijn de artikelen 1189 en 1190 van overeenkomstige toepassing.

1. The client must compensate the remover for the damage which the latter suffers because, for whatever reason, the documents and information which, as appearing from a notification from the remover, are required from the client for the removal or for the fulfillment of customs and other formalities before the delivery of the household property, are not adequately available.
2. The remover must exercise reasonable care so that the documents which have been handed to him do not get lost or mishandled. Compensation owed by him in this respect shall not exceed that owed pursuant to articles 1180 to 1185 inclusive in case of loss of the household property.
3. The remover is not obliged, but is entitled to examine whether the indications given to him are accurate and complete.
4. Where, at the lapse of the time

1. Le client est tenu de réparer le dommage que le déménageur subit du fait que, pour quelque raison que ce soit, les documents et indications requis, selon la communication du déménageur, de la part du client pour le déménagement ou pour l'accomplissement des formalités de douane et autres nécessaires avant la livraison des biens à déménager ne sont pas convenablement disponibles.

2. Le déménageur est tenu de faire diligence pour que les documents à lui remis ne se perdent pas ni ne soient traités incorrectement. L'indemnité à sa charge de ce chef ne dépassera pas celle qui serait due aux termes des articles 1180 à 1185 inclusivement en cas de perte des choses.

3. Le déménageur n'est pas tenu d'examiner si les déclarations qui lui ont été faites sont exactes et complètes, quoiqu'il en ait le droit.

4. Lorsque, à l'expiration du délai dans

within which the documents and information, referred to in the first paragraph, must be available, these are not adequately available, for whatever reason, articles 1189 and 1190 apply *mutatis mutandis*.

lequel les documents et renseignements visés au paragraphe premier doivent être mis à la disposition du déménageur, ils ne sont pas convenablement disponibles, pour quelque cause que ce soit, les articles 1189 et 1190 s'appliquent par analogie.

Art. 1193 (8.13.4.24) - 1. Wanneer vóór of bij de aanbieding van de verhuisgoederen aan de verhuizer omstandigheden aan de zijde van één der partijen zich opdoen of naar voren komen, die haar wederpartij bij het sluiten van de overeenkomst niet behoefde te kennen, doch die, indien zij haar wel bekend waren geweest, redelijkerwijs voor haar grond hadden opgeleverd de verhuisovereenkomst niet of op andere voorwaarden aan te gaan, is deze wederpartij bevoegd de overeenkomst op te zeggen.
- 2. De opzegging geschiedt door een mondelinge of schriftelijke kennisgeving en de overeenkomst eindigt op het ogenblik van ontvangst daarvan.
- 3. Naar maatstaven van redelijkheid en billijkheid zijn partijen na opzegging der overeenkomst verplicht elkaar de daardoor geleden schade te vergoeden.

1. When, before or at the time of the presentation of the household property to the remover, circumstances arise or come forward on the part of one of the parties which the other party did not have to know at the time of entering into the contract, but which, had he known them, would have given him reasonable grounds not to enter into the contract of removal or to enter into it upon different conditions, this other party may cancel the contract.
2. Cancellation takes place by a verbal or written notice, and the contract is terminated at the time of reception of the notice.
3. After cancellation of the contract, the parties must, in accordance with standards of reasonableness and equity, compensate each other for the damage suffered therefrom.

1. Lorsque, avant la présentation des biens à déménager au déménageur ou lors de celle-ci, surgissent ou apparaissent des circonstances concernant l'une des parties, que l'autre partie n'était pas tenue de connaître lors de la conclusion du contrat, mais qui, les eût-elle connues, auraient constitué pour elle un motif raisonnable de ne pas conclure le contrat de déménagement ou de le conclure à d'autres conditions, cette dernière peut alors résilier le contrat.
2. La résiliation s'effectue par avis verbal ou écrit; le contrat prend fin au moment de la réception de l'avis.
3. Après la résiliation, les parties se doivent, selon des critères de raison et d'équité, réparation réciproque du dommage qu'elles en ont subi.

Art. 1194 (8.13.4.25) - 1. De verhuisprijs is verschuldigd op het ogenblik, dat de verhuizer de verhuisgoederen ter bestemming aflevert.
- 2. Indien partijen overeenkwamen, dat de verhuisprijs vóór het vertrek van het voertuig, waarin de verhuisgoederen zijn geladen, zal worden betaald en de opdrachtgever niet aan deze verplichting heeft voldaan, is de verhuizer bevoegd het vervoer van de betrokken verhuisgoederen op te schorten en is hij met toestemming van de rechter gerechtigd tot het nemen van de in de artikelen 1197

en 1198 genoemde maatregelen. Gaat hij hiertoe over, dan zijn deze artikelen van toepassing.

1. The removal price is owed at the time when the remover delivers the household property to destination. 2. If parties have agreed that the removal price will be paid before the departure of the vehicle into which the household property has been loaded, and if the client has not performed this obligation, the remover is entitled to suspend the carriage of the household property involved and, with the permission of the judge, he is entitled to take the measures referred to in articles 1197 and 1198. Where he proceeds to do so, these articles apply.	1. Le prix de déménagement est dû au moment où le déménageur livre les biens à déménager à destination. 2. Si les parties ont convenu que le prix de déménagement sera payé avant le départ du véhicule dans lequel les biens à déménager sont chargés et que le client n'a pas rempli cette obligation, le déménageur peut suspendre le déménagement des biens en question et il a le droit, avec l'autorisation du juge, de prendre les mesures évoquées aux articles 1197 et 1198. S'il les prend, ces articles s'appliquent.

Art. 1195 (8.13.4.26) Onverminderd afdeling 1 van titel 4 van boek 6 is de opdrachtgever verplicht de verhuizer de schade te vergoeden, geleden doordat deze zich als zaakwaarnemer inliet met de behartiging van de belangen van een rechthebbende op verhuisgoederen.

Without prejudice to Section 1 of Title 4 of Book 6, the client must compensate the remover for the damage which he has suffered because he has involved himself as manager of the affairs of another in looking after the interests of a titleholder to household property.	Sans préjudice de la Section première du Titre quatrième du Livre sixième, le client est tenu de réparer le dommage subi par le déménageur du fait de s'être occupé, à titre de gérant d'affaires, des intérêts d'un titulaire des biens à déménager.

Art. 1196 (8.13.4.27) De verhuizer heeft geen retentierecht op verhuisgoederen en documenten, die hij in verband met de verhuisovereenkomst onder zich heeft.

The remover has no right of retention on the household property and documents which he detains in connection with the contract of removal.	Le déménageur n'a pas de droit de rétention sur les biens à déménager et sur les documents qu'il détient relativement au contrat de déménagement.

Art. 1197 (8.13.4.28) - 1. Voor zover de opdrachtgever niet opkomt, weigert verhuisgoederen te ontvangen of deze niet met de vereiste spoed in ontvangst neemt, of voor zover op verhuisgoederen beslag is gelegd, is de verhuizer gerechtigd deze verhuisgoederen voor rekening en gevaar van de rechthebbende bij een derde op te slaan in een daarvoor geschikte bewaarplaats. Op zijn verzoek kan de rechter bepalen dat hij deze verhuisgoederen, desgewenst ook in het voor de verhuizing gebezigde voertuig, onder zichzelf kan houden of andere

maatregelen daarvoor kan treffen. Hij is verplicht de opdrachtgever zo spoedig mogelijk op de hoogte te stellen.
- 2. De derde-bewaarnemer en de opdrachtgever zijn jegens elkaar verbonden, als ware de omtrent de bewaring gesloten overeenkomst mede tussen hen aangegaan. De bewaarnemer is echter niet gerechtigd tot afgifte dan na schriftelijke toestemming daartoe van hem, die de verhuisgoederen in bewaring gaf.

1. To the extent that the client does not present himself, refuses to receive household property or does not receive it with the required speed, or to the extent that the household property has been seized, the remover is entitled to deposit this household property with a third person in a place fit for that purpose, for the account and at the peril of the title-holder. Upon the remover's request, the judge may determine that he can keep this household property in his possession, if desirable also in the vehicle used for the removal. He must notify the client as soon as possible.
2. The third person - depositary and the client are bound towards each other as if the contract entered into with respect to the deposit was also entered into between them. The depositary, however, is not entitled to delivery until after written permission to do so from the person who deposited the household property.

1. Dans la mesure où le client ne se présente pas, refuse de recevoir les biens à déménager ou n'en prend pas livraison avec la diligence requise, ou dans la mesure où des biens à déménager ont été saisis, le déménageur a le droit de déposer ces biens, pour le compte et aux risques du titulaire, auprès d'un tiers dans un entrepôt convenable. À la requête du déménageur, le juge peut déterminer qu'il peut en garder la possession, le cas échéant dans le véhicule utilisé pour le déménagement, ou prendre d'autres mesures à leur égard. Il est tenu d'aviser le client dès que possible.

2. Le tiers dépositaire et le client sont réciproquement tenus comme s'ils avaient été parties au contrat conclu relativement au dépôt. Le dépositaire n'a, cependant, le droit de livrer que sur consentement écrit à cet effet de la personne qui a mis les biens à déménager en dépôt.

Art. 1198 (8.13.4.29) - 1. In geval van toepassing van artikel 1197 kan de verhuizer, de bewaarnemer dan wel de opdrachtgever door de rechter op zijn verzoek worden gemachtigd de verhuisgoederen geheel of gedeeltelijk op de door deze te bepalen wijze te verkopen.
- 2. De bewaarnemer is verplicht de verhuizer zo spoedig mogelijk van de voorgenomen verkoop op de hoogte te stellen; de verhuizer heeft deze verplichting jegens de opdrachtgever.
- 3. De opbrengst van het verkochte wordt in de consignatiekas gestort, voor zover zij niet strekt tot voldoening van de kosten van opslag en verkoop, alsmede, binnen de grenzen der redelijkheid, van de gemaakte kosten. Tenzij op de zaken beslag is gelegd voor een geldvordering, moet aan de verhuizer uit het in bewaring te stellen bedrag worden voldaan hetgeen hem verschuldigd is terzake van de verhuizing; voor zover deze vordering nog niet vaststaat, zal de opbrengst of een gedeelte daarvan op door de rechter op zijn verzoek te bepalen wijze tot zekerheid voor deze vordering strekken.

- 4. De in de consignatiekas gestorte opbrengst treedt in de plaats van de verhuisgoederen.

1. In case of application of article 1197, the remover, the depositary as well as the client may be authorised, upon his request, by the judge to sell the household property in whole or in part, in the manner to be determined by him.
2. The depositary must notify the remover as soon as possible of the intended sale; the remover has this obligation with respect to the client.
3. The proceeds of the sale are paid into the deposit fund to the extent that they are not intended to pay for the costs of the deposit and sale, as well as for the costs made within the boundaries of reason. Unless the things have been seized for a monetary claim, the remover must be paid from the amount to be deposited what is owed to him with respect to the removal; to the extent that this claim has not yet been determined, the proceeds or part thereof will serve as security for this claim in the manner to be determined by the judge.
4. The proceeds paid into the deposit fund take the place of the household property.

1. Dans les cas où s'applique l'article 1197, le déménageur, le dépositaire, de même que le client, peut, à sa requête, se faire autoriser par le juge à vendre tout ou partie des biens à déménager de la façon que celui-ci détermine.
2. Le dépositaire est tenu d'informer le déménageur aussitôt que possible de la vente prévue; le déménageur a cette obligation envers le client.
3. Le produit de la vente est versé à la caisse des consignations, dans la mesure où il ne sert pas à payer les frais l'entreposage et de la vente ou, dans des limites raisonnables, les dépenses engagées. À moins que les choses n'aient été saisies pour une créance pécuniaire, il doit être payé au déménageur, sur la somme à consigner, ce qui lui est dû au titre du déménagement; dans la mesure où cette créance n'est pas encore fixée, tout ou partie du produit servira, de la façon que détermine le juge, de sûreté pour cette créance.
4. Le produit de la vente versé à la caisse des consignations se substitue aux biens à déménager.

Art. 1199 (8.13.4.30) Indien er zekerheid of vermoeden bestaat, dat er verlies of schade is, moeten de verhuizer en de opdrachtgever elkaar over en weer in redelijkheid alle middelen verschaffen om het onderzoek van de verhuisgoederen mogelijk te maken.

If it is certain or presumed that there is loss or damage, the remover and the client must provide each other reciprocally and reasonably with all means to make the examination of the household property possible.

S'il y a certitude ou présomption de perte ou de dommage, le déménageur et le client sont tenus, autant que faire se peut, de se donner réciproquement toutes les facilités pour l'examen des biens à déménager.

Art. 1200 (8.13.4.31) Indien binnen drie jaren nadat de verhuizer aan de opdrachtgever schadevergoeding heeft uitgekeerd terzake van het niet afleveren van verhuisgoederen, deze verhuisgoederen of enige daarvan alsnog onder de verhuizer blijken te zijn of te zijn gekomen, is de verhuizer verplicht de opdrachtgever van deze omstandigheid bij aangetekende brief op de hoogte te brengen en heeft de opdrachtgever gedurende dertig dagen na ontvangst van deze mededeling het recht tegen verrekening van de door hem ontvangen schadevergoeding opnieuw aflevering van deze verhuisgoederen te verlangen. Hetzelfde geldt, indien de verhuizer terzake van het niet afleveren geen schadevergoeding heeft uitgekeerd, met dien verstande dat de termijn van drie jaren begint met de aanvang van de dag volgende op die, waarop de verhuisgoederen hadden moeten zijn afgeleverd.

If, within three years from the payment of compensation by the remover for non-delivery of household property to the client, this household property or part thereof prove still to be in the remover's detention or to have come into such detention, the remover must inform, by registered letter, the client of this fact, and the client has the right, during thirty days from receipt of this notification, to demand delivery of this household property again, against compensation for the damages which he has received. The same applies if the remover has paid no compensation for the non-delivery, upon the understanding that the period of three years commences with the beginning of the day following the one on which the household property should have been delivered.

S'il s'avère que les biens à déménager ou quelques-uns d'entre eux, au cours des trois ans suivant le paiement par le déménageur d'une indemnité pour non-livraison au client, se trouvent ou sont venues sous le contrôle du déménageur, celui-ci est tenu d'en aviser par lettre recommandée le client; celui-ci peut alors, dans les trente jours suivant la réception de cet avis, demander à nouveau la livraison de ces biens contre compensation de l'indemnité reçue. Il en est de même si le déménageur n'a pas payé d'indemnité pour non-livraison, étant entendu que le délai de trois ans court à partir du lendemain du jour où les biens à déménager auraient dû être livrés.

Art. 1201 (8.13.4.32) Met betrekking tot verhuisgoederen, die de verhuizer onder zich heeft, doch ten aanzien waarvan hij niet meer uit hoofde van de verhuisovereenkomst tot aflevering is verplicht, is artikel 1198 van overeenkomstige toepassing met dien verstande, dat uit de opbrengst van het verkochte bovendien aan de verhuizer moet worden voldaan het bedrag, dat deze mogelijkerwijs voldeed terzake van zijn aansprakelijkheid wegens het niet nakomen van de op hem uit hoofde van de artikelen 1173 en 1174 rustende verplichtingen.

Article 1198 applies *mutatis mutandis* with respect to household property which the remover detains, but in respect of which he is no longer obliged to delivery pursuant to the contract of removal, upon the understanding that the remover must, furthermore, be paid, from the proceeds of the sale, the amount which he may have paid with respect

L'article 1198 s'applique par analogie aux biens à déménager que le déménageur a sous son contrôle, mais qu'il n'est plus tenu de livrer aux termes du contrat de déménagement, étant entendu que le produit de la vente doit servir, en outre, à indemniser le déménageur de la somme qu'il a pu payer au titre de sa responsabilité pour l'inexécution des obligations qui lui

to his liability for non-performance of the obligations resting upon him pursuant to articles 1173 and 1174.

incombent aux termes des articles 1173 et 1174.

TITEL 14 ONGEVALLEN

| TITLE 14 | TITRE QUATORZIÈME |
| ACCIDENTS | DES ACCIDENTS |

Afdeling 1. Gevaarlijke stoffen aan boord van een voertuig

| Section 1. | Section première |
| Dangerous substances on board a vehicle | Des matières dangereuses à bord d'un véhicule |

Artikel 1210 - In deze afdeling wordt verstaan onder:

a. «*gevaarlijke stof*»: een stof die als zodanig bij algemene maatregel van bestuur is aangewezen; de aanwijzing kan worden beperkt tot bepaalde concentraties van de stof, tot bepaalde in de algemene maatregel van bestuur te omschrijven gevaren die aan de stof verbonden zijn, en tot bepaalde daarin te omschrijven situaties waarin de stof zich bevindt;

b. «*schade*»:

1°. schade veroorzaakt door dood of letsel van enige persoon veroorzaakt door een gevaarlijke stof;

2°. andere schade buiten het voertuig aan boord waarvan de gevaarlijke stof zich bevindt, veroorzaakt door die gevaarlijke stof, met uitzondering van verlies van of schade met betrekking tot andere voertuigen en zaken aan boord daarvan, indien die voertuigen deel uitmaken van een sleep, waarvan ook dit voertuig deel uitmaakt;

3°. de kosten van preventieve maatregelen en verlies of schade veroorzaakt door zulke maatregelen;

c. «*preventieve maatregel*»: iedere redelijke maatregel ter voorkoming of beperking van schade door wie dan ook genomen met uitzondering van de overeenkomstig deze afdeling aansprakelijke persoon nadat een gebeurtenis heeft plaatsgevonden;

d. «*gebeurtenis*»: elk feit of elke opeenvolging van feiten met dezelfde oorzaak, waardoor schade ontstaat of waardoor een ernstige en onmiddellijke dreiging van schade ontstaat;

e. «*exploitant*»: hij die de zeggenschap heeft over het gebruik van het voertuig aan boord waarvan de gevaarlijke stof zich bevindt. Hij aan wie een kenteken als bedoeld in artikel 9, eerste lid, onder 1, van de Wegenverkeerswet is opgegeven, of, bij gebreke daarvan, de eigenaar van het voertuig, wordt aangemerkt als exploitant, tenzij hij bewijst dat ten tijde van de gebeurtenis een door hem bij name genoemde ander de zeggenschap over het gebruik van het voertuig had of dat op dat tijdstip een ander zonder zijn toestemming en zonder dat hij zulks redelijkerwijs kon voorkomen de zeggenschap over het gebruik van het voertuig had.

ART. 1210

In this section:
a. *"dangerous substance"* means a substance designated as such by regulation; the designation may be limited to certain concentrations of the substance, to certain dangers connected with the substance and to be defined in the regulation, and to certain situations in which the substance finds itself and to be defined in the regulation;
b. *"damage"* means:
1o. damage caused by death of, or bodily injury to a person, caused by a dangerous substance;

2o. other damage outside the vehicle on which the dangerous substance finds itself, caused by that dangerous substance, with the exception of loss of or damage to other vehicles and things on board thereof, if those vehicles form part of a tow, of which also this vehicle forms part;

3o. the costs of preventive measures and loss or damage caused by such measures;
c. *"preventive measure"* means every reasonable measure to prevent or minimise damage, taken by whomever, with the exception of the person liable according to this section, after an even has occurred;

d. *"event"* means every fact or every succession of facts with the same cause, by which damage or serious and immediate danger of damage arises;
e. *"operator"* means the person who has the say in the use of the vehicle on board of which the dangerous substance finds itself. The person to whom a registration mark as referred to in

Dans la présente section
a. «*matière dangereuse*» signifie toute matière désignée comme telle par décret; la désignation peut être limitée à certaines concentrations de la matière, à certains dangers afférents à la matière et décrits dans le décret et à certaines situations y décrites dans lesquelles se trouve la matière;

b. «*dommage*» signifie
1o. le dommage par suite de la mort ou de la lésion corporelle d'une personne, causée par la matière dangereuse;
2o. d'autres dommages subis à l'extérieur du véhicule à bord duquel se trouve la matière dangereuse, qui sont causés par celle-ci, à l'exception de la perte ou du dommage causés à d'autres véhicules et aux choses se trouvant à bord de ceux-ci, si ces véhicules font partie d'un convoi auquel appartient également le véhicule en question;
3o. les frais de mesures de sauvegarde et la perte ou le dommage causés par celles-ci;
c. «*mesure de sauvegarde*» signifie toute mesure raisonnable, prise par quiconque, à l'exception de la personne responsable conformément à la présente section, après la survenance d'un événement, en vue de prévenir ou de réduire le dommage;
d. «*événement*» signifie tout fait ou succession de faits ayant la même origine et dont résulte un dommage ou qui constitue une menace grave et imminente de dommage;
e. «*exploitant*» signifie la personne qui dispose de l'emploi du véhicule à bord duquel se trouve la matière dangereuse. La personne à qui a été délivrée la marque d'immatriculation visée au point 1

article 9, paragraph 1, *sub* 1 of the *Wegenverkeerswet*[1] has been given, or, in default thereof, the owner of the vehicle is deemed to be the operator, unless he proves that another person, whom he names, had the say in the use of the vehicle at the time of the event, or that at such time another person had the say in the use of the vehicle without his permission and without him being reasonably able to prevent this.

du paragraphe premier de l'article 9 de la *Wegenverkeerswet*[2], ou, à défaut, le propriétaire du véhicule est réputée exploitant, sauf à prouver que, au moment de l'événement, une personne autre, qu'elle indique nommément, disposait de l'emploi du véhicule ou qu'à ce moment un autre, sans son consentement et sans qu'il puisse normalement le prévenir, disposait de l'emploi du véhicule.

Artikel 1211 - 1. Deze afdeling is niet van toepassing, indien de exploitant jegens degene die de vordering instelt, aansprakelijk is uit hoofde van een exploitatie-overeenkomst of jegens deze persoon een beroep op een exploitatie-overeenkomst heeft.
- 2. Deze afdeling is van toepassing op de periode waarin een gevaarlijke stof zich in een voertuig bevindt, daaronder begrepen de periode vanaf het begin van de inlading van de gevaarlijke stof in het voertuig tot het einde van de lossing van die stof uit het voertuig.
- 3. Deze afdeling is niet van toepassing op schade veroorzaakt wanneer het voertuig uitsluitend wordt gebruikt op een niet voor publiek toegankelijk terrein en zulk gebruik een onderdeel vormt van een op dat terrein plaatsvindende bedrijfsuitoefening.
- 4. Op zich overeenkomstig het tweede lid aan boord bevindende stoffen als bedoeld in artikel 175 van Boek 6 is dat artikel niet van toepassing, tenzij zich het geval van het derde lid voordoet.
- 5. Onverminderd het in het derde lid bepaalde is deze afdeling van overeenkomstige toepassing op luchtkussenvoertuigen, waar ook gebruikt.

1. This section does not apply if the operator is liable towards the person instituting the action on the basis of a contract of operation, or if such operator can invoke a contract of operation against this person.
2. This section applies to the period in which a dangerous substance is on board a vehicle, including the period from the commencement of the loading of the dangerous substance into the vehicle until the termination of the unloading of that substance from the vehicle.
3. This section does not apply to

1. La présente section ne s'applique pas si l'exploitant est responsable envers celui qui intente l'action aux termes d'un contrat d'exploitation ou s'il peut invoquer ce contrat à l'encontre de cette personne.
2. La présente section s'applique à la période pendant laquelle la matière dangereuse se trouve à bord d'un véhicule, ce qui comprend la période qui va du début du chargement de la matière dangereuse dans le véhicule jusqu'à l'achèvement du déchargement de cette matière.
3. La présente section ne s'applique

---

[1] *Road Traffic Act.*
[2] *Loi concernant la circulation routière.*

damage caused when the vehicle is used exclusively in an area which is not accessible to the public and when such use forms part of a business operation taking place in that area.

4. Article 175 of Book 6 does not apply to substances referred to in that article and which are on board according to paragraph 2 of this article, unless the case, referred to in paragraph 3 of article 175, occurs.

5. Without prejudice to the provisions of paragraph 3, this section applies *mutatis mutandis* to hovercraft, wherever used.

pas au dommage causé lorsque le véhicule est utilisé exclusivement dans un lieu non accessible au public et que cette utilisation fait partie de l'exploitation d'une entreprise dans ce lieu.

4. L'article 175 du Livre sixième ne s'applique pas aux matières visées à cet article se trouvant à bord conformément au paragraphe deuxième, à moins que ne se présente le cas prévu au paragraphe troisième.

5. Sans préjudice du paragraphe troisième, la présente Section s'applique par analogie aux hydroglisseurs, où qu'ils soient utilisés.

Artikel 1212 - 1. Indien een gevaarlijke stof zich bevindt in een vervoermiddel dat zich aan boord van een voertuig bevindt zonder dat de gevaarlijke stof uit dit gestapelde vervoermiddel wordt gelost, zal de gevaarlijke stof voor die periode geacht worden zich alleen aan boord van genoemd voertuig te bevinden.
- 2. Indien een gevaarlijke stof zich bevindt in een voertuig dat wordt voortbewogen door een ander voertuig, zal de gevaarlijke stof geacht worden zich alleen aan boord van het laatstgenoemde voertuig te bevinden.
- 3. Gedurende de handelingen bedoeld in artikel 1213, vijfde lid, onderdelen *c*, *d* en *e*, zal de gevaarlijke stof geacht worden:
a. in afwijking van het eerste lid, zich alleen aan boord van het gestapelde vervoermiddel te bevinden;
b. in afwijking van het tweede lid, zich alleen aan boord van eerstgenoemd voertuig te bevinden.

1. If a dangerous substance is in a means of transportation which is on board a vehicle without the dangerous substance being unloaded from this means of transportation, the dangerous substance shall be deemed to be exclusively on board the aforementioned vehicle during that period.
2. If a dangerous substance is in a vehicle which is moved by another vehicle, the dangerous substance shall be deemed to be exclusively on board the latter vehicle.
3. During the acts referred to in article 1213, paragraph 5, *sub c*, *d* and *e*, the dangerous substance shall be deemed:
a. to be exclusively on board the means of transportation, by

1. Si une matière dangereuse se trouve dans un moyen de transport lui-même situé à bord d'un véhicule, sans que la matière dangereuse ne soit déchargée de ce moyen de transport, la matière dangereuse sera réputée pendant cette période se trouver uniquement à bord du véhicule.
2. Si la matière dangereuse se trouve à bord d'un véhicule mû par un autre véhicule, la matière dangereuse sera réputée se trouver uniquement à bord de cet autre véhicule.
3. Au cours des activités visées des points *c*, *d* et *e* du paragraphe cinquième de l'article 1213, la matière dangereuse sera réputée:
a. Par dérogation au paragraphe premier, se trouver uniquement à

derogation from the first paragraph; b. to be exclusively on board the vehicle mentioned first, by derogation from paragraph 2.	bord du moyen de transport ci-dessus mentionné; b. Par dérogation au paragraphe deuxième, se trouver uniquement à bord du premier véhicule ci-dessus mentionné;

Artikel 1213 - 1. Hij die ten tijde van een gebeurtenis exploitant is van een voertuig aan boord waarvan zich een gevaarlijke stof bevindt, is aansprakelijk voor de schade door die stof veroorzaakt ten gevolge van die gebeurtenis. Bestaat de gebeurtenis uit een opeenvolging van feiten met dezelfde oorzaak, dan rust de aansprakelijkheid op degene die ten tijde van het eerste feit exploitant was.
- 2. De exploitant is niet aansprakelijk indien:
a. de schade is veroorzaakt door een oorlogshandeling, vijandelijkheden, burgeroorlog, opstand of natuurgebeuren van uitzonderlijke, onvermijdelijke en onweerstaanbare aard;
b. de schade uitsluitend is veroorzaakt door een handelen of nalaten van een derde, niet zijnde een persoon genoemd in het vijfde lid, onderdeel *a*, geschied met het opzet de schade te veroorzaken;
c. de afzender of enige andere persoon niet heeft voldaan aan zijn verplichting hem in te lichten over de gevaarlijke aard van de stof, en noch de exploitant, noch de in het vijfde lid, onderdeel *a*, genoemde personen wisten of hadden behoren te weten dat deze gevaarlijk was.
- 3. Indien de exploitant bewijst dat de schade geheel of gedeeltelijk het gevolg is van een handelen of nalaten van de persoon die de schade heeft geleden, met het opzet de schade te veroorzaken, of van de schuld van die persoon, kan hij geheel of gedeeltelijk worden ontheven van zijn aansprakelijkheid tegenover die persoon.
- 4. De exploitant kan voor schade slechts uit anderen hoofde dan deze afdeling worden aangesproken in het geval van het tweede lid, onderdeel *c*, alsmede in het geval dat hij uit hoofde van arbeidsovereenkomst kan worden aangesproken. In het geval van het tweede lid, onderdeel *c*, kan de exploitant deze aansprakelijkheid beperken als ware hij op grond van deze afdeling aansprakelijk.
- 5. Behoudens de artikelen 1214 en 1215 zijn voor schade niet aansprakelijk:
a. de ondergeschikten, vertegenwoordigers of lasthebbers van de exploitant,
b. ieder die ten behoeve van het voertuig werkzaamheden verricht,
c. zij die anders dan tegen een uitdrukkelijk en redelijk verbod vanwege het voertuig in hulp verlenen aan het voertuig, de zich aan boord daarvan bevindende zaken of personen,
d. zij die op aanwijzing van een bevoegde overheidsinstantie hulp verlenen aan het voertuig, de zich aan boord daarvan bevindende zaken of personen,
e. zij die preventieve maatregelen nemen met uitzondering van de exploitant,
f. de ondergeschikten, vertegenwoordigers of lasthebbers van de in dit lid, onderdelen *b*, *c*, *d* en *e*, van aansprakelijkheid vrijgestelde personen, tenzij de schade is ontstaan uit hun eigen handelen of nalaten, geschied hetzij met het opzet die schade te veroorzaken, hetzij roekeloos en met de wetenschap dat die schade er waarschijnlijk uit zou voortvloeien.
- 6. De exploitant heeft, voor zover niet anders is overeengekomen, verhaal op de in het vijfde lid bedoelde personen, doch uitsluitend indien dezen ingevolge het slot van dit lid voor de schade kunnen worden aangesproken.

1. The person who, at the time of an	1. Celui qui, au moment d'un

event, is the operator of a vehicle on board of which there is a dangerous substance, is liable for the damage caused by that substance as a result of that event. Where the event exists of a succession of facts with the same cause, the liability rests upon the person who was the operator at the time of the first fact.

2. The operator is not liable if:
a. the damage was caused by an act of war, hostilities, civil war, insurgence or natural events of an exceptional, unavoidable and irresistible nature;

b. the damage was caused exclusively by an act or omission of a third person, not being a person referred to in paragraph 5, sub a, done with the intent to cause the damage;

c. the consignor or any other person has not complied with his obligation to inform the operator with regard to the dangerous nature of the substance, and if neither the operator nor the persons referred to in paragraph 5, sub a, knew or ought to have known that the substance was dangerous.

3. If the operator proves that the damage is wholly or partially the result of an act or omission of the person who has suffered the damage, done with the intent to cause the damage, or that it is the result of the fault of that person, the operator may be wholly or partially relieved of his liability with respect to that person.

4. The operator can only be sued for damage on a basis other than this section in the case of paragraph 2, sub c, as well as in the case that he can be sued pursuant to a labour contract. In the case of paragraph 2, sub c, the operator can limit this liability as if he were liable on the basis of this section.

événement, est exploitant du véhicule à bord duquel se trouve la matière dangereuse est responsable du dommage causé par celle-ci par suite de cet événement. Si un événement consiste en une succession de faits ayant la même origine, la responsabilité incombe à celui qui est exploitant au moment du premier fait.

2. L'exploitant n'est pas responsable:
a. Si le dommage résulte d'un acte de guerre, d'hostilités, d'une guerre civile, d'une insurrection ou d'un phénomène naturel de caractère exceptionnel, inévitable et irrésistible;

b. Si le dommage résulte en totalité du fait qu'un tiers autre qu'une personne visée au point a du paragraphe cinquième a agi ou omis d'agir dans l'intention de causer un dommage;

c. Si l'expéditeur ou toute autre personne ne s'est pas acquitté de son obligation de l'informer de la nature dangereuse de la matière et que ni l'exploitant ni les personnes visées au point a du paragraphe cinquième n'avaient ou n'auraient dû avoir connaissance qu'elle était dangereuse;

3. Si l'exploitant prouve que le dommage résulte en totalité ou en partie du fait que la personne qui l'a subi a agi ou omis d'agir dans l'intention de causer un dommage ou de la faute de cette personne, il peut être relevé de tout ou partie de sa responsabilité envers elle.

4. L'exploitant ne peut être poursuivi en réparation du dommage à un autre chef que la présente section que dans le cas prévu au point c du paragraphe deuxième, de même que dans le cas d'une poursuite au titre d'un contrat de travail. Dans le cas prévu au point c du paragraphe deuxième, l'exploitant peut limiter cette responsabilité comme s'il était responsable aux termes de la

5. Without prejudice to articles 1214 and 1215, the following persons are not liable for damage:
a. the servants, representatives or mandataries of the operator;
b. any person who performs activities for the vehicle;
c. the persons who, otherwise than against an express and reasonable prohibition on the side of the vehicle, are involved in the salvage of the vehicle, or of the things or persons on board thereof;
d. the persons who, upon the instructions of a competent public authority, are involved in the salvage of the vehicle, or of the things or persons on board thereof;
e. the persons taking preventive measures, with the exception of the operator;
f. the servants, representatives or mandataries of the persons relieved of liability in this paragraph, *sub b, c, d* and *e*, unless the damage has arisen from their own act or omission, done either with the intent to cause that damage or recklessly and with the knowledge that that damage would probably result therefrom.
6. To the extent not otherwise agreed, the operator has recourse against the persons referred to in paragraph 5, but only if they can be sued for the damage pursuant to the end of this paragraph.

présente Section.
5. Sous réserve des articles 1214 et 1215, ne sont pas responsables du dommage:
a. Les préposés, représentants ou mandataires de l'exploitant;
b. Toute personne qui s'acquitte de services pour le véhicule;
c. Les personnes qui, autrement qu'à l'encontre d'une défense expresse et raisonnable de la part du véhicule, prêtent assistance à celui-ci ou aux choses ou personnes se trouvant à bord;
d. Les personnes qui, sur les instructions d'une autorité publique compétente, prêtent assistance au véhicule ou aux choses ou personnes se trouvant à bord;
e. Les personnes autres que l'exploitant qui prennent des mesures de sauvegarde;
f. Les préposés, représentants ou mandataires des personnes exemptes de responsabilité aux termes des points *b, c, d* et *e*, à moins que le dommage résulte de leur propre acte ou omission,, commis soit avec l'intention de provoquer un tel dommage, soit témérairement et avec conscience qu'un tel dommage en résulterait probablement.
6. L'exploitant a, dans la mesure où le contraire n'a pas été convenu, un recours contre les personnes visées au paragraphe cinquième, mais seulement si elles peuvent être poursuivies en réparation du dommage aux termes de la fin du paragraphe.

Artikel 1214 - 1. Indien de exploitant bewijst dat de gevaarlijke stof tijdens de periode bedoeld in artikel 1211, tweede lid, is geladen of gelost onder de uitsluitende verantwoordelijkheid van een door hem bij name genoemde ander dan de exploitant of zijn ondergeschikte, vertegenwoordiger of lasthebber, zoals de afzender of ontvanger, is de exploitant niet aansprakelijk voor de schade als gevolg van een gebeurtenis tijdens het laden of lossen van de gevaarlijke stof en is die ander voor deze schade aansprakelijk overeenkomstig deze afdeling.

- 2. Indien echter de gevaarlijke stof tijdens de periode bedoeld in artikel 1211, tweede lid, is geladen of gelost onder de gezamenlijke verantwoordelijkheid van de exploitant en een door de exploitant bij name genoemde ander, zijn de exploitant en die ander hoofdelijk aansprakelijk overeenkomstig deze afdeling voor de schade als gevolg van een gebeurtenis tijdens het laden of lossen van de gevaarlijke stof.
- 3. Indien is geladen of gelost door een persoon in opdracht of ten behoeve van de vervoerder of een ander, zoals de afzender of de ontvanger, is niet deze persoon, maar de vervoerder of die ander aansprakelijk.
- 4 Indien een ander dan de exploitant op grond van het eerste of het tweede lid aansprakelijk is, kan die ander geen beroep doen op artikel 1213, vierde lid en vijfde lid, onderdeel *b*.
- 5. Indien een ander dan de exploitant op grond van het eerste of het tweede lid aansprakelijk is, zijn ten aanzien van die ander de artikelen 1218 tot en met 1220 van overeenkomstige toepassing, met dien verstande dat in geval van hoofdelijke aansprakelijkheid:
a. de beperking van aansprakelijkheid als bepaald krachtens artikel 1218, eerste lid, geldt voor het geheel der naar aanleiding van eenzelfde gebeurtenis ontstane vorderingen gericht tegen beiden;
b. een fonds gevormd door één van hen overeenkomstig artikel 1219 wordt aangemerkt als door beiden te zijn gevormd en zulks ten aanzien van de vorderingen waarvoor het fonds werd gesteld.
- 6. In de onderlinge verhouding tussen de exploitant en de in het tweede lid van dit artikel genoemde ander is de exploitant niet tot vergoeding verplicht dan in geval van schuld van hemzelf of van zijn ondergeschikten, vertegenwoordigers of lasthebbers.
- 7. Dit artikel is niet van toepassing als tijdens de periode, bedoeld in artikel 1211, tweede lid, is geladen of gelost onder de uitsluitende of gezamenlijke verantwoordelijkheid van een persoon, genoemd in artikel 1213, vijfde lid, onderdeel *c*, *d* of *e*.

1. If the operator proves that the dangerous substance has been loaded or unloaded during the period referred to in article 1211, paragraph 2, under the exclusive responsibility of a person, such as the consignor or ricipient, whom he mentions by name, other than the operator, or his servant, representative or mandatary, the operator is not liable for the damage as the result of an event during the loading or unloading of the dangerous substance, and in that case the other person is liable for this damage according to this section.
2. However, if the dangerous substance has been loaded or unloaded during the period referred to in article 1211, paragraph 2, under the joint responsibility of the operator

1. Si l'exploitant prouve que la matière dangereuse a été chargée ou déchargée, au cours de la période visée au paragraphe deuxième de l'article 1211, sous la seule responsabilité d'une personne, qu'il désigne nommément, tel l'expéditeur ou le réceptionnaire, mais autre que l'exploitant ou son préposé, représentant ou mandataire, il n'est pas responsable du dommage résultant d'un événement en cours de chargement ou déchargement de la matière dangereuse; cette autre personne en est alors responsable conformément à la présente Section.
2. Toutefois, si la matière dangereuse a été chargée ou déchargée, au cours de la période visée au paragraphe deuxième de l'article 1211, sous la responsabilité conjointe de l'exploitant et d'une autre

and a person, whom he mentions by name, the operator and that other person are solidarily liable according to this section for the damage as a result of an event during the loading or unloading of the dangerous substance.

3. If loading or unloading has been done by a person upon the order or for the benefit of the carrier or another person, such as the consignor or recipient, it is not this person but the carrier or that other person who is liable.

4. If a person other than the operator is liable on the basis of paragraphs 1 or 2, that other person cannot invoke article 1213, paragraph 4 and paragraph 5, *sub b*.

5. If a person other than the operator is liable on the basis of paragraphs 1 or 2, articles 1218 to 1220 inclusive apply *mutatis mutandis* to that other person, upon the understanding that in the case of solidarity:
a. the limitation of liability as determined pursuant to article 1218, first paragraph, applies for the whole of the actions aimed at both persons and which have arisen in connection with the same event;
b. a fund, constituted by one of them according to article 1219, is deemed to have been constituted by both persons and that with respect to the actions aimed at the fund.

6. In the mutual relationship between the operator and the other person, referred to in paragraph 2 of this article, the operator is not obligated to compensation except in the case of his own fault or that of his servants, representatives or mandataries.

7. This article does not apply if loading or unloading has taken place

personne qu'il désigne nommément, l'exploitant et cette autre personne sont solidairement responsables, conformément à la présente Section, du dommage résultant d'un événement en cours de chargement ou déchargement de la matière dangereuse.

3. Si le chargement ou le déchargement a été effectué par une personne agissant sous les ordres ou au profit du transporteur ou d'une autre personne, tel l'expéditeur ou le réceptionnaire, la responsabilité incombe non à cette personne, mais au transporteur ou à cet autre.

4. Si une autre personne que l'exploitant est responsable aux termes des paragraphes premier ou deuxième, elle ne peut se prévaloir des paragraphes quatrième et cinquième, point *b*, de l'article 1213.

5. Si une autre personne que l'exploitant est responsable aux termes des paragraphes premier ou deuxième, les articles 1218 à 1220 inclusivement s'appliquent par analogie, étant entendu que dans le cas de responsabilité solidaire:
a. La limitation de responsabilité déterminée en vertu du paragraphe premier de l'article 1218 s'applique à l'ensemble des actions nées d'un même événement et intentées contre les deux;
b. Le fonds constitué par l'un d'eux conformément à l'article 1219 est réputé avoir été constitué par les deux à l'égard des actions pour lesquelles le fonds est constitué.

6. Dans les rapports réciproques entre l'exploitant et l'autre personne visée au paragraphe deuxième du présent article, l'exploitant n'est tenu à la réparation du dommage que dans le cas de sa propre faute ou de celle de ses préposés, représentants ou mandataires.

7. Le présent article ne s'applique pas si le chargement ou déchargement a été

during the period referred to in article 1211, paragraph 2, under the exclusive or joint responsibility of a person, referred to in article 1213, paragraph 5, *sub c*, *d* or *e*.

effectué, au cours de la période visée au paragraphe deuxième de l'article 1211, sous la responsabilité exclusive ou conjointe d'une personne visée au paragraphe 5, points *c*, *d* ou *e* de l'article 1213.

Artikel 1215 - Indien ingevolge artikel 1213, tweede lid, onderdeel *c*, de exploitant niet aansprakelijk is, is de afzender of andere persoon aansprakelijk overeenkomstig deze afdeling en zijn te diens aanzien de artikelen 1218 tot en met 1220 van overeenkomstige toepassing. De afzender of andere persoon kan geen beroep doen op artikel 1213, vierde lid.

If the operator is not liable pursuant to article 1213, paragraph 2, *sub c*, the consignor or other person is liable according to this section, and with respect to them articles 1218 to 1220 inclusive apply *mutatis mutandis*. The consignor or other person may not invoke article 1213, paragraph 4.

Si, conformément au paragraphe deuxième, point *c*, de l'article 1213, l'exploitant n'est pas responsable, l'expéditeur ou l'autre personne l'est, conformément à la présente Section, et les articles 1218 à 1220 inclusivement s'appliquent à lui par analogie. L'expéditeur ou cette autre personne ne peut se prévaloir du paragraphe quatrième de l'article 1213.

Artikel 1216 - Indien schade veroorzaakt door de gevaarlijke stof redelijkerwijs niet kan worden gescheiden van schade anderszins veroorzaakt, zal de gehele schade worden aangemerkt als schade in de zin van deze afdeling.

If damage caused by the dangerous substance cannot be reasonably separated from damage caused otherwise, the whole damage shall be deemed to be damage within the meaning of this section.

Si le dommage causé par la matière dangereuse n'est pas raisonnablement séparable du dommage d'une autre origine, la totalité du dommage sera réputée dommage au sens de la présente Section.

Artikel 1217 - 1. Wanneer door een gebeurtenis schade is veroorzaakt door gevaarlijke stoffen aan boord van meer dan één voertuig, dan wel aan boord van een voertuig of luchtkussenvoertuig en een zeeschip, een binnenschip of een spoorrijtuig, zijn de exploitanten van de daarbij betrokken voertuigen, de reder of de eigenaar van het daarbij betrokken zeeschip of het binnenschip en de exploitant van de spoorweg waarop de gebeurtenis met het daarbij betrokken spoorrijtuig plaatsvond, onverminderd het in artikel 1213, tweede en derde lid, en artikel 1214, afdeling 4 van titel 6, afdeling 4 van titel 11 en afdeling 4 van titel 19 bepaalde, hoofdelijk aansprakelijk voor alle schade waarvan redelijkerwijs niet kan worden aangenomen dat zij veroorzaakt is door gevaarlijke stoffen aan boord van één of meer bepaalde voertuigen, luchtkussenvoertuig, zeeschip of binnenschip, of spoorrijtuig dat gebruikt werd op een bepaalde spoorweg.
- 2. Het bepaalde in het eerste lid laat onverlet het beroep op beperking van aansprakelijkheid van de exploitant, reder of eigenaar krachtens deze afdeling, de Elfde Titel A of de Dertiende Titel, Afdeling 10 A, telkens van het Tweede Boek

van het Wetboek van Koophandel, dan wel de artikelen 1678 tot en met 1680, ieder tot het voor hem geldende bedrag.

1. Without prejudice to the provisions of article 1213, paragraphs 2 and 3, article 1214, Section 4 of Title 6, Section 4 of Title 11 and Section 4 of Title 19, when an event causes damage by dangerous substances on board more than one vehicle, or on board a vehicle or a hovercraft and a sea-going vessel, an inland waterway vessel or a railroad car, the operators of the vehicles involved therewith, the shipowner or the owner of the sea-going vessel or the inland waterway vessel, involved therewith, and the operator of the railway on which the event with the railroad car, involved therewith, took place, are solidarily liable for all damage of which it cannot be reasonably assumed that it has been caused by dangerous substances on board one or more specific vehicles, hovercraft, sea-going vessel or inland waterway vessel, or railroad car used on a specific railway.

2. The provisions of the first paragraph do not affect the limitation of liability which the operator, shipowner or owner can invoke pursuant to Title 11A, Title 13, Section 10A, both of Book 2 of the Code of Commerce, as well as articles 1678 to 1680 inclusive, for each of them up to the amount applicable to him.

1. Sans préjudice des dispositions des paragraphes deuxième et troisième de l'article 1213, de l'article 1214, de la Section quatrième du Titre sixième, de la Section quatrième du Titre onzième et de la Section quatrième du Titre dix-neuvième, lorsque le dommage résulte d'un événement mettant en cause deux ou plusieurs véhicules, ou un véhicule ou hydroglisseur et un navire de mer, un bateau de navigation intérieure ou un wagon de chemin de fer, ayant à bord les matières dangereuses causant le dommage, les exploitants des véhicules en cause, l'armateur ou le propriétaire du navire de mer ou du bateau de navigation intérieure en cause et l'exploitant de la voie ferrée sur laquelle a eu lieu l'événement avec le wagon en cause sont solidairement responsables de la totalité du dommage qui ne peut raisonnablement être imputé aux matières dangereuses se trouvant à bord d'un ou de plusieurs véhicules, hydroglisseur, navire de mer, bateau de navigation intérieure déterminés ou d'un wagon déterminé utilisé sur une voie ferrée déterminée.

2. Les dispositions du paragraphe premier laissent intacte la limitation de responsabilité dont peuvent se prévaloir l'exploitant, l'armateur ou le propriétaire, dans chaque cas jusqu'à concurrence de la somme qui lui est applicable, en vertu du Titre onzième A ou de la Section dixième A du Titre treizième, du Code de commerce dans les deux cas, de même que des articles 1678 à 1680 inclusivement.

Artikel 1218 - 1. De exploitant kan zijn aansprakelijkheid per gebeurtenis beperken tot een bij of krachtens algemene maatregel van bestuur te bepalen bedrag of bedragen die verschillend kunnen zijn voor vorderingen ter zake van dood of letsel en andere vorderingen.
- 2. De exploitant is niet gerechtigd zijn aansprakelijkheid te beperken indien de schade is ontstaan uit zijn eigen handelen of nalaten, geschied hetzij met het opzet die schade te veroorzaken, hetzij roekeloos en met de wetenschap dat die schade er waarschijnlijk uit zou voortvloeien.

1. The operator can limit his liability per event to an amount or amounts to be determined by or pursuant to regulation; these amounts may be different with respect to death or bodily injury and other claims.
2. The operator is not entitled to limit his liability if the damage has arisen from his own act or omission, done either with the intent to cause that damage or recklessly and with the knowledge that that damage would probably result therefrom.

1. L'exploitant peut limiter sa responsabilité par événement à une ou des sommes à déterminer par décret, ces sommes pouvant différer pour les créances en matière de décès et de lésion corporelle et pour les autres créances.
2. L'exploitant n'a pas le droit de limiter sa responsabilité si le dommage résulte de son propre acte ou omission, commis soit avec l'intention de provoquer un tel dommage, soit témérairement et avec conscience qu'un tel dommage en résulterait probablement.

Artikel 1219 - Ten einde zich te kunnen beroepen op de in artikel 1218 bedoelde beperking van aansprakelijkheid moet de exploitant een fonds of fondsen vormen overeenkomstig artikel 1220.

In order to be able to invoke the limitation of liability referred to in article 1218, the operator must constitute a fund or funds according to article 1220.

Afin de pouvoir invoquer la limitation de responsabilité visée à l'article 1218, l'exploitant doit constituer un ou des fonds conformément à l'article 1220.

Artikel 1220 - 1. Hij die gebruik wenst te maken van de hem in artikel 1218 gegeven bevoegdheid tot beperking van zijn aansprakelijkheid, verzoekt een arrondissementsrechtbank die bevoegd is kennis te nemen van de vorderingen tot vergoeding van schade, het bedrag waartoe zijn aansprakelijkheid is beperkt, vast te stellen en te bevelen dat tot een procedure ter verdeling van dit bedrag zal worden overgegaan.
- 2. Op het verzoek en de procedure ter verdeling zijn de artikelen 320*a*, tweede tot en met vierde lid, 320*b* en 320*c*, 320*e*, eerste lid, 320*f* tot en met 320*t*, eerste lid, en 320*u* tot en met 320*z* van het Wetboek van Burgerlijke Rechtsvordering van overeenkomstige toepassing.
- 3. Indien het krachtens artikel 1218, eerste lid, bepaalde bedrag voor vorderingen ter zake van dood of letsel onvoldoende is voor volledige vergoeding van deze vorderingen, worden deze vorderingen in evenredigheid gekort en zal het krachtens artikel 1218, eerste lid, bepaalde bedrag voor andere vorderingen naar evenredigheid worden verdeeld onder die vorderingen en de vorderingen ter zake van dood of letsel, voor zover deze onvoldaan zouden zijn.
- 4. De vorderingen van de exploitant ter zake van door hem vrijwillig en binnen de grenzen der redelijkheid gedane uitgaven en gebrachte offers ter voorkoming of beperking van schade staan in rang gelijk met andere vorderingen op het krachtens artikel 1218, eerste lid, bepaalde bedrag voor andere vorderingen dan die ter zake van dood of letsel.

1. The person who wishes to use the power given to him in article 1218 to limit his liability, shall request a

1. Celui qui entend se prévaloir du pouvoir que l'article 1218 lui accorde de limiter sa responsabilité fait une requête

district court with jurisdiction to hear the actions for compensation of damage to determine the amount to which his liability is limited, and to order to proceed to a procedure to distribute this amount.

2. Articles 320*a*, paragraphs 2 to 4 inclusive, 320*b* and 320*c*, 320*e*, paragraph 1, 320*f* to 320*t*, paragraph 1 inclusive, and 320*u* to 320*z* inclusive of the Code of Civil Procedure apply *mutatis mutandis* to the request and the procedure of distribution.

3. If the amount determined pursuant to article 1218, first paragraph, for claims with respect to death or bodily injury, is insufficient for complete compensation of these claims, they shall be reduced proportionally, and the amount determined pursuant to article 1218, first paragraph, for other claims shall be distributed proportionally amongst those claims and the claims with respect to death or bodily injury, to the extent that these would remain unpaid.

4. The claims of the operator with respect to expenses and sacrifices which he has made freely and within the boundaries of reason in order to prevent or limit damage, take equal rank with other claims to the amount determined pursuant to article 1218, first paragraph, for claims other than those for death or bodily injury.

au tribunal de première instance compétent pour connaître des actions en matière de réparation de dommage, afin de faire établir la somme à laquelle sa responsabilité est limitée et d'ordonner qu'une procédure de répartition de cette somme soit entreprise.

2. Les articles 320*a*, paragraphes deuxième à quatrième inclusivement, 320*b* et 320*c*, 320*e*, paragraphe premier, 320*f* à 320*t*, paragraphe premier, inclusivement et 320*u* à 320*z* inclusivement du Code de procédure civile s'appliquent par analogie à la requête et à la procédure de répartition.

3. Si la somme déterminée en vertu de l'article 1218, paragraphe premier, pour les créances en matière de décès ou de lésion corporelle est insuffisante pour les acquitter complètement, les créances sont réduites proportionnellement et la somme déterminée en vertu de l'article 1218, paragraphe premier, pour les autres créances sera distribuée proportionnellement à ces créances et à celles en matière de décès ou de lésion corporelle dans la mesure où elles seraient demeurées impayées.

4. Les créances de l'exploitant pour dépenses engagées et sacrifices consentis volontairement et dans des limites raisonnables en vue de prévenir ou de limiter le dommage ont le même rang que les autres créances sur la somme déterminée en vertu de l'article 1218, paragraphe premier, pour créances autres que celles en matière de décès et de lésion corporelle.

V LUCHTRECHT

V AIR LAW

V DU DROIT AERIEN

TITEL 15 HET LUCHTVAARTUIG

TITLE 15. THE AIRCRAFT

TITRE QUINZIÈME DE L'AERONEF

Afdeling 1. Rechten op luchtvaartuigen

**Section 1.
Rights on aircraft**

**Section première
Des droits sur les aéronefs**

Art. 1300 - In deze titel wordt verstaan onder:
a. het Verdrag van Genève: het op 19 juni 1948 te Genève tot stand gekomen Verdrag betreffende de internationale erkenning van rechten op luchtvaartuigen (Trb. 1952, 86);
b. Verdragsstaat: een staat waarvoor het Verdrag van Genève van kracht is;
c. het register: het register, bedoeld in artikel 1302;
d. verdragsregister: een buiten Nederland gehouden register als bedoeld in artikel I, eerste lid, onder ii, van het Verdrag van Genève;
e. de openbare registers: de openbare registers, bedoeld in afdeling 2 van titel 1 van Boek 3.

In this section:
a. the Geneva Convention is the Convention concluded at Geneva on 19 June 1948 respecting the international recognition of rights in aircraft (*Trb.* 1952, 86);[1]
b. Contracting State is a State for which the Geneva Convention is in force;
c. The register is the register referred to in article 1302;
d. Convention register is a register

Dans le présent titre:
a. La Convention de Genève signifie la Convention conclue le 19 juin 1948, à Genève, relative à la reconnaissance internationale des droits sur aéronefs (*Trb.* 1952, 86)[2]
b. État contractant signifie un État pour lequel la Convention de Genève est en vigueur;
c. Le registre signifie le registre prévu à l'article 1302;
d. Registre de la Convention: signifie

---

[1] *Trb.* or *Tractatenblad*: Official Netherlands Treaty Series.
[2] *Trb.* ou *Tractatenblad*: la publication officielle dans laquelle sont publiés les traités auxquels les Pays-Bas sont partie.

kept outside The Netherlands, as referred to in article 1, paragraph I, *sub* ii, of the Geneva Convention;
e. Public registers are the public registers referred to in Section 2 of Title 1 of Book 3.

le registre tenu en dehors des Pays-Bas visé à l'article I, paragraphe premier, point *ii*, de la Convention de Genève;
e. Les registres publics signifie ceux visés à la Section deuxième du Titre premier du Livre troisième.

Art. 1301 - De in deze afdeling aan de eigenaar opgelegde verplichtingen rusten, indien het luchtvaartuig toebehoort aan meer personen, aan een vennootschap onder firma, aan een commanditaire vennootschap of aan een rechtspersoon, mede op iedere mede-eigenaar, beherende vennoot of bestuurder.

If an aircraft belongs to several persons, to a general partnership, a limited partnership or a legal person, the obligations which this section imposes upon the owner rest upon each co-owner, managing partner or director.

S'agissant d'un aéronef appartenant à plusieurs personnes, à une société en nom collectif, à une société en commandite ou à une personne morale, les obligations imposées au propriétaire dans la présente section incombent à chaque copropriétaire, associé gérant ou dirigeant.

Art. 1302 - Er wordt een afzonderlijk openbaar register gehouden voor de teboekstelling van luchtvaartuigen, dat deel uitmaakt van de openbare registers.

A separate public register, which forms part of the public registers, shall be kept for the registration of aircraft.

Il est tenu un registre public distinct pour l'immatriculation des aéronefs; ce registre fait partie des registres publics.

Art. 1303 - 1. Teboekstelling is slechts mogelijk indien
a. het luchtvaartuig een Nederlands luchtvaartuig is in de zin der Luchtvaartwet, en
b. het luchtvaartuig ten minste een bij algemene maatregel van bestuur vastgesteld gewicht heeft.
- 2. Teboekstelling is niet mogelijk van een luchtvaartuig dat reeds teboekstaat in het register, in een verdragsregister of in enig soortgelijk buitenlands register.
- 3. In afwijking van het tweede lid is teboekstelling van een in een verdragsregister of in enig soortgelijk register teboekstaand luchtvaartuig mogelijk, wanneer de eigenaar de eigendom van het luchtvaartuig heeft verkregen door toewijzing na een executie, welke in Nederland heeft plaatsgevonden.
- 4. De teboekstelling wordt verzocht door de eigenaar van het luchtvaartuig. Hij moet daarbij ter inschrijving overleggen een door hem ondertekende verklaring, dat naar zijn beste weten het luchtvaartuig voor teboekstelling vatbaar is. Deze verklaring behoeft de goedkeuring van de rechter.
- 5. De teboekstelling in het register heeft geen rechtsgevolg, wanneer aan de vereisten van de voorgaande leden van dit artikel niet is voldaan.
- 6. Bij het verzoek tot teboekstelling wordt woonplaats gekozen in Nederland. Deze woonplaats wordt in het verzoek tot teboekstelling vermeld en kan door een andere in Nederland gelegen woonplaats worden vervangen.

1. Registration is only possible if

a. the aircraft is a Dutch aircraft in the sense of the *Luchtvaartwet*,[1] and
b. the weight of the aircraft is equal to or exceeds the weight determined by regulation.
2. It is not possible to register an aircraft which is already entered in the register, in a Convention register, or in any similar foreign register.
3. By derogation from the second paragraph, registration of an aircraft which is entered in a Convention register or in any similar register is possible, where the owner has acquired the ownership of the aircraft by adjudication following an execution which has taken place in The Netherlands.
4. Registration is requested by the owner of the aircraft. For that purpose, he must submit a declaration signed by him to the effect that, to the best of his knowledge, the aircraft is susceptible of registration. This declaration needs the approval of the judge.
5. The entry in the register has no juridical effect where the requirements of the preceding paragraphs of this article have not been fulfilled.
6. On the occasion of the request for registration, domicile shall be elected in The Netherlands. This domicile is mentioned in the request for registration, and may be replaced by another domicile located in The Netherlands.

1. L'immatriculation est possible seulement
a. Si l'aéronef est un aéronef néerlandais au sens de la *Luchtvaartwet*[2];
b. Si, en outre, l'aéronef a un poids égal ou supérieur à celui fixé par décret;
2. L'immatriculation n'est pas possible pour un aéronef déjà immatriculé au registre, à un registre de la Convention ou à un registre étranger comparable.
3. Par dérogation au paragraphe deuxième, l'immatriculation d'un aéronef immatriculé à un registre de la Convention ou à un registre comparable est possible lorsque le propriétaire a acquis la propriété de l'aéronef par adjudication à la suite d'une vente forcée qui a eu lieu aux Pays-Bas.
4. L'immatriculation a lieu à la requête du propriétaire de l'aéronef. Il dépose pour inscription une déclaration signée de sa main, portant que l'aéronef, autant qu'il sache, est susceptible d'immatriculation. La déclaration requiert l'approbation du juge.
5. L'immatriculation ne produit pas d'effet juridique lorsque les conditions énoncées aux paragraphes précédents ne sont pas remplies.
6. La requête d'immatriculation comporte élection de domicile aux Pays-Bas. Le domicile est mentionné dans la requête d'immatriculation; il peut être remplacé par un autre domicile situé aux Pays-Bas.

Art. 1304 - 1. De teboekstelling wordt slechts doorgehaald
a. op verzoek van degene die in de openbare registers als eigenaar vermeld staat;
b. op aangifte van de eigenaar of ambtshalve
1º. als het luchtvaartuig heeft opgehouden als zodanig te bestaan;

---

[1] *Aviation Act.*
[2] *Loi sur l'aviation.*

ART. 1304 BOEK 8

2º. als van het luchtvaartuig gedurende twee maanden na het laatste vertrek geen tijding is ontvangen, zonder dat dit aan een algemene storing in de berichtgeving kan worden geweten;
3º. als het luchtvaartuig niet of niet meer de hoedanigheid van Nederlands luchtvaartuig heeft;
4º. als het luchtvaartuig, na een executie in een Verdragsstaat buiten Nederland, welke plaatsvond overeenkomstig het Verdrag van Genève, in een verdragsregister teboekstaat.
- 2. In de in het eerste lid, onder *b*, genoemde gevallen is de eigenaar van het luchtvaartuig tot het doen van aangifte verplicht binnen drie maanden nadat de reden tot doorhaling zich heeft voorgedaan.
- 3. Wanneer ten aanzien van het luchtvaartuig inschrijvingen of voorlopige aantekeningen ten gunste van derden bestaan, geschiedt, behalve in het geval, genoemd in het eerste lid, onderdeel *b*, onder 4º, doorhaling slechts wanneer geen dezer derden zich daartegen verzet.
- 4. Doorhaling geschiedt slechts na op verzoek van de meest gerede partij verleende machtiging van de rechter.

1. The registration shall only be cancelled:
a. upon the request of the person who is mentioned in the public registers as owner;
b. upon the declaration of the owner or *ex officio*:
1º if the aircraft has ceased to exist as such;
2º if, during two months from the last departure, no news has been received without this fact being attributable to a general disruption in communications;
3º if the aircraft does not possess or no longer possesses the quality of a Dutch aircraft.
4º if, following an execution in a Convention State outside The Netherlands, having taken place according to the Geneva Convention, the aircraft is registered in a Convention register.
2. In the cases referred to in the first paragraph *sub b*, the owner of the aircraft must make a declaration within three months from the time the ground for cancellation has occurred.
3. Where, with respect to the aircraft, there are entries or provisional annotations in favour of

1. L'immatriculation est radiée seulement
a. à la requête de celui qui apparaît comme propriétaire au registre;
b. sur déclaration du propriétaire ou d'office;
1º si l'aéronef a cessé d'exister en tant que tel;
2º si l'on est sans nouvelle de l'aéronef durant les deux mois suivant le dernier départ, sans que cela ne puisse être imputée à une perturbation générale des communications;
3º si l'aéronef n'a pas ou n'a plus la qualité d'aéronef néerlandais;
4º si l'aéronef se trouve immatriculé à un registre de la Convention par suite d'une exécution forcée qui a eu lieu dans un État contractant en dehors des Pays-Bas, conformément à la Convention de Genève,.
2. Dans les cas prévus au paragraphe premier, au point *b*, le propriétaire est tenu de faire la déclaration dans les trois mois suivant la survenance de la cause de radiation.
3. Lorsqu'il existe, au sujet de l'aéronef, des inscriptions ou des notes provisoires au profit de tiers, la radiation

third persons, cancellation only takes place if none of them opposes it, except in the case referred to in paragraph 1*b*, sub 4º.
4. Cancellation only takes place after authorisation granted by the judge upon the request of the most diligent party.

n'a lieu, sauf le cas prévu à l'alinéa 4º du point *b* du paragraphe premier, que si aucun d'eux ne s'y oppose.

4. La radiation n'a lieu qu'après autorisation du juge, accordée à la requête de la partie la plus diligente.

Art. 1305 - De enige zakelijke rechten waarvan een in het register teboekstaand luchtvaartuig het voorwerp kan zijn, zijn de eigendom, de hypotheek en de zakelijke rechten, bedoeld in de artikelen 1308 en 1309.

The only real rights of which an aircraft, entered in the register, can be the object are the ownership, the hypothec and the real rights referred to in articles 1308 and 1309.

Les seuls droits réels dont peut faire l'objet l'aéronef immatriculé au registre sont la propriété, l'hypothèque et les droits réels visés aux articles 1308 et 1309.

Art. 1306 - 1. Een in het register teboekstaand luchtvaartuig is een registergoed.
- 2. Bij de toepassing van artikel 301 van Boek 3 ter zake van akten die op de voet van artikel 89, eerste en vierde lid, van Boek 3 zijn bestemd voor de levering van zodanig luchtvaartuig, kan de in het eerstgenoemde artikel bedoelde uitspraak van de Nederlandse rechter niet worden ingeschreven, zolang zij niet in kracht van gewijsde is gegaan.

1. An aircraft, entered in the register, is registered property.
2. In applying article 301 of Book 3 with respect to deeds which, on the basis of article 89, paragraphs 1 and 4, of Book 3 are intended for the delivery of such an aircraft, the decision of the Dutch judge, referred to in the first mentioned article, cannot be registered until it has become final.

1, Le aéronef immatriculé au registre constitue un bien immatriculé.
2. Aux fins de l'application de l'article 301 du Livre troisième à propos des actes destinés, conformément à l'article 89, paragraphes 1er et 4, de ce Livre, à la délivrance d'un tel aéronef, le jugement du juge néerlandais, visé au premier article mentionné, ne peut être inscrit tant qu'il n'est pas passé en force de chose jugée.

Art. 1307 - Eigendom en hypotheek op een teboekstaand luchtvaartuig worden door een bezitter te goeder trouw verkregen door een onafgebroken bezit van vijf jaren.

Ownership of, and hypothec on a registered aircraft are acquired by a possessor in good faith by an uninterrupted possession of five years.

La propriété et l'hypothèque portant sur un aéronef immatriculé se prescrivent au profit du possesseur de bonne foi par une possession non interrompue de cinq ans.

Art. 1308 - Op een teboekstaand luchtvaartuig kan een zakelijk recht worden gevestigd, bestaande in het recht van de houder van het luchtvaartuig om na betaling van een zeker bedrag of na vervulling van enige andere voorwaarde de eigendom daarvan krachtens een door hem reeds gesloten of nog te sluiten koopovereenkomst te verkrijgen. In de notariële akte bestemd voor de vestiging van dit recht, wordt duidelijk het aan dit recht onderworpen luchtvaartuig vermeld.

A real right can be established upon a registered aircraft which consists of the right of the holder of the aircraft to acquire the ownership thereof, upon payment of a certain amount or upon fulfilment of any other condition, pursuant to a contract of sale which he has already entered into or will enter into. In the notarial deed intended for the establishment of this right, the aircraft subject to this right must be clearly mentioned.

Il peut être établi, sur un aéronef immatriculé, un droit réel qui consiste à accorder au possesseur de l'aéronef, sur paiement d'une somme déterminée ou accomplissement d'une autre condition, le droit d'en acquérir la propriété en vertu d'un contrat de vente déjà conclu ou à conclure. L'acte notarié destiné à constituer ce droit indique clairement l'aéronef qui en est grevé.

Art. 1309 - 1. Op een teboekstaand luchtvaartuig kan een zakelijk recht worden gevestigd, bestaande in het recht van de houder tot gebruik van het luchtvaartuig uit een huurovereenkomst die voor ten minste zes maanden is gesloten. In de notariële akte bestemd voor de vestiging van dit recht, wordt duidelijk het aan dit recht onderworpen luchtvaartuig vermeld.
- 2. De huurovereenkomst geldt als titel voor de vestiging. Indien de huurovereenkomst in een notariële akte is neergelegd, die aan de eisen voor een akte van levering voldoet, geldt deze akte als akte van levering.
- 3. Op een huurovereenkomst ter zake van een teboekstaand luchtvaartuig is artikel 1612 van Boek 7A niet van toepassing.

1. A real right can be established upon a registered aircraft, which grants the holder the right of use of the aircraft, flowing from a contract of lease and hire, which has been entered into for at least six months. In the notarial deed intended for the establishment of this right, the aircraft subject to this right must be clearly mentioned.
2. The contract of lease and hire is deemed to be the title for the establishment. If the contract of lease and hire has been laid down in a notarial deed complying with the requirements for a deed of delivery, this deed is deemed to be the deed of delivery.
3. Article 1612 of Book 7A does not apply to a contract of lease and hire regarding a registered aircraft.

1. Il peut être établi, sur un aéronef immatriculé, un droit réel qui consiste à accorder au détenteur de l'aéronef qui a conclu un contrat de location pour une durée dépassant les six mois le droit d'usage de l'aéronef. L'acte notarié destiné à constituer ce droit indique clairement l'aéronef qui en est grevé.

2. Le contrat de location vaut titre constitutif. Si le contrat de location est couché dans un acte notarié qui remplit les conditions d'un acte de délivrance, cet acte vaut acte de délivrance.

3. L'article 1612 du Livre septième A ne s'applique pas au contrat de location portant sur un aéronef immatriculé.

Art. 1310 - Onverminderd het bepaalde in artikel 260, eerste lid, van Boek 3 wordt in de notariële akte waarbij hypotheek wordt verleend op een teboekstaand luchtvaartuig, duidelijk het aan de hypotheek onderworpen luchtvaartuig vermeld.

Without prejudice to the provisions of article 260, first paragraph, of Book 3, the notarial deed in which hypothec is granted upon a registered aircraft, clearly mentions the aircraft subject to the hypothec.

Sans préjudice des dispositions de l'article 260, paragraphe premier, du Livre troisième, l'acte notarié par lequel est consentie une hypothèque sur un aéronef immatriculé indique clairement l'aéronef grevé de l'hypothèque.

Art. 1311 - De door hypotheek gedekte vordering neemt rang na de vorderingen, genoemd in de artikelen 1315 en 1317, doch vóór alle andere vorderingen waaraan bij deze of enige andere wet een voorrecht is toegekend.

The claim covered by hypothec ranks after the claims referred to in articles 1315 and 1317; however, it ranks before all other claims to which this or any other law grants a privilege.

La créance garantie par hypothèque prend rang après celles visées aux articles 1315 et 1317, mais avant toute autre créance assortie d'un privilège prévu dans la présente ou une autre loi.

Art. 1312 - Indien de vordering rente draagt, strekt de hypotheek mede tot zekerheid voor de renten der hoofdsom, vervallen gedurende de laatste drie jaren voorafgaand aan het begin van de uitwinning en gedurende de loop hiervan. Artikel 263 van Boek 3 is niet van toepassing.

If the claim carries interest, the hypothec also serves as security for the interests upon the principal sum which have become due during the last three years preceding the commencement of execution and during the course hereof. Article 263 of Book 3 does not apply.

Si la créance porte intérêt, l'hypothèque garantit également les intérêts sur le principal échus durant les trois ans précédant le début de la saisie-exécution et au cours de celle-ci. L'article 263 du Livre troisième ne s'applique pas.

Art. 1313 - Op hypotheek op een aandeel in een teboekstaand luchtvaartuig is artikel 177 van Boek 3 niet van toepassing; de hypotheek blijft na vervreemding of toedeling van het luchtvaartuig in stand.

Article 177 of Book 3 does not apply to a hypothec on a share in a registered aircraft; after alienation or attribution of the aircraft, the hypothec remains in force.

L'article 177 du Livre troisième ne s'applique pas à l'hypothèque sur une part d'un aéronef immatriculé; l'hypothèque subsiste après l'aliénation ou l'attribution de l'aéronef.

Art. 1314 - Op een hypotheek op een teboekstaand luchtvaartuig zijn de artikelen 234, 261, 264, 265, 266 en 268-273 van Boek 3 en de artikelen 544-548 van het Wetboek van Burgerlijke Rechtsvordering niet van toepassing.

Articles 234, 261, 264, 265, 266 and 268-273 of Book 3 and articles 544-

Les articles 234, 261, 264, 265, 266 en 268 à 273 du Livre troisième et les

ART. 1315 BOEK 8

548 of the Code of Civil Procedure do not apply to a hypothec on a registered aircraft.

articles 544 à 548 du Code de procédure civile ne s'appliquent pas à l'hypothèque grevant un aéronef immatriculé.

Afdeling 2. Voorrechten op luchtvaartuigen

Section 2.
Privileges on aircraft

Section deuxième
Des privilèges sur les aéronefs

Art. 1315 - In geval van uitwinning van een luchtvaartuig dat teboekstaat in het register of in een verdragsregister, worden de kosten van uitwinning, de kosten van bewaking tijdens deze uitwinning, de kosten na het beslag gemaakt tot behoud van het luchtvaartuig, daaronder begrepen de kosten van herstellingen die onontbeerlijk waren voor het behoud daarvan, alle andere kosten in het belang van de schuldeisers gemaakt tijdens de executie, alsmede de kosten van de gerechtelijke rangregeling en verdeling van de opbrengst onder de schuldeisers uit de opbrengst van de verkoop voldaan boven alle andere vorderingen waaraan bij deze of enige andere wet een voorrecht is toegekend.

In case of execution of an aircraft entered in the register or in a Convention register, the costs of execution, the costs of custody during such execution, the costs made after the seizure to preserve the aircraft, including the costs of repair, which were indispensable for the preservation of the aircraft, all other costs made during the execution in the interest of the creditors, as well as the costs of judicial ranking and of distribution of the proceeds amongst the creditors, are paid from the proceeds of the sale with preference over all other claims to which this or any other law grants a privilege.

1. Dans le cas de l'exécution forcée d'un aéronef immatriculé au registre ou à un registre de la Convention, les frais d'exécution, les frais de garde pendant l'exécution, les frais engagés après la saisie pour la conservation de l'aéronef, y compris les frais des réparations indispensables pour la conservation, tous autres frais engagés dans l'intérêt des créanciers pendant l'exécution, de même que ceux de la collocation judiciaire et de la distribution parmi les créanciers sont payés sur le produit de la vente par priorité sur toute autre créance assortie d'un privilège prévu dans la présente ou une autre loi.

Art. 1316 - Artikel 292 van Boek 3 en artikel 60, tweede lid, eerste zin, derde lid en vierde lid, van de Faillissementswet zijn niet van toepassing op luchtvaartuigen die teboekstaan in het register of in een verdragsregister.

Article 292 of Book 3 and article 60, paragraph 2, first sentence, and paragraphs 3 and 4 of the *Faillissementswet*[1] do not apply to aircraft which are entered in the register or in a Convention register.

L'article 292 du Livre troisième et la première phrase du deuxième paragraphe ainsi que les troisième et quatrième paragraphes de l'article 60 de la *Faillissementswet*[2] ne s'appliquent pas à l'aéronef immatriculé au registre

---

[1] *Bankruptcy Act.*
[2] *Loi sur la faillite.*

ou à un registre de la Convention.

Art. 1317 - 1. Boven alle andere vorderingen waaraan bij deze of enige andere wet een voorrecht is toegekend zijn, behoudens artikel 1315, op een luchtvaartuig dat op het tijdstip van het ontstaan van de hierna genoemde vorderingen teboekstaat in het register of in een verdragsregister, bevoorrecht:
a. de vorderingen tot betaling van hulploon voor aan het luchtvaartuig verleende hulp;
b. de vorderingen tot betaling van buitengewone kosten, noodzakelijk voor het behoud van het luchtvaartuig.
- 2. Het eerste lid geldt slechts indien de hulp of de handeling tot behoud is beëindigd in Nederland of in een Verdragsstaat welks wetgeving aan de vorderingen, ontstaan vanwege deze handelingen, een voorrecht met zaaksgevolg toekent.
- 3. Artikel 284 van Boek 3 is niet van toepassing.

1. With preference over all other claims to which this or any other law grants a privilege, except article 1315, the following claims have a privilege on an aircraft which, at the time of the creation of the claims hereinafter referred to, is entered in the register or in a Convention register:
a. the claims for payment of remuneration for salvage of the aircraft;
b. the claims for payment of extraordinary expenses, necessary for the preservation of the aircraft.
2. Paragraph 1 only applies if the salvage or the act of preservation has been terminated in The Netherlands or in a Convention State whose legislation grants a privilege with effect *erga omnes* to the claims arisen because of these acts.
3. Article 284 of Book 3 does not apply.

1. Sous réserve de l'article 1315, prennent rang avant toute autre créance assortie d'un privilège prévu dans la présente ou une autre loi sur un aéronef qui, au moment de la naissance des créances mentionnées ci-dessous, est immatriculé au registre ou à un registre de la Convention:
a. Les créances pour le paiement de la rémunération d'assistance pour le secours prêté à l'aéronef;
b. Les créances pour le paiement de frais extraordinaires nécessaireses pour la conservation pour l'aéronef.
2. Le paragraphe premier produit effet seulement si le secours ou l'acte de conservation a pris fin aux Pays-Bas ou dans un pays de la Convention dont la législation accorde aux créances résultant de ces actes un privilège avec droit de suite.
3. L'article 284 du Livre troisième ne s'applique pas.

Art. 1318 - De bevoorrechte vorderingen, genoemd in artikel 1317, nemen onderling rang naar de omgekeerde volgorde van de tijdstippen waarop de gebeurtenissen plaatsvonden, waardoor zij ontstonden.

The privileged claims, referred to in article 317, rank amongst themselves in the reverse order of the dates on which the events giving rise to them took place.

Les créances privilégiées énumérées à l'article 1317 prennent rang entre elles dans l'ordre inverse des dates où ont eu lieu les événements qui leur ont donné naissance.

Art. 1319 - De schuldeiser die een voorrecht heeft op grond van artikel 1317, vervolgt zijn recht op het luchtvaartuig, in wiens handen dit zich ook bevinde.

The creditor, who has a privilege pursuant to article 1317, follows his right in the aircraft in whosever hands it may find itself.

Le créancier titulaire qui a un privilège aux termes de l'article 1317 suit son droit sur l'aéronef, quelles que soient les mains entre lesquelles il le trouve.

Art. 1320 - 1. De krachtens deze afdeling op een luchtvaartuig verleende voorrechten gaan teniet door verloop van drie maanden, tenzij binnen die termijn het voorrecht is ingeschreven in de openbare registers of het verdragsregister waarin het luchtvaartuig teboekstaat, en bovendien het bedrag der vordering in der minne is vastgesteld dan wel langs gerechtelijke weg erkenning van het voorrecht en deszelfs omvang is gevorderd.
- 2. In geval van executoriale verkoop gaan de voorrechten mede teniet op het tijdstip waarop het proces-verbaal van verdeling wordt gesloten.
- 3. De in het eerste lid genoemde termijn begint met de aanvang van de dag volgende op die, waarop de hulpverlening of de handeling tot behoud waardoor de vordering is ontstaan, is beëindigd.
- 4. Voorrechten als bedoeld in artikel 1317 kunnen worden ingeschreven in de openbare registers. Artikel 24, eerste lid, van Boek 3 is niet van toepassing.

1. The privileges on an aircraft, granted pursuant to this section, are extinguished by the lapse of three months, unless, within this period, the privilege has been entered in the public registers or the Convention register in which the aircraft is registered, and unless, in addition, the amount of the claim has been determined amicably or unless recognition of the claim and its size has been claimed judicially.
2. In the case of sale for execution, the privileges are also extinguished at the time the minutes of distribution are closed.
3. The period, referred to in the first paragraph, begins with the commencement of the day following the one on which the salvage or the act of preservation, having given rise to the claim, has been terminated.
4. Privileges as referred to in article 1317 can be entered in the public registers. Article 24, first paragraph, of Book 3 does not apply.

1. Les privilèges accordés sur un aéronef en vertu de la présente section sont éteints à l'expiration du délai de trois mois, à moins que, à l'intérieur de ce délai, le privilège soit inscrit sur les registres publics ou sur le registre de la Convention auquel l'aéronef est immatriculé, et que, en outre, le montant de la créance ait été déterminé à l'amiable ou que la reconnaissance du privilège et de son montant ait été demandée en justice.
2. Dans le cas de vente forcée, les privilèges s'éteignent également au moment de la clôture du procès-verbal de distribution.
3. Le délai visé au paragraphe premier court à compter du lendemain du jour où a pris fin l'assistance ou l'acte de conservation ayant donné naissance à la créance.
4. Les privilèges visés à l'article 1317 peuvent inscrits sur les registres publics. Le paragraphe premier de l'article 24 du Livre troisième ne s'applique pas.

Afdeling 3 Slotbepaling

Section 3.	**Section troisième**
Final Provision	**Disposition finale**

Art. 1321 - Behoeven de in deze titel geregelde onderwerpen in het belang van een goede uitvoering van de wet nadere regeling, dan geschiedt dit bij of krachtens algemene maatregel van bestuur, onverminderd de bevoegdheid tot regeling krachtens de Kadasterwet.

Without prejudice to the power to issue regulations pursuant to the *Kadasterwet*,[1] where, in the interest of the proper execution of the law, the subjects covered in this title require further rules, they are determined by or pursuant to regulation.	Sans préjudice des pouvoirs de réglementation en vertu de la *Kadasterwet*[2], sont établies par décret ou en vertu d'un décret les règles précises que pourraient requérir, aux fins de la bonne exécution de la loi, les matières réglées au présent Titre.

---

[1] *Land Register Act.*
[2] *Loi sur le cadastre.*

VI VERVOER LANGS SPOORSTAVEN

VI TRANSPORT ON RAILS

VI DU TRANSPORT PAR CHEMIN DE FER

TITEL 19 ONGEVALLEN

TITLE 19 ACCIDENTS

TITRE DIX-NEUVIÈME DES ACCIDENTS

Afdeling 4. Gevaarlijke stoffen aan boord van een spoorrijtuig

Section 4. Dangerous substances on board a railroad car

Section quatrième Des matières dangereuses à bord d'un wagon de chemin de fer

Artikel 1670 - In deze afdeling wordt verstaan onder:
a. «*gevaarlijke stof*»: een stof die als zodanig bij algemene maatregel van bestuur is aangewezen; de aanwijzing kan worden beperkt tot bepaalde concentraties van de stof, tot bepaalde in de algemene maatregel van bestuur te omschrijven gevaren die aan de stof verbonden zijn, en tot bepaalde daarin te omschrijven situaties waarin de stof zich bevindt;
b. «*spoorrijtuig*»: elk voertuig, ingericht om op spoorstaven te rijden;
c. «*schade*»:
1º. schade veroorzaakt door dood of letsel van enige persoon veroorzaakt door een gevaarlijke stof;
2º. andere schade buiten het spoorrijtuig aan boord waarvan de gevaarlijke stof zich bevindt, veroorzaakt door die gevaarlijke stof, met uitzondering van verlies van of schade met betrekking tot andere spoorrijtuigen en zaken aan boord daarvan, indien die spoorrijtuigen deel uitmaken van een trein, waarvan ook dit spoorrijtuig deel uitmaakt;
3º. de kosten van preventieve maatregelen en verlies of schade veroorzaakt door zulke maatregelen;
d. «*preventieve maatregel*»: iedere redelijke maatregel ter voorkoming of beperking van schade door wie dan ook genomen met uitzondering van de overeenkomstig deze afdeling aansprakelijke persoon nadat een gebeurtenis heeft plaatsgevonden;
e. «*gebeurtenis*»: elk feit of elke opeenvolging van feiten met dezelfde oorzaak, waardoor schade ontstaat of waardoor een ernstige en onmiddellijke dreiging van schade ontstaat;

f. «*exploitant*»: hij die een spoorweg exploiteert. In geval van gezamenlijke exploitatie wordt ieder der exploitanten als exploitant beschouwd.

In this section:
a. "*dangerous substance*" means a substance designated as such by regulation; the designation may be limited to certain concentrations of the substance, to certain dangers connected with the substance and to be defined in the regulation, and to certain situations in which the substance finds itself and to be defined in the regulation;
b. "*railroad car*" means each vehicle equipped to ride on rails;
c. "*damage*" means:
1o. damage caused by death of, or bodily injury to a person, caused by a dangerous substance;
2o. other damage outside the railroad car on board of which the dangerous substance finds itself, caused by that dangerous substance, with the exception of loss of or damage to other railroad cars and things on board thereof, if those railroad cars form part of a train, of which also this railroad car forms part;
3o. the costs of preventive measures and loss or damage caused by such measures;
d. "*preventive measure*" means every reasonable measure to prevent or minimise damage, taken by whomever, with the exception of the person liable according to this section, after an event has occurred;
e. "*event*" means every fact or every succession of facts with the same cause, by which damage or serious and immediate danger of damage arises;
f. "*operator*" means the person who operates a railway. In the

Dans la présente section
a. «*matière dangereuse*» signifie toute matière désignée comme telle par décret; la désignation peut être limitée à certaines concentrations de la matière, à certains dangers afférents à la matière et décrits dans le décret et à certaines situations y décrites dans lesquelles se trouve la matière;
b. «*wagon de chemin de fer*» signifie un wagon aménagé pour rouler sur des voies ferrées;
c. «*dommage*» signifie
1o. le dommage par suite de la mort ou de la lésion corporelle d'une personne, causée par la matière dangereuse;
2o. d'autres dommages subis à l'extérieur du wagon de chemin de fer à bord duquel se trouve la matière dangereuse, qui sont causés par celle-ci, à l'exception de la perte ou du dommage causés à d'autres wagons et aux choses se trouvant à bord de ceux-ci, si ces wagons font partie d'un train auquel appartient également le wagon en question;
3o. les frais de mesures de sauvegarde et la perte ou le dommage causés par celles-ci;
d. «*mesure de sauvegarde*» signifie toute mesure raisonnable, prise par quiconque, à l'exception de la personne responsable conformément à la présente section, après la survenance d'un événement en vue de prévenir ou de réduire le dommage;
e. «*événement*» signifie tout fait ou succession de faits ayant la même origine et dont résulte un dommage ou qui constitue une menace grave et imminente de dommage;
f. «*exploitant*» signifie la personne qui exploite une voie ferrée. Dans le cas

case of joint operation, each of the operators is considered as an operator.

d'une coexploitation, chacun des exploitants est considéré comme exploitant.

Artikel 1671 - 1. Deze afdeling is niet van toepassing, indien de exploitant jegens degene die de vordering instelt, aansprakelijk is uit hoofde van een exploitatie-overeenkomst of jegens deze persoon een beroep op een exploitatie-overeenkomst heeft.
- 2. Deze afdeling is van toepassing op de periode waarin een gevaarlijke stof zich in een spoorrijtuig bevindt, daaronder begrepen de periode vanaf het begin van de inlading van de gevaarlijke stof in het spoorrijtuig tot het einde van de lossing van die stof uit het spoorrijtuig.
- 3. Deze afdeling is niet van toepassing op schade veroorzaakt wanneer het spoorrijtuig uitsluitend wordt gebruikt op een niet voor publiek toegankelijk terrein en zulk gebruik een onderdeel vormt van een op dat terrein plaatsvindende bedrijfsuitoefening.
- 4. Op zich overeenkomstig het tweede lid aan boord bevindende stoffen als bedoeld in artikel 175 van Boek 6 is dat artikel niet van toepassing, tenzij zich het geval van het derde lid voordoet.

1. This section does not apply if the operator is liable towards the person instituting the action on the basis of a contract of operation, or if such operator can invoke a contract of operation against this person.
2. This section applies to the period in which a dangerous substance is in a railroad car, including the period from the commencement of the loading of the dangerous substance into the railroad car until the termination of the unloading of that substance from the railroad car.
3. This section does not apply to damage caused when the railroad car is used exclusively in an area which is not accessible to the public and when such use forms part of a business operation taking place in that area.
4. Article 175 of Book 6 does not apply to substances referred to in that article and which are on board according to paragraph 2 of this article, unless the case, referred to in paragraph 3 of article 175, occurs.

1. La présente section ne s'applique pas si l'exploitant est responsable envers celui qui intente l'action aux termes d'un contrat d'exploitation ou s'il peut invoquer ce contrat à l'encontre de cette personne.
2. La présente section s'applique à la période pendant laquelle la matière dangereuse se trouve dans le wagon de chemin de fer, ce qui comprend la période qui va du début du chargement de la matière dangereuse dans le wagon jusqu'à l'achèvement du déchargement de cette matière.
3. La présente section ne s'applique pas au dommage causé lorsque le wagon de chemin de fer est utilisé exclusivement dans un lieu non accessible au public et que cette utilisation fait partie de l'exploitation d'une entreprise dans ce lieu.
4. L'article 175 du Livre sixième ne s'applique pas aux matières visées à cet article se trouvant à bord conformément au paragraphe deuxième, à moins que ne se présente le cas prévu au paragraphe troisième.

Artikel 1672 - Indien een gevaarlijke stof zich bevindt in een vervoermiddel dat zich aan boord van een spoorrijtuig bevindt zonder dat de gevaarlijke stof uit dit gestapelde vervoermiddel wordt gelost, zal de gevaarlijke stof voor die periode geacht worden zich alleen aan boord van genoemd spoorrijtuig te bevinden. Gedurende de handelingen bedoeld in artikel 1673, zesde lid, onderdelen c, d en e, echter zal de gevaarlijke stof geacht worden zich alleen aan boord van het gestapelde vervoermiddel te bevinden.

If a dangerous substance is in a means of transportation which is on board a railroad car without the dangerous substance being unloaded from this means of transportation, the dangerous substance shall be deemed to be exclusively on board the aforementioned railroad car during that period. However, during the acts referred to in article 1673, paragraph 6, sub c, d and e, the dangerous substance shall be deemed to be exclusively on board the means of transportation.

Si une matière dangereuse se trouve dans un moyen de transport lui-même situé à bord d'un wagon de chemin de fer, sans que la matière dangereuse ne soit déchargée de ce moyen de transport, la matière dangereuse sera réputée pendant cette période se trouver uniquement à bord du wagon de chemin de fer. La matière dangereuse sera réputée pendant les activités visées aux points c, d et e du paragraphe sixième de l'article 1673 se trouver uniquement à bord de ce moyen de transport.

Artikel 1673 - 1. Hij die ten tijde van een gebeurtenis met een spoorrijtuig aan boord waarvan zich een gevaarlijke stof bevindt, exploitant is van de spoorweg waarop de gebeurtenis plaatsvond, is aansprakelijk voor de schade door die stof veroorzaakt ten gevolge van die gebeurtenis. Bestaat de gebeurtenis uit een opeenvolging van feiten met dezelfde oorzaak, dan rust de aansprakelijkheid op degene die ten tijde van het eerste feit exploitant was.
- 2. Indien gedurende de handelingen bedoeld in het zesde lid, onderdelen c, d en e, het spoorrijtuig waarin de gevaarlijke stof zich bevindt, wordt voortbewogen over een andere spoorweg dan de spoorweg waarop het spoorrijtuig zich bevond bij de aanvang van de handelingen, is uitsluitend de exploitant van de laatstbedoelde spoorweg aansprakelijk voor schade door die stof veroorzaakt tijdens deze handelingen.
- 3. De exploitant is niet aansprakelijk indien:
a. de schade is veroorzaakt door een oorlogshandeling, vijandelijkheden, burgeroorlog, opstand of natuurgebeuren van uitzonderlijke, onvermijdelijke en onweerstaanbare aard;
b. de schade uitsluitend is veroorzaakt door een handelen of nalaten van een derde, niet zijnde een persoon genoemd in het zesde lid, onderdeel a, geschied met het opzet de schade te veroorzaken;
c. de afzender of enige andere persoon niet heeft voldaan aan zijn verplichting hem in te lichten over de gevaarlijke aard van de stof, en noch de exploitant, noch de in het zesde lid, onderdeel a, genoemde personen wisten of hadden behoren te weten dat deze gevaarlijk was.
- 4. Indien de exploitant bewijst dat de schade geheel of gedeeltelijk het gevolg is van een handelen of nalaten van de persoon die de schade heeft geleden, met het opzet de schade te veroorzaken, of van de schuld van die persoon, kan hij geheel of gedeeltelijk worden ontheven van zijn aansprakelijkheid tegenover die persoon.
- 5. De exploitant kan voor schade slechts uit anderen hoofde dan deze afdeling worden aangesproken in het geval van het derde lid, onderdeel c, alsmede in het geval dat hij uit hoofde van arbeidsovereenkomst kan worden aangesproken. In het

ART. 1673   BOEK 8

geval van het derde lid, onderdeel c, kan de exploitant deze aansprakelijkheid beperken als ware hij op grond van deze afdeling aansprakelijk.
- 6. Behoudens de artikelen 1674 en 1675 zijn voor schade niet aansprakelijk:
a. de ondergeschikten, vertegenwoordigers of lasthebbers van de exploitant,
b. ieder die ten behoeve van het spoorrijtuig werkzaamheden verricht,
c. zij die anders dan tegen een uitdrukkelijk en redelijk verbod vanwege de exploitant in hulp verlenen aan het spoorrijtuig, de zich aan boord daarvan bevindende zaken of personen,
d. zij die op aanwijzing van een bevoegde overheidsinstantie hulp verlenen aan het spoorrijtuig, de zich aan boord daarvan bevindende zaken of personen,
e. zij die preventieve maatregelen nemen met uitzondering van de exploitant,
f. de ondergeschikten, vertegenwoordigers of lasthebbers van de in dit lid, onderdelen b, c, d en e, van aansprakelijkheid vrijgestelde personen, tenzij de schade is ontstaan uit hun eigen handelen of nalaten, geschied hetzij met het opzet die schade te veroorzaken, hetzij roekeloos en met de wetenschap dat die schade er waarschijnlijk uit zou voortvloeien.
- 7. De exploitant heeft, voor zover niet anders is overeengekomen, verhaal op de in het zesde lid bedoelde personen, doch uitsluitend indien dezen ingevolge het slot van dit lid voor de schade kunnen worden aangesproken.

1. The person who, at the time of an event with a railroad car on board of which there is a dangerous substance, is the operator of the railway on which the event took place, is liable for the damage caused by that substance as a result of that event. Where the event exists of a succession of facts with the same cause, the liability rests upon the person who was the operator at the time of the first fact.
2. If, during the acts referred to in paragraph 6, *sub c, d* and *e*, the railroad car in which the dangerous substance finds itself, is moved over another railway than the railway on which the railroad car was upon the commencement of the acts, only the operator of the latter railway is liable for damage caused by that substance during these acts.
3. The operator is not liable if:
a. the damage was caused by an act of war, hostilities, civil war, insurgence or natural events of an exceptional, unavoidable and irresistible nature;
b. the damage was caused

1. Celui qui, au moment d'un événement impliquant un wagon de chemin de fer à bord duquel se trouve une matière dangereuse, est exploitant de la voie ferrée sur laquelle avait lieu l'événement est responsable du dommage causé par cette matière par suite de l'événement. Si un événement consiste en une succession de faits ayant la même origine, la responsabilité incombe à celui qui est exploitant au moment du premier fait.
2. Si, au cours des activités visées aux points *c, d* et *e* du paragraphe sixième, le wagon de chemin de fer dans lequel se trouve la matière dangereuse est mû sur une voie ferrée autre que celle où le wagon se trouvait au commencement de ces activités, seul l'exploitant de cette autre voie ferrée est responsable du dommage causé par la matière dangereuse au cours de ces activités.
3. L'exploitant n'est pas responsable:
a. Si le dommage résulte d'un acte de guerre, d'hostilités, d'une guerre civile, d'une insurrection ou d'un phénomène naturel de caractère exceptionnel, inévitable et irrésistible;
b. Si le dommage résulte en totalité du

exclusively by an act or omission of a third person, not being a person referred to in paragraph 6, *sub a*, done with the intent to cause the damage;
c. the consignor or any other person has not complied with his obligation to inform the operator with regard to the dangerous nature of the substance, and if neither the operator nor the persons referred to in paragraph 6, *sub a*, knew or ought to have known that the substance was dangerous.
4. If the operator proves that the damage is wholly or partially the result of an act or omission of the person who has suffered the damage, done with the intent to cause the damage, or that it is the result of the fault of that person, the operator may be wholly or partially relieved of his liability with respect to that person.
5. The operator can only be sued for damage on a basis other than this section in the case of paragraph 3, *sub c*, as well as in the case that he can be sued pursuant to a labour contract. In the case of paragraph 3, *sub c*, the operator can limit this liability as if he were liable on the basis of this section.

6. Without prejudice to articles 1674 and 1675, the following persons are not liable for damage:
a. the servants, representatives or mandataries of the operator;
b. any person who performs activities for the railroad car;

c. the persons who, otherwise than against an express and reasonable prohibition on the part of the operator, are involved in the salvage of the railroad car, or of the things or persons on board thereof;
d. the persons who, upon the

fait qu'un tiers autre qu'une personne visée au point *a* du paragraphe sixième a agi ou omis d'agir dans l'intention de causer un dommage;
c. Si l'expéditeur ou toute autre personne ne s'est pas acquitté de son obligation de l'informer de la nature dangereuse de la matière et que ni l'exploitant ni les personnes visées au point *a* du paragraphe sixième n'avaient ou n'auraient dû avoir connaissance qu'elle était dangereuse;
4. Si l'exploitant prouve que le dommage résulte en totalité ou en partie du fait que la personne qui l'a subi a agi ou omis d'agir dans l'intention de causer un dommage ou de la faute de cette personne, il peut être relevé de tout ou partie de sa responsabilité envers elle.

5. L'exploitant ne peut être poursuivi en réparation du dommage à un autre chef que la présente section que dans le cas prévu au point *c* du paragraphe troisième, de même que dans le cas d'une poursuite au titre d'un contrat de travail. Dans le cas prévu au point *c* du paragraphe troisième, l'exploitant peut limiter cette responsabilité comme s'il était responsable aux termes de la présente Section.
6. Sous réserve des articles 1674 et 1675, ne sont pas responsables du dommage:
a. Les préposés, représentants ou mandataires de l'exploitant;
b. Toute personne qui s'acquitte de services pour le wagon de chemin de fer;
c. Les personnes qui, autrement qu'à l'encontre d'une défense expresse et raisonnable de la part de l'exploitant, prêtent assistance au wagon ou aux choses ou personnes se trouvant à bord;
d. Les personnes qui, sur les

instructions of a competent public authority, are involved in the salvage of the railroad car, or of the things or persons on board thereof;
e. the persons taking preventive measures, with the exception of the operator;
f. the servants, representatives or mandataries of the persons relieved of liability in this paragraph, sub b, c, d and e, unless the damage has arisen from their own act or omission, done either with the intent to cause that damage or recklessly and with the knowledge that that damage would probably result therefrom.
6. To the extent not otherwise agreed, the operator has recourse against the persons referred to in paragraph 6, but only if they can be sued for the damage pursuant to the end of this paragraph.

instructions d'une autorité publique compétente, prêtent assistance au wagon ou aux choses ou personnes se trouvant à bord;
e. Les personnes autres que l'exploitant qui prennent des mesures de sauvegarde;
f. Les préposés, représentants ou mandataires des personnes exemptes de responsabilité aux termes des points b, c, d et e, à moins que le dommage résulte de leur propre acte ou omission,, commis soit avec l'intention de provoquer un tel dommage, soit témérairement et avec conscience qu'un tel dommage en résulterait probablement.
7. L'exploitant a, dans la mesure où le contraire n'a pas été convenu, un recours contre les personnes visées au paragraphe sixième, mais seulement si elles peuvent être poursuivies en réparation du dommage aux termes de la fin du paragraphe.

Artikel 1674 - 1. Indien de exploitant bewijst dat de gevaarlijke stof tijdens de periode bedoeld in artikel 1671, tweede lid, is geladen of gelost onder de uitsluitende verantwoordelijkheid van een door hem bij name genoemde ander dan de exploitant of zijn ondergeschikte, vertegenwoordiger of lasthebber, zoals de afzender of ontvanger, is de exploitant niet aansprakelijk voor de schade als gevolg van een gebeurtenis tijdens het laden of lossen van de gevaarlijke stof en is die ander voor deze schade aansprakelijk overeenkomstig deze afdeling.
- 2.   Indien echter de gevaarlijke stof tijdens de periode bedoeld in artikel 1671, tweede lid, is geladen of gelost onder de gezamenlijke verantwoordelijkheid van de exploitant en een door de exploitant bij name genoemde ander, zijn de exploitant en die ander hoofdelijk aansprakelijk overeenkomstig deze afdeling voor de schade als gevolg van een gebeurtenis tijdens het laden of lossen van de gevaarlijke stof.
- 3.   Indien is geladen of gelost door een persoon in opdracht of ten behoeve van de vervoerder of een ander, zoals de afzender of de ontvanger, is niet deze persoon, maar de vervoerder of die ander aansprakelijk.
- 4.   Indien een ander dan de exploitant op grond van het eerste of het tweede lid aansprakelijk is, kan die ander geen beroep doen op artikel 1673, vijfde lid en zesde lid, onderdeel b.
- 5.   Indien een ander dan de exploitant op grond van het eerste of het tweede lid aansprakelijk is, zijn ten aanzien van die ander de artikelen 1678 tot en met 1680 van overeenkomstige toepassing, met dien verstande dat in geval van hoofdelijke aansprakelijkheid:

a. de beperking van aansprakelijkheid als bepaald krachtens artikel 1678, eerste lid, geldt voor het geheel der naar aanleiding van eenzelfde gebeurtenis ontstane vorderingen gericht tegen beiden;
b. een fonds gevormd door één van hen overeenkomstig artikel 1679 wordt aangemerkt als door beiden te zijn gevormd en zulks ten aanzien van de vorderingen waarvoor het fonds werd gesteld.
- 6. In de onderlinge verhouding tussen de exploitant en de in het tweede lid van dit artikel genoemde ander is de exploitant niet tot vergoeding verplicht dan in geval van schuld van hemzelf of van zijn ondergeschikten, vertegenwoordigers of lasthebbers.
- 7. Dit artikel is niet van toepassing als tijdens de periode, bedoeld in artikel 1671, tweede lid, is geladen of gelost onder de uitsluitende of gezamenlijke verantwoordelijkheid van een persoon, genoemd in artikel 1673, zesde lid, onderdeel *c*, *d* of *e*.

1. If the operator proves that the dangerous substance has been loaded or unloaded during the period referred to in article 1671, paragraph 2, under the exclusive responsibility of a person, such as the consignor or recipient, whom he mentions by name, other than the operator, or his servant, representative or mandatary, the operator is not liable for the damage as the result of an event during the loading or unloading of the dangerous substance, and in that case the other person is liable for this damage according to this section.
2. However, if the dangerous substance has been loaded or unloaded during the period referred to in article 1671, paragraph 2, under the joint responsibility of the operator and another person, whom he mentions by name, the operator and that other person are solidarily liable according to this section for the damage as a result of an event during the loading or unloading of the dangerous substance.
3. If loading or unloading has been done by a person upon the order or for the benefit of the carrier or another person, such as the consignor or recipient, it is not this person but the carrier or that other person who is liable.
4. If a person other than the

1. Si l'exploitant prouve que la matière dangereuse a été chargée ou déchargée, au cours de la période visée au paragraphe deuxième de l'article 1671, sous la seule responsabilité d'une personne, qu'il désigne nommément, tel l'expéditeur ou le réceptionnaire, mais autre que l'exploitant ou son préposé, représentant ou mandataire, il n'est pas responsable du dommage résultant d'un événement en cours de chargement ou déchargement de la matière dangereuse; cette autre personne en est alors responsable conformément à la présente Section.
2. Toutefois, si la matière dangereuse a été chargée ou déchargée, au cours de la période visée au paragraphe deuxième de l'article 1671, sous la responsabilité conjointe de l'exploitant et d'une autre personne qu'il désigne nommément, l'exploitant et cette autre personne sont solidairement responsables, conformément à la présente Section, du dommage résultant d'un événement en cours de chargement ou déchargement de la matière dangereuse.
3. Si le chargement ou le déchargement a été effectué par une personne agissant sous les ordres ou au profit du transporteur ou d'une autre personne, tel l'expéditeur ou le réceptionnaire, la responsabilité incombe non à cette personne, mais au transporteur ou à cette autre personne.
4. Si une autre personne que

operator is liable on the basis of paragraphs 1 or 2, that other person may not invoke article 1673, paragraph 5 and paragraph 6, *sub b.*

5. If a person other than the operator is liable on the basis of paragraphs 1 or 2, articles 1678 to 1680 inclusive apply *mutatis mutandis* to that other person, upon the understanding that in the case of solidarity:
a. the limitation of liability as determined pursuant to article 1678, first paragraph, applies for the whole of the actions aimed at both persons and which have arisen in connection with the same event;
b. a fund, constituted by one of them according to article 1679, is deemed to have been constituted by both persons and that with respect to the actions aimed at the fund;
6. In the mutual relationship between the operator and the other person, referred to in paragraph 2 of this article, the operator is not obligated to compensation except in he case of his own fault or that of his servants, representatives or mandataries.
7. This article does not apply if loading or unloading has taken place during the period referred to in article 1671, paragraph 2, under the exclusive or joint responsibility of a person, referred to in article 1673, paragraph 6, *sub c, d* or *e.*

l'exploitant est responsable aux termes des paragraphes premier ou deuxième, elle ne peut se prévaloir des paragraphes cinquième et sixième, point *b*, de l'article 1673.

5. Si une autre personne que l'exploitant est responsable aux termes des paragraphes premier ou deuxième, les articles 1678 à 1680 inclusivement s'appliquent par analogie, étant entendu que dans le cas de responsabilité solidaire:
a. La limitation de responsabilité déterminée en vertu du paragraphe premier de l'article 1678 s'applique à l'ensemble des actions nées d'un même événement et intentées contre les deux;
b. Le fonds constitué par l'un d'eux conformément à l'article 1679 est réputé avoir été constitué par les deux à l'égard des actions pour lesquelles le fonds est constitué.
6. Dans les rapports réciproques entre l'exploitant et l'autre personne visée au paragraphe deuxième du présent article, l'exploitant n'est tenu à la réparation du dommage que dans le cas de sa propre faute ou de celle de ses préposés, représentants ou mandataires.
7. Le présent article ne s'applique pas si le chargement ou déchargement a été effectué, au cours de la période visée au paragraphe deuxième de l'article 1671, sous la responsabilité exclusive ou conjointe d'une personne visée au paragraphe sixième, points *c, d* ou *e* de l'article 1673.

Artikel 1675 - Indien ingevolge artikel 1673, derde lid, onderdeel *c*, de exploitant niet aansprakelijk is, is de afzender of andere persoon aansprakelijk overeenkomstig deze afdeling en zijn te diens aanzien de artikelen 1678 tot en met 1680 van overeenkomstige toepassing. De afzender of andere persoon kan geen beroep doen op artikel 1673, vijfde lid.

If the operator is not liable pursuant to article 1673, paragraph 3, *sub c*, the consignor or other person is liable

Si, en application du paragraphe troisième, point *c*, de l'article 1673, l'exploitant n'est pas responsable,

according to this section, and with respect to them articles 1678 to 1680 inclusive apply *mutatis mutandis*. The consignor or other person may not invoke article 1673, paragraph 5.

l'expéditeur ou l'autre personne l'est, conformément à la présente Section et les articles 1678 à 1680 inclusivement s'appliquent à lui par analogie. L'expéditeur ou cette autre personne ne peut se prévaloir du paragraphe cinquième de l'article 1673.

Artikel 1676 - Indien schade veroorzaakt door de gevaarlijke stof redelijkerwijs niet kan worden gescheiden van schade anderszins veroorzaakt, zal de gehele schade worden aangemerkt als schade in de zin van deze afdeling.

If damage caused by the dangerous substance cannot be reasonably separated from damage caused otherwise, the whole damage shall be deemed to be damage within the meaning of this section.

Si le dommage causé par la matière dangereuse n'est pas raisonnablement séparable du dommage d'une autre origine, la totalité du dommage sera réputée dommage au sens de la présente Section.

Artikel 1677 - 1. Wanneer door een gebeurtenis schade is veroorzaakt door gevaarlijke stoffen aan boord van een spoorrijtuig dat gebruikt werd op meer dan één door verschillende exploitanten geëxploiteerde spoorweg, dan wel aan boord van een spoorrijtuig dat gebruikt werd op een of meer spoorwegen en een voertuig of luchtkussenvoertuig, zijn de exploitanten van de daarbij betrokken spoorwegen, het voertuig of het luchtkussenvoertuig, onverminderd het in artikel 1673, derde en vierde lid, en artikel 1674 en afdeling 1 van titel 14 bepaalde, hoofdelijk aansprakelijk voor alle schade waarvan redelijkerwijs niet kan worden aangenomen dat zij veroorzaakt is door gevaarlijke stoffen aan boord van een spoorrijtuig dat gebruikt werd op één of meer bepaalde spoorwegen of aan boord van een bepaald voertuig of luchtkussenvoertuig.
- 2. Het bepaalde in het eerste lid laat onverlet het beroep op beperking van aansprakelijkheid van de exploitant krachtens deze afdeling of de artikelen 1218 tot en met 1220, ieder tot het voor hem geldende bedrag.

1. Without prejudice to the provisions of article 1673, paragraphs 3 and 4, article 1674 and Section 1 of Title 14, when an event causes damage by dangerous substances on board a railroad car used on more than one railway operated by different operators, or on board a railroad car used on one or more railways and a vehicle or hovercraft, the operators of the railways, the vehicle or the hovercraft, involved therewith, are solidarily liable for all damage of which it cannot be reasonably assumed that it has been caused by dangerous substances on board a railroad car used on one or

1. Sans préjudice des dispositions des paragraphes troisième et quatrième de l'article 1673, de l'article 1674 et de la Section première du Titre quatorzième, lorsque le dommage résulte d'un événement mettant en cause un wagon de chemin de fer utilisé sur plusieurs voies ferrées exploitées par des exploitants différents, ou un wagon exploité par un ou plusieurs chemins de fer et un véhicule ou hydroglisseur ayant à bord les matières dangereuses causant le dommage, les exploitants des chemins de fer, du véhicule ou de l'hydroglisseur sont solidairement responsables de la totalité du dommage qui ne peut raisonnablement être imputé aux

more specific railways or on board a specific vehicle or hovercraft.

2. The provisions of the first paragraph do not affect the limitation of liability which the operator can invoke pursuant to this section or articles 1218 to 1220 inclusive, for each of them up to the amount applicable to him.

matières dangereuses se trouvant à bord d'un wagon utilisé sur une ou plusieurs voies ferrées déterminées ou à bord d'un véhicule ou hydroglisseur déterminé.

2. Les dispositions du paragraphe premier laissent intacte la limitation de responsabilité dont peut se prévaloir l'exploitant en vertu de la présente Section ou des articles 1218 à 1220 inclusivement, dans chaque cas jusqu'à concurrence de la somme qui lui est applicable.

Artikel 1678 - 1. De exploitant kan zijn aansprakelijkheid per gebeurtenis beperken tot een bij of krachtens algemene maatregel van bestuur te bepalen bedrag of bedragen die verschillend kunnen zijn voor vorderingen ter zake van dood of letsel en andere vorderingen.
- 2. De exploitant is niet gerechtigd zijn aansprakelijkheid te beperken indien de schade is ontstaan uit zijn eigen handelen of nalaten, geschied hetzij met het opzet die schade te veroorzaken, hetzij roekeloos en met de wetenschap dat die schade er waarschijnlijk uit zou voortvloeien.

1. The operator can limit his liability per event to an amount or amounts to be determined by or pursuant to regulation; these amounts may be different with respect to death or bodily injury and other claims.
2. The operator is not entitled to limit his liability if the damage has arisen from his own act or omission, done either with the intent to cause that damage or recklessly and with the knowledge that that damage would probably result therefrom.

1. L'exploitant peut limiter sa responsabilité par événement à une ou des sommes à déterminer par décret, ces sommes pouvant différer pour les créances en matière de décès et de lésion corporelle et pour les autres créances.
2. L'exploitant n'a pas le droit de limiter sa responsabilité si le dommage résulte de son propre acte ou omission, commis soit avec l'intention de provoquer un tel dommage, soit témérairement et avec conscience qu'un tel dommage en résulterait probablement.

Artikel 1679 - Ten einde zich te kunnen beroepen op de in artikel 1678 bedoelde beperking van aansprakelijkheid moet de exploitant een fonds of fondsen vormen overeenkomstig artikel 1680.

In order to be able to invoke the limitation of liability referred to in article 1678, the operator must constitute a fund or funds according to article 1680.

Afin de pouvoir invoquer la limitation de responsabilité visée à l'article 1678, l'exploitant doit constituer un ou des fonds conformément à l'article 1680.

Artikel 1680 - 1. Hij die gebruik wenst te maken van de hem in artikel 1678 gegeven bevoegdheid tot beperking van zijn aansprakelijkheid, verzoekt een arrondissementsrechtbank die bevoegd is kennis te nemen van de vorderingen tot vergoeding van schade, het bedrag waartoe zijn aansprakelijkheid is beperkt, vast

te stellen en te bevelen dat tot een procedure ter verdeling van dit bedrag zal worden overgegaan.
- 2. Op het verzoek en de procedure ter verdeling zijn de artikelen 320*a*, tweede tot en met vierde lid, 320*b* en 320*c*, 320*e*, eerste lid, 320*f* tot en met 320*t*, eerste lid, en 320*u* tot en met 320*z* van het Wetboek van Burgerlijke Rechtsvordering van overeenkomstige toepassing.
- 3. Indien het krachtens artikel 1678, eerste lid, bepaalde bedrag voor vorderingen ter zake van dood of letsel onvoldoende is voor volledige vergoeding van deze vorderingen, worden deze vorderingen in evenredigheid gekort en zal het krachtens artikel 1678, eerste lid, bepaalde bedrag voor andere vorderingen naar evenredigheid worden verdeeld onder die vorderingen en de vorderingen ter zake van dood of letsel, voor zover deze onvoldaan zouden zijn.
- 4. De vorderingen van de exploitant ter zake van door hem vrijwillig en binnen de grenzen der redelijkheid gedane uitgaven en gebrachte offers ter voorkoming of beperking van schade staan in rang gelijk met andere vorderingen op het krachtens artikel 1678, eerste lid, bepaalde bedrag voor andere vorderingen dan die ter zake van dood of letsel.

1. The person who wishes to use the power given to him in article 1678 to limit his liability, shall request a district court with jurisdiction to hear the actions for compensation of damage to determine the amount to which his liability is limited, and to order to proceed to a procedure to distribute this amount.

2. Articles 320*a*, paragraphs 2 to 4 inclusive, 320*b* and 320*c*, 320*e*, paragraph 1, 320*f* to 320*t*, paragraph 1 inclusive, and 320*u* to 320*z* inclusive of the Code of Civil Procedure apply *mutatis mutandis* to the request and the procedure of distribution.

3. If the amount determined pursuant to article 1678, first paragraph, for claims with respect to death or bodily injury, is insufficient for complete compensation of these claims, they shall be reduced proportionally, and the amount determined pursuant to article 1678, first paragraph, for other claims shall be distributed proportionally amongst those claims and the claims with respect to death or bodily injury, to the extent that these would remain unpaid.

4. The claims of the operator with

1. Celui qui entend se prévaloir du pouvoir que l'article 1678 lui accorde de limiter sa responsabilité fait une requête au tribunal de première instance compétent pour connaître des actions en matière de réparation de dommage, afin de faire établir la somme à laquelle sa responsabilité est limitée et d'ordonner qu'une procédure de répartition de cette somme soit entreprise.

2. Les articles 320*a*, paragraphes deuxième à quatrième inclusivement, 320*b* et 320*c*, 320*e*, paragraphe premier, 320*f* à 320*t*, paragraphe premier, inclusivement et 320*u* à 320*z* inclusivement du Code de procédure civile s'appliquent par analogie à la requête et à la procédure de répartition.

3. Si la somme déterminée en vertu de l'article 1678, paragraphe premier, pour les créances en matière de décès ou de lésion corporelle est insuffisante pour les acquitter complètement, les créances sont réduites proportionnellement et la somme déterminée en vertu de l'article 1678, paragraphe premier, pour les autres créances sera distribuée proportionnellement à ces créances et à celles en matière de décès ou de lésion corporelle, dans la mesure où elles seraient demeurées impayées.

4. Les créances de l'exploitant pour

respect to expenses and sacrifices which he has made freely and within the boundaries of reason in order to prevent or limit damage, take equal rank with other claims to the amount determined pursuant to article 1678, first paragraph, for claims other than those for death or bodily injury.

dépenses engagées et sacrifices consentis volontairement et dans des limites raisonnables en vue de prévenir ou de limiter le dommage ont le même rang que les autres créances sur la somme déterminée en vertu de l'article 1678, paragraphe premier, pour créances autres que celles en matière de décès et de lésion corporelle.

VII SLOTBEPALINGEN

VII FINAL PROVISIONS

VII DISPOSITIONS FINALES

TITEL 20 VERJARING EN VERVAL

TITLE 20 PRESCRIPTION AND LAPSE OF TIME

TITRE VINGTIEME DE LA PRESCRIPTION ET DE LA DECHEANCE

Afdeling 1 Algemene bepalingen

Section 1. General Provisions

Section première Dispositions générales

Art. 1700 (8.18.1) - 1. Een beding, waarbij een wettelijke termijn van verjaring of verval wordt gewijzigd, wordt aangemerkt als een beding ter wijziging van de aansprakelijkheid van hem, aan wie een beroep op deze termijn toekomt.
- 2. Behoudens artikel 1701 is ieder beding nietig, waarbij van het vorige lid wordt afgeweken.

1. A stipulation, whereby a statutory prescription period or period of lapse of time is modified, is deemed to be a stipulation to modify the liability of the person who has the right to invoke this period.
2. Except for article 1701, any stipulation derogating from the previous paragraph is null.

1. La stipulation par laquelle un délai légal de prescription ou de déchéance est modifié est réputée stipulation visant à modifier la responsabilité de celui qui peut se prévaloir de ce délai.
2. Sous réserve de l'article 1701, toute stipulation dérogeant au paragraphe précédent est nulle.

Art. 1701 (8.18.2) Een termijn, bij afloop waarvan een rechtsvordering verjaart of vervalt, kan worden verlengd bij overeenkomst tussen partijen, gesloten nadat het feit, dat de rechtsvordering heeft doen ontstaan, heeft plaatsgehad. In afwijking van het eerste lid van artikel 1700 wordt een dergelijke verlenging niet aangemerkt als een wijziging van aansprakelijkheid van hem aan wie een beroep op een dergelijke termijn toekomt.

A period upon the expiration of which an action is prescribed or

Le délai à l'expiration duquel une action en justice se prescrit ou s'éteint peut être

lapses, can be extended by contract between the parties, entered into after the fact, which has given rise to the action, has taken place. By derogation from the first paragraph of article 1700, such extension is not deemed to be a modification of liability of the person who has the right to invoke such a period.

prolongé par convention conclue entre les parties après le fait qui a donné lieu à l'action. Par dérogation au paragraphe premier de l'article 1700, une telle prolongation n'est pas réputée être une modification de la responsabilité de celui qui peut se prévaloir de ce délai.

Art. 1702 (8.18.3) Het feit, dat een schuldenaar opzettelijk het bestaan van de schuld voor de schuldeiser verborgen houdt, is niet van invloed op een termijn van verjaring of verval.

The fact that a debtor intentionally conceals the existence of the claim from the creditor, does not influence a prescription period or period of lapse of time.

Le fait pour un débiteur de cacher délibérément au créancier l'existence d'une dette n'influe en rien sur le délai de prescription ou de déchéance.

Afdeling 2 Goederenvervoer

Section 2.
Carriage of goods

Section deuxième
Du transport des biens

Art. 1710 (8.18.4) In artikel 1711 en in de artikelen 1713 tot en met 1720 wordt verstaan onder:
a. vervoerovereenkomst: een overeenkomst van goederenvervoer als genoemd in de afdelingen 1 van titel 2, 2 van titel 5, 2 van titel 10, 2 van titel 13 dan wel 4 van titel 13.
b. vervoerder: een vervoerder bij een vervoerovereenkomst.
c. afzender: een afzender, cognossementhouder, geadresseerde of ontvanger bij een vervoerovereenkomst.
d. dag van aflevering: dag waarop de onder de vervoerovereenkomst te vervoeren of vervoerde zaken uit het vervoermiddel zijn afgeleverd, dan wel, indien zij niet zijn afgeleverd, onder de al dan niet tot uitvoering gekomen vervoerovereenkomst hadden moeten zijn afgeleverd. Worden zaken na voortijdige beëindiging van de vervoerovereenkomst alsnog door de vervoerder in feite afgeleverd, dan geldt de dag dezer feitelijke aflevering als dag van aflevering. Worden zaken op grond van de artikelen 491, 957, 1133 of 1198 dan wel enig beding van dusdanige strekking verkocht, dan geldt de dag van de verkoop als dag van aflevering.

In article 1711 and in articles 1713 to 1720 inclusive:
a. contract of carriage means a contract of carriage of goods, as referred to in Sections 1 of Title 2, 2 of Title 5, 2 of Title 10, 2 of Title 13, and 4 of Title 13;

À l'article 1711 et aux articles 1713 à 1720 inclusivement, l'expression
a. Contrat de transport désigne le contrat de transport de marchandises évoqué aux Sections première du Titre deuxième, deuxième du Titre cinquième, deuxième du Titre

b. carrier means a carrier in a contract of carriage;
c. consignor means a consignor, holder of a bill of lading, addressee or recipient in a contract of carriage;
d. day of delivery means the day on which the things, which are to be carried or have been carried under the contract of carriage, have been delivered from the means of transportation or, if they have not been delivered, the day on which they should have been delivered under the contract of carriage, whether or not performed. Where, after premature termination of the contract of carriage, things are as yet delivered by the carrier in fact, the day of this factual delivery is deemed to be the day of delivery. Where things are sold on the basis of articles 491, 957, 1133 or 1198 or of any stipulation to such effect, the day of sale is deemed to be the day of delivery.

dixième, deuxième du Titre treizième et quatrième du Titre treizième.
b. Transporteur désigne le transporteur au contrat de transport.
c. Expéditeur désigne l'expéditeur, le porteur du connaissement, le destinataire ou réceptionnaire au contrat de transport.
d. Jour le livraison désigne le jour où les choses à transporter ou transportées ont été livrées, conformément au contrat de transport, à partir du moyen de transport ou, si elles n'ont pas été livrées, auraient dû l'être sous l'empire du contrat de transport, qu'il soit ou non venu à exécution. Si les choses sont en fait livrées par le transporteur après la fin prématurée du contrat, le jour de la livraison réelle est réputé jour de livraison. Si les choses sont vendues par application des articles 491, 957, 1133 ou 1198 ou d'une clause au même effet, le jour de la vente est réputé jour de livraison.

Art. 1711 (8.18.5) Behoudens de artikelen 1712 en 1720 verjaart een op een vervoerovereenkomst gegronde rechtsvordering door verloop van één jaar.

Except for articles 1712 and 1720, an action based upon a contract of carriage is prescribed by the lapse of one year.

Sous réserve des articles 1712 et 1720, l'action en justice fondée sur le contrat de transport se prescrit par un an.

Art. 1712 (8.18.6) - 1. De vervoerder bij een vervoerovereenkomst onder cognossement, als bedoeld in artikel 377, is in ieder geval van alle aansprakelijkheid, welke dan ook, met betrekking tot de vervoerde zaken ontheven, tenzij een rechtsvordering wordt ingesteld binnen één jaar, welke termijn begint met de aanvang van de dag volgende op de dag van aflevering of de dag waarop de zaken hadden moeten zijn afgeleverd.
- 2. In afwijking van het eerste lid kunnen rechtsvorderingen tot verhaal op een derde zelfs na afloop van de in dat lid genoemde termijn worden ingesteld gedurende een termijn van drie maanden, te rekenen van de dag waarop degene die een zodanige rechtsvordering tot verhaal instelt ten aanzien van het van

hemzelf gevorderde de zaak heeft geregeld of waarop hij te dien aanzien in rechte is aangesproken.
- 3. De in het eerste lid bedoelde termijn kan worden verlengd bij overeenkomst tussen partijen, gesloten nadat de gebeurtenis die de rechtsvordering heeft doen ontstaan, heeft plaatsgehad.

1. The carrier in a contract of carriage under bill of lading, as referred to in article 377, is in any event relieved of all liability whatsoever with respect to the things carried, unless an action is instituted within one year; this period commences with the beginning of the day following the one of delivery or the day on which the things should have been delivered.
2. By derogation from the first paragraph, an action in warranty against a third person can be instituted even after the lapse of the period referred to in that paragraph, during a period of three months, to be calculated from the day on which the person instituting such an action in warranty has settled the case with respect to what has been claimed from him, or from the day on which he has been sued in this respect.
3. The period, referred to in the first paragraph, can be extended by contract between the parties, entered into after the occurrence of the fact which has given rise to the action.

1. Le transporteur dans un contrat de transport sous connaissement visé à l'article 377 est dans tous les cas exonéré de toute responsabilité, quelle qu'elle soit, relative aux choses transportées, à moins que l'action en justice ne soit intentée dans le délai d'un an, ce délai courant à compter du lendemain du jour de livraison ou de celui où les choses auraient dû être livrées.
2. Par dérogation au paragraphe premier, le recours contre un tiers peut être intenté, même après la fin du délai visé à ce paragraphe, pendant un délai de trois mois à compter du jour où la personne qui l'intente a réglé la demande contre elle-même ou de celui où elle a été poursuivie en justice à ce sujet.
3. Le délai visé au paragraphe premier peut être prolongé par convention conclue entre les parties après l'événement qui a donné lieu à l'action.

Art. 1713 (8.18.7) - 1. Behoudens artikel 1716 en in afwijking van artikel 1717 begint in geval van een door een afzender tegen een vervoerder ingestelde rechtsvordering terzake van niet terbeschikkingstelling van het vervoermiddel of niet aanwezig zijn daarvan, de in artikel 1711 genoemde termijn met de aanvang van de dag, volgende op de dag dat het vervoermiddel ter beschikking gesteld had moeten zijn.
- 2. Het eerste lid is van overeenkomstige toepassing in geval van een door een afzender tegen een vervoerder ingestelde rechtsvordering terzake van het niet aanvangen van een verhuizing.

1. Except for article 1716 and by derogation from article 1717, in the case of an action instituted by a consignor against a carrier for not putting the means of transportation at disposal or for the absence thereof,

1. Sous réserve des articles 1716 et par dérogation à l'article 1717, le délai visé à l'article 1711, dans le cas d'une action en justice intentée par l'expéditeur contre le transporteur pour défaut de mettre à disposition le moyen de

the period, referred to in article 1711, commences with the beginning of the day following the one on which the means of transportation should have been put at disposal.

2. Paragraph 1 applies *mutatis mutandis* in the case of an action instituted by a consignor against a carrier for the non-commencement of a removal.

transport ou d'en assurer la présence, court à compter du lendemain du jour où le moyen de transport aurait dû être mis à disposition.

2. Le paragraphe premier s'applique par analogie dans le cas de l'action en justice intentée par un expéditeur contre un transporteur pour le défaut de commencer le déménagement.

Art. 1714 (8.18.8) In afwijking van artikel 1717 en behoudens artikel 1719 begint de in artikel 1711 genoemde termijn met de aanvang van de dag, volgende op de dag van aflevering, indien het een rechtsvordering betreft terzake van het

a. ten vervoer ter beschikking stellen of ontvangen van bepaalde zaken, verschaffen van opgaven, inlichtingen of documenten betreffende deze zaken, betrachten van zorg ten aanzien van deze documenten, adresseren van bepaalde zaken of aanbrengen van gegevens op die zaken of op hun verpakking;
b. laden, behandelen, stuwen, herstuwen, vervoeren, lossen, opslaan, vernietigen of onschadelijk maken van bepaalde zaken dan wel berokkenen van schade door die zaken of door in- of uitladen daarvan;
c. afleveren van bepaalde zaken, verschaffen van middelen tot onderzoek en natellen daarvan, betalen van vracht daarover of van onkosten of extravergoedingen in verband met deze zaken, vergoeden van de in de artikelen 488, 951, 1129 of 1195 bedoelde schade en innen en afdragen van remboursgelden;
d. invullen, aanvullen, dateren, ondertekenen of afgeven van een cognossement, vrachtbrief, ontvangstbewijs of een soortgelijk document.

By derogation from article 1717 and except for article 1719, the period, referred to in article 1711, commences with the beginning of the day following the one of delivery, if it concerns an action for
a. the putting at disposal for carriage or the reception of certain determinate things, the provision of indications, information or documents regarding these things, the exercise of care with respect to these documents, the putting of addresses on certain determinate things, or the putting of data on those things or their packing;
b. the loading, handling, stowing, restowing, carriage, unloading, storing, or destruction of certain determinate things or for

Par dérogation à l'article 1717 et sous réserve de l'article 1719, le délai visé à l'article 1711 court à compter du lendemain du jour de livraison, si l'action en justice porte
a. Sur la mise à disposition ou la réception de choses déterminées, sur les déclarations, indications ou documents à fournir au sujet de ces choses, sur les soins apportés aux documents, sur l'adressage de choses déterminées ou sur des indications à apposer sur celles-ci ou leur emballage;
b. Sur le chargement, la manutention, l'arrimage, le réarrimage, le transport, le déchargement, l'entreposage, la destruction de

rendering them harmless, or for causing damage by those things or by the loading or unloading thereof;

c. the delivery of certain determinate things, the provision of means to examine and count them, the payment of freight therefor, or of costs for special compensation in connection with these things, the compensation of damage, referred to in articles 488, 951, 1129 or 1195, and the collection or handing over of moneys for cost on delivery charges;

d. the filling in, supplementing, dating, signing or handing over of a bill of lading, waybill, receipt or similar document.

choses déterminées ou le fait de les rendre inoffensives, de même que sur le dommage causé par ces choses ou par leur chargement ou déchargement;

c. Sur la livraison de choses déterminées, sur les facilités fournies pour les examiner et compter, sur le paiement du fret ou de frais ou indemnités particulières pour ces choses, sur la réparation du dommage visé aux articles 488, 951, 1129 ou 1195 et sur la perception ou le versement des sommes perçues au titre d'envois contre remboursement.

d. Sur la façon de remplir, de compléter, de dater, de signer ou de remettre le connaissement, la lettre de voiture, le récépissé ou un document semblable.

Art. 1715 (8.18.9) In afwijking van artikel 1717 en behoudens artikel 1719 is op een rechtsvordering door de vervoerder of de afzender ingesteld met betrekking tot materiaal, dat van de zijde van de afzender ter beschikking moet worden gesteld of is gesteld, artikel 1714 van overeenkomstige toepassing met dien verstande, dat in geval de vervoerder volgens de overeenkomst niet tot teruggave van het materiaal verplicht is onder de dag van aflevering daarvan mede wordt verstaan de dag waarop dit materiaal te zijner beschikking werd gesteld.

By derogation from article 1717 and except for article 1719, article 1714 applies *mutatis mutandis* to an action instituted by the carrier or consignor with respect to material which must be put at disposal or has been put at disposal on the part of the consignor, upon the understanding that, in case the carrier is not obliged according to the contract to give the material back, the day of delivery also includes the day on which this material has been put at his disposal.

Par dérogation à l'article 1717 et sous réserve de l'article 1719, l'article 1714 s'applique par analogie à l'action en justice intentée par le transporteur ou l'expéditeur relativement au matériel devant être mis à disposition par l'expéditeur ou l'ayant été, étant entendu que, s'agissant du cas où le transporteur en vertu du contrat n'est pas tenu à la remise du matériel, jour de livraison comprend aussi le jour où le matériel a été mis à sa disposition.

Art. 1716 (8.18.10) In afwijking van de artikelen 1713 en 1717 begint de in artikel 1711 genoemde termijn in geval van een rechtsvordering terzake van schade geleden door opzegging of door voortijdige beëindiging van de vervoerovereenkomst zonder opzegging, met de aanvang van de dag volgende op de dag dat de overeenkomst eindigt.

By derogation from articles 1713 and 1717, in case of an action for damage suffered by cancellation or premature termination of the contract of carriage without notice, the period referred to in article 1711 commences with the beginning of the day following the one on which the contract is terminated.

Par dérogation aux articles 1713 et 1717, s'agissant d'une action en réparation du dommage subi par la résiliation du contrat de transport ou sa fin prématurée sans avis, le délai visé à l'article 1711 court à partir du lendemain du jour où le contrat prend fin.

Art. 1717 (8.18.11) Behoudens de artikelen 1713 tot en met 1716, 1718, 1719 en 1822 begint in geval van een rechtsvordering gegrond op een tijdbevrachting de in artikel 1711 genoemde termijn met de aanvang van de dag, volgende op die waarop de uitvoering van de overeenkomst is geëindigd; in geval van een rechtsvordering gegrond op een reisbevrachting begint deze termijn met de aanvang van de dag volgende op die waarop de reis, naar aanleiding waarvan de vordering is ontstaan, is geëindigd.

Except for articles 1713 to 1716 inclusive, 1718, 1719 and 1822, in case of an action based upon a time-charter, the period referred to in article 1711 commences with the beginning of the day following the one on which the performance of the contract has been terminated; in case of an action based upon a voyage-charter, this period commences with the beginning of the day following the one on which the voyage in respect of which the action has arisen, has been terminated.

Sous réserve des articles 1713 à 1716 inclusivement, 1718, 1719 et 1822, s'agissant d'une action en justice fondée sur un affrètement à temps, le délai visé à l'article 1711 court à partir du lendemain du jour où l'exécution du contrat a pris fin; s'agissant d'une action en justice fondée sur un affrètement à voyage, ce délai court à partir du lendemain du jour où s'est terminé le voyage à propos duquel l'action a pris naissance.

Art. 1718 (8.18.12) In afwijking van artikel 1717 begint de in artikel 1711 genoemde termijn in geval van een rechtsvordering tot schadevergoeding, verschuldigd doordat aan een verplichting tot verwittigen of op de hoogte stellen niet werd voldaan, met de aanvang van de dag, volgende op de dag waarop deze verplichting ontstond.

By derogation from article 1717, in case of an action for damages owed because an obligation to notify or to inform has not been complied with, the period referred to in article 1711, commences with the beginning of the day following the one on which this obligations arose.

Par dérogation à l'article 1717, s'agissant d'une action en dommages-intérêts pour inexécution d'une obligation d'aviser ou d'informer, le délai visé à l'article 1711 court à partir du lendemain du jour où l'obligation a pris naissance.

Art. 1719 (8.18.13) In afwijking van de artikelen 1714, 1715 en 1717 begint in geval van een door een vervoerder ingestelde rechtsvordering tot vergoeding van schade geleden door verlies of beschadiging van een vervoermiddel de in artikel

ART. 1720   BOEK 8

1711 genoemde termijn met de aanvang van de dag, volgende op die waarop het verlies of de beschadiging plaatsvond.

By derogation from articles 1714, 1715 and 1717, in case of an action instituted by a carrier to compensate for damage suffered by loss of, or damage to a means of transportation, the period, referred to in article 1711, commences with the beginning of the day following the one on which the loss or damage took place.

Par dérogation aux articles 1714, 1715 et 1717, s'agissant de l'action du transporteur en réparation du dommage subi par la perte ou l'endommagement du moyen de transport, le délai visé à l'article 1711 court à partir du lendemain du jour où la perte ou l'endommagement s'est produit.

Art. 1720 (8.18.14) - 1. Behoudens artikel 1712 begint ten behoeve van een vervoerder of een afzender, voor zover deze verhaal zoekt op een partij bij een exploitatie-overeenkomst, als bedoeld in artikel 361, voor hetgeen door hem aan een derde is verschuldigd, een nieuwe termijn van verjaring of verval, welke drie maanden beloopt; deze termijn begint met de aanvang van de dag, volgende op de eerste der volgende dagen:
a. de dag waarop hij, die verhaal zoekt, aan de tot hem gerichte vordering heeft voldaan of
b. de dag waarop hij, die verhaal zoekt, terzake in rechte is aangesproken of
c. de dag waarop de verjaring, waarop hij, die verhaal zoekt, beroep zou kunnen doen, is gestuit of
d. de dag waarop de termijn van de verjaring of het verval van de rechtsvordering waarvoor verhaal wordt gezocht, is verlopen, waarbij geen rekening wordt gehouden met een mogelijkerwijs door partijen overeengekomen verlenging.
- 2. Het eerste lid kan er niet toe leiden, dat de voor rechtsvorderingen, gegrond op de desbetreffende exploitatieovereenkomst, geldende termijn van verjaring of verval eerder verstrijkt ten aanzien van de rechtsvordering tot verhaal die op die exploitatie-overeenkomst is gegrond.
- 3. Voor de toepassing van dit artikel wordt een overeenkomst, waarbij door de ene partij een vervoermiddel anders dan bij wijze van bevrachting en anders dan bij wijze van een overeenkomst als bedoeld in artikel 1080 derde lid, ter beschikking wordt gesteld van haar wederpartij, als exploitatie-overeenkomst aangemerkt en worden de partijen bij die overeenkomst aangemerkt als vervoerder en afzender.

1. Except for article 1712, a new period of prescription or lapse of time of a duration of three months begins in favour of a carrier or consignor, to the extent that they seek recourse against a party to a contract of operation, as referred to in article 361, for what they owe to a third person; this period commences with the beginning of the day following the first of the following days:
a. the day on which the person

1. Sous réserve de l'article 1712, un nouveau délai de prescription ou de déchéance de trois mois court au profit du transporteur ou de l'expéditeur dans la mesure où il intente un recours contre une partie à un contrat d'exploitation visé à l'article 361 pour ce qu'il doit à un tiers; le délai court à compter du lendemain du premier arrivé des jours suivants:
a. Le jour où la personne intentant le

seeking recourse has paid the claim addressed to him; b. the day on which the person seeking recourse has been sued in this respect; c. the day on which the prescription which could be invoked by the person seeking recourse, has been interrupted; or d. the day on which the prescription period or the period of lapse of time of the action for which recourse is sought, has been completed, without taking into account an extension which may possibly have been agreed between the parties. 2. The first paragraph may not lead to the situation that the period of prescription or of lapse of time applicable to actions based on the relevant contract of operation, is completed earlier with respect to the action for recourse based on that contract of operation. 3. For the application of this article, a contract, whereby one party puts a means of transportation at the disposal of his co-contracting party otherwise than by way of chartering or by a contract, as referred to in article 1080, paragraph 3, is deemed to be a contract of operation, and the parties to that contract are deemed to be carrier and consignor.	recours a satisfait la demande qui lui est adressée; b. Le jour où la personne intentant le recours a été poursuivie en justice à ce sujet; c. Le jour où a été interrompue la prescription dont pourrait se prévaloir la personne intentant le recours; d. Le jour où expire le délai de prescription ou de déchéance de l'action en justice pour laquelle le recours est intenté, sans qu'il soit tenu compte de la prolongation dont les parties ont pu convenir. 2. Le paragraphe premier ne peut avoir pour effet de faire expirer le délai de prescription ou de déchéance des actions en justice fondées sur le contrat d'exploitation plus tôt à l'égard du recours fondé sur ce contrat. 3. Aux fins du présent article, le contrat par lequel l'une des parties met le moyen de transport à la disposition de l'autre partie, autrement que par affrètement ou par un contrat visé au paragraphe troisième de l'article 1080, est réputé contrat d'exploitation et les parties à ce contrat sont réputées transporteur et expéditeur.

Art. 1721 (8.18.15) - 1. Indien uit hoofde van de artikelen 1710 tot en met 1720 enige rechtsvordering in verschillende termijnen verjaart of vervalt dan wel te haren aanzien het begin van de termijn, waarbinnen de rechtsvordering verjaart of vervalt, verschilt, geldt die bepaling die de termijn van verjaring of verval het laatst doet eindigen.
- 2. Het vorige lid laat artikel 1712 onverlet.

1. If, pursuant to articles 1710 to 1720 inclusive, any action is prescribed or lapses in different periods, or if with respect to the action the beginning of the period, within which the action is prescribed or lapses, differs, that provision applies which has the period of	1. Si, par l'effet des articles 1710 à 1720 inclusivement, une action en justice se prescrit ou s'éteint par des délais différents ou qu'il y ait divergence quant au début du délai par lequel l'action en justice se prescrit ou s'éteint, la disposition entraînant la fin la plus éloignée du délai de prescription ou

prescription or of lapse of time terminate last.
2. The preceding paragraph does not affect article 1712.

de déchéance prévaut.
2. Le paragraphe précédent laisse intact l'article 1712.

Art. 1722 (8.18.16) - 1. De artikelen 1710 tot en met 1721 zijn van toepassing op overeenkomsten van gecombineerd goederenvervoer, met dien verstande, dat onder afzender mede de houder van een CT-document wordt verstaan en onder dag van aflevering, de dag van aflevering onder de overeenkomst van gecombineerd goederenvervoer.
- 2. Indien bij een overeenkomst van gecombineerd goederenvervoer aan hem die de rechtsvordering instelt niet bekend is waar de omstandigheid, die tot de rechtsvordering aanleiding gaf, is opgekomen, wordt die der in aanmerking komende bepalingen van verjaring of verval toegepast die voor hem de gunstigste is.
- 3. Nietig is ieder beding, waarbij van het tweede lid van dit artikel wordt afgeweken.

1. Articles 1710 to 1721 inclusive apply to contracts of combined carriage of goods, upon the understanding that the consignor also includes the holder of a CT document, and that the day of delivery includes the day of delivery under the contract of combined carriage of goods.
2. If, in a contract of combined carriage of goods, the person instituting the action does not know where the fact giving rise to the action has occurred, that relevant provision regarding prescription or lapse of time is applied which is most favourable to him.
3. Any stipulation derogating from paragraph 2 of this article is null.

1. Les articles 1710 à 1720 inclusivement s'appliquent au contrat de transport combiné de marchandises, étant entendu que l'expéditeur comprend également le porteur du document TC et que le jour de livraison comprend le jour de livraison prévu au contrat de transport combiné de marchandises.
2. S'agissant d'un contrat de transport combiné de marchandises, si celui qui intente l'action en justice n'est pas au courant du lieu de survenance de la circonstance qui a donné lieu à l'action, celle des dispositions de prescription et de déchéance concernées qui lui est le plus favorable s'applique.
3. Toute stipulation dérogatoire au paragraphe deuxième est nulle.

Afdeling 3 Bijzondere exploitatie-overeenkomsten

Section 3. Special contracts of operation

Section troisième Des contrats d'exploitation particuliers

Art. 1730 (8.18.17) - 1. Een rechtsvordering gegrond op een overeenkomst, als bedoeld in afdeling 4 van titel 5 of afdeling 4 van titel 10, verjaart door verloop van één jaar.
- 2. De artikelen 1710, 1713 tot en met 1722 en 1750 tot en met 1754 zijn van overeenkomstige toepassing.

1. An action based on a contract, as referred to in Section 4 of Title 5 or Section 4 of Title 10, is prescribed by the lapse of one year.

2. Articles 1710, 1713 to 1722 inclusive, and 1750 to 1754 inclusive apply *mutatis mutandis*.

1. L'action en justice fondée sur un contrat visé à la Section quatrième du Titre cinquième ou de la Section quatrième du Titre dixième se prescrit par un an.

2. Les articles 1710, 1713 à 1722 inclusivement et 1750 à 1754 inclusivement s'appliquent par analogie.

Afdeling 4 Overeenkomst tot het doen vervoeren van goederen

Section 4.	Section quatrième
Contract to forward goods	Du contrat à faire transporter des marchandises

Art. 1740 (8.18.18) - 1. Behoudens artikel 1741 verjaart een op een overeenkomst tot het doen vervoeren van goederen gegronde rechtsvordering door verloop van negen maanden.
- 2. De in het eerste lid bedoelde termijn begint te lopen met de aanvang van de dag, volgende op de dag van aflevering. Voor de vaststelling van deze dag vindt artikel 1710 onder *d* overeenkomstige toepassing. Is de rechtsvordering echter gegrond op artikel 62 of op artikel 63, dan wel op enig beding van gelijke strekking, dan begint deze termijn met de aanvang van de dag, volgende op die waarop de opdrachtgever wist, dat de expediteur niet aan zijn verplichting tot het doen van mededelingen voldeed.
- 3. Is de rechtsvordering gegrond op artikel 65 of artikel 68, dan begint de termijn met de aanvang van de dag, volgende op de dag dat die overeenkomst tot het doen vervoeren van goederen eindigt.

1. Except for article 1741, an action based upon a contract to forward goods is prescribed by the lapse of nine months.
2. The period, referred to in the first paragraph, begins to run with the commencement of the day following the one of delivery. Article 1710 *sub d* applies *mutatis mutandis* to the determination of this day. However, where the action is based on article 62 or article 63 or on any stipulation to that effect, this period commences with the beginning of the day following the one on which the client knew that the forwarder did not comply with his obligation to provide information.
3. Where the action is based on articles 65 or article 68, the period commences with the beginning of the

1. Sous réserve de l'article 1740, une action en justice fondée sur un contrat à faire transporter des marchandises se prescrit par neuf mois.
2. Le délai visé au paragraphe premier court à compter du lendemain du jour de livraison. Le point *d* de l'article 1710 s'applique par analogie à la détermination de ce jour. Toutefois, s'agissant d'une action en justice fondée sur l'article 62 ou sur l'article 63 ou encore sur une stipulation au même effet, le délai court à compter du lendemain du jour où le donneur d'ordre a su que le commissionnaire de transport ne remplissait pas son obligation de fournir des renseignements.
3. S'agissant d'une action en justice fondée sur l'article 65 ou sur l'article 68, le délai court à compter du lendemain du

day following the one on which the contract to forward goods is terminated.

jour où le contrat à faire transporter des marchandises prend fin.

Art. 1741 (8.18.19) - 1. Ten behoeve van een partij bij een overeenkomst tot het doen vervoeren van goederen, voor zover deze verhaal zoekt op haar wederpartij voor hetgeen door haar aan een derde is verschuldigd, begint een nieuwe termijn van verjaring of verval, welke drie maanden beloopt; deze termijn begint met de aanvang van de dag, volgende op de eerste der volgende dagen:
- *a.* de dag waarop hij, die verhaal zoekt, aan de tot hem gerichte vordering heeft voldaan of
- *b.* de dag waarop hij, die verhaal zoekt, terzake in rechte is aangesproken of
- *c.* de dag waarop de verjaring, waarop hij, die verhaal zoekt, beroep zou kunnen doen, is gestuit of
- *d.* de dag waarop de termijn van de verjaring of het verval van de rechtsvordering waarvoor verhaal wordt gezocht, is verlopen, waarbij geen rekening wordt gehouden met een mogelijkerwijs door partijen overeengekomen verlenging.
- 2. Het eerste lid kan er niet toe leiden, dat de voor rechtsvorderingen, gegrond op de desbetreffende overeenkomst tot het doen vervoeren van goederen, geldende termijn van verjaring of verval eerder verstrijkt ten aanzien van de rechtsvordering tot verhaal die op die overeenkomst tot het doen vervoeren van goederen is gegrond.

1. A new period of prescription or of lapse of time of a duration of three months begins in favour of a party to a contract to forward goods, to the extent that he seeks recourse against his co-contracting party for what he owes to a third person; this period commences with the beginning of the day following the earliest of the following days:
- *a.* the day on which the person seeking recourse has paid the claim addressed to him;
- *b.* the day on which the person seeking recourse has been sued in this respect;
- *c.* the day on which the prescription which could be invoked by the person seeking recourse, has been interrupted; or
- *d.* the day on which the prescription period or period of lapse of time of the action for which recourse is sought, has been completed, without taking into account an extension which may possibly have been agreed between the

1. Un nouveau délai de prescription ou de déchéance de trois mois court au profit de la partie à un contrat à faire transporter des marchandises qui intente pour ce qu'elle doit à un tiers un recours contre son cocontractant; le délai court à compter du lendemain du premier arrivé des jours suivants:
- *a.* Le jour où la personne intentant le recours a satisfait à la demande qui lui est adressée;
- *b.* Le jour où la personne intentant le recours a été poursuivie en justice à ce sujet;
- *c.* Le jour où a été interrompue la prescription dont pourrait se prévaloir la personne intentant le recours;
- *d.* Le jour où expire le délai de prescription ou de déchéance de l'action en justice pour laquelle le recours est intenté, sans qu'il soit tenu compte de la prolongation dont les parties ont pu convenir.

parties.

2. The first paragraph may not lead to the situation that the period of prescription or of lapse of time applicable to actions based on the relevant contract to forward goods, is completed earlier with respect to the action for recourse based on that contract to forward goods.

2. Le paragraphe premier ne peut avoir pour effet de faire expirer le délai de prescription ou de déchéance des actions en justice fondées sur le contrat à faire transporter des marchandises plus tôt à l'égard du recours fondé sur ce contrat.

Afdeling 5 Vervoer van personen

Section 5
Carriage of persons

Section 5
Du transport de personnes

Art. 1750 (8.18.20) - 1. Behoudens de artikelen 1751 tot en met 1754 verjaart een op een overeenkomst van personenvervoer, als genoemd in de afdelingen 4 van titel 2, 5 van titel 2, 3 van titel 5, 3 van titel 10 en 3 van titel 13, gegronde rechtsvordering door verloop van één jaar, welke termijn begint met de aanvang van de dag, volgende op die waarop de reiziger het vervoermiddel heeft verlaten of had moeten verlaten.
- 2. In afwijking van het eerste lid zijn op de verjaring van een rechtsvordering terzake van het vervoer van bagage, geen hut- of handbagage in de zin van de artikelen 100, 500, 970 of 1141, noch een als bagage ten vervoer aangenomen voertuig of schip of levend dier zijnde, de artikelen 1710 tot en met 1722 van overeenkomstige toepassing.

1. Except for articles 1751 to 1754 inclusive, an action based upon a contract of carriage of persons, as referred to in Sections 4 of Title 2, 5 of Title 2, 3 of Title 5, 3 of Title 10 and 3 of Title 13, is prescribed by one year; this period commences with the beginning of the day following the one on which the traveller has left or should have left the means of transportation.

2. By derogation from the first paragraph, articles 1710 to 1722 inclusive apply *mutatis mutandis* to the prescription of an action with respect to the carriage of baggage, not being cabin or hand baggage within the meaning of articles 100, 500, 970 or 1141, nor a vehicle, vessel or live animal accepted for carriage as baggage.

1. Sous réserve des articles 1751 à 1754 inclusivement, l'action en justice fondée sur le contrat de transport de personnes, évoqué aux Sections quatrième du Titre deuxième, cinquième du Titre deuxième, troisième du Titre cinquième, troisième du Titre dixième et troisième du titre treizième, se prescrit par un an; le délai court à compter du lendemain du jour où le voyageur a quitté ou aurait dû quitter le moyen de transport.

2. Par dérogation au paragraphe premier, les articles 1710 à 1722 inclusivement s'appliquent par analogie à la prescription de l'action en justice relative au transport de bagages, n'étant pas des bagages de cabine ou à main au sens des articles 100, 500, 970 ou 1141, ni un véhicule, bateau ou animal vivant acceptés aux fins du transport en tant que bagages.

Art. 1751 (8.18.21) - 1. Een rechtsvordering jegens de vervoerder terzake van aan een reiziger overkomen letsel verjaart door verloop van drie jaren, welke termijn begint met de aanvang van de dag, volgende op de dag van het de reiziger overkomen voorval of ongeval.
- 2. Een rechtsvordering jegens de vervoerder terzake van dood van een reiziger verjaart door verloop van drie jaren, welke termijn begint met de aanvang van de dag, volgende op de dag van overlijden van de reiziger, doch welke niet langer loopt dan vijf jaren beginnend met de aanvang van de dag, volgende op de dag van het de reiziger overkomen voorval of ongeval.

1. An action against the carrier with respect to bodily injury suffered by a traveller, is prescribed by the lapse of three years; this period commences with the beginning of the day following the one on which the incident or accident has happened to the traveller.
2. An action against the carrier with respect to the death of a traveller is prescribed by the lapse of three years; this period commences with the beginning of the day following the day of decease of the traveller, but this period does not run longer than five years commencing with the beginning of the day following the one on which the incident or accident has happened to the traveller.

1. L'action en justice contre le transporteur relative à la lésion corporelle survenue au voyageur se prescrit par trois ans à compter du lendemain du jour où l'incident ou l'accident est arrivé au voyageur.

2. L'action en justice contre le transporteur relative au décès du voyageur se prescrit par trois ans à compter du lendemain du jour du décès, ce délai de prescription ne pouvant dépasser cependant les cinq ans à compter du lendemain du jour où l'incident ou l'accident est arrivé au voyageur.

Art. 1752 (8.18.22) In geval van bevrachting strekkende tot het vervoer van personen zijn de artikelen 1713 eerste lid, 1716 tot en met 1719 en 1721 van overeenkomstige toepassing.

In the case of chartering intended to carry persons, articles 1713, first paragraph, 1716 to 1719 inclusive and 1721 apply *mutatis mutandis*.

S'agissant d'un affrètement aux fins de transport de personnes, les articles 1713, premier paragraphe, 1716 à 1719 inclusivement et 1721 s'appliquent par analogie.

Art. 1753 (8.18.23) - 1. Een rechtsvordering jegens een vervoerder terzake van dood of letsel van de reiziger of terzake van hut- of handbagage in de zin van artikel 100, 500, 970 of artikel 1141, dan wel terzake van een als bagage ten vervoer aangenomen voertuig, schip of levend dier vervalt indien de rechthebbende niet binnen een termijn van drie maanden aan de vervoerder kennis heeft gegeven van het aan de reiziger overkomen voorval of ongeval.
- 2. De in het eerste lid genoemde termijn begint met de aanvang van de dag, volgende op de dag van het voorval of ongeval.
- 3. Het eerste lid van dit artikel blijft buiten toepassing indien
a. de rechthebbende binnen de in het eerste lid genoemde termijn schriftelijk bij de vervoerder een vordering heeft ingediend;

b. het voorval of ongeval te wijten is aan schuld van de vervoerder;
c. van het voorval of ongeval geen kennis is gegeven of niet binnen de in het eerste lid genoemde termijn kennis is gegeven, het één of het ander door omstandigheden, die niet voor rekening van de rechthebbende komen;
d. de vervoerder binnen de in het eerste lid genoemde termijn uit anderen hoofde kennis had van het voorval of ongeval.
- 4. Voor de toepassing van dit artikel wordt een omstandigheid als bedoeld in de artikelen 106 eerste lid onder *b*, 505, 975 en 1150 aangemerkt als een aan de reiziger overkomen voorval of ongeval.

1. An action against a carrier with respect to the death of, or bodily injury to the traveller, with respect to cabin or hand baggage within the meaning of articles 100, 500, 970 or 1141, or with respect to a vehicle, vessel or live animal accepted for carriage as baggage, lapses if the title-holder has not notified the carrier within a period of three months of the incident or accident which has happened to the traveller.
2. The period, referred to in the first paragraph, commences with the beginning of the day following the one of the incident or accident.
3. The first paragraph of this article does not apply if
a. the title-holder has presented a claim to the carrier in writing within the period referred to in the first paragraph;
b. the incident or accident is due to the fault of the carrier;
c. the incident or accident has not been notified, or has not been notified within the period referred to in the first paragraph, as a result of circumstances for which the title-holder is not answerable;
d. within the period referred to in the first paragraph, the carrier was aware of the incident or accident from other sources.
4. For the application of this article, a fact as referred to in articles 106, first paragraph, *sub b*, 505, 975 and 1150, is deemed to be an incident or accident which has happened to the

1. L'action en justice contre le transporteur relative au décès ou à la lésion corporelle du voyageur ou relative aux bagages de cabine ou à main au sens des articles 100, 500, 970 ou 1141 ou d'un véhicule, bateau ou animal vivant, acceptés aux fins du transport en tant que bagages s'éteint si le titulaire n'a pas avisé le transporteur dans les trois mois de l'incident ou de l'accident survenus au voyageur.
2. Le délai évoqué au paragraphe premier court à compter du lendemain du jour de l'incident ou de l'accident.
3. Le présent article ne s'applique pas
a. Si le titulaire a présenté une demande écrite au transporteur dans le délai visé au paragraphe premier;
b. Si l'incident ou l'accident est attribuable à la faute du transporteur;
c. Si avis de l'incident ou de l'accident n'a pas été donné ou ne l'a pas été dans le délai visé au paragraphe premier, par suite de circonstances qui n'incombent pas au titulaire;
d. Si le transporteur, dans le délai visé au paragraphe premier, avait autrement connaissance de l'incident ou de l'accident.
4. Aux fins du présent article, une circonstance visée aux articles 106, paragraphe premier au point *b*, 505, 975 et 1150 est réputée incident ou accident survenu au voyageur.

traveller.

Art. 1754 (8.18.24) - 1. Ten behoeve van een vervoerder van personen, een wederpartij van een zodanige vervoerder of een reiziger, voor zover deze verhaal zoekt op een partij bij een exploitatieovereenkomst, als bedoeld in artikel 361, dan wel op een reiziger voor hetgeen door hem aan een derde is verschuldigd, begint een nieuwe termijn van verjaring of verval, welke drie maanden beloopt; deze termijn begint met de aanvang van de dag, volgende op de eerste der volgende dagen:
a. de dag waarop hij, die verhaal zoekt, aan de tot hem gerichte vordering heeft voldaan of
b. de dag waarop hij, die verhaal zoekt, terzake in rechte is aangesproken of
c. de dag waarop de verjaring, waarop hij, die verhaal zoekt, beroep zou kunnen doen, is gestuit of
d. de dag waarop de termijn van de verjaring of het verval van de rechtsvordering waarvoor verhaal wordt gezocht, is verlopen, waarbij geen rekening wordt gehouden met een mogelijkerwijs door partijen overeengekomen verlenging.
- 2. Het eerste lid kan er niet toe leiden, dat de voor rechtsvorderingen, gegrond op de desbetreffende exploitatieovereenkomst, geldende termijn van verjaring of verval eerder verstrijkt ten aanzien van de rechtsvordering tot verhaal die op die exploitatie-overeenkomst is gegrond.
- 3. Voor de toepassing van dit artikel wordt een overeenkomst, waarbij door de ene partij een vervoermiddel anders dan bij wijze van bevrachting en anders dan bij wijze van een overeenkomst als bedoeld in artikel 1080 derde lid, ter beschikking wordt gesteld van haar wederpartij, als exploitatie-overeenkomst aangemerkt en worden de partijen bij die overeenkomst aangemerkt als vervoerder en diens wederpartij of reiziger.

1. A new period of prescription or of lapse of time of a duration of three months begins to run in favour of a carrier of persons, a co-contracting party of such a carrier or a traveller, to the extent that they seek recourse against a party to a contract of operation, as referred to in article 361, or against a traveller for what he owes to a third person; this period commences with the beginning of the day following the first of the following days:
a. the day on which the person seeking recourse has paid the claim addressed to him;
b. the day on which the person seeking recourse has been sued in this respect;
c. the day on which the prescription which could be invoked by the person seeking recourse, has

1. Un nouveau délai de prescription ou de déchéance de trois mois court au profit du transporteur de personnes, du cocontractant d'un tel transporteur ou d'un voyageur, qui intente un recours contre une partie à un contrat d'exploitation visé à l'article 361 ou contre un voyageur pour ce qu'il doit à un tiers; le délai court à compter du lendemain du premier arrivé des jours suivants:
a. Le jour où la personne intentant le recours a satisfait à la demande qui lui est adressée;
b. Le jour où la personne intentant le recours a été poursuivie en justice à ce sujet;
c. Le jour où a été interrompue la prescription dont pourrait se prévaloir la personne intentant le

been interrupted; or
d. the day on which the prescription period or period of lapse of time of the action for which recourse is sought, has been completed, without taking into account an extension which may possibly have been agreed between the parties.
2. The first paragraph may not lead to the situation that the period of prescription or of lapse of time applicable to actions based on the relevant contract of operation is completed earlier with respect to the action for recourse based on that contract of operation.
3. For the application of this article, a contract, whereby one party puts a means of transportation at the disposal of his co-contracting party otherwise than by way of chartering or by a contract, as referred to in article 1080, paragraph 3, is deemed to be a contract of operation, and the parties to this contract are deemed to be carrier and his co-contracting party or traveller.

recours;
d. Le jour où expire le délai de prescription ou de déchéance de l'action en justice pour laquelle le recours est intenté, sans qu'il soit tenu compte d'une prolongation dont les parties ont pu convenir.
2. Le paragraphe premier ne peut avoir pour effet de faire expirer le délai de prescription ou de déchéance des actions en justice fondées sur le contrat d'exploitation plus tôt à l'égard du recours fondé sur ce contrat.
3. Aux fins du présent article, le contrat par lequel l'une des parties met le moyen de transport à la disposition de l'autre, autrement que par affrètement ou par un contrat visé au paragraphe troisième de l'article 1080, est réputé contrat d'exploitation et les parties à ce contrat sont réputées transporteur et cocontractant ou voyageur.

Afdeling 6 Reisovereenkomst

Section 6.
The travel contract

Section sixième
Du contrat de voyage

Art. 1760-1769 *Gereserveerd.*

Reserved.

Réservés.

Afdeling 7 Rederij

Section 7.
Shipping enterprise

Section septième
De l'entreprise d'armement

Art. 1770 (8.18.29) Een rechtsvordering tussen de leden ener rederij als zodanig en tussen deze leden en de boekhouder als zodanig verjaart door verloop van vijf jaren.

An action between the members as such of a shipping enterprise amongst themselves, and between these

L'action en justice entre les membres d'une entreprise d'armement en cette qualité ou entre ceux-ci et le gérant en

members and the administrator is prescribed by the lapse of five years.

cette qualité se prescrit par cinq ans.

Afdeling 8 Rechtsvorderingen jegens kapitein of schipper

Section 8.
Actions against the captain or master

Section huitième
Des actions en justice contre le capitaine

Art. 1780 (8.18.30) - 1. Een rechtsvordering tegen een kapitein of schipper terzake van schade door hem toegebracht in de uitoefening van zijn werkzaamheden verjaart door verloop van twee jaren, welke termijn begint met de aanvang van de dag, volgende op de dag waarop het schadeveroorzakende voorval plaatsvond.
- 2. Het eerste lid is niet van toepassing op rechtsvorderingen van de werkgever van de kapitein of de schipper.

1. An action against a captain or master with respect to damage which he has done in the performance of his activities, is prescribed by the lapse of two years; this period commences with the beginning of the day following the one on which the event causing damage took place.
2. The first paragraph does not apply to actions of the employer of the captain or master.

1. L'action en justice contre le capitaine relative au dommage causé par lui dans l'exercice de ses activités se prescrit par deux ans à compter du lendemain du jour du fait dommageable.
2. Le paragraphe premier ne s'applique pas aux actions en justice de l'employeur du capitaine.

Afdeling 9 Aanvaring

Section 9.
Collision

Section neuvième
De l'abordage

Art. 1790 (8.18.31) Een rechtsvordering tot vergoeding van schade veroorzaakt door een voorval, als bedoeld in afdeling 1 van titel 6, verjaart, indien zij niet op een overeenkomst is gegrond, door verloop van twee jaren, welke termijn begint met de aanvang van de dag, volgende op de dag van dit voorval.

If not based on a contract, an action to repair damage caused by an event, as referred to in Section 1 of Title 6, is prescribed by the lapse of two years; this period commences with the beginning of the day following the one on which this event occurred.

L'action en justice en réparation du dommage causé par un incident visé à la Section première du Titre sixième se prescrit, si elle n'est pas fondée sur un contrat, par deux ans à compter du lendemain du jour de l'incident.

Art. 1791 (8.18.32) Een rechtsvordering tot verhaal van een overschot, als bedoeld in het derde lid van artikel 545, verjaart door verloop van één jaar, welke termijn begint met de aanvang van de dag, volgende op die waarop de betaling van het overschot heeft plaatsgehad.

An action to take recourse for a surplus, as referred to in paragraph 3 of article 545, is prescribed by the lapse of one year; this period commences with the beginning of the day following the one on which the payment of the surplus has taken place.

L'action en recouvrement d'un excédent visé au paragraphe troisième de l'article 545 se prescrit par un an à compter du lendemain du jour où l'excédent a été payé.

Art. 1792 (8.18.33) - 1. De verjaringstermijn, genoemd in artikel 1790, wordt verlengd met de dagen, gedurende welke het aansprakelijk geachte schip niet in beslag kon worden genomen binnen de staat, waarin de schuldeiser woont of de hoofdzetel van zijn bedrijf is gevestigd, met dien verstande echter dat
a. indien het schip binnen de termijn, gesteld in artikel 1790, aldus in beslag kon worden genomen, deze termijn met niet meer dan drie maanden wordt verlengd;
b. indien het schip niet binnen de termijn, gesteld in artikel 1790 aldus in beslag kon worden genomen, deze termijn eindigt met de aanvang van de dag, volgende op die waarop drie maanden zijn verlopen sinds het eerste tijdstip, waarop dit beslag mogelijk was en in ieder geval met de aanvang van de dag, volgende op die waarop vijf jaren zijn verlopen sinds het tijdstip van het voorval, bedoeld in afdeling 1 van titel 6.
- 2. Indien een rechtsvordering als bedoeld in artikel 1790 wordt ingesteld vóór de aanvang van de dag, volgende op die waarop vijf jaren zijn verlopen sinds het tijdstip van het voorval, bedoeld in afdeling 1 van titel 6, wordt vermoed dat het aansprakelijk geachte schip voordien niet in beslag kon worden genomen binnen de staat, waarin de schuldeiser woont of de hoofdzetel van zijn bedrijf is gevestigd.
- 3. Bij de toepassing van dit artikel wordt geen rekening gehouden met een mogelijkerwijs door partijen overeengekomen verlenging van de in artikel 1790 gestelde termijn.

1. The prescription period, referred to in article 1790, is extended by the number of days during which the vessel that has been considered liable, could not be seized in the State in which the creditor lives or has his principal place of business, upon the understanding, however, that:
a. if the vessel could thus be seized within the period, provided for in article 1790, this period is extended by no more than three months;
b. if the vessel could thus not be seized within the period, provided for in article 1790, this period is terminated with the commencement of the day

1. Le délai de prescription évoqué à l'article 1790 est prolongé du nombre de jours pendant lesquels le navire censé responsable ne pouvait être saisi dans l'État où le créancier demeure ou a le siège principal de son entreprise, étant entendu, toutefois, que
a. Si le navire pouvait ainsi être saisi dans le délai prévu à l'article 1790, ce délai ne peut être prolongé de plus de trois mois;
b. Si le navire ne pouvait ainsi être saisi dans le délai prévu à l'article 1790, ce délai se termine au lendemain du jour où se seront écoulés trois mois depuis le premier

following the one on which three months have lapsed since the first opportunity that this seizure was possible, and in any event with the commencement of the day following the one on which five years have lapsed since the time of the event, referred to in Section 1 of Title 6.
2. If an action, as referred to in article 1790, is instituted before the commencement of the day following the one on which five years have lapsed since the time of the event, referred to in Section 1 of Title 6, it is presumed that the vessel which has been considered liable, could not be seized before in the State in which the creditor lives or has his principal place of business.
3. In the application of this article, no account is taken of an extension of the period provided for in article 1790, which may possibly have been agreed by the parties.

moment où la saisie fut possible et, dans tous les cas, au lendemain du jour où se seront écoulés cinq ans depuis le moment de l'incident visé à la Section première du Titre sixième.

2. Si l'action en justice visée à l'article 1790 est intentée avant le lendemain du jour où se sont écoulés cinq ans depuis l'incident visé à la Section première du Titre sixième, il y a présomption que le navire censé responsable ne pouvait être saisi auparavant dans l'État où le créancier demeure ou a le siège principal de son entreprise.

3. Aux fins du présent article, il n'est pas tenu compte de la prolongation du délai prévu à l'article 1790 dont les parties ont pu convenir.

Art. 1793 (8.18.34) Een rechtsvordering tot vergoeding van schade veroorzaakt door een voorval, als bedoeld in afdeling 1 van titel 11, verjaart, indien zij niet op een overeenkomst is gegrond, door verloop van twee jaren, welke termijn begint met de aanvang van de dag, volgende op de dag van dit voorval.

If not based on a contract, an action to repair damage caused by an event, as referred to in Section 1 of Title 11, is prescribed by the lapse of two years; this period commences with the beginning of the day following the one on which this event occurred.

L'action en justice en réparation du dommage causé par un incident visé à la Section première du Titre onzième se prescrit, si elle n'est pas fondée sur un contrat, par deux ans à compter du lendemain du jour de l'incident.

Art. 1794 (8.18.35) - 1. Een rechtsvordering tot verhaal van een overschot, als bedoeld in het derde lid van artikel 1006, verjaart door verloop van één jaar.
- 2. De termijn van deze verjaring begint met de aanvang van de dag, volgende op die waarop het bedrag van de hoofdelijke aansprakelijkheid is vastgesteld bij een in kracht van gewijsde gegaan vonnis. Indien zulk een vaststelling niet is geschied, begint de termijn van deze verjaring met de aanvang van de dag, volgende op die waarop de tot het verhaal aanleiding gevende betaling heeft plaatsgevonden. Indien de rechtsvordering betrekking heeft op de verdeling van het aandeel van een onvermogend medeschuldenaar, begint de termijn van deze verjaring echter te lopen met de aanvang van de dag, volgende op die waarop de rechthebbende kennis heeft gekregen van het onvermogen van zijn medeschuldenaar.

1. An action to take recourse for a surplus, as referred to in paragraph 3 of article 1006, is prescribed by the lapse of one year.

2. This prescription period commences with the beginning of the day following the one on which the amount of the solidary liability has been determined by a final judgement. If such determination has not been made, this prescription period commences with the beginning of the day following the one on which the payment leading to the recourse has taken place. If, however, the action pertains to the apportioning of the share of an insolvent co-debtor, this prescription period begins to run with the commencement of the day following the one on which the title-holder has become aware of the insolvency of his co-debtor.

1. L'action en recouvrement d'un excédent visé au paragraphe troisième de l'article 1006 se prescrit par un an.

2. Le délai de prescription court à compter du lendemain du jour où le montant de la responsabilité solidaire a été déterminé par un jugement passé en force de chose jugée. À défaut de telle détermination, le délai de prescription court à compter du lendemain du jour où a été effectué le paiement donnant lieu au recouvrement. Si l'action en justice porte sur la répartition de la part d'un codébiteur insolvable, le délai de prescription court, cependant, à compter du lendemain du jour où le titulaire a euconnaissance de l'insolvabilité du codébiteur.

Art. 1795-1819 *Gereserveerd*.

Reserved.

Réservés.

Afdeling 10 Hulpverlening

Section 10.
Assistance

Section dixième
De l'assistance

Art. 1820 (8.18.36) Behoudens de artikelen 1821 en 1822 verjaart een rechtsvordering terzake van hulpverlening door verloop van twee jaren, welke termijn begint met de aanvang van de dag volgende op die waarop de hulpverlening is beëindigd.

Except for articles 1821 and 1822, an action with respect to salvage is prescribed by the lapse of two years; this period commences with the beginning of the day following the one on which the salvage has been terminated.

Sous réserve des articles 1821 et 1822, l'action en justice relative à l'assistance se prescrit par deux ans à compter du lendemain du jour où l'assistance a pris fin.

Art. 1821 (8.18.37) - 1. Een rechtsvordering tot vaststelling van de verdeling van het hulploon verjaart door verloop van drie maanden.

- 2. De termijn van deze verjaring begint met de aanvang van de dag volgende op die, waarop het bedrag van het hulploon is vastgesteld, doch niet eerder dan met de aanvang van de dag, volgende op die waarop de vordering tot betaling van het hulploon, rekening gehouden met een mogelijkerwijs door partijen overeengekomen verlenging, is verjaard.

1. An action to determine the division of the remuneration for salvage is prescribed by the lapse of three months.
2. This prescription period commences with the beginning of the day following the one on which the amount of the remuneration has been determined, but no earlier than the beginning of the day following the one on which the claim for payment of the remuneration has been prescribed, taking into account an extension which may possibly have been agreed by the parties.

1. L'action pour détermination de la répartition de la rémunération d'assistance se prescrit par trois mois.

2. Le délai de prescription court à compter du lendemain du jour où le montant de la rémunération de l'assistance a été déterminé, mais non avant le lendemain du jour où la créance pour paiement de la rémunération, compte tenu de la prolongation dont les parties ont pu convenir, est prescrite.

Art. 1822 (8.18.38) Niettegenstaande artikel 1717 verjaart een rechtsvordering tot uitkering van een door de rechter of door de tot een deel van het hulploon gerechtigden onderling vastgesteld deel van een hulploon door verloop van vijf jaren, welke termijn begint met de aanvang van de dag, volgende op de dag van de vaststelling van de verdeling.

Notwithstanding article 1717, an action for payment of part of the remuneration for salvage, determined by the judge or by the title-holders to part of the remuneration amongst themselves, is prescribed by the lapse of five years; this period commences with the beginning of the day following the one of the determination of the division.

Nonobstant l'article 1717, l'action en paiement d'une part de la rémunération d'assistance, déterminée par le juge ou par les titulaires de ces parts entre eux, se prescrit par cinq ans à compter du lendemain du jour où la répartition a été fixée.

Art. 1823 (8.18.39) - 1. De verjaringstermijn, genoemd in artikel 1820 wordt verlengd met de dagen gedurende welke het geholpen schip niet in beslag kon worden genomen binnen de staat, waarin de schuldeiser woont of de hoofdzetel van zijn bedrijf is gevestigd, met dien verstande echter dat
a. indien het schip binnen de termijn, gesteld in artikel 1820, aldus in beslag kon worden genomen, deze termijn met niet meer dan drie maanden wordt verlengd;
b. indien het schip niet binnen de termijn, gesteld in artikel 1820, aldus in beslag kon worden genomen, deze termijn eindigt met de aanvang van de dag, volgende op die waarop drie maanden zijn verlopen sinds het eerste tijdstip, waarop dit beslag mogelijk was en in ieder geval met de aanvang

van de dag, volgende op die waarop vijf jaren zijn verlopen sinds het tijdstip, waarop de hulpverlening is beëindigd.
- 2. Indien een rechtsvordering als bedoeld in artikel 1820 wordt ingesteld vóór de aanvang van de dag, volgende op die waarop vijf jaren zijn verlopen sinds het tijdstip, waarop de hulpverlening is beëindigd, wordt vermoed dat het aansprakelijk geachte schip voordien niet in beslag kon worden genomen binnen de staat, waarin de schuldeiser woont of de hoofdzetel van zijn bedrijf is gevestigd.
- 3. Bij de toepassing van dit artikel wordt geen rekening gehouden met een mogelijkerwijs door partijen overeengekomen verlenging van de in artikel 1820 gestelde termijn.

1. The prescription period, referred to in article 1820, is extended by the number of days during which the salvaged vessel could not be seized in the State in which the creditor lives or has his principal place of business, upon the understanding, however, that:
a. if the vessel could thus be seized within the period, provided for in article 1820, this period is extended by no more than three months;
b. if the vessel could thus not be seized within the period, provided for in article 1820, this period is terminated with the commencement of the day following the one on which three months have lapsed since the first opportunity that this seizure was possible, and in any event with the commencement of the day following the one on which five years have lapsed since the time when the salvage has been terminated.
2. If an action, as referred to in article 1820, is instituted before the commencement of the day following the one on which five years have lapsed since the time when the salvage has been terminated, it is presumed that the vessel which has been considered liable, could not be seized before in the State in which the creditor lives or has his principal place of business.
3. In the application of this article,

1. Le délai de prescription évoqué à l'article 1820 est prolongé du nombre de jours pendant lesquels le navire secouru ne pouvait être saisi dans l'État où le créancier demeure ou a le siège principal de son entreprise, étant entendu, toutefois, que
a. Si le navire pouvait ainsi être saisi dans le délai prévu à l'article 1820, ce délai ne peut être prolongé de plus de trois mois;
b. Si le navire ne pouvait ainsi être saisi dans le délai prévu à l'article 1820, ce délai se termine au lendemain du jour où se seront écoulés trois mois depuis le premier moment où la saisie fut possible et, dans tous les cas, au lendemain du jour où se seront écoulés cinq ans depuis le moment où l'assistance s'est terminée.

2. Si l'action en justice visée à l'article 1820 est intentée avant le lendemain du jour où cinq ans se seront écoulés depuis le moment où l'assistance s'est terminée, il y a présomption que le navire censé responsable ne pouvait être saisi auparavant dans l'État où le créancier demeure ou a le siège principal de son entreprise.

3. Aux fins du présent article, il n'est

no account is taken of an extension of the period provided for in article 1820, which may possibly have been agreed by the parties.

pas tenu compte de la prolongation du délai prévu à l'article 1820 dont les parties ont pu convenir.

Afdeling 11 Avarij-grosse

| Section 11. General average | Section onzième Des avaries communes |

Art. 1830 (8.18.40) - 1. Een rechtsvordering tot berekening en omslag van een avarij-grosse, en die tot benoeming van een dispacheur hiertoe, verjaart door verloop van één jaar.
- 2. De termijn van deze verjaring begint met de aanvang van de dag, volgende op de dag van het einde van de onderneming.
- 3. Indien de avarij-grosse geheel of gedeeltelijk uit hulploon bestaat en de vordering tot betaling van dit hulploon is ingesteld binnen de daarvoor in de artikelen 1820 en 1823 gestelde termijn, doch na verloop van een termijn van negen maanden, beginnende met de aanvang van de dag, volgende op die waarop de in het eerste lid genoemde termijn aanvangt, verjaren de in het eerste lid genoemde rechtsvorderingen door verloop van een termijn van drie maanden, welke termijn begint met de aanvang van de dag, volgende op die waarop de vordering tot betaling van hulploon is ingesteld.

1. An action to calculate and to partition general average, and to appoint a dispatcher for this purpose, is prescribed by the lapse of one year.
2. This prescription period commences with the beginning of the day following the termination of the endeavour.
3. If general average consists wholly or partially of remuneration for salvage, and if the action to pay this remuneration has been instituted within the period, provided for that purpose in articles 1820 and 1823, but after the lapse of a period of nine months commencing with the beginning of the day following the one on which the period, referred to in the first paragraph, begins, the actions, referred to in the first paragraph, are prescribed by the lapse of a period of three months; this period commences with the beginning of the day following the one on which the action to pay the remuneration has been instituted.

1. L'action en détermination et en répartition des avaries communes et l'action en désignation d'un dispacheur à cette fin se prescrivent par un an.
2. Le délai de prescription court à compter du lendemain de la fin de cette entreprise.
3. Si les avaries communes consistent, pour tout ou partie, en une rémunération pour assistance et que l'action en paiement de cette rémunération ait été intentée dans le délai prévu aux articles 1820 et 1823, mais après l'expiration d'un délai de neuf mois à compter du lendemain du jour du début du délai évoqué au paragraphe premier, les actions évoquées au paragraphe premier se prescrivent par trois mois à compter du lendemain du jour où l'action en paiement de la rémunération d'assistance a été intentée.

Art. 1831 (8.18.41) Het recht homologatie dan wel herziening van een berekening en omslag van een avarij-grosse (dispache) te verzoeken vervalt door verloop van zes jaren, welke termijn begint met de aanvang van de dag, volgende op die waarop de dispache of een uittreksel daarvan aan belanghebbenden is medegedeeld.

The right to request homologation or revision of a calculation and partitioning of general average (dispatch) lapses by the expiry of six years; this period commences with the beginning of the day following the one on which the dispatch or an extract thereof has been communicated to interested parties.

Le droit de requérir l'homologation ou la révision de la détermination et de la répartition des avaries communes (dispache) s'éteint par six ans à compter du lendemain du jour où la dispache ou un extrait d'elle a été communiqué aux intéressés.

Art. 1832 (8.18.42) - 1. Een rechtsvordering tot betaling van een bijdrage in avarij-grosse verjaart door verloop van één jaar.
- 2. De termijn van deze verjaring begint met de aanvang van de dag, volgende op die waarop de dispache of een uittreksel daarvan dan wel, indien een verzoek tot herziening der dispache is gedaan, de naar aanleiding daarvan opgestelde dispache of een uittreksel daarvan aan partijen is medegedeeld of aan dezen is medegedeeld, dat deze dispache ter griffie van de rechtbank is gedeponeerd, doch in geval van homologatie eerst op de dag dat de dispache bij in kracht van gewijsde gegane beschikking is gehomologeerd.

1. An action to pay a contribution in general average is prescribed by the lapse of one year.
2. This prescription period commences with the beginning of the day following the one on which the dispatch or an extract thereof, or, if a request to revise the dispatch has been made, the dispatch drafted on the occasion thereof or an extract thereof has been communicated to the parties, or that parties have been informed that this dispatch has been deposited with the clerk of the court, but in the case of homologation only on the day that the dispatch has been homologated by a final disposition.

1. L'action en paiement d'une contribution aux avaries communes se prescrit par un an.
2. Le délai de prescription court à compter du lendemain du jour où la dispache ou un extrait ou encore, si une requête en révision de la dispache a été faite, la dispache établie à la suite de cette requête ou un extrait a été communiqué aux parties ou qu'elles ont été avisées que ce document a été déposé au greffe du tribunal de première instance, mais, dans le cas de l'homologation, seulement à compter du jour où la dispache a été homologuée par une décision passée en force de chose jugée.

Afdeling 12 Gevaarlijke stoffen aan boord van een zeeschip, een binnenschip, een voertuig en een spoorrijtuig

Section 12. Dangerous substances on board a sea-going vessel, an inland waterway vessel, a vehicle and a railway car

Section douzième Des matières dangereuses à bord d'un navire de mer, d'un bateau de navigation intérieure, d'un véhicule ou d'un wagon de chemin de fer

Art. 1833 Een rechtsvordering tot vergoeding van schade uit hoofde van de afdelingen 4 van titel 6, 4 van titel 11, 1 van titel 14 en 4 van titel 19 verjaart door verloop van drie jaren na de aanvang van de dag, volgende op die waarop de benadeelde bekend was of redelijkerwijze bekend had behoren te zijn met de schade en de daarvoor aansprakelijke persoon en in ieder geval door verloop van tien jaren na de gebeurtenis waardoor de schade is ontstaan. Indien de gebeurtenis bestond uit een opeenvolging van feiten met dezelfde oorzaak, loopt de termijn van tien jaren vanaf de dag waarop het laatste van die feiten plaatsvond.

An action to repair damage pursuant to Sections 4 of Title 6, 4 of Title 11, 1 of Title 14, and 4 of Title 19 is prescribed by the lapse of three years from the beginning of the day following the one on which the victim was aware or should reasonably have been aware of the damage and the person responsible therefor, and in any event by the lapse of ten years from the event having caused the damage. If the event consisted of a succession of facts with the same cause, the period of ten years runs from the day on which the last of those facts took place.

Une action en réparation du dommage du chef des Sections quatrième du Titre sixième, quatrième du Titre onzième, première du Titre quatorzième et quatrième du Titre dix-neuvième se prescrit par trois ans à compter du lendemain du jour où la personne lésée a eu ou aurait normalement dû avoir connaissance du dommage et de la personne responsable et, dans tous les cas, par dix ans après l'événement donnant lieu au dommage. Si l'événement consistait en une succession de faits ayant la même cause, le délai de dix ans court à compter du jour de survenance du dernier de ces faits.

Algemene Slotbepaling

General Final Provision

Disposition finale générale

Art. 1840 - 1. De Algemene termijnenwet is niet van toepassing op de termijnen gesteld in de afdelingen 2 van titel 5, 4 van titel 5, 2 van titel 10 en 4 van titel 10.
- 2.   In de in het eerste lid genoemde afdelingen worden onder dag verstaan alle kalenderdagen met uitzondering van de Zondag, de Nieuwjaarsdag, de Christelijke tweede Paas- en Pinksterdagen, de beide Kerstdagen, de Hemelvaartsdag en de dag waarop de verjaardag van de Koning wordt gevierd.

1. The *Algemene termijnenwet*[1] does not apply to periods provided

1. La *Algemene termijnenwet*[2] ne s'applique pas aux délais prévus aux

---
[1] *General Act of Periods.*

for in Sections 2 of Title 5, 4 of Title 5, 2 of Title 10, and 4 of Title 10.

2. In the sections, referrred to in the first paragraph, a day means all calendar days except Sunday, New Year's Day, the second days of Christian Easter and Whitsun, both Christmas Days, Ascension Day, and the day on which the birthday of the King is celebrated.

Sections deuxième du Titre cinquième, quatrième du Titre cinquième, deuxième du Titre dixième et quatrième du Titre dixième.

2. Dans les sections évoquées au paragraphe premier, jour désigne tous les jours de l'année sauf le dimanche, le Jour de l'An, les deuxièmes jours de Pâques et de la Pentecôte chrétiennes, les deux jours de Noël, le jour de l'Ascension et le jour de célébration de l'anniversaire du Roi.

---

2 *Loi générale concernant les délais.*

Index

SUBJECT INDEX

(The numbers refer to the articles of the Code)

Accidents
   Inland waterway vessels 8:1000-1022
     - Collision 8:1000 ff.
     - General average 8:1020 ff.
     - Salvage 8:1010
   Sea-going vessels 8:540-547
     - Collision 8:540-547
     - General average 8:610 ff.
     - Salvage 8:551 ff.
Aircraft 8:1300-1321
   Definition 8:3*a*
   Delivery 8:1306
   Hypothec 8:1310-1314
   Lease and hire 8:1309
   Prescription 8:1307
   Privileges on — 8:1315-1320
   Real rights 8:1305, 1308, 1309
   Register 8:1302
   Registration 1303-1304
   Rights on — 8:1300-1314
Bare-hull chartering 8:990
Bill of lading 8:399 ff., 916-925, 938 ff.
   Contract of carriage under - 8:377, 381 ff.
Captain 8:260 ff.
   Obligations 8:261
   Prescription action against 8:1780
   Rights 8:260, 262
Carriage of goods
   Cancellation of contract 8:28
   Cancellation of contract by consignor 8:25
   Combined, Contract of - 8:40 ff.
   Contract 8:20
   Right of retention of carrier 8:30
Carriage of goods by inland waterways
   Consignment note 8:915
   Dangerous things 8:914
   Delivery of things, Demand for 8:938 ff.
   Freight 8:947 ff.
   Obligations of carrier 8:895 ff.
   Obligations of consignor 8:907, 909 ff.
Carriage of goods by road 8:1090-1138
   Amount of damages 8:1103 ff.
   Chain of contracts of operation 8:1081
   Consignment note 8:1119 ff.
     - Cancellation 8:1109, 1112 ff.
   Contract of operation 8:1081
   Cost on delivery charges 8:1130 ff.
   Dangerous things 8:1118
   Deposit fund 8:1133
   Deposit of things for the account of title-holder 8:1132
   Freight 8:1128
   Judicial inquiry at time of delivery 8:1135 ff.
   Liability of carrier 8:1098 ff.
   Nullity of stipulations 8:1102

   Obligations of carrier 8:1095
   Obligations of recipient 8:1127, 1130
   Presumption of damage or loss 8:1134
   Receipt 8:1127
   Right of retention of carrier 8:1131
   Rights of consignor 8:1109 ff., 1125
   Sale of things deposited 8:1133
   Time- or voyage charter 8:1093
   Waybill 8:1122 ff.
Carriage of goods by sea
   Bill of lading 8:399-417, 460 ff.
   Compensation for damage to carrier 8:488
   Contract 8:370-496
     - Cancellation 8:396, 425 ff.
   Contract of carriage under a bill of lading 8:377, 381, 388
   Dangerous things 8:398
   Delivery of things, Demand for - 8:440 ff.
   Deposit fund 8:491
   Freight 8:484 ff.
   Judicial inquiry at time of delivery of things 8:494 ff.
   Loading and unloading 8:380, 418-422
   Loss or damage to things 8:492 ff.
   Non-delivery
     - Storage of things for account of title holder 8:490
   Obligations carrier 8:378 ff.
   Right of retention carrier 8:489
   Rights and obligations of consignor 8:391, 397
   Rights time- or voyage-charterer 8:390
   Sale of stored things 8:491
   Time- or voyage-charter 8:373
   Transfer of ownership of a chartered vessel 8:375
Carriage of persons 8:80-92
Carriage of persons by inland waterways 8:970-986
   Contract 8:970
   Liability carrier 8:974 ff.
   Liability passenger 8:978
   Limitation liability carrier 8:983 ff.
Carriage of persons by road 8:1140-1166
Carriage of persons by sea 8:500-528
Carriage of persons, Domestic public —
   Contract 8:100 ff.
Carrier
   Liability 8:23, 42 ff., 81 ff., 105 ff., 383, 504 ff., 513 ff., 898 ff., 974 ff., 1147 ff., 1175 ff.
   Obligations 8:21 ff., 378 ff., 421, 483, 895 ff., 1095 ff., 1150, 1166, 1172 ff.
   Right of retention 8:30, 410, 954, 1131
   Right to cancel contract 8:88, 1112 ff., 1162 ff., 1189

Subject Index

Collision 8:540 ff., 1001
   Liability for damage 8:542 ff., 1003, 1006
   Obligation to repair damage 8:1004 ff.
   Prescription and lapse of debts 8:1790

Contract of operation
   Prescription and lapse of time 8:1730

Contract of removal 8:1170

Cost on Delivery charges 8:953

CT document 8:44

Domestic public carriage of persons, Contract of — 8:100 ff.

Flat-boats, Contract to convey in — 8:892
   See also: Time-charter

Forward goods, Contract to - 8:60 ff.
   Cancellation by other party 8:68
   Cancellation by principal 8:65
   Liability forwarding agent 8:70 ff.

Forwarding agent 8:60 ff.
   Liability 8:70
   Obligations 8:62
   Right of retention 8:69
   8:610 ff., 1020 ff.

General average
   Prescription and lapse of debts 8:1830 ff.

Hypothec
   Aircraft 8:1310-1314
   Inland waterway vessels, Registered 8:792 ff.
   Sea-going vessels, Registered 8:202 ff.

Inland waterway law 8:770 ff.

Inland waterway vessels
   Accidents 8:1000-1022
   Acquisition of property 8:791
   Acquisitive prescription 8:791
   Crew 8:860 ff.
   Definition 8:3
   Delivery of registered - 8:790
   Hire-purchase 8:800 ff.
   Hire-purchase of registered — 8:800-812
   Hypothec 8:792 ff.
   Privileges on things on board 8:831 ff.
   Privileges on — 8:820 ff.
   Register 8:783
   Registration 8:784 ff.
   Rights in — 8:780-798
   Shipping enterprise 8:770 ff.
      - See also: Shipping enterprise
   State or any public body, Belonging to the — 8:840
   under construction 8:780
   Usufruct 8:798

Maritime law 8:160 ff.
   Accidents 8:540-547
   Operation of sea-going vessels 8:360-532
   Sea-going vessel and things on board thereof 8:160-230

Operation
   Bare-hull chartering 8:990
   Carriage of goods by inland waterways 8:890-961
      - See also: Carriage of goods by inland waterways
   Carriage of persons by inland waterways 8:970-986
      - See also: Carriage of persons by inland waterways
   Chain of contracts 8:1081
   Contract 8:361, 1081
      - Liability of a party 8:362 ff.
   Contract of berth 8:992 ff.
   Contract of berth and/or sailing 8:994 ff.
   Contract of carriage of goods by sea 8:370-496
      - See also: Carriage of goods by sea
   Contract of carriage of persons by sea 8:500-528
      - See also: Carriage of persons by sea
   Inland waterway vessels 8:880-998
   Liability shipowner and bare-boat charterer 8:360, 364
   Special contracts 8:530 ff.

Ownership
   Aircraft
      - Prescription 8:1307
   Inland waterway vessels, Registered
      - Prescription 8:791
   Sea-going vessels, Registered
      - Prescription 8:201

Passenger
   Action for damages 8:113
   Action for damages in case of bodily injury or death 8:85
   Liability 8:114, 508 ff., 978, 1152 ff.
   Liability for things brought on board 8:107
   Obligation to compensate 8:979

Passengers and crew 8:5

Prescription and lapse of time 8:1700 ff.

Privileges
   Aircraft 8:1315 ff.
   Inland waterway vessels 8:820 ff.
   Sea-going vessels 8:210 ff.
   Things on board inland waterway vessels 8:831 ff.
   Things on board sea-going vessels 8:220 ff.

Public register
   Aircraft 8:1302
   Inland waterway vessels 8:783
   Sea-going vessels 8:193

Registration
   Inland waterway vessels
      - Cancellation 8:784 ff.
   Sea-going vessels
      - Cancellation 8:194, 195

Road transport 8:1080-1201
   Carriage of goods by road 8:1090-1138
      - See also: Carriage of goods by road
   Carriage of persons by road 8:1140-1166
      - See also: Carriage of persons by road
   Contract of removal 8:1170-1201
   General provisions 8:1080 ff.

Road transport law 8:1080-1201
   See also: Road transport

Salvage 8:551 ff., 1010

Acquisition of ownership of the assisted
    thing   8:571
  - Annulment or modification   8:558
Deposit of things   8:569
Prescription and lapse of debts   8:1820 ff.
Prohibition   8:554
Remuneration   8:557 ff.
Right of retention of person entitled to
    demand remuneration   8:568

Sea-going fishing vessels   8:2

Sea-going vessels
  Acquisitive prescription   8:201
  Crew   8:260 ff.
  Definition   8:2
  Delivery   8:199
  Delivery of registered —   8:199
  Hypothec on registered —   8:202 ff.
  Ownership of registered —   8:201
  Privileges   8:210-219
  Privileges on things on board   8:221-228
  Real rights   8:193, 197 ff.
    - See also: Sea-going vessels - Rights on
  Register   8:193
  Registration   8:194 ff.
  Rights in —   8:190-208
    - See also: Sea-going vessels - Real rights
  Shipping enterprise   8:160-186
    - See also: Shipping enterprise
  State or to any public body, belonging to the
    —   8:230
  Under construction   8:190
  Usufruct in registered —   8:208

Shipowner   8:10

Shipping enterprise
  Administrator   8:163 ff., 178 ff.
  Dissolution   8:184 ff.
  Expenses   8:176
  Inland waterway law   8:770 ff.
  Liability of members for obligations of —
      8:181
  Maritime law   8:160-184
  Membership   8:161, 183
  Prescription and lapse of time of
    actions   8:1770
  Profit and loss sharing   8:177
  Sale vessel in case of equality of
    votes   8:173
  Take-over of share in vessel   8:174 ff.
  Vote   8:171

Space-chartering   8:892

Time-charter   8:373, 502, 892, 972, 1093, 1144
  Contract to convey in flat-boats   8:892

Traffic means and transport
  General provisions   8:1 ff.

Voyage-charter   8:373, 502, 892, 972, 1093, 1144
  Contract to convey in flat-boats   8:892
  Space-chartering   8:892

Waybill   8:1122 ff.

INDEX ALPHABETIQUE

(Les chiffres renvoient aux articles du Code)

Abordage 8:540 et s., 1001
   Obligation de réparer le dommage 8:1004 et s.
   Prescription et déchéance des créances 8:1790
   Responsabilité pour dommage 8:542 et s., 1003, 1006

Accidents
   - Abordage 8:1000 et s.
   - Assistance 8:1010
   - Avaries communes 8:1020 et s.
   Bateaux de navigation intérieure 8:1000-1022
   - Abordage 8:540 et s.
   - Assistance 8:551 et s.
   - Avaries communes 8:610 et s.
   Navires de mer 8:540-547

Aéronef 8:1300-1321
   Définition 8:3a
   Délivrance 8:1306
   Droits sur — 8:1300-1314
   Droits réels 8:1305, 1308, 1309
   Hypothèque 8:1310-1314
   Immatriculation 8:1303-1304
   Location 8:1309
   Prescription acquisitive 8:1307
   Privilèges sur — 8:1315-1320
   Registre public 8:1302

Affrètement à temps 8:373, 502, 892, 972, 1093, 1144
   Contrat de transports locaux 8:892

Affrètement au voyage 8:373, 502, 892, 972, 1093, 1144
   Affrètement de cale 8:892
   Contrat de transports locaux 8:892

Affrètement coque nue 8:990

Affrètement de cale 8:892

Armateur 8:10

Assistance 8:551 et s., 1010
   Acquisition de la propriété de la chose secourue 8:571
   Convention
   - Annulation ou modification 8:558
   Dépôt des choses 8:569
   Droit de rétention de celui qui a droit à rémunération 8:568
   Interdiction 8:554
   Prescription et déchéance des créances 8:1820 et s.
   Rémunération 8:557 et s.

Avarie commune 8:610 et s., 1020 et s.
   Prescription et déchéance des créances 8:1830 et s.

Bateaux de navigation intérieure
   Accidents 8:1000-1022

Acquisition de la propriété 8:791
Définition 8:3
Délivrance des — immatriculés 8:790
Droits sur — 8:780-798
En voie de construction 8:780
Entreprise d'armement 8:770 et s.
   - Voir aussi: Entreprise d'armement
Équipage 8:860 et s.
État ou à un organisme public, Appartenant à l'— 8:840
Hypothèque 8:792 et s.
Immatriculation 8:784 et s.
Location-vente 8:800 et s.
Location-vente de - immatriculés 8:800-812
Prescription acquisitive 8:791
Privilèges sur des choses à bord 8:831 et s.
Privilèges sur — 8:820 et s.
Registre 8:783
Usufruit 8:798

Capitaine 8:260 et s.
   Obligations 8:261
   Pouvoirs 8:260, 262
   Prescription action en justice contre 8:1780

Commissionnaire de transport 8:60 et s.
   Droit de rétention 8:69
   Obligations 8:62
   Responsabilité 8:70

Connaissement 8:399 et s., 916-925, 938 et s.
   Contrat de transport sous - 8:377, 381 et s.

Contrat d'exploitation
   Prescription et déchéance 8:1730

Contrat de déménagement 8:1170

Document CT 8:44

Droit de la navigation intérieure 8:770 et s.

Droit du transport routier 8:1080-1201
   Voir aussi: Transport routier

Droit maritime 8:160 et s.
   Accidents 8:540-547
   Exploitation des navires de mer 8:360-532
   Navire de mer et choses à bord 8:160-230

Entreprise d'armement
   Dépenses 8:176
   Dissolution 8:184 et s.
   Droit de la navigation intérieure 8:770 et s.
   Droit maritime 8:160-184
   Gérant 8:163 et s., 178 et s.
   Participation aux profits et pertes 8:177
   Prescription et déchéance des actions 8:1770
   Qualité de membre 8:161, 183
   Reprise d'une part dans le navire 8:174 et s.
   Responsabilité des membres pour les obligations de l'— 8:181

433

INDEX ALPHABETIQUE

Vente du navire en cas de partage des voix   8:173
Vote   8:171

Exploitation
Affrètement coque nue   8:990
Bateaux de navigation intérieure   8:880-998
Chaîne de contrats   8:1081
Contrat   8:1081
- Responsabilité d'une partie   8:362 et s.
Contrat d'affrètement pour séjourner ou pour naviguer   8:994 et s.
Contrat d'amarrage   8:992 et s.
Contrat de transport de marchandises par mer   8:370-496
- Voir aussi: Transport par mer
Contrat de transport de personnes par mer   8:500-528
- Voir aussi: Transport de personnes par mer
Contrats   8:361
Contrats particuliers   8:530 et s.
Responsabilité armateur et affréteur coque nue   8:360, 364
Transport de marchandises par eaux intérieures   8:890-961
- Voir aussi: Transport de marchandises par eaux intérieures
Transport de personnes par eaux intérieures   8:970-986
- Voir aussi: Transport de personnes par eaux intérieures

Faire transporter des marchandises, Contrat à -   8:60 et s.
Résiliation par l'autre partie   8:68
Résiliation par le donneur d'ordre   8:65
Responsabilité du commissionnaire de transport   8:70 et s.

Hypothèque
Aéronefs   8:1310-1314
Bateaux de navigation intérieure immatriculés   8:792 et s.
Navires de mer immatriculés   8:202 et s.

Immatriculation
Bateaux de navigation intérieure   8:784 et s.
- Radiation   8:786 et s.
Navires de mer   8:194
- Radiation   8:195

Lettre de transport   8:1122 et s.

Moyens de transport et transport
Dispositions générales   8:1 et s.

Navires de mer
Définition   8:2
Délivrance   8:199
Délivrance des — immatriculés   8:199
Droits réels   8:193, 197 et s.
- Voir aussi: Navires de mer - Droits sur
Droits sur —   8:190-208
- Voir aussi: Navires de mer - Droits réels
En voie de construction   8:190
Entreprise d'armement   8:160-186
- Voir aussi: Entreprise d'armement
Équipage   8:260 et s.
État ou à un organisme public, Appartenant à l'—   8:230

Hypothèque sur les — immatriculés   8:202 et s.
Immatriculation   8:194 et s.
Prescription acquisitive   8:201
Privilèges   8:210-219
Privilèges sur des choses à bord   8:221-228
Propriété des — immatriculés   8:201
Registre   8:193
Usufruit portant sur — immatriculés   8:208

Navires de pêche maritime   8:2

Personnes à bord   8:5

Prescription et déchéance   8:1700 et s.

Privilèges
Aéronef   8:1315-1320
Bateau de navigation intérieure   8:820 et s.
Choses à bord de bateau de navigation intérieure   8:831 et s.
Choses à bord de navire de mer   8:220 et s.
Navire de mer   8:210 et s.

Propriété
Aéronefs
- Prescription   8:1307
Bateaux intérieures immatriculés
- Prescription   8:791
Navires de mer immatriculés
- Prescription   8:201

Registre public
Aéronefs   8:1302
Bateaux de navigation intérieure   8:783
Navires de mer   8:193

Remboursement, Envoi contre   8:953

Transport de marchandises
Contrat   8:20
Droit de rétention du transporteur   8:30
Résiliation du contrat   8:28
Résiliation du contrat par l'expéditeur   8:25
Transport combiné, Contrat de -   8:40 et s.

Transport de marchandises par eaux intérieures
Choses dangereuses   8:914
Fret   8:947 et s.
Lettre de voiture   8:915
Livraison des choses, Demande   8:938 et s.
Obligations de l'expéditeur   8:907, 909 et s.
Obligations du transporteur   8:895 et s.

Transport de marchandises par mer
Contrat   8:370-496
Pouvoir et obligations de l'expéditeur   8:391, 397

Transport de marchandises par route   8:1090-1138
Affrètement à temps ou au voyage   8:1093
Caisse des consignations   8:1133
Chaîne des contrats d'exploitation   8:1081
Choses dangereuses   8:1118
Contrat   8:1090-1138
- Résiliation   8:1109, 1112 et s.
Contrat d'exploitation   8:1081
Dépôt des choses pour le compte du titulaire   8:1132
Droit de rétention du transporteur   8:1131
Enquête judiciaire lors de la livraison   8:1135 et s.

INDEX ALPHABETIQUE

Frais d'un envoi contre remboursement 8:1130 et s.
Fret 8:1128
Lettre de transport 8:1122 et s.
Lettre de voiture 8:1119 et s.
Montant des dommages 8:1103 et s.
Nullité de stipulations 8:1102
Obligations du réceptionnaire 8:1127
Obligations du réceptionnaire 8:1130
Obligations du transporteur 8:1095
Pouvoirs de l'expéditeur 8:1109 et s., 1125
Présomption de perte ou de dommage 8:1134
Reçu 8:1127
Responsabilité du transporteur 8:1098 et s.
Vente des choses déposées 8:1133

Transport de personnes 8:80-92

Transport de personnes par eaux intérieures 8:970-986
Contrat 8:970
Limitation responsabilité transporteur 8:983 et s.
Responsabilité passager 8:978
Responsabilité transporteur 8:974 et s.

Transport de personnes par mer 8:500-528

Transport de personnes par route 8:1140-1166

Transport par mer
Affrètement à temps ou au voyage 8:373
Caisse des consignations 8:491
Chargement, déchargement 8:380, 418-422
Choses dangereuses 8:398
Connaissement 8:399-417, 460 et s.
Contrat 8:370-496
- Résiliation 8:396, 425 et s.
Contrat de transport sous connaissement 8:377, 381, 388
Droit de rétention du transporteur 8:489
Enquête judiciaire lors de livraison des choses 8:494 et s.
Fret 8:484 et s.
Livraison, Demande de - 8:440 et s.
Non-livraison
- Dépôt des choses pour compte du titulaire 8:490
Obligations transporteur 8:378 et s.
Perte ou dommage aux choses 8:492 et s.
Pouvoir affréteur à temps ou au voyage 8:390
Réparation du dommage au transporteur 8:488
Transfert de propriété d'un navire affrété 8:375
Vente des choses déposées 8:491

Transport public intérieur de personnes
Contrat 8:100 et s.

Transport routier 8:1080-1201
Contrat de déménagement 8:1170-1201
Dispositions générales 8:1080 et s.
Transport de marchandises par route 8:1090-1138
- Voir aussi: Transport de marchandises par route

Transport de personnes par route 8:1140-1166
- Voir aussi: Transport de personnes par route

Transporteur
Droit de rétention 8:30, 410, 954, 1131
Obligations 8:21 et s., 378 et s., 421, 483, 895 et s., 1095 et s., 1150, 1166, 1172 et s.
Pouvoir de résilier le contrat 8:88, 1112 et s., 1162 et s., 1189
Responsabilité 8:23, 42 et s., 81 et s., 105 et s., 383, 504 et s., 513 et s., 898 et s., 974 et s., 1147 et s., 1175 et s.

Transports locaux, Contrat de — 8:892
Voir aussi: Affrètement au voyage

Voyageur
Action en dommages-intérêts 8:113
Action en dommages-intérêts pour lésion corporelle ou décès 8:85
Obligation de réparer le dommage 8:979
Responsabilité 8:114, 508 et s., 978, 1152 et s.
Responsabilité pour choses apportées à bord 8:10

435

TREFWOORDREGISTER

(De nummers verwijzen naar de artikelen van het wetboek)

Aanvaring 8:540 et seq., 1001
Aansprakelijkheid voor schade 8:542 et seq., 1003, 1006
Schadevergoedingsplicht 8:1004 et seq.
Verjaring en verval van vorderingen 8:1790

Avarij-grosse 8:610 et seq., 1020 et seq.
Verjaring en verval vorderingen 8:1830 et seq.

Binnenlands openbaar personenvervoer
Overeenkomst tot — 8:100 et seq.

Binnenschepen
Bemanning 8:860 et seq.
Eigendomsverkrijging 8:791
Huurkoop 8:800 et seq.
Huurkoop van teboekstaande — 8:800-812
Hypotheek 8:792 et seq.
in aanbouw 8:780
Levering van teboekstaande — 8:790
Omschrijving 8:3
Ongevallen 8:1000-1022
Rechten op — 8:780-798
Rederij 8:770 et seq.
- Zie ook: Rederij
Register voor teboekstelling 8:783
Rijk of enig openbaar lichaam, Toebehorend aan het — 8:840
Teboekstelling 8:784 et seq.
Verkrijgende verjaring 8:791
Voorrechten op — 8:820 et seq.
Voorrechten op zaken aan boord 8:831 et seq.
Vruchtgebruik 8:798

Binnenvaartrecht 8:770 et seq.

Cognossement 8:399 et seq., 916-925, 938 et seq.
Vervoersovereenkomst onder - 8:377, 381 et seq.

CT-document 8:44

Doen vervoeren van goederen
Overeenkomst tot 8:60 et seq.
- Aansprakelijkheid expediteur 8:70 et seq.
- Opzegging door opdrachtgever 8:65
- Opzegging door wederpartij 8:68

Eigendomsverkrijging
- Verjaring 8:791
- Verjaring 8:201

Expediteur 8:60 et seq.
Aansprakelijkheid 8:70
Retentierecht 8:69
Verplichtingen 8:62

Exploitatie

Aansprakelijkheid reder en rompbevrachter 8:360, 364
Bijzondere overeenkomsten 8:530 et seq.
Binnenschepen 8:880-998
Goederenvervoer over binnenwateren 8:890-961
- Zie ook: Goederenvervoer over binnenwateren
Keten der overeenkomsten 8:1081
Ligovereenkomst 8:992 et seq.
Overeenkomst 8:361, 1081
- Aansprakelijkheid van een partij 8:362 et seq.
Overeenkomst van goederenvervoer over zee 8:370-496
- Zie ook: Goederenvervoer over zee
Overeenkomst van personenvervoer over zee 8:500-528
- Zie ook: Personenvervoer over zee
Overeenkomst voor liggen en/of varen 8:994 et seq.
Personenvervoer over binnenwateren 8:970-986
- Zie ook: Personenvervoer over binnenwateren
Rompbevrachting 8:990

Exploitatieovereenkomst
Verjaring en verval vorderingen 8:1730

Goederenvervoer
Gecombineerd - 8:40 et seq.
Opzegging overeenkomst 8:28
Opzegging overeenkomst door wederpartij 8:25
Overeenkomst 8:20
Retentierecht vervoerder 8:30

Goederenvervoer over binnenwateren
Gevaarlijke zaken 8:914
Verplichtingen afzender 8:907, 909 et seq.
Verplichtingen vervoerder 8:895 et seq.
Vordering tot aflevering zaken 8:938 et seq.
Vracht 8:947 et seq.
Vrachtbrief 8:915

Goederenvervoer over de weg 8:1090-1138
Aansprakelijkheid vervoerder 8:1098 et seq.
Bepaling bedrag van schadevergoeding 8:1103 et seq.
Bevoegdheden afzender 8:1109 et seq., 1125
Consignatiekas 8:1133
Exploitatieovereenkomsten 8:1081
Gerechtelijk onderzoek bij aflevering 8:1135 et seq.
Keten der exploitatieovereenkomsten 8:1081

TREFWOORDREGISTER

Nietigheid enkele bedingen 8:1102
Ontvangstbewijs 8:1127
Opslaan zaken voor rekening
rechthebbende 8:1132
Opzegging overeenkomst 8:1109, 1112 et seq.
Overeenkomst 8:1090-1138
Rembours 8:1130 et seq.
Retentierecht vervoerder 8:1131
Tijd of reisbevrachting 8:1093
Transportbrief 8:1122 et seq.
Verkoop opgeslagen zaken 8:1133
Vermoeden van schade of verlies 8:1134
Verplichtingen ontvanger 8:1127
Verplichtingen ontvanger 8:1130
Verplichtingen vervoerder 8:1095
Vracht 8:1128
Vrachtbrief 8:1119 et seq.
Zaken die gevaar kunnen opleveren 8:1118

Goederenvervoer over zee
Bevoegdheid en verplichtingen
afzender 8:391, 397
Bevoegdheid tijd- of reisbevrachter 8:390
Cognossement 8:399-417, 460 et seq.
Consignatiekas 8:491
Eigendomsovergang van een vervracht
schip 8:375
Gerechtelijk onderzoek bij aflevering
zaken 8:494 et seq.
Laden en lossen 8:380, 418-422
Opslaan zaken voor rekening
rechthebbende 8:490
Opzegging overeenkomst 8:396, 425 et seq.
Overeenkomst 8:370-496
Retentierecht vervoerder 8:489
Tijd- of reisbevrachting 8:373
Vergoeding schade aan vervoerder 8:488
Verkoop opgeslagen zaken 8:491
Verlies of schade van zaken 8:492 et seq.
Verplichtingen vervoerder 8:378 et seq.
Vervoersovereenkomst onder
cognossement 8:377, 381, 388
Vordering aflevering van zaken 8:440 et seq.
Vracht 8:484 et seq.
Zaken die gevaar kunnen opleveren 8:398

Hulpverlening 8:551 et seq., 1010
Hulploon 8:557 et seq.
Opslaan zaken 8:569
Retentierecht vorderaar hulploon 8:568
Verbod tot - 8:554
Verjaring en verval vorderingen 8:1820 et seq.
Verkrijging eigendom van zaak 8:571
Vernietiging of wijziging overeenkomst
omtrent 8:558

Hypotheek
Binnenschepen, Teboekstaande 8:792 et seq.
Luchtvaartuig 8:1310-1314
Zeeschepen, Teboekstaande 8:202 et seq.

Kapitein 8:260 et seq.
Bevoegdheden 8:260, 262
Verjaring vordering jegens — 8:1780

Verplichtingen 8:261

Luchtvaartuig 8:1300-1321
Definitie 8:3a
Huurovereenkomst 8:1309
Hypotheek 8:1310-1314
Levering 8:1306
Openbaar register 8:1302
Rechten op — 8:1300-1314
Teboekstelling 8:1303-1304
Verkrijgende verjaring 8:1307
Voorrechten op — 8:1315-1320
Zakelijke rechten 8:1305, 1308, 1309

Ongevallen
Binnenschepen 8:1000-1022
- Aanvaring 8:1000 et seq.
- Avarij-grosse 8:1020 et seq.
- Hulpverlening 8:1010
Zeeschepen 8:540-547
- Aanvaring 8:540 et seq.
- Avarij-grosse 8:610 et seq.
- Hulpverlening 8:551 et seq.

Openbaar register
Binnenschepen 8:783
Luchtvaartuigen 8:1302
Zeeschepen 8:193

Opvarenden 8:5

Personenvervoer 8:80-92

Personenvervoer, Binnenlands openbaar —
Overeenkomst 8:100 et seq.

Personenvervoer over binnenwateren 8:970-986
Zie ook: Exploitatie — Personenvervoer
over binnenwateren
Aansprakelijkheid reiziger 8:978
Aansprakelijkheid vervoerder 8:974 et seq.
Beperking aansprakelijkheid
vervoerder 8:983 et seq.
Overeenkomst 8:970

Personenvervoer over de weg 8:1140-1166

Personenvervoer over zee 8:500-528

Reder 8:10

Rederij
Aansprakelijkheid leden voor verbintenissen
van de — 8:181
Binnenvaartrecht 8:770 et seq.
Boekhouder 8:163 et seq., 178 et seq.
Lidmaatschap 8:161, 183
Ontbinding 8:184 et seq.
Overname aandeel in het schip 8:174 et seq.
Stemmen 8:171
Uitgaven 8:176
Verjaring en verval van vorderingen 8:1770
Verkoop schip bij staking der
stemmen 8:173
Winst- en verliesdeling 8:177
Zeerecht 8:160-184

Register
Zie: Openbaar register

TREFWOORDREGISTER

Reisbevrachting 8:373, 502, 892, 972, 1093, 1144
Ruimtebevrachting 8:892
Vletten 8:892

Reiziger
Aansprakelijkheid 8:114, 508 et seq., 978, 1152 et seq.
Aansprakelijkheid voor aan boord gebrachte zaken 8:107
Schadevergoedingsplicht 8:979
Vordering tot schadevergoeding 8:113
Vordering tot schadevergoeding voor letsel of dood 8:85

Rembours 8:953

Rompbevrachting 8:990

Ruimtebevrachting 8:892

Teboekstelling
Binnenschepen 8:784 et seq.
- Doorhaling 8:786 et seq.
Zeeschepen 8:194
- Doorhaling 8:195

Tijdbevrachting 8:373, 502, 892, 972, 1093, 1144
Overeenkomst van vletten 8:892

Transportbrief 8:1122 et seq.

Verhuisovereenkomst 8:1170

Verjaring en verval 8:1700 et seq.

Verkeersmiddelen en vervoer
Algemene bepalingen 8:1 et seq.

Vervoerder
Aansprakelijkheid 8:23, 42 et seq., 81 et seq., 105 et seq., 383, 504 et seq., 513 et seq., 898 et seq., 974 et seq., 1147 et seq., 1175 et seq.
Bevoegdheid overeenkomst op te zeggen 8:88, 1112 et seq., 1162 et seq., 1189
Retentierecht 8:30, 410, 954, 1131
Verplichtingen 8:21 et seq., 378 et seq., 421, 483, 895 et seq., 1095 et seq., 1150, 1166, 1172 et seq.

Vletten, Overeenkomst van - 8:892
Zie ook: Tijdbevrachting

Voorrechten
Binnenschepen 8:820 et seq.
Luchtvaartuigen 8:1315 et seq.
Zaken aan boord van binnenschepen 8:831 et seq.
Zaken aan boord van zeeschepen 8:220 et seq.
Zeeschepen 8:210 et seq.

Wegvervoer 8:1080-1201
Algemene bepalingen 8:1080 et seq.
Goederenvervoer over de weg 8:1090-1138
- Zie ook: Goederenvervoer over de weg
Personenvervoer over de weg 8:1140-1166
- Zie ook: Personenvervoer over de weg
Verhuisovereenkomst 8:1170-1201

Wegvervoersrecht 8:1080-1201
Zie ook: Wegvervoer

Zeerecht 8:160 et seq.
Exploitatie van zeeschepen 8:360-532
Ongevallen 8:540-547
Zeeschip en zaken aan boord daarvan 8:160-230

Zeeschepen 8:160-230
Bemanning 8:260 et seq.
Eigendom van teboekstaande — 8:201
Exploitatie van zeeschepen 8:360-532
Hypotheek op teboekstaande — 8:202 et seq.
in aanbouw 8:190
Levering 8:199
Levering van teboekstaande — 8:199
Omschrijving 8:2
Ongevallen 8:540-547
Rechten op — 8:190-208
- Zie ook: Zeeschepen - Zakelijke rechten
Rederij 8:160-186
- Zie ook: Rederij
Register 8:193
Rijk of enig openbaar lichaam, toebehorend aan het — 8:230
Teboekstelling 8:194 et seq.
Verkrijgende verjaring 8:201
Voorrechten 8:210-219
Voorrechten op zaken aan boord 8:221-228
Vruchtgebruik van teboekstaande — 8:208
Zakelijke rechten 8:193, 197 et seq.
- Zie ook: Zeeschepen - Rechten op —

Zeevissersschepen 8:2

439